TOP®
100

Inhalt

Baden-Württemberg

Bayern

Berlin

Hamburg
Mecklenburg-Vorpommern
Niedersachsen
Schleswig-Holstein

Hessen

Nordrhein-Westfalen

Rheinland-Pfalz
Saarland

Sachsen
Sachsen-Anhalt
Thüringen

Ranga Yogeshwar gehört zu den führenden Wissenschaftsjournalisten Deutschlands. Als Moderator zahlreicher TV-Sendungen und als Buchautor wurde der Diplom-Physiker vielfach ausgezeichnet. Sein besonderes Engagement gilt den Themen Innovation und Wissensvermittlung.

Mit Innovation durch schwierige Zeiten

Wie reagieren Unternehmen, wenn Selbstverständlichkeiten wegbrechen und sich ihr Umfeld radikal ändert? Die Coronakrise war hierfür ein Lackmustest. Ein Test, den die TOP 100-Firmen mit Bravour bestanden haben. Und das war alles andere als Zufall, ganz im Gegenteil: Die flexible Anpassung von Innovationsprozessen an veränderte Rahmenbedingungen gehört seit Langem zu ihrer DNA.

Die Coronakrise war einerseits eine extreme Ausnahmesituation und andererseits ein radikaler Beschleuniger von Entwicklungen, die unsere Wirtschaft schon seit längerer Zeit prägen. So nahm etwa die Digitalisierung in dieser Zeit Fahrt auf. Stichworte hierfür sind „Telearbeit“ und „Onlinehandel“.

Innovation, das wurde in dieser Krise deutlich, ist mehr als das Entwickeln und Vermarkten neuartiger Produkte und das Erschließen neuer Märkte. Denn auch die Arbeitsorganisation kann innovativ sein, vor allem in Zeiten des Homeoffice. Eine diesbezügliche Umstellung wirkt sich nicht zuletzt auf die Firmenkultur aus. Viele Mittelständler standen vor neuen Fragen: Wie strukturiert man das Miteinander, wenn die Mitarbeiter an unterschiedlichen Orten sind? Wie lässt sich sicherstellen, dass trotzdem weiterhin eine gemeinsame Wertebasis existiert?

Vielfältige Herausforderungen, an denen die TOP 100-Unternehmen gewachsen sind – und das nicht zufällig. Denn schon vor der Krise hatten sich 93 % von ihnen mit dem Thema „Digitalisierung als Wettbewerbsfaktor“

auseinandergesetzt. Mit dem Fokus auf Innovation – im Schnitt liegt das Innovationsbudget der TOP 100-Firmen bei rund 12 % des Umsatzes – und der Fähigkeit, ihre Innovationsprozesse an geänderte Rahmenbedingungen anzupassen, haben es viele Mittelständler ohne größere Blessuren durch den Sturm geschafft. Die meisten Innovatoren drückten in der Krise sogar aufs Gaspedal und erarbeiteten innovative Prozesse in Rekordgeschwindigkeit. Die Situation aktiv gestalten, diese Grundhaltung ist es, die Innovationsführer kennzeichnet. Und deshalb freue ich mich sehr, Ihnen auch in diesem Jahr wieder die innovativsten Unternehmen des deutschen Mittelstands präsentieren zu dürfen.

Ranga Yogeshwar
Mentor von TOP 100

Prof. Dr. Nikolaus Franke ist seit 2002 der wissenschaftliche Leiter von TOP 100. Er ist Direktor des Instituts für Entrepreneurship und Innovation der Wirtschaftsuniversität Wien und Gastforscher am Massachusetts Institute of Technology (MIT). Mit zahlreichen Forschungspreisen, 10 Mio. € an Drittmitteln und mehr als 200 internationalen Publikationen, die 10.000-mal zitiert wurden, zählt er zu den weltweit führenden Innovationsforschern. 850 Praxisprojekte und 300 Ausgründungen und Spin-offs zeigen seine Praxisnähe.

Die TOP 100-Unternehmen und Corona

Was wird man in Zukunft über die Coronapandemie denken? Was hat funktioniert und was nicht? Welche Lehren werden in der Politik, in der Öffentlichkeit und im Management aus ihr gezogen? Die TOP 100-Unternehmen haben vorgemacht, wie man mit radikalem Wandel umgehen kann. Es bleibt zu hoffen, dass andere Unternehmen und die Politik ihrem Vorbild folgen. Mehr dazu von **Univ.-Prof. Dr. Nikolaus Franke.**

Der Weg zum Ziel
Das TOP 100-Auswahlverfahren umfasst mehrere Stationen:

1 Entwicklung des Analyseinstruments (Fragebogen)

2 Auswertung und Indexbildung

3 Ranking und Identifikation der Top-Unternehmen

4 Unternehmensbesuche

5 Jurysitzung mit der Wahl der drei *Innovatoren des Jahres*

Die Coronapandemie hat fast alle Branchen betroffen und praktisch über Nacht vor völlig neue Herausforderungen gestellt: Absatzmärkte fielen weg, Lieferketten waren unterbrochen, interne Prozesse sowie Kommunikation und Kultur mussten drastisch umgestellt werden. Die Herausforderungen waren immens. An den TOP 100-Firmen konnte man die Erfolgsfaktoren der Krisenbewältigung gut studieren. Sie decken sich mit den Prinzipien der innovativen und unternehmerischen Lösungsorientierung. Unter anderem waren folgende Faktoren entscheidend:

- die Fähigkeit und Bereitschaft zur *schnellen und flexiblen Reaktion*
- eine *hohe Umsetzungs- und Lösungsorientierung,* also der Wille, zuzupacken und die Herausforderungen frontal anzugehen, statt zu jammern, abzuwarten oder sich wechselseitig Schuld und Verantwortung zuzuschieben
- *Offenheit für neue Ansätze,* denn neue Probleme brauchen neue Ideen, Strukturen und Lösungen
- *eine experimentelle Denkweise,* also der Wille, schnell und agil aus den eigenen Erfahrungen zu lernen und gegebenenfalls radikal umzudenken
- der Blick nach außen und auf andere, um auch von *fremden Erfahrungen* zu lernen – man muss das Rad schließlich nicht neu erfinden, denn viele gute Lösungen existieren bereits
- ein intern und mit anderen *abgestimmtes und gut koordiniertes Vorgehen,* bei dem letztlich auf eine gemeinsame sinnvolle Lösung abgezielt wird

Viele der TOP 100-Firmen haben diese Prinzipien in Führung, Prozessen und Kultur so verwirklicht, dass sie mit neuem Schwung aus der Krise kommen. Hätten sich doch nur alle Unternehmen und auch die Politik und die öffentliche Verwaltung stärker an diesen Grundsätzen orientiert! Doch es ist nie zu spät, um zu lernen – die Zukunft wird genügend Veränderungen und Herausforderungen bereithalten. So sind auch die TOP 100 gut beraten, wenn sie sich ständig weiterentwickeln und alles dafür tun, auch in Zukunft innovativ zu bleiben.

Die TOP 100-Innovationsanalyse©

Im Rahmen des TOP 100-Wettbewerbs wird die Innovativität der Teilnehmenden gründlich untersucht: Wer TOP 100-Innovator werden möchte, durchläuft ein anspruchsvolles wissenschaftlich fundiertes Auswahlverfahren, in dem das Maß der Innovationsstärke differenziert geprüft wird. Das Bewertungsverfahren, die TOP 100-Innovationsanalyse©, wurde von mir und meinem Mitarbeiter Dr. Rudolf Dömötör erarbeitet. Auf der Basis eigener Untersuchungen, des aktuellen Stands der internationalen Innovationsforschung und der Erfahrung aus mehreren Tausend Analysen entwickeln wir es laufend weiter. Im Fokus der Analyse stehen dabei sowohl die Gegenwart als auch die Zukunft. Wir untersuchen also die schon erreichten Innovationserfolge, aber auch die jeweilige Ausgestaltung des Innovationsmanagements. Dies ist fast noch wichtiger, denn der Grad der Professionalität des Innovationsmanagements erlaubt eine Einschätzung des künftigen Innovationspotenzials.

Die Analyse umfasst mehr als 100 verschiedene Kennzahlen und Leistungsindikatoren in den folgenden fünf Kategorien:

- Innovationsförderndes Top-Management
- Innovationsklima
- Innovative Prozesse und Organisation
- Außenorientierung/Open Innovation
- Innovationserfolg

Damit wird die Innovationsleistungsstärke der teilnehmenden Unternehmen gesamthaft erfasst. Die auf diesem Weg gewonnenen Informationen sind auch die Grundlage für das umfassende Benchmarking in der individuellen Innovationsbilanz, die jede TOP 100-Firma erhält.

Der Ablauf der Analyse

Jedes TOP 100-Unternehmen hat die TOP 100-Innovationsanalyse© mit Auszeichnung bestanden. In diesem Jahr haben mehr als 3.000 mittelständische Firmen den TOP 100-Fragebogen angefordert. Aus zahlreichen Gesprächen wissen wir, dass schon allein die Auseinandersetzung mit den Analysekategorien wertvolle Denkanstöße geben kann. Viele der Unternehmen, die sich noch nicht hinreichend qualifiziert fühlten, planen eine Teilnahme am Wettbewerb in ein bis zwei Jahren.

435 Firmen kamen nach eingehendem Studium der Kriterien zu dem Schluss, dass eine Teilnahme angesichts der eigenen Leistungen erfolgreich sein könnte. Sie füllten den Fragebogen aus und traten damit offiziell in den Wettbewerb ein.

Seit 1993 vereinigt der Innovationswettbewerb TOP 100 die innovativsten Mittelständler Deutschlands. Sie werden jährlich durch ein unabhängiges, wissenschaftliches Benchmarking ermittelt und erhalten das begehrte TOP 100-Siegel – die Eintrittskarte zum Netzwerk der Besten.

Es ist jedes Jahr aufs Neue eine Freude für mich und meine Mitarbeiter zu sehen, wie innovativ der Mittelstand sein kann – vor allem auch in Krisenzeiten wie diesen. Einige der Teilnehmer sind sehr bekannt, andere arbeiten in Nischen und entsprechen mehr dem Typus des Hidden Champions. Naturgemäß variieren die Strukturen je nach Firmengröße: Die Art, wie Innovation in einem jungen Start-up mit 25 Beschäftigten organisiert wird, und die Instrumente, die dort sinnvollerweise zum Einsatz kommen, unterscheiden sich stark vom Innovationsmanagement eines Unternehmens mit 500 Beschäftigten. Wir unterteilen die Innovatoren daher nach Größenklassen: Die Größenklasse A umfasst Firmen mit bis zu 50 Mitarbeitern, Größenklasse B solche mit 51 bis 200 Mitarbeitern und Größenklasse C solche mit mehr als 200 Mitarbeitern.

Das TOP 100-Analyseinstrument umfasst mehr als 100 Kriterien. Sie erlauben uns eine detaillierte Analyse des Innovationsmanagements und der Innovationserfolge der Teilnehmer. Die Richtigkeit der Angaben in den Fragebögen wurde uns von den Firmenvertretern rechtsverbindlich zugesichert. Zudem haben wir zur Verifikation der Angaben verschiedene Querchecks und Plausibilisierungen vorgenommen. Bei Unklarheiten wurden die Unternehmen zwecks Rückfragen kontaktiert.

Jene maximal 100 Firmen pro Größenklasse, die von allen Bewerbern das stärkste Innovationsprofil aufwiesen, wurden schließlich in den Kreis der herausragend innovativen TOP 100-Unternehmen aufgenommen und dürfen fortan den Titel „Top-Innovator" tragen.

Die jeweils drei besten Kandidaten jeder Größenklasse hat mein langjähriger Mitarbeiter Dr. Rudolf Dömötör besucht und einer mehrstündigen gründlichen Analyse unterzogen, um von ihnen jenseits der Zahlen und Fakten aus dem Fragebogen ein ganzheitliches Bild zu gewinnen. Alle so gesammelten Informationen dienten dann der hochkarätig besetzten Jury als Entscheidungsgrundlage für die Vergabe der Titel „Innovator des Jahres 2021".

Qualitätssiegel TOP 100

Im Umfang, in der Präzision, der Verlässlichkeit und der wissenschaftlichen Fundierung ist dieser Innovationswettbewerb wohl einzigartig. Mein Ziel als Wissenschaftler ist es, die Top-Innovatoren des deutschen Mittelstands zu identifizieren. Ich fälle mein Urteil in notariell bestätigter Neutralität und vollkommen unbeeinflusst. Es existiert auch kein „indirektes Geschäftsmodell" – anders als bei vielen Wettbewerben von Unternehmensberatungen, Wirtschaftsprüfern etc. Die TOP 100-Auszeichnung ist deshalb ein besonders wertvolles Qualitätssiegel gegenüber (potenziellen) Kunden, Geschäftspartnern und Mitarbeitern. Als effizientes PR- und Marketinginstrument kann sie ein wertvolles Differenzierungskriterium gegenüber Wettbewerbern darstellen. Und die Pressearbeit durch das compamedia-Team sichert den TOP 100-Firmen die Aufmerksamkeit unterschiedlichster Zielgruppen.

Diese Publizität ist der erste Schritt zur Zukunftssicherung. Der zweite besteht in der Nutzung der weiteren Unterstützungs- und Vernetzungsmöglichkeiten in der TOP 100-Community: Dazu zählt etwa die „TOP 100-Innovationsbilanz", also ein individueller Benchmarkingbericht über die Ausgestaltung des eigenen Innovationsmanagements. Die darin aufgezeigten Potenzialfelder enthalten wichtige Hinweise zur Weiterentwicklung: Worin sind wir im Vergleich zu anderen schon jetzt Weltspitze? Wo haben wir noch Potenziale? Vielen Unternehmern fehlen diese Informationen. Für jene Firmen, die bereits in früheren Jahren am Wettbewerb teilgenommen haben und auch damals den Sprung in die TOP 100 schafften, bieten wir zusätzlich zur Innovationsbilanz die individuelle „TOP 100-Fortschrittsbilanz" an. Sie zeigt die Entwicklung der Innovativität des Unternehmens im Lauf der Zeit und ist somit ein wertvolles Instrument zur Evaluierung des eigenen Handelns.

Zudem fördert TOP 100 mit verschiedenen Veranstaltungsformaten den Austausch zwischen den Innovations-Champions. Ein Beispiel dafür ist der jährlich stattfindende „Elitezirkel" zu aktuellen Themen des Innovationsmanagements mit dem Ziel des Ideenaustausches und des Voneinander-Lernens. Ein anderes Beispiel ist die „Denkerrunde" am Starnberger See, in der TOP 100-Unternehmer gemeinsam mit Ranga Yogeshwar konkrete Fragen aus ihren Unternehmen diskutieren. Und mit „Innoconnect" bieten wir Lösungen, Partner oder Inspiration in Sachen Innovation. Denn wer innovativ sein will, darf sich mit dem Status quo niemals zufriedengeben.

Die drei besten Unternehmen jeder Größenklasse werden von Dr. Rudolf Dömötör besucht und einer weiteren Analyse unterzogen. Aus diesen Kandidaten wählt dann die hochkarätig besetzte TOP 100-Jury jeweils den „Innovator des Jahres“, also den Klassenbesten jeder der drei Größenklassen. Detaillierte Porträts aller Juroren finden Sie unter **www.top100.de/jury.**

Prof. Dr. Dr. Ann-Kristin Achleitner

Dorothee Bär

Achim Berg

Prof. Dr. h. c. Roland Berger

Hubertus Bessau

Edelgard Bulmahn

Ulrich Dietz

Anja Förster

Dr. Nikolaus Förster

Dr. Dr. Cay von Fournier

Prof. Marcel Fratzscher

Dr. Gregor Gysi

Lars Hinrichs

Martin Kind

Prof. Dr. Fredmund Malik

Prof. Dr. h. c. Reimund Neugebauer

Martin Noé

Prof. Dr. Robert Pelzel

Prof. Dr. Dr. August-Wilhelm Scheer

Dr. Johannes Schmidt

Prof. Dr. Dr. h. c. Hermann Simon

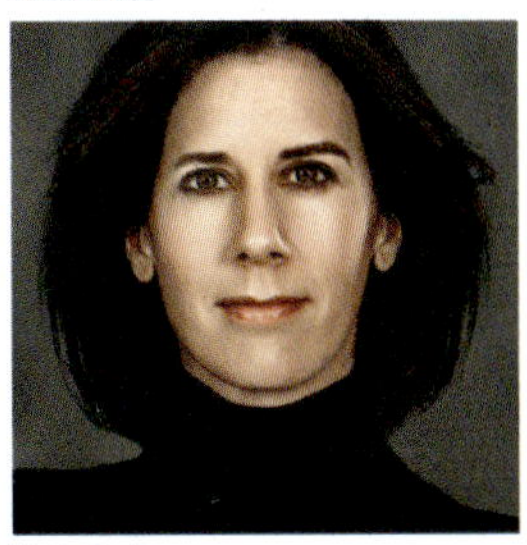
Katja Suding

Frank Thelen

Michael Theurer

Dr. Frank-Steffen Walliser

Prof. Dr. Arnold Weissman

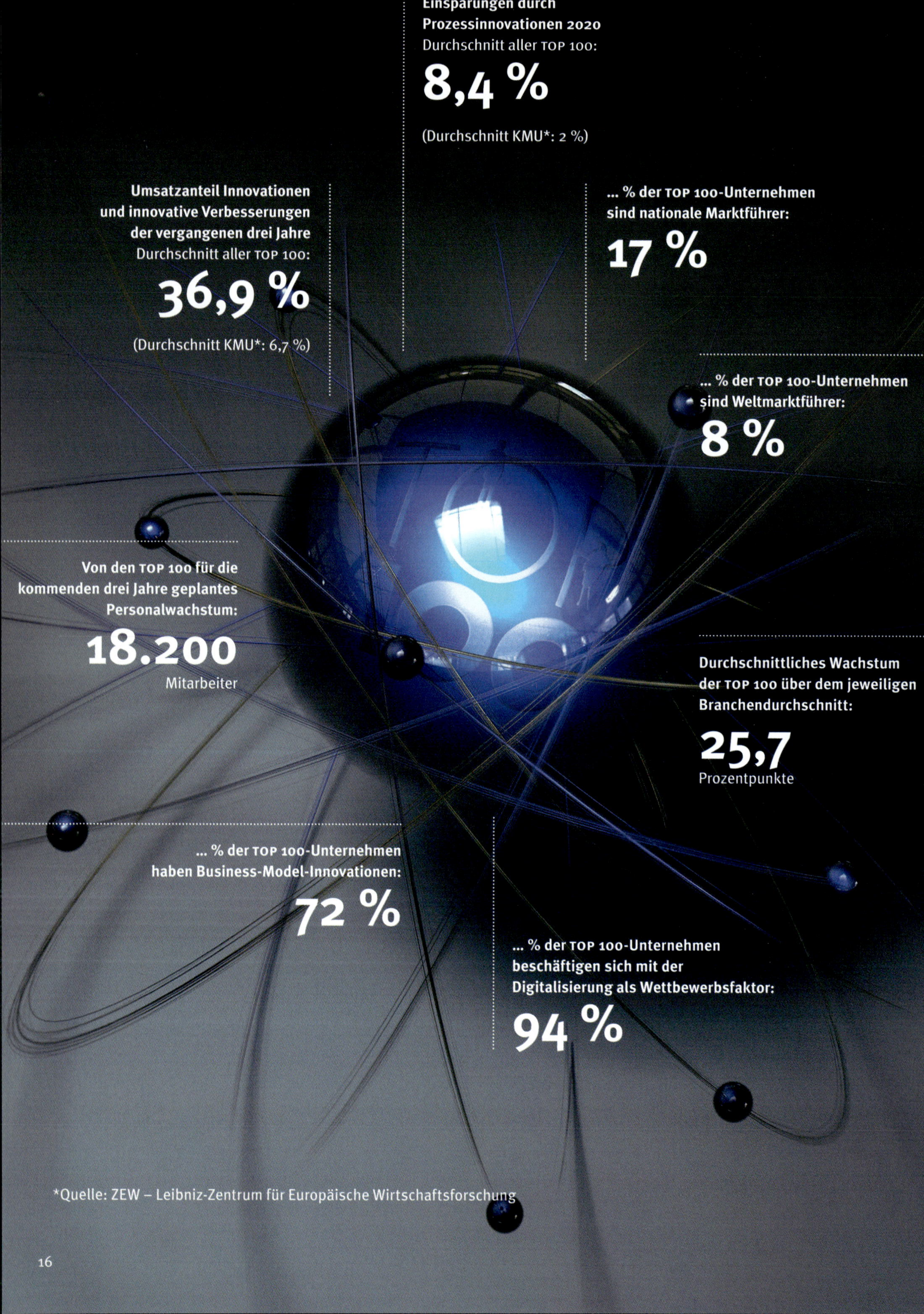

Einsparungen durch Prozessinnovationen 2020
Durchschnitt aller TOP 100:
8,4 %
(Durchschnitt KMU*: 2 %)

Umsatzanteil Innovationen und innovative Verbesserungen der vergangenen drei Jahre
Durchschnitt aller TOP 100:
36,9 %
(Durchschnitt KMU*: 6,7 %)

... % der TOP 100-Unternehmen sind nationale Marktführer:
17 %

... % der TOP 100-Unternehmen sind Weltmarktführer:
8 %

Von den TOP 100 für die kommenden drei Jahre geplantes Personalwachstum:
18.200
Mitarbeiter

Durchschnittliches Wachstum der TOP 100 über dem jeweiligen Branchendurchschnitt:
25,7
Prozentpunkte

... % der TOP 100-Unternehmen haben Business-Model-Innovationen:
72 %

... % der TOP 100-Unternehmen beschäftigen sich mit der Digitalisierung als Wettbewerbsfaktor:
94 %

*Quelle: ZEW – Leibniz-Zentrum für Europäische Wirtschaftsforschung

Mit Innovation aus der Krise

Innovation bedeutet ein aktives Verändern von Unternehmen, Organisation, Produkten, Märkten und Geschäftsmodellen – und Veränderung ist die beste Reaktion auf Veränderung! Wer in Innovation investiert, betreibt damit also die beste Vorsorge gegen Krisen. Die TOP 100 sind diesbezüglich hervorragend aufgestellt.

Innovator des Jahres Größenklasse A

Die **eHealth-Tec GmbH** ist Vorreiterin bei der Digitalisierung des Gesundheitswesens. Eine ambitionierte und erfolgreiche Wachstumsstrategie, das bewusste Schaffen einer auf Innovation ausgerichteten Unternehmenskultur und die mustergültige Übersetzung der Innovationsstrategie in Strukturen und Prozesse beeindruckten die Jury bei diesem „Innovator des Jahres“ in der Größenklasse A.

Die Berliner eHealth-Tec GmbH wurde 2008 aus einem Lehrkrankenhaus der Charité ausgegründet und entwickelt digitale Lösungen für das Gesundheitswesen. Zu ihren Produkten zählt ein Informationssystem, das die komplette Prozesssteuerung und -optimierung in Notaufnahmen ermöglicht. Zudem realisierte das Start-up nach mehrjähriger Entwicklungszeit 2019 das erste E-Rezept in Deutschland. Dies erlaubt die vollständige digitale Vernetzung von Arzt, Patient und Apotheke bis hin zur Abrechnung. Im November 2020 erhielt eHealth-Tec als Partner von IBM den Zuschlag für die Entwicklung des zentralen E-Rezept-Fachdienstes, der künftig alle Rezepte in Deutschland – circa 500 Millionen pro Jahr! – digital verwalten wird.

Der Gründer Tobias Leipold erkannte durch seine Tätigkeit als Gesundheitsmanager in einem Berliner Spital schon früh das Prozessoptimierungspotenzial, das in der Digitalisierung eines Krankenhausbetriebs liegt. Mit beeindruckender Energie und viel Durchhaltevermögen ist es ihm gelungen, sein Unternehmen zum Innovationsführer der Branche zu machen. Das Ergebnis dieses Erfolgs ist eine Beschäftigtenzahl, die sich in den vergangenen zwei Jahren mehr als verdreifacht hat. Leipold widmet den Prozessen und Strukturen entsprechend große Aufmerksamkeit. Sie werden so weiterentwickelt, dass das hohe Innovationsniveau beibehalten und sogar noch weiter ausgebaut werden kann.

Das Fundament – die Unternehmensvision, die Unternehmensmission sowie die Unternehmenswerte – wurde unter Einbindung aller Mitarbeiter erarbeitet und dient als Kompass für die weitere Firmenentwicklung. Die etablierte Unternehmenskultur unterstützt und fördert das eigenverantwortliche Handeln der Beschäftigten – ein entscheidender Faktor im Innovationsmanagement. Die Brücke zur operativen Realisierung bildet die Nutzung des Objectives-and-Key-Results-Ansatzes (OKR). Die OKR werden ebenfalls gemeinsam mit den Mitarbeitern definiert und machen deren individuelle Beiträge zu den Unternehmens- und Innovationszielen transparent.

Hervorzuheben ist schließlich das hohe Maß an Anwenderorientierung: eHealth-Tec pflegt ein Netzwerk ausgewählter Ärzte und Pflegekräfte. In regelmäßig stattfindenden Treffen werden Innovationsthemen und -bedarfe diskutiert und Feedbacks zu laufenden Projekten eingeholt.

Platz 1
eHealth-Tec GmbH
Berlin

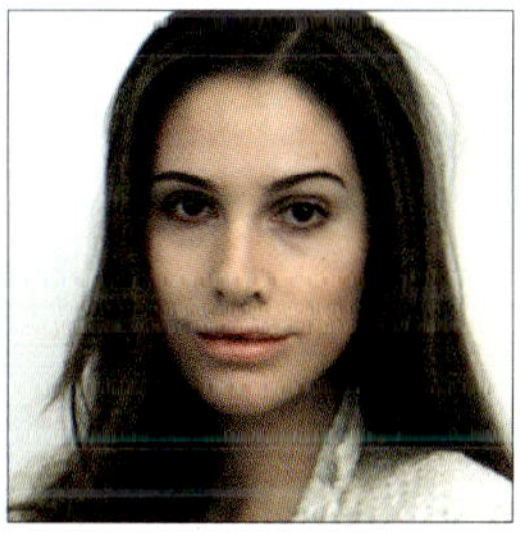

Platz 2
KLG LIQUIDA GmbH
Karlsfeld

Platz 3
Heureka Business
Solutions GmbH
Pfullingen

Innovator des Jahres
Größenklasse B

Aufgrund ihrer visionären Führung und hervorragenden Innovationskultur erreicht die **NanoTemper Technologies GmbH** seit Jahren beeindruckende Innovationserfolge. So konnte sich das eigentümergeführte Unternehmen schon 2017 und 2018 den Titel „Innovator des Jahres" der Größenklasse B sichern. Dank neuer Strukturen und innovativ weiterentwickelter Stärken ist diesen Münchnern nun der Hattrick gelungen!

Die NanoTemper Technologies GmbH mit Sitz in München entwickelt, produziert und vertreibt weltweit biophysikalische Labormessgeräte für die Grundlagenforschung und die Wirkstoffentwicklung der Pharmaindustrie. Das Unternehmen verfügt über technologische Alleinstellungsmerkmale, die durch internationale Patente umfassend abgesichert sind. Der Nutzen der bahnbrechenden Technologie liegt im enormen Zeitgewinn bei der Bestimmung biomolekularer Eigenschaften in der Forschung und Entwicklung. Pharmakonzerne können etwa bei der Entwicklung von Wirkstoffen in einer frühen Phase dank der NanoTemper-Technologie mehrere Monate Entwicklungszeit sparen.

Das Unternehmen wurde 2008 von den Studienkollegen Dr. Philipp Baaske (Biophysiker) und Dr. Stefan Duhr (Biochemiker) als Spin-off der Ludwig-Maximilians-Universität München gegründet. Sie sind Paradebeispiele für „Sciencepreneure“, denen es gelingt, ihre wissenschaftlichen Leistungen erfolgreich zu kommerzialisieren. Die beiden Geschäftsführer widmen sich praktisch ausschließlich der Innovativität des Unternehmens. Routinearbeit, Kontrolltätigkeiten und alles, was fachliches Detailwissen erfordert, werden nahezu vollständig delegiert. Die Stabilität des Unternehmens und der Prozesse wird durch eine erweiterte Führungsebene sichergestellt.

Mittels „Moonshot-Thinking” inspirieren die Gründer das Team mit ihren visionären Ideen und ermutigen es zu radikalen Projekten. Die Botschaft: Mit Mut und Entschlusskraft kann auch ein scheinbar unerreichbares Ziel angesteuert werden. Dank dieser Einstellung ist es dem Unternehmen schon mehrfach gelungen, Innovationen zu entwickeln, die bis dato als technisch nicht machbar galten.

Das Design der Innovationsprozesse ist auf die Besonderheiten der Unternehmenstätigkeit sehr gut abgestimmt und zeichnet sich durch ein äußerst hohes Maß an Agilität aus. Besonders hervorzuheben ist die gezielte Gestaltung des Unternehmenswachstums. Die Leitlinie dafür ist eine bewusste Balance zwischen Struktur und Freiräumen. Wachstumssprünge werden in Zyklen von zwei bis drei Jahren vollzogen. Dazwischen setzt das Unternehmen auf Phasen von Stabilität und Steigerung der Profitabilität. Eine so intensive und proaktive Auseinandersetzung mit den Spannungsfeldern Organisation, Kultur und Dynamik ist ungewöhnlich.

Platz 1
NanoTemper Technologies GmbH
München

Platz 2
Abberior
Instruments GmbH
Göttingen

Platz 3
EMnify GmbH
Würzburg

Innovator des Jahres Größenklasse C

Pionier einer Zukunftstechnologie: Mit ihrem konsequent auf radikale Innovation ausgerichtetem Top-Management ist es der **Scanblue Engineering AG** gelungen, weltweiter Innovationsführer in der 3-D-Digitalisierung zu werden. Für die Jury war vor allem der visionäre Unternehmergeist des Gründers und die außergewöhnliche Wachstumsstory ausschlaggebend bei der Wahl des Unternehmens zum „Innovator des Jahres“ der Größenklasse C.

Die Scanblue Engineering AG in Auetal entwickelt, produziert und vertreibt 3-D-Scansysteme, die hoch automatisiert, schnell und effizient digitale Abbilder physischer Güter, Waren und Produkte erstellen. Das Unternehmen ist weltweiter Technologieführer beim 3-D-Produktscanning und bei der Umsetzung in cloudbasierte 3-D-Marketing- und 3-D-Verkaufslösungen sowie in virtuelle 3-D-Shops und Mall-Engines. Aktuell besonders nachgefragt ist Augmented Reality in Onlineshops, in denen Produkte, etwa Einrichtungsgegenstände, direkt im Wohnraum oder im Büro realitätsnah präsentiert werden.

Mit mehr als 50.000 verkauften 3-D-Scansystemen ist das Unternehmen Weltmarktführer beim Erzeugen Echtzeit-interaktiver fotorealistischer 3-D-Objekte. Scanblue bedient eine Vielzahl unterschiedlichster Branchen und erschließt sich kontinuierlich neue Anwendungsfelder. In den vergangenen fünf Jahren wurde der Umsatz um 4.200 % gesteigert – eine enorme Wachstumsgeschwindigkeit. Die Kerninnovationen des Unternehmens sind durch 84 internationale Patente umfassend geschützt.

Der Gründer und Geschäftsführer Norbert Zimmermann ist Visionär und Pionier im Bereich der 3-D-Digitalisierungsprozesse. Er beschäftigt sich bereits seit mehr als 20 Jahren mit der Frage, wie reale Objekte in der digitalen Welt perfekt abgebildet werden können. Zimmermann erkannte schon sehr früh die Möglichkeiten des Internets für seine Vision – zu einem Zeitpunkt, als es hinsichtlich Datenübertragungs- und Darstellungskapazität noch in den sprichwörtlichen Kinderschuhen steckte. Der unternehmerische Weitblick des Gründers und seine Fähigkeit zur Opportunity-Recognition sind ungewöhnlich. Er ist der entscheidende Impulsgeber in der Innovationstätigkeit und bringt sich auch aktiv in einzelne Innovationsprojekte ein.

Das Innovationsklima des Unternehmens ist von einer flachen, flexiblen Organisationsstruktur und einer guten Feedbackkultur geprägt. Trotz des starken Wachstums auch der Belegschaft ist es dem Unternehmen gelungen, ein hohes Maß an Eigenverantwortung und Engagement der Mitarbeiter zu bewahren. Entscheidend dafür ist das Gewähren großer, kreativer Freiräume und umfangreicher Weiterbildungen.

Die Fähigkeit, vom Anwender her zu denken und herauszufinden, was er braucht, ist tief in der DNA des Unternehmens verankert. Sie ist ein essenzieller Erfolgsfaktor bei der Erschließung neuer Märkte.

Platz 1
Scanblue Engineering AG
Auetal

Platz 2
Peter Huber Kältemaschinenbau AG
Offenburg

Platz 3
Labor Berlin – Charité Vivantes Unternehmensgruppe
Berlin

Innovationsbudget in Relation zum Umsatz
Durchschnitt aller TOP 100:

10,5 %

(Durchschnitt KMU*: 1,7 %)

Verbesserungsvorschläge und Ideen der Mitarbeiter
Ergebnisverbesserung durch realisierte Ideen der Mitarbeiter in % des Umsatzes:

3,1 %

Budget für Open Innovation in Relation zum Umsatz
Ausgaben für kurzfristige Projekte und Maßnahmen:

3,2 %

Ausgaben für langfristige Kooperationen und Initiativen:

4,6 %

Ausgestaltung des Innovationsprozesses
Systematische Verfolgung und Bewertung der Entwicklung von Markt, Technologie und Wettbewerb:

96 %

Flexible Anpassung des Innovationsprozesses an geänderte Rahmenbedingungen:

96 %

Zusammensetzung der Innovationsprojektteams aus Mitarbeitern verschiedener Bereiche:

91 %

Die wichtigste Gemeinsamkeit der TOP 100 sind ihre beeindruckenden Innovationserfolge. Sie sind das Ergebnis einer konsequenten Ausrichtung des gesamten Unternehmens auf die Fähigkeit zur agilen und kreativen Reaktion auf Veränderung. Wie innovativ ein Unternehmen ist, ist also keine Frage der Branche, sondern eine der Einstellung. Gerade auch in einem konservativeren, traditionelleren Umfeld kann eine konsequente Innovationsorientierung ein enormer Wettbewerbsvorteil sein. Jede Firma muss ihren eigenen Weg finden und sich ein auf ihr Umfeld abgestimmtes Innovationsmanagement erarbeiten. Die vier Kategorien, auf denen unsere Untersuchung basiert, sind dafür die wesentlichen Elemente. Angesichts der Branchenvielfalt im TOP 100-Teilnehmerkreis ist klar, dass es kein einfaches „Kochrezept" für Innovativität gibt. Die TOP 100 haben Wege gefunden, die Zutaten in einzigartiger Weise, angepasst an ihre jeweilige Branchensituation, zu kombinieren.

Das Top-Management hat gerade bei Mittelständlern eine Schlüsselfunktion. Die Top-Manager der TOP 100 sind sich dieser Funktion bewusst. Dies zeigt sich an den hohen relativen Investitionen in Innovationstätigkeiten von im Schnitt 10,5 % des Umsatzes.
Das „Innovationsklima" wird vom Top-Management maßgeblich (mit-)geprägt und entfaltet seinerseits eine machtvolle Wirkung auf die Erneuerungsfähigkeit des Unternehmens. Die TOP 100 setzen ein breites Spektrum unterschiedlicher Maßnahmen zur Förderung des Innovationspotenzials ihrer Mitarbeiter ein. Die Mitarbeiter zu Mitunternehmern zu machen zahlt sich für sie aus: Allein durch die Realisierung von Mitarbeiterideen konnten die TOP 100 ihr Jahresergebnis um 3,1 % verbessern.
In der Kategorie „Innovative Prozesse und Organisation" ist erfreulich, dass die TOP 100 die nötige Formalisierung der Innovationsprozesse sensibel handhaben. Der Grat zwischen Chaos und Bürokratie ist schmal – die TOP 100 gehen ihn sicher.
In der Kategorie „Außenorientierung/Open Innovation" imponieren die TOP 100 in allen Phasen des Innovationsprozesses mit ihrer Offenheit für die Einbindung externer Partner. Dies zeigt im Zeitalter von Digitalisierung, einer zunehmenden Vernetzung und Industrie 4.0 ihren zentralen Fokus: Innovation.

Fazit:
Mit Innovation raus aus der Krise

Unsere Analysen zeigen, dass es im deutschen Mittelstand zahlreiche beachtlich innovative Unternehmen gibt. Sie demonstrieren nicht nur, wie man eine Krise bewältigen kann, sondern auch, wie man gestärkt aus ihr hervorgehen kann.

Baden-Württemberg

Die Zahl der goldenen Sternchen in den nachfolgenden Unternehmensporträts entspricht der Zahl der TOP 100-Auszeichnungen.

TOP 100	TOP 100	TOP 100	TOP 100	TOP 100	TOP 100	TOP 100	TOP 100	TOP 100	TOP 100
TOP 100	TOP 100	TOP 100	TOP 100	TOP 100	TOP 100	TOP 100	TOP 100	TOP 100	TOP 100
TOP 100	TOP 100	TOP 100	TOP 100	TOP 100	TOP 100	TOP 100	TOP 100	TOP 100	TOP 100
TOP 100	TOP 100	TOP 100	TOP 100	TOP 100	TOP 100	TOP 100	TOP 100	TOP 100	TOP 100
TOP 100	TOP 100	TOP 100	TOP 100	TOP 100	TOP 100	TOP 100	TOP 100	TOP 100	TOP 100
TOP 100	TOP 100	TOP 100	TOP 100	TOP 100	TOP 100	TOP 100	TOP 100	TOP 100	TOP 100
TOP 100	TOP 100	TOP 100	TOP 100	TOP 100	TOP 100	TOP 100	TOP 100	TOP 100	TOP 100
TOP 100	TOP 100	TOP 100	TOP 100	TOP 100	TOP 100	TOP 100	TOP 100	TOP 100	TOP 100
TOP 100	TOP 100	TOP 100	TOP 100	TOP 100	TOP 100	TOP 100	TOP 100	TOP 100	TOP 100
TOP 100	TOP 100	TOP 100	TOP 100	TOP 100	TOP 100	TOP 100	TOP 100	TOP 100	TOP 100
TOP 100	TOP 100	TOP 100	TOP 100	TOP 100	TOP 100	TOP 100	TOP 100	TOP 100	TOP 100
TOP 100	TOP 100	TOP 100	TOP 100	TOP 100	TOP 100	TOP 100	TOP 100	TOP 100	TOP 100
TOP 100	TOP 100	TOP 100	TOP 100	TOP 100	TOP 100	TOP 100	TOP 100	TOP 100	TOP 100
TOP 100	TOP 100	TOP 100	TOP 100	TOP 100	TOP 100	TOP 100	TOP 100	TOP 100	TOP 100

1 A Autenrieth Kunststofftechnik GmbH & Co. KG

★★★

Die hohe Kunst der Kunststoffproduktion

Ob in der Fernbedienung oder in der Schuhsohle – Kunststoff bietet unzählige Möglichkeiten des Einsatzes in der Industrie. Die genannten Beispiele gehören zum Portfolio der 1 A Autenrieth Kunststofftechnik GmbH & Co. KG, die sich auf Spritzgießtechnik inklusive moderner 3-D-Druckverfahren spezialisiert hat. Systematische Lösungen für Kunden aus allen Branchen entstehen hier in ausgeklügelten Innovationsprozessen. Dabei arbeitet der Mittelständler oftmals mit Start-ups und Hochschulen zusammen.

In der breiten Aufstellung seines Unternehmens sieht der Geschäftsführer Steffen Autenrieth ein wichtiges Alleinstellungsmerkmal: „Wir haben die Prozesse der Kunststoffproduktion so perfektioniert, dass unser Angebot für eine große Zahl mittelständischer Firmen attraktiv ist." Für die bunte Palette von Prototypen und Serienprodukten entstehen ständig neue Ideen, die sorgfältig gesammelt und bewertet werden.

Prozesse mit System

In der agilen Kunststoffbranche ist Schnelligkeit ein entscheidender Erfolgsfaktor, den diese Firma zu nutzen weiß. „Wir entscheiden meist innerhalb von 24 bis 48 Stunden, ob eine Idee realisiert wird", sagt Autenrieth. „Prinzipiell gilt bei uns: lieber etwas auszuprobieren, als mit ständigen Bedenken die Kreativität zu blockieren." Besprochen werden Strategie- oder Produktideen im wöchentlichen Führungskreis, der Mitarbeiter aller wichtigen Abteilungen vereint. Dabei verhilft ein externer Moderator bei besonders kniffeligen oder weitreichenden Entscheidungen zu einem klaren Fokus. Die Einführung eines ERP-Systems hat außerdem dazu geführt, dass alle Prozesse von jedem Ort aus zugänglich sind – mit einer deutlichen Verbesserung des Workflows.

Kooperation schafft Inspiration

Ideen zur Verbesserung seiner hochtechnologischen Produkte oder zu seinen Prozessen erhält Autenrieth häufig von seinen Kunden. Außerdem liefern Kooperationen mit Start-ups und Hochschulen immer wieder wichtige Anregungen. Aktuell arbeitet das Unternehmen gemeinsam mit dem Start-up Carbon Armors an der Entwicklung eines Leichtbauteils mit innovativer Armierung, die der Erhöhung der Tragfähigkeit dient. „Auf lange Sicht könnte diese Armierung helfen, Metallfunktionsteile durch extrem stabilen Kunststoff zu ersetzen", erläutert Autenrieth. Damit würde sich dieser Kunststoffspezialist in Zukunft weiter am Markt etablieren – einem Markt, der heute schon entscheidend durch die Innovativität der 1 A Autenrieth mitbestimmt wird.

1 A Autenrieth Kunststofftechnik GmbH & Co. KG
72535 Heroldstatt
www.autenrieth-kunststofftechnik.de
Beschäftigte (D): bis 50
Chemie/Kunststoff

Geschäftsführer
Steffen Autenrieth

AP&S ist ein weltweit agierender Spezialist für die Entwicklung und den Bau von Nassprozessanlagen der Halbleiterbranche.

AP&S International GmbH

★★★

Breit aufgestellt in die Zukunft

Halbleiterchips sind aus vielen Branchen nicht mehr wegzudenken. Im Auto steuern sie zum Beispiel die Einparkhilfe oder lösen Airbags aus. Das Ausgangsmaterial dieser Chips sind sogenannte Wafer. Die AP&S International GmbH hat sich auf die Entwicklung und Fertigung von Nassprozessanlagen spezialisiert, in denen Wafer geätzt, beschichtet und gereinigt werden. Ein reges Innovationsklima und gute Kontakte zur Wissenschaft sind die Bausteine für den Erfolg dieses Mittelständlers.

„E-Mobilität ist für uns ein wichtiges Thema", sagt die Geschäftsführerin Alexandra Laufer-Müller. Während der Coronakrise hat sich AP&S breiter aufgestellt. Auch die Halbleiterhersteller gewinnen neue Kunden: In der Schifffahrt, im E-Bike-Segment und im 5-G-Netzausbau finden Chips und dementsprechend Nassbänke zur Produktion dieser Chips Verwendung.

Kreativer Austausch für Bestleistungen

Diese hochaktuellen Themen und die Komplexität der Kundenbedürfnisse erfordern den vollen Einsatz der Mitarbeiter. Durchschnittlich zehn Tage im Jahr bilden sich Beschäftigte aus allen Bereichen daher weiter, meist mittels Inhouseschulungen oder Fachgruppentreffen im „wvib", dem Wirtschaftsverband Industrieller Unternehmen Baden e. V. Eine ungewöhnliche Maßnahme, um den kreativen Austausch untereinander zu fördern, ist die Jobrotation. „Wir lassen unsere Mitarbeiter wochenweise in anderen Abteilungen arbeiten", erzählt Laufer-Müller. „Das erweitert den Blick und lässt oft neue Teams mit innovativen Ideen entstehen." Jeder Mitarbeiter brachte im Jahr 2020 durchschnittlich drei neue Ideen ein; darunter war auch die Anregung zu einer Fehlermeldung per QR-Code, die automatisch an den Bereichsverantwortlichen gemeldet wird.

Kreislauf der Ideen

Für diesen Sondermaschinenhersteller sind Kooperationen mit wissenschaftlichen Instituten Teil der täglichen Arbeit. Im Rahmen von Projekten mit Fraunhofer-Instituten oder Förderprojekten wie mit dem IPCEI erwirbt man aktuelles Wissen, das Laufer-Müller als Ansprechpartnerin für Digitalisierung im „wvib" weitergibt. Auch die gemeinsam mit dem Schwesterunternehmen tepcon entwickelten Digitalisierungslösungen helfen AP&S und den Betrieben der Region. „Während der Coronakrise haben wir per Augmented Reality ein digitales Konzept entworfen, mit dem Aufbauanleitungen für eine Maschine einfach erstellt und abgerufen werden können", erzählt die Geschäftsführerin. Von dieser Idee konnten auch andere Maschinenbauer profitieren – eine Bestätigung der innovativen Rolle, die AP&S nicht nur in der Halbleiterindustrie spielt, sondern auch für die Digitalisierung im Mittelstand.

AP&S International GmbH
78166 Donaueschingen
www.ap-s.de
Beschäftigte (D): 51 bis 200
Anlagen-/Maschinenbau

Geschäftsführer
Tobias Bausch,
Alexandra Laufer-Müller
und Tobias Drixler

TOP 100

arvenio marketing GmbH

★★

Mittendrin statt nur dabei

In Krisenzeiten können Innovationen in Unternehmen ganz besonders gut gedeihen. Das wissen auch die Marketingspezialisten der arvenio marketing GmbH. Ihr Chef ging während der Coronapandemie mit gutem Beispiel voran und beschleunigte die Digitalisierung in der Firma. Das Resultat: Sowohl die Arbeitseffizienz als auch die Zufriedenheit der Beschäftigten sind gestiegen. Dies fördert den allgemeinen Innovationsgeist im Haus, wovon am Ende auch die Kunden profitieren.

Wenn man den Geschäftsführer Stefan Walliser danach fragt, was an arvenio innovativ ist, erläutert er das Geschäftsmodell in aller Kürze anhand einer einzigen Power-Point-Folie. Seine Firma, zu der neun Beschäftigte gehören, hat sich auf digitales Performance-Marketing spezialisiert: Das Team konzipiert und verwirklicht für Unternehmen digitale Internetpräsenzen wie Websites und Webshops. Wie schnell ein Unternehmen in die Krise geraten und wieder gerettet werden kann, hat der Chef selbst erfahren: „2020 haben wir in nur zehn Tagen unsere Infrastruktur komplett auf den Kopf gestellt. Alle Mitarbeiter gingen ins Homeoffice, alle Daten wurden in die Cloud gelegt", berichtet der 44-Jährige. Dadurch wurde das Geschäft wieder mächtig angekurbelt.

Das Team ist der Star

Die Basis solcher Erfolge ist das gute Innovationsklima im Unternehmen: Alle neuen Ideen der Mitarbeiter werden in Teammeetings online besprochen, an den Entscheidungen wirkt das gesamte Team mit. „In der Softwareentwicklung setzen wir auf agile Prozesse und steuern sie mit dem Ticketsystem ‚Jira'", erklärt Dominik Wubs, Mitglied der Geschäftsleitung. Wer an der Gestaltung neuer Prozesse entscheidend mitwirkt, wird bei arvenio belohnt – nicht nur mit warmen Worten, auch finanziell.

Kosten senken und Zufriedenheit erhöhen

Die Beschäftigten können sich seit Ende 2020 zudem darüber freuen, dass sie freitags nur noch bis 13 Uhr arbeiten müssen. So haben sie an dem Tag noch Zeit für andere Dinge und ein längeres Wochenende zum Relaxen. „Die Arbeitsqualität, die Ideenvielfalt und die Zufriedenheit unserer Mitarbeiter sind seitdem messbar gestiegen", sagt Stefan Walliser. Durch die jüngste Digitalisierung im Zuge der Pandemie wurden die Kosten um gut 25 % gesenkt. Das Know-how der eigenen Firma gibt man an die Kunden weiter. „Unter ihnen haben wir viele Fürsprecher gewonnen, weil wir als Innovationsschmiede ihnen durch die Krise geholfen und Ihnen zum Teil neue Geschäftsfelder erschlossen haben", unterstreicht Walliser.

arvenio marketing GmbH
78628 Rottweil
www.arvenio.de
Beschäftigte (D): bis 50
Kommunikation/
Marketing/Medien

Geschäftsleitung
Stefan Walliser und
Dominik Wubs

ASG Allweier Systeme GmbH

Antrieb für die Elektromobilität

Autonome Fahrzeuge werden in Zukunft immer mehr den Alltag bestimmen – auch in der Bau- und der Landwirtschaft. Die ASG Allweier Systeme GmbH stellt Radnabengetriebe her, etwa für elektrisch angetriebene Kehr- und Baumaschinen oder Ernteroboter. Mit der digitalen Organisation innovativer Prozesse konnte das Unternehmen in der Coronakrise punkten. Viel Wert wird zudem auf eine aktive Außenorientierung gelegt, wozu die Zusammenarbeit mit Universitäten und die intensive Beobachtung neuer Trends gehört.

„Unser Unternehmensbereich ASG Allweier Systeme hat sich auf innovative Antriebe für selbstfahrende Maschinen spezialisiert", erzählt der Vertriebsleiter Manfred Zinner. Seine Kunden benötigen etwa laufruhige, geräuscharme Komponenten für den Außeneinsatz: Eine Kehrmaschine darf morgens um fünf Uhr zum Beispiel nicht die ganze Straße wecken.

Das Netz der Möglichkeiten

Ursprünglich in der Konstruktion von Textilmaschinengetrieben beheimatet, entwickelt das Unternehmen seit 2006 auch für den Bereich Elektromobilität. Hier konnte es sich während der Coronakrise international breiter aufstellen: Dank neuer Websites und Suchmaschinenoptimierungen wurden weitere Kunden akquiriert, unter anderem in der Türkei, in Irland und in Skandinavien. Intern erwies sich die Einstellung eines Mitarbeiters für die Herausforderungen des digitalen Wandels als hilfreich: „Wir sind inzwischen in allen Aufgabenfeldern per Cloud und Software sehr gut vernetzt", sagt Manfred Zinner. So lassen sich Ideen einfacher sammeln und realisieren.

Lernen von der Forschung

Viele neue Ideen sind aus der Kooperation mit Universitäten entstanden. Für die RWTH Aachen University, deren Studiengang „Robotik" international einen sehr guten Ruf genießt, liefert die ASG Radnabengetriebe für einen Agrarroboter. Mit diesem wird mittels Hochspannung Unkraut in Salatfeldern vernichtet – ein Beitrag zu einer chemiefreien Landwirtschaft. Ebenso arbeitet die Entwicklungsabteilung mit einer Universität in Norwegen zusammen. „Außerdem besuchen wir regelmäßig Fachmessen, um auf dem Laufenden zu bleiben", sagt die Geschäftsführerin Kirsten Drössel. In Zeiten von Corona ist die Fachpresse wichtiger denn je, zum Beispiel Expertenbeiträge zum Thema „Elektromobilität in Baden-Württemberg". „Dadurch erhalten wir immer wieder wichtige Anregungen für Verbesserungen", berichtet Drössel. So schafft es die ASG Allweier Systeme GmbH, ihr Ziel zu erreichen: die besten Getriebe für die Mobilität von morgen zu kreieren.

ASG Allweier Systeme GmbH
88662 Überlingen
www.allweier.com
Beschäftigte (D): bis 50
Automobilzulieferer/
Fahrzeugbau

Vertrieb
Michael Allweier und
Manfred Zinner

Die ASG Allweier Systeme GmbH hat ihre Kernkompetenz rund um den Getriebebau und die Antriebstechnik.

TOP 100	TOP 100	TOP 100
TOP 100	TOP 100	TOP 100
TOP 100	TOP 100	TOP 100
TOP 100	TOP 100	TOP 100
TOP 100	TOP 100	TOP 100

Augenzentrum Eckert

★★★★★

Klarer Blick für Innovationen

Wer sich zu einer Operation am sensiblen Organ Auge entschließt, wünscht sich die bestmögliche Betreuung. Beim Augenzentrum Eckert sind Fehlsichtige in sehr erfahrenen Händen: Dessen Erfolgskurs wurde auch durch Corona nicht gebremst, ständig kommen neue Standorte hinzu. Ein Schlüssel zum Erfolg ist, dass die Geschäftsführer Dr. Sophie Eckert und Dr. Christoph Eckert stets die Wünsche und Bedürfnisse ihrer Patienten berücksichtigen. Das gute Innovationsklima trägt entscheidend zur Optimierung der Unternehmensprozesse bei.

An mittlerweile 38 Standorten kümmern sich mehr als 350 Mitarbeiter um das Patientenwohl, 2020 kam die erste Praxis in Rheinland-Pfalz dazu. In den Augenzentren bekommt jeder Patient vor einer Operation eine vom Ärzteteam wohlabgewogene Meinung, und er wird in der Regel von einem zweiten Arzt untersucht. „Wir sind nach wie vor eine echte Familienpraxis, in der jeder Arzt seine Patienten so behandelt, als würden sie zur eigenen Familie gehören“, betont der Geschäftsführer Dr. Christoph Eckert.

In besten Händen

An allen Standorten werden Augenoperationen mit dem geeignetsten Augenlaserverfahren auf höchstem technischen Niveau angeboten. Jeder Patient kann nach einer individuellen Beratung durch speziell geschulte Mitarbeiter entscheiden, welche Augenlinse und OP-Technik für ihn die passendste ist. Dies ist nicht selbstverständlich, denn die benötigten Premiumlinsen müssen für jeden Patienten extra berechnet, bestellt und bis zur Operation vorgehalten werden. Coronabedingt bietet man in Abend- und Mittagssprechstunden nun refraktive Eingriffe und Operationen an – also solche, die optische Korrekturen wie Brillen oder Linsen ersetzen oder die nötige Stärke deutlich reduzieren. Sie werden sehr gut angenommen, vielleicht aufgrund der „Patenliste“: Auf ihr stehen aktuelle Patienten, die ehrlich Auskunft über ihre OP geben können. Damit wird ebenfalls für ein vertrauensvolles Arzt-Patienten-Verhältnis gesorgt.

Schulungen für alle

Damit eine der modernsten Augenarztpraxen Deutschlands auf Wachstumskurs bleiben kann, bindet sie ihre Mitarbeiter stark ins Geschehen ein. Deren Anregungen und Verbesserungsvorschläge stehen im Vordergrund, sie dürfen und sollen jederzeit eingebracht werden. Nicht zuletzt aufgrund flacher Hierarchien realisiert man diese schnell und honoriert sie bei positiver Bewertung durch variable Gehaltskomponenten. Ein weiterer Baustein für das gute Innovationsklima sind regelmäßige interne Schulungen für alle Beschäftigten an 45 Tagen im Jahr. So tut die Geschäftsleitung alles dafür, „auch in Zukunft die innovativste Augenpraxis mit glücklichen Patienten zu bleiben“, sagt Dr. Christoph Eckert.

Augenzentrum Eckert
71083 Herrenberg
www.augenzentrum-eckert.de
Beschäftigte (D): über 200
Gesundheitswesen

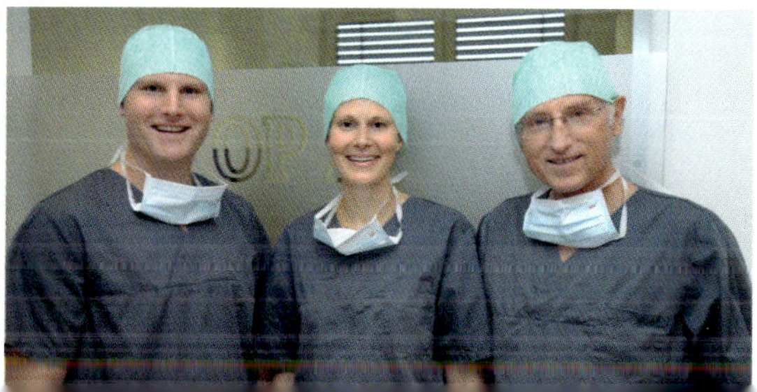

Geschäftsführer
Dr. Christoph Eckert,
Dr. Sophie Eckert
und Dr. Georg Eckert

Baljer & Zembrod ist ein international führender Anbieter von Holzbearbeitungsmaschinen für den Rundholzplatz im Sägewerk sowie von elektrobetriebener Umschlagtechnik für die Holz- und die Recyclingbranche.

TOP 100

Baljer & Zembrod GmbH & Co. KG

Nie auf dem Holzweg

Innovationen entstehen meistens nicht einfach so, sondern kontrolliert und Schritt für Schritt. So wie bei der Baljer & Zembrod GmbH & Co. KG: Die Spezialisten für stationäre Schwerlastkräne und gleisgebundene Sortierwagen arbeiten konstant an der Weiterentwicklung ihrer Maschinen und Dienstleistungen. Ein Ergebnis dieser Strategie sind viele zufriedene Kunden. Denn wer sich maßgeschneiderte Produkte und eine professionelle Realisierung seiner Projekte wünscht, bleibt diesem oberschwäbischen Maschinenbauer treu.

Seit seiner Gründung als Landmaschinenwerkstatt in den 1950er-Jahren ist dieser Mittelständler kontinuierlich gewachsen. Heute beschäftigt er rund 80 Mitarbeiter im Altshausener Hauptsitz und in den Tochterfirmen in Frankreich, Tschechien und Polen. „Der Kern unserer Unternehmensstrategie ist es, durch modernste Technologien unsere Marktführerschaft weiter auszubauen", sagt der innovationsorientierte Geschäftsführer Peter Schaeidt. Dieser Anspruch wird durch immer neue Holzbearbeitungsmaschinen für Sägewerke und durch elektrobetriebene Maschinen für den Recyclingsektor erfüllt. Auch die engagierten und professionellen Beschäftigten tragen wesentlich zum Erfolg bei.

Kontinuierliche Weiterentwicklung

Die Erfolgsgeschichte begann mit Schienenfahrzeugen samt aufgesetztem Kran, die in Sägewerken auf fix verlegten Schienen ihren Dienst taten. Von Anfang an setzte man auf einen elektrischen Antrieb – eine nahezu prophetische Entscheidung aus heutiger Sicht. Der Maschinenbauer entwickelte seine Anlagen in der Folge kontinuierlich weiter und setzte so die Anforderungen der Holzindustrie um. Bis heute ist er der einzige Hersteller in Europa, der alle Maschinen inklusive Steuerung für den Rundholzplatz von Sägewerken selbst entwickelt und produziert. Ganz nach dem Motto: die gesamte Technik aus einer Hand. Hilfreich ist dabei natürlich die langjährige Erfahrung mit den kundenspezifischen Maschinen, deren Wartung man ebenfalls übernimmt.

Innovationspartner Kunde

Die Kundenbedürfnisse werden sehr ernst genommen, denn nicht selten sind sie der Ausgangspunkt für Innovationen. In intensiven Gesprächen stimmt man zusammen mit dem Kunden ab, was technisch machbar und auch bezahlbar ist. „Unter ‚Kundenkontakt' verstehen wir aber auch, dass wir uns über die geschäftlichen Dinge hinaus auch Zeit für das Angenehme nehmen und uns bei einem Geschäftsessen austauschen – in Frankreich natürlich obligatorisch", erzählt Schaeidt schmunzelnd. Zudem werden Neuerungen auch auf verschiedenen Messen vorgestellt – was den Kundenkontakt ebenfalls intensiviert.

Baljer & Zembrod GmbH & Co. KG
88361 Altshausen
www.bz.ag
Beschäftigte (D): 51 bis 200
Anlagen-/Maschinenbau

Geschäftsführer
Peter Schaeidt

Bauflaschnerei Winter GmbH

Viel mehr als Dachrinnen und Fassadenbau

Wer eine neue Dachrinne oder Verkleidungen und Bauteile aller Art aus Blech benötigt, ist bei der Bauflaschnerei Winter GmbH an der richtigen Adresse. Denn der inhabergeführte Baubetrieb ist auf den Feldern Bauflaschnerei, Dachdeckerei und Fassadenbau bestens aufgestellt. Mit seinem innovativen Onlinekonfigurator „Bleche nach Maß" ist er auch in Sachen Digitalisierung auf der Höhe der Zeit. Ein entscheidender Grund für den Geschäftserfolg ist das exzellente Innovationsklima, in dem die Kreativität der rund 31 Beschäftigten Früchte trägt.

Den Grundstein der Firma legte Wolfgang Winter vor mehr als 35 Jahren in einem ehemaligen Kuhstall in Aalen. 1994 stieg sein Sohn, Flaschnermeister Wolfgang Markus Winter, in den Betrieb ein und führte ihn im süddeutschen Raum an die Spitze. Die schwäbische Bauflaschnerei bietet Privat- und Gewerbekunden alles rund ums Blech und zeichnet sich durch hohe Qualität und Präzision aus. Der moderne Maschinenpark lässt keine Wünsche offen, und auch die Beschäftigten sind auf dem neuesten Stand der Technik.

Mitdenken statt Mitarbeiten

„Viele Köpfe produzieren auch viele gute Gedanken", sagt Wolfgang Winter jun., der gern von Mitdenkern statt Mitarbeitern spricht. Innovationen zählen zu den Hauptzielen seines Unternehmens, allein 2020 brachten drei Viertel der Belegschaft neue Ideen ein. Die jüngste Prozessinnovation: Dank der Einführung eines flexiblen Zwei-Schicht-Betriebs konnte man die Versandzeiten für den Bauteileversand auf zwei Tage verkürzen und die Kosten reduzieren. Jeder hat sich bei dieser Prozessverbesserung eingebracht. Solche Erfolge können nicht zuletzt aufgrund der flachen Hierarchien entstehen, werden aber auch durch viel Freiraum seitens der Geschäftsführung gefördert. So gibt es beispielsweise auf dem großen Firmengelände eine „chill-out area", in der schon das eine oder andere Brainstorming stattgefunden hat. Monatliche KVP-Besprechungen tragen dazu bei, Reibungsverluste zu minimieren und Verbesserungsvorschläge zeitnah zu realisieren.

Digital konfigurierte Bleche und Magnetwände

Bei Winter können die Kunden eine große Auswahl an Blechen erwerben. 2018 ging zunächst der Onlineshop www.bleche-nach-mass.de an den Start, nach seinem großen Erfolg folgte dann www.magnetwand-shop.de. Mithilfe dieser digitalen Konfiguratoren lassen sich Bleche und Magnetwände nach Herzenslust individuell gestalten. Die neueste digitale Innovation hat man 2020 realisiert: die „Blechakademie". Auf dieser Plattform werden Architekten, private und gewerbliche Kunden zusammengebracht und ihre Erkenntnisse allen zugänglich gemacht – getreu dem Firmenmotto: Immer sein Bestes geben sowie konstant lernen und wachsen.

Bauflaschnerei Winter GmbH
73457 Essingen
www.bleche-nach-mass.de
Beschäftigte (D): bis 50
Baugewerbe/Handwerk

Geschäftsführer
Wolfgang Winter

Die bbg bitbase group bietet Softwareentwicklung und Beratung aus einer Hand. Sie hat sich auf High-End-Lösungen für Unternehmen spezialisiert und betreut Kunden aller Größen – ob Mittelständler oder Global Player.

bbg bitbase group GmbH

Alles außer Routine

„To build software that people love to use" – unter diesem leidenschaftlichen Motto steht das unternehmerische Handeln der bbg bitbase group GmbH. Täglich wird hier an innovativen digitalen Lösungen gearbeitet, die sich perfekt in unternehmerische Arbeitsabläufe einfügen und die Kunden in ihrem Geschäftsalltag unterstützen. Das ist zunächst den qualifizierten und engagierten Mitarbeitern zu verdanken. Darüber hinaus ist die Innovationskraft dieses IT-Spezialisten das Ergebnis einer konsequenten Außenorientierung und eines systematischen Vorgehens.

Seit 2002 arbeitet der inhabergeführte Mittelständler an den Standorten Berlin, Reutlingen und Tunis für mehr als 150 Kunden. „Von Anfang an haben wir uns auf IT-Entwicklungen und die Realisierung komplexer Serverlandschaften in Firmen fokussiert. Später kamen modulare, cloudbasierte ERP- und CRM-Systeme hinzu", sagt der Geschäftsführer José Enrique Gómez Asbeck. Also Software für die Sparten Enterprise-Resource-Planning und Customer-Relationship-Management. Seit der allerersten Codezeile ist die Firmensoftware zu einem mächtigen System herangewachsen, das sich in der Praxis vielfach bewährt hat und kontinuierlich weiterentwickelt wird.

Impulse von außen

Nicht nur die langjährige Erfahrung, auch die enge Zusammenarbeit mit externen Spezialisten, etwa mit dem Fraunhofer-Institut für Produktionstechnik und Automatisierung oder mit der Hochschule Reutlingen, ist die Basis für Innovation. Zudem beteiligt sich bbg bitbase regelmäßig an Projekten, die vom Zentralen Innovationsprogramm Mittelstand des Bundeswirtschaftsministeriums ausgelobt werden. Ein weiteres Erfolgrezept ist es, alle Entwicklungen stets aus der Sicht des Kunden zu betrachten.

Durchdachte Prozesse

Um auf Erfolgskurs zu bleiben, durchleuchten die Abteilungsleiter die Abläufe in ihren Bereichen regelmäßig anhand standardisierter Frage- und Vorgangsmodelle und erarbeiten mit ihren Teams Optimierungsvorschläge. Neue Ideen und Projekte prüft ein Lenkungsausschuss, bestehend aus Top-Management und Teamleitern, auf Machbarkeit und Budgetierung. Infrage kommende Projekte werden im Anschluss mithilfe einer definierten Projektcharta analysiert, bewertet und gegebenenfalls genehmigt. Aktuell prüft man zudem eine Standardisierung des Projektmanagements, um alle Projekte im Haus einheitlich bearbeiten zu können. Auch bei den täglichen Jour fixes entstand schon die eine oder andere Innovation. „Immer über den Tellerrand zu blicken und für komplexe Aufgaben mit anderen die einfachste, wirtschaftlichste und verlässlichste Lösung zu finden ist für uns zentral", fasst der Geschäftsführer Volker Baisch zusammen.

bbg bitbase group GmbH
72766 Reutlingen
www.bitbasegroup.com
Beschäftigte (D): bis 50
IT-Entwicklung/-Beratung

Geschäftsführer
José Enrique Gómez Asbeck und Volker Baisch

TOP 100

TOP 100
TOP 100
TOP 100
TOP 100
TOP 100
TOP 100
TOP 100
TOP 100
TOP 100
TOP 100
TOP 100
TOP 100
TOP 100
TOP 100
TOP 100
TOP 100
TOP 100

TOP 100

BEO GmbH

Mit dem Elan der jungen Wilden

Mit Tatendrang und Begeisterung lässt es sich besonders gut arbeiten. Das weiß auch der Geschäftsführer Clemens Sexauer, der die BEO GmbH 1987 gründete und seitdem die Geschicke der Softwarefirma lenkt. Und so lässt der innovationsorientierte Boss seinen Mitarbeitern Freiräume, die Kreativität und Motivation fördern. Diese Baden-Württemberger beschäftigen sich als einer der führenden Hersteller nicht nur mit Software für Zollabwicklungen und Versandlösungen, sondern auch mit neuen Technologien, die man anfassen und erleben kann.

„Know-how ist vergänglich", sagt Clemens Sexauer, wenn er über den Innovationsgeist seines Unternehmens spricht. Und so legt er Wert darauf, dass alle 38 Mitarbeiter immer wieder neue Ideen einbringen und die Firma am Puls der Zeit bleibt. „Oft ergreifen die Youngsters die Initiative", erzählt er. Jüngst haben sie ein neues internes Projekt begonnen und sind nun auf der Suche nach Alternativen zu Drohnen, die zur Beförderung von Kleinteilen in der Lagerverwaltung und in der Produktion eingesetzt werden. Das Team aus Azubis und Informatikern möchte herausfinden, ob mit agilen Robotern eine smarte Lösung am Boden gefunden werden kann, die sicherer und effizienter ist. Es wird also kräftig recherchiert und getüftelt. Der Geschäftsführer lässt den jungen Wilden freien Lauf, denn solche Projekte sind nicht nur nützlich, sondern motivieren auch die ganze Belegschaft.

Ideen mit Kunden besprechen

Das Kerngeschäft dieses Softwarespezialisten konzentriert sich nach wie vor auf Zollabwicklungen und Versandlösungen. Seit über 30 Jahren entwickelt man Software, mit deren Hilfe die Kunden internationale zolltechnische Bestimmungen sicher, rechtskonform und komfortabel umsetzen können. Der Einsatz von RPA ist ein ganz großes Thema. So können die Kunden zukünftig auf eine Software setzen, die ihnen einen Teil der Arbeit abnimmt und duch Künstliche Intelligenz dazulernt. Das alles natürlich auch in der Cloud, auf die man bereits seit 2002 setzt. Darüber hinaus treffen sich die Mitarbeiter wöchentlich mit ihren Kunden, um über neue Anregungen zu sprechen.

Die Datenbrille für den Durchblick

Im Rahmen dieser wöchentlichen Meetings entstand auch die Idee eines Kollegen, dass Kunden über Virtual-Reality-Brillen ihre Arbeit noch effizienter verrichten können: etwa indem jemand, der über die VR-Brille mit einem Lagerarbeiter verbunden ist, diesem genaue Instruktionen gibt. Inzwischen nutzen viele Kunden die von BEO entwickelte Datenbrillensoftware. Neue Technologien wie „virtuelle Realität" oder „künstliche Intelligenz" elektrisieren alle – die Kunden, den Chef und die Mitarbeiter. Und darunter nicht zuletzt die jungen Wilden.

BEO GmbH
79346 Endingen
www.beo-software.de
Beschäftigte (D): bis 50
IT-Entwicklung/-Beratung

Geschäftsführer
Clemens Sexauer

Die Bernd Meffle GmbH ist ein Systempartner, wenn es um
komplexe Kunststoffprodukte geht. Sie wirkt schon
bei der Produktentwicklung mit und bietet alles aus einer Hand –
von der Spritzgießform bis zur veredelten Baugruppe.

Bernd Meffle Kunststoffverarbeitung GmbH

★★★

Ideen wachsen mit den Aufgaben

Hochwertige Kunststoffteile und Baugruppen sind eigentlich immer gefragt in der Elektro-, der Hausgeräte-, der Reinigungs- und der Autoindustrie. Das gilt vor allem dann, wenn der Entwickler und Produzent dieser Kunststoffteile individuelle Produkte für seine Kunden anfertigt. Dazu sind frische Ideen und kreative Köpfe sehr hilfreich. So auch bei der Bernd Meffle Kunststoffverarbeitung GmbH. Bei ihr gehören Innovationen zum Tagesgeschäft – und damit zum Erfolgsrezept. Dafür sorgt das innovationsorientierte Top-Management des Unternehmens.

Ob für Automobile, Staubsauger, Kühlschränke oder Hochdruckreiniger: Die Bernd Meffle Kunststoffverarbeitung GmbH entwickelt und produziert Kunststoffteile für die verschiedensten Bereiche. Als Systempartner wirken diese Schwaben bereits am Design und an der Produktentwicklung ihrer Kunden mit. Von der Spritzgießform bis zur veredelten Baugruppe kommt hier alles direkt vom Anbieter. Die Erfolgsstrategie dieser Kunststoffspezialisten klingt denkbar simpel: immer nah am Kunden dran sein. Das ist bei Meffle auch deshalb möglich, weil sowohl das Top-Management als auch die Mitarbeiter ständig auf der Suche nach neuen Einfällen sind, um auf ihrem Gebiet auch künftig marktführend zu bleiben.

Neuheiten platzieren

„Ideen gedeihen bei uns vor allem dann, wenn wir gemeinsam mit unserem Kunden über neue Produktlösungen sprechen und anschließend einen Plan ausarbeiten", berichtet der Geschäftsführer Dr. Thomas Meffle. Das oberste Ziel ist es, „Innovationen am Markt zu platzieren", sagt er. Sie müssen aus seiner Sicht also immer auch einen wirtschaftlichen Nutzen haben – sowohl für den Kunden als auch für das eigene Unternehmen. Ob dafür der Geschäftsführer oder der Sachbearbeiter Ideen entwickelt, spielt grundsätzlich keine entscheidende Rolle. Die Hauptsache ist, man hat „das Ohr am Kunden".

Gründlich analysieren

Bei besonderen Kundenanforderungen organisieren sich regelmäßig kleine Teams in Meetings. Das Management legt Wert darauf, dass in solchen Fällen kein Zeitdruck besteht. Die Mitarbeiter sollen in Ruhe besprechen, recherchieren und analysieren, wie sie den Kundenwunsch am besten erfüllen können. „Die meisten Neuheiten entstehen durch komplexe Aufgaben, unterschiedliche Denkweisen – etwa die von einem Kaufmann und die von einem Ingenieur – und natürlich im Austausch mit den Kunden", resümiert der Geschäftsführer.

Bernd Meffle Kunststoffverarbeitung GmbH
72589 Westerheim
www.meffle.de
Beschäftigte (D):
51 bis 200
Chemie/Kunststoff

Geschäftsführer
Dr. Thomas Meffle
und Andy Meffle

castus® entwickelt, fertigt und
vertreibt spezielle Transfersysteme
für die Pharmabranche.

castus® GmbH & Co. KG

★★

Transfertechnik gegen Corona

Keime und Viren sind der größte Feind der Pharmabranche – nicht erst seit Corona. Die castus® GmbH & Co. KG entwickelt und fertigt deshalb Sicherheitsschleusen, sogenannte Rapid-Transfer-Ports, die das sterile Abfüllen von Medikamenten möglich machen. Mit immer neuen Abwandlungen seines Hightechprodukts ist dieser schwäbische Mittelständler in die weltweite Spitzengruppe der Branche aufgestiegen. Und unterstützt damit derzeit sogar die Produktion von Impfstoffen gegen das Coronavirus.

Maschinen zur Medikamentenherstellung müssen absolut keimfrei sein. Die Sicherheitsschleusen von castus® garantieren das sterile, einfache und schnelle Be- und Entladen sogenannter Isolatoren, die Stoffe wie Insulin oder Vakzine beim Abfüllen vor Kontamination schützen. Die echte Stärke des Unternehmens liegt aber nicht nur im Kernprodukt selbst, sondern in den Abwandlungen der 30 bis 40 Zentimeter großen Schleusen: „Jeder Medikamentenhersteller hat individuelle Anforderungen, auf die wir als kleines Unternehmen extrem gut und schnell reagieren können“, betont der Geschäftsführer Jürgen Hoffmann. Innovationen entstehen bei castus® daher am laufenden Band – und das für Kunden weltweit.

Ganz ohne Handschuh

Mit Blick auf den Innovationserfolg behält das Team stets wichtige technologische Trends im Auge, wie zuletzt die Automatisierung und die Robotik. „Unsere wichtigste Innovation im laufenden Geschäftsjahr wird eine automatisierte Sicherheitsschleuse sein, mit der sich das Hineingreifen in die Maschine komplett erübrigt“, sagt Hoffmann. Kleinere Neuerungen in der letzten Zeit waren unter anderem spezielle „Single Use Bags“, mit denen Stopfen und Behälter steril transportiert werden können – ohne aufwendiges Reinigen und Sterilisieren. Damit sparen Kunden viel Zeit und Geld.

Produkte virtuell präsentieren

Auch während der Coronakrise bewies das Unternehmen seine Innovationskraft und erhielt sogar den Auftrag, Teil der Produktionskette von Coronaimpfstoffen zu werden. Dank einer hohen Fertigungstiefe kam es zudem zu keinerlei Produktionshindernissen. „Wir haben eher antizyklisch gehandelt und konnten so unsere Lagerbestände und unseren Maschinenpark erweitern“, sagt Jürgen Hoffmann. Eine Folge der Coronakrise sind auch mehr digitale Strukturen und Systeme im Unternehmen. So kann das Team etwa dank einer „Microsoft HoloLens“ Produkte für Kunden weltweit in 3-D-Optik visualisieren und erklären. Auch das sorgt für viel Schnelligkeit und Flexibilität – die klaren Stärken dieses Mittelständlers.

castus® GmbH & Co. KG
88416 Ochsenhausen
www.castus.pro
Beschäftigte (D): bis 50
Pharma/Labortechnik

Geschäftsführer
Jürgen Hoffmann und
Andreas Mayer

Chairholder ist ein Spezialist für Büro- und Objekteinrichtungen. Besonderer Wert wird auf die individuelle Beratung der Kunden gelegt. In der Ideenwerkstatt werden innovative Möglichkeiten der Raumgestaltung präsentiert.

TOP 100

Chairholder GmbH & Co. KG

Arbeitswelten der Zukunft

Werden wir in Zukunft noch jeden Tag ins Büro gehen? Das Team der Chairholder GmbH glaubt an eine Revolution in der Arbeitswelt: mit mehr Homeoffice, buchbaren Büroarbeitsplätzen und Co-Working-Spaces im ländlichen Raum. Für seine Kunden erarbeitet das international agierende Unternehmen für Büro- und Objekteinrichtungen innovative Raumkonzepte und liefert die passenden Möbelstücke – bei Bedarf sogar in nur wenigen Tagen. Dabei helfen innovative, digitalisierte Prozesse und eine Ideenwerkstatt, die ein hervorragendes Innovationsklima begünstigt.

Leere Büros, digitaler Kundenkontakt und virtuelle Weiterbildung – Corona hat die Arbeitswelt rasant verändert. Diese Entwicklung hat dem Geschäftsführer Rolf Gerlach und seinem Team viel Arbeit beschert: Sie belieferten in den vergangenen Monaten 153 Firmen mit Homeoffice-Ausstattungen. In der Krise sehen sie generell eine Chance für eine agilere Arbeitswelt. „Viele unserer Kunden wollen nach Corona gar nicht mehr zu den alten Strukturen zurück", erzählt der Geschäftsführer. Er glaubt, dass Firmen in Zukunft nicht mehr für jeden Mitarbeiter einen Büroplatz brauchen, sondern Räume mit Strahlkraft und mehr Flächen für Teamarbeit.

Kreatives Klima

Für die Gestaltung dieser neuen Arbeitswelt bietet seine Firma verschiedene Möglichkeiten. Nach einer systematischen Analyse der räumlichen Gegebenheiten und Arbeitsabläufe beim Kunden erarbeiten die Berater individuelle Raumkonzepte. Hierbei hilft eine Ideenwerkstatt, in der auf 500 m² einzigartige Möbelstücke, Büromodule und Visionen präsentiert werden. Jeder darf auch einmal Probe sitzen. Die Ideenwerkstatt ist aber vor allem ein idealer Ort für Begegnung und Dialog, an dem Mitarbeiter, Architekten, Möbelmanufakturen, Partner und Kunden immer wieder zusammenkommen und mit Präsentationen, Workshops und Netzwerkveranstaltungen ein kreatives Klima erschaffen, in dem Innovationen bestens gedeihen können.

Digitale Räume

Solche innovativen Konzepte realisiert das Team dann effizient mit digitalen Prozessen. „Wir waren bereits seit unserer Gründung stark IT-affin", sagt Rainer Kettner. Und was als großer Onlineshop begann, ist heute digital noch viel breiter aufgestellt. Eine Inventarisierungsapp und die Möglichkeit, sensorbasierte Raumdaten zu erheben, gehören genauso dazu wie eine digitale Plattform für Kunden. „Damit gestalten wir die Auftragsabwicklung maximal transparent und effizient", erläutert der Geschäftsführer. So vergehen von einer Anfrage über den Beschaffungsprozess bis zur Lieferung oft nur wenige Tage. Und die Kunden sitzen ganz schnell nicht nur Probe, sondern im eigenen modernen Büro.

Chairholder GmbH & Co. KG
73614 Schorndorf
www.chairholder.de
Beschäftigte (D): bis 50
Handel

Geschäftsführende Gesellschafter
Rolf Gerlach und Rainer Kettner

TOP 100

TOP 100 TOP 100 TOP 100 TOP 100
TOP 100 TOP 100 TOP 100 TOP 100 TOP 100
TOP 100 TOP 100 TOP 100 TOP 100 TOP 100
TOP 100 TOP 100 TOP 100 TOP 100 TOP 100
TOP 100 TOP 100 TOP 100 TOP 100 TOP 100
TOP 100 TOP 100 TOP 100 TOP 100 TOP 100
TOP 100 TOP 100 TOP 100 TOP 100 TOP 100

colordruck Baiersbronn W. Mack GmbH & Co. KG

Digital ist die Zukunft

Die Herstellung von Verpackungen für Industriekunden ist nur einer der Geschäftsbereiche der colordruck Baiersbronn W. Mack GmbH & Co. KG. Außerdem bietet sie im Geschäftsbereich „PACKAGING SERVICE“ die Übernahme der kompletten Fertigungs- und Abpackprozesse für ihre Kunden an. Der dritte und neueste Geschäftsbereich, „PACKAGING DIGITAL“, umfasst die Produktion von Verpackungen mittels digitaler Druck- und Weiterverarbeitungstechnologie. Das Top-Management ist in die Entwicklung von Innovationen immer eng eingebunden.

„Für einen Mittelständler ist es selbstverständlich, dass die Unternehmensspitze in den Innovationsprozess involviert ist. Denn das Risiko tragen schließlich die Top-Manager“, betont der Geschäftsführer Martin Bruttel. So diskutieren er und der Geschäftsführer Mike Günther stets gemeinsam die strategische Ausrichtung des Betriebs. „Aus diesem Austausch entstehen immer gute Ideen“, erläutert er seine Erfahrung. Wichtig ist Bruttel auch ein partnerschaftliches Verhältnis zu seinen Lieferanten, mit denen er Abläufe detailliert abspricht. „Sie bringen unsere Ideen mit ihrem Wissen über unser Unternehmen weiter voran.“

Systematischer Prozess für neue Ideen

Geht es um die Verbesserung bestehender Abläufe, kommt die neu eingestellte Lean Managerin ins Spiel: Sie hat einen systematischen Prozess für das Ideenmanagement entwickelt. Jeder der Mitarbeiter kann mittels eines standardisierten Formulars Vorschläge einreichen. Deren Bewertung erfolgt in Rücksprache mit der Fachabteilung und dem Team Vorschlagswesen. Ein Vorschlag wird dabei nach einem standardisierten Punktesystem prämiert. Bei umfassenderen Vorschlägen übernimmt dann ein erweitertes Team die Aufgabe, den Innovationsprozess zu begleiten und zu überwachen.

Unabhängig und agil

colordruck Baiersbronn hat es sich auf die Fahnen geschrieben, technologisch immer ganz vorn mitzuspielen. „Um im Markt bestehen zu können, brauchen wir einen Maschinenpark auf höchstem Niveau und eine exzellente Automatisierungstechnik“, erläutert Mike Günther. Die Zahl der IT-Mitarbeiter wurde in den vergangenen drei Jahren verdoppelt. So will man die Digitalisierung und die Prozessoptimierung vorantreiben. Die beiden Geschäftsführer erwarten, dass mithilfe künstlicher Intelligenz künftig enorme Fortschritte möglich sein werden. Sie sind stolz darauf, dass ihr Unternehmen trotz zunehmender Marktkonzentration unabhängig geblieben ist und deshalb schnell und agil auf Trends reagieren kann. Und das soll auch in Zukunft so bleiben.

colordruck Baiersbronn W. Mack GmbH & Co. KG
72270 Baiersbronn
www.colordruck.net
Beschäftigte (D): über 200
Druck/Papier/Verpackung

Geschäftsführer
Mike Günther
und Martin Bruttel

CompData bietet integrierte Hard- und Softwarelösungen aus einer Hand.

CompData Computer GmbH

Die IT-Allrounder

Mehr als 40 Jahre auf dem IT-Markt zu sein, ist etwas Besonderes: Gegründet 1976, bevor es den PC überhaupt gab, bietet die CompData Computer GmbH heute Hardware, Software und IT-Services aus einer Hand an. So breit aufgestellt, kann sie für ihre Kunden, ob Bäckerei oder Textilfirma, die gesamte IT-Versorgung abdecken – vom intelligenten Server über individuelle Software bis zum Back-up in der Cloud. Das Innovationsklima kann sich sehen lassen: Die Beschäftigten sind bestens geschult und bei Problemen jederzeit zur Stelle.

Reiner Veit und sein Team leisten bei ihren Kunden in puncto Digitalisierung oft Überzeugungsarbeit: „Agile und digitalisierte Prozesse sind im Mittelstand noch immer keine Selbstverständlichkeit“, erklärt der geschäftsführende Gesellschafter. So ist man oftmals Vorreiter für die Kunden – sei es bei smarten Prozessen oder bei neuen, digitalen IT-Lösungen. Die Bandbreite des Angebots reicht von Business-Intelligence-Tools, mit denen Firmen mannigfaltige Daten intelligent zusammenführen und auswerten können, über spezielle Cloudservices mit automatisierter Buchführung und Lohnzahlung bis zu Trainings im Hinblick auf mehr Datensicherheit: „Unsere Kunden sind an ganz unterschiedlichen Punkten der Digitalisierung angelangt. Und wir passen unser Angebot jeweils an ihren speziellen Bedarf an“, sagt Veit.

Den Kunden mit Problemen nicht alleinlassen

Das Angebot dieses Mittelständlers ist deutlich vom Servicegedanken geprägt. So hat er den Anspruch, jedes IT-Problem für seine Kunden zu lösen: „Wir verkaufen nicht nur Produkte, wir kümmern uns auch um unsere Kunden“, betont der geschäftsführende Gesellschafter. Mit 360-Grad-Lösungen, die Hardware, Software sowie Dienstleistungen umfassen, bindet das Unternehmen seine Kunden oftmals über eine lange Zeit an sich. „Wir haben viele Wettbewerber, die entweder Hardware oder Software anbieten und Kunden mit ihren vielfältigen IT-Problemen dann im Einzelfall alleinlassen. Nicht so bei uns“, erklärt Reiner Veit.

Gutes Innovationsklima macht wandlungsfähig

Deshalb muss die Firma natürlich auch technologisch konsequent mit dem Markt mithalten. Der Schlüssel hierzu ist vor allem die permanente Weiterbildung aller Mitarbeiter. „Eigentlich sind bei uns immer ein paar Leute in Schulungen, derzeit natürlich vor allem online“, sagt Veit. Das ermöglicht es dem Unternehmen, in der schnelllebigen IT-Branche ganz vorn mit dabei zu sein und somit Hardware und Software in ihren Möglichkeiten für die Kunden auszureizen. Mit ihrer Wandlungsfähigkeit kann die CompData Computer GmbH so auch die nächsten 40 Jahre am Markt bestehen bleiben.

CompData Computer GmbH
72459 Albstadt
www.compdata.de
Beschäftigte (D): 51 bis 200
IT-Entwicklung/-Beratung

Geschäftsführender Gesellschafter
Reiner Veit

„Wir tauschen uns permanent in unseren Netzwerken aus.“

Reiner Veit
Geschäftsführender Gesellschafter

Sie nutzen diverse Quellen, um ein Gespür für den Markt zu bekommen. Welche sind das?
Unser Team ist eigentlich permanent mit dem Ohr am Markt: Recherchen, Innovationsveranstaltungen, Messen und Roadshows gehören zu unserem Alltagsgeschäft. Die größte Inspiration für mich persönlich sind aber die Gespräche mit Kunden und Lieferanten. Denn der Kontakt mit Anwendern und die qualifizierten Bewertungen von Marktteilnehmern bestimmen bei uns immer mit, ob eine neue Idee in die Weiterentwicklung geht. Dieser intensive Austausch ist die Basis für wirklich praxisorientierte Innovationen. Wichtig sind uns aber auch Netzwerke mit anderen Unternehmen in der Region und mit der Compass-Gruppe, einem bundesweiten Netzwerk aus regionalen Marktführern der IT-Branche.

Wie genau sieht denn Ihre Zusammenarbeit mit dem Compass-Netzwerk aus?
Die Compass-Gruppe besteht inzwischen aus 41 mittelständischen IT-Spezialisten, die ihr Wissen bündeln und vom Know-how der jeweils anderen profitieren. Es geht also vor allem um einen offenen und intensiven Austausch: Wie sehen die neuen Technologien und Produkte am Markt aus? Wie können wir sie adaptieren oder weiterentwickeln? Gemeinsam können wir das schneller und kompetenter entscheiden. Und wir wissen gemeinsam oft besser, wohin es strategisch gehen soll. Der Wettbewerb um die besten Ergebnisse liefert uns zudem eine entscheidende Benchmark. Und zuletzt spielen auch ganz konkrete Dinge eine Rolle, wie ein gemeinsamer Einkauf und die gemeinsame Zusammenarbeit mit Lieferanten.

Was sind für Sie allgemein die wichtigsten Vorteile Ihrer regen Außenorientierung?
Mit unseren vielfältigen Beziehungen und Kontakten können wir immer wieder aufs Neue ein Gespür dafür entwickeln, wie relevant bestimmte Ideen sind. Es geht uns darum, zu einer neuen Idee schon frühzeitig Rückmeldungen zu bekommen, damit wir nicht langwierig im stillen Kämmerlein in die falsche Richtung entwickeln. Durch den fachlichen Austausch und den berühmten „Blick über den Tellerrand" können wir viel besser abschätzen, welche Ideen auch zu sinnvollen Produkten und Dienstleistungen führen werden. So kommen wir schneller ans Ziel und wissen besser, was genau unsere neuen Projekte brauchen, um am Markt Erfolg zu haben.

Wie lebendige Netzwerke bei
CompData den Markterfolg sichern,
erklärt **Reiner Veit.**

TOP 100

CSP GmbH

★★

Nach dem Scheitern der Erfolg

Die Gründung des Unternehmens war zunächst eine Panne. Doch die heutige CSP GmbH, Herstellerin von Metallteilen, Sondermaschinen und Intralogistik, hat sich mehrfach neu erfunden – inzwischen hat sie sich als feste Größe am internationalen Markt etabliert. Bis heute investiert die Geschäftsführung viel Zeit in die Suche nach Trends und reagiert schnell auf neue Entwicklungen am Markt. Mit Erfolg: Rund die Hälfte des Gewinns generieren Marktneuheiten, und manche sind sogar weltweit einzigartig.

Bei diesem Unternehmen begann der Erfolg mit einem Misserfolg: Das erste Projekt zur Metallbearbeitung, für das die Firma eigens gegründet wurde, platzte. Doch anstatt alles aufzugeben, suchten sich ihre Geschäftsführer einfach neue Kunden und Geschäftsbereiche. Heute gehören neben der Metallbearbeitung auch Sondermaschinen und individuelle Lösungen für die Intralogistik zum Angebotsspektrum. Für ganz unterschiedliche Branchen, Kunden und Anforderungen fertigt die Firma fast ausschließlich Unikate und hat sich damit international einen Namen gemacht. Die Spontaneität ist ihr jedoch geblieben: „Wegen des derzeit hohen Stahlpreises haben wir uns zuletzt spontan eine Lkw-Ladung als Vorrat gesichert. Dafür wird bei uns auch mal an nur einem Vormittag die Produktion so umgebaut, dass mehr Lagerfläche entsteht“, erzählt die Geschäftsführerin Katrin Späth, die das Unternehmen heute gemeinsam mit ihrem Vater Harald Späth leitet.

Innovationsaffines Top-Management

Neben dieser Spontaneität verfolgt die Geschäftsführung konsequent eine Innovationsstrategie: „Unser gesamtes Geschäftsmodell ist darauf ausgerichtet, neue Technologien auf dem aktuellen Stand der Digitalisierung zu entwickeln. Dafür setzen wir uns kontinuierlich mit neuen Märkten und Produkten auseinander“, sagt Katrin Späth. Automatisierung, Sensortechnologie und die reibungslose Kommunikation zwischen unterschiedlichen Komponenten der Produktion sind für die Firma inzwischen eine Selbstverständlichkeit. Aktuell lotet das Team auch ein neues Projekt im Bereich der 5-G-Technologie aus.

Einzigartige Produkte

Bei dieser technologieaffinen Arbeit kommt es auch immer wieder zu Produkten, die bis heute einzigartig am Markt sind. So entwickelte das Team unter anderem eine selbstfahrende Pelletiermaschine für die Landwirtschaft, die noch auf dem Feld pelletiert. „Das spart dem Landwirt Diesel, Zeit und Kosten und ist in dieser Form weltweit konkurrenzlos“, erklärt Katrin Späth. Und es zeigt auch: Wer Rückschläge geschickt nutzt, kann ganz weit nach vorne kommen.

CSP GmbH
72539 Pfronstetten
www.csp-laser.de
Beschäftigte (D): bis 50
Anlagen-/Maschinenbau

Geschäftsführer
Katrin und Harald Späth

diemietwaesche.de ist ein Zusammenschluss von sechs inhabergeführten Familienunternehmen und bietet Dienstleistungspakete rund um die Themen Mietwäsche, Berufs- und Schutzkleidung aus einer Hand an.

diemietwaesche.de gmbh + co. kg

Grün und digital in einem Aufwasch

Arbeitskleidung zu vermieten und zu reinigen ist für diemietwaesche.de gmbh + co. kg sowohl Tagesgeschäft als auch Experimentierfeld. Ihre anspruchsvolle Vision lautet: „In Zukunft soll jedes neue Produkt innovativ sein." Mit dem Aufbau eines zentralen Entwicklungs- und Kompetenzzentrums sowie der neuen Position eines Digitalisierungsmanagers schafft die Geschäftsführung die Voraussetzungen dafür, diese Vision wahr werden zu lassen. Nachhaltigkeit steht ebenfalls im Mittelpunkt.

Ob mit Firmenlogo, mit Namen oder mit individuellen Emblemen versehen: diemietwaesche.de beschafft, vermietet, wäscht und repariert Arbeitskleidung, und zwar bundesweit. 2007 schlossen sich sechs Familienunternehmen aus unterschiedlichen Ecken Deutschlands zusammen und gründeten diese Firma. 2015 investierte man in ein zentrales Entwicklungs- und Kompetenzzentrum und damit in eine solide Basis für Innovation. „Dieses Zentrum bündelt die Erfahrungen der unterschiedlichen Standorte und verschafft uns mehr Freiheit, uns intensiv dem Thema Innovation zu widmen", erklärt der Geschäftsführer Sven Heizmann.

Klares CO_2-Ziel

Zuletzt ging es dabei auch um mehr Nachhaltigkeit. Wasser durch Aufbereitung einsparen, den Verbrauch von Waschmittel und Chemikalien reduzieren oder die Wegstrecken bei der Auslieferung optimieren: Mit etlichen Maßnahmen arbeitet der Mittelständler bereits daran, ökologische Ressourcen möglichst zu schonen. Bis 2025 will er seinen CO_2-Ausstoß um 38 % reduzieren. „Nicht viele stecken sich hier ein verbindliches Ziel", betont Heizmann. Auf seine Fortschritte ist das Unternehmen bereits jetzt stolz: „Wir verbrauchen pro Kilogramm Wäsche rund 50 % weniger Wasser und rund 65 % weniger Energie als ein Privathaushalt", sagt der Geschäftsführer.

Digitale Konzepte stärken die Kommunikation

Auch in das Thema Digitalisierung investierte die Geschäftsleitung konsequent. So brachte die Firma 2017 als Erste eine Service-App auf den Markt, mit der Kunden durch das Einscannen eines Barcodes an der Kleidung mögliche Mängel oder Änderungswünsche direkt über Datenendgeräte melden können. „Wir sind damit rund um die Uhr für unsere Kunden erreichbar", erklärt Heizmann. Patentieren lassen hat sich das Unternehmen eine digitale Lösung zum Kontrollieren von Warnschutzkleidung: „Der ‚HiVisionizer' misst die Fluoreszenz und Retroreflexion der Warnschutzkleidung und erkennt, ob sie ausgetauscht werden muss", erläutert der Geschäftsführer. 2021 soll mit der neuen Position eines Digitalisierungsmanagers ein weiterer Meilenstein in der digitalen Entwicklungsarbeit hinzukommen.

---

diemietwaesche.de gmbh + co. kg
78052 Villingen-Schwenningen
www.diemietwaesche.de
Beschäftigte (D): über 200
Mode/Textilien

Geschäftsführer
Sven Heizmann

TOP 100

TOP 100
TOP 100
TOP 100
TOP 100
TOP 100
TOP 100
TOP 100
TOP 100
TOP 100
TOP 100
TOP 100
TOP 100
TOP 100
TOP 100
TOP 100
TOP 100
TOP 100

Dr.-Ing. Max Schlötter GmbH & Co. KG

Dem Forschergeist treu geblieben

Vor mehr als 100 Jahren als „elektrochemisches Forschungslabor“ gegründet, ist die Dr.-Ing. Max Schlötter GmbH & Co. KG ihrem einstigen Forschergeist treu geblieben: Sie ist auch heute noch konsequent innovativ ausgerichtet – mit einer großen Forschungsabteilung, einem kompetenten Partnernetzwerk und einer Geschäftsführung, die sich für Zukunftsthemen begeistert. So entwickelt die Firma innovative Galvanotechnik und -anlagen für ganz unterschiedliche Branchen.

Ob Schrauben, Stühle, Smartphones oder Autos: Zahlreiche metallische Gegenstände des alltäglichen Gebrauchs profitieren von Beschichtungen, die sie robuster und haltbarer machen. Möglich macht das die sogenannte Galvanotechnik, ein elektrochemisches Verfahren, das die Dr.-Ing. Max Schlötter kontinuierlich weiterentwickelt. Dank einer großen Abteilung für Forschung und Entwicklung, in der rund ein Viertel aller Mitarbeiter tätig ist, und eines Geschäftsführers, der die großen Zukunftsthemen fest im Blick behält, entstehen immer wieder Innovationen. So stieß das Team in den vergangenen sechs Jahren rund 500 kleine und große Forschungsprojekte an und nimmt damit eine Führungsrolle in der Branche ein.

Digitalisierung als Zukunftsthema

Vor allem für das Thema Digitalisierung brennen Dr. Michael Zöllinger und sein Team, hier wollen sie auch in Zukunft weiterkommen: Die Überwachung und Optimierung von Prozessen und Energieverbrauch durch Schnittstellentechnologie, Datenanalyse und künstliche Intelligenz sind nur einige der Bausteine, die die Firma im noch relativ neuen Dienstleistungsgebiet „Smart Services“ anbieten will. Großen Erfolg hatte man bereits mit einem zukunftsträchtigen Galvanisierungsverfahren, mit dem die Kunden rund 30 % Energie einsparen: „Das ist mit Blick auf die CO_2-Bepreisung für viele Unternehmen ein klares Zukunftsthema“, sagt Zöllinger, der für seine Kunden immer ein offenes Ohr hat.

Das Know-how der anderen

Seine Kunden sind für den Geschäftsführer ohnehin die wichtigste Quelle für Innovationen: „60 % unserer Projekte gehen auf den Kundendialog zurück“, erzählt Zöllinger. Aber auch Netzwerke, öffentlich geförderte Projekte in Kooperation mit Partnerunternehmen und die Zusammenarbeit mit Fraunhofer-Instituten sind bei der Produktentwicklung ein klarer Erfolgsfaktor: „Wir profitieren dabei vom Know-how von Wissenschaftlern und Unternehmen aus anderen Bereichen“, sagt die Geschäftsführerin Dr. Stefanie Geldbach. So bleibt die Dr.-Ing. Max Schlötter technologisch für die Zukunft gut gerüstet.

Dr.-Ing. Max Schlötter GmbH & Co. KG
73312 Geislingen
www.schloetter.de
Beschäftigte (D): 51 bis 200
Chemie/Kunststoff

Geschäftsführer
Dr. Stefanie Geldbach
und Dr. Michael Zöllinger

ebm-papst ist Technologieführer bei Luft- und Antriebstechnik
mit rund 20.000 verschiedenen Produkten. Das Unternehmen ist in
vielen Branchen ein gefragter Engineeringpartner.

ebm-papst Mulfingen GmbH & Co. KG

★★

Die Schrittmacher

Man braucht sie fast überall – zu Hause, in Autos und Supermärkten, in Büros und Fabrikhallen. Die Motoren und Ventilatoren der ebm-papst Gruppe mit Hauptsitz in Mulfingen finden auf unterschiedlichen Feldern Anwendung. Eines haben sie gemeinsam: Sie sind energiesparend, kosteneffizient und auf dem neuesten Stand der Technik. Denn dieser führende Hersteller von Antriebs- und Lufttechnik macht immer wieder große Schritte in die Zukunft und setzt damit weltweite Marktstandards, auch dank eines innovationsorientierten Top-Managements.

Transportbänder, die Waren bewegen; Schranken, die sich im richtigen Moment heben; Aufzüge, deren Türen sich öffnen und schließen: Unzählige Vorgänge im Alltag brauchen kleine und große Motoren, die im Hintergrund arbeiten. Auch Ventilatoren sind aus unserem Leben gar nicht mehr wegzudenken, denn sie halten Kühltheken, Gebäude, Züge oder Busse wohltemperiert. Wenn in der Antriebs- und Lufttechnik Strom gespart wird, dann also meistens in sehr großen Mengen. Für die Geschäftsführung der ebm-papst Gruppe mit ihren deutschlandweit mehr als 6.500 Beschäftigten ist deshalb die Energieeffizienz eines der ganz großen Innovationsfelder. „Bei energiesparenden Lösungen sind wir klar Marktführer", erklärt der F&E Geschäftsführer Dr. Stephan Arnold.

Digitalisierung ohne Ende

Auch die Digitalisierung gehört zu den Megatrends, die das Unternehmen frühzeitig durchleuchtete und bis heute mit vielen innovativen Produkten aufgreift. „Unsere Technik arbeitet mit Schnittstellen und kann Aspekte wie Mechatronik, Elektronik oder Software mühelos integrieren", bestätigt Arnold. Hinzu kommen Cloud- und Sensortechnologien, die ebenfalls viele Innovationen ermöglichen – zum Beispiel um Klima- oder Heiztechnik noch effizienter und kostensparender einzusetzen. „Dafür sammeln unsere Systeme Daten von bestehenden Anlagen, lernen daraus und leiten wertschöpfende Aktionen ab", erklärt er.

Über das Tagesgeschäft hinaus denken

Dass Zukunftsthemen wie die Digitalisierung oder die Sensortechnik frühzeitig in konkrete Lösungen fließen, ist auch ein Verdienst der Geschäftsführung: 120 Mio. € und damit 5 % des gesamten Umsatzes investiert das Top-Management jährlich in die Entwicklung neuer Produkte. Hinzu kommt die Marktbeobachtung als ein weiterer wichtiger Baustein: „Unsere Kunden schätzen, dass wir uns schon heute intensiv mit den Anforderungen der kommenden Jahre beschäftigen. Dafür müssen wir uns selbst konsequent mit gesellschaftlichen Umwälzungen und technologischen Trends auseinandersetzen", unterstreicht der Geschäftsführer. Dass diese Weitsicht schon lange Früchte trägt, beweisen die 262 erteilten Patente weltweit.

ebm-papst Mulfingen GmbH & Co. KG
74673 Mulfingen
www.ebmpapst.com
Beschäftigte (D): über 200
Anlagen-/Maschinenbau

Geschäftsführer
Dr. Stephan Arnold

„Unsere Prozesse sollen Lust auf Innovationen machen.“

Dr. Stephan Arnold
Geschäftsführer

Sie haben zuletzt ihre internen Prozesse verändert. Was ist neu?
Wir haben bei uns einen ganz neuen Technologie- und Innovationsmanagementprozess, kurz TIM, eingeführt. Jeder Mitarbeiter kann sich darüber mit seinen Ideen einbringen. Der Prozess begleitet eine Neuerung durch mehrere festgelegte Stufen – von der Idee über ihre Evaluierung bis zum Markteintritt. Darüber hinaus gibt es Innovationspaten, die den jeweiligen Mitarbeiter im Innovationsprozess unterstützen. Am Ende bewertet ein Innovationsboard die Idee, und der Ideengeber darf seine Idee der Geschäftsleitung präsentieren.

Was wollen Sie mit dem TIM-Prozess erreichen?
Wir wollen damit das Thema Innovation ganz systematisch und transparent bei uns im Unternehmen verankern. Denn ich bin davon überzeugt: Nur durch die systematische Förderung von Neuerungen mithilfe der entsprechenden Prozesse schafft man es heute, wettbewerbs- und zukunftsfähig bleiben.

Wie genau stärken denn systematische Innovationsprozesse die Innovationskraft Ihres Hauses?
Neue Ideen entstehen ja nicht immer am Schreibtisch, sondern oftmals in der Freizeit, in der Natur und so weiter. Stellen Sie sich vor, ein Meister aus der Fertigung interessiert sich privat für den Drohnenflug. Da liegt ein unentdecktes Potenzial! Und das wollen wir nutzen. Deshalb kann jeder Mitarbeiter bei uns einen Innovationsanstoß geben und wird damit auch ernst genommen. Dank unseres neuen Prozesses weiß der Ideengeber außerdem immer genau, wo seine Idee gerade steht. Am Ende hat er dann die Möglichkeit, selbst an der Realisierung teilzunehmen. Es motiviert Mitarbeiter, wenn sie wissen, dass ein zukünftiges Produkt der ebm-papst aus ihrer eigenen Idee entstehen kann. Und ich bin mir sicher: Innovation gelingt nur, wenn sie Spaß macht.

Was erhoffen Sie sich von Ihren neuen Innovationsprozessen für die Zukunft?
Mit unserem neuen Innovationsmanagement wollen wir Innovation in Zukunft noch mehr auch abseits des Tagesgeschäfts fördern. Denn nur wenn die Mitarbeiter auch über ihre festgelegten Arbeitsabläufe hinaus denken können, entstehen echte Neuerungen. Und genau darum geht es uns: In Zukunft nicht mehr nur inkrementelle, sondern auch disruptive Innovationen zu fördern.

Wie neue Prozesse bei ebm-papst die Freude an Innovation und damit auch die Innovationskraft des Unternehmens fördern, erklärt **Dr. Stephan Arnold.**

Endress+Hauser ist ein weltweit führender Anbieter von Messgeräten, Dienstleistungen und Lösungen für die industrielle Verfahrenstechnik.

Endress+Hauser SE+Co. KG

Der Markt wartet nicht

Jeder Mittelständler kennt das: Innovationsprozesse müssen immer schneller in marktfähige Produkte münden. Ein Schlüssel dazu liegt in der rascheren Digitalisierung und Vernetzung aller Unternehmensbereiche. Die Endress+Hauser SE+Co. KG, weltweit führend in der Herstellung von Füllstand- und Druckmessgeräten, stellt sich dieser Aufgabe und verfolgt dabei das ehrgeizige Ziel, den damit einhergehenden Wandel weitgehend geräuschlos in der Firmen-DNA zu verankern.

„Die Digitalisierung geht weit über die bloße Einführung von Software hinaus", stellt der Geschäftsführer Dr. Peter Selders fest. „Die größte Herausforderung liegt darin, den Sinn und die Vorteile dieser tiefgreifenden Veränderung allen Mitarbeitern nahezubringen und auf diese Weise die Transformation möglichst reibungslos zu gestalten." So soll etwa ein „Innovation Lab" als Keimzelle für neue Herangehensweisen und Geschäftsmodelle dienen – und erfolgreiche Methoden ins Kerngeschäft übertragen. „Wenn das gelingt, geht das gesamte Prozedere schneller und effizienter über die Bühne", betont der Geschäftsführer.

Projektabschlüsse mehr als verdoppelt

Eine erhebliche Beschleunigung der innovativen Prozesse bewirkt zudem das sogenannte Critical-Chain-Project-Management. Dabei geht es im Kern um die Fokussierung auf Projektengpässe und die Optimierung der entsprechenden Prozesse. Das führt zu signifikant kürzeren Laufzeiten und somit zu wesentlich mehr Innovationsprojekten. „Mit dieser Methode ist es uns gelungen, die Zahl der Projektabschlüsse mit derselben Mannschaftsstärke innerhalb eines Jahres mehr als zu verdoppeln", erklärt Dr. Peter Selders.

Konflikte führen zu Ausgewogenheit

Als dritten entscheidenden Faktor für ein höheres Tempo der Innovationsprozesse nennt der Geschäftsführer die Einbeziehung der Unternehmensbereiche Forschung und Entwicklung, Produktmarketing sowie Produktion von der ersten Stunde an. „Die Abstimmung untereinander muss stets gewährleistet sein." In der Praxis sieht das so aus: Jedes Projekt ist mit Teilprojektleitern aus diesen Unternehmensbereichen und einem unabhängigen Hauptprojektleiter besetzt. Dessen Aufgabe ist es, die Interessen aller Beteiligten zu wahren und die unvermeidlichen Zielkonflikte zu moderieren. „Diese Konflikte muss es geben", erläutert Dr. Peter Selders, „sonst kommt man nicht zu einer ausgewogenen Sicht und damit auch nicht zur besten Lösung."

Endress+Hauser SE+Co. KG
79689 Maulburg
www.endress.com
Beschäftigte (D): über 200
Automatisierungs-/Verfahrenstechnik

Geschäftsführer
Dr. Peter Selders

„Wir möchten unsere Mitarbeitenden dazu ermutigen, neue Wege zu gehen."

Dr. Peter Selders
Geschäftsführer

Weshalb legen Sie so großen Wert darauf, Ihre Mitarbeitenden in Innovationskompetenz zu schulen?
Das wichtigste Ziel ist für uns, unseren Mitarbeitenden mehr Selbstständigkeit zu ermöglichen und ihnen mehr Eigenverantwortung zu übertragen. Auf diese Weise möchten wir sie dazu ermutigen, neue Wege zu gehen und sich selbst und ihre Innovationsfähigkeit zu entfalten. So erschließen sich ihnen größere Handlungsspielräume, was sich wiederum positiv auf das gesamte Unternehmen und auf seine Innovationskraft auswirkt. Wir möchten alle Mitarbeitenden durch die Schulungen dazu einladen, ihre Aufgaben nicht nach stringenten Vorgaben und Schema F zu erledigen, sondern Kreativität zu entwickeln und Prozesse aktiv mitzugestalten. Denn nur so, glauben wir, kann Neues entstehen.

Welche Inhalte werden dazu vermittelt?
Zunächst geht es um die eben erwähnten Soft Skills als Basis für alles Weitere. Das stärkt das Selbstvertrauen in die eigenen Fähigkeiten. Im nächsten Schritt stellen wir sicher, dass alle unser Unternehmenskonzept und das große Ganze im Blick haben. Denn um Ideen gezielt entwickeln zu können, muss ich den Sinn von Innovation erkennen. Im Kern geht es darum, die Bedürfnisse der Kunden genau zu verstehen. Und damit unsere Mitarbeitenden neue Ideen für die Kunden generieren können, geben wir ihnen in den Schulungen einen Werkzeugkasten an die Hand, der mit Innovationsmethoden und -instrumenten bestückt ist.

Wie wirkt sich das in der Praxis konkret aus?
Unsere Programme lassen ein gemeinsames Grundverständnis von Innovation entstehen, woraus sich wiederum unternehmerisches Denken und Handeln ableitet. Jedem Einzelnen wird seine Rolle und seine Verantwortung innerhalb der Innovationslandschaft klarer. So können unsere Mitarbeitenden mehr zu einer erfolgreichen Beidhändigkeit unseres Unternehmens beitragen: also das bestehende Portfolio kontinuierlich weiterentwickeln und es trotz seiner enormen Breite effizient steuern und gleichzeitig mittels agiler Methoden neue Geschäftsmodelle und Ideen finden.

Warum die Vermittlung von Innovationskompetenz an die Mitarbeitenden zum guten Innovationsklima bei Endress+Hauser beiträgt, erklärt **Dr. Peter Selders.**

Die Unternehmen der ETO GRUPPE stellen innovative Aktoren und Sensoren her und setzen damit Standards für modernste Fahrzeuge und Anlagen.

ETO MAGNETIC GmbH

★★★★

Vom Bodensee in die ganze Welt

1948 wurde die ETO MAGNETIC GmbH gegründet. Damals produzierte die noch kleine Firma so ziemlich alles, was aus Draht und Strom magnetische Felder erzeugte, zum Beispiel Transformatoren. Irgendwann kamen dann magnetische Steuerventile für Nutzfahrzeugbremssysteme hinzu, die lange Zeit das Kerngeschäft des Betriebs bildeten. Heute entwickeln und produzieren rund 1.000 Beschäftigte am Standort und mehr als 1.000 Beschäftigte bei den Schwestergesellschaften elektromagnetische Ventile, smarte Module und Sensoren für Kunden weltweit.

Der Sprung in die internationale Spitzengruppe der Branche gelang mit gut durchdachten Innovationsprozessen und einem engagierten Top-Management um den Geschäftsführer Dr. Michael Schwabe. „Wir wollen die Welt lebenswert erhalten, etwa in den Bereichen sichere und effiziente Mobilität, Industrieproduktion, Kommunikation, Medizintechnik und Umweltsensorik", sagt er über die Zukunftsvisionen seiner Firma.

Gut vernetzt

Dr. Michael Schwabe leitet das Business-Development und ist für die Weichenstellungen im Haus verantwortlich. Auf seine Intiative hin entstand der neue Bereich Unternehmensentwicklung & Strategie: Das mittlerweile 17-köpfige Team beschäftigt sich mit neuen Produktfeldern, neuen Geschäftsbereichen und digitalen Technologien. Außerdem koordiniert Dr. Schwabe ein Forschungsteam aus 20 Mitarbeitern, die für ETO MAGNETIC an insgesamt 10 Forschungsinstituten arbeiten. „Die Mitarbeit in externen Teams ist eine Win-win-Situation", sagt er. Vernetzung ist ihm generell wichtig. „Gerade arbeiten wir mit 11 Partnern an dem Projekt ALFRIED. Mit intelligenten Leitpfosten wollen wir schon bald autonomes Fahren mit sehr hohen Sicherheitsstandards ermöglichen", erläutert der Geschäftsführer.

Innovationsfindung mit System

Zu den gut durchdachten Innovationstools des Betriebs gehört der „Inno Funnel": Wie in einem Trichter laufen hier Innovationsideen zusammen. Jeder Mitarbeiter hat jederzeit Zugriff auf eine Box. Darin enthalten sind Zeit- und Buchungsgutschriften von bis zu 63.000 € sowie Anleitungen, etwa zum Thema Unterstützung, und Kontakte zu Mentoren, die je nach Bedarf als Paten zur Seite stehen. Die einzige Vorgabe ist, dass die Idee spätestens nach sechs Wochen in einer Präsentation vorgestellt wird. Alle Mitarbeiter sind dazu eingeladen und stimmen über den Vorschlag ab. Ist die Mehrheit dafür, gibt es weitere Zeit- und Geldgutschriften und einen weiteren Präsentationstermin. Am Ende des Funnels, also nach vier Phasen, entscheidet die Geschäftsführung über den weiteren Umgang mit der Idee. Der Erfolg gibt Dr. Michael Schwabe und seinem Team recht: ETO MAGNETIC nennt stolze 121 nationale und 349 internationale Patente sein Eigen.

ETO MAGNETIC GmbH
78333 Stockach
www.etogruppe.com
Beschäftigte (D): über 200
Automobilzulieferer/Fahrzeugbau

Geschäftsführer
Dr. Michael Schwabe

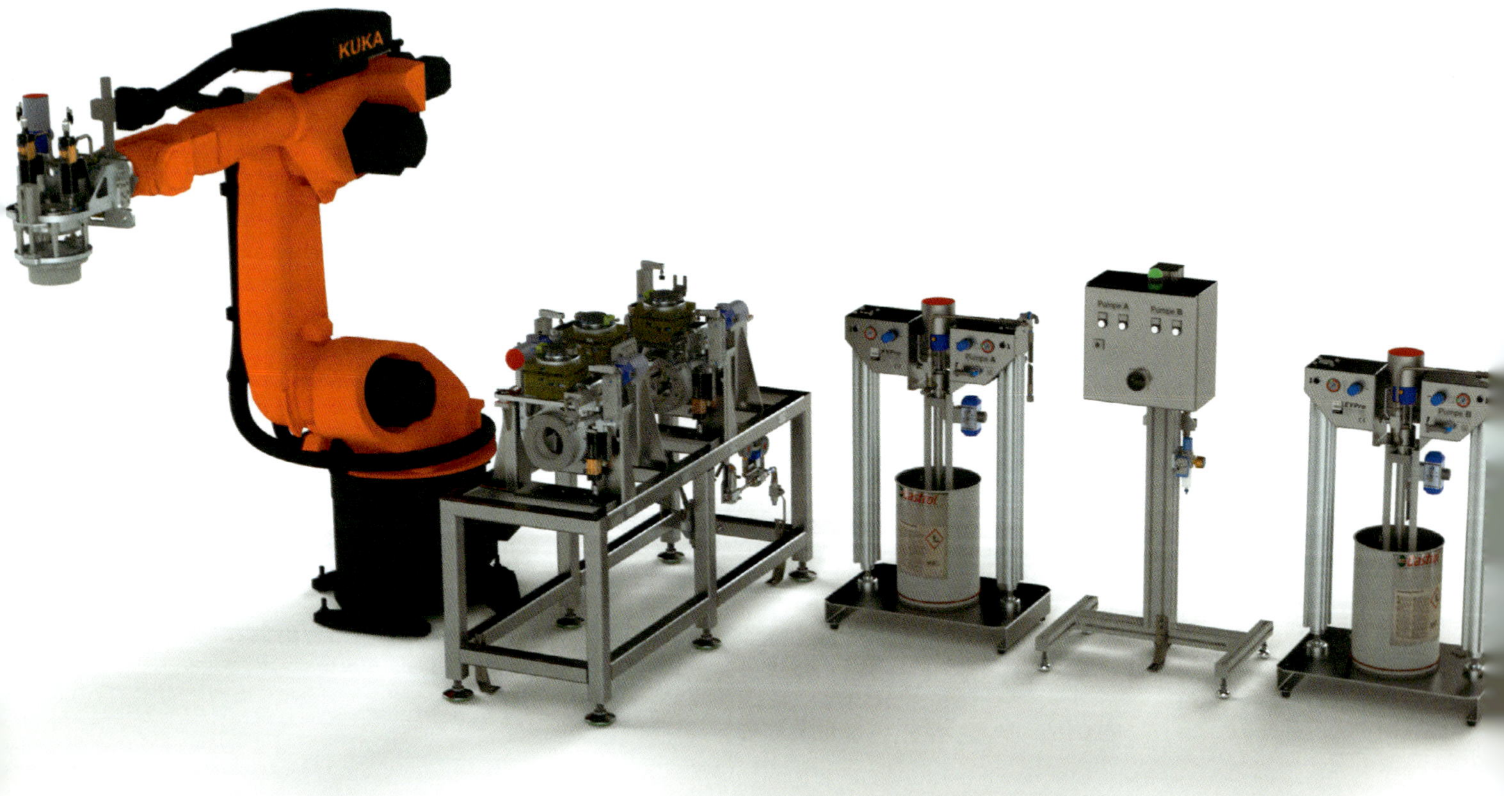

Ob in der Dosiertechnik, der Automatisierungstechnik oder der Prüftechnik: EYPro setzt Maßstäbe im Maschinenbau – so auch mit einer Dosierstation für autarke Roboteranwendung.

EYPro Mugrauer & Schnele GmbH

★★★★★★

Design-Thinking auf der Ostalb

Das Wort „Fortschritt“ steckt gewissermaßen schon im Namen der EYPro Mugrauer & Schnele GmbH, denn er steht für „Engineering Your Progress“. Dies ist auch das Motto der beiden Geschäftsführer Alexander Mugrauer und Markus Schnele, die das Unternehmen 2009 gemeinsam gründeten. Heute entwickeln und fertigen sie mit ihren 19 Beschäftigten Dosier-, Montage- und Prüfanlagen für rund 100 Kunden weltweit. Die kommen aus der Medizintechnik, der Prozessindustrie, der Bahnsicherheitstechnologie oder aus dem Automobilsektor.

Der Innovationserfolg des Mittelständlers mit Sitz im Ostalbkreis wird dadurch sichtbar, dass er international zur Spitzengruppe der Branche zählt und in Deutschland sogar die Nummer eins ist. Ausschlaggebend dafür ist nicht nur das innovationsorientierte Top-Management, sondern auch die kreativen Innovationsprozesse im Haus: Sie katapultieren neue Ideen der Mitarbeiter schnell in Richtung Marktreife.

Anregende Arbeitsumgebung

2019 entschieden sich die Geschäftsführer für den Umzug in ein neues Firmengebäude, bei dem das Hallenlayout und die Büroräume in 3-D entwickelt und gestaltet wurden. Inspiriert wurden sie durch einen Field-Trip mit TOP 100 ins Silicon Valley: „Die Idee des Design-Thinking hat es uns angetan. Das Ziel ist es, unsere Mitarbeiter mittels einer neuen Arbeitsumgebung zu ungewöhnlichen Ideen anzuregen“, sagt Mugrauer. So gibt es im neuen Gebäude etwa den „D-School-Room“. Dieser Präsentationsraum ist mit einer überdimensionierten Malwand ausgestattet, Stühle mit angebauten Tablaren stehen verteilt im Raum; und es gibt ein fest installiertes VR-System, das bei Bedarf sofort verwendet werden kann. „Durch die Variabilität des Raums erhoffen wir uns variable, freie und kreative Gedanken“, erklärt Mugrauer.

Kundenkontakt auf neuem Level

In diesem Raum werden Workshops, Konstruktionsbesprechungen und Anlagenabnahmen mit den Kunden abgehalten. Sie erleben die Konstruktionen dank VR-Brille auf einem neuen, interaktiven Level und somit in ihrer vollen Konstruktionstiefe. „So können unsere Kunden alle Details erkunden. Die Greifwege der Mitarbeiter oder Zugänglichkeiten für die Instandhaltung werden konkret und vorstellbar. Änderungswünsche können dadurch genauer benannt und in einem sehr frühen Stadium des Projekts kostengünstig erfüllt werden“, erklärt Markus Schnele. Der Erfolg all dieser Maßnahmen kann sich sehen lassen: Dank daraus entstandenen neuen Geschäftsfeldern waren die Auftragsbücher auch im Coronajahr 2020 gut gefüllt, Kurzarbeit war nicht nötig. Die Hälfte des aktuellen Umsatzes generierte EYPro mit innovativen Verbesserungen der vergangenen drei Jahre. Wahrlich ein Innovationserfolg!

EYPro Mugrauer & Schnele GmbH
73450 Neresheim
www.eypro.de
Beschäftigte (D): bis 50
Anlagen-/Maschinenbau

Geschäftsführer
Markus Schnele und Alexander Mugrauer

TOP 100 TOP 100 TOP 100 TOP 100 TOP 100

TOP 100 TOP 100 TOP 100 TOP 100 TOP 100

TOP 100 TOP 100 TOP 100 TOP 100 TOP 100

TOP 100 TOP 100 TOP 100 TOP 100 TOP 100

TOP 100 TOP 100 TOP 100 TOP 100 TOP 100

TOP 100 TOP 100 TOP 100 TOP 100 TOP 100

TOP 100 TOP 100 TOP 100 TOP 100 TOP 100

Fluck Holzbau GmbH

★★★

Das Gute kommt aus Kirchturmnähe

Nach dem Geheimnis seines Erfolgs gefragt, antwortet der Zimmerermeister und staatlich geprüfte Betriebsmanager Florian Fluck ebenso prägnant wie treffend: „Ich bin von Haus aus innovativ.“ Dafür spricht das stete Wachstum der von ihm gegründeten und geleiteten Fluck Holzbau GmbH mit Sitz im badischen Blumberg. Das Unternehmen gilt im Schwarzwald und in der benachbarten Nordschweiz als führend beim ökologisch nachhaltigen Bau von Holzgebäuden mit Rohstoffen und Produkten aus der Region.

In nur zwölf Jahren hat Florian Fluck sein Unternehmen von einer herkömmlichen Manufaktur mit einer Handvoll Mitarbeiter zu einem weitestgehend automatisiert fertigenden mittelständischen Handwerksbetrieb geformt. Für private Bauherren sowie für gewerbliche und kommunale Auftraggeber errichtet die Fluck Holzbau GmbH im Umkreis von ungefähr Hundert Kilometern schlüsselfertige Häuser jeglicher Größenordnung aus dem nachwachsenden Rohstoff Holz. Verwendet werden grundsätzlich Erzeugnisse aus der Region, um die Transportwege kurz zu halten – neben Bäumen aus heimischen Wäldern betrifft dies auch natürliche Dämmstoffe, den Innen- und Außenputz, die Sanitärausstattung sowie Fotovoltaik und moderne Stromspeicher. „Um den Kirchturm herum einkaufen“, nennt Fluck sein ressourcenschonendes Konzept, das ihm bei Kunden und Lieferanten einen beträchtlichen Reputationsgewinn beschert.

Innovationsmanagement im Team

Neue Ideen treibt der Geschäftsführer immer schon gern selbst voran, inzwischen tut er dies allerdings längst nicht mehr allein. Mit seinen praxisorientierten Projektleitern für die Sparten Planung und Holzbau bildet er ein sogenanntes „Visionsteam“. „Unser Gremium ist gut eingespielt und erweist sich als sehr effizient“, erklärt Florian Fluck. „Mit Blick auf mögliche neue Projekte trennen wir die Spreu vom Weizen – wir nehmen nur das in Angriff, was letzten Endes alle für zukunftsfähig halten.“ Dieses „Visionsteam“ geht auf eine Anregung branchenerfahrener, externer Berater zurück. Fluck zieht sie hinzu, um Prozesse in seinem expandierenden Unternehmen zeitgemäß zu gestalten. „Ihr sachkundiger Blick hilft, nicht betriebsblind zu werden“, betont der Geschäftsführer.

Potenziale erkennen und nutzen

Die damit gewonnenen Spielräume nutzt Florian Fluck geschickt: Er unterstützt als Entwicklungspartner eines namhaften Maschinenbauers die Konstruktion fortschrittlicher und kostensparender Betriebstechnik – auch im eigenen Interesse. Und als zertifizierter Gebäudeenergieberater verhilft Fluck seinen Holzhaus-Bauherren zu Fördermitteln aus öffentlicher Hand, die nicht zuletzt auch dem eigenen Betriebsergebnis zugutekommen.

Fluck Holzbau GmbH
78176 Blumberg
www.fluck-holzbau.de
Beschäftigte (D): bis 50
Baugewerbe/Handwerk

Geschäftsführer
Florian Fluck

Friedmann Grossküicheneinrichtung GmbH

Großküche? Friedmann!

Wo gute Speisen und Getränke auf den Tisch kommen, muss hinter den Kulissen die Technik stimmen. Seit 1975 realisiert die Friedmann Grossküicheneinrichtung GmbH zeitgemäß ausgestattete Arbeitsbereiche für Spitzenköche. Auf die Kompetenz dieses Familienunternehmens bauen Sternerestaurants sowie Betriebs- und Systemgastronomen in ganz Europa. Am 2017 neu bezogenen Firmensitz pflegt der Inhaber Sebastian Friedmann ein Innovationsklima, das der Belegschaft beste Bedingungen für Planung, Entwicklung und Kundenservice bietet.

Diese Küchenexperten mit Sitz in der Ortenau agieren als Berater, Händler und Hersteller. Sie analysieren die komplexen Abläufe in den Arbeitsräumen ihrer Kunden, um anschließend beim Umbau und Modernisieren zu helfen oder Großküchen komplett neu mit technischen Geräten auszustatten. Einen Teil der dafür nötigen Komponenten bezieht man von bewährten Partnern, Induktionsherde werden selbst hergestellt. Die Riege der Eigenprodukte wird 2021 zudem um Kühlmöbel erweitert. Um mehr Unabhängigkeit bei der Fertigung zu gewinnen, lässt Sebastian Friedmann die Eigenfabrikate neuerdings in höherer Stückzahl im eigenen Haus produzieren. „Engpässe bei Lieferanten haben bei manchen unserer Projekte zu Verzögerungen geführt", erklärt er. „Dank der Produktion im neuen Firmengebäude passiert uns das nicht mehr. Und in den nächsten Jahren werden wir mit strukturellen Veränderungen das Ineinandergreifen der Abteilungen noch weiter verbessern."

Freiraum für Kreativität

Das Hervorbringen innovativer Produkte und Dienstleistungen ist im Betrieb als gemeinsame Aufgabe definiert. Mitarbeiter aus Vertrieb, Produktion, Montage und After-Sales-Service unterbreiten regelmäßig Verbesserungsvorschläge, der Geschäftsführer und seine Führungskräfte klopfen sie in wöchentlichen Meetings auf ihr Potenzial hin ab. „Es kommt durchaus vor, dass meine Einschätzung sich nicht durchsetzt und ich mich füge", räumt Friedmann ein. „Mehrfach hat sich das im Nachhinein als richtig herausgestellt. Bei uns wird frei gedacht, und es macht mir Spaß, die Kreativität der Leute anzuregen."

Erfolg mit fortschrittlichem Produkt

Einigkeit herrscht hinsichtlich der Marktchancen eines von Friedmann neu in den Markt eingeführten neuartigen Be- und Entlüftungssystems: Es filtert potenziell schädliche Keime aus der Küchenluft, und ein integrierter Wärmetauscher bewirkt in Profiküchen so viel Energieeffizienz, dass deren gesamter CO_2-Ausstoß sich um bis zu 80 % verringert. Die ersten beiden der mehrere Hunderttausend Euro teuren Geräte wurden im April 2021 bei Kunden installiert, etliche weitere sind bereits bestellt.

Friedmann
Grossküicheneinrichtung GmbH
77791 Berghaupten
www.friedmann.de
Beschäftigte (D): 51 bis 200
Handel

Geschäftsführer
Sebastian Friedmann

Friedmann entwickelt anspruchsvolle und effiziente Lösungen für Großküchen – von der Planung über die Realisierung bis zur Montage. Auch Erweiterungen, Umbauten oder Modernisierung gehören zum Portfolio.

G&G Beschläge GmbH

Druckguss wie von Geisterhand

Bis zu 1,5 Milliarden Möbel- und Baubeschläge pro Jahr entstammen dem Werk der in Nagold ansässigen G&G Beschläge GmbH. Abnehmer in aller Welt beziehen die aus einer Zinklegierung gegossenen Teile direkt oder über Zwischenhändler. Das inhabergeführte mittelständische Unternehmen bietet kostengünstig fertigenden Konkurrenten aus Asien und Osteuropa seit jeher mit konsequent vorangetriebenen Prozessinnovationen Paroli – zuletzt mit Automatisierung und Digitalisierung nach dem Prinzip der Industrie 4.0.

Wer in den letzten Jahrzehnten jemals einen IKEA-Schrank zusammengebaut hat, ist wahrscheinlich ohne es zu wissen mit Produkten der G&G Beschläge GmbH in Berührung gekommen. Denn 1988 eröffnete einer der beiden Firmengründer, der der Erfinder des Exzenter-Verbindungsbeschlags war, die Firma als Konstruktionsbüro zur Entwicklung innovativer Beschlagtechnik für Mitnahmemöbel. 1989 begann dann die Erfolgsgeschichte dieser württembergischen Gießerei. Sie stellt bis heute Beschläge dieser Art als Teil ihres breiten Sortiments her; nicht mehr als alleiniger Anbieter, jedoch nach wie vor in immensen Stückzahlen. 1996 übernahm der Maschinenbauer und Betriebswirt Ralf Nesch die Leitung der Firma. Er setzte eine Restrukturierung in Gang, die mit der Modernisierung des Maschinenparks begann und zuletzt in vollständig automatisierte Abläufe in der Produktion und in der Logistik mündete.

Automatisierung und Digitalisierung

Ralf Nesch versteht sich als treibende Kraft für Innovationen, dabei steht ihm inzwischen ein ausschließlich damit beschäftigtes dreiköpfiges Team zur Seite. Hervorgebracht hat er ein Produktionsmodell, das in der Branche seinesgleichen sucht: Die Firma baut alle ihre Maschinen selbst und entwickelt deren Steuerung weiter, seit 2007 verknüpfen zentrale Server die Anlagen miteinander. „Bei uns hat die Industrie 4.0 schon Einzug gehalten, bevor darüber etwas in der Zeitung stand", erklärt Nesch stolz. Und er ergänzt: „All unsere Bestrebungen richten sich auf das bestmögliche Preis-Leistungs-Verhältnis. Ich kenne keinen vergleichbaren Betrieb, der mit weniger Personalkosten unsere Topqualität gewährleistet. So können die Erträge für die hohen Investitionen erwirtschaftet werden, die unseren Standort dauerhaft sichern."

Meilensteine erreicht

Seit 2019 ist das Projekt der mannlosen Fertigung abgeschlossen. Mit nur noch drei Mitarbeitern pro Schicht für die Prozessüberwachung, das Rüsten der Maschinen und die Qualitätssicherung produziert die G&G Beschläge GmbH gegenwärtig im 3-Schicht-System 20 Tonnen Fertigware pro Tag. Und auch im nahegelegenen Logistikzentrum mit seinen 3.500 Palettenplätzen muss vor dem Versand beim Verpacken, Kommissionieren und Etikettieren kein Mitarbeiter mehr die Teile in die Hand nehmen.

G&G Beschläge GmbH
72202 Nagold
www.gg-hardware.com
Beschäftigte (D): bis 50
Zinkdruckguss/Formenbau

Geschäftsführer
Ralf Nesch

G&G produziert Verbindungsbeschläge und Sonderteile aus Zinkdruckguss und Kunststoffspritzguss. Die Gründungsidee der Firma war die Produktion von Exzenterbeschlägen im Jahr 1988 – heute ist G&G das führende Unternehmen in der Branche.

Die Georg Reisch GmbH & Co. KG ist eine regional verankerte Baufirma, die auf eine mehr als 80 Jahre erfolgreiche Geschichte zurückblicken kann. Sie konzentriert sich auf ökologisches Bauen.

Georg Reisch GmbH & Co. KG

★★★★★

Am Anfang die Idee, am Ende das Gebäude

Ein wesentlicher Grund für die Innovationserfolge der Georg Reisch GmbH & Co. KG liegt darin, dass sie wichtige Trends im Baugewerbe früh erkennt und für sich zu nutzen weiß. So konzentriert sich dieser Firmenverbund mit Sitz in Bad Saulgau derzeit vor allem auf energieeffizientes Bauen sowie auf komplett selbst geplante und realisierte Objekte. Mit der Fertigstellung des neuen Münchner Volkstheaters hat er gerade das größte und prestigeträchtigste Projekt seiner Geschichte erfolgreich abgeschlossen.

Das in dritter Generation familiengeführte Unternehmen deckt seit einiger Zeit den gesamten Prozess von der Entwicklung eines Konzepts für eine Immobilie über ihre Planung bis zu ihrem Bau ab. Auf Wunsch wird auch das Gebäudemanagement übernommen. Als vorläufigen Höhepunkt dieser Entwicklung sieht der Geschäftsführer Andreas Reisch den Neubau des Münchner Volkstheaters: „Ich kenne kein Bauprojekt im Kulturbereich, das die öffentliche Hand je an eine mittelständische Firma unseres Zuschnitts vergeben hat", sagt er. Stolz verweist er auch darauf, dass Deutschlands modernster, 130 Mio. € teurer, Theaterbau bis zur Übergabe an die bayerische Landeshauptstadt absolut im Kosten- und Zeitplan geblieben ist. Überhaupt hält Reisch Planen und Bauen als ganzheitlichen Vorgang für zukunftsträchtig: „Im Sinne unserer Kunden wollen wir dabei aus Kostengründen möglichst viel systematisieren und standardisieren, ohne die Qualität und die Individualität aus den Augen zu verlieren."

Nachhaltig bauen wird immer wichtiger

Ein zunehmend wichtiges Geschäftsfeld sind energieeffiziente Häuser, und dort wiederum steigt die Nachfrage nach dem Ökobaustoff Holz deutlich. „Früher beschränkte sich das auf Individualisten", sagt der Geschäftsführer. „Inzwischen liegt die Zahl der aus Holz errichteten Eigenheime, Kitas oder Schulen aber weit höher als man denkt." Deshalb experimentiert man bei Georg Reisch derzeit mit innovativen Holzbauweisen und -baustoffen mit Blick auf eine ideale Schall- und Wärmedämmung mehrgeschossiger Immobilien.

Mit gutem Beispiel voran

Das nachhaltige Wirtschaften hat das Management auch intern verankert: Seit 2018 zertifiziert der TÜV Rheinland die Reisch-Gruppe als klimaneutral. „Wir reduzieren unseren CO_2-Footprint, wo immer es uns möglich ist", erklärt Andreas Reisch. „Das beginnt mit selbst erzeugtem Strom aus Fotovoltaikanlagen und reicht bis zum Kauf energiesparender Kühlschränke für Bauwagen. Weil unsere Bagger aber nach wie vor Diesel verbrennen müssen, kompensieren wir das mit Zahlungen an ein großes Aufforstungsprogramm in Indonesien."

Georg Reisch GmbH & Co. KG
88348 Bad Saulgau
www.reisch-bau.de
Beschäftigte (D): über 200
Baugewerbe/Handwerk

Geschäftsführer
Andreas Reisch,
Wolfgang Müller und
Hans-Jörg Reisch

GPI-Service-Center – bAV-Konzepte für den Mittelstand GmbH & Co. KG

Präsenz und digitaler Service im Einklang

Das Consulting der GPI-Service-Center – bAV-Konzepte für den Mittelstand GmbH & Co. KG war bislang ausschließlich auf Präsenztermine ausgelegt. In jüngster Zeit gelang es den Consultants, ihre internen und externen Prozesse so zu digitalisieren, dass die Kunden und Partner maximal vernetzt werden und eine stärkere Außenorientierung möglich wird. Dennoch bleiben persönliche Zusammentreffen weiterhin wichtig. Der Schlüssel zum Erfolg: ein Innovationsklima, dessen Resultate sich im Jahresergebnis mit 400.000 € widerspiegeln.

Das Angebot dieses Beratungshauses richtet sich an erfolgreiche Mittelständler. Mit digitalisierten Kommunikationsprozessen hat es sein Netzwerk aus Unternehmens-, Steuer- und Rechtsberatern sowie führenden Versicherungsmaklern und Finanzdienstleistern mit seinen Kunden und Partnern verbunden: Mittels CRM System und über neue Onlinekundenportale bietet dieser Spezialist für betriebliche Altersversorgung innovative Services für Kunden und Interessenten an, zum Beispiel eine Mittelstandsgemeinschaft mit kostenlosen Webinaren.

Kreatives Denken und Handeln

Der wesentliche Treiber für diese Neuausrichtung ist das hervorragende Innovationsklima des Hauses. So dürfen bei GPI alle Mitarbeiter einschließlich der Auszubildenden 25 % ihrer Arbeitszeit dafür einsetzen, eigene Ideen zu entwickeln. Etwa 80 % von ihnen nutzen diese Option mit sehr guten Resultaten. Um die Schnittstellen zwischen gemeinsamen Arbeitsabläufen zu verbessern, etablierte man eine interne Plattform zum Austausch von Informationen. „Das Ergebnis war fantastisch. Wir konnten alle Schnittstellen und somit auch die Ergebnisse unserer Prozesse ganz maßgeblich optimieren“, erläutert der Geschäftsführer Georg Pamboukis. Zusätzliche Anreize für die Mitarbeiter entstehen durch finanzielle Boni, erweiterte Kompetenzen, den Zugang zu Aus- und Weiterbildungsangeboten und durch eigene Firmenwagen.

Erfolg durch Kooperation

In allen Phasen der Entwicklung von Vermarktungs- und Interaktionswerkzeugen wirkten die Marketing- und Vertriebsverantwortlichen des GPI-Service-Center mit. Bei geplanten Innovationen befragt es frühzeitig seine Kunden und Partner, um das Angebot best möglich auf die Zielgruppe zuschneiden zu können. „Unsere Firmenkunden sind beim Thema ‚betriebliche Altersversorgung‘ auf Augenhöhe mit Konzernen und großen Wettbewerbern. Dazu gehört selbstverständlich auch weiterhin der persönliche Austausch“, betont Georg Pamboukis.

GPI-Service-Center – bAV-Konzepte für den Mittelstand GmbH & Co. KG
72202 Nagold
www.bav-konkret.de
Beschäftigte (D): bis 50
Finanzdienstleistungen/
Versicherungen

Geschäftsführer
Georg Pamboukis

Grimm ist ein Generalunternehmen und realisiert schlüsselfertige Bauvorhaben. Zum Leistungsangebot zählen zudem Gipser- und Stukkateurarbeiten, Trockenbau, Hoch- und Tiefbau, Gerüstbau, Estricharbeiten und die Altbausanierung.

Grimm GmbH

Pionier am Bau

Wenn es um den Bau mit allen Gewerken geht, hat bislang wohl kaum jemand an digitalisierte Prozesse gedacht. Die Grimm GmbH in Maselheim jedoch hat genau dies getan – und ist damit eine Pionierin auf dem Gebiet digitalisierter Prozesse rund um den Bau. Das Top-Management dieses familiengeführten Bauunternehmens hat es sich zum Ziel gesetzt, den gesamten Zyklus eines Gebäudes, von der ersten Skizze bis zur Inbetriebnahme, digital zu koordinieren. So entstehen Haus- oder Büroneubauten auf optimierte und effiziente Weise.

„Wir haben bei uns mit der digitalen Transformation längst begonnen. Mit neuen Technologien, agiler Zusammenarbeit und einer Start-up-Kultur sind wir schon einen Schritt weiter als der Rest der Baubranche“, berichtet Julius Grimm. Er leitet im Top-Management das Business-Development und verantwortet gemeinsam mit den Geschäftsführern Paul und Werner Grimm die Digitalstrategie. Um Daten, Technologien und handwerkliches Wissen zusammenzuführen, hat man in eine eigene Softwareproduktion investiert und alle Beschäftigten mit Tablets ausgestattet.

Optimale Koordination

Im Rahmen des digitalisierten BIM-Prozesses, abgekürzt für Building-Information-Modeling, platziert sich das Unternehmen als Schnittstelle zwischen allen Einzelplänen rund um ein geplantes Gebäude. Dabei fließen sämtliche planungs- und umsetzungsrelevanten Informationen in eine stets synchronisierte Datenbasis ein. So lassen sich die entsprechenden Daten am Computer in einen dreidimensionalen Plan integrieren: die Pläne der Architekten und Ingenieure, die Daten der Gebäudetechniker und Elektriker sowie die Gesamtkonzeption von Grimm als Bau- und Generalunternehmer. So entsteht für alle Beteiligten eine hohe Transparenz mit maximaler Planungs- und Kosteneffizienz – die Projektkosten und die Bauprozesse lassen sich auf diese Weise optimal steuern.

Einblick in die virtuelle Realität

Ein wesentlicher Teil der innovativen 3-D-Konzeption dieses Mittelständlers ist der „Rundgang“ der Auftraggeber durch ihren geplanten Haus- oder Büroneubau mithilfe einer Virtual-Reality-Brille. Dabei können sie sich einen ersten Eindruck von den Räumlichkeiten machen und sich auch die vorgesehenen Bodenbeläge, Wandfarben sowie Bad- und Küchenelemente ansehen. Auf Wunsch kann zu diesem Zeitpunkt an der Ausstattung noch etwas geändert werden. „So steigern wir die Produktivität und senken die Projektkosten. Und das freut uns! Schließlich sehen wir uns in der Verantwortung, die ökonomische, ökologische und soziale Zukunft unserer Gesellschaft mitzugestalten“, sagt Julius Grimm

Grimm GmbH
88437 Maselheim
www.grimm-maselheim.de
Beschäftigte (D): bis 50
Baugewerbe/Handwerk

Geschäftsleitung
Paul, Julius
und Werner Grimm

Gutekunst entwickelt und produziert Federn aus Bandmaterial sowie Drahtbiegeteile und Rechteckfedern. Die Kunden der Firma kommen hauptsächlich aus der Automobilindustrie und dem Maschinenbau.

Gutekunst Formfedern GmbH

Wachsen in der Nische

Spezialisten konzentrieren sich voll auf ihren Markt, weil sie ihr Gebiet verstehen wie kein anderer – und gerade dadurch erschließen sie sich oftmals neue Märkte. Das zeigt auch das Beispiel der Gutekunst Formfedern GmbH. Sie zählt zu den führenden Federnherstellern Europas und verfügt über eine einzigartige Expertise in der Konstruktion, der Projektierung und der Produktion von Spezialfedern. Diesen Status hat sich der Mittelständler mit Sitz im Schwarzwald vor allem durch seinen Fokus auf eine gute Außenwirkung verschafft.

Gutekunst – der Name allein wäre schon Programm. Doch nur gut zu sein reicht dem Familienunternehmen in Pfalzgrafenweiler nicht: Dem Top-Management geht es zudem um Wachstum in der Nische und darum, die Sichtbarkeit der Firma nach außen zu erhöhen. „Wir wollen uns nicht abschotten, sondern unsere Innovationskraft auch deutlich zeigen“, sagt der Geschäftsführer Hagen Gutekunst. Einen Imagegewinn hat Gutekunst vor allem mit einem eigenen Blog für Studenten, Techniker oder Ingenieure erzielt, in dem regelmäßig interessante Themen in Sachen Federnkonstruktion und -produktion behandelt werden.

Ein formvollendetes Ideenreich

„Damit haben wir aktuell den Einstieg in die Medizin- und die Umwelttechnik geschafft. Dieses Geschäftsfeld wollen wir nun weiter ausbauen“, erklärt Gutekunst. Jede Branche stellt andere Anforderungen an die Form der Federn und an die Behandlung der Oberfläche. In der Medizintechnik müssen die kleinen Helfer zum Beispiel strengen Handhabungs- und Hygienevorschriften entsprechen und intensiven Reinigungsprozessen standhalten. Die Federn von Gutekunst findet man in Krankenhäusern im OP-Besteck, in Apparaten und Beleuchtungskörpern oder in speziell entworfenen Metallclips zur Beschriftung.

Die Krise als Chance genutzt

Inzwischen hat sich dieser Federnexperte vom reinen Produzenten zum Dienstleister entwickelt und punktet mit einem hervorragenden Innovationsklima: Die Mitarbeiter können eigene Ideen einbringen und sich zudem an deren Weiterentwicklung beteiligen. Dabei hilft die Kultur des „offenen Büros“ mit Großraumbüros, in denen auch die Geschäftsleitung sitzt. Auf diese Weise wird die Kommunikation intensiviert und die Scheu der Mitarbeiter minimiert. „Dank der hohen Eigenmotivation entstehen viele neue Ideen, zuletzt in der Coronakrise etwa die des Neueinstiegs in den österreichischen Markt“, sagt Hagen Gutekunst. Einzigartigkeit kann man nur selbst schaffen – auch das macht diesen Spezialisten aus.

Gutekunst Formfedern GmbH
72285 Pfalzgrafenweiler
www.formfedern.com
Beschäftigte (D): 51 bis 200
Metallverarbeitung

Geschäftsführer
Hagen Gutekunst

Der Armaturen- und Brausenspezialist Hansgrohe gehört mit weltweit rund 4.700 Beschäftigten zu den Global Playern der Sanitärbranche.

Hansgrohe SE

★★★★★

Die Zukunft baut auf Tradition

Das Bad wird immer mehr zu einer Verwöhnzone und einem Raum für den Ausgleich zur Hektik des Alltags. Der Armaturen- und Brausenhersteller Hansgrohe SE in Schiltach beschäftigt sich schon seit 120 Jahren mit der Kultivierung des Wassers und schafft es dank eines innovationsfördernden Top-Managements, den Erfindergeist wach zu halten. Dafür stehen 15.000 aktive Schutzrechte. Die Strategie: Der Brausenspezialist hüllt seine Ideen in außergewöhnlich schöne Formen und integriert gleichzeitig moderne Technik ins Design.

Das Streben nach Innovation ist tief in der DNA von Hansgrohe und seinen 4.714 Beschäftigten verankert. Mensch, Wasser und Nachhaltigkeit prägen das Handeln der Gruppe. „Wir betreiben Innovationsmanagement, um die Lebensqualität des Einzelnen zu verbessern", erklärt der Vorstandsvorsitzende Hans Jürgen Kalmbach. Er sorgt dafür, dass im „Innovations Lab" interdisziplinäre Teams große Freiheit in der Erarbeitung von Konzepten genießen. Das Ziel ist es, weltweit besondere Momente mit Wasser zu bieten. Alle drei Monate gibt es fixe Meilensteintermine, bei denen die Teams ihre Fortschritte präsentieren. Ein „Innovation-Board" entscheidet dann, welche Konzepte weiterverfolgt und welche gestoppt werden.

Einklang von Vision und Kerngeschäft

Die Erfolgsquote ist hoch, denn diese Schwarzwälder machen ein Drittel ihres Umsatzes mit Produkten, die maximal drei Jahre alt sind. Das Kerngeschäft wird aber nicht vernachlässigt. Zwar suchen Mitarbeiter jenseits davon nach neuen Wachstumsmöglichkeiten, doch gleichzeitig optimieren spezielle Teams das Bisherige. Die Zukunft baut also immer auch auf Tradition. Das Top-Management hat Anlaufstellen für Nachwuchstalente in Schanghai, Amsterdam, Istanbul und London eingerichtet, um keine Entwicklung zu verpassen. Gemeinsam mit der Universität St. Gallen werden zudem explizit „Digitale Transformer" im Unternehmen ausgebildet, die in ihrem Arbeitsumfeld den digitalen Wandel vorantreiben sollen.

Produktangebot kontinuierlich erweitern

Die Kunst von Hansgrohe, aktuellste Technik perfekt in das Design zu integrieren, spiegelt sich auch in der neuen Armaturenkollektion von „AXOR One" wider – entwickelt mit den britischen Designern Edward Barber und Jay Osgerby. Die eigentliche Technik der Armaturen wird dabei quasi unsichtbar unter dem Waschtisch verbaut, die Bedienung ist einfach, intuitiv und hochpräzise – und die Optik kann sich sehen lassen. Das und vieles mehr beweist: Mit einem innovationsfördernden Top-Management können Ideen weiter in die gewünschte Richtung fließen.

Hansgrohe SE
77761 Schiltach
www.hansgrohe-group.com
Beschäftigte (D): über 200
Klima/Sanitär/Heizung

Vorstandsvorsitzender
Hans Jürgen Kalmbach

Helmut Fischer GmbH Institut für Elektronik und Messtechnik

Erfolg ist messbar

Richtigkeit, Präzision und Zuverlässigkeit: Darauf kommt es in der Messtechnik an. Seit 1953 entwickelt die Helmut Fischer GmbH hochwertige Geräte zur Schichtdickenmessung, Materialanalyse, Werkstoffprüfung und Mikrohärtebestimmung für die unterschiedlichsten Industrien und Anwendungen. Der Fokus des innovationsorientierten Top-Managements auf Forschung und Entwicklung hat zur Technologieführerschaft dieser Firma geführt – nicht zuletzt dank des guten internen Innovationsklimas.

Das Top-Management setzt auf besondere Strategien zur Innovationsförderung. Dazu gehört: Die Projekt-Innovationsteams werden immer wieder neu gemischt. Sie setzen sich nicht nur aus klassischen Entwicklern und Laborleitern zusammen, sondern auch aus interessierten Mitarbeitern und Schlüsselkunden. „Innovative Methoden werden bei uns bis ins Top-Management eingesetzt und propagiert. Dadurch erhalten sie schon eine verbesserte Akzeptanz", sagt der Geschäftsführer Dr. Martin Leibfritz. Man konzentriert sich kompromisslos auf die Qualität der Produkte und verbindet sie mit einem konsequenten Service für die Altgeräte. Das hat die Helmut Fischer GmbH eindeutig im Premiumsegment platziert.

Biotop mit Freiräumen

Die Firma steht zudem für ein gutes Innovationsklima, in dem sich Ideen entwickeln können. Damit eine Idee ungehindert wachsen kann, gibt es kein festes Format. Diese Freiheit lohnt sich: Ohne eine explizite Aufforderung des Managements haben sich die Mitarbeiter etwa um die Realisierung einer Know-how- und Innovationsplattform gekümmert. Seitdem hat sich die Verwirklichung neuer Ansätze deutlich beschleunigt. Das hilft auch in der Coronakrise: Die Messtechniker fokussierten sich früh auf alternative Marktsegmente und den intensiven Dialog mit ihren Kunden. So führte die konsequente Verwendung digitaler Medien und die Bereitstellung von Webinaren und Applikationsschulungen trotz Lockdown zu einem spürbar verbesserten Auftragseingang.

Duale Präsenz fördert Innovationen

Am Standort Deutschland arbeiten mehr als 20 % der 372 Beschäftigten in der Forschung und Entwicklung in enger Kooperation mit Universitäten und Instituten. Das Unternehmen setzt auf eine duale Präsenz: Außer am Stammhaus in Sindelfingen entwickelt es einzigartige Röntgenoptiken im Wissenschafts- und Technologiepark Adlershof in Berlin. Die sogenannten Polykapillare werden in den „Premium-X-RAY"-Geräten der Helmut Fischer GmbH verwendet. Sie sind die Voraussetzung dafür, dass auch an nur 20 µm großen Mikrostrukturen zuverlässige Schichtdickenmessungen möglich sind – ein messbarer Erfolg!

Helmut Fischer GmbH Institut für Elektronik und Messtechnik
71069 Sindelfingen
www.helmut-fischer.de
Beschäftigte (D): über 200
Mess-/Prüftechnik

Geschäftsführer
Dr. Martin Leibfritz

TOP 100

Hermann Peter KG Baustoffwerke

Schon immer auf Sand gebaut

Sand ist nach Wasser der am meisten benötigte Rohstoff der Welt, denn ohne Sand gibt es keinen Beton. Man braucht ihn auch zur Herstellung von Produkten wie Zahnpasta, Glas, Solarzellen, Lebensmittel, Schleif- oder Putzmittel. Aber mit Abstand am meisten Sand wird in der Bauindustrie benötigt. Seit 1932 ist die Kernkompetenz der Hermann Peter KG mit Hauptsitz in Rheinau die Produktion von Baustoffen. Das Unternehmen überzeugt mit einem innovationsfördernden Top-Management und einer nachhaltigen Ausrichtung.

„Innovation ist ein fester Bestandteil unserer Philosophie, denn ohne sie wären wir sicherlich nicht mehr auf dem Markt", erklärt der Geschäftsleiter Christian Peter. Das zeigt sich auch an der Historie: 1962 gründete die Firma einen Zweigbetrieb in Niederrimsingen. Zehn Jahre später begann sie damit, Kalksandsteine ins Sortiment aufzunehmen. Seit 1968 liefert das Unternehmen außerdem Transportbeton in Rheinau aus. Im neuen Transportbetonwerk in Niederrimsingen kann auf zwei Ladestraßen mit zwei Mischern in nur acht Minuten 15 Kubikmeter Beton hergestellt werden. Und das an 365 Tagen im Jahr. Mittels Betonmischfahrzeugen wird er direkt zu den Baustellen geliefert.

Vorreiter bei Bauschuttrecycling

Dank flacher Hierarchien ist die Geschäftsleitung sehr nah dran an den Mitarbeitern und den Kunden und kann somit schnell auf neue Trends reagieren. Zudem profitiert der Mittelständler von einem für die Branche hohen Digitalisierungsgrad. In Zeiten knapper Rohstoffe hatte man zudem schon früh den Blick dafür, einen Teil des Bedarfs durch Recycling zu ersetzen: Im benachbarten Freistett werden Kalksandsteine hergestellt und gleich auf das exakte Maß geschnitten. Der Verschnitt wird gar nicht erst gebrannt, sondern gleich wieder dem Produktionsprozess zugeführt. Außerdem bereitet man zukünftig Bauschutt in einer neuen Anlage so auf, dass er etwa als Beimischung für Pflastersteine wiederverwendet werden kann. „Sparsamer mit Ressourcen umgehen, das ist die Zukunft", betont Christian Peter.

Dialog mit Naturschützern

Um den Standort zu sichern, muss die Firma immer wieder neue Abbauflächen erschließen, wie jüngst in Niederrimsingen. Das birgt Konflikte mit Naturschützern. Der Geschäftsführer Thomas Peter initiierte deshalb die Kommunikationsplattform KIWI, „Kieswirtschaft im Dialog" und holte ganz unterschiedliche Parteien an den runden Tisch, um den späteren Wert der Gewinnungsstätten zu verdeutlichen: Baggerseen, die renaturiert werden, gelten heute als wichtige Bausteine für den Artenschutz.

Hermann Peter KG Baustoffwerke
77866 Rheinau
www.hermann-peter.de
Beschäftigte (D): 51 bis 200
Baugewerbe/Handwerk

Die Unternehmerfamilie

Heureka Business Solutions GmbH

Künstliche Intelligenz für die Logistik

Kleiner werdende Losgrößen, eine zunehmende Artikelvielfalt, niedrige Produktlebenszyklen und steigende Lohnkosten – das sind die Herausforderungen in der Logistik. Die Heureka Business Solutions GmbH ist ein Software- und Beratungshaus und hat sich auf die Digitalisierung und die Optimierung der Intralogistik mithilfe künstlicher Intelligenz spezialisiert. Mit LOS hat dieses einstige Start-up eine Software entwickelt, die Logistik- und Warenströme steuert, Kostentreiber erkennt und eigenständig eliminiert.

Für den Menschen wird es immer schwerer, in der Logistik die kognitive Kontrolle über den Materialfluss zu behalten. Hier setzt die KI-gesteuerte modulare Lageroptimierungssoftware LOS von Heureka an, die an beliebige Lagerverwaltungssysteme angebunden werden kann. Sie optimiert die Intralogistik mittels selbstlernender Prozesse, indem das dynamische Kundenverhalten permanent analysiert und daraufhin der Materialfluss optimiert wird. Dabei werden mehr als 400 Faktoren miteinander verknüpft und pro Minute rund eine Million Simulationen durchgeführt, um bei jeder Informationsänderung den kostengünstigsten Materialfluss zu gewährleisten.

Effektive Kostensenkung

„Mit unserer Software steigern wir die Performance der Kunden und senken die Kosten nachweislich um mehr als 20 %", erklärt der Geschäftsführer Richard Lessau, der das Unternehmen gemeinsam mit dem Mathematikprofessor Raymond Hemmecke leitet. LOS ermöglicht es somit jeder Firma, ihre Wettbewerbsfähigkeit zu erhöhen. Die Softwareinnovation aus dem Hause Heureka kann aber noch mehr. So errechnet sie, welche Aufträge noch eingehen werden, und zeigt an, wie sich der Materialfluss in den nächsten Stunden gestalten wird. „Unsere Changemanager achten bei den Kundenprojekten darauf, dass alle Beteiligten abgeholt, mitgenommen und einbezogen werden", sagt Lessau, der intern die Innovationsprojekte fördert und vorantreibt, aber auch offen ist für Impulse von außen.

Innovationsfördernde Prozesse

Im Innovationsteam des Hauses arbeiten Mathematiker, Informatiker und Quantenphysiker, um Hochleistungsalgorithmen auszubauen und zu standardisieren. Die Software ist schon heute in der Lage, mit rudimentären Logistikdaten umfangreiche Optimierungen vorzunehmen. Der Clou ist jedoch: Die Technikabteilung entwickelt fahrerlose Transportsysteme oder Augmented-Reality-Lösungen – nicht etwa, um sie zu vermarkten, sondern um die Optimierungssoftware darauf auszurichten. Da verwundert es nicht, dass zahlreiche Global Player zu den Kunden von Heureka zählen.

Heureka Business Solutions GmbH
72793 Pfullingen
www.heureka-solutions.com
Beschäftigte (D): bis 50
Verkehr/Logistik

Geschäftsführer
Richard Lessau

IKA-Werke GmbH & Co. KG

★★★★★

111 Jahre und kein bisschen müde

Als dieses Unternehmen das Licht der Geschäftswelt erblickte, herrschte in Deutschland noch ein Kaiser. Staub angesetzt hat die IKA-Werke GmbH & Co. KG in ihrer Ehrfurcht gebietenden Vita nicht – im Gegenteil: Das Familienunternehmen mit Hauptsitz im badischen Staufen ist heute weltweit die Nummer eins in der Labor- und Prozesstechnikbranche. Einen großen Anteil am Firmenerfolg hat das Top-Management, denn es beschränkt sich nicht aufs Verwalten, sondern treibt das Innovationsgeschehen kontinuierlich voran.

„Wir sind heute mit elf Standorten auf vier Kontinenten präsent. Produktinnovationen sind bei IKA selbstverständlich, und das seit 111 Jahren", sagt der geschäftsführende Gesellschafter René Stiegelmann. Als Beleg kann er eine ganze Reihe von Geräten ins Feld führen, die aus den Forschungslaboren dieser Welt nicht mehr wegzudenken sind. Allein 2018 bis 2020 haben diese Südbadener mit zahlreichen Produktverbesserungen und drei Weltneuheiten von sich reden gemacht, darunter ein Elektrosynthese-System, das die synthetisch-organische Chemie ökologisch nachhaltig mit der Elektrochemie verbindet.

Chefsache Innovation

Dirigiert wird der Ideenreigen von René Stiegelmann, Erhard Eble und Werner Kanzinger. Unterstützt von Bereichsverantwortlichen, legen die drei Geschäftsführer die strategischen Schwerpunkte fest. Im Auge haben sie dabei stets die Technologieführerschaft. So hat man beispielsweise frühzeitig mit Eigenprodukten wie der Software „labworldsoft" auf den Trend zum digitalen Labor reagiert und Virtual Reality so erfolgreich eingesetzt, dass aus dem Spin-off ein eigenständiges Unternehmen gegründet wurde. Auch am Geschäftsmodell wird stetig getüftelt. In den letzten Jahren, berichtet Stiegelmann, habe die Führung das Portfolio zielstrebig so ausgebaut „dass wir dem Kunden nicht nur ein Produkt, sondern ganze Problemlösungen anbieten können".

Meilensteine und mehr

Diese rasante Gangart wäre ohne feste Strukturen undenkbar. Große Sorgfalt verwendet die Führung daher auf die interne Organisation. Die ist von kurzen Entscheidungswegen und Freiräumen geprägt, damit sich das kreative Potenzial entfalten kann. Begleitet werden die Entstehungsprozesse von Meetings, bei denen neben dem Management und Vertretern der Abteilungen auch externe Wissenschaftler mit am Tisch sitzen. Klar definierte Abläufe und ein Meilensteinsystem sorgen dann dafür, „dass das fertige Produkt auf allen Gebieten qualifiziert ist", erläutert der Geschäftsführer. Das sind gute Voraussetzungen dafür, die ehrgeizigen Pläne des innovationshungrigen Mittelständlers voranzubringen. Im Visier hat IKA als nächstes die boomende Life-Science-Branche.

IKA-Werke GmbH & Co. KG
79219 Staufen
www.ika.de
Beschäftigte (D): über 200
Pharma/Labortechnik

Gesellschafter
Pascal, Marcel und René Stiegelmann

Infoscan GmbH

Weniger Papier ist mehr

Endlich Schluss mit der Papierflut! Manche mögen sich noch an diesen Stoßseufzer erinnern, der durch das Vordringen von Computer und Co in Büros und Amtsstuben ausgelöst wurde. Die Realität sieht jedoch bis heute oft anders aus. Heißer Tipp für Abhilfe sind hier die Dienste der Infoscan GmbH: Der Digitalisierungsspezialist im badischen Sinsheim befreit Firmen von Papierbergen und hat zudem kreative Lösungen parat, mit denen sich Prozesse elektronisch auf Trab bringen lassen.

Das ist heute fast schon ein Muss: „Unternehmen ohne digitale Tools und elektronische Akten geraten im Tagesgeschäft schnell an ihre Grenzen", erklärt der Geschäftsführer Reinhard Bayer. Und er weiß, wovon er spricht: Seit mehr als 30 Jahren unterstützt diese IT-Dienstleistungsfirma mit selbst entwickelter Software Betriebe und Behörden bei der digitalen Transformation. Zur optischen Belegverarbeitung sind mittlerweile weitere innovative Leistungen hinzugekommen, beispielsweise die Digitalisierung täglicher Belege oder kompletter Archive.

Digitaler Posteingang

Die Digitalisierungsexperten übernehmen auf Wunsch alle Prozessschritte: angefangen beim Transport von Unterlagen durch den eigenen Kurierdienst in ein Scanzentrum bis hin zur zertifizierten Vernichtung. Zudem bietet das Unternehmen, das neben dem Sinsheimer Hauptsitz zwei weitere Zentren in Bayern und NRW betreibt, Lagerflächen für eine sichere Langzeitarchivierung. Auf die dort gelagerten Dokumente haben die Kunden jederzeit Zugriff, digital oder physisch. Zusammengeführt werden alle Elemente im „digitalen Posteingang", der Leistungen wie Scannen, Sachbearbeitung oder Digitalarchivierung zu einem kompletten Workflow vereint. „Das erlaubt es Nutzern, von überall aus auf ihre Dokumente zuzugreifen und sinnvoll in Prozessen zu arbeiten – auch mit mobilen Endgeräten", sagt Bayer.

Nächstes Level

Verantwortlich für solche Lösungen ist die hauseigene IT-Abteilung: Sie entwickelt Software, die genau auf die Bedürfnisse der Kunden zugeschnitten ist. Die Qualität der so entstandenen Dienste überzeugt offenkundig den Kundenkreis, zu dem Schwergewichte wie Daimler und Bosch, aber auch Mittelständler und öffentliche Verwaltungen gehören. Doch Luft nach oben sieht der Geschäftsleiter Holger Sajok allemal. Gerade Corona habe vielen vor Augen geführt, dass Digitalisierung mehr ist als die Vernetzung von Maschinen. „Zum nächsten Level gehört auch ein digitales Management", meint er. Gute Aussichten also für die Wachstumspläne dieser Badener, die ihr Geschäftsgebiet ins Ausland ausdehnen wollen.

Infoscan GmbH
74889 Sinsheim-Reihen
www.infoscan.de
Beschäftigte (D): über 200
IT-Entwicklung/-Beratung

Geschäftsführung
Holger Sajok und
Reinhard Bayer

J. Wagner ist einer der weltweit führenden Hersteller von Beschichtungstechnik zur Veredelung von Oberflächen mit Pulver- und Nasslacken, Farben und anderen flüssigen Materialien.

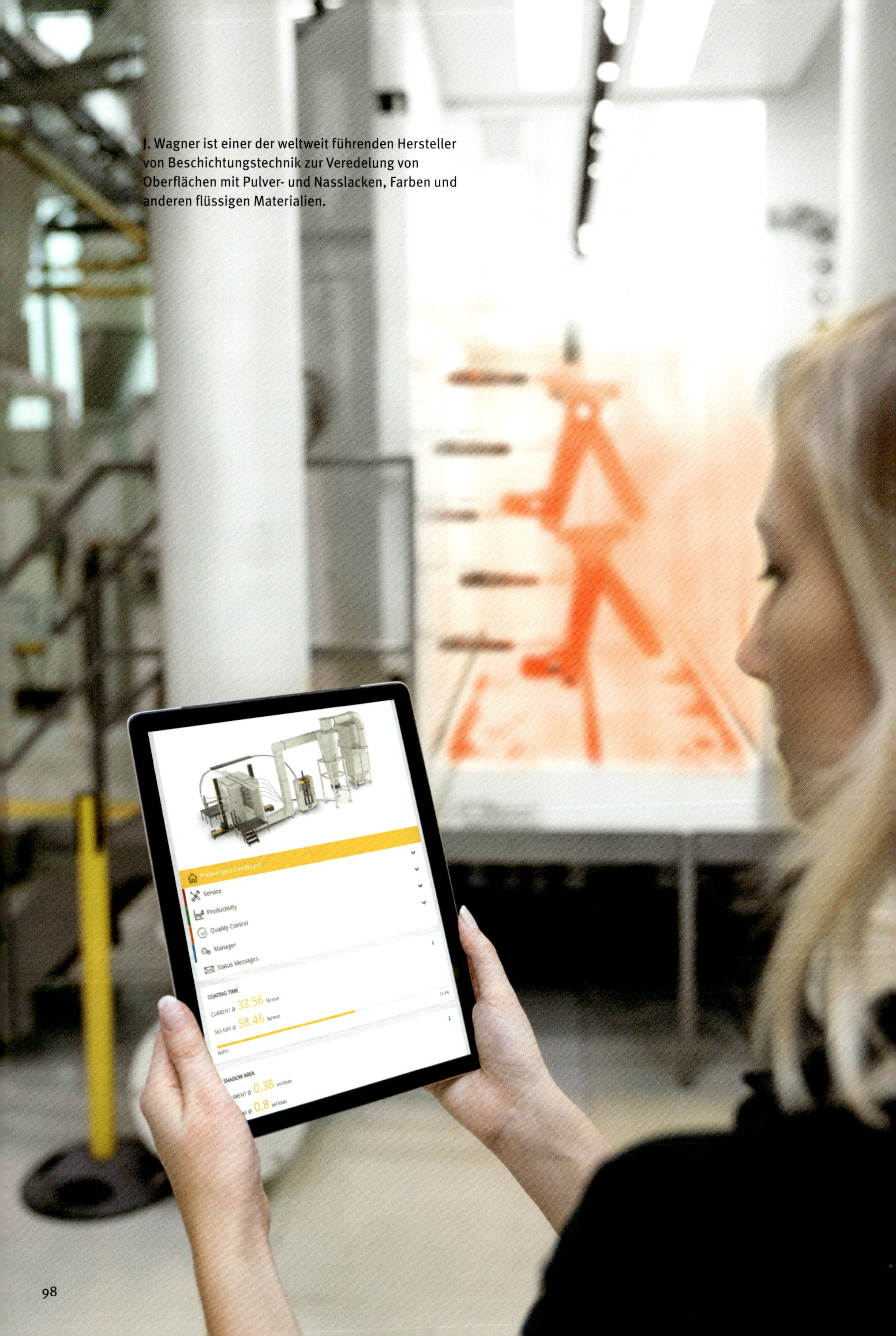

J. Wagner GmbH

★★

Die Oberflächenveredler vom Bodensee

Kann das gutgehen? Ein Unternehmen, das sich Meriten mit Technologien für das Beschichten von Oberflächen verdient, will auch in der Kosmetikbranche mitmischen. Im Fall der J. Wagner GmbH darf man zuversichtlich sein: Der Maschinenbauer mit Hauptsitz in Markdorf nahe dem Bodensee hat das Zeug dazu, sich dieses zusätzliche Geschäftsfeld zu erschließen. Das ist nur eines der ehrgeizigen Projekte, die derzeit gestemmt werden, auch dank innovativer Prozesse und Organisationsmethoden.

Bekannt ist dieser Mittelständler als einer der führenden Hersteller von Geräten und Anlagen, mit denen Pulver, Lacke und Farben auf Oberflächen aufgebracht werden. Sein Portfolio reicht von der Heimwerker-Sprühpistole bis zum industriellen Beschichtungssystem. Von jeher zeichnet die bereits 1947 gegründete Firma Innovationsdrang aus, jetzt legt sie noch einige Schippen drauf: „Mit unserer Unternehmensstrategie ‚Winnovation 2025' streben wir auf dem Gebiet der Nass- und Pulverapplikationen nichts Geringeres an als die Technologieführerschaft", sagt der Geschäftsführer Dr. Bruno Niemeyer.

Von der Felge zur Kosmetik

Früchte hat das Einschwören der Belegschaft auf Innovation schon getragen: darunter beispielsweise eine webbasierte Plattform, mit der sich Beschichtungsanlagen intelligent visualisieren lassen, oder eine multilinguale Service-App für die Nutzer von Wagner-Industrieprodukten. Gleich ein neues Geschäftsmodell soll nun aber mit dem Projekt „IONIQ Skin" etabliert werden. Denn dieser Hersteller nutzte das für die Felgenbeschichtung erworbene technologische Know-how dazu, ein Hautpflege-Sprühgerät auf Ionenbasis zu entwickeln. Seit Mai 2021 offeriert das eigens dafür gegründete Corporate-Start-up das neuartige Produkt samt der dazugehörigen Kosmetik.

Strukturiert Freiraum schaffen

Möglich werden derartige Innovationsschübe durch Prozesse und Methoden, die einerseits mit klaren Strukturen bewirken, dass erfolgversprechende Ideen nicht verpuffen, andererseits aber auch flexibel genug sind, Raum für ein kreatives Denken zu schaffen. Um beidem gerecht zu werden, hat man ein ausgefeiltes Instrumentarium von aufeinander abgestimmten Prozessschritten geschaffen. Es stellt sicher, dass von der Idee bis zur Markteinführung alle relevanten Faktoren, etwa Kundenbedürfnisse oder Technologieanforderungen, berücksichtigt werden. Zu schöpferischem Brainstorming lädt hingegen der vor einiger Zeit gegründete Inkubator „freiraum" ein. „Er ist Ort und Instrument für Einzelne und Teams zur Entfaltung von Ideen für zukünftige Produkte und Dienstleistungen", sagt Niemeyer. Dort wurde, richtig geraten, auch die Hautpflege-Idee ausgebrütet.

J. Wagner GmbH
88677 Markdorf
www.wagner-group.de
Beschäftigte (D): über 200
Anlagen-/Maschinenbau

Geschäftsführer
Dr. Bruno Niemeyer

Josef Häufele GmbH & Co. KG

Zu neuen Ufern

Dieser Betrieb taugt zum Musterbeispiel dafür, wie viel Erneuerungspotenzial im Mittelstand schlummert. Als der Josef Häufele GmbH & Co. KG, ehemals Herstellerin landwirtschaftlicher Lüftungs- und Einrichtungstechnik, der Absatzmarkt wegbrach, erfand sie sich quasi neu. So nutzte dieses in Erbach nahe Ulm angesiedelte Familienunternehmen das in Jahrzehnten angehäufte Fachwissen für einen Aufbruch zu neuen Ufern. Mittlerweile sorgen seine Anlagen in vielen Fabrikhallen und Büros für gute Umgebungsbedingungen.

„Höchst innovativ" sei der vom Vater vor 70 Jahren gegründete Betrieb schon immer gewesen, sagt der Geschäftsführer Josef Häufele. Schon in den 1960er-Jahren gehörte der Mittelständler zu den Vorreitern beim Bau und bei der Weiterentwicklung von bis dahin unbekannten Dunstkaminen in Tierställen. Später machte man durch den Einsatz von Wärmetauschern von sich reden und setzte Maßstäbe beim Einsatz elektronisch regulierter Anlagen. Am daraus resultierenden wirtschaftlichen Erfolg indes nagt heute die Veränderung der Rahmenbedingungen: Politische Entscheidungen etwa machen Exporte in den wichtigen osteuropäischen Raum unmöglich, derweil auf den heimischen Agrarmärkten Lüftungstechnik zunehmend weniger nachgefragt wird, weil die Tierhaltung an Bedeutung verliert und sich die Haltungsformen drastisch verändern.

Radikaler Kurswechsel

Als Antwort verordnete Häufele seiner Firma einen Transformationsprozess. Der verlagert im Agrarsektor den Fokus von der Lüftungs- auf die Trocknungstechnik. Vor allem aber erschließt er ganz neue Kundenkreise: Gezielt arbeiten diese Lüftungstechniker nun daran, ihre Angebotspalette für den Einsatz in Gewerbegebäuden zu ertüchtigen. Dazu werden nicht nur die bewährten Produkte entsprechend modifiziert, man konzipiert auch neue Anlagensysteme. Zudem wurde das Leistungsspektrum über das Lüften hinaus aufs Heizen, Kühlen und Dämmen ausgedehnt. Ein Hauptaugenmerk gilt dabei der umweltfreundlichen Wärmerückgewinnung und Kühlung.

Beitrag zur Luftdesinfektion

Auf Nachhaltigkeit achtet der Mittelständler auch in den eigenen vier Wänden: Die im Werk installierte Fotovoltaikanlage liefert mehr Energie als verbraucht wird, den gesamten Wärmebedarf deckt man über Grundwasserwärmepumpen ab. Außerdem regte die Coronakrise zu einem konstruktiven Beitrag an: „Wir haben unser lufttechnisches Wissen für die Entwicklung eines Umluftreinigungsgeräts genutzt", erzählt Häufele. Mit Erfolg: Mithilfe von UV-Technologie vernichtet das jüngst auf den Markt gebrachte „HAKA-AirClean"-Gerät Bakterien und Viren – „mit einem Wirkungsgrad von bis zu 99,99 %".

Josef Häufele GmbH & Co. KG
89155 Erbach
www.HAKA-lueftungstechnik.de
Beschäftigte (D): bis 50
Anlagen-/Maschinenbau

Geschäftsleitung
Wladimir Volkenstern, Katharina Gärtner und Josef Häufele

Die Josef Häufele GmbH ist spezialisiert auf Lüftungs- und Klimaanlagen für den gewerblichen Sektor. Sie bietet alles aus einer Hand – von der Beratung und Planung bis zur Inbetriebnahme.

TOP 100

TOP 100 TOP 100 TOP 100 TOP 100
TOP 100 TOP 100 TOP 100 TOP 100 TOP 100
TOP 100 TOP 100 TOP 100 TOP 100 TOP 100
TOP 100 TOP 100 TOP 100 TOP 100 TOP 100
TOP 100 TOP 100 TOP 100 TOP 100 TOP 100
TOP 100 TOP 100 TOP 100 TOP 100 TOP 100
TOP 100 TOP 100 TOP 100 TOP 100 TOP 100

Kaiser Ingenieurbüro GmbH

Smart Engineering

Innovation ist ihre Profession: Schon seit mehr als 35 Jahren entwickeln die Fachleute der Kaiser Ingenieurbüro GmbH die unterschiedlichsten mechatronischen Produkte. Zur Kundschaft des Mittelständlers mit Sitz in Endingen am Kaiserstuhl gehören kleinere Firmen in der Region ebenso wie Großkonzerne rund um den Globus. Diese Engineeringexperten sind nicht nur Ideengeber, sie fertigen und testen auch Prototypen. Und selbst Kleinserien können produziert werden.

Der erste MP3-Player, die erste Generation des Xenonlichts, das erste tragbare D-Netztelefon – alles Entwicklungen aus dem Hause KIB, wie sich das Kaiser Ingenieurbüro abgekürzt nennt. Der Geschäftsführer Holger Ebin listet gemeinsam mit dem Gründer Bernd Kaiser einige Highlights der Firmenhistorie auf. Zu Hause in vielen Branchen, etwa in Industrietechnik und Automotive, haben sich die beiden in jüngster Zeit vor allem in der Medizintechnik einen Namen gemacht. Für Pharmafirmen entwickelt man Inhalatoren und andere medizinische Gerätschaften. Zu den Innovationsprojekten auf diesem Gebiet gehört eine „smarte Toilette", berichtet Ebin: Darin verbaute Sensoren analysieren Urinwerte wie Leukozyten, Eiweiß oder Glukose und senden die Ergebnisse via Bluetooth an eine Smartphone-App.

Gesteuerte Prozesse

Für die Entstehung solcher zukunftsweisenden Produkte reichen Geistesblitze allein nicht aus, davon ist Ebin überzeugt. Gefragt seien vielmehr systematische Planung, Steuerung und Kontrolle. Die Innovationsprozesse bei KIB bleiben deshalb nicht dem Zufall überlassen: Wöchentlich setzen sich das Entwicklerteam und die Geschäftsführung zusammen, um die Projektfortschritte zu prüfen. Viel kosten lässt man sich überdies die Infrastruktur: Ein modernes Labor, 3-D-Drucker inklusive, schafft die Voraussetzungen dafür, die erdachten Konzepte ausgiebig zu testen. Zudem leistet man sich einen Werkzeug- und Formenbau, der den Ingenieuren bei der Erprobung von Prototypen „quasi jeden Wunsch erfüllt", so Kaiser. Der zusätzliche Nutzen: Spritzgussteile können in Kleinserie hergestellt werden.

Vorteil Reinraum

Die Anschaffung von zwei Reinräumen im Jahr 2020 macht den Prototypenbau und die Kleinserienfertigung nun auch für den Medizintechniksektor möglich. Die Herstellung und Montage von Teilen und Geräten im Reinraum verschafft den Pharmakunden einen riesigen Vorteil, weil sie ihre medizinischen Studien früher beginnen und somit viel Geld sparen können. Mit Erreichtem geben sich diese kreativen Ingenieure eben nicht zufrieden.

Kaiser
Ingenieurbüro GmbH
79346 Endingen
www.kaisernet.de
Beschäftigte (D): bis 50
Engineering

Geschäftsführer
Holger Ebin
und Bernd Kaiser

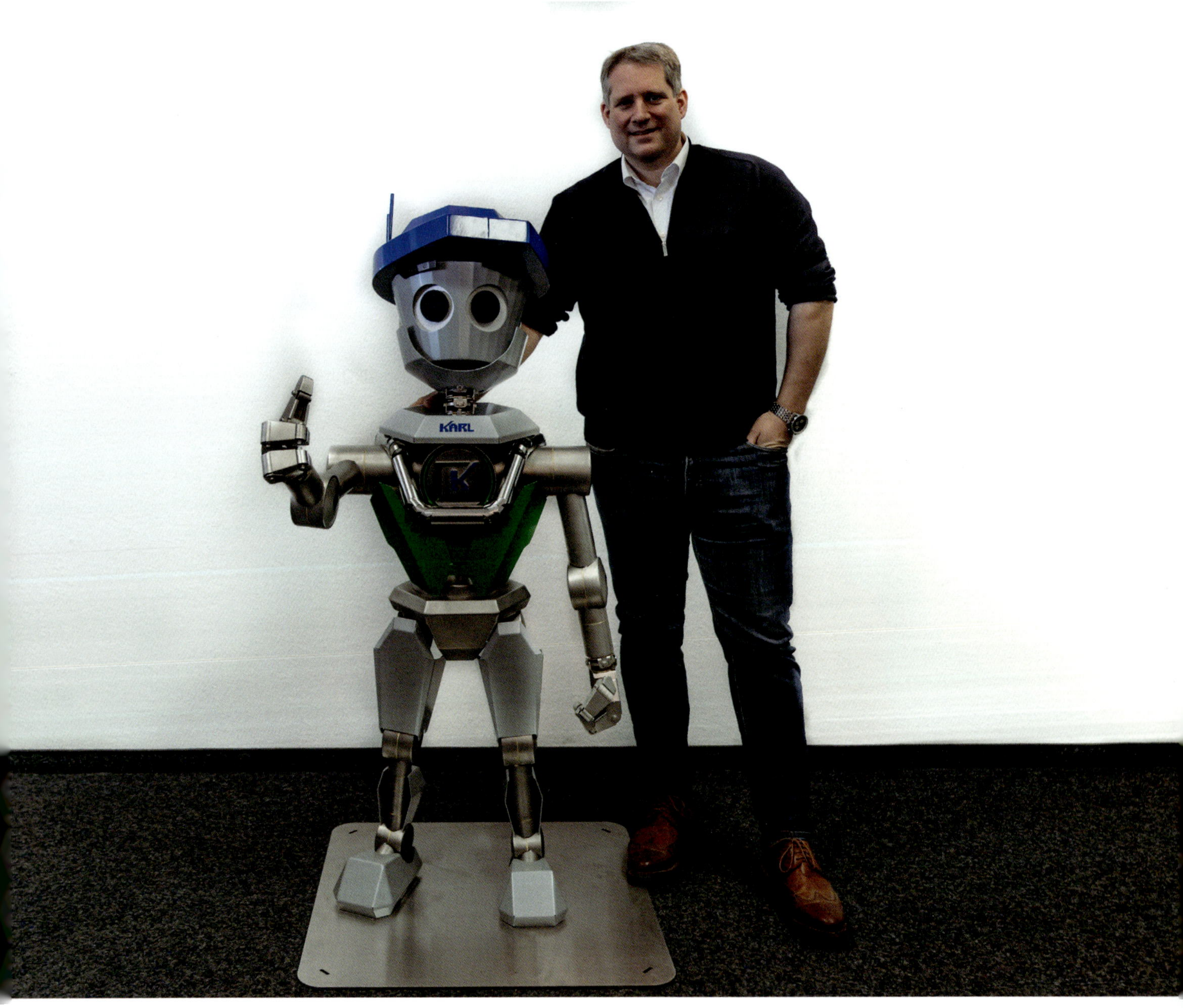

Keller Blechtechnik ist spezialisiert auf die vielseitige industrielle Blechbearbeitung und Baugruppenfertigung. Mithilfe von Maskottchen „Karl“ lassen sich alle Fertigungsprozesse anschaulich erklären.

TOP 100

Keller Blechtechnik GmbH

Kreative Blechwerker

Diese Jubilarin erfreut sich prächtiger Gesundheit, obwohl es schon ihr 120. Geburtstag ist. Fit hält sich die Keller Blechtechnik GmbH im südbadischen Endingen mit Vorhaben, die stets auf der Höhe der Zeit sind. Der Inhaber, der das mittelständische Familienunternehmen bereits in vierter Generation führt, achtet dabei besonders auf die richtigen „Trainingsbedingungen“: Vor allem das gute Innovationsklima spornt die rund 70 Beschäftigten zu Höchstleistungen an.

Von der Huf- zur Hightechschmiede: Der anno 1901 vom Urgroßvater des Geschäftsführers Harald Keller gegründete Betrieb hat sich zum Spezialisten für die Fertigung komplexer Metallprodukte gemausert. Mit moderner CNC- und Lasertechnik werden Bleche gebogen und geschnitten, gestanzt und geschweißt. Punkten kann der Mittelständler auch mit F&E-Know how. „Vom typischen Lohnfertiger haben wir uns zum Lösungsfinder für unsere Kunden entwickelt“, sagt Harald Keller. Die intelligente Verzahnung der Werkzeuge und Prozesse erlaubt es, aus dem vielseitigen Werkstoff Blech für verschiedenste Bereiche komplette Baugruppen aus einer Hand anzubieten, von der Konzeption bis zum Endprodukt.

Gemeinsam stark

Um das Potenzial der Hightech-Hardware auszuschöpfen, bedarf es der Kreativität seiner Bediener, weiß Keller. Strategische Entscheidungen über Innovationen werden deshalb nicht einsam in der Chefetage getroffen, die Belegschaft ist von Beginn an einbezogen. „Neue Lösungen entwickeln wir immer gemeinsam“, betont der Geschäftsführer. Steht ein neues Produkt an, werden Projektteams gebildet, in denen Vertreter aller Abteilungen mitreden. So stellt man sicher, dass Erfahrungen und Ideen der Mitarbeiter, ob Abteilungsleiter oder Maschinenbediener, in den Innovationsprozess einfließen.

Erstaunliche Kreativität

Weihnachtsgeschenke für die Kunden werden von Keller Blechtechnik nicht gekauft, sondern seit vielen Jahren im eigenen Haus gefertigt. Jedes Jahr bringen die Beschäftigten dafür ihre Ideen ein, entwickeln und fertigen die Präsente selbst. Es sind also nicht einfach Geschenke von der Stange, sondern immer besondere Gegenstände, abgestimmt auf die Fertigungsmöglichkeiten des Unternehmens. Viele Mitarbeiter entfalten in diesem Zusammenhang eine ganz erstaunliche Kreativität im Umgang mit Produktionsmethoden, was sich auch positiv auf die Firmenentwicklung auswirkt. Um die steht es übrigens gut: Im März 2021 haben die Arbeiten an einer als Smart Factory konzipierten neuen Fertigungsstätte begonnen. Der Umzug soll weitere Innovationsschübe bringen – das Klima dafür stimmt schon mal.

Keller Blechtechnik GmbH
79346 Endingen
www.keller-blechtechnik.de
Beschäftigte (D): 51 bis 200
Metallverarbeitung

Geschäftsführer und Inhaber
Harald Keller

TOP 100

TOP 100
TOP 100
TOP 100
TOP 100
TOP 100
TOP 100
TOP 100
TOP 100
TOP 100
TOP 100
TOP 100
TOP 100
TOP 100
TOP 100

Kleine Riesen Nord gGmbH

★★★★★

Die digitale Kita

Mehr Videokonferenzen, mehr Zeit, mehr Austausch: Diese Effekte der Coronapandemie haben bei der Kleine Riesen Nord gGmbH die gemeinsame Ideenfindung und -realisierung positiv beeinflusst. Das Ergebnis sind mehr Innovationen. Der Mittelständler betreibt 30 Kindertagesstätten und setzt auf besondere pädagogische, regional ausgerichtete Konzepte. Um ein attraktiver Arbeitgeber zu sein, arbeitet die Geschäftsführung laufend an Verbesserungen – so soll etwa an allen Standorten ein ERP-System die Abläufe erleichtern.

Eine ERP-Anwendung in der Kita? Während in den staatlichen und kirchlichen Einrichtungen vermutlich noch niemand etwas von Enterprise-Resource-Planning gehört hat, wird an einem Standort der Kleine Riesen Nord ein Prototyp getestet. Das Unternehmen hat das Coronajahr 2020 dazu genutzt, interne Prozesse schrittweise zu digitalisieren. „Wir wollen komplett papierlos in der Verwaltung werden“, sagt der Geschäftsführer Peter Wahler. Ebenfalls ausgebaut hat man die Videokonferenzen.

Mehr Zeit für Ideen

Für die pädagogischen Fachkräfte und das Unternehmen haben sich durch die virtuellen Meetings zwei wichtige Vorteile ergeben: Lange Anfahrtswege zum Konferenzort entfallen, sodass der Austausch im Team nun länger und häufiger erfolgen kann. Die Geschäftsführerin Jelena Wahler betont: „Da wir jetzt mehr Zeit dafür haben, bringen wir viele Innovationen auf den Weg.“ Innovation ist für sie und ihren Mann Peter ein elementarer Bestandteil der Unternehmensstrategie und Wettbewerbsfaktor in einem Markt, in dem qualifiziertes Fachpersonal rar ist. Die Geschäftsführung und die leitenden Angestellten verbringen daher einen erheblichen Teil ihrer Arbeitszeit damit, neue Ideen und Verbesserungspotenziale mit den Mitarbeitern zu diskutieren und zeitnah in den Kitas zu realisieren.

Betriebsnahe Kinderbetreuung

Jelena und Peter Wahler sind Pioniere in der mehrsprachigen Ganztagesbetreuung mit pädagogischer Förderung nach neuesten wissenschaftlichen Erkenntnissen. Für Unternehmen bieten sie einen Full Service: von der Bedarfsanalyse einer betriebsnahen Kita über die Beschaffung öffentlicher Mittel und der Genehmigungen bis zum Bau und dem Betrieb. Dank der Unterstützung eines Immobilienpartners können neue Kitas innerhalb von nur zwölf Wochen gebaut werden. Diese Innovationserfolge der „Little Giants“, so der Markenname, helfen Arbeitgebern, ihre qualifizierten Mitarbeiter zu halten und Fehlzeiten zu reduzieren. Das gilt auch für ERP-Profis mit Kids.

Kleine Riesen Nord gGmbH
73728 Esslingen
www.littlegiants.de
Beschäftigte (D): über 200
Wohlfahrtspflege

Geschäftsführer
Jelena und
Peter Wahler

König & Meyer GmbH & Co. KG

Damit Musik gelingt

Ob Philharmonie oder Rockband: Sie alle benötigen für ihre Live- und Studioauftritte Mikrofon- und Instrumentenständer, Boxenstative und weiteres Zubehör. Als Premiumanbieter versorgt die König & Meyer GmbH & Co. KG die internationale Musikwelt mit professionellen Stativlösungen. Innovationen durchlaufen in diesem Mittelstandsbetrieb mit Sitz in Wertheim einen bewährten Prozess, der seinen Anfang in einer Innovations-Roadmap nimmt. Das Top-Management steuert mit Projektmanagern den Prozessverlauf.

Wenn es eine Branche gibt, die neben der Gastronomie besonders unter den Folgen der Coronapandemie leidet, dann die Kultur- und Eventszene. Und so war auch König & Meyer gleich im Frühjahr 2020 von starken Umsatzrückgängen betroffen. Doch wer Ständer für Instrumente fertigt, kann dieses Know-how auch zur Entwicklung von Desinfektionsmittelspendern nutzen. Und so wurde von diesen Stativspezialisten mit Sitz in Wertheim in nur drei Wochen das erste Modell auf den Markt gebracht. Inzwischen sind mehr als 30 verschiedene Ständer für den Gesundheitsschutz bestellbar. „Bei der Produktentwicklung hat sich unsere Philosophie der kurzen Wege, der hohen Fertigungstiefe und der strukturierten Prozesse bewährt“, sagt die Geschäftsführerin Gabriela König.

Input von Rea Garvey

Innovationen werden bei König & Meyer in einem klar definierten Prozess und in Projektteams realisiert. Eingebunden sind die Konstruktions- und die Entwicklungsabteilung, die Produktmanager als Schnittstelle zwischen der Geschäftsführung und den technischen Abteilungen, feste Projektmanager sowie Vertreter aus dem Top-Management. Das besondere Kennzeichen der Innovations-Roadmap ist ein ausgewogener Mix aus kurz- und langfristigen Projekten. Und wer stößt einen neuen Prozess an? Neben kreativen Mitarbeitern sind es oftmals Musikalienhändler, Musiker oder die Markenbotschafter der Firma wie Rea Garvey oder „Silbermond“.

Kurze Entscheidungswege

Für Gabriela König liegt ein Erfolgsfaktor auch in der Führungsphilosophie. „Wir sind ein familiengeführtes Unternehmen, das sozial und ökologisch verantwortungsbewusst handelt und mit seinen Mitarbeitern fair umgeht“, betont sie. Kurze Entscheidungswege vom Top-Management zu den Abteilungen und den operativen Teams schaffen Schnelligkeit und Flexibilität. Geschäftsleitung und Führungskräfte sind stets ansprechbar. Gemeinsam ist man am Ende stolz auf Innovationen, die Standards schaffen – etwa den Säulen-Keyboardständer „Spider Pro“ mit Beinfreiheit oder das Ring-Lock-System für den festen Sitz von Lautsprecherboxen auf einem Stativ.

König & Meyer GmbH & Co. KG
97877 Wertheim
www.k-m.de
Beschäftigte (D): über 200
Metallverarbeitung

Geschäftsführerin
Gabriela König

König & Meyer steht in der Musikwelt bereits seit 1949 für durchdachtes Zubehör in hervorragender Qualität.

LEONHARD WEISS GmbH & Co. KG

★★

Bauen neu denken

Seit mehr als 120 Jahren ist die LEONHARD WEISS GmbH & Co. KG in der Baubranche aktiv – inzwischen als europaweit tätige Gruppe mit sieben Tochterfirmen. Dem Top-Management gelingt es, gemeinsam mit der Belegschaft kontinuierlich Innovationen zu verwirklichen. Förderlich dafür ist die Verankerung von Neuerungen in der Unternehmensstrategie und die Nutzung interner Instrumente für das Generieren neuer Ideen.

In Süddeutschland kennt man die gelben Baufahrzeuge und Spezialgeräte von LEONHARD WEISS schon lange. In der inzwischen europaweit tätigen Gruppe mit mehr als 6.000 Beschäftigten ist man am Puls der Zeit: Mittels Building-Information-Modeling planen Ingenieure Bauprojekte und realisieren sie. „Unser Ziel ist es, dass sämtliche Informationen prozesssicher erfasst und zur Verfügung gestellt werden – und somit Arbeitsabläufe erleichtern", sagt Simeon Eichmann, der Leiter Business-Development.

Das interne Wissen nutzen

Viele Innovationen entstehen bei LEONHARD WEISS in der Belegschaft. „Unser Innovationsmanagement ist so aufgebaut, dass alle Mitarbeiter die Möglichkeit haben, Ideen einzubringen und an ihrer Realisierung mitzuwirken", sagt Simeon Eichmann. So gibt es die Mitarbeiterumfrage „Puls-Check", die wertvolle Tipps zur Verbesserung von Organisationsabläufen und eine Rückmeldung zur Arbeitgeberattraktivität liefert, oder Ideenwettbewerbe, zum Beispiel zum Thema „Hitzeschutz auf der Baustelle". Hier wurden mehr als 80 Vorschläge realisiert. Zur Optimierung der Arbeitsmethoden und der Logistik gibt es Kooperationen mit Hochschulen, Herstellern und Start-ups. Fachkräfte im Unternehmen initiieren zudem Inkubationsprojekte wie die zur emissionsreduzierten Baustelle oder zu neuen Baumaterialien.

Neuerungen konsequent vorantreiben

Innovation ist ein zentraler Baustein der Firmenstrategie und wird von einem eigenen Team vorangetrieben, das direkt beim Vorsitz der Geschäftsführung angesiedelt ist. Zusätzlich sind die einzelnen Geschäftsbereiche für die Realisierung operativer Neuerungen im Straßen- und Netzbau, beim Gleisinfrastrukturbau und dem Ingenieur- und Schlüsselfertigbau verantwortlich. Jede Führungskraft ist unmittelbar in diese Prozesse eingebunden und kann so die Beteiligten vor Ort motivieren. Aus der Praxis entstehen jedes Jahr Neuerungen – zum Beispiel die softwaregestützte „Kollisionskontrolle". Damit lassen sich in der Planungsphase eines Bauprojekts drohende Kollisionen zwischen unterschiedlichen Gewerken automatisch erkennen und vermeiden. So lässt sich Bauen neu denken.

LEONHARD WEISS GmbH & Co. KG
73037 Göppingen
www.leonhard-weiss.de
Beschäftigte (D): über 200
Baugewerbe/Handwerk

Die Geschäftsführung

LINCK Holzverarbeitungstechnik GmbH

181 Jahre in der Holzwirtschaft

Als Europas größte Herstellerin von Sägewerksmaschinen und weltweit führende Anbieterin von Profilieranlagen hat die LINCK Holzverarbeitungstechnik GmbH einen klar definierten und anspruchsvollen Kundenkreis. Das Unternehmen pflegt deshalb auf allen Kontinenten enge Beziehungen zu seinen Auftraggebern und bringt sie bei Besichtigungstouren zusammen. Im Top-Management betreut jede Führungskraft als „Sponsor" ein Zukunftsprojekt und führt es zum Erfolg – sei es eine Produkt- oder eine Prozessinnovation.

Der Ort Oberkirch liegt im Schwarzwald. Hier hat die Holzverarbeitung eine lange Tradition. Und hier beginnt 1840 auch die Geschichte der Firma LINCK. Anfangs wurden in Handarbeit kleine Sägen gefertigt, dann wurde man zum Manufakturbetrieb, und heute stellt das Familienunternehmen digital gesteuerte Hochleistungsanlagen für die Holzverarbeitungsbranche her. Immer schon galt die Maxime: „Besuche den Kunden, und finde individuelle Lösungen!" Der Geschäftsführer Michael Baumann benennt einen weiteren Baustein für den Erfolg von LINCK: „Unsere Verkäufer verstehen sich als Partner und Berater unserer Kunden. Wir agieren vielsprachig und haben weltweit ein großes Netz an lokalen Vertretungen."

Auf Augenhöhe mit den Kunden

Die regelmäßige Abfrage von Kundenbedürfnissen und erwartungen seitens des Vertriebs ist ein fester Bestandteil der Innovationskultur des Unternehmens. Neue Partner können jederzeit Sägewerke besuchen, in denen LINCK-Maschinen eingesetzt werden. Das ist auch sehr kurzfristig möglich. Immer wieder werden zudem Inforeisen zu Kunden organisiert, deren Anlagen zum Investitionswunsch der Interessenten passen. „Daraus ergeben sich oft neue Innovationsprojekte, die wir in enger Abstimmung mit unseren Auftraggebern realisieren", sagt Michael Baumann.

Patenschaft für Innovationsprojekte

Neuheiten anzustoßen oder das Verbesserungspotenzial von Produkten und Prozessen auszuschöpfen ist bei LINCK Chefsache. Jedes Mitglied der Geschäftsleitung betreut als „Sponsor" ein Innovationsprojekt und treibt es somit persönlich voran. An Erfolgen dieses Konzepts mangelt es nicht. So wurde die neue Horizontalritzsäge „HRS" konstruiert, die bei einem Pilotkunden in Litauen steht. Sie bringt in ein zuvor beidseitig gespantes Kantholz je ein oder zwei Sägenute unabhängig voneinander ein. Somit werden aufwendige nachfolgende Prozesse vermieden, da in einem Arbeitsgang unterschiedliche Brettdimensionen erzeugt werden können. Mit Hochdruck tüftelt man auch an einem 3-D-Konfigurator, der den Aufbau von über 100 Meter langen, komplexen Sägeanlagen anschaulich darstellen wird.

LINCK Holzverarbeitungstechnik GmbH
77704 Oberkirch
www.linck.com
Beschäftigte (D): über 200
Anlagen-/Maschinenbau

Geschäftsführer
Michael Baumann

TOP 100	TOP 100	TOP 100	TOP 100	TOP 100	TOP 100	TOP 100	TOP 100	TOP 100	TOP 100
TOP 100	TOP 100	TOP 100	TOP 100	TOP 100	TOP 100	TOP 100	TOP 100	TOP 100	TOP 100
TOP 100	TOP 100	TOP 100	TOP 100	TOP 100	TOP 100	TOP 100	TOP 100	TOP 100	TOP 100
TOP 100	TOP 100	TOP 100	TOP 100	TOP 100	TOP 100	TOP 100	TOP 100	TOP 100	TOP 100
TOP 100	TOP 100	TOP 100	TOP 100	TOP 100	TOP 100	TOP 100	TOP 100	TOP 100	TOP 100
TOP 100	TOP 100	TOP 100	TOP 100	TOP 100	TOP 100	TOP 100	TOP 100	TOP 100	TOP 100
TOP 100	TOP 100	TOP 100	TOP 100	TOP 100	TOP 100	TOP 100	TOP 100	TOP 100	TOP 100
TOP 100	TOP 100	TOP 100	TOP 100	TOP 100	TOP 100	TOP 100	TOP 100	TOP 100	TOP 100
TOP 100	TOP 100	TOP 100	TOP 100	TOP 100	TOP 100	TOP 100	TOP 100	TOP 100	TOP 100
TOP 100	TOP 100	TOP 100	TOP 100	TOP 100	TOP 100	TOP 100	TOP 100	TOP 100	TOP 100
TOP 100	TOP 100	TOP 100	TOP 100	TOP 100	TOP 100	TOP 100	TOP 100	TOP 100	TOP 100
TOP 100	TOP 100	TOP 100	TOP 100	TOP 100	TOP 100	TOP 100	TOP 100	TOP 100	TOP 100
TOP 100	TOP 100	TOP 100	TOP 100	TOP 100	TOP 100	TOP 100	TOP 100	TOP 100	TOP 100
TOP 100	TOP 100	TOP 100	TOP 100	TOP 100	TOP 100	TOP 100	TOP 100	TOP 100	TOP 100

MAFELL AG

★★★★

Zur Freude der Holzhandwerker

Die 1899 gegründete und seit 1935 im Familienbesitz befindliche MAFELL AG vereint Innovation und Kontinuität. Sie ist nah an den Wurzeln und bodenständig, richtet aber gleichzeitig den Blick immer nach vorn. Diese Experten entwickeln und produzieren professionelle handgeführte Elektrowerkzeuge für das Holzhandwerk – stets nach der Maxime „Creating Excellence". Vor allem in der Außenorientierung gehen sie neue Wege.

Ein gutes Netzwerk ist Gold wert. Speziell dann, wenn sich daraus auch noch neue Ideen entwickeln. Der Vorstandsvorsitzende Matthias Krauss legt deshalb viel Wert auf einen regen Austausch mit Handwerkern und Unternehmen aus seiner Branche. Auch zu den Berufsverbänden seiner Kunden, den Schreinern und Zimmerern, hält er engen Kontakt. „So kennen wir immer die Bedürfnisse der Handwerker", erklärt Krauss. Doch er geht noch einen Schritt weiter und stellt Fragen wie: Welche Trends gibt es künftig beim Bauen mit Holz? Welche Ansprüche haben die Endkunden, also die Hausbauer, an ihre Handwerker? Genau hier setzt die MAFELL AG dann mit neuen Produkten oder Funktionen ihrer Werkzeuge an.

Produktvideos und Social Media

„Der Handwerker soll unsere Werkzeuge mit Freude nutzen", formuliert der Vorstand Rigo Züfle seinen Anspruch. Daher werden die Produkte auch nur über den Handel vertrieben und nicht direkt an die Kunden verkauft. „Im Geschäft kann der Handwerker unsere Maschinen in die Hand nehmen und sich ihre vielfältigen Funktionalitäten vom Verkäufer erklären lassen", betont Züfle. Zur Markteinführung neuer Produkte gibt das Marketing der MAFELL AG alles: Messen, Social Media, Fachzeitschriften und Videoclips werden als Vertriebskanäle genutzt – mit den Handwerkern im Fokus. Von Anfang an ist das Marketing in den Entwicklungsprozess mit eingebunden, um die Verkaufsargumente immer im Blick zu haben.

Gelebte Nachhaltigkeit

Nachhaltigkeit ist ein fester Bestandteil der Innovationsstrategie dieses Hauses. So ist MAFELL Gründungsmitglied des „Cordless Alliance System": Bei bisher 20 verschiedenen Markenherstellern kann der Handwerker denselben Akku nutzen – er passt in alle Geräte. Auch auf die Reparaturfähigkeit der Produkte und damit auf ihre Lebensdauer wird geachtet. So sind Ersatzteile bis zu 15 Jahre nach dem Auslaufen eines Modells erhältlich. Solche Konzepte sparen Rohstoffe und schützen die Umwelt. Auch hier wird also das Motto „Creating Excellence" gelebt.

MAFELL AG
78727 Oberndorf
www.mafell.com
Beschäftigte (D): über 200
Elektronik/Elektrotechnik

Vorstände
Matthias Krauss
und Rigo Züfle

Die MCD Elektronik GmbH zählt zu den Technologieführern bei mechatronischen und voll automatisierten Prüfsystemen.
Eine ihrer Innovationen ist ein Softwaretool für die Mess- und Prüfdatenauswertung, das auf künstlicher Intelligenz basiert.

MCD Elektronik GmbH

★★★★

Mit dem richtigen Klima zum Erfolg

„Wir prüfen das Unmögliche" – diesem Motto folgend hat sich die MCD Elektronik GmbH zu einer führenden Anbieterin voll automatisierter Prüf- und Testsysteme entwickelt. Am Stammsitz in Birkenfeld bietet der Firmengründer Bruno Hörter seinen Mitarbeitern regelmäßige Schulungs- und Meetingmöglichkeiten sowie ein Umfeld, in dem sie sich wohlfühlen können. Dank dieses guten Innovationsklimas sprießen Ideen in allen Abteilungen. Die erfolgversprechendsten werden anschließend in einem schlanken Prozess realisiert.

So sehen Sieger aus: Zwei Mitarbeiter von MCD Elektronik sind neu in den Führungskreis aufgenommen worden, obwohl sie zunächst als Teamleiter vorgesehen waren. Beide zeigten jedoch ein beispielhaftes Engagement über ihren eigentlichen Wirkungskreis hinaus und nutzten das innovationsfördernde Klima dieses Mittelständlers für ihre persönliche Weiterentwicklung. Jetzt sind sie wichtige Impulsgeber – und genau solche Mitstreiter braucht der Geschäftsführer Bruno Hörter, um das Innovationstempo in seinem Unternehmen aufrechtzuerhalten.

Tüfteln und relaxen

Was zeichnet die Arbeitsatmosphäre bei MCD Elektronik aus? Da sind zum einen die bewährten Fortbildungsmöglichkeiten und Austauschtreffen, viel Freiraum zum Tüfteln und Experimentieren sowie die interdisziplinären Teams. „Bei uns arbeiten Ingenieure, Informatiker und Vertriebler Hand in Hand", erläutert der Business Development Manager Labib Feidy. „Diese Mischung, die gute Kommunikation untereinander und die große Freude am Job machen die MCD-DNA aus." Der Ideenfindung förderlich sind zudem das Praktizieren der Design-Thinking-Methode, die Meeting-Point-Zonen im Haus und Wohlfühlangebote wie ein Sportstudio, eine Außenterrasse mit Strandkörben oder täglich frisches Obst. Ist eine Idee reif für die interne Präsentation, dann geht es schnell: Mit seiner Erstbewertung setzt der Geschäftsführer Bruno Hörter den bewährten Innovationsprozess in Gang.

Zeit für Projektarbeit

Sieht Hörter Potenzial, erfolgt eine Analyse im Führungsteam, das auch über den Einsatz von Geld und der Ressourcen entscheidet. An einem „Innovation Board" werden alle Teilschritte und Termine visualisiert. Möglich, dass in Zukunft noch ein „Innovation Coordinator" als Verantwortlicher hinzukommt. Ganz entscheidend ist: „Freie" Ideen werden ebenso behandelt wie kundenspezifische Entwicklungen, die schon mit einer Umsatzerwartung hinterlegt sind. Alle am Realisierungsprozess beteiligten Mitarbeiter managen ihre Zeit selbst und können so Phasen, in denen eine hohe Kreativität gefragt ist, und ihre persönliche Work-Life-Balance optimal aufeinander abstimmen. So sehen Sieger aus.

MCD Elektronik GmbH
75217 Birkenfeld
www.mcd-elektronik.de
Beschäftigte (D): 51 bis 200
Mess-/Prüftechnik

Business Development Manager
Labib Feidy

medialesson GmbH

Die digitale Zukunft im Blick

„Digital excellence delivered“ – dieses Motto ist für die medialesson GmbH keine leere Worthülse, sondern ein konkretes Werteversprechen: Der IT-Spezialist unterstützt Unternehmen und Organisationen bei der digitalen Transformation ihrer Produkte und Prozesse mit kompetenter Beratung sowie mit innovativen Digitalstrategien und deren Entwicklung. Auch der gute Name als Digitalisierungs- und Innovationsratgeber für die zahlreichen Kunden in der Region Nordschwarzwald und darüber hinaus ist das Ergebnis systematischen Vorgehens.

Vor knapp 20 Jahren wurde die medialesson GmbH in Pforzheim gegründet. Mit einem international aufgestellten Team aus gut 20 Beschäftigten berät dieser mittelständische IT-Dienstleister seine Kunden bei der Entwicklung und dem Betrieb moderner und intuitiv zu bedienender Softwareapplikationen. Die Zukunftsthemen Augmented und Virtual Reality, künstliche Intelligenz, Bots und das Internet der Dinge stehen natürlich ebenfalls auf der Agenda. Der Gründer und Geschäftsführer Philipp Bauknecht erzählt begeistert: „Wir brennen dafür, unsere Erfahrungen in der digitalen Transformation und dem damit verbundenen Kultur- und Organisationswandel weiterzugeben. Dabei schlagen wir Brücken zwischen der Technologie und dem Management.“

Durchdachte Prozesse für gute Ergebnisse

Einmal pro Quartal finden größere Retrospektiven statt, die die Grundlage für das strukturierte Innovationsmanagement des Unternehmens bilden. Am Anfang der damit verbundenen Innovationsprozesse steht die Evaluierung: Welcher Bereich funktioniert reibungslos, welcher muss überarbeitet oder kann verbessert werden? In einem agilen Prozess bezieht man dabei alle Beteiligten mit ein, um auch wirklich die besten Lösungen zu finden. Im „Innovation Lab“ werden dann verschiedene Lösungsansätze ausprobiert und Neuentwicklungen nach dem Passieren verschiedener Quality-Gates realisiert.

Innovationsstarkes Top-Management

Zur Firmen-DNA gehört laut der Geschäftsführerin Petra Bauknecht auch der Blick über den Tellerrand, also gemeinsam mit Partnern neue Technologien auszuloten. Dies geschieht zum Beispiel über Meet-ups, Hackathons, Bootcamps und weitere Veranstaltungen, die für die Entwickler-Community ausgerichtet werden. Das Ziel ist dabei immer, die Innovationsführerschaft am neuen Markt beizubehalten und auszubauen. „Unser Antrieb ist die stetige Weiterentwicklung – für unsere Kunden, als Organisation und natürlich persönlich. Die Lust auf Neues und am Lernen prägt unseren unternehmerischen Werdegang und ist die Grundlage für unseren Erfolg“ erklärt der Geschäftsführer abschließend.

medialesson GmbH
75172 Pforzheim
www.medialesson.de
Beschäftigte (D): bis 50
IT-Entwicklung/-Beratung

Geschäftsführer
Philipp und
Petra Bauknecht

Mühlen Sohn GmbH & Co. KG

Tradition und Innovation

Technisches Gewebe muss ganz besonders hohe Anforderungen erfüllen: Es muss reiß-, hitze- und abriebresistent sein sowie extrem gute Zug- und Transporteigenschaften haben. Die Mühlen Sohn GmbH & Co. KG hat seit ihrer Gründung 1880 die technische Entwicklung ihrer Produkte vorangetrieben. Heute ist sie Weltmarktführerin für Wellpappengurte und ganz vorn mit dabei, wenn es um Produktion von Fluidisiergeweben geht. Der Geschäftsleitung ist daran gelegen, Innovationen zu fördern.

Die Produkte dieses Unternehmens sind alle made in Germany. „Eine vollstufige Produktion in Deutschland, das ist eher selten“, sagt die Entwicklungsleiterin Stefanie Kiem. Alle wichtigen Qualitätsprüfungen werden im eigenen Labor vorgenommen. Das Ziel dabei ist es, die Produkte für die Kunden immer weiter zu optimieren und einen Mehrwert zu bieten. Die Wellpappengurte werden für den Transport und die Trocknung der Wellpappe in Wellpappenanlagen eingesetzt, die Fluidisiergewebe für den Transport von pulverförmigen Schüttgütern. Die Abteilung „Technische Entwicklung“ konzentriert sich vor allem auf die Verbesserung der Produkte, ganz oben auf ihrer Agenda steht jedoch die Digitalisierung. So beschäftigt man sich beispielsweise damit, wie man für eine vorausschauende Wartung die RFID-Technik und Sensorik zur Auswertung von Verschleißparametern einsetzen kann. Für die Kunden bedeutet das vor allem weniger ungeplante Stillstände und Ausfälle.

Gemischte Innovationsgruppe

Zur Generierung ganz neuer Ideen hat man eigens eine Innovationsgruppe ins Leben gerufen, der nicht nur Entwickler, sondern auch Mitarbeiter aus der Serviceabteilung, aus dem Vertrieb und dem Produktmanagement angehören. Sie beobachten Trends und überlegen, was das Unternehmen künftig machen kann und will. „Die Besetzung der Innovationsgruppe ist nicht festgelegt. Auch Mitarbeiter anderer Abteilungen sollen integriert werden“, sagt Stefanie Kiem. Unterschiedliche Sichtweisen bergen mehr Potenzial für neue Ideen, davon ist sie überzeugt.

Mission interne Digitalisierung

Ein weiterer Fokus ist die Digitalisierung der internen Prozesse, das Büro soll künftig weitgehend papierfrei agieren. Dadurch werden Genehmigungsprozesse schneller und effizienter. Der Geschäftleitung sind Entwicklung und Innovation besonders wichtig. Sie überträgt den Mitarbeitern viel Eigenverantwortung – ist aber immer als Mentor da, wenn sie gebraucht wird. So ist das Unternehmen mit seinen 150 Beschäftigten in Blaustein und den 50 Kollegen in den USA und in China gut für die Zukunft gerüstet.

Mühlen Sohn GmbH & Co. KG
89134 Blaustein
www.muehlen-sohn.de
Beschäftigte (D): 51 bis 200
Druck/Papier/Verpackung

Die Belegschaft

Mühlen Sohn ist ein Spezialist für die Entwicklung, die Produktion und den Vertrieb von technisch anspruchsvollem Schwergewebe. Das Unternehmen versteht sich als Manufaktur sowie als Servicepartner für den Maschinen- und Anlagenbau.

Joschka Fischer war von 1998 bis 2005 Bundesaußenminister und Vizekanzler. Von Januar bis Juni 1999 war er zudem Präsident des Rats der Europäischen Union. Heute ist er in Berlin in seinem eigenen Unternehmen tätig, einem Beratungsunternehmen mit Schwerpunkt politische Strategieberatung.

Coronakrise – der Beginn der großen Transformation

Die Weltwirtschaft steht noch immer unter dem Schock der Coronakrise. Rückblickend wird diese Pandemie vielleicht einmal als Wendepunkt betrachtet werden – hin zu einer Gesellschaft der Nachhaltigkeit und der Verantwortungsübernahme der Menschen für ihr Tun. Vorausgesetzt, wir hören auf den Rat der Wissenschaft und handeln jetzt richtig. Gedanken von **Joschka Fischer.**

Bei der Bewältigung der Pandemie brauchen wir einen Perspektivenwechsel – die kurzfristige, pragmatische Perspektive reicht nicht: Wir müssen endlich Verantwortung für die Zukunft unserer Erde übernehmen und den Raubbau an der Natur beenden.

Die Weltwirtschaft steht nach wie vor unter dem Schock der Coronapandemie. Die technikaffine Moderne, gleich, ob freiheitlich liberal verfasst oder autoritär, ob Asien, Amerika oder Europa, hatte etwas Vergleichbares in tiefsten Friedenszeiten noch nicht erlebt.

Wird es eine zweite oder gar noch mehr Wellen geben? Diese bange Frage treibt Milliarden von Menschen, ihre Staaten und deren Führungskräfte um. Man weiß es einfach nicht. Ein mikroskopisch kleines, sehr ansteckendes Virus zwingt die hochtechnologisierte und globalisierte Weltwirtschaft mit all ihren internationalen Lieferketten in die Knie.

Die kurzfristige, pragmatische Perspektive reicht nicht

Es wäre ein Fehler, die Folgen dieser abrupten Vollbremsung der Weltwirtschaft nur aus kurzfristig pragmatischer Perspektive zu analysieren, so wichtig diese kurzfristige Perspektive auch immer sein mag und in naher Zukunft auch sein wird: die Bekämpfung der Pandemie, die ökonomischen und sozialen Folgen für Milliarden von Menschen und auch die mit der Pandemie einhergehenden Machtverschiebungen im globalen politischen und wirtschaftlichen System.

Aber die Covid-19-Krise weist auch weit darüber hinaus und hat eine viel grundsätzlichere Dimension. Rückblickend wird diese Krise im Jahr 2020 vielleicht einmal als der Beginn der „großen Transformation“ der globalen Industriegesellschaft hin zu einer Gesellschaft der Nachhaltigkeit und der Verantwortungsübernahme der Menschen für ihr Tun bezeichnet werden, soweit sie sich in Industriegesellschaften organisieren.

Das Ende der allzu naiven Fortschrittsidee

Wenn es gut geht, erweist sich das Virus als ein Weckruf zur rechten Zeit; wenn nicht, wird es den Beginn einer beispiellosen Katastrophe der Menschheit markieren.

Auf jeden Fall setzt die Coronakrise einen Endpunkt für jene Zeit einer naiven menschlichen Fortschrittsidee, die glauben machte, die unbeabsichtigten Folgen des Wachstums der Menschheit und ihrer Industriegesellschaften gegen alle wissenschaftlichen Fakten und Mahnungen weiter verdrängen zu können.

Wir kontrollieren die Natur eben nur bis zu einem bestimmten, durch kurzfristige menschliche Interessen definierten Punkt. Mehr nicht. Alle Weltall-Migrationsfantasien helfen darüber nicht hinweg.

Objektiv wird heute aber – das ist die Lektion der Covid-19-Krise – von der menschlichen Zivilisation ein sehr viel weiterer Verantwortungshorizont verlangt, den subjektiv die Menschheit zwar erkennt, aber aus dem die verantwortlichen Konsequenzen zu ziehen und die große Transformation einzuleiten sie nicht (noch nicht?) bereit ist.

Die Menschheit hat ein neues Zeitalter betreten: das „Anthropozän“

Die Menschheit zählt heute mehr als sieben Milliarden Individuen. Und dies geht einher mit der ebenfalls wachsenden Befriedigung grundsätzlich nach oben offener menschlicher Bedürfnisse in immer größerer Zahl, basierend auf dem Fortschritt der Wissenschaften und auf dem Raubbau an der Natur, die zu unserem Pech zu ihrer Erholung ganz anderen Zeiträumen folgt als wir Menschen.

Die Menschheit hat ein neues Zeitalter betreten, das auch bereits einen Namen hat: das „Anthropozän“. Das heißt, die Macht der menschlichen industriellen Zivilisation rund um den Globus ist so gewaltig, dass deren beabsichtigte und nicht beabsichtigte Folgen den Fortgang der Erdgeschichte bestimmen werden.

Mit dieser Macht der menschlichen Zivilisation wächst der Menschheit eine gewaltige Verantwortung für die Zukunft unserer Erde zu. Mehr noch, in der Vergangenheit, vor allem bis zum Beginn der industriellen Revolution um 1800 herum, entzog sich der Verlauf der Erdgeschichte menschlichem Einfluss. Diese Zeit ist vorbei, und das ist ein gewaltiger Einschnitt!

Die seit etwa 1950 dramatisch gewachsene Zahl der Menschen und die technischen Innovationssprünge in Verbindung mit dem zunehmenden Massenkonsum haben die scheinbar unerschöpflichen natürlichen Ressourcen dahinschmelzen lassen und die globale Atmosphäre in atemberaubender Geschwindigkeit aufgeheizt.

Das Covid-19-Virus als apokalyptischer Reiter

Die Alternative, die sich vor der Menschheit zu Beginn des 21. Jahrhunderts auftut, ist demnach, die Verantwortung zu übernehmen, das heißt, aus schlichtem Selbsterhaltungsinteresse heraus den Mut und die Weitsicht zur großen Transformation aufzubringen – oder sehenden Auges auf die Rückkehr der „apokalyptischen Reiter“ zu warten, die man mit der industriell-wissenschaftlichen Moderne für immer überwunden glaubte. Mit Covid-19 ist der erste von ihnen bereits wieder aufgetaucht.

Wozu wird es eigentlich der künstlichen Intelligenz und der Quantencomputer bedürfen? Für eine verbesserte Waffentechnik? Für noch weiter verfeinerte Konsumplattformen? Oder für eine bessere Systemanalyse des Zustands unserer globalen Umwelt und des Weltklimas?

Wir haben gelernt, auf wissenschaftlichen Rat zu hören

Die Welternährung der Zukunft wird ohne Pflanzenschutz nicht gehen. Nur werden wir uns auch in Zukunft noch die Illusion erlauben dürfen, mit dem wissenschaftlichen Pflanzenschutz dort aufzuhören, wo er eigentlich beginnen müsste angesichts eines beispiellosen Artensterbens, nämlich damit, genau dieses zu verhindern?

Bei Covid-19 haben wir gelernt, auf den wissenschaftlichen Rat zu hören. Warum tun wir dies nicht auch bei noch sehr viel gefährlicheren Entwicklungen, die heute schon unsere Wirklichkeit bestimmen, wie der Erderwärmung und der Klimakrise?

Die entwickeltsten unter den Industriegesellschaften werden bei der Transformation in eine Verantwortungsgesellschaft an erster Stelle gefragt sein; denn sie verfügen über das Know-how und das notwendige Kapital, sie setzen die Entwicklungstrends für die Zukunft.

Und unter ihnen sind vor allem jene westlichen Gesellschaften gefragt, die es mit der Freiheit ernst meinen. Freiheit und Verantwortung sind Begriffe, die auf das Engste verflochten sind. Wer die Freiheit will, darf sich also vor der Verantwortung nicht drücken. Dies wird angesichts der Erfahrung mit Covid-19 mehr denn je gelten.

Die geopolitischen Folgen sind von großer Reichweite

Und noch eine Lektion gilt es zu berücksichtigen: Die USA und China bewegen sich gegenwärtig in Richtung einer scharfen Konfrontation um die Führungsrolle in der Welt von morgen. Nur, wie wird diese Welt eigentlich aussehen? Und wird Macht auch in Zukunft vor allem durch militärische Überlegenheit definiert werden? Wird es das sein, was die Welt zusammenhält? Oder wird die Macht im 21. Jahrhundert völlig neu und sehr grundsätzlich anders definiert werden?

Für das alte Europa bietet sich eine unverhoffte Chance, wenn es nicht auf die Konkurrenz der Supermächte setzt, sondern den Mut hat, eine Führungsrolle bei dieser großen Transformation anzustreben.

Nachdruck: „Handelsblatt online“ vom 30.07.2020

N.O.C Engineering GmbH

Den Menschen das Leben leichter machen

Wenn Firmen oder Forschungsinstitute nicht genügend Kapazitäten oder Know-how für die Entwicklung neuer Produkte haben, schickt die N.O.C Engineering GmbH Fachpersonal: Die Ingenieure und IT-Spezialisten des Engineeringdienstleisters unterstützen Kunden aller technischen Branchen unter anderem bei der Softwareentwicklung, der mechanischen Konstruktion oder der Elektrokonstruktion, der technischen Dokumentation oder auch bei der Projektleitung. Für ganz spezielle Anforderungen greift der Mittelständler auf sein großes Netz aus Freiberuflern zurück.

„Wir bieten unseren Kunden die Möglichkeit, ihre Innovationen schneller voranzubringen", erklärt der Geschäftsführer Patrick Günter und fasst damit die Aufgaben seines Unternehmens zusammen. Neben dem Fachpersonal, das bei Entwicklungen unterstützt, vermittelt N.O.C auch Personal oder Interimsmanager, die für eine bestimmte Zeit beim Kunden arbeiten. Darüber hinaus treibt dieser Dienstleister auch eigene Entwicklungen voran. „Die Quelle unserer Ideen sind meistens Alltagserlebnisse", erklärt Günter. Zu den Innovationen aus dem eigenen Haus gehört zum Beispiel ein neuartig vernetztes Indoor-Bike, das mit Pedaldruck, Vibration, Akustik und Livevideo eine echte Fahrradstrecke simuliert, auf der man sich mit Bikerkollegen virtuell treffen kann. Weitere Novitäten sind Verfahren für radioaktives Müllrecycling, das Optimieren von Produktionsabläufen in der 3-D-Drucktechnologie oder die Entwicklung einer App für die mobile Verbrauchsdatenerfassung.

Freiraum für eigene Ideen

Die Innovationsstrategie des Unternehmens mit Sitz im Schwarzwald zielt darauf ab, den Menschen das Leben leichter zu machen. Dabei ist Patrick Günter stets eng in die Innovationsprozesse eingebunden. So verbringt er rund drei Viertel seiner Arbeitszeit mit Neuerungen. Einmal im Monat treffen sich der Geschäftsführer, seine 25 Beschäftigten, einige der Freiberufler aus dem Netzwerk sowie mitunter auch Kunden zum Brainstorming. „Jeder ist angehalten, stets die Augen und Ohren offenzuhalten", sagt der Unternehmenschef. Zwischen zwei Projekten gibt er seinen Mitarbeitern Zeit und Freiraum, sich zurückzuziehen und eigene Ideen weiterzuentwickeln. Der Lohn: Bei erfolgreichen Eigenentwicklungen winkt dem Ideengeber eine Beteiligung am Umsatz.

Entwicklungspotenzial entdecken

Für die Zukunft sieht Günter die größte Herausforderung in der Digitalisierung und der Vernetzung von Maschinen. „Hier haben unsere Kunden noch viel Entwicklungspotenzial, das wir für sie heben wollen", sagt der Geschäftsführer, der sich und sein Team als Sparringspartner für die Kunden sieht. Sein Engagement für Innovationen kennt eben keine fachlichen Grenzen.

N.O.C Engineering GmbH
78052 Villingen-Schwenningen
www.noc-engineering.de
Beschäftigte (D): bis 50
Engineering

Geschäftsführer
Patrick Günter

Osann entwickelt und produziert Kinderautositze und Kinderwagen designed in Germany. Das Familienunternehmen hat weltweit Partner, auch der Vertrieb ist international ausgerichtet.

Osann GmbH

Sicher und nachhaltig Familien bewegen

Einen Meilenstein der Osann GmbH kennt fast jede Familie in Deutschland: den „Maxi-Cosi" – auch Ur-Babyschale genannt, weil sie die erste ihrer Art war. Stephan Osann gründete das Unternehmen im Jahr 1984 und war mitverantwortlich für die damalige Markteinführung dieses Produkts. Er entwickelte darüber hinaus viele weitere Kinderautositze und Kinderwagen. Patrick Osann leitet den Familienbetrieb am Bodensee mittlerweile in der dritten Generation. Seine 30-köpfige Mannschaft hat noch viele Ideen für weitere Innovationserfolge in petto.

Sicherheit und Nachhaltigkeit sind zwei Aspekte, die dem Geschäftsführer besonders wichtig sind. „Wir haben viele Ideen in der Schublade, aber sie müssen auch den Zeitgeist treffen", sagt Patrick Osann. So hat sein Unternehmen bereits Ende der 1980er-Jahre einen drehbaren Kinderautositz entwickelt – den damals aber keiner haben wollte. Heute ist der drehbare Sitz eine aktuelle „Neuheit", die am Markt ankommt. Das System erleichtert den Einstieg und die Sicherung des Kindes im Sitz. Bis der Nachwuchs höchstens 18 Kilogramm wiegt, kann und sollte er am besten gegen die Fahrtrichtung im Auto mitfahren.

Kindersitz aus Kork und Holz

Ein besonders nachhaltiges Produkt ist noch in der Entwicklung: Statt Kunststoff zu verwenden, will man einen Kindersitz aus nachwachsendem und recycelbarem Kork und Holz auf den Markt bringen. Ob das genauso gut gelingt wie bei den anderen Innovationen, wird sich zeigen. 2020 ist die Zahl der Patente bereits auf 14 angewachsen. „Wir versuchen, agil und wachsam zu sein, Trends zu erkennen und dafür passende Produkte zu entwickeln", betont Patrick Osann. Er sieht sich im Innovationsprozess vor allem als Moderator. Einmal im Monat trifft er sich mit seinen fünf Teamleitern, um Zukunftsthemen vorausschauend zu besprechen.

Neue Stelle für Digitalisierung

Ein Ergebnis dieser Sitzungen war beispielsweise der klimatisierte Kindersitz, der im Sommer belüftet und im Winter beheizt wird. Dadurch werden lange Autofahrten komfortabler für die ganze Familie. Um herauszufinden, was die Kunden sich wünschen, will Osann künftig für Kundenanalysen künstliche Intelligenz einsetzen. Für den Weg in die Digitalisierung schuf man die Stelle eines „Chief Digital Officers". Für ihn sind Arbeitsplätze im Homeoffice erst der Anfang: Neue Produkte werden während der Pandemie aus einem eigenen Studio vorgestellt. Zudem hat man eine E-Commerce-Abteilung ins Leben gerufen, um die digitalen Vertriebskanäle zu stärken. „Außerdem ist es strategisch sinnvoll, unsere Arbeitgebermarke zu verbessern", sagt Patrick Osann. Damit ist der Erfolg seines Unternehmens wohl so sicher wie die Produkte selbst.

Osann GmbH
78244 Gottmadingen
www.osann.de
Beschäftigte (D): bis 50
Konsumgüter

Geschäftsführer
Patrick Osann

TOP 100

TOP 100
TOP 100
TOP 100
TOP 100
TOP 100
TOP 100
TOP 100
TOP 100
TOP 100
TOP 100
TOP 100
TOP 100
TOP 100
TOP 100

Palette CAD GmbH

Eine Software für alle Beteiligten

Ob Tischler oder Schreiner, Innenarchitekt oder Badgestalter: Wenn es darum geht, Räume zu gestalten, können alle auf die Software der Palette CAD GmbH zugreifen. Als einzige Anbieterin auf dem Markt hat sie eine Software entwickelt, die von allen Branchen, die am Innenausbau beteiligt sind, verwendet werden kann. Über eine App kann sich der Endkunde dann die visualisierten Planungen anschauen. Für neue Ideen setzt die Geschäftsleitung auf viele Impulse von außen.

„Unsere Innovationsquellen sind ein bunter Mix", sagt der Geschäftsführer Dr. Walter Zinser. Zum einen hat das Unternehmen stets das Ohr am Kunden, zum anderen ist es bestens vernetzt: Branchenverbände, in denen sich Kunden zusammengeschlossen haben; Arbeitskreise von Softwareentwicklern; Arbeitsgemeinschaften, in denen über Normungen entschieden wird – die Palette CAD GmbH ist überall dabei. „Es ist nicht sinnvoll, nur im eigenen Saft zu schmoren", sagt Zinser. Im Austausch mit anderen Branchenexperten entstehen so immer wieder Novitäten. „Wir müssen uns dauernd hinterfragen, um stets besser zu werden", betont der Geschäftsführer.

Ideen in Schwung bringen

Innovation ist Teamarbeit bei diesen Stuttgartern. Die einen zeigen, welche neuen technischen Möglichkeiten es gibt, die anderen analysieren die Chancen am Markt. „Oft realisieren wir aber auch Ideen, ohne vorher den Markt zu befragen", sagt Dr. Zinser. So waren er und seine Mitarbeiter häufig die Ersten, die eine neue Technologie entwickelten, bevor andere überhaupt den Bedarf dafür sahen. Ein Beispiel ist der Einsatz von Virtual-Reality-Brillen, lange bevor sie zum Hype wurden. Dank des täglichen Austauschs in der Entwicklungsabteilung entstehen jede Menge Anregungen, die von den Kollegen aufgenommen werden und dadurch Schwung bekommen. Im Team werden somit aus kleinen häufig große Ideen.

Kreative Freiheiten

Das Innovationsklima bezeichnet der Geschäftsführer als „grandios". Jeder darf Vorschläge äußern, und seien sie noch so verrückt. Alle Mitarbeiter wissen, dass sie ihre Einfälle jederzeit zur Diskussion stellen können. Das Ergebnis: Die Fluktuation im Team ist sehr gering, weil alle wissen, dass sie kreative Freiheiten haben. Diese Innovationen finden sich dann in den Updates wieder, die alle sechs Wochen an die Nutzer ausgeliefert werden. Über einen gut sichtbaren Button haben die Kunden die Option, der Entwicklung ein direktes Feedback zu geben. Das führt zu einer hohen Entwicklungsdynamik mit den besten Ergebnissen.

Palette CAD GmbH
70329 Stuttgart
www.palettecad.com
Beschäftigte (D): 51 bis 200
IT-Entwicklung/-Beratung

Geschäftsführer
Dr. Walter Zinser

Paul Leibinger GmbH & Co. KG

Das Ohr stets am Markt

Wie reagiert man am besten auf eine Krise? Mit Wegducken und Rückzug oder mit Innovation und Aufbruch? Die Paul Leibinger GmbH & Co. KG hat die Coronapandemie dazu genutzt, kräftig zu investieren: in neue Maschinen und Verfahren, aber auch in mehr Manpower für den Vertrieb, die IT und die Entwicklung. Dank eines innovationsorientierten Top-Managements und eines kundenorientierten Marketings ist dieser Mittelständler sogar internationalen Großkonzernen weit mehr als eine Nasenlänge voraus.

Die Erfolgsstrategie: Die Geschäftsleitung ist nah am Markt. „Der Ursprung jeder Innovation ist für uns die Frage: Was will der Markt – und wie können wir diesen Marktanforderungen gerecht werden? Deshalb sprechen wir persönlich mit den Kunden und Endkunden und spiegeln ihr Feedback in unsere Entwicklungsabteilungen", berichtet die Geschäftsführerin Christina Leibinger, die das Familienunternehmen in der dritten Generation führt. Um das Erfüllen der Kundenwünsche selbst in der Hand zu haben, setzt sie auf eine starke Fertigungstiefe und einen hochmodernen Maschinenpark.

Reinigungsfreie Tintenstrahldrucker

Der Mittelständler mit Sitz in Tuttlingen hat sich auf Nummeriersysteme und Tintenstrahldrucker mit reinigungsfreien Druckköpfen spezialisiert. Dafür verfügt er seit Langem über jede Menge feinmechanisches Know-how. Dank personeller Verstärkung in der Entwicklungsabteilung arbeitet er derzeit mit Hochdruck daran, seine Produkte nochmals schneller zu machen und sie digital zu vernetzen, was für die Kunden enorme Vorteile mit sich bringt: „Unsere Drucker, die Barcodes oder auch Mindesthaltbarkeitsdaten aufbringen, stehen in der Produktionslinie zumeist ganz am Schluss. An dieser Stelle bietet sich für unsere Kunden eine ganz hervorragende Möglichkeit, digitale Daten über ihre Gesamtproduktivität zu gewinnen", erläutert Christina Leibinger.

Digitale Verknüpfung

Die Tinte der Tintenstrahldrucker von Leibinger trocknet aufgrund der sogenannten Sealtronic-Technologie auch in Produktionspausen nicht ein. Damit hat das Unternehmen ein Alleinstellungsmerkmal, das ihm nicht so schnell streitig gemacht werden wird. Dennoch soll sich das Rad weiterdrehen: Künftige Drucker müssen in schnellere Produktionslinien eingebunden werden und im Internet der Dinge vernetzt sein. Auch dafür ist dieser Mittelständler bestens gerüstet. Seine innovationsfreudige Geschäftsführung hat ihr Ohr schließlich immer am Markt.

Paul Leibinger GmbH & Co. KG
78532 Tuttlingen
www.leibinger-group.com
Beschäftigte (D): über 200
Anlagen-/Maschinenbau

Geschäftsführer
Paul, Günther und Christina Leibinger

Paul Leibinger ist ein weltweit aufgestellter Spezialist für industrielle Kennzeichnungssysteme mit Hauptsitz in Deutschland.

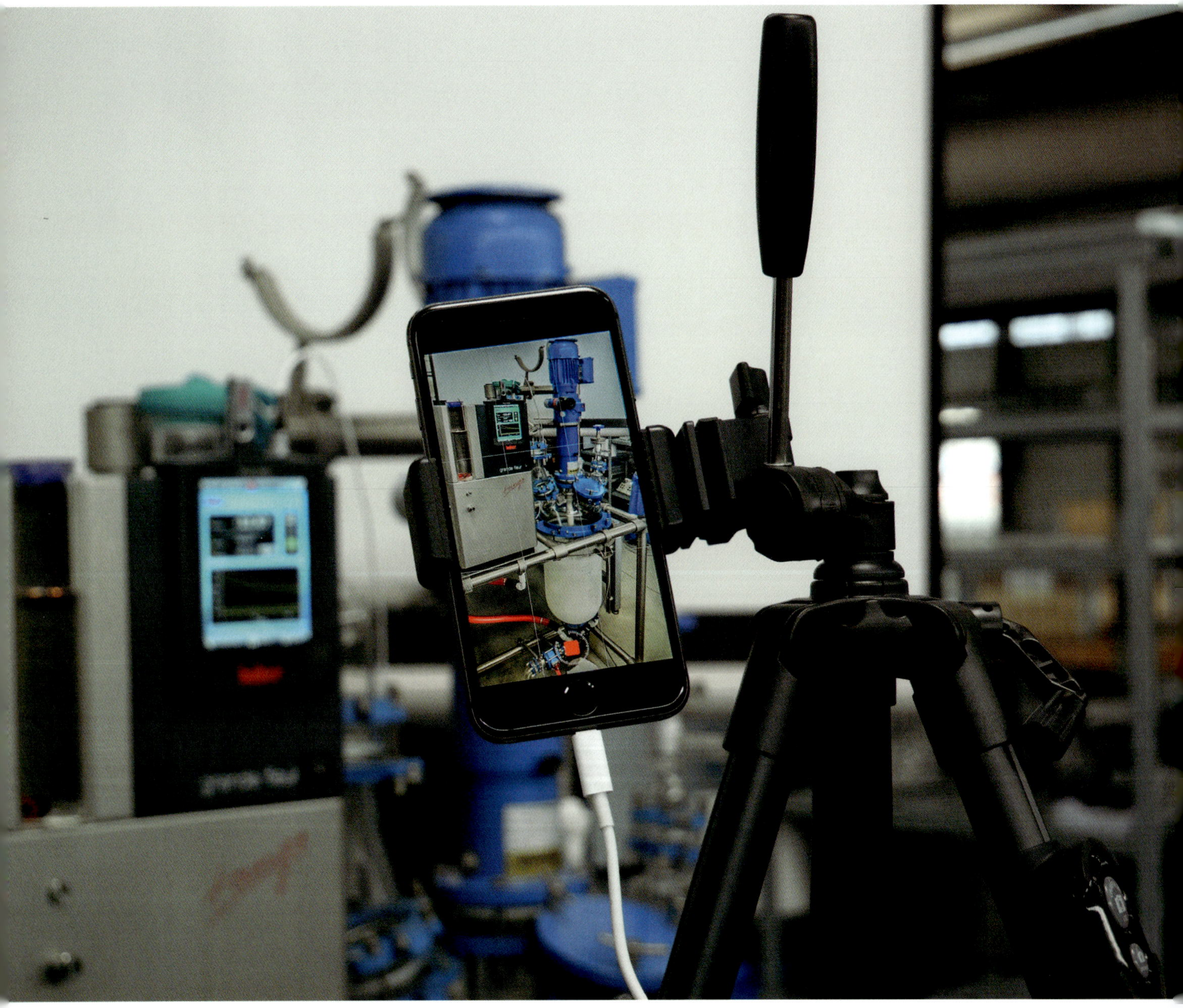

Peter Huber Kältemaschinenbau ist einer der führenden Anbieter von hochgenauen Temperierlösungen für Forschung und Industrie. Dank des weitreichenden Einsatzes natürlicher Kältemittel ist er Vorreiter in der nachhaltigen Temperiertechnik.

TOP 100

Peter Huber Kältemaschinenbau AG

★★★★★★★★★

Erfolg im Heißen wie im Kalten

In Laboratorien, Technikumsanlagen und bei Produktionsverfahren kommt es oft auf ganz genaue Temperaturen an. Die Peter Huber Kältemaschinenbau AG kann Temperieraufgaben von –125 °C bis +425 °C erfüllen. Der Weltmarktführer mit Sitz in Offenburg hat 2020 weiter expandiert. Um die Produkte und Prozesse im Sinne des Kunden immer weiterentwickeln zu können, gewährt das Management seinen Mitarbeitern viele Freiheiten.

„Wir mussten nie auf den Wettbewerb reagieren, sondern der reagiert auf uns", sagt der Vorstandsvorsitzende Daniel Huber. Kaum ein Unternehmen kann mit seinen Systemen so tiefe Temperaturen erreichen, und auch bei der Energieeffizienz sind die Maschinen aus Offenburg ganz vorn dabei. 70 % des Portfolios wurden 2020 durch neue oder verbesserte Produkte ersetzt. Ein Beispiel: Die neuen „Unimotive"-Heiz- und Kühlsysteme ermöglichen Temperiervorgänge direkt mit Wasser-Glykol-Gemischen bis –50 °C. Die Produktreihe wurde speziell für die Automobilbranche entwickelt. Die Fahrzeughersteller machen damit temperaturabhängige Stresstests, die zeigen sollen, ob die Fahrzeugtechnik in der Wüste genauso zuverlässig funktioniert wie in der Arktis.

Blick in andere Branchen

Viele Ideen kommen aus den Entwicklungsabteilungen des Hauses. Das R&D-Team arbeitet dabei eng mit Universitäten zusammen oder wirft auch mal den Blick in ganz andere Branchen, beispielsweise zu den Smartphones: Der „Pilot ONE"-Regler, das Bedienelement der Anlagen, sieht aus wie ein Handy und lässt sich genauso intuitiv bedienen. Weil ihm der Umgang mit dem Smartphone vertraut ist, findet sich der Nutzer schnell im Menü zurecht. „Wir geben der Entwicklungsabteilung, ebenso wie anderen Ressorts im Haus, viele Möglichkeiten, selbst Entscheidungen zu treffen", betont Huber. Diese innovationsfördernde Einstellung des Top-Managements reicht bis in die Montageabteilung. „Auch kleine Neuerungen können Qualität und Effektivität enorm verbessern", erklärt der Geschäftsführer. Fehler dürfen gemacht werden. Die Toleranz der Geschäftsleitung macht es den Mitarbeitern also leicht, Ideen einzubringen.

Prozessoptimierung: Lean Production

Eine Entscheidung aus der obersten Führungsebene führte zu einer wichtigen Prozessoptimierung: die Umstellung auf Lean Production. Nicht zuletzt deshalb wurden rund 15 Mio. € in die Modernisierung und Erweiterung der Firmengebäude am Standort Offenburg investiert. Dank dieses neuen Ansatzes kann mit der gleichen Zahl an Mitarbeitern künftig 50 % mehr produziert werden – in gleicher oder sogar besserer Qualität. Das entspricht dem Credo von Daniel Huber: „Wir wollen nicht unbedingt die Größten sein, aber die Besten."

Peter Huber Kältemaschinenbau AG
77656 Offenburg
www.huber-online.com
Beschäftigte (D): über 200
Anlagen-/Maschinenbau

Der Vorstand

Plastro Mayer GmbH

Mit gutem Beispiel vorangehen

Sie ist das klassische Zulieferunternehmen: Wenn ein Kunde ein Kabel mit Stecker oder Kunststoffteile benötigt, ist die Plastro Mayer GmbH zur Stelle. Sie betreibt darüber hinaus einen eigenen Werkzeugbau und bietet auf Wunsch die Komplettmontage von Produkten an. In Coronazeiten hat das Familienunternehmen mit Sitz auf der Schwäbischen Alb ein neues Produkt auf den Markt gebracht und sein umfassendes Know-how für Hilfe im Ausland zur Verfügung gestellt.

Als die Maskenpflicht eingeführt wurde, überlegte sich die Geschäftsführung der Plastro Mayer GmbH, wie sie ihren Teil zur Bekämpfung der Pandemie beitragen könnte: Die Firma entwickelte eine Allzweckmaske aus Kunststoff mit Wechselfilter, die freies Atmen und leichteres Sprechen möglich macht. Vor allem Beschäftigte in der Produktion, die viele Stunden lang eine Maske tragen müssen, profitieren von dieser nachhaltigen Innovation. Denn wenn die Maskenpflicht irgendwann aufgehoben wird, kann die Allzweckmaske beispielsweise weiterhin für Holz- oder Schweißarbeiten verwendet werden. „Damit ist unsere Innovation auch später noch wertvoll“, erklärt Isabel Grupp. Zusammen mit ihrem Vater Johannes Grupp leitet sie das Familienunternehmen in der dritten Generation.

Gemischte Teams

Automatisierung, Digitalisierung und künstliche Intelligenz sind wichtige Themen, über die Isabel Grupp auch Vorträge hält, zum Beispiel auf dem Tag der Industrie. Und die Geschäftsleitung ist darauf bedacht, dass die Mitarbeiter mit den Entwicklungen Schritt halten. So wird ihnen genau erklärt, was etwa künstliche Intelligenz konkret für ihren Arbeitsplatz bedeutet. „Wir stellen zudem sicher, dass unsere Teams immer eine Mischung aus jungen und erfahrenen Mitarbeitern sind, die sich gegenseitig mit ihrem Wissen unterstützen“, erläutert die Geschäftsleiterin. „Mein Vater und ich gehen hier mit gutem Beispiel voran.“ So hat Isabel Grupp unter anderem das Thema Social Media vorangetrieben – für die Kunststoffbranche ein ungewöhnlicher Weg der Kundenansprache.

Expertise einbringen

Ihr gewachsenes Know-how haben diese Schwaben 2020 auch an anderer Stelle eingebracht: Für ein Projekt der Munich Re und des Fraunhofer-Instituts haben sie gemeinsam mit anderen Experten ein Konzept dazu entwickelt, wie sich eine Produktion von Beatmungsgeräten für Entwicklungsländer aufbauen lässt. „Bei neuen Themen sind wir stets vorn dabei“, sagt der Geschäftsführer Johannes Grupp. So kann sich das Unternehmen auf immer wieder andere Situationen einstellen.

Plastro Mayer GmbH
72818 Trochtelfingen
www.plastromayer.de
Beschäftigte (D): über 200
Chemie/Kunststoff

Geschäftsführung
Isabel und
Johannes Grupp

Ritter Energie- und Umwelttechnik GmbH & Co. KG

In neue Richtungen denken

Vor mehr als 30 Jahren als Pionier der Solarbranche gestartet, gehört die Ritter Energie- und Umwelttechnik GmbH & Co. KG heute zu den Marktführern auf dem Gebiet der Solarwärmetechnik. Das ist kein Zufall, sondern das Ergebnis innovativer Prozesse und einer durchdachten Organisation. Wie ein roter Faden zieht sich vorausschauendes, zielgerichtetes Handeln durch alle Unternehmensbereiche, was zu einer kontinuierlichen Verbesserung von Erfolgsprodukten führt. Auch von der Pandemie hat man sich das boomende Geschäft nicht verderben lassen.

Der Start ins Jahr 2020 war gut für die Ritter Energie- und Umwelttechnik GmbH & Co. KG: Neue Förderrichtlinien bei der energetischen Sanierung führten zu prall gefüllten Auftragsbüchern. Um zu verhindern, dass die beginnende Coronapandemie das Neugeschäft ausbremste, gründete Ritter vorausschauend eine Taskforce. Das Team aus Mitgliedern unterschiedlicher Kompetenzbereiche erkannte schon sehr früh die möglichen Gefahren der Pandemie für ihre Logistik. Um die hohe Nachfrage auch im Fall von Grenzschließungen bedienen zu können, wurden deshalb Bestände aufgebaut, Lagerflächen angemietet und in kürzester Zeit Ersatz für einen lieferunfähigen Zulieferer gefunden. Das Ergebnis: Corona hatte bei Ritter weder Umsatzeinbußen noch Kurzarbeit zur Folge.

Wissen, was der Markt braucht

Enge Kooperationen mit Verbänden, Partnerschaften mit Handwerkern, intensive Kommunikation mit Vertrieb und Service: Aus diesen Informationsquellen schöpft das Unternehmen, um zu erfahren, was der Markt brauchen könnte. Anregungen werden strukturiert bearbeitet. Wer einen Geistesblitz hat, trägt ihn ins Formular „Produktidee" ein, das unter anderem Zielsetzung, Nutzen und Übereinstimmung mit dem Geschäftsmodell abfragt. Diese Angaben gleicht der zuständige Produktmanager dann mit der Marktstrategie ab. Im nächsten Schritt wird die Idee detaillierter ausgearbeitet, von einem bereichsübergreifenden Lenkungskreis geprüft und bei Freigabe als Projekt aufgesetzt.

Gutes noch besser machen

Ein Patent hält man auf das „AquaSolar"-System, das Solarkollektoren nur mit Wasser betreibt statt, wie herkömmliche Anlagen, mit Chemie. Um dieses Erfolgsmodell weiter zu verbessern, setzen die Geschäftsführer auf Workshops, die Kreativitätstechniken wie SCAMPER vermitteln. Diese Methode hinterfragt, wie ein Produkt ergänzt oder kombiniert, reduziert oder anders genutzt werden könnte. Bestehendes wird so aus einem anderen Blickwinkel betrachtet. Das lenkt die Gedanken aus den eingespielten Bahnen in neue Richtungen – woraus wiederum Ideen für weitere Verbesserungen entstehen.

Ritter Energie- und Umwelttechnik GmbH & Co. KG
72135 Dettenhausen
www.ritter-energie.de
Beschäftigte (D): 51 bis 200
Klima/Sanitär/Heizung

Geschäftsführer und Vorsitzender des Beirats
Matthias Johler
und Moritz Ritter

Rommelag Unternehmensgruppe

Sichere Methoden für Pharmahersteller

Mit ihren Maschinen und Verpackungen trägt die Rommelag Unternehmensgruppe dazu bei, dass Menschen überall auf der Welt Zugang zu sicheren und bezahlbaren Arzneimitteln erhalten. Die Keimzelle ihres Erfolgs ist ein selbst entwickeltes Verfahren zum aseptischen Abfüllen flüssiger Medikamente in Behältnisse aus Kunststoff. Dank der vorausschauenden Innovationsstrategie des Top-Managements übersteht dieses Familienunternehmen mit Sitz in Baden-Württemberg die Coronakrise nicht nur unbeschadet – sie geht sogar gestärkt aus ihr hervor.

Der Firmenverbund mit Hauptsitz in Sulzbach-Laufen hat sich in mehr als 60 Jahren zum Weltmarktführer in seinem Segment entwickelt. Rommelag baut und vertreibt aseptische Abfüllanlagen, die mittels des sogenannten Blow-Fill-Seal-Verfahrens Arzneimittelbehälter automatisch produzieren, keimfrei befüllen und sicher verschließen. So werden etwa Infusions- oder Inhalationslösungen, Augentropfen und neuerdings auch sensible temperaturempfindliche Impfstoffe in Einwegverpackungen gebracht. Das BFS-Verfahren gilt als äußerst sichere Abfüllmethode und ist daher bei Pharmaherstellern beliebt. Gert Hansen, der Sohn des Gründers, treibt als geschäftsführender Gesellschafter und technischer Direktor die strategische Entwicklung der Gruppe voran. „Mein Fokus liegt auf der Digitalisierung und auf der Produktentwicklung", erklärt Hansen. „Häufig handelt der Mittelstand diesbezüglich auf Dauer nicht agil genug. Diese Gefahr bestand auch bei uns, deshalb halten wir dagegen."

Prozesse optimieren

In der neuen Tochterfirma iLabs arbeiten Softwareentwickler an digitalen Dokumentationen und an Applikationen für die Industrie 4.0. Gemeinsam mit dem Karlsruher Institut für Technologie sucht man Wege, um künstliche Intelligenz und Machine-Learning in die eigene Qualitätssicherung einzubinden. Und intern verbessern interdisziplinäre Teams im Wettstreit miteinander Maschinenkomponenten und Konstruktionsprozesse.

Gestärkt trotz Corona

Während der Coronakrise zeigt sich, dass die Innovationen Früchte tragen. So konnte das Unternehmen im Lockdown 2020 die Endabnahme seiner Maschinen durch die Kunden vom bis dahin zwingend erforderlichen persönlichen Vorgang sehr schnell auf rein virtuell vollzogene Abläufe umstellen. Eine Verbesserung des BFS-Verfahrens wiederum führte zum größten Auftrag in der Firmengeschichte: Ein US-Entwicklungspartner orderte elf Abfüllanlagen auf einmal, um binnen eines Jahres Covid-19-Impfstoff aus mehreren hundert Millionen vorgefüllten Ampullen für die Bevölkerung der USA bereitstellen zu können.

Rommelag Unternehmensgruppe
74429 Sulzbach-Laufen
www.rommelag.com
Beschäftigte (D): über 200
Anlagen-/Maschinenbau

Geschäftsführender Gesellschafter
Gert Hansen

Die Rüdinger Spedition ist europaweiter Marktführer auf dem Gebiet des überhohen und überbreiten Gütertransports unter Plane: Mehr als 100 Lkw stehen allein dafür zur Verfügung.

Rüdinger Spedition GmbH

Sie transportieren alles

Große Sachen sind ihr Ding: Wer besonders sperrige Güter von A nach B bringen muss, ist nicht schlecht beraten, sich an die Rüdinger Spedition GmbH zu wenden. Das Familienunternehmen mit Sitz in Krautheim im baden-württembergischen Hohenlohe-Kreis expediert Waren in alle Welt und ist besonders gefragt, wenn übergroße Maschinen oder Anlagen transportiert werden müssen. Der innovationsfreudige Firmenchef und sein motiviertes Team sorgen dafür, dass der Spediteur die Nase stets vorn behält.

In dritter Generation führt Roland Rüdinger die Familienspedition, die 1930 ihren Anfang mit Viehtransporten nahm. Schon der Gründer fiel durch Einfallsreichtum auf, als er seinen ersten Lkw mit einer Wechselpritsche ausstattete, um fortan sonntags auch Kirchgänger zu befördern. Dieser Kreativität bleibt auch der Enkel treu. Seit er in den 1990er-Jahren das Steuer übernahm, hat der Geschäftsführer die Spedition zur weltweit agierenden Logistikfirma gemacht. Mehr als 500 Beschäftigte und 180 Fahrzeuge sorgen heute dafür, dass Güter ihren Bestimmungsort erreichen – wenn nötig, auch auf der Schiene, im Wasser oder in der Luft.

Telematik in Echtzeit

„Veränderungen sind für uns selbstverständlich", sagt Rüdinger mit Blick auf die Firmengeschichte. In den letzten Jahren hat er deshalb in allen Bereichen die Digitalisierung vorangetrieben, die auch im Transportgewerbe Wettbewerbsvorteile verheißt. Heute werden alle Elemente der Lieferkette, ob Verwaltung, Disposition, Route oder Anlieferung, IT-gestützt abgebildet. Das Telematiksystem bindet dabei via App in Echtzeit alle Beteiligten ein, nicht nur Disponenten und Fahrer, sondern auch Absender und Empfänger. Gelungen sei die Digitalwende dank des guten Innovationsklimas, das die Mitarbeiter zum Mitdenken anrege, sagt Rüdinger.

Gigaliner fürs Klima

Bei Rüdinger haben Gigaliner Tradition. So sind die breiten Flecks heutiger Gespanne Anfang der 1990er-Jahre von Rüdinger erdacht worden. Zusammen mit der Lkw-Industrie entwickelte man später Planentieflader, die den Transport übergroßer Stückgüter enorm erleichtern. 100 dieser Fahrzeuge, die Verpackungsschutz überflüssig machen und schnelles Be- und Entladen ermöglichen, sind im Einsatz. „Auf dem Gebiet solcher Spezialtransporte sind wir Marktführer in Europa", sagt der Firmenchef – auch weil man mit den Herstellern Hand in Hand arbeitet, um die Züge stetig weiter zu optimieren. Jüngster Zuwachs der Flotte sind die seit 2019 zugelassenen Lang-Lkw. Rüdinger sieht darin einen Beitrag zum Klimaschutz: Durch das höhere Frachtvolumen würden bis zu 25 % CO_2 eingespart.

Rüdinger Spedition GmbH
74238 Krautheim
www.ruedinger.de
Beschäftigte (D): über 200
Verkehr/Logistik

Geschäftsführer
Roland Rüdinger

S. DUNKES GmbH Maschinenfabrik

Hier wird alles in Form gebracht

Manches Klischee stimmt eben doch: Die S. DUNKES GmbH Maschinenfabrik jedenfalls ist ein Musterbeispiel für die vielbeschworenen schwäbischen Tüftlerqualitäten. Im Herzen des Ländles werden bei diesem Maschinenbauer seit bald 60 Jahren gute Ideen ausgebrütet. Das Erfolgsrezept ist ein Innovationsklima, das die 50 Beschäftigten zu kreativer Höchstleistung animiert – wovon auch der weltweite Einsatz der Pressen und Anlagen des Unternehmens zeugt.

Mit seinem Know-how auf dem Gebiet von Umform-, Richt- und Verbindungstechnologien hat sich dieses Familienunternehmen mit Sitz in Kirchheim unter Teck einen exzellenten Ruf erworben. Kunden aus der Medizintechnik oder dem Schiffsbau, der Autoindustrie oder der Luft- und Raumfahrt klopfen bei DUNKES an, wenn clevere Lösungen für die Werkstoffbearbeitung gefragt sind. Die von diesen Schwaben entwickelten Geräte decken alle Aspekte der Technik ab, das Portfolio spannt sich von der manuellen Nietmaschine bis zur voll automatisierten Großpresse. Mehr als 12.000 Einheiten hat der kleine Maschinenbauer mittlerweile ausgeliefert – ein deutliches Indiz für seine Innovationsstärke.

Tagesgeschäft Innovation

Jedes Produkt ist eine „anspruchsvolle Herausforderung", erläutert der Geschäftsführer Rico Heinz. Schließlich muss es die individuellen Werkstücke, Prozesse und Aufgaben des Kunden berücksichtigen. Die Aufgabe seines Teams besteht darin, ein auf diese Eckpunkte zugeschnittenes Produkt zu entwickeln. „Innovative Leistungen, egal, ob klein oder groß, sind Teil unseres täglichen Geschäfts", erklärt er. Der Firmenerfolg steht und fällt deshalb für Heinz mit einer fest etablierten Innovationskultur. Entsprechend viel Wert legt man auf engagierte und ideenreiche Mitarbeiter, die bereit sind, die gewohnten Pfade des Denkens und Handelns zu verlassen, um aus einer Idee eine Innovation zu entwickeln.

Mitarbeiter reden mit

Dabei hilft die Führung aktiv mit. So räumt sie ihren Leuten Zeit ein, eigene Ideen zu verfolgen, und sorgt überdies für Weiterbildung. Frühzeitig involviert man die Mitarbeiter auch in die Projektentwicklung: Schon in der Angebotsphase etwa beraten Leistungsträger den Vertrieb. Im Projekt-Kick-off werden später einzelne Punkte im Detail besprochen und bewertet. „Verbesserungs- und Innovationsideen werden dabei mit einbezogen und nach Kostenvorgabe realisiert", erklärt Heinz. Jüngstes Beispiel für die Durchschlagskraft dieser Herangehensweise: Eine bahnbrechende KI-Komponente, die es Pressen ermöglicht, aus ihren Tätigkeiten zu lernen und autonom zu handeln.

S. DUNKES GmbH Maschinenfabrik
73230 Kirchheim
www.dunkes.de
Beschäftigte (D): bis 50
Anlagen-/Maschinenbau

Geschäftsführer
Rico Heinz

DUNKES ist ein weltweit führender Spezialist für die Entwicklung und Fertigung von Umform-, Richt- und Verbindungsanlagen. Dazu gehören auch elektromechanische Richtpressen mit selbstlernenden KI-Algorithmen.

TOP 100

Schmidt & Heinzmann GmbH & Co. KG

Hohe Innovationskraft bei Automationen

Für den Einsatz faserverstärkter Kunststoffe sind Automobilhersteller ebenso wie Hersteller aus der Luft- und Raumfahrt auf hochpräzise, automatisierte Fertigungsprozesse angewiesen. Die Schmidt & Heinzmann GmbH & Co. KG ist auf diesem Gebiet eine erfahrene Partnerin: Sie baut Produktionsanlagen für faserverstärkte Kunststoffe und entwirft neuerdings auch Automatisierungskonzepte. Dank ihrer Innovationserfolge hat sie sich zur weltweiten Technologieführerin in der Composite-Branche entwickelt.

„Mit unseren Innovationen lassen sich jedes Jahr hohe Kosteneinsparungen erzielen – sowohl bei unseren Kunden als auch in unserem eigenen Betrieb", berichtet der Geschäftsführer Matthias Feil. Die Entscheidung des Top-Managements, in Bruchsal, dem Hauptsitz des Unternehmens, ein eigenes Technikum aufzubauen, legte den Grundstein für die Innovationserfolge dieses weltweit führenden Maschinenbauexperten. Hier werden zum Beispiel Sensoren und Algorithmen für die Herstellung innovativer Composite-Produkte getestet.

Wachsenden Ansprüchen genügen

Für die Produktion von SMC-Halbzeugen entwickelte Schmidt & Heinzmann eine innovative Pressenautomation. Damit lässt sich eine Vielzahl von bisher manuellen Arbeitsschritten ersetzen. Das Ergebnis für die Kunden: eine verbesserte Prozessstabilität bei hoher Oberflächengüte. Diese Innovation ist ein Beispiel dafür, wie es diesem Mittelständler gelingt, die stetig wachsenden Qualitätsansprüche seiner Auftraggeber zu erfüllen und gleichzeitig wirtschaftlich zu bleiben.

Automatisierte Produktion

Für die Automobilbranche – und hier steht vor allem die zukunftsweisende Sparte Elektromobilität im Vordergrund – werden im Geschäftsfeld „Cutting & Stacking" unter anderem Lagenaufbauten aus Kohlenstofffasern produziert, die im nächsten Prozessschritt mit Harz infiltriert werden. Zur Verarbeitung solch hochwertiger Textilien rief das Top-Management von Schmidt & Heinzmann eine echte Innovation ins Leben: Roboter verarbeiten die teuren Materialien. Der unerwünschte Ausschuss durch manuelle Fehler wird so verhindert, und die Präzision sowie die Wiederholgenauigkeit werden erhöht. Dieser innovative Prozess einer weitgehenden Automatisierung anspruchsvoller Herstellungsprozesse führte zu einem großen Reputationsgewinn bei Kunden wie BMW und weiteren namhaften Herstellern. „Allein in den Jahren 2018 bis 2020 haben wir 21 nationale und 24 internationale Patente anmelden können. Unsere Anlagen zählen inzwischen bei mehreren Kunden zu den Beschaffungsrichtlinien", erklärt der Geschäftsführer Matthias Feil stolz.

Schmidt & Heinzmann GmbH & Co. KG
76646 Bruchsal
www.schmidt-heinzmann.de
Beschäftigte (D): 51 bis 200
Engineering

Geschäftsführer
Matthias Feil

TOP 100

Schöck Bauteile GmbH

★★

Baumeister mit Strategie

Längst funktioniert auch das Bauen digital. Die Schöck Bauteile GmbH, die Bauprodukte für das Dämmen und Tragen herstellt, hat ihre Strategie klar darauf ausgerichtet: Sie investierte 2020 in einen eigenen Unternehmensbereich für Digitalisierung. Heute gehören ein digitaler Workflow und 3-D-Brillen bei Schöck zum Alltag. Das strategisch agierende Top-Management fördert ein fruchtbares Innovationsklima und treibt weitere Zukunftsthemen stetig voran – ob innovative Betontechnologie oder Energieeffizienz.

Immer schon wagte dieser Mittelständler Neues. Bereits im Jahr 1962 war der Firmengründer Eberhard Schöck davon überzeugt: „Man darf nie beim Alten stehenbleiben." Für den heutigen Geschäftsführer Mike Bucher hieß das zuletzt, vor allem in die Digitalisierung zu investieren: „Digitalisierung ist eines der großen Themen der Baubranche. Deshalb bieten wir heute digitale Lösungen für den gesamten Bauprozess an, von der Planung bis zur Baustelle", erläutert Bucher. Das Team arbeitet mit komplett digitalen und vernetzten Prozessen und kann inzwischen mittels einer Augmented-Reality-App sogar den Einbau der eigenen Produkte direkt auf der Baustelle visualisieren.

Lebhaftes Innovationsklima

Auch in der internen Kommunikation lebt Schöck die Leidenschaft für neue Ideen. Der bereits vom Gründer eingeführte kontinuierliche Verbesserungsprozess wurde komplett digitalisiert und konsequent fortgeführt. In Kombination mit Audits und Qualitätszirkeln erbrachte der KVP im Jahr 2020 so insgesamt 500 Verbesserungsvorschläge von Mitarbeitern. Zum lebhaften Innovationsklima trägt auch eine systematische Erfolgsbeteiligung des Teams bei – und ein klar definiertes Innovationsmanagement: „Mit unserem Innovationslenkungsausschuss steuern wir gezielt Innovationen, manchmal auch mittels Beteiligungen an anderen Firmen", erklärt der Geschäftsführer. So brachte die Beteiligung an einem Softwareunternehmen Tempo in die eigene Digitalisierung, und die Kooperation mit einem Materialspezialisten führte zur Entwicklung eines hochinnovativen Baustoffs.

An eine grüne Zukunft denken

Zu einem klaren Zukunftskurs bekennt sich das Unternehmen auch beim Thema Energieeffizienz: „Wir wollen beim Klimaschutz eine innovative Vorreiterrolle in der Branche einnehmen", betont Mike Bucher. Dafür kooperiert das Top-Management mit Verbänden und Universitäten und hat sich inzwischen ein ehrgeiziges Ziel gesetzt: Die Schöck Bauteile GmbH soll komplett klimaneutral werden. Die Zukunft hat in dieser Firma eben ihren festen Platz.

Schöck Bauteile GmbH
76534 Baden-Baden
www.schoeck.com/de
Beschäftigte (D): über 200
Baugewerbe/Handwerk

Geschäftsführer
Mike Bucher

TOP 100

TOP 100
TOP 100
TOP 100
TOP 100
TOP 100
TOP 100
TOP 100
TOP 100
TOP 100
TOP 100
TOP 100
TOP 100
TOP 100
TOP 100
TOP 100
TOP 100
TOP 100

SCHULER Consulting GmbH

Neugier zahlt sich aus

Einen Parkplatz hat wohl jedes Unternehmen, dazu verpflichtet die Bauordnung. Die SCHULER Consulting GmbH hat darüber hinaus aber noch einen besonderen Parkplatz – nämlich einen für neue Ideen. Die besten von ihnen herauszugreifen, auszuprobieren und zu realisieren bringt diese Unternehmensberater nicht nur ökonomisch voran, sondern schafft auch ein Klima, in dem innovative Ideen und Prozesse gedeihen. Die Mitarbeiter bringen so viele Vorschläge ein, dass man sich jedes Jahr neu entscheiden muss, mit welchen man sich zuerst beschäftigt.

Unternehmensberatung für Kunden aus der internationalen Holz- und Möbelindustrie – darin liegt die Kernkompetenz der SCHULER Consulting GmbH. Die wichtigsten Themen ihrer Beratungsprojekte sind: Industrie 4.0, Controlling, Lean Production, kontinuierlicher Informationsfluss, technische Produktstandardisierung und strategische Produktionsentwicklung. Innovation entsteht bei SCHULER in erster Linie aus Neugier und häufig auch dadurch, dass man Innovationen aus anderen Branchen, beispielsweise aus dem Logistikbereich, mit bestehenden Dienstleistungen und Technologien kombiniert.

Vom Parkplatz zur Pilotreife

Diese Neugier führt zu einem Ideenstrom, der so beeindruckend viele Ergebnisse hervorbringt, dass sie kanalisiert und priorisiert werden müssen, um bewältigt werden zu können. Das 32-köpfige Team schafft es kaum, alle guten Ideen, die eingebracht werden, zu verwirklichen und in einen Business-Case zu verwandeln. „Auf unserem Parkplatz haben wir eine ganze Reihe von Ideen vorrätig. Unser Ziel ist es, jedes Jahr ein bis zwei größere Projekte von diesem Parkplatz zur Pilotreife zu bringen – und im Idealfall zu einem Produkt werden zu lassen“, erklärt der Geschäftsführer Elias Wagner. Das jüngste Beispiel: ein System zur digitalen Wertstromerfassung, das auch die Betriebsdaten älterer Maschinen berücksichtigen kann.

Ideen Wirklichkeit werden lassen

„Es ist toll, etwas Neues zu generieren, das vorher noch nicht da war, und es macht Spaß, Dinge auszuprobieren. Wenn das Projekt dann am Ende tatsächlich die gewünschten Ergebnisse liefert, gibt das noch einen Extrakick“, erzählt Elias Wagner. Die Ideen, die zur Realisierung ausgewählt wurden, werden für das jeweilige Jahr zum Unternehmensziel erklärt. Das stellt sicher, dass sie keine Hirngespinste bleiben, sondern dass daraus oftmals erfolgreiche Produkte werden. Stets neugierig zu bleiben macht also nicht nur Spaß, es zahlt sich auch ökonomisch aus.

SCHULER Consulting GmbH
72285 Pfalzgrafenweiler
www.schuler-consulting.com
Beschäftigte (D): bis 50
Unternehmensberatung

Geschäftsführer
Elias Wagner

Seybold GmbH

Wertschöpfungsplus für Filialisten

Bei den Nebenkosten für Immobilien können Unternehmen gutes Geld sparen, vor allem wenn sie viele Filialen betreiben. Nirgendwo weiß man das besser als bei der Seybold GmbH in Stuttgart, die seit 2007 Nebenkostenabrechnungen für ihre Kunden prüft. 2020 hat sich die kleine Firma neu ausgerichtet und ein dynamisches Innovationsklima geschaffen. Heute versteht sie sich als externe Immobilienabteilung ihrer Kunden und bietet ihnen ein einzigartiges Rundumpaket, das Filialisten zeitlich und finanziell entlastet.

Die Coronakrise für ein Innovationsprogramm und für interne Verbesserungen nutzen – das wollten viele Unternehmen. Die Seybold GmbH hat dieses Vorhaben in die Tat umgesetzt: Mit einem neuartigen Produkt starteten die 13 Mitarbeiter Anfang 2020 in eine umfassende Erneuerungsphase. Dazu hat man die Bereiche Nebenkostenabrechnung, Facility-Management und Mietverträge zu einem einzigartigen Dreifach-Servicepaket zusammengeschnürt. Themen, die viele Filialisten während des Lockdowns umtrieben, wurden dabei integriert: „Mit dem Verhandeln von Mietverträgen und einem schnelleren Geldeingang bei den Nebenkosteneinsparungen sind unsere Kunden sicherer durch die Coronazeit gekommen", sagt der Geschäftsführer Marcus Seybold.

Synergien schaffen, Kosten sparen

Heute bündeln diese Immobilienspezialisten die Interessen von mehr als 50 Unternehmen mit insgesamt über 4.000 Läden – und verschaffen ihnen damit ein klares Wertschöpfungsplus. Denn mit einem großen Kundenpool kann Seybold bei Vermietern, Energieversorgern und Dienstleistern beste Konditionen in großen Gesamtpaketen aushandeln. „Die Rundumversorgung der Immobilienbestände unserer Kunden verschafft ihnen ganz neue zeitliche und finanzielle Spielräume", unterstreicht der Geschäftsführer.

Interne Neuausrichtung

Intern stellte das Unternehmen während der Coronakrise mit einem umfangreichen Zukunftsprogramm die Weichen für ein fruchtbares Innovationsklima: mit effizienten und digitalen Abläufen, einer klaren Vision, verbindlichen Werten und einem systematischen Ideenmanagement. „Innovation ist inzwischen unser tägliches Geschäft. Wir kommen regelmäßig in unterschiedlichsten agilen Teams zusammen, um an kreativen Ideen zu arbeiten", bestätigt Seybold. Eine dieser Ideen ist ihm besonders wichtig: „Da wir täglich große Datenmengen verarbeiten, wollen wir schon bald künstliche Intelligenz nutzen, um noch effizienter zu werden", sagt er. Auch in Zukunft setzt der Geschäftsführer die Digitalisierung weiter ganz oben auf die Agenda.

Seybold GmbH
70178 Stuttgart
www.seybold-fm.com
Beschäftigte (D): bis 50
Immobilien/Facility-Management

Geschäftsführer
Marcus Seybold

Die Seybold GmbH ist auf Filialimmobilien spezialisiert.
Ihr Full-Service-Paket beinhaltet die Bereiche Nebenkosten, Mietverträge und Facility-Management.
VITAMINE FÜR IHRE FILIALEN
MIT VITAMIN SEYBOLD GESUND DURCH HARTE ZEITEN.

Die SIEBFABRIK Arthur Maurer produziert Metall-, Kunststoff- und technische Gewebe sowie Siebe aller Art, die absolut prozesssicher und wirtschaftlich sind.

SIEBFABRIK Arthur Maurer GmbH & Co. KG

★★

Verbessern geht immer

Für die Einarbeitung von Wasserzeichen in Geldscheine wird ein Sieb benötigt. Für die Produktion von Vlies, aus dem unter anderem Atemschutzmasken gefertigt werden, ebenfalls. Das Gleiche gilt für viele weitere Produkte, etwa in der Automobil- oder der Lebensmittelbranche. Die SIEBFABRIK Arthur Maurer GmbH & Co. KG ist erster Ansprechpartner, wenn es um technische Gewebe geht. Neue Ideen für ihre Siebe entstehen meist aus der Zusammenarbeit mit Kunden oder dank anderer Inspirationen von außen.

„Innovation heißt Kommunikation.“ So bringt der Geschäftsführer Christoph Leppla die Arbeitsweise in seinem Unternehmen auf den Punkt. Jeder kennt jeden in der SIEBFABRIK Arthur Maurer, daher sind die Kommunikationswege kurz. Aber auch der Kontakt zu den Kunden ist durch einen engen Austausch geprägt. Die meisten Verbesserungen und Neuerungen entstehen aus der Zusammenarbeit mit ihnen. Neue Bindungen, neue Materialien, veränderte Temperaturen beim Webverfahren – oft schaffen schon veränderte Details kleine Innovationen.

Tüfteleien, von außen inspiriert

Als Erstausrüster für Maschinenhersteller in aller Welt schaut sich das Unternehmen konsequent und international nach neuen Technologien um. Auch die Zusammenarbeit mit Hochschulen aus der Region und darüber hinaus ist immer wieder eine Quelle für Inspirationen, die auch in Prozessinnovationen einfließen. Die Webmaschinen, die dieser Mittelständler einkauft, sind zwar von der Stange. „Aber unsere Tüfteleien an den Maschinen bringen uns jedes Mal immens weiter“, erklärt der Geschäftsführer.

Im Team zum Erfolg

Auch im Vertrieb beschreitet man neue Wege: Anstatt, wie in der Vergangenheit, mit externen Vertretern zusammenzuarbeiten, setzt das Unternehmen nun auf angestellte Vertriebsmitarbeiter. Dank einer guten Werbeagentur und gezielt gewählter Keywords auf ihrer Website kann die SIEBFABRIK Arthur Maurer einen erfreulich hohen Eingang von Aufträgen verzeichnen. „Es läuft gut, aber verbessern kann man sich natürlich immer“, betont Leppla. Daher legt er auch viel Wert auf die Themen Digitalisierung und Industrie 4.0. Prozesse können damit wiederholbar gemacht werden, sodass die Qualität ihr gleichbleibend hohes Niveau behält. Für diese Prozessautomatisierung wurde unter anderem ein Manufacturing-Execution-System aufgesetzt, das Führung, Lenkung und Kontrolle der Produktion in Echtzeit erlaubt. Letztlich ist es aber in erster Linie das gute Team, das den Erfolg des Unternehmens ausmacht.

SIEBFABRIK Arthur Maurer GmbH & Co. KG
72116 Mössingen
www.siebfabrik.com
Beschäftigte (D): 51 bis 200
Metallverarbeitung

Geschäftsführer
Christoph Leppla

Die SIMON GROUP ist Spezialistin für Metallverarbeitung und Hartmetallproduktion. Zu dieser Unternehmensgruppe gehören insgesamt vier Firmen und zwei Profitcenter.

TOP 100

SIMON GROUP

Schlanke Strukturen für mehr Innovation

Metallprodukte für den Bau, für die Automobilbranche oder für Konsumgüter: Darauf hat sich die SIMON GROUP mit Sitz im Schwarzwald spezialisiert. Autofahrer in Skandinavien oder etwa in den USA kennen auch die Spikes der Tochterfirma Sitek, die in Millionen Winterreifen verbaut werden. Sie werden künftig teilweise aus Kunststoff bestehen und damit leichter sein. Das schont Straßenbeläge und verursacht weniger Feinstaub. Für derartige Produktinnovationen werden auch schon mal die Prozesse und die Organisation verändert.

Für den Geschäftsführer Tobias Hilgert ist klar, was bei der Realisierung neuer Ideen entscheidend ist: Schnelligkeit. „Unsere Innovationsprojektleiter berichten unmittelbar an die Geschäftsführung. Nur durch direkte Kommunikation können wir ein hohes Tempo erreichen", sagt er. Hilgert hat die Erfahrung gemacht, dass mehrere Entscheidungsebenen, so wie in Großkonzernen, sofort Verzögerungen mit sich bringen. Deshalb sind die Innovationsstrukturen bei der SIMON GROUP sehr agil und schlank ausgestaltet. So war es möglich, die Spikes in neuer Materialzusammensetzung in nur zwei Jahren von der Entwicklung in die Serienerprobung zu bringen. Eigentlich hätte man dafür vier Jahre benötigt. Die Alternative im Rahmen eines anderen Entwicklungsprojekts: Statt alle Produktionsschritte selbst zu entwickeln, kaufte und übernahm man die technische Expertise eines kleinen Anbieters und setzte auf dessen Wissen auf. „Eine solche Lösung findet man nur, wenn man eigene Mitarbeiter für Innovationsprojekte abstellt, die dann auch die nötigen Recherchen leisten können", erklärt der Geschäftsführer Dr. Marc Siemer.

Wertschätzung durch direkten Kontakt

Neben dem Tempo ist für Tobias Hilgert vor allem der persönliche Einsatz des Managements die Voraussetzung für den Erfolg von Neuerungen. „Ich muss alle Entscheidungen nachvollziehen können", betont er. Dafür pflegt er einen alten Brauch: den täglichen Rundgang durch die Produktion. Jeden Morgen geht er durch die Fabrik, fragt nach dem Stand der Arbeit und erkennt dadurch sofort, wenn es Verzögerungen gibt. „Damit lässt sich sehr viel beschleunigen", sagt er.

Automatisierung für weniger Lohnkosten

An den Maschinen stehen immer häufiger keine klassischen Mechaniker mehr, denn die Produktion wird zunehmend automatisiert. Für die Mitarbeiter bedeutet das viel Weiterbildung, die häufig im Verbund mit der Eigner-Holding INDUS AG angeboten wird. Ohne automatisierte Abläufe lassen sich jährliche Stückzahlen wie 30 Millionen Straßenmeißel im Hochlohnland Deutschland nicht mehr produzieren. Bei der SIMON GROUP setzt man deshalb auch auf umfassende Digitalisierung, denn Automatisierung ist nur sinnvoll, wenn die gesamte Produktion voll vernetzt ist.

SIMON GROUP
78733 Aichhalden
www.simon.group
Beschäftigte (D): über 200
Metallverarbeitung

Geschäftsführer
Tobias Hilgert und
Dr. Marc Siemer

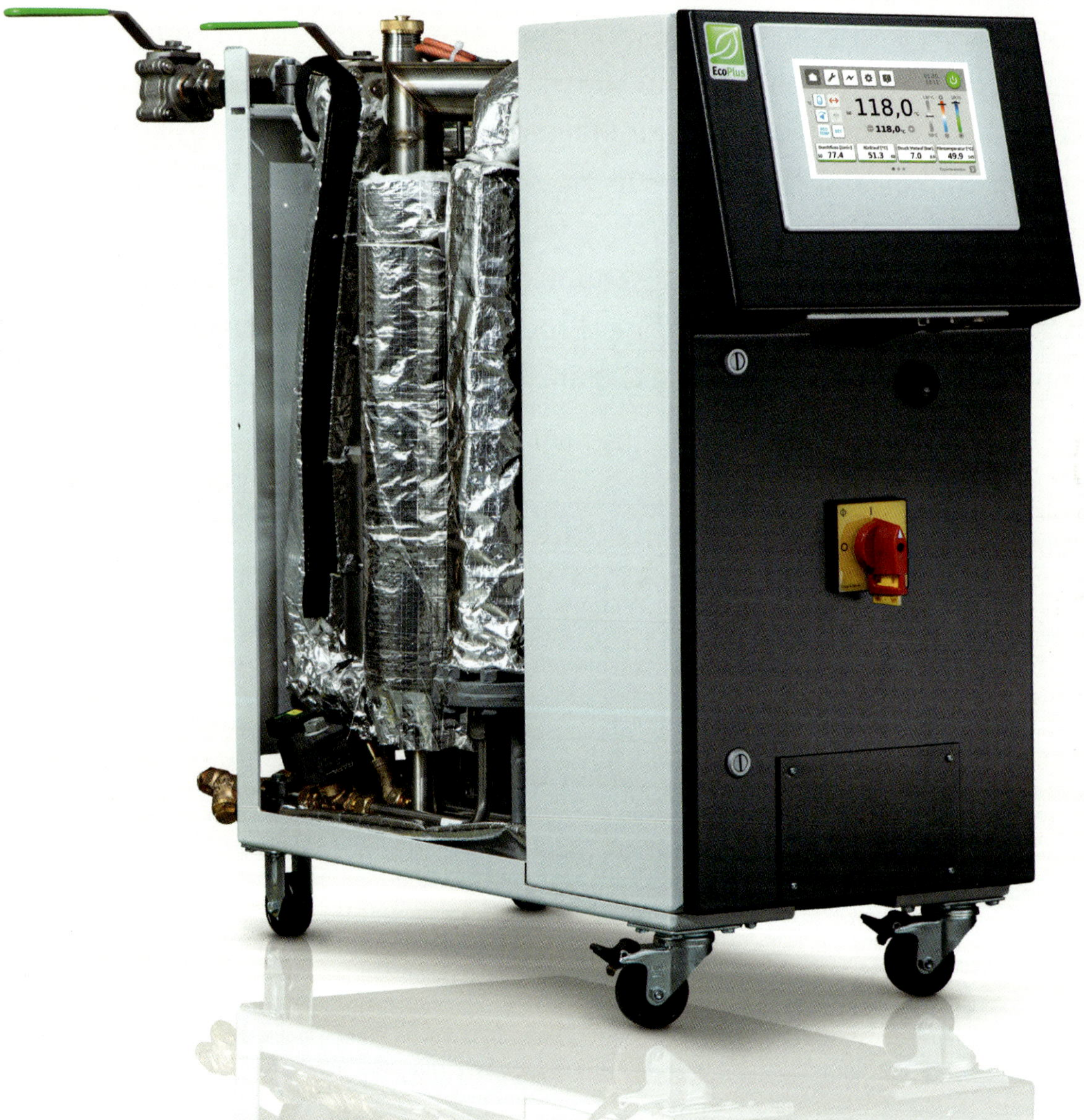

Die Single Gruppe entwickelt und produziert leistungsfähige und energieeffiziente Temperier- und Kühltechnik – zum Beispiel ein Temperiersystem mit IoT-fähigem Smart Controller.

Single Gruppe

Gemeinsam zu Innovationen

Bis zu 350 °C müssen die Temperiersysteme der Single Gruppe liefern, und zwar auf ein Zehntel Grad genau. Der schwäbische Hersteller hat sich auf Temperiersysteme spezialisiert, die Wasser oder Öl exakt auf diejenige Temperatur bringen, die von Industriefirmen benötigt wird. Inzwischen hat er immer mehr energieeffiziente Systeme im Portfolio. Damit folgt er einem neuen Kundenbedürfnis, denn bislang war der Energieverbrauch für die Industrie noch kein großes Thema. Entsprechend angepasst hat das Top-Management die Innovationsstrategie.

Auf die Frage, wie er in seinem Unternehmen Innovation vorantreibt, gibt Geschäftsführer Nicolas Beyl eine einfache Antwort: „Ich spreche mit meinen Mitarbeitern." Dafür ist die Belegschaft mit 150 Beschäftigten überschaubar genug. „Wir brauchen keine langen Prozesse, um Neuerungen anzustoßen", erläutert Beyl. Kurze Wege und ein direkter Draht zueinander sind schon seit Jahren der Garant für Neuentwicklungen im Haus – das gilt im Umgang mit den Kollegen wie auch mit den Kunden. „Oft sind auch die Auftraggeber für uns Ideenquellen", beschreibt Beyl das Verhältnis des Top-Managements zu den Abnehmern der Temperiersysteme. Zudem ist es Teil der Innovationsstrategie, auf Lieferanten zuzugehen und sie um Expertise bei bestimmten Problemen zu bitten.

Maßgeschneiderte Systeme für alle

Die Voraussetzung für die Entwicklung von Novitaten ist bei der Single Gruppe meistens die Hinwendung zum Kunden. „Wir wollen individuelle Systeme liefern und haben somit unsere Prozesse darauf abgestimmt", erklärt Beyl. Jedes Produkt wird mithilfe eines umfangreichen Modulbaukastens genau auf die Kundenbedürfnisse abgestimmt. Falls notwendig, wird ganz spezifisch konstruiert, damit im Ergebnis beim Kunden keine Wünsche offenbleiben. Nur so kann sich das Unternehmen am oberen Marktende behaupten. Im besten Fall ergibt dieses Vorgehen dann weitere Aufträge. So beliefert man inzwischen auch einen amerikanischen Anlagenbauer für die Halbleiterproduktion; dessen Maschinen werden nun standardmäßig mit den Temperiersystemen von Single ausgestattet. Möglich wurde das dank vieler Gespräche zwischen den Schwaben und den Amerikanern sowie innovativer Entwicklungsprozesse.

Ohne Risikobereitschaft keine Innovationen

Zu einer guten Innovationsstrategie gehört für den Firmenchef auch die Bereitschaft zum Risiko. Denn oft dauert es Jahre, bis aus einer Idee ein Produkt entsteht. „Ob etwas ein Erfolg wird, ist lange unklar, das erfordert viel Durchhaltevermögen", erklärt der Geschäftsführer. Die Voraussetzung dafür ist laut Beyl nicht zuletzt die Eigentümerstruktur des Unternehmens: Single ist im Besitz der Swiss Industrial Holding AG, deren Eigentümer Tim Talaat viel technisches Verständnis und vor allem auch Innovationsorientierung einbringt.

Single Gruppe
73269 Hochdorf
www.single-temp.de
Beschäftigte (D): 51 bis 200
Anlagen-/Maschinenbau

Geschäftsführer
Nicolas Beyl

„Wir wollen nicht nur für unsere Kunden innovativ sein, sondern auch in unseren internen Prozessen.“

Nicolas Beyl und **Frank Spork**
Geschäftsleitung

Innovation ist bei Ihnen ein großes Thema. Gilt das nur für Produkt- oder auch für Prozessinnovationen?
Innovation hat für uns nicht nur im Hinblick auf die Kunden eine große Bedeutung, sie ist uns auch in unseren internen Prozessen sehr wichtig. Wir haben uns deshalb den Umbau unserer Produktionsanlagen zur Smart Factory vorgenommen. Das Ziel dieser Prozessinnovation ist ein integriertes Produktdatensystem für unsere gesamte Unternehmensgruppe. Damit werden wir letztlich schneller produzieren und die Produkte gleichzeitig noch besser an die Kundenwünsche anpassen können. Diese höhere Effizienz erreichen wir, weil unsere einzelnen Abteilungen dann aus verschiedenen Modulen auswählen können. Sie müssen also nicht mehr jeden einzelnen Arbeitsschritt durchgehen. Bislang läuft noch sehr viel manuell, was sich dann aber auch stärker automatisieren lässt.

Das ist ein umfangreiches Vorhaben. Wie wollen Sie den Umbau organisieren, können Sie ihn mit Ihrer bestehenden Belegschaft realisieren?
Der Kern der Idee ist, unsere gesamten Systeme miteinander zu vernetzen. Der Vertriebskonfigurator des Außendienstes definiert die Produkte. Diese Daten bilden die Basis für die automatische Generierung der Konstruktion und der Stücklisten. Von dort fließen die Daten in die Warenwirtschaft. Alles muss hier ineinandergreifen. Was wir dabei benötigen, gibt es so noch nicht am Markt. Deshalb entwickeln wir das System gemeinsam mit Partnern aus der Softwarebranche. Wir erhoffen uns von diesem Digitalisierungsprojekt, dass wir ein individuell an den Kunden angepasstes Produkt zukünftig so schnell und so günstig wie ein Massenprodukt liefern können. Dabei wird uns die angestrebte Automatisierung unserer Abläufe sehr helfen.

Damit Ihre Beschäftigten das neue System gewinnbringend nutzen können, ist sicherlich einiges an Weiterbildung nötig. Wie wichtig ist Ihnen das?
Für uns ist die Personalentwicklung eine strategische Komponente. Wir sind ständig auf der Suche nach Verbesserungspotenzialen, auch bei den Mitarbeitern. Das Thema ist deshalb systematisch in all unseren Personalgesprächen verankert, die regelmäßig stattfinden. Die konkreten Weiterbildungsprozesse koordiniert eine Mitarbeiterin unserer Personalabteilung, die eigens dafür eingesetzt wird. Sie sucht die geeigneten Institutionen für den jeweiligen Qualifikationsbedarf aus.

Warum Prozessinnovationen für den Umbau der Single Gruppe in eine Smart Factory so wichtig sind, erzählen **Nicolas Beyl** und **Frank Spork.**

TOP 100

TOP 100

SpaceTech GmbH

Vom Bodensee in den Weltraum

Viele Hightechbauteile vom Bodensee umrunden die Erde. Sie stammen von der SpaceTech GmbH in Immenstaad und sind heute Bestandteil eines Satelliten oder auf der internationalen Weltraumstation ISS im Einsatz. Die Firma entwickelt zum Beispiel Solargeneratoren, über die ein Satellit mit Strom versorgt wird. Auch das System ICARUS stammt von ihr: Damit werden von der ISS aus die Wanderungen von Zugvögeln beobachtet. Derzeit steht in der Raumfahrtbranche ein großer Umbruch an – die Innovationserfolge dieses Mittelständlers sind Teil davon.

Lange war die Raumfahrt eine Domäne staatlicher Institutionen wie ESA oder NASA. In den vergangenen Jahren hat sich mit dem „New Space" jedoch eine völlig neue Landschaft entwickelt, erzählt der Geschäftsführer Wolfgang Pitz. Hinter diesem Trend steht die kommerzielle Raumfahrt: Immer mehr private Firmen wollen im All Geld verdienen und denken dabei in ganz neuen Dimensionen. „Bislang wurden Bauteile für die Raumfahrt in Handarbeit gefertigt", sagt Pitz. Nun erhält er – für Raumfahrtverhältnisse – gigantische Aufträge, zum Beispiel den über 1.800 Stück eines Klappmechanismus für Solarsegel von Satelliten. Deshalb investiert das Unternehmen aktuell Zeit und Geld in die Automatisierung seiner Herstellungsprozesse. Dabei ist viel Neues gefragt.

Freude an der Arbeit fördert Innovationen

SpaceTech gilt als Vorreiter in der europäischen Raumfahrtbranche – nicht zuletzt aufgrund seines ausgezeichneten Innovationsklimas. Wolfgang Pitz sieht den Grund für die hohe Innovationskraft des Hauses in der Firmenphilosophie, die als obersten Firmenzweck eben nicht die Gewinnmaximierung definiert. „Wir wollen vielmehr alle Spaß bei und an der Arbeit haben", erklärt der Geschäftsführer. Er und seine Kollegen sind der Überzeugung, dass nur derjenige Hochleistungen bringen kann, der mit Freude arbeitet. Dafür, dass dies so ist, leistet SpaceTech einiges: Soziale Aktionen wie Film- oder Pokerabende werden ebenso unterstützt wie das Interesse an Tüfteleien. „Wer eine gute Produktidee hat, kann sie auf Unternehmenskosten realisieren, auch ohne einen direkten kommerziellen Hintergrund", erzählt Pitz. Das galt auch für die Ausrüstung zwecks eines gemeinsamen „Ausflugs" einiger Kollegen ins Eis von Spitzbergen.

Das Gras nebenan ist nicht grüner

Dass die Strategie aufgeht, zeigt die geringe Fluktuation. Und das, obwohl auch in der Raumfahrt der Kampf um die besten Köpfe läuft. Große Wanderbewegungen setzen trotzdem nicht ein. Der Grund: Die Mitarbeiter schätzen, dass sie sich einbringen und eigene Ideen verwirklichen können. Und umgekehrt sind das auch genau die Mitarbeiter, die SpaceTech sucht: Menschen, die bereit sind, neue Wege zu gehen und nicht nur auf Anweisungen von oben warten.

SpaceTech GmbH
88090 Immenstaad
www.spacetech-i.com
Beschäftigte (D): 51 bis 200
Luft-/Raumfahrt

Geschäftsführer
Wolfgang Pitz,
Frank Gilles und
Bernhard Doll

Stahlbau Nägele in Eislingen bei Stuttgart ist
seit mehr als 70 Jahren im Stahlbau, im Industriebau
und im Schlüsselfertigbau tätig.

Stahlbau Nägele GmbH

★★

Mit Wertschätzung gegen den Fachkräftemangel

Im Stahlbau sind Innovationen nicht so einfach. Die Branche arbeitet mit einer Technik, die jahrelang erprobt und weitgehend optimiert ist. Veränderungen gibt es lediglich in Nischen, wenn beispielsweise eine neuartige Maschine eingesetzt wird. Umso wichtiger ist es, im eigenen Unternehmen innovativ zu sein. Bei der Stahlbau Nägele GmbH ist das Innovationsklima geprägt von einem besonderen Blick auf die Mitarbeiter, aber auch auf die Kunden und ihre Bedürfnisse.

Naht das Ende der Gewährleistungsfrist, halten sich Baufirmen in der Regel mit Kontakt zum Kunden zurück. Bei Stahlbau Nägele macht man genau das Gegenteil: „Wir melden uns drei Monate vor Ablauf der Frist und bieten an, das jeweilige Bauwerk gemeinsam mit dem Kunden noch einmal auf Mängel abzusuchen“, sagt der Geschäftsführer Klaus Nickl. Ein solcher Service rechne sich – ebenso wie ein achtsamer Umgang mit den Beschäftigten. „Unsere Mitarbeiter bringen uns die größten Innovationen. Allerdings nur dann, wenn sie sich hier wohlfühlen“, sagt Nickl. Zur Firmenkultur gehört deshalb ein Leitbild, das nicht etwa die Firmenspitze festgelegt hat: Vielmehr traf sich ein externer Coach mit sämtlichen Mitarbeitern in Kleingruppen, um gemeinsam auszuarbeiten, was jedem Einzelnen wichtig ist – ein Meilenstein für das Unternehmen.

Firmenkrise brachte ein Umdenken

Dass die Haltung innerhalb der Belegschaft existenziell sein kann, stellte man in einer schweren Firmenkrise im Jahr 2003 fest. Harte Einschnitte waren nötig, und die Mitarbeiter waren auch alle bereit, diese mitzutragen. Doch in der Krise wurde klar, dass nicht nur das Gehalt für Freude an der Arbeit sorgt. Den Mitarbeitern fehlte vielmehr der Sinn in ihrer Tätigkeit. „Da wussten wir, dass etwas geschehen musste“, erzählt der geschäftsführende Gesellschafter Hubert Nägele. Heute ist der Umgang mit den 210 Beschäftigten vollkommen verändert und von viel Wertschätzung geprägt. Dazu trägt auch das „Traineeprogramm für Jungmeister, Techniker und Ingenieure“ bei: Die Trainees durchlaufen zunächst drei Jahre lang sämtliche Abteilungen. „Am Ende arbeiten sie zwar nur in jeweils einem einzigen Bereich. Aber sie kennen sämtliche Abläufe und können sich in die Kollegen hineinversetzen“, erklärt Nägele. Dadurch entsteht ein ganz besonderes Innovationsklima.

Bildung schlägt Bekanntheitsgrad

Zu dem guten Innovationsklima trägt auch bei, dass Bildung im Unternehmen großgeschrieben wird. So gibt es etwa rund 30 Ausbildungsstellen in 6 Berufen. Da verwundert es nicht, dass dieses Unternehmen mit Sitz in der schwäbischen Provinz keinen Mangel an Fachkräften hat – trotz Konkurrenten wie Daimler oder Bosch in der Region.

Stahlbau Nägele GmbH
73054 Eislingen
www.stahlbau-naegele.de
Beschäftigte (D): über 200
Baugewerbe/Handwerk

Geschäftsführer
Klaus Nickl
und Hubert Nägele

stoba Group

★★

Innovation als Wachstumsstrategie

„Wir entwickeln Zukunft" heißt es selbstbewusst bei der stoba Group. Aufgeteilt in die drei Business-Units „stoba Precision Technology", „stoba Customized Machinery" und „stoba e-Systems", versteht man sich als internationaler Partner für hochpräzise, individualisierte Technologieanwendungen sowie für Antriebs- und Energiespeichersysteme. In allen Geschäftsbereichen entwickeln die Mitarbeiter Ideen für neue Wege und Methoden, wenn bisherige Standards an ihre Grenzen gelangen. Ein fruchtbares Innovationsklima ist dafür die Basis.

Neuentwicklungen und kreative Denkansätze sind bei der stoba Group existenziell. Das Unternehmen geht mit und für den Kunden immer neue Wege. Philippe Schwenger, der Geschäftsführer der stoba Precision Technology in Backnang, dem größten der sieben Firmenstandorte, betont: „Wir wachsen über Innovationen." Sie sind der lebensnotwendige Pulsschlag der gesamten Firma. Auf dieser Basis ist das Unternehmen ein zuverlässiger Partner für Kunden, die vor Herausforderungen stehen und über die herkömmlichen Wege nicht ans Ziel gelangen. Mit den Konzepten von stoba können sie auf den neuen Märkten bestehen und ihre Leistungen optimieren.

Neugierige Tüftler

Zu den Leistungen des Unternehmens gehört unter anderem die Produktion hochpräziser Baugruppen und Komponenten auf eigens dafür entwickelten Maschinen. Darüber hinaus strukturiert man ganze Produktionsprozesse, so wie in Backnang. Auch hier arbeitet man täglich an neuen Ansätzen und Lösungen. Das interdisziplinär gemischte Team ist dabei äußerst kreativ und lässt sich auch gern mal von anderen Industriezweigen und Hochschulen inspirieren. Der Geschäftsführer bestärkt seine Mitarbeiter darin, stets über den Tellerrand zu schauen. Da verwundert es nicht, dass in einem solchen Innovationsklima permanent Neues gedeiht. Seine Mitarbeiter seien neugierige Tüftler und extrem technologieaffin. „Wir sind erst dann zufrieden, wenn wir mit unseren Kunden ein Problem gelöst haben", sagt Schwenger. Das Gleiche gilt für die Bereiche „Customized Machinery" und „e-Systems".

Den Technologietransfer voranbringen

In der Unternehmensstrategie ist das Thema Innovation fest verankert. So wurde als Ziel beispielsweise festgelegt, sich nicht mehr ausschließlich auf die Fahrzeugbranche zu konzentrieren, sondern verstärkt zu diversifizieren. Vor allem in den Branchen Medizin und Konsumprodukte will man den Technologietransfer voranbringen. Dort ist der Bedarf an speziellen technischen Lösungen, die die Stärke von stoba sind, besonders groß.

stoba Group
71522 Backnang
www.stoba.one
Beschäftigte (D): über 200
Automobilzulieferer/Fahrzeugbau

Geschäftsführer
Philippe Schwenger

Südwest Invest GmbH

Trotz schwieriger Zeiten auf Wachstumskurs

Wer eine Immobilie kaufen will, möchte sie zuvor genau unter die Lupe nehmen. In Zeiten von Corona ist das nicht so einfach. Bei der Südwest Invest GmbH jedoch laufen die Geschäfte trotz der Kontaktbeschränkungen so gut, dass dieser Bauträger, der auch als Makler Wohnobjekte und Finanzierungen vermittelt, die Eröffnung eines dritten Standorts anstrebt. Zum Wachstum trägt nicht zuletzt das gute Innovationsklima bei. Es beflügelt pfiffige Konzepte, mit denen das Team trotz des räumlichen Abstands seinen Kunden Wohn(t)räume nahebringt.

Immobilienbesichtigungen waren im Lockdown nicht verboten, aber ein Teil der Kundschaft der in Bad Säckingen ansässigen Südwest Invest kommt aus der nahe gelegenen Schweiz. Als im März 2020 die Grenze geschlossen wurde, blieben diese Kunden plötzlich außen vor. Deshalb entwickelten die Mitarbeiter kurzerhand neue Angebote, um virtuell und dennoch so persönlich wie möglich Kontakt zu halten. Live übers Handy vermittelten sie beispielsweise mit Rundgängen durch Wohnungen und Häuser erste Eindrücke; Informationsgespräche zu Finanzierungen gestalteten sie als Onlinemeetings. Und per Video dokumentierten sie Fortschritte auf Baustellen, wenn Bauherren diese aus Hygieneschutzgründen zeitweilig nicht betreten durften.

Fortbildung für alle

Dem Team gelingt es, die Potenziale der virtuellen Welt so geschickt zu nutzen, weil Weiterbildung bei Südwest Invest gezielt gefördert wird. In Themen, die für das gesamte Unternehmen wichtig sind, werden alle intensiv geschult. Ein Beispiel dafür ist der zweitägige Workshop zur Digitalisierung, den die ganze Mannschaft 2020 außer Haus mit einem externen Trainer absolvierte. Aber auch wer sich aus eigener Initiative für eine neue Aufgabe interessiert und dafür zusätzliches Wissen benötigt, bekommt einen passenden Lehrgang finanziert.

Neue Standorte aufbauen

Der Aufbau von Wissen zahlt sich für die Mitarbeiter und die Firma gleichermaßen aus: Wer mit besonderen Leistungen überzeugt, bekommt die Chance, selbst ein eigenes Team aufzubauen und somit eine Gehaltsklasse aufzusteigen. Das Unternehmen wiederum expandiert – auch dank der guten Ideen aus der Belegschaft. So konnten während der Pandemie ein neuer Mitarbeiter für die Buchhaltung eingestellt und ein zweiter Standort eröffnet werden. Die Planungen für eine dritte Niederlassung sind in vollem Gange, denn Südwest Invest will weiter auf Wachstumskurs bleiben.

Südwest Invest GmbH
79713 Bad Säckingen
www.suedwest-invest.de
Beschäftigte (D): bis 50
Finanzen/Versicherung

Geschäftsführer
Torben Schollmaier
und Patrick Schätzle

Die tesa scribos stellt fälschungssichere Etiketten und Markierungen her, die mit digitalen Systemen verknüpft werden können. Damit hilft sie ihren Kunden, gegen Fälschungen und den Graumarkthandel vorzugehen.

TOP 100

tesa scribos GmbH

Die Welt sicherer machen

1998 gingen der Physiker Matthias Gerspach und einige seiner Kollegen an der Universität Heidelberg der Frage nach, ob auf „tesafilm"-Streifen Informationen gespeichert werden können. Die Idee der Wissenschaftler, dieses Klebeband als eine Art DVD-Ersatz zu nutzen, wird fallengelassen. Doch das von ihnen neu entwickelte Laserbeschriftungsverfahren eignet sich jedoch ideal für den Produkt- und den Markenschutz. Heute ist Gerspach einer von drei Geschäftsführern der 2001 gegründeten tesa scribos GmbH, und das Management-Team setzt voll auf Innovation.

Das hätte es inmitten der Coronapandemie nun wirklich nicht gebraucht: Plötzlich tauchten gefälschte Masken, gefälschte Coronaschnelltests, ja selbst Imitate von Medikamenten und Impfstoffen auf! Solchen und anderen Produktfälschungen vorzubeugen ist das Kerngeschäft der tesa scribos GmbH. Sie ist auf Produktmarkierungen und IT-Systeme zum Schutz vor Fälschungen spezialisiert. Um Innovationen voranzutreiben, hat sie dafür 2019 sogar einen eigenen Geschäftsführer ernannt. Dr. Tobias Kresse, der vor 20 Jahren als Werkstudent an den Forschungen der Uni Heidelberg beteiligt war, kümmert sich nun auf Geschäftsführungsebene zu einem wesentlichen Teil um Innovation.

Neues Geschäftsmodell

Das Spannende an seiner Tätigkeit: Nicht nur die Produkte des Unternehmens verändern sich, sondern auch sein Geschäftsmodell. Wurden die fälschungssicheren Etiketten bis vor einiger Zeit noch ausschließlich selbst produziert, lässt sich inzwischen ein speziell entwickeltes Sicherheitsmerkmal durch Datenübertragung direkt bei den Druckereien und Verpackungsherstellern der Kunden in die Produkte integrieren. Dieses Sicherheitsmerkmal nennt sich „Direct Print" und ist bei 40 % der laufenden Kundenprojekte das bevorzugte Geschäftsmodell.

Den Fälschern auf der Spur

Die Belieferung der Kunden über eine IT-Plattform ist eine weitere Neuheit der tesa scribos GmbH. Zudem hat die Firma durch intelligente Datenanalyse neue Möglichkeiten geschaffen, die Spur von Produktfälschungen schneller und zielgerichteter aufzunehmen. „Wir arbeiten intensiv an Algorithmen, die unseren Auftraggebern genaue Empfehlungen an die Hand geben, wo es sich für sie lohnt, gegen den Graumarkt vorzugehen, wo sie Testkäufe durchführen oder Razzien veranlassen sollten", verrät Tobias Kresse. Er und seine Kollegen arbeiten somit täglich an Innovationen, die die Welt ein Stück sicherer machen – denn gefälschte Schutzmasken und minderwertiger Babybrei sind nicht nur ein Ärgernis, sondern gefährlich.

tesa scribos GmbH
69126 Heidelberg
www.tesa-scribos.com
Beschäftigte (D): 51 bis 200
Sicherheit

Geschäftsführer Innovation
Dr. Tobias Kresse

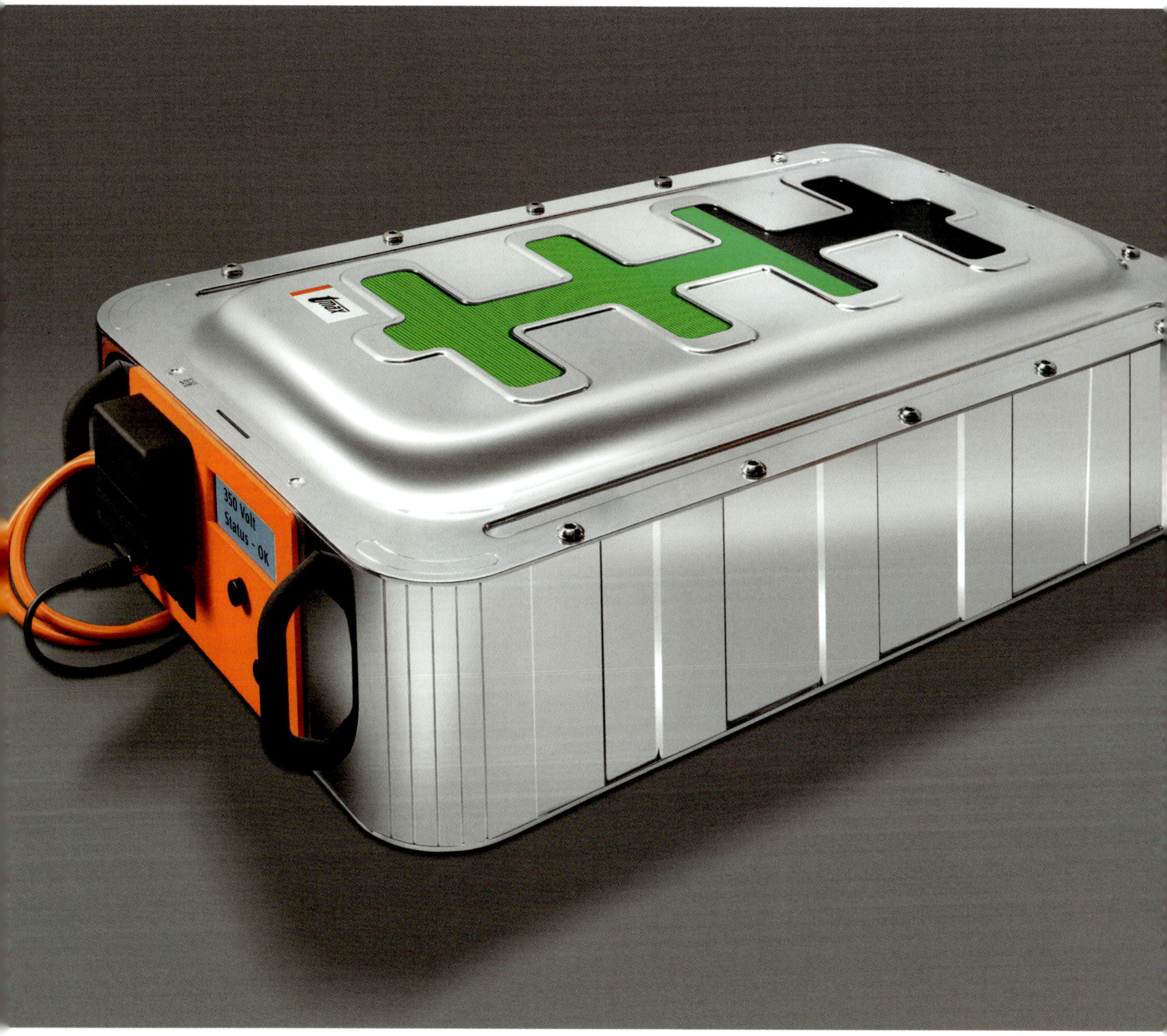

Die tmax Germany GmbH gilt weltweit als anerkannte Spezialistin für die Konzeption und Produktion von thermischen und akustischen Dämmsystemen für Motorraum und Abgasstrang sowie von Diesel-, Otto-, Brennstoffzellen- und Elektroantrieben.

tmax Germany GmbH

Die Problemlöser im Hochtemperaturbereich

Mit der Berufung von Thorsten Thom zum Vorsitzenden der Geschäftsführung und dem Aufbau einer Stabsstelle für Corporate & Business Development hat sich die tmax Germany GmbH in Sachen Innovation deutlich professionalisiert. Das innovationsorientierte Top-Management dieses Herstellers von Hochtemperaturisolierungen legt viel Wert auf einen strukturierten Innovationsprozess. Dabei versteht man sich vor allem als Problemlöser, der dem Kunden beim Schutz von Mensch und Maschine hilft, Emissionen reduziert und die Effizienz erhöht.

Wer sich als Lösungsanbieter sieht, fragt sich vor allem, wo seine Kunden Probleme haben. So will kein Bauer, dass sein Mähdrescher brennt; also ist es sinnvoll, alle heißen Bauteile im Motorraum zu isolieren, damit gefährliche Staubexplosionen vermieden werden. Kein E-Auto-Besitzer will, dass die Autobatterie bei einem Unfall in Flammen aufgeht. „Wir haben uns deshalb Gedanken dazu gemacht, wie wir Batterien sicherer machen können. Um das herauszufinden, haben wir mit Abschleppunternehmern und mit der Feuerwehr gesprochen und gefragt, welche Probleme an Unfallorten auftreten. Daran haben wir unsere Problemlösung ausgerichtet“, erläutert der Geschäftsführer Thorsten Thom.

Innovation in vier Phasen

Je größer und internationaler das Unternehmen wird, desto wichtiger werden formalisierte Innovationsprozesse. Schließlich will man in den nächsten Jahren vor allem in den USA weiter expandieren. Die neu eingeführte Vorgehensweise besteht daher aus vier festgelegten Phasen: Der Innovationsradar sammelt Ideen dafür, welche Themen interessant sein könnten. In der Problem- und Lösungsfindungsphase wird überlegt, welche konkreten Probleme wie gelöst werden können. Darauf folgt eine Phase, in der erste Prototypen angefertigt und gemeinsam mit Kunden optimiert werden. Anschließend wird die Innovation in die industrielle Massenproduktion überführt.

Neue Geschäftsfelder

Unter der Leitung von Thorsten Thom und dem Business-Development-Verantwortlichen Dr. Jesco Gumprecht hat sich die Innovationskraft des Hauses deutlich erhöht. Ein agiles Innovationsteam, unterstützt durch Industrieexperten und Forschungsinstitute, hilft, neue Geschäftsfelder strategisch und konsequent zu erschließen. Im Vordergrund stehen hier neue Antriebsformen. So wird an Schutzmöglichkeiten für die Leistungselektronik bei Batterieantrieben gearbeitet. Für Wasserstoffantriebe entstehen Konzepte zur Steigerung ihres Wirkungsgrads, und für Brennstoffzellen werden Methoden entwickelt, um die Oberflächentemperatur so gering wie möglich zu halten. Bei tmax wird also deutlich: Innovationen sind vor allem ein Mittel, um Probleme zu lösen.

tmax Germany GmbH
68169 Mannheim
www.tmaxgroup.com/de
Beschäftigte (D): über 200
Metallverarbeitung

Vorsitzender der Geschäftsführung
Thorsten Thom

Die Volksbank eG – Die Gestalterbank ist eine der ältesten und größten Genossenschaftsbanken in Deutschland. Sie ist in Wertschöpfungsteams organisiert und bietet ihren Mitgliedern individuelle Konzepte für alle finanziellen Bedarfe.

Volksbank eG – Die Gestalterbank

Zukunftsgestalter statt Filialverwalter

Mit dem vielleicht etwas behäbig wirkenden Leiter eines Kreditinstituts hat Markus Dauber, der Co-Vorstandsvorsitzende der Volksbank eG – Die Gestalterbank, wenig gemein. Auch hört der agile Macher das Wort „Institut“ nicht gern, er spricht lieber von einem „Unternehmen in der Branche Banken und Finanzen“. Und Unternehmen haben keine Bestandsgarantie, sondern stehen im Wettbewerb. Einem Wettbewerb, dem der gesamte Vorstand mutig die Stirn bietet. Der hält die Bank auf Wachstums- und Innovationskurs und verschafft ihr eines: Zukunft.

Co-Vorstandsvorsitzender – so heißt es auf der Visitenkarte von Markus Dauber. Davor allerdings steht noch eine andere Bezeichnung, und die charakterisiert seine Geisteshaltung ziemlich genau: „Zukunftsgestalter.“ Den Blick in Richtung Zukunft lenken, das zeichnet seine Geschäftsstrategie aus. „Wenn man Geschäftsstrategien entwickelt, kann man wachstumsorientiert denken oder kostenorientiert. Wir haben uns ganz auf das Thema Wachstum und Innovation konzentriert“, erklärt Dauber. Die Schwungmasse der Bank ist mit einer Fusion deutlich gewachsen. Wachstum entstand aber auch dank der Ausweitung bestimmter besonderer Geschäftsfelder.

Expertise nutzen und Nischen besetzen

So hat sich die Bank vor allem auf vier Gebieten zu einem bundesweit relevanten Player entwickelt: im Zahlungsverkehr im sogenannten Händler-Kunden-Geschäft, in der Mittelstandsfinanzierung, in der M&A-Finanzierung und in der Bauträger- und Projektfinanzierung. „Wir gehen über Kooperationspartner und Netzwerke sehr selektiv in wachstumsintensive Felder und besetzen dort Nischen, in denen wir eine besondere Expertise haben oder aufbauen“, erläutert Markus Dauber. Dabei scheut sich das Unternehmen nicht, technologisches Neuland zu betreten, etwa bei In-App-Payment oder der Integration von Paymentlösungen in Kassensysteme. Hier wurde zum Beispiel ein Leistungsangebot entwickelt, das mittlerweile sogar in der SAP-Arena zum Einsatz kommt.

Wachstumsmarkt Zahlungsverkehr

Besonders beeindruckend ist der Erfolg der Bank im Zahlungsverkehr. 2005 waren hier 5 Mitarbeiter tätig, heute sind es 230 in 5 Unternehmen in ganz Deutschland. Dank der intensiven Betreuung großer Filialketten hat das Unternehmen auf diesem Gebiet mehr als ein Jahrzehnt Vorsprung. „Wir sind in diesem Feld gewachsen, weil wir nicht nur Bezahlterminals aufgestellt haben, sondern durch unsere Softwarelösungen auch gleich die Zahlungsverkehrsprozesse und die Prozesse der Finanz- und Warenwirtschaft unserer Kunden optimiert haben“, berichtet Dauber. Er will künftig noch weitere Wachstumsfelder ins Visier nehmen – wie könnte es bei einem Zukunftsgestalter auch anders sein?

Volksbank eG – Die Gestalterbank
77652 Offenburg
www.gestalterbank.de
Beschäftigte (D): über 200
Finanzdienstleistungen/
Versicherungen

Co-Vorstandsvorsitzender
Markus Dauber

„Wir gestalten Veränderungen aktiv mit – denn wir sind die Gestalterbank.“

Markus Dauber
Co-Vorstandsvorsitzender

Was zeichnet das Innovationsklima Ihres Hauses aus?
Institutionen existieren nie aus einem reinem Selbstzweck heraus. Sie haben immer einen Entstehungsgrund, ein „Warum". Genossenschaftsbanken sind ursprünglich mit dem Ziel entstanden, die Kultur der Selbstständigkeit zu fördern und ihren Mitgliedern zu helfen, mit den sozialen, gesellschaftlichen, wirtschaftlichen und technologischen Herausforderungen der damaligen Zeit fertig zu werden. Die Frage nach dem „Warum" ist für uns auch heute ganz entscheidend. Wenn Menschen in einem Umfeld tätig sind, in dem sie sich inspiriert und wertgeschätzt fühlen und ihr Wissen und ihre Erfahrungen in einem Kontext stehen, dann entsteht eine dauerhafte Wertschöpfung. Erwachsene Menschen brauchen Inspiration und Kontext, keine Belehrung.

Ihre Bank ist stark gewachsen. Konnten Sie und Ihre Vorstandskollegen dies einfach anordnen?
Nein, wirklich dynamisches und dauerhaftes Wachstum lässt sich nicht erzeugen, indem man eine zentralistische Organisation aufbaut. Einem komplexen Umfeld begegnet man mit einer möglichst hohen Dezentralität und mit vielen, die in der Organisation aktiv Verantwortung übernehmen wollen. Man darf Dezentralität aber nicht nur behaupten, man muss sie auch organisatorisch abbilden. Wir haben uns bei unserem Organisationsmodell stark am kybernetischen Modell des „viable system model" orientiert und wachsen zunehmend in eine Wertschöpfungskultur hinein. In Banken sind formelle Strukturen schon aufgrund gesetzlicher Anforderungen unvermeidlich. Wir sehen darin jedoch keinen Widerspruch, sondern vielmehr ein konstruktives Spannungsfeld zwischen Ordnung und Kreativität. Dezentralität leben wir aber auch durch rechtlich völlig selbstständige Tochterunternehmen in ganz Deutschland.

Was waren die Motive für die Fusion der Volksbank in der Ortenau eG mit der Volksbank eG Schwarzwald Baar Hegau zur Gestalterbank eG?
Beide Banken waren auch vor der Fusion wirtschaftlich sehr erfolgreich und wären allein noch lange zukunftsfähig gewesen. Die Vorstände beider Häuser waren jedoch der Überzeugung, dass sich die Situation in unserer Branche angesichts der Rahmenbedingungen massiv verändern wird. Gemeinsam haben wir die großen strategischen Chancen früh erkannt. Dank der Fusion hat unsere Bank nun deutlich mehr Schwungmasse. Das erleichtert es uns, Investitionen und Innovationsprojekte anzugehen, mit denen eine kleinere Bank überfordert wäre.

Wie das inspirierende Innovationsklima und die neuen Organisationsformen bei der Volksbank eG – Die Gestalterbank aussehen, erklärt **Markus Dauber.**

VollherbstDruck entwickelt und produziert seit 100 Jahren veredelte Etiketten für internationale Markeninhaber wie das Boutique-Weingut THE VINONEERS in Südafrika.

VollherbstDruck GmbH

Spaß an Neuem

Ein Generationenwechsel bedeutet immer auch einen Kulturwechsel: Seit Matthias Vollherbst 2014 in die Familiendruckerei VollherbstDruck GmbH mit eingestiegen ist, hat sich viel geändert. Das gilt vor allem für die Unternehmenskultur. Denn ihm und seinem Team ist es gelungen, Emotion in Energie zu verwandeln. Und so stimmt dank dieses innovationsorientierten Top-Managements nun auch das Innovationsklima – ein „Das funktioniert doch sowieso nicht" ist einem „Lasst uns das gemeinsam besser machen" gewichen.

Endingen am Kaiserstuhl ist alles andere als eine Metropole. Die sonnige Weinbauregion, in der das Unternehmen seinen Sitz hat, ist eher ländlich geprägt. Es geht bodenständig zu. Werden Missstände identifiziert, kann es auch schnell mal emotional werden. Die Menschen hier sagen ihre Meinung, ohne ein Blatt vor den Mund zu nehmen. Sie erwarten, dass sie auch gehört werden. Nimmt man sie ernst, entsteht daraus neue Dynamik und neuer Schwung.

Alle Ideen werden ernst genommen

„Unsere Aufgabe in den letzten Jahren war es, Beanstandungen und Verbesserungsvorschläge aus der Belegschaft maximal ernst zu nehmen und mit unserer Reaktion darauf das Vertrauen der Belegschaft zu gewinnen", berichtet Matthias Vollherbst. Da keine Idee unter den Tisch fällt und die besten Vorschläge durch einen neu geschaffenen Innovationspreis prämiert und gewürdigt werden, hat sich im Unternehmen Aufbruchstimmung breit gemacht. „Inzwischen ist hier ein Klima entstanden, in dem es den Mitarbeitern Freude bereitet, Vorschläge zu machen und sich an der Entwicklung des Unternehmens zu beteiligen", erklärt Matthias Vollherbst.

Erfolgreicher Kulturwandel

Die Verbindung von Tradition und Innovation ist dem neuen Managementteam rund um den Geschäftsführer Matthias Vollherbst nicht nur bei der Firmenkultur gelungen, sie zeigt sich auch im Produktportfolio. Um hochwertige Weine authentisch präsentieren zu können, hat man sich ein Beispiel an der Craft-Gin-Bewegung genommen. „Dort werden Früchte oder Kräuter ins Getränk gegeben; wir mischen Vulkanerde, Blütenstaub oder auch Bronze in die Lackierung unserer Etiketten", erläutert Vollherbst. Diese „Craft Label"-Idee wurde vom Markt hervorragend angenommen, zudem brachte sie frischen Schwung ins Unternehmen. „Es hat unglaublich Spaß gemacht, gemeinsam herumzuprobieren und zu testen", verrät der Geschäftsführer. Emotionen gibt es heute immer noch in Endingen, aber sie werden transformiert in ein positives, gemeinsames Anpacken. Schöner und erfolgreicher kann ein Kulturwandel gar nicht sein.

VollherbstDruck GmbH
79346 Endingen
www.vollherbst.com
Beschäftigte (D): 51 bis 200
Druck/Papier/Verpackung

Geschäftsführender Gesellschafter
Matthias Vollherbst

Als Generalunternehmen errichtet weisenburger Wohnquartiere und trägt dazu bei, bezahlbaren Wohnraum in zentralen Lagen zu schaffen.

weisenburger bau GmbH

★★★

Frischer Wind am Bau

Viele junge Mitarbeiter, die unternehmerisch denken und sich als Unternehmer im Unternehmen fühlen; enger Kontakt mit Hochschulen und eine firmeneigene Akademie, die Standards vermittelt; ein Klima, in dem es erlaubt und erwünscht ist, Neues auszuprobieren: Die weisenburger bau GmbH, ein Bau- und Generalunternehmen mit Sitz in Karlsruhe, das mittlerweile bundesweit tätig ist, überzeugt mit seinem Innovationsklima und kann Innovationserfolge vorweisen, die aufhorchen lassen.

Bis vor einigen Jahren war die weisenburger bau GmbH, deren unternehmenspolitischer Schwerpunkt „bezahlbares Bauen“ ist, vor allem im süddeutschen Raum vertreten. Inzwischen beschäftigt sie mehr als 500 Mitarbeiter im Gebiet zwischen der Schweizer Grenze und Düsseldorf. Zudem betreibt die Unternehmensgruppe mehrere Start-ups. Um sein gewaltiges Wachstum stemmen zu können, braucht das Unternehmen viele engagierte Mitarbeiter – und findet sie vor allem an Hochschulen und Akademien für Ingenieure und Architekten.

Stets gefordert

Dank der zahlreichen Praktikanten, Studenten und Jungingenieure hat sich das Innovationsklima bei weisenburger bau verändert. „Der Satz ‚Das haben wir schon immer so gemacht‘ wird von den jungen Kollegen nicht akzeptiert. Das ist ein Grund dafür, dass wir so agil sind – weil wir konsequent gefordert werden“, erläutert der Geschäftsführer Nicolai Weisenburger. Das zeigt sich auch in Sachen Digitalisierung: Das Generalunternehmen verfügt über eine eigene Digitalisierungsabteilung. Sie entwickelt Apps, die Bauleitern das Arbeiten und Mietern die Fehlerbehebung deutlich erleichtern. Mit einer attraktiven Website ist die Unternehmensgruppe im Internet vertreten, und auch ihre Social-Media-Profile auf Instagram und Facebook präsentieren sich beeindruckend zeitgemäß.

Innovative Apps

„Innovation gehört zwingend dazu, wenn man erfolgreich bleiben möchte. Die jungen Kollegen fordern Neuerungen und digitale Lösungen regelrecht ein“, sagt auch der Geschäftsführer Matthias Ryzlewicz. Für die internen Prozesse gibt es eine eigene App-Welt, zum Beispiel für die Organisation der Weiterbildung der derzeit 80 Nachwuchskräfte in der firmeneigenen „weisenburger akademie“. Eine selbst entwickelte „Bauleiter-App“ erleichtert die Disposition, die Kooperation untereinander und die Qualitätskontrolle. Das sind nur einige Beispiele, die zeigen: Vor allem sein junges, engagiertes Team macht das Unternehmen zu einem Innovationsführer.

weisenburger bau GmbH
76131 Karlsruhe
www.weisenburger.de
Beschäftigte (D): über 200
Baugewerbe/Handwerk

Die Geschäftsführung

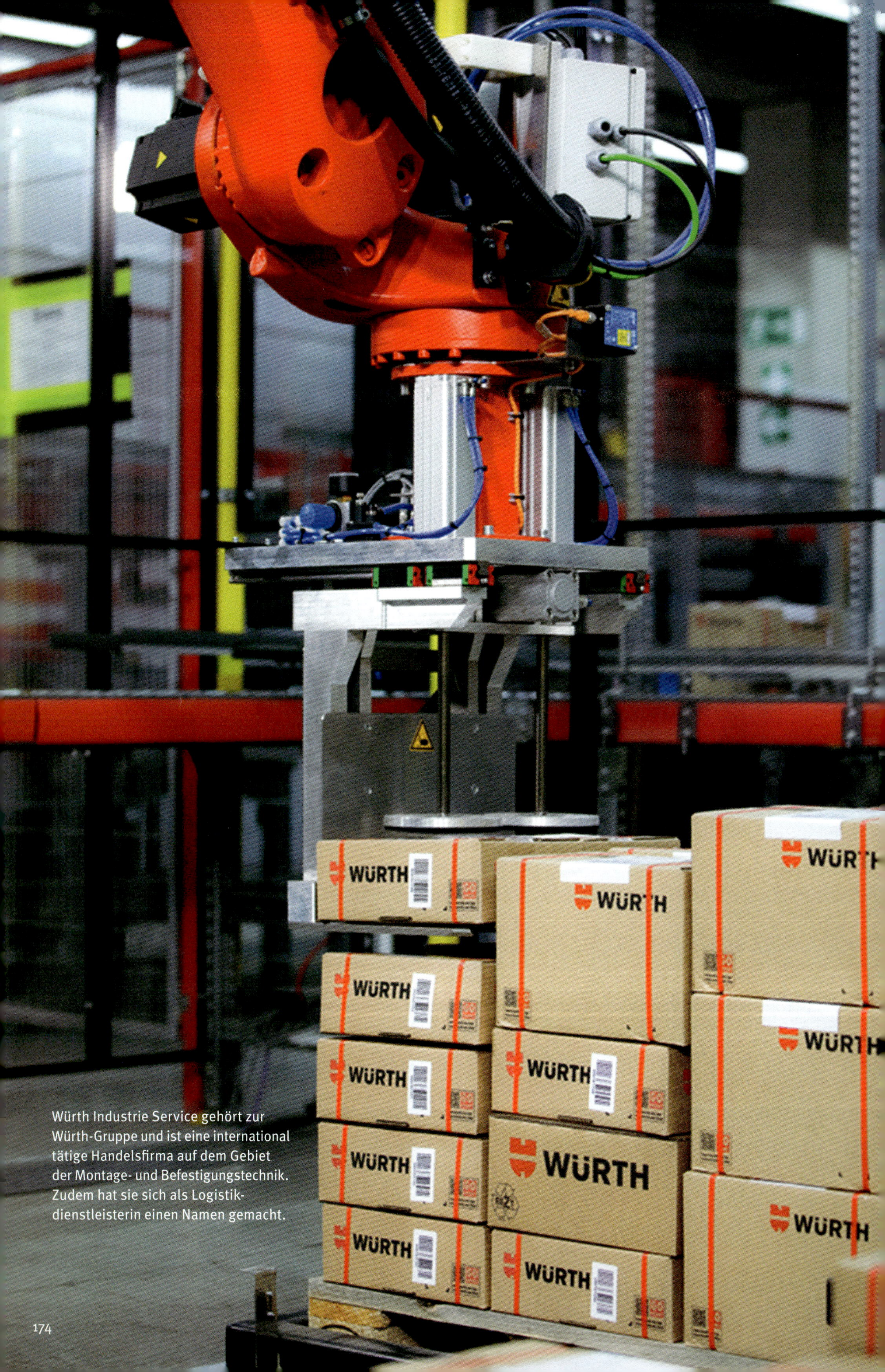

Würth Industrie Service gehört zur Würth-Gruppe und ist eine international tätige Handelsfirma auf dem Gebiet der Montage- und Befestigungstechnik. Zudem hat sie sich als Logistikdienstleisterin einen Namen gemacht.

Würth Industrie Service GmbH & Co. KG

Neuerungen am laufenden Band

Kleine Teile, große Wirkung: Wenn in der Industrie die Versorgung mit Schrauben, Muttern und Scheiben für die Montage oder mit Betriebs- und Hilfsstoffen stockt, gerät die Produktion aus dem Tritt. Rund 20.000 Betriebe beziehen diese sogenannten C-Teile sowie individuelle Konzepte und Lösungen zur Warenbeschaffung von der Würth Industrie Service GmbH & Co. KG. Dass das Unternehmen seine Organisation und seine Prozesse intern und extern konsequent auf Automatisierung und Digitalisierung ausrichtet, macht sich bezahlt.

Diese Tochterfirma des Würth-Konzerns betreibt im tauberfränkischen Bad Mergentheim auf 65.000 Quadratmetern eines der modernsten Logistikzentren Europas. Ihr Sortiment umfasst mehr als eine Million Artikel, pro Monat erhalten deutsche und internationale Abnehmer 500.000 weitgehend von Robotern konfektionierte Lieferungen. Parallel zum C-Teile-Handel positioniert sich die Würth Industrie Service als Anbieterin innovativer Beschaffungs- und Dienstleistungskonzepte. Zu ihrem Portfolio gehören selbst entwickelte Scanner-unterstützte Regalsysteme, elektronische Bestellsysteme sowie eine Just-in-time-Versorgung mittels Kanban-Behältern. Rund 70 % der Aufträge gehen bereits automatisiert ein. Tendenz: steigend. „Wir bieten unseren Kunden die Sicherheit, benötigtes Material rechtzeitig in der richtigen Qualität zu erhalten", erklärt Stefan Reuss, Mitglied der Geschäftsleitung. „An diesem Geschäftsmodell ändert sich nichts – wohl aber an den Technologien, mit denen Bestellungen angestoßen und abgewickelt werden. Im Zuge dessen haben wir uns vom Produktlieferanten zum gefragten Systemdienstleister entwickelt."

Prozesse beschleunigt

Reuss leitet den 2018 eingerichteten Geschäftsbereich für IT-gestützte innovative Systeme. Er und sein Team analysieren Trends, treiben Ideen mit viel Potenzial voran und knüpfen ein Netzwerk mit der Forschung und der Wissenschaft. Intern sind agile und digitale Arbeitsmethoden verankert. Derzeit läuft ein Projekt zur Robotic-Process-Automation, wobei sogenannte Software-Roboter zeitintensive oder fehleranfällige manuelle Tätigkeiten lernen und automatisiert ausführen. „Unter anderem auf diese Weise wollen wir unseren Mitarbeitenden ihre Tätigkeiten durch effiziente Abläufe erleichtern."

Neue Software marktreif

Hervorgegangen ist aus diesen Bestrebungen zuletzt beispielsweise eine fortschrittliche Softwarelösung, mit der Industriebetriebe auch Würth-fremde Teile beziehen und beliebige ergänzende Lieferanten in ihr ganzheitliches Beschaffungssystem integrieren können. „Etliche Pilotkunden testen diese Software derzeit. Anfang des nächsten Jahres wird sie serienreif sein", berichtet Stefan Reuss erfreut.

Würth Industrie Service GmbH & Co. KG
97980 Bad Mergentheim
www.wuerth-industrie.com
Beschäftigte (D): über 200
Handel

Mitglied der Geschäftsleitung
Stefan Reuss

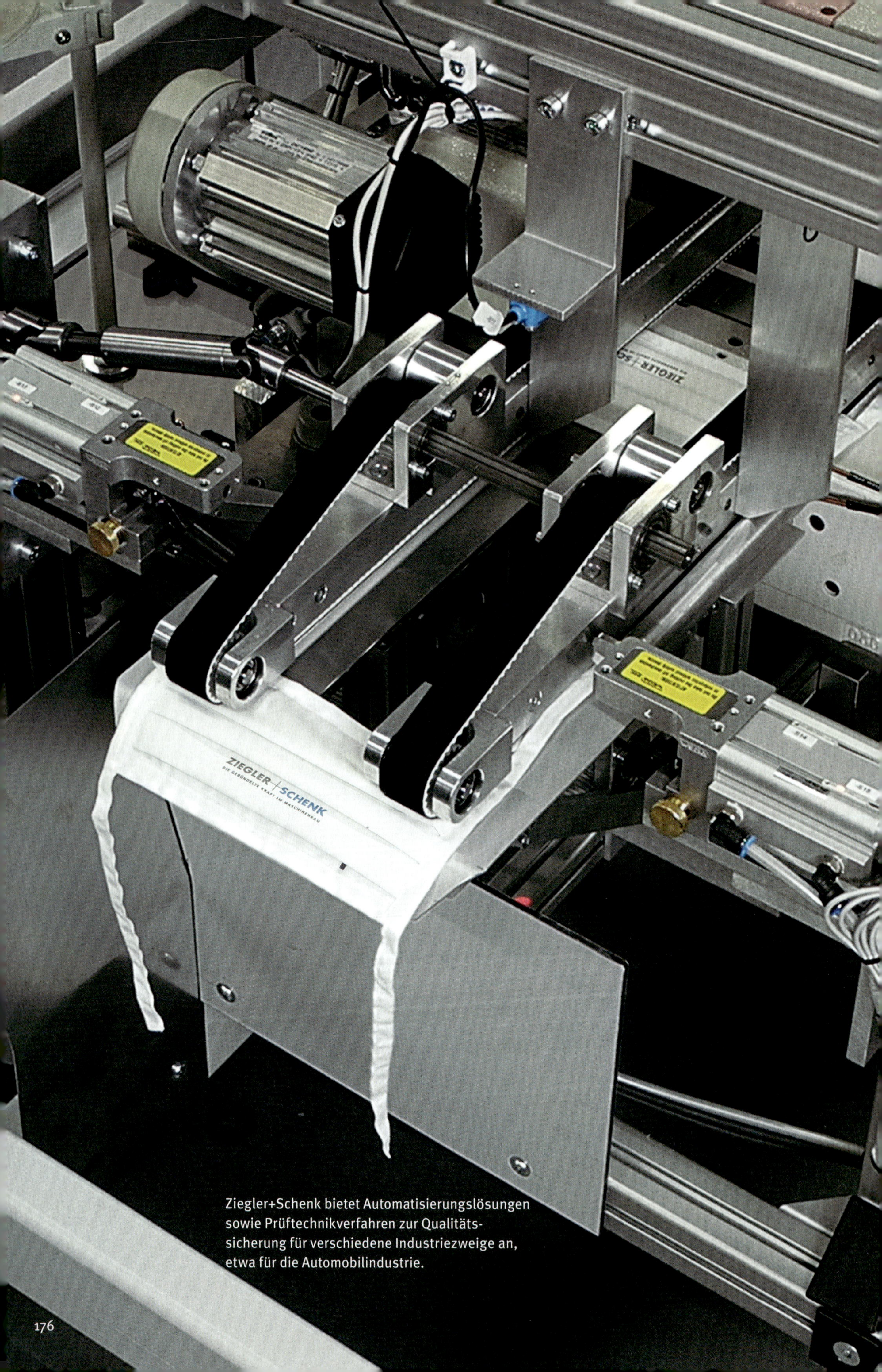

Ziegler+Schenk bietet Automatisierungslösungen sowie Prüftechnikverfahren zur Qualitätssicherung für verschiedene Industriezweige an, etwa für die Automobilindustrie.

Ziegler+Schenk GmbH & Co. KG

Experten für Automatisierung

Was fordert der Markt, wo gibt es Chancen? Diese Fragen stellt sich Christian Jaissle, der Geschäftsführer der Ziegler+Schenk GmbH & Co. KG, jeden Tag. Er kümmert sich persönlich um die wichtigsten Innovationsthemen. Das kann die Anschaffung einer neuen Maschine sein, die schnelleres Agieren in der Lohnfertigung ermöglicht, oder ein neues ERP-System. Aber auch der Bau von verbesserten Prüf- und Selektieranlagen für E-Auto-Batterien oder von Kameraprüfständen für das autonome Fahren machen den Erfolg des Unternehmens aus.

Innovation geht bei Ziegler+Schenk weitgehend vom Top-Management aus, also von Christian Jaissle und der obersten Führungsebene. Die Geschäftsführung dieses Maschinenbauers und Lohnfertigers setzt dabei zum einen auf interne Prozessinnovationen wie neue Fabriksoftware oder neue Produktionshallen und Maschinen, durch die die Lohnfertigung flexibler wird. Zum anderen legt sie Wert darauf, im Sondermaschinenbau, dem eigentlichen Wachstumsfeld des Unternehmens, mit neuartigen Entwicklungen zu punkten. So werden hier Konzepte entwickelt, die Kunden anderswo nicht finden.

Schnell und flexibel

Christian Jaissle ist überzeugt davon, dass viele Produktionsunternehmen nach der Coronakrise Kosten reduzieren müssen und daher verstärkt auf automatisierte Anlagen setzen werden. „Und genau da kommen wir ins Spiel, denn mit unserer Innovationskraft können wir den Automatisierungsanforderungen aus verschiedensten Branchen gerecht werden", erläutert Jaissle, dessen Team unter anderem an Automatisierungskonzepten für die Landmaschinenindustrie arbeitet. Wie schnell und flexibel das Unternehmen reagiert, zeigte sich während der Coronakrise: Die Entwicklungsabteilung von Ziegler+Schenk benötigte nur wenige Wochen, um eine automatisierte Fertigungsanlage zur Konfektionierung von Mund-Nasen-Schutzmasken anbieten zu können.

Autonomes Fahren sicherer machen

Ein besonderer Kompetenzbereich dieses Unternehmens mit 80 Beschäftigten sind Prüfanlagen und Prüfstände. Zum Portfolio gehören Prüf- und Selektieranlagen für E-Auto-Batterien, die bei der Qualitätskontrolle eingesetzt werden, sowie Prüftische, die über eine Rüttelfunktion verfügen und es ermöglichen, die gesamte Lebensdauer einer Batterie zu simulieren. Derzeit arbeitet man an Kameraprüfständen, die Reflektionstests ermöglichen und so das autonome Fahren sicherer machen. Bei deren Entwicklung lassen sich Synergien nutzen, denn umfassende Kompetenz bei optischen Prüfvorrichtungen gehört im modernen Sondermaschinenbau ohnehin längst dazu.

Ziegler+Schenk GmbH & Co. KG
73037 Göppingen
www.ziegler-schenk.de
Beschäftigte (D): 51 bis 200
Anlagen-/Maschinenbau

Geschäftsführer
Christian Jaissle

TOP 100

Z-LASER GmbH

Genau entlang der Laserlinie

Die Laserprodukte der Z-LASER GmbH bringen Präzision in die Fertigungslinien von Reifen, Möbeln, Windrotoren oder Flugzeugflügeln. In einem 3-D-Scanner eingesetzt, erlauben die präzisen Laserlinien beispielsweise das Vermessen von Türspalten bei Automobilen oder die Inspektion von Bahnschienen auf Abnutzung. In 35 Jahren hat dieser Mittelständler gelernt, moderne, anspruchsvolle Optoelektronik in robuste Produkte umzusetzen. Um seinen Kunden Spitzentechnologie bieten zu können, kooperiert er eng mit Hochschulen und Forschungseinrichtungen.

Eine besondere Stärke der Z-LASER GmbH liegt in der Anpassung ihrer Lasersysteme an die spezifischen Bedürfnisse der Kunden – das beweist das Standardsortiment von rund 1.000 Kernprodukten und Zehntausenden von möglichen Variationen. Doch Open Innovation heißt für dieses Unternehmen noch weit mehr: Gemeinsam mit Forschungseinrichtungen wie dem Ferdinand-Braun-Institut, der Hahn-Schickard-Gesellschaft sowie der Gesellschaft zur Förderung angewandter Informatik arbeitet man an High-End-Lasertechnologien, die über konventionelle Dioden- und Festkörperlasersysteme hinausgehen.

Neue Lasertechnologien

Oberflächenemitter beispielsweise sind Laserquellen, aus denen das Licht senkrecht austritt und nicht an den Flanken. „Diese Laser lassen sich sehr gut skalieren und erlauben eine bessere Auflösung bei Vermessungsaufgaben", erläutert der Geschäftsführer Dr. Hans Ebinger. An der Perfektionierung dieser relativ neuen Technologie arbeitet Z-LASER gemeinsam mit der Uni Stuttgart und der Hahn-Schickard-Gesellschaft. Ein weiteres Open-Innovation-Projekt ist die intelligente Weiterentwicklung von Lasern mit hoher Leistung in der Bildverarbeitung. Damit soll eine messtechnische Anwendung im starken Sonnenlicht ermöglicht werden. Hieran arbeitet das Unternehmen gemeinsam mit dem Ferdinand-Braun-Institut und der DTU, der renommiertesten technischen Universität Dänemarks.

Auf die Kunden konzentriert

Die Beschäftigung mit diesen technologischen Innovationen ist kein Selbstzweck: Die Firma beteiligt sich an den oftmals geförderten Forschungsprojekten vor allem deshalb, weil im Verbund mit Partnern neue Lösungen für Kundenprobleme möglich werden. „Wir verstehen uns als Technologieunternehmen und suchen Spitzentechnologien, mit deren Hilfe wir funktionale Lösungen für unsere Kunden entwickeln können", erläutert Ebinger. Im Grunde genommen arbeitet Z-LASER also wie ein Laserstrahl – mit gebündelter Energie und ganz auf die Bedürfnisse der Kunden konzentriert.

Z-LASER GmbH
79100 Freiburg im Breisgau
www.z-laser.de
Beschäftigte (D): 51 bis 200
Optik/Akustik

Geschäftsführer
Dr. Hans Ebinger

Bayern

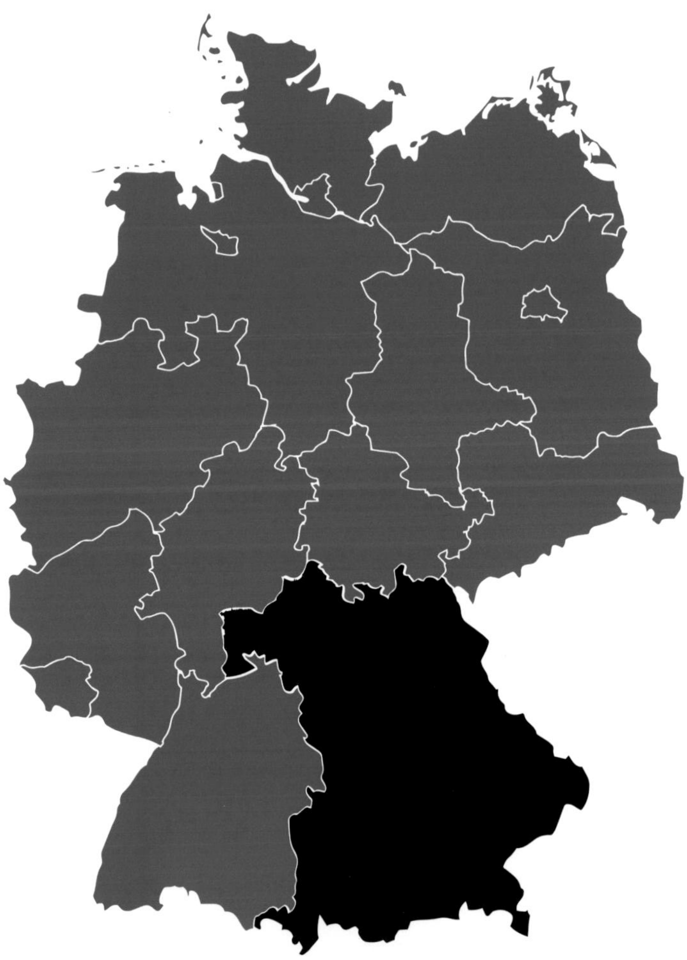

Die Zahl der goldenen Sternchen in den nachfolgenden Unternehmensporträts entspricht der Zahl der TOP 100-Auszeichnungen.

* „Innovator des Jahres“ 2021 der Größenklasse B

ASAP Gruppe

★★★★★

Entwicklungspartner für die Mobilität der Zukunft

Automobilhersteller brauchen Entwicklungspartner wie die ASAP Gruppe: An zehn Standorten arbeiten ihre Ingenieure, Techniker und IT-Spezialisten an neuen Konzepten für die E-Mobilität, das autonome Fahren und die Konnektivität. Rund zehn Jahre nach ihrer Gründung hat die Unternehmensgruppe mit Stammsitz bei Ingolstadt heute mehr als 1.250 Beschäftigte, die rund um die Megatrends in der Automobilentwicklung die Mobilität der Zukunft mitgestalten – ein echter Innovationserfolg.

Im Fokus der ASAP Gruppe stehen seit jeher die zukunftsorientierten Technologien der Automobilindustrie. „Um die Position von ASAP im Markt zu sichern und das weitere Wachstum der Unternehmensgruppe zu fördern, haben wir auch im wirtschaftlich schwierigen Jahr 2020 konstant in unsere technologischen Sparten investiert", sagt der Vorsitzende der Geschäftsführung Michael Neisen. „Zuletzt haben wir unser Test- und Erprobungszentrum in Ingolstadt um 16 neue Prüfstände für die Erprobung von Invertern erweitert." ASAP investierte auch im Krisenjahr 2020 zehn Millionen Euro – genauso viel wie im Vorjahr. Davon ging ein Großteil in den Ausbau der Marktposition auf dem Gebiet der E-Mobilität.

Virtuell auf Probefahrt

Es wird jedoch nicht nur an realen Prüfständen getestet, man führt auch virtuelle Erprobungsfahrten durch: In einem aktuellen Projekt beantwortet ASAP mithilfe sogenannter Digital Twins Fragen zur Reichweiten- und Betriebszustandsvorhersage von Elektrofahrzeugen. Dafür hat man virtuelle Abbilder aller Komponenten eines elektrischen Antriebsstrangs und ein virtuelles Prüfumfeld aufgebaut. Durch den Einsatz der Digital Twins lassen sich die Kosten und der Aufwand für die Erprobung, das Prototyping und die Produktoptimierung deutlich reduzieren.

Prüfsysteme aus eigener Entwicklung

Für eine nochmals erhöhte Durchgängigkeit in den Leistungen und aufgrund des steigenden Bedarfs hat ASAP weitere Prüfsysteme für die Erprobung von Invertern aufgebaut. Die Konzeption, Planung und Fertigung dieser Prüfanlagen übernahm der Bereich „ASAP Test Systems" in interdisziplinärer Zusammenarbeit mit dem Test- und Erprobungszentrum in Ingolstadt. Damit erweitert das Unternehmen im Markt sein Spektrum als Lieferant für Prüfsysteme. Die Kunden profitieren damit von den bereits intern erprobten Konzepten. Einmal mehr hat sich die ASAP Gruppe damit als wichtiger Entwicklungspartner auf dem Gebiet der E-Mobilität Automotive positioniert. „Wir haben uns in den vergangenen Jahren stets weiterentwickelt und sind weltweit inzwischen die Nummer 21 der umsatzstärksten Entwicklungsdienstleister Automotive", sagt Michael Neisen stolz.

ASAP Gruppe
85080 Gaimersheim
www.asap.de
Beschäftigte (D): über 200
Automobilzulieferer/Fahrzeugbau

Vorsitzender der Geschäftsführung
Michael Neisen

attempto GmbH & Co. KG

★★★★

Innovation als Unternehmensstrategie

Schon seit Jahren gehören bei der attempto GmbH & Co. KG mit Sitz in Aschheim IT, Innovation und Verantwortung fest zur Firmenstrategie: Die hauseigene „Innovationsmanufaktur" des Consultingunternehmens entwickelt IT-Lösungen für die Themen von morgen und schafft damit ein erstklassiges Innovationsklima. Partnerschaften mit Hochschulen und Techexperten sowie Ökosysteme sind entscheidende Inspirationsquellen für das innovationsorientierte Top-Management und sein Team.

„Wir entwickeln schon seit Jahren faire und digitale Plattformen", sagt der Geschäftsführer Franz Berno Breitruck. Die von attempto kreierte Bioinformationsplattform bio123.de markierte vor 15 Jahren den Start in ein neues Denken, bei dem man sich dem Schutz des Einzelnen und der Regionalität verpflichtet fühlt. Die Plattform listet übersichtlich regionale Bioläden und deren Angebot sowie allgemeine Infos zu einem biologisch-nachhaltigen Lebensstil.

Motor Innovationsmanufaktur

Die treibende Kraft dafür ist die „Innovationsmanufaktur" mit Mitarbeitern, die das Portfolio des Unternehmens um Zukunftsthemen erweitert. Dazu gehören innovative Apps für Gesundheit, IT-Sicherheit und Nachhaltigkeit, beispielsweise ein Ökodepot. „Wir wollen unserer Verantwortung gerecht werden und unseren Beitrag zum Gemeinwohl leisten: die Welt von morgen für alle lebenswerter und sicherer zu gestalten", erklärt Breitruck. Nach dem Motto „Open mind, open space" wachsen in der „Innovationsmanufaktur" Ideen, die im Geschäftsalltag verblühen würden. Die Mitarbeiter können ihre Fähigkeiten hier kreativ und eigenverantwortlich einsetzen.

Offen für Neues

Eine systematische Marktbeobachtung und Anreize aus der Wissenschaft versorgen die Manufaktur mit Ideen. Breitruck erklärt: „Konsequentes Trendscouting eröffnet neue Blickwinkel, die häufig die Basis entscheidender Verbesserungen sind." Regelmäßige Workshops mit wissenschaftlichen Experten und moderierte „Tech-Talks" liefern ebenfalls Anregungen. Das Unternehmen verbreitet auch selbst den eigenen Anspruch an Nachhaltigkeit: Anfang 2021 wurde erstmals der „attempto-Preis für Nachhaltigkeit und Innovation" an zwei Absolventen der Hochschule Pforzheim verliehen. „Wir wollen damit Persönlichkeiten prämieren, die Verantwortung übernehmen und sich für eine gelungene Zukunft einsetzen", sagt Breitruck. So entsteht ein Kreislauf an Wissen, von dem seine Firma direkt profitiert. Der Blick aufs Ganze und die Verantwortung für die eigene Rolle darin zeichnet attempto als Innovator aus.

attempto GmbH & Co. KG
85609 Aschheim
www.attempto.eu
Beschäftigte (D): 51 bis 200
IT-Entwicklung/-Beratung

Die Geschäftsleitung

TOP 100

AUMÜLLER AUMATIC GmbH

Gutes Klima und frische Luft

Diese bayerische Spezialistin für Lüftungssysteme sowie Rauch- und Wärmeabzugsanlagen war auch 2020 kaum zu bremsen: Die AUMÜLLER AUMATIC GmbH ging zu Beginn des Coronajahres mit bemerkenswerten Innovationen an den Start. Wieder gelang es ihr, den angestammten Platz in der internationalen Spitzengruppe der Branche zu behaupten. Dass die Firma immer auf der Höhe der Zeit ist, wird auch durch das exzellente Innovationsklima ermöglicht – dem Top-Management sind kreative Ideen der Mitarbeiter stets willkommen.

Sehr erfolgreich war 2020 der Vertrieb der neuen digitalen Modulzentrale „EMB8000+“ für die Steuerung dezentraler Abzugs- und Lüftungssysteme. Die geschäftsführende Gesellschafterin Ramona Meinzer schildert begeistert deren Möglichkeiten: „Das an die Gebäudeautomation angebundene System ist total clever. Einzelne Antriebe können über Klickmodule zusammengesteckt werden, wodurch das Ganze je nach Anforderung erweitert werden kann.“ Trotz vertrieblicher Herausforderungen konnte ihr Unternehmen 2020 positiv abschließen. Das verwundert nicht, denn coronabedingt gab es für automatisierte Lüftungssysteme einen großen Schub.

Innovationsmotor Belegschaft

Hinter vielen erfolgreichen Innovationen stecken motivierte Mitarbeiter. Das ist auch bei diesem Familienunternehmen in Thierhaupten nicht anders: Über das Managementsystem „Smart Idea“ werden die von Mitarbeitern eingereichten Ideen auf ihre Innovationskraft geprüft und bewertet. In wenigen Tagen bekommen die Initianten eine Rückmeldung dazu, ob der Verbesserungsvorschlag verworfen oder weiter verfolgt und belohnt wird. Dank flacher Hierarchien und eines innovationsfördernden Top-Managements bringen die Mitarbeiter ihre neuen Ideen allerdings auch direkt bei der Geschäftsleitung ein. So lassen sich ihre Vorschläge im besten Fall noch schneller realisieren. Durch Innovationen konnte das Firmenergebnis 2020 signifikant verbessert werden.

Chancen identifizieren und nutzen

Das Top-Management hat früh erkannt, dass in der Coronakrise auch eine Chance liegt. Es nahm Kontakt zu Forschungsinstituten auf und fand schließlich in der Uniklinik Augsburg eine Partnerin für das Feststellen von Aerosolen in Räumen. Aktuell forscht man an einem Sensor, der mittels Lichtwellen Aerosole, die mit Coronaviren behaftet sind, erkennt und sie über die Gebäudelüftungssteuerung abführt. „In der hoffentlich erfolgreichen Entwicklung und Realisierung dieses Lüftungssystems sehen wir ein großes Marktpotenzial“, sagt Ramona Meinzer. Großes Potenzial hat aber sicherlich auch die von der Geschäftsleitung geplante Einführung einer Onlineakademie für Kunden und Partnerfirmen.

AUMÜLLER AUMATIC GmbH
86672 Thierhaupten
www.aumueller-gmbh.de
Beschäftigte (D): 51 bis 200
Elektronik/Elektrotechnik

Geschäftsführerin
Ramona Meinzer

Bayern Innovativ unterstützt kleine und mittelgroße Firmen, um den Standort Bayern nachhaltig zu stärken.
Die Vision ist ein Bayern, in dem aus jeder tragfähigen Idee und Technologie eine Innovation wird.

Bayern Innovativ GmbH

★★★

Experten für den Erfolg von morgen

Innovativ zu agieren gehört zur DNA der Bayern Innovativ GmbH. Seit 1995 unterstützt die Tochter der LfA Förderbank Bayern kleine und mittlere Unternehmen dabei, eigene Ideen erfolgreich zu realisieren – von der Start-up-Phase bis zur Expansion in internationale Märkte. Denn nicht selten fehlen in solchen Betrieben die Ressourcen für ein stukturiertes Innovationsmanagement. Im produktiven Innovationsklima dieses bayerischen Dienstleisters können sich auch die eigenen Mitarbeiter bestens entfalten.

„Wir haben im Wirtschaftsverbund Bayern eine Vorbildfunktion", erklärt der Geschäftsführer Dr. Rainer Seßner. Gemeint ist damit, dass die Bayern Innovativ GmbH mit ihrer Methodenkompetenz die Innovationskraft kleiner und mittlerer Unternehmen gezielt stärkt. Eine große Rolle spielen dabei die Wissensvermittlung und die Vernetzung von Akteuren aus Wissenschaft, Wirtschaft und Politik. So organisiert das Unternehmen im Rahmen der von der bayerischen Staatsregierung geförderten Clusteroffensive vier wichtige Cluster: „Automotive", „Energietechnik", „Mechatronik" und „Neue Werkstoffe". Auch in weiteren großen Innovationsnetzwerken ist man aktiv.

Kreativität gezielt fördern

„Bei uns bieten sich jedem Mitarbeiter viele Möglichkeiten, seine Ideen und Herzensprojekte zu realisieren", sagt Seßner über das interne Innovationsklima. Verbesserungsvorschläge werden von der Geschäftsführung sehr geschätzt. Das Projekt „Intrapreneurship" bietet deshalb allen Beschäftigten Freiräume für die kreative Ideenfindung und -verwirklichung. Verschiedene Formate dienen zusätzlich als Feedbackschleife, etwa der virtuelle „IDEENraum". Hier entstand der themenoffene Bayern-Innovativ-Podcast, eine digitale Plattform zur Präsentation eigener Projektideen. Zudem gibt es diverse Dialogforen, in denen Optimierungsvorschläge kommuniziert und bewertet werden.

Gemeinsam zum Erfolg

Bayern Innovativ greift aber auch gezielt auf Impulse von außen zurück. Ein wichtiger Baustein ihrer Außenorientierung ist das „Experten Netzwerk Bayern". „Wenn wir alle unser Wissen einbringen, kann ganz Bayern vom Know-how vieler unterschiedlicher Experten profitieren", betont Rainer Seßner. Das Netzwerk fungiert somit als digitales Austauschmedium für nicht kommerzielle bayerische Einrichtungen. Auch das ebenfalls von Bayern Innovativ initiierte „Thinknet Bayern" bringt Experten aus unterschiedlichen Branchen miteinander in Kontakt. Denn nichts ist spannender und innovationsfördernder, als neue Verbindungen herzustellen und gemeinsam neue Wege zu gehen.

Bayern Innovativ
Bayerische Gesellschaft für Innovation und Wissenstransfer mbH
90402 Nürnberg
www.bayern-innovativ.de
Beschäftigte (D): 51 bis 200
Wirtschaftsförderung

Geschäftsführer
Dr. Rainer Seßner

„Innovation
zu leben
ist für uns nicht nur
ein Claim,
es ist die DNA
unseres
Unternehmens.“

Dr. Rainer Seßner
Geschäftsführer

Ihr Unternehmen trägt den Begriff „innovativ" schon im Namen. Wie erfüllen Sie diesen Anspruch?
„Innovation leben" ist unser Motto. Das spiegelt sich bereits im Selbstverständnis der Führungsebene wider: Sie möchte das interne Innovationspotenzial permanent unterstützen und ausbauen. Daher gibt es auch einen ganz klar definierten Innovationsprozess, der vom Top-Management moderiert wird. Ebenso gibt es einen Projektsteuerkreis, in dem die aktuellen Innovationsprojekte regelmäßig gemeinsam besprochen werden. Gegenüber anderen Unternehmen sehen wir uns als Vorbild, quasi als ein „Innovationspromoter" für die bayerische Wirtschaft. Frei nach dem Zitat „Der Zufall begünstigt nur den vorbereiteten Geist" möchten wir genau das tun: Unternehmen vorbereiten, Impulse setzen, also den Zufall provozieren.

Welche Trends haben Ihrer Meinung nach denn ein hohes Innovationspotenzial?
Unsere Vision ist es, jede tragfähige Idee und Technologie in Bayern zur Innovation werden zu lassen und die Partnerunternehmen und -organisationen dabei mitzunehmen. Wie wir alle wissen, gewinnt die Digitalisierung immer mehr an Bedeutung; Bayern Innovativ ist auf diesem Feld sehr aktiv. Wir organisieren dazu mehrere Netzwerke wie die internationale „Initiative 6G", ein Netzwerk zur Quantentechnologie und viele Projekte zur künstlichen Intelligenz (KI). Parallel dazu bauen wir unsere eigenen Angebote im digitalen Raum aus, zum Beispiel die KI-Plattform „Experten Netzwerk Bayern".

Wie stellt sich Bayern Innovativ den Herausforderungen der Coronakrise?
Wir sind digital sehr gut ausgestattet, sowohl mit unserer Software als auch mit unserer Hardware. Alle Mitarbeiter können problemlos im Homeoffice arbeiten. Die Entscheidung für das Homeoffice hat die Geschäftsleitung auch schnell getroffen und kommuniziert. Und wir haben unsere Innovationskraft mehr denn je für einen positiven Wandel in diesen schwierigen Zeiten eingesetzt. Alle Ideen unserer Mitarbeiter wurden gebündelt, sodass schnelle und unkomplizierte Lösungen für betroffene Unternehmen gefunden werden konnten. Mit großem Erfolg: Trotz „Social Distancing" sind wir in einen noch engeren Dialog mit unseren Kunden getreten. Mit Livechats, virtuellen Kundengesprächen und Onlineberatungen zu Förderprogrammen haben wir digitale Begegnungsmöglichkeiten geschaffen und so eine Lotsenfunktion für die bayerische Wirtschaft übernommen.

Wie das Top-Management von
Bayern Innovativ das interne Innovationspotenzial
ausbaut, erläutert **Dr. Rainer Seßner.**

Bernd Siegmund GmbH

Mit Leidenschaft zur Veränderung

„Wer rastet, der rostet" – dieses Sprichtwort gilt nicht nur für den Körper, sondern auch für den Kopf. Demgemäß hat bei der Bernd Siegmund GmbH in der bayerischen Gemeinde Oberottmarshausen jeder die Möglichkeit, sich weiterzuentwickeln. Dieser Maschinenbauer hat noch immer die Mentalität eines Start-ups, auch wenn es ihn schon viele Jahre gibt. Verantwortlich dafür ist die Geschäftsführung: Sie hat ein fruchtbares Innovationsklima etabliert, in dem Mut, Kreativität und frische Ideen gedeihen können.

Seit drei Jahrzehnten ist dieser Mittelständler schon auf dem Markt. Er entwickelt und fertigt Schweiß- und Spanntischsysteme sowie Maschinen und Maschinenteile. Im Marktsegment „Präzisionsschweißtische" ist er weltweiter Marktführer. Die Abnehmer kommen aus nahezu allen Branchen, vorwiegend aus dem Metallbau, dem Maschinen- und Anlagenbau sowie aus dem Fahrzeugbau. Ähnlich wie bei einem Start-up herrscht ständig Bewegung im Unternehmen. So arbeiten die Geschäftsleitung und die einzelnen Abteilungen permanent an ihren Zielen sowie an Verbesserungen und Innovationen.

Ständig Neues ausprobieren

„Die Leidenschaft für Veränderungen ist Teil unserer Unternehmenskultur", sagt der Inhaber und Geschäftsführer Bernd Siegmund. Damit dies auch so bleibt, hat jeder Beschäftigte die Möglichkeit, sich weiterzubilden. Dies geht sogar so weit, dass die Firma Studiengänge finanziert. Die Belegschaft ist dazu eingeladen, ständig neue Ideen und Projekte auszuprobieren, zum Beispiel im Hinblick auf die Digitalisierung des Unternehmens. So konnten schon neue Softwareanwendungen etabliert und E-Commerce-Geschäfte angeschoben werden. Bernd Siegmund ermuntert seine rund 90 Beschäftigen explizit dazu, Verbesserungsvorschläge zu machen und sich etwa in Workshops einzubringen.

Wissen der Basis nach oben bringen

„Wir versuchen, auch die abzuholen, die vielleicht zu schüchtern sind und sich nicht trauen, Anregungen zu geben oder gar zu realisieren. Deshalb gehen wir auf unsere Leute zu, um mit ihnen darüber zu sprechen, wie wir durch Neuerungen unser Unternehmen weiterbringen können", betont der Geschäftsführer Bernd Siegmund. Auch wenn Einfälle dabei sind, die noch nicht ganz ausgereift sind – die Geschäftsführung legt Wert darauf, ihnen auf den Grund zu gehen und Gedanken weiterzuentwickeln. „Wir nehmen die Belegschaft mit. Uns ist es wichtig, das Wissen der Basis nach ganz oben zu bringen", resümieren der Firmengründer und sein Sohn Daniel Siegmund. Eine Führungskraft ist für sie ein Unterstützer des Mitarbeiters – und nicht der Ansager.

Bernd Siegmund GmbH
86507 Oberottmarshausen
www.siegmund.com
Beschäftigte (D): 51 bis 200
Anlagen-/Maschinenbau

Die Inhaberfamilie
Daniel, Michael
und Bernd Siegmund

TOP 100

BioVariance GmbH

Die Datenflüsterer der Biomedizin

Daten können Leben retten – wenn man sie zu nutzen weiß: Die 2013 gegründete BioVariance GmbH analysiert und interpretiert komplexe biomedizinische Daten. Dabei nimmt man Ebenen von der DNA über die RNA bis zu Proteinen und sogenannte Metaboliten unter die Lupe, um am Ende die medizinischen Möglichkeiten zu erweitern. Die Mitarbeiter motivieren und inspirieren sich gegenseitig, da sie von ihrer innovationsfördernden Geschäftsführung genügend Freiraum für Ideen bekommen.

Interdisziplinäres Arbeiten gehört bei der BioVariance GmbH selbstverständlich zur Innovationsstrategie: Das 19-köpfige Team setzt sich unter anderem aus Biologen, Datenanalysten und Softwareentwicklern zusammen. Deren Job ist es, neue Lösungen für die Präzisionsmedizin in den Sektoren Gesundheit, Biotechnologie und Pharmazie zu finden. In Kooperation mit Ärzten überwacht das Unternehmen über eine gewisse Zeit die molekularen Charakteristika eines Patienten, um für ihn die Wirksamkeit, die Nebenwirkungen und Interaktionen von Medikamenten vorherzusagen und die passende individuelle Medikation und Dosierung zu ermitteln. Die Analytiker entwickeln moderne Technologien für Onkologen und nutzen wissenschaftliche Forschungsergebnisse, um sie bei der Auswahl der bestmöglichen Therapien für ihre Patienten zu unterstützen.

Jeder kann sich einbringen

„Unabhängig davon, welchem fachlichen Bereich ein Mitarbeiter bei uns angehört, legen wir viel Wert darauf, dass jeder seine Ideen einbringt und weiterentwickelt", sagt der Geschäftsführer Dr. Josef Scheiber und erklärt damit die Strategie des Unternehmens. Für größere Projekte stellt das Top-Management den Beschäftigten 25 % ihrer Arbeitszeit zur Verfügung. „Wenn sich alle einbringen können, stärkt das die Motivation und den Zusammenhalt untereinander", betont Dr. Scheiber. Auf diese Weise werden Arbeitsabläufe optimiert und beschleunigt, sodass am Ende auch die Kunden davon profitieren.

Zusammenarbeit mit Forschungseinrichtungen

Bei der Weiterentwicklung der Ideen hilft der interdisziplinäre Ansatz des Teams, aber auch die Kooperation mit verschiedenen Forschungseinrichtungen wie der Uniklinik Würzburg, der TU München oder onkologischen Tageskliniken. Mit ihren Partnern tauschen sich diese Bayern über Daten und Krankheiten wie Krebs oder Biomarker aus. Biomarker sind messbare Parameter biologischer Prozesse, die eine prognostische oder diagnostische Aussagekraft haben und daher als Indikatoren für Krankheiten herangezogen werden können. Gebündeltes Expertenwissen hilft nicht nur intern weiter.

BioVariance GmbH
95652 Waldsassen
www.biovariance.com
Beschäftigte (D): bis 50
Biotechnologie/Life Science

Geschäftsführer
Dr. Josef Scheiber

Die Brauerei Ustersbach braut seit 1605 Bier, mittlerweile in der 14. Generation. Ustersbacher Bier wird traditionell nach dem bayerischen Reinheitsgebot aus dem Jahr 1516 gebraut.

Brauerei Ustersbach Adolf Schmid KG

400 Jahre alt – und prickelnd frisch

Tradition verpflichtet – die Brauerei Ustersbach Adolf Schmid KG gibt es bereits seit mehr als 400 Jahren. Die Inhaberin und Geschäftsführerin Stephanie Schmid führt das Unternehmen schon in der 13. Generation. Sie und ihre Mitarbeiter schieben immer wieder neue Innovationsprozesse an. Ein Musterbeispiel dafür ist das aktuelle und zukunftsweisende Energiekonzept zur klimaschonenden Getränkeherstellung.

Eigentlich könnte man meinen, dass es beim Bierbrauen nicht so viele Variationen gibt. Denn hierzulande brauen alle nach dem deutschen Reinheitsgebot und einem Rezept, das schon 500 Jahre alt ist: Wasser, Gerstenmalz, Hopfen, Hefe – fertig. Wo soll es hier Innovationen geben? Zum Beispiel in der Anlagentechnik. „Durch eine sorgfältig ausgetüftelte Verknüpfung der Produktionsprozesse konnten wir den Gesamtbedarf an Primärenergie um 30 % und den CO_2-Ausstoß um 500 Tonnen im Jahr senken", erläutert Stephanie Schmid.

Auf kurzen Wegen zu Neuerungen

Einen großen Teil seines benötigten Stroms gewinnt das Unternehmen über Fotovoltaikelemente, die auf den Hallendächern montiert sind. Der Rest kommt aus dem hauseigenen Blockheizkraftwerk, in das auch Biogas aus der Biogasanlage der Brauerei eingespeist wird. Die Abwärme des Stromgenerators wiederum wird im Sudhaus und bei der Flaschenreinigung genutzt. Von der Idee bis zur ihrer Realisierung ist es bei diesen Brauexperten oft nicht weit. Das liegt vor allem an der Chefin Stephanie Schmid, die den Betrieb straff organisiert, frische Ideen begrüßt und immer für kurze Wege zwischen den Mitarbeitern plädiert. „Alle Abteilungen tauschen sich regelmäßig aus. Bei uns bilden sich dann auch schon mal spontan interdisziplinäre Teams", erläutert sie und ergänzt: „Raum und Zeit für das Thema Innovation sind ohne vorgegebenes Limit jederzeit vorhanden."

Klimafreundlich hergestellte Getränke

„Unseren Braumeister Wolfgang Dahnke muss ich in seinem Erfindungseifer manchmal sogar ein bisschen bremsen. Schließlich sind wir nicht nur für Energieeffizienz zuständig", scherzt die Chefin. Dennoch hat sie ein klares Ziel vor Augen: „Wir wollen völlig unabhängig von externer Energie werden und unsere Getränke komplett klimaneutral produzieren." Das gilt nicht nur für die Ustersbacher Bierspezialitäten, sondern auch für das Mineralwasser „Witaquelle" und die Erfrischungsgetränke der Marken „Wita" und „Flumi", die sich großer Beliebtheit erfreuen.

Brauerei Ustersbach Adolf Schmid KG
86514 Ustersbach
www.ustersbacher.com
Beschäftigte (D): 51 bis 200
Nahrungsmittelindustrie/-handel

Geschäftsführerin
Stephanie Schmid

Brückner Maschinenbau GmbH & Co. KG

Hauchdünn und stabil

Im Dehnen und Strecken sind diese Spezialisten Weltmeister: Die Brückner Maschinenbau GmbH & Co. KG ist auf dem Gebiet der Folienstrecktechnologie Weltmarktführer. Natürlich wollen die Maschinenbauer in ihrem Metier keinen Trend verpassen. Deshalb scannen sie ständig den Markt und tagen regelmäßig, um ihre komplexen Anlagen weiterzuentwickeln. Die Geschäftsführung hat dazu die „Zukunftswerkstatt“ ins Leben gerufen, bei der sich jeder der rund 600 Beschäftigten einbringen kann.

Was Chips und Kaffee mit Brückner zu tun haben? Der Mittelständler entwickelt und vertreibt Folienstreckanlagen, und die wiederum produzieren hauchdünne, stabile Kunststofffolien. Benötigt werden sie unter anderem für die Verpackungen von Lebensmitteln, etwa von Chips oder Kaffee, und für technische Anwendungsfelder, zum Beispiel für die Folien von Hightechbildschirmen. Die mehr als 150 Meter langen Anlagen exportiert man hauptsächlich nach Asien, vor allem nach China. „Wir bedienen Megatrends“, sagt der Geschäftsführer Michael Baumeister.

Steigender Bedarf in Asien

Mit „Megatrends“ meint der Geschäftsführer weltumspannende Entwicklungen wie die Zunahme der Weltbevölkerung, die Urbanisierung, den Klimawandel oder die globale Digitalisierung. Der Bedarf an Lebensmitteln und technischen Geräten nimmt im Zuge des wachsenden Wohlstands insbesondere in Asien stark zu. Um auch weiterhin am Puls der Zeit zu bleiben, hat Baumeister in seinem Unternehmen die „Zukunftswerkstatt“ initiiert: Die Geschäftsführer, Bereichsleiter, Techniker, Vertriebler und Mitarbeiter aus der Beschaffung treffen sich regelmäßig, um darüber zu berichten „was sie draußen in der Welt gesehen haben“, so Michael Baumeister. Hier kann jeder Ideen zu neuen technischen Anwendungen einbringen. Und wer eine vielversprechende Entwicklung vorschlägt, kann dann auch die Realisierung federführend übernehmen oder am Projekt mitarbeiten.

Nachhaltigkeit im Blick

Ein neues Produkt, das in der „Zukunftswerkstatt“ seinen Ursprung hat, ist eine Maschine, die Batterie-Separator-Folien produziert. Diese Folien sind wichtig für die Funktionalität von Hochleistungsbatterien und können beispielsweise in Lithium-Ionen-Akkus verbaut werden, die als Herzstück der E-Autos gelten. In den Innovationsmeetings hat man auch Produktverbesserungen im Blick: etwa bei einer Maschine, die jetzt auch recycelbare Folien für eine funktionierende Kreislaufwirtschaft produzieren kann. Die Geschäftsführung pflegt zudem Kontakt zu anderen Firmen, Organisationen und Verbänden und fördert Kooperationen mit Universitäten in Europa, in den USA und in China – immer auf der Suche nach dem nächsten Trend.

Brückner Maschinenbau GmbH & Co. KG
83313 Siegsdorf
www.brueckner-maschinenbau.com
Beschäftigte (D): über 200
Anlagen-/Maschinenbau

Geschäftsführer
Michael Baumeister

Brückner Maschinenbau ist ein global agierender Experte für Folienstreckanlagen zur Produktion von Verpackungsfolien oder auch Spezial- und technischen Folien.

DH electronics hat sich auf Embedded-Systeme spezialisiert. Die Vision des Unternehmens ist es, mit seinen Produkten und Dienstleistungen der Motor für das Internet der Dinge zu sein und damit ein Wegbereiter der digitalen Zukunft.

DH electronics GmbH

★★

Vom Raumschiff in die Waschstraße

Zuerst wurden sie in Raumschiffen eingesetzt, heute begegnet man ihnen in smarten Gebäuden oder in Waschanlagen: Sogenannte Embedded Systems sind Minicomputer, die eine Vielzahl von Aufgaben übernehmen können, etwa beim Messen, Steuern und Regeln. Die DH electronics GmbH bietet solche Systeme als Standardprodukt und entwickelt auch individuelle Lösungen gemeinsam mit ihren Kunden. Dabei stellt das Top-Management wichtige Zukunftstechnologien konsequent in den Mittelpunkt.

Als Full-Service-Anbieter entwickelt DH electronics Embedded-Systeme für die Gebäude- und Industrieautomation. Die „System-on-Modules" werden zum Messen, Steuern und Regeln eingesetzt. Touchpanel-Computer ermöglichen eine Interaktion zwischen Mensch und Maschine. Mit IoT-Gateways als dritter Produktfamilie lässt sich die Vernetzung von Anlagen und Geräten realisieren. Dank eines modularen Baukastensystems kann das Unternehmen seinen Kunden schnell und einfach individuelle Lösungen anbieten, die auf Standardprodukten basieren.

Technologische Zukunftsvisionen

Ein wichtiger Faktor sind zukunftsweisende Technologien wie künstliche Intelligenz, Robotik und autonome Systeme. Deswegen beschäftigt sich nicht nur ein großes Team von Softwareentwicklern im eigenen Haus mit den großen digitalen Schlüsseltechnologien unserer Zeit, auch die Geschäftsführung stellt neue Technologien klar in den Mittelpunkt: „Wir forschen schon seit fünf Jahren zum Thema ‚künstliche Intelligenz', um Know-how in dieser Technologie aufzubauen. Jetzt sind wir so weit, gemeinsam mit ausgewählten Lead-Kunden die ersten Praxisanwendungen zu realisieren", erzählt der Geschäftsführer Stefan Daxenberger.

Glänzend vernetzt

Für eine solche Pionierarbeit gemeinsam mit Kunden ist eine starke Partnerschaft notwendig: „Wir müssen uns gegenseitig vertrauen, um Neues auszuprobieren und den nächsten Schritt zu gehen", sagt der Geschäftsführer Helmut Henschke. Gerade bei der Anwendung neuer Technologien will sein Team Kunden deshalb gezielt mitnehmen, um über aktuelle Produkte hinaus zu denken. So wurde beispielsweise aus der Idee eines Kunden zu einem elektrischen Reinigungswagen die Vision, gemeinsam die Möglichkeiten autonomer Systeme und Roboter für die Reinigungsbranche zu erforschen. Auch mit Hochschulen und Partnerunternehmen, in vielen Forschungsprojekten und bei Branchentreffen ist DH electronics bestens vernetzt. Diese guten Beziehungen, gepaart mit dem Mut zu neuen Technologien, sind ganz klare Erfolgsfaktoren für Innovationen.

DH electronics GmbH
83346 Bergen
www.dh-electronics.com
Beschäftigte (D): bis 50
Elektronik/Elektrotechnik

Geschäftsführer
Stefan Daxenberger und Helmut Henschke

„*Innovation entsteht nicht von heute auf morgen. Man braucht eine Strategie.*“

Magdalena Daxenberger
Marketing- und Innovationsmanagerin

Frau Daxenberger, Sie sind seit 2019 Innovationsmanagerin. Warum braucht das Unternehmen Sie?
Ich zitiere immer gern den Satz: „An idea without action is only a dream." Ich bin überzeugt davon, dass Ideen allein nicht ausreichen. Das Thema Innovation muss in einem Unternehmen systematisch angepackt werden. Dafür braucht man die richtigen Rahmenbedingungen. Und die schaffe ich. Innovation ist jetzt zentral und systematisch bei uns verankert – in enger Zusammenarbeit mit der Geschäftsleitung. Am Ende gelingen uns Innovationen aber natürlich nur im Team.

Wie genau bringen Sie sich ein?
Schon in meiner Abschlussarbeit habe ich den Fokus auf Innovationsmanagement gelegt. Das Thema war die Produktplanung als Bestandteil des Innovationsmanagements, und auf diesem Gebiet bringe ich mich natürlich jetzt auch ein. Ich vermittle außerdem in internen Vorträgen und Workshops Kreativitätstechniken und kümmere mich um Netzwerkarbeit sowie die Pflege von Partnerschaften. Denn bei Innovationen geht es meiner Meinung nach auch immer darum, die richtigen Menschen zusammenzubringen.

Wodurch sind die Prozesse bei DH electronics 2019 innovativer geworden?
Wir haben vor allem den Produktplanungsprozess systematisiert: Wir versuchen jetzt frühzeitig, die Kunden einzubeziehen. Zu Beginn eines Projekts führen wir ab und zu einen Innovationsworkshop durch und schaffen damit einen festgelegten Rahmen, um gemeinsam Ideen, Wünsche und Zukunftsvisionen zu entwickeln, die über die aktuellen Projekte hinausgehen. Als Erfolg sehe ich auch, dass wir uns regelmäßig in verschiedenen Bereichen des Unternehmens den Status quo ansehen und bewerten, ob er Innovation fördert oder eher hemmt. Falls wir Optimierungsbedarf feststellen, gehen wir dann auch sehr schnell in die Realisierung und passen die internen Prozesse gezielt an. Deshalb beschäftigen wir uns derzeit auch intensiv mit agilen Arbeitsmethoden wie Scrum und Kanban – mit dem Ziel, sie mittelfristig bei uns einzuführen. Strategische Ziele haben wir in einen kleinteiligen Prozess übersetzt, der die Planung, die Zielverfolgung und die Dokumentation enorm erleichtert. Ich denke, dass diese Flexibilität ein ganz wichtiger Schlüssel zu unserem Innovationserfolg ist.

Wie sie das Thema Innovation bei DH electronics
im Alltag und in den Prozessen
verankert, erklärt die Innovationsmanagerin
Magdalena Daxenberger.

TOP 100

TOP 100 TOP 100 TOP 100 TOP 100
TOP 100 TOP 100 TOP 100 TOP 100 TOP 100
TOP 100 TOP 100 TOP 100 TOP 100 TOP 100
TOP 100 TOP 100 TOP 100 TOP 100 TOP 100
TOP 100 TOP 100 TOP 100 TOP 100 TOP 100
TOP 100 TOP 100 TOP 100 TOP 100 TOP 100
TOP 100 TOP 100 TOP 100 TOP 100 TOP 100

Dichtungstechnik Wallstabe & Schneider GmbH & Co. KG

Immer elastisch im Denken

Ihre Produkte sieht man nicht, aber sie erfüllen wichtige Funktionen für die Sicherheit und die Umweltverträglichkeit: Die Dichtungstechnik Wallstabe & Schneider GmbH & Ko. KG mit Sitz in Niederbayern entwickelt und fertigt Dichtungen aus Elastomeren, die an vielen Stellen in Kraftfahrzeugen im Einsatz sind, etwa bei Kraftstoff- oder Bremsflüssigkeitsleitungen. Das Top-Management ist offen für neue Ideen, und die innovativen internen Prozesse bewirken, dass dieser Dichtungsexperte auf dem Markt stets die Nase vorn hat.

Viele Kunden in der Automobilbranche wissen, was sie wollen, haben aber das Know-how für die Realisierung nicht im eigenen Haus. Und hier kommt Wallstabe & Schneider als Entwicklungsdienstleister ins Spiel: Der Mittelständler entwickelt Gummirezepturen, die genau den Anforderungen der geplanten Dichtungen entsprechen. Gemeinsam mit den Kunden werden die Produkte immer weiter optimiert. „Wir haben ständig die Fühler am Markt, um zu schauen, wohin die Reise in der Automobilindustrie geht", sagt der Geschäftsführer Kai Peters. „Unsere Entwicklungsabteilung steht mit den Entwicklern der Kunden in engem Austausch." Ein Vorentwicklungsteam sammelt neue Ideen, beispielsweise aus Kundengesprächen, von Messen oder Tagungen. Und eine Innovationsmanagerin achtet darauf, dass wichtige Themen im Fokus bleiben und Ideen nicht verlorengehen.

Automatisierung und Digitalisierung

Als Automobilzulieferer steht das Unternehmen unter permanentem Kostendruck. Deshalb setzt das Top-Management auf schlaue Automatisierungslösungen und immer mehr Digitalisierung. „Wir fördern den interdisziplinären Austausch zwischen allen Abteilungen im Haus und nehmen auch mal Geld in die Hand, um spannende Ideen auszuprobieren", berichtet Kai Peters und erklärt damit den agilen Ansatz seiner Firma. „Kreatives Denken muss schließlich von oben vorgelebt werden." Nicht ohne Grund lautet einer der fünf Unternehmenswerte: „Wir sind innovativ."

Vorneweg schwimmen

Die Megatrends der Automobilindustrie – Elektromobilität und autonomes Fahren – stellen auch diese Dichtungstechniker vor enorme Herausforderungen: „Wir befinden uns ebenso im Transformationsprozess wie unsere Kunden und wollen mit neuen Produkten und optimierten Prozessen natürlich weiterhin vorneweg schwimmen", betont der Geschäftsführer. „Die Megatrends der Branche sind für uns als innovatives Unternehmen eine große Chance." Und so ist an den fünf Auslandsstandorten von Wallstabe & Schneider der Geist der Innovation ebenso zu spüren wie am Stammsitz im bayerischen Niederwinkling.

Dichtungstechnik Wallstabe & Schneider GmbH & Co. KG
94559 Niederwinkling
www.wallstabe-schneider.de
Beschäftigte (D): über 200
Automobilzulieferer/Fahrzeugbau

Geschäftsführer
Christian Wallstabe, Jürgen Wallstabe und Kai Peters

Distriparts ist ein Spezialist für logistische Dienstleistungen. Die Kernkompetenzen des Unternehmens sind die Gebiete Ersatzteillogistik, Vorverpackungsleistungen und Value-added-Services.

Distriparts Deutschland GmbH

Schnell, wach und digital

Zu einer guten Logistik gehört heute mehr als nur die Lagerung und der Transport von Gütern. Deshalb bietet die Distriparts Deutschland GmbH neben der Ersatzteillogistik auch sogenannte Value-added-Services an – von der Montage eines Produkts über seine Verpackung bis zur Etikettierung und Zollabfertigung. Besonders gut gelingt diesem Logistikspezialisten dabei die digitale Vernetzung mit Kunden und Partnern weltweit. Intelligente IT-Systeme und ein Top-Management, das die Digitalisierung mit wachen Sinnen vorantreibt, machen das möglich.

Glänzend vernetzt: Das ist die Distriparts Deutschland GmbH, wenn es um die tägliche Zusammenarbeit mit Kunden und Partnern in mehr als 30 Ländern weltweit geht. Dabei spielt die Digitalisierung eine entscheidende Rolle. „Unsere IT ist inzwischen so ausgeklügelt, dass wir über Schnittstellen mit Kunden und Partnern schnellstmöglich kommunizieren können, ganz gleich, welche IT-Systeme sie intern nutzen", erklärt der Geschäftsführer Christoph Ludin.

Digitale Vernetzung bringt Schnelligkeit

Die Vernetzung und das optimale Zusammenspiel eigener und externer IT-Systeme helfen auch, Dienstleistungen an die individuellen Bedürfnisse der Auftraggeber anzupassen: Über spezielle Softwaretools sind alle Informationen zu Ware, Verpackungsart, Versendungsvorschriften oder Mengenvorgaben in Sekundenschnelle verfügbar und in Echtzeit nachverfolgbar. „Das bringt nicht nur enorme Geschwindigkeit in die Auftragsabwicklung und spart Personal, es liefert auch allen Beteiligten maximale Transparenz", betont der Geschäftsführer. Dass dies einen echten Wettbewerbsvorteil mit sich bringt, zeigte sich zuletzt an einem neuen Kunden aus Irland: „Wegen des Brexits verlor ein irisches Unternehmen seine britischen Logistiker. Wir sind blitzschnell in diese Lücke gesprungen und waren innerhalb von 24 Stunden mit dem System unseres neuen Kunden vernetzt", erzählt Ludin stolz.

Waches Top-Management

Dass das Top-Management den digitalen Wandel nicht verschlafen hat, wird auch an den internen Abläufen deutlich: Über Smartphones und Apps gestalten die Mitarbeiter ihre Prozesse maximal digital. „Wir nutzen inzwischen künstliche Intelligenz, um das Auftragswesen, die Verteilung von Waren im Lager und den Einsatz von Personal effizient zu steuern", sagt Christoph Ludin. Doch nicht nur mit technologischen Trends, auch mit neuen, schnell wachsenden Märkten setzt sich das Top-Management konsequent auseinander. So hat die Geschäftsführung stets auf dem Radar, wo sich neue Möglichkeiten für die Zukunft auftun könnten.

Distriparts Deutschland GmbH
97215 Uffenheim
www.distriparts-deutschland.de
Beschäftigte (D): 51 bis 200
Verkehr/Logistik

Geschäftsführer
Christoph Ludin

Dr. Neumaier MVZ GmbH

Mutige Mediziner

Der Arzt Dr. Ulrich Neumaier beschafft sich 1988 auf eigene Faust einen der ersten Magnetresonanztomografen (MRT) in Bayern. Für seinen Traum kämpft er anfangs sogar gegen die Behörden. Heute besitzen er und seine Familie mit der Dr. Neumaier MVZ GmbH ein medizinisches Versorgungszentrum für Radiologie, Nuklearmedizin und Strahlentherapie an elf Standorten in Bayern. Neue Technologie setzt man dort noch immer ein. Hinzugekommen ist ein starkes Team, das an einem Strang zieht und das in einem guten Innovationsklima agiert.

Als Dr. Ulrich Neumaier vor 32 Jahren seinen ersten MRT anschaffte, besaß er keine Kassenzulassung für das Gerät. Die Behörden hatten diese neue Technologie erst einmal nur für wenige Unikliniken in Bayern vorgesehen. „Mein Mann war aber von der Technologie einfach begeistert und wollte das Beste für seine Patienten herausholen. Anfangs behandelte er sie damit sogar kostenlos“, erzählt die heutige Geschäftsführerin und Ehefrau des mutigen Arztes, Gabriele Neumaier.

Medizin auf Weltniveau

Auch wenn das Familienunternehmen heute eine der größten radiologischen Einrichtungen Deutschlands ist und mit rund 220 Mitarbeitern circa 250.000 Patienten jährlich betreut: Die Freude an technologischen Innovationen ist geblieben. 2019 und 2020 rüstete das Unternehmen unter anderem mithilfe von künstlicher Intelligenz Kernspin- und Computertomografen so auf, dass sie mit dem technologischen Niveau an Universitätskliniken mithalten können. Die Nuklearmedizin ergänzt inzwischen ein sogenannter SPECT CT-Scanner, der den Stoffwechsel in verschiedenen Organen darstellen kann. Nur ganz wenige dieser Geräte gibt es in deutschen Praxen. Für die Strahlentherapie schaffte das Familienunternehmen jüngst sogar einen neuen Beschleuniger an, der einer der modernsten in der Oberpfalz ist.

Mensch im Mittelpunkt

„Bei aller Begeisterung für die Technologie ist sie für uns nie Selbstzweck. Im Mittelpunkt stehen die Patienten, die wir so angenehmer, effizienter und exakter behandeln können“, betont Dr. Neumaier. Dafür sorgt auch ein reibungsloser Behandlungsablauf. Denn das gesamte Team zieht an einem Strang, bringt immer wieder neue Ideen ein und setzt Verbesserungen um – sei es die digitale Patientenakte, ein virtueller Behandlungsplan, ein Online-Terminvergabesystem oder ein Gesichts- und Handflächenscanning zur Identifizierung von Patienten vor einer Bestrahlung. All das entsteht dank eines guten Innovationsklimas und mit einem gemeinsamen Ziel: „Am Ende soll jeder Patient unsere Praxisräume zufrieden verlassen“, sagt Dr. Neumaier.

Dr. Neumaier MVZ GmbH
93047 Regensburg
www.radiologie-regensburg.de
Beschäftigte (D): über 200
Gesundheitswesen

Geschäftsleitung
Dr. Ulrich Neumaier,
Gabriele Neumaier
und Tobias Neumaier

TOP 100

Dr. Schauer Steuerberater Rechtsanwälte PartG mbB

Die digitale Kanzlei

Belege, Rechnungen, Dokumente: Wenn Selbstständige ihre Steuererklärung machen, fällt meist viel Papierkram an. Nicht so bei der Dr. Schauer Steuerberater Rechtsanwälte PartG mbB. Jedes Dokument, das diese Kanzlei in Papierform erhält, wird sofort digitalisiert. Konsequent digitale Prozesse ermöglichen den Innovationserfolg dieses Mittelständlers und bewirken Schnelligkeit, eine geringe Fehlerquote und reibungslose Abläufe – auch während der Coronapandemie.

Sie ist eine der größten Kanzleien im bayerischen Land und eine echte Vorreiterin beim Thema Digitalisierung: Die Kanzlei Dr. Schauer arbeitet nahezu papierlos, denn alle eingehenden Dokumente werden umgehend digitalisiert. Ein Innovationserfolg in Sachen Digitalisierung ist die „Dr. Schauer-App". Über sie können Mandanten direkt von unterwegs ihre Belege an die Kanzlei versenden. „Wir orientieren uns beim Thema Digitalisierung einfach am Puls der Zeit – ob beim digitalen Unterlagenaustausch mit unseren Mandanten oder beim Homeoffice. Die vielfältigen Möglichkeiten dazu haben wir schon weit vor Beginn der Coronapandemie genutzt", erläutert der Geschäftsführer Dr. Ralf Erich Schauer. Ein eigenes Digitalteam hält die Kanzlei technisch auf dem neuesten Stand und pflegt auch digitale Extras, derzeit etwa eine Webinarreihe zu steuerlichen Themen rund um die Coronakrise.

Spezialisten mit Weitblick

Die Juristen und Steuerberater der Kanzlei sind aber nicht nur Digitalexperten, sondern auch Spezialisten für den Heilberufesektor: Dank ihrer in vielen Jahren gewachsenen Erfahrung bieten sie dieser Zielgruppe Beratungsdienstleistungen an, die genau auf deren Bedürfnisse abgestimmt sind. Sie halten ihnen in allen Steuerangelegenheiten den Rücken frei, unterstützen sie aber auch bei der Existenzgründung oder der Weitergabe einer Praxis sowie bei betriebswirtschaftlichen Themen und Rechtsfragen: „Wir haben dafür mehrere Teams, die mit den jeweiligen Spezialisten besetzt sind", erklärt Dr. Schauer.

Stete Veränderung

Der Innovationserfolg dieser Kanzlei fußt auf einem permanenten und kritischen Hinterfragen und Neuausrichten des eigenen Status quo. „Wir befinden uns in einem kontinuierlichen Veränderungsprozess, da sich die Technik und das Umfeld immer wieder wandeln", betont Dr. Schauer. Dabei erbringen am Ende vor allem die Menschen die Innovationsleistung, weiß Dr. Schauer: „Es ist der Mensch, der die Technik bedient; es sind die Kolleginnen und Kollegen. Ohne sie gäbe es die Kanzlei in dieser Form nicht."

Dr. Schauer Steuerberater Rechtsanwälte PartG mbB
82418 Murnau a. Staffelsee
www.dr-schauer.com
Beschäftigte (D): 51 bis 200
Steuerberatung/Wirtschaftsprüfung

Die Geschäftsführung/Partner

Ehret+Klein plant und gestaltet als Quartiers- und Projektentwickler Lebensräume der Zukunft – von der Baurechtsschaffung bis zur Bewirtschaftung einer Immobilie. Im Mittelpunkt steht dabei die Nachhaltigkeit.

TOP 100

Ehret+Klein GmbH

Vom Menschen und seinem Lebensraum

Seit Tausenden von Jahren bauen die Menschen Häuser. Um in einer der ältesten Branchen der Welt lernfähig und innovativ zu bleiben, müssen die Konzepte und die Prozesse bei der Immobilienplanung immer wieder hinterfragt und geprüft werden. Die Ehret+Klein GmbH sieht ständige Veränderungen als Chance und entwickelt sich mit jedem neuen Projekt weiter. Diese Bauspezialisten mit Sitz in Starnberg nehmen sich Zeit, hören ihren Kunden zu und lassen so nachhaltige und urbane Lebenswelten der Zukunft entstehen.

Als reine Projektentwickler verstehen sich die Immobilienexperten von Ehret+Klein nicht. Sie sind vielmehr Ingenieure für urbane Systeme und schaffen Quartiere, die über Generationen Zuhause, Arbeitsstätte und soziales Ökosystem sind. In der Metropolregion München laufen aktuell 40 Bauprojekte parallel mit dem Anspruch, „urbane Lebensräume als nachhaltige und profitable Erbstücke für die Gesellschaft" zu gestalten. Genau so beschreibt es der Gründer und Geschäftsführer Michael Ehret. Er und sein interdisziplinäres Team bringen mit technischem Know-how, Vertriebskompetenz und viel Empathie diejenigen zusammen, die ein Bauprojekt von A bis Z begleiten: Investoren, Bauträger, Handwerker und, ganz wichtig, die künftigen Nutzer.

Immobilien für eine nachhaltige Zukunft

Jedes Bauprojekt ist eine Innovation, bei der zuerst die künftigen Bewohner im Mittelpunkt stehen. Es gibt keine Blaupause, jede Entwicklung muss ganz neu und mit einem innovativen Ansatz betrachtet werden. In Landsberg am Lech baut die Ehret+Klein GmbH gerade ein Quartier auf einem ehemaligen Industriegelände – neuer Lebens- und Arbeitsraum auf 90.000 Quadratmetern für bis zu 2.000 Menschen. In enger Kooperation mit der Stadtverwaltung lässt man hier die Vision „Landsberg 2035" mit nachhaltigen Konzepten für Energie und Mobilität Realität werden. Noch mitten im Bau, zeichnet sich der Erfolg des innovativen Projekts bereits ab: Die Kommune nimmt eine Vorreiterrolle in Sachen moderner Stadtentwicklung ein, und die Projektentwickler ernten großen Zuspruch für das Quartier der Zukunft.

Business-Development für mehr Wertschöpfung

Um die Investoren, die die Bauprojekte langfristig finanzieren, nicht aus den Augen zu verlieren, hat das Unternehmen 2020 die Bereiche Investment-, Asset- und Property-Management in eine Tochtergesellschaft ausgegliedert. So deckt man den gesamten Lebenszyklus der Immobilien ab, sichert langfristig ihren Bestand, verlängert die Wertschöpfungskette und mindert das Risiko für die Geldgeber. „Jedes Bauprojekt hat ein Eigenleben", sagt der Geschäftsführer Stefan Klein. „Die Entwicklung ist dann zu Ende, wenn der Organismus lebt und von alleine funktioniert."

Ehret+Klein GmbH
82319 Starnberg
www.ehret-klein.de
Beschäftigte (D): 51 bis 200
Immobilien/Facility-Management

Geschäftsführer
Stefan Klein
und Michael Ehret

Elektronische Fahrwerksysteme GmbH

Auf Kurs in die Zukunft

Nicht wer, sondern wie fährt das Auto der Zukunft? Mit dieser Frage beschäftigt sich die Elektronische Fahrwerksysteme GmbH (EFS) – und ihre Antwort lautet: mit künstlicher Intelligenz. Diese Automotive-experten erarbeiten intelligente Systeme in enger Zusammenarbeit mit den Spitzenfirmen der Branche. Dabei werden alle Mitarbeiter einbezogen. Mit ihrem tiefen Verständnis für Technologien der Zukunft schaffen sie einen Mehrwert auch für Unternehmen aus anderen Feldern.

Ursprünglich entwickelte EFS mechatronische Fahrwerksysteme. Intelligente Software, Simulationen und Steuerungen, die ein assistiertes und hochautomatisiertes Fahren ermöglichen sollen, sind heute das Kerngeschäft des Unternehmens. Mittels Machine-Learning-Applikationen und künstlicher Intelligenz soll der Fahrer der Zukunft dauerhaft die Hände vom Steuer lassen können, während das Auto sicher und autonom fährt. In einer Kooperation mit Deutschlands größtem Automobilkonzern und dem Verband der Automobilindustrie (VDA) arbeitet EFS intensiv an der Realisierung.

Ein kreatives Ökosystem

Am Beginn jeder Innovation steht bei EFS die Frage, wie der Entwicklungsprozess optimiert werden kann, um bessere Produkte zu bauen. Dabei spielen die Beschäftigten eine zentrale Rolle: Die agile Innovationskultur wird getragen von Lead-Ingenieuren, die mit großem Fachwissen und breiter Branchenerfahrung in ihren interdisziplinären Teams technologische Ökosysteme entstehen lassen. Die Mitarbeiter stellen im „InnoCircle“ ihre Ideen vor; ein Gremium, bestehend aus allen Firmenbereichen, bewertet sie und fördert ihre Realisierung. Die Technologie, mit der EFS arbeitet, entwickelt sich rapide. Damit die Mitarbeiter am Ball bleiben, will man zukünftig noch mehr Wert auf eine Unternehmenspolitik der Offenheit legen, in der Fortbildung und Innovationsmethodik eine große Rolle spielen.

Auf neuen Wegen

Um das volle Potenzial auf dem Gebiet der intelligenten Softwareentwicklung auszuschöpfen, schafft der Mittelständler Mehrwert auch außerhalb der Automobilbranche. So arbeitet er an einer KI-getriebenen Datencloud, speziell zugeschnitten auf die Bedürfnisse produzierender Firmen. Das Ziel: Produkte und Prozesse mittels intelligenter Datenanalyse immer weiter zu verbessern. „Wir zeigen unsere Fähigkeiten“, sagt der Geschäftsführer Dr. Stefan Ullmann. „Durch offenen Austausch und Wissenstransfer mit anderen Branchen können wir schneller und agiler auf Technologietrends reagieren.“ So steuert EFS mit anderen Unternehmen in die Zukunft.

Elektronische Fahrwerksysteme GmbH
85080 Gaimersheim
www.efs-auto.com
Beschäftigte (D): über 200
Engineering

Geschäftsführer
Dr. Stefan Ullmann

Als strategischer Entwicklungspartner im Automobilumfeld fokussiert sich EFS auf Zukunftstechnologien wie automatisiertes Fahren und Fahrerassistenzsysteme.

EMnify GmbH

Rund um den Globus erfolgreich

In Zeiten eines Goldrauschs verdient man am besten, indem man Schaufeln und Hacken verkauft. Wenn aber Daten das neue Öl sind, transportiert man sie dann mit Tankern oder in Pipelines? Die EMnify GmbH bringt die Datenströme für das Internet der Dinge zum Fließen. Sie wurde 2013 gegründet und hat mittlerweile Kunden in 70 Ländern. Ihr Innovationserfolg: eine „IoT-Communication-Platform". Deren Alleinstellungsmerkmal: Sie stellt die perfekte Schnittstelle zwischen Mobilfunk und Cloudanwendungen bereit.

An den beiden Standorten des Unternehmens, in Würzburg und in Berlin, herrscht Aufbruchsstimmung. Finanziert durch Wachstumskapital und gesteuert von erfahrenen Telekommunikationsprofis mit Gründungserfahrung, hat der Mittelständler einen Stein ins Rollen gebracht: Die EMnify GmbH bietet App- und IoT-Entwicklern weltweit die Möglichkeit, eine Verbindung zwischen Cloud und Mobilfunk zu schaffen. „Unsere Zielgruppe sind in erster Linie Digital Natives. Wir übernehmen für sie den Datentransfer in die Cloud, und die Entwickler nutzen unsere Dienste dabei wie jede andere Cloudressource", erklärt der Geschäftsführer Frank Stöcker.

Weltweit im Einsatz

Diese innovative Datenpipeline zwischen Cloud und Mobilfunk öffnet gewaltige Marktchancen: Schon jetzt kommen die Kunden aus mehr als 70 Ländern, in über 170 Ländern wird die EMnify-Technologie bereits eingesetzt. „Weltweit gibt es 700 bis 800 Mobilfunknetzbetreiber. Wir haben aktuell mit mehr als 330 davon Verträge, und jeden Monat kommen 5 bis 10 weitere dazu", erläutert Frank Stöcker. Je wichtiger das Internet der Dinge wird, desto bedeutsamer werden die damit zusammenhängenden Datenverbindungen. Zwischen 50 % und 100 % Wachstum pro Jahr ist für das Unternehmen normal, denn es wächst durch den Gewinn von Neukunden und expandiert gemeinsam mit seinen Stammkunden.

Das Ohr am Markt

Für den weiteren Ausbau der Marktposition setzt EMnify derzeit voll auf die Akquise. Parallel dazu arbeitet man an technischen Verbesserungen, vor allem an der Integration in weitere IT-Plattformen und an 5-G-Anwendungen. Um Hinweise darauf zu erhalten, welche Entwicklungsthemen zukünftig angegangen werden sollen, hält das Unternehmen engen Kontakt zu seinen Kunden und wertet fehlgeschlagene Akquiseprojekte genau aus. Denn auch Verkaufsgespräche, die vorerst nicht zum Erfolg führen, liefern wertvolle Hinweise für künftige Verbesserungen.

EMnify GmbH
97074 Würzburg
www.emnify.com
Beschäftigte (D): 51 bis 200
IT-Entwicklung/-Beratung

Geschäftsführer
Martin Giess,
Frank Stöcker und
Alexander Schebler

ENDEGS ist spezialisiert auf die Verbrennung umweltschädlicher Gase, Gasgemische und Dämpfe – ob in Rohrleitungen, Tanks oder auf Schiffen. Dafür nutzt sie autonom betriebene, voll ausgestattete Brennkammern.

ENDEGS GmbH

Klare Luft und gute Atmosphäre

Dass die ENDEGS GmbH 2007 gegründet wurde, ist an sich schon eine Innovation, denn auf die Entgasung von industriellen Behältnissen spezialisierte Firmen gab es so noch nicht. Der Geschäftsführer Kai Sievers treibt Innovationsprojekte in seiner Firma mit einer klaren Mission voran: weniger Emission in der Luft, aktiver Umwelt- und Arbeitsschutz und ein gutes Innovationsklima in der Belegschaft. Um all das zu erreichen, wird er nicht müde, einen klaren Standpunkt für seine Sache zu vertreten – beim Kunden und bei den Behörden.

Wie sieht eine mobile Lösung aus, mit der Chemie- und Gasbehälter auch dort entgast werden können, wo dies bisher nicht möglich war? Also in Öl-Raffinerien, Industrieparks und auf Schiffen – eben überall dort, wo toxische und explosionsfähige Gasgemische nicht ohne Weiteres in die Luft gelangen dürfen. „Es ist doch absurd zu akzeptieren, dass pro Jahr mehrere Tausend Tonnen dieser gefährlichen Dämpfe einfach in die Luft abgegeben werden", sagt der Geschäftsführer Kai Sievers. Mit dem Bundesemissionsschutzgesetz war die Idee geboren, etwas zu unternehmen.

Wegweisende Technologie

2008 hat er mit seinem kleinen Team im oberbayerischen Pförring die weltweit erste autonome Kammer zur Verbrennung gasförmiger Schadstoffe entwickelt: Die mobile Station wird einfach per Anhänger zum Tank gebracht und TÜV-konform installiert. Sie verbrennt die Gase zu fast 100 %. Alles, was zurück bleibt, ist etwas CO_2 und Wasser. Die patentierte Anlage verbrennt mit hervorragenden Messergebnissen sogar hochgefährliches Ammoniak und kommt in mittlerweile mehr als 1.100 Projekten in 14 Ländern Europas und Nordafrikas verlässlich zum Einsatz. Beim Umweltschutz steht Sievers im engen Austausch mit den Behörden und stößt sogar Anpassungen der aktuellen Gesetzgebung an: Neuerdings gibt es am Duisburger Hafen die erste legale Möglichkeit, Tankschiffe umweltfreundlich zu entgasen und Spülwasser abzunehmen.

Gute Atmosphäre für Innovationen

Nach einer Entgasung folgt normalerweise die manuelle Reinigung im Tank, natürlich unter strengsten Auflagen mit Gasmasken und Schutzanzügen. Das geht doch viel besser, dachten sich 4 der 49 Mitarbeiter: Dank ihrer innovativen Idee steht jetzt ein „Atex-Zone-0"-Roboter für die Reinigung in gefährlicher, explosionsfähiger Atmosphäre zur Verfügung. Das mindert das Sicherheits- und Unfallrisiko und spart langfristig Kosten für den Betreiber. „Unsere Kollegen sehen täglich beim Kunden, was dort besser gemacht werden kann", erläutert Sievers. „Wir geben ihnen in guter Atmosphäre den Raum, aus ihren Ideen Innovation entstehen zu lassen."

ENDEGS GmbH
85104 Pförring
www.endegs.com
Beschäftigte (D): bis 50
Umweltschutz/-technik

Geschäftsführer
Kai Sievers

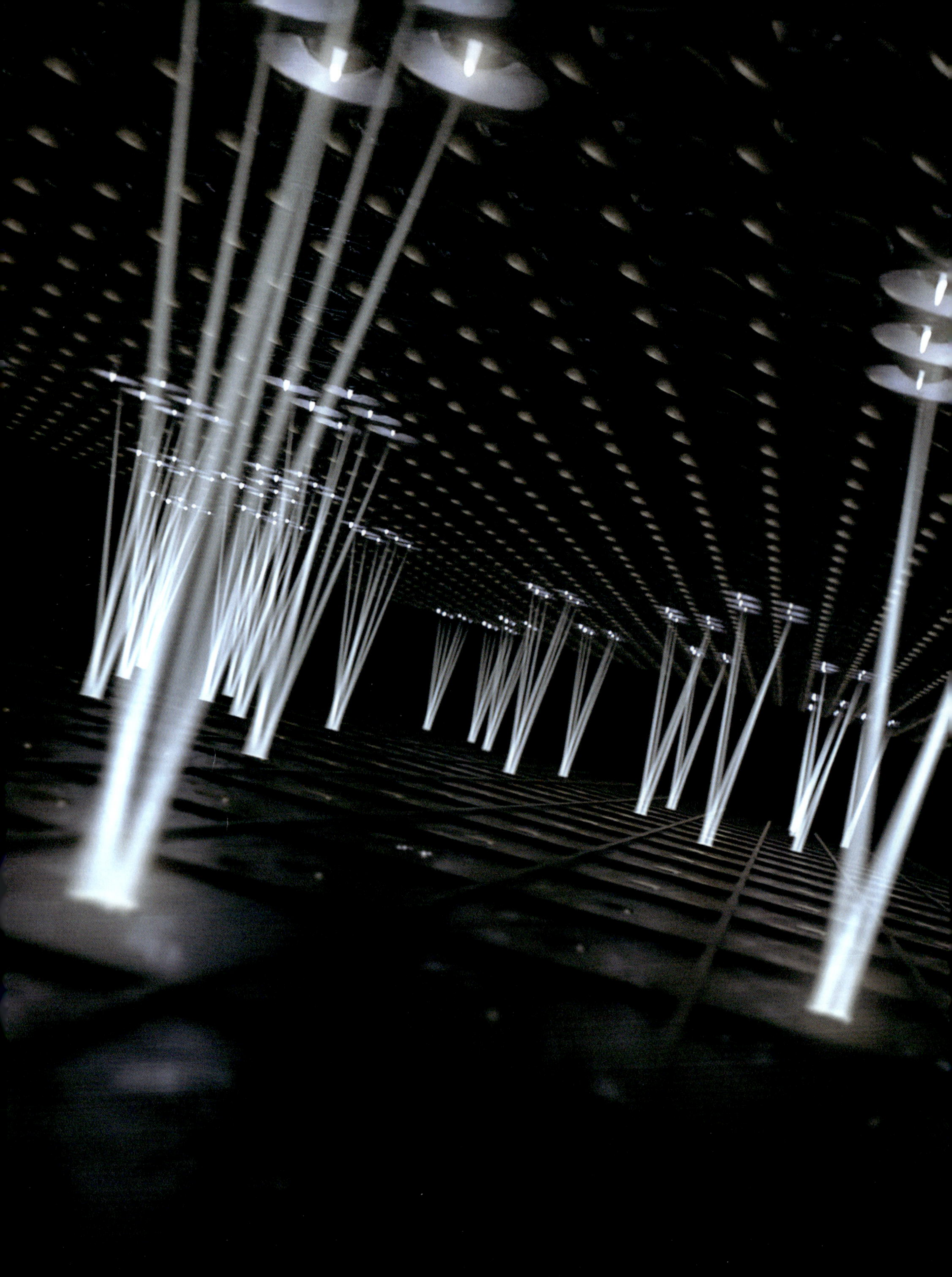

EOS ist seit über drei Jahrzehnten ein Pionier im
Bereich der additiven Fertigung und bietet nachhaltige
Produktionslösungen für Hersteller weltweit an.

EOS GmbH Electro Optical Systems

★★★★★★

Innovation der dritten Dimension

Eine Brücke zwischen deutscher Ingenieurskunst und den neuesten Innovationsmethoden zu schlagen: Das gelingt der EOS GmbH Electro Optical Systems. Die Experten für industriellen 3-D-Druck gehen jeden Entwicklungsschritt gemeinsam mit dem Kunden, der nicht einfach nur Abnehmer der Technologie ist, sondern vielmehr gemeinsam mit dem Unternehmen gestaltet. Diese hohe Transparenz, gepaart mit modernen Prozessen und einem guten Innovationsklima, macht EOS so erfolgreich.

Im industriellen 3-D-Druck von Metallen und Kunststoffen ist das Unternehmen der führende Lösungsanbieter. Design-Thinking, agile Entwicklungsmethoden und enge Kooperationen mit Hochschulen gehören zu seinem Standardrepertoire. Man orientiert sich eher an einem Start-up als an einem in mehr als 30 Jahren gewachsenen Mittelständler. Die eng mit dem Kunden verzahnte Produktentwicklung ist das, was die Firma so innovativ macht.

Maximale Transparenz

Der Leiter des Innovationsmanagements Dr. Marco Nock setzt auf größtmögliche Transparenz bei den Innovationsprozessen: Nach einem internen Ideen-Scouting wird der Status laufender Innovationsprojekte online als Livestream mit einem breiten Publikum geteilt. Der Kunde ist nach Projektstart bei jedem Schritt involviert. Bei einem großen Luft- und Raumfahrtunternehmen etwa konnte EOS eine Vorserie seiner 3-D-Drucklösungen installieren, und die F&E-Abteilungen entwickeln die Technologie gemeinsam zur Reife. „Unsere Kunden geben uns einen enormen Vertrauensvorschuss", erklärt Dr. Nock. „Nur gemeinsam können wir schnell und effizient Technologie am Puls der Zeit vorantreiben." Die neue Transparenz erreicht EOS bei seinen Mitarbeitern mit dem „Intrapreneurship"-Programm: Sie lernen, in agilen Prozessen zu denken und den Kunden die richtigen Fragen zu stellen. Das fördert das gute Innovationsklima intern und unterstützt jeden Einzelnen dabei, aus Ideen echte Innovationen zu machen.

Blick ins Jahr 2051

Schon jetzt schaut man 30 Jahre in die Zukunft und macht die wichtigen Trends aus. Ein besonderer Fokus liegt auf nachhaltigen Materialien, die beim 3-D-Druck eingesetzt werden: Leichter, belastbarer, wiederverwertbar sollen sie sein und den Anforderungen der Medizintechnik und der Luft- und Raumfahrt entsprechen. In diesen Branchen sieht man großes Potenzial. Gerade haben diese Spezialisten filigrane Bauteile mit extrem dünner Wandstärke gedruckt, die zum Beispiel in Wärmetauschern für die Elektromobilität und in der Medizintechnik zum Einsatz kommen – eine neue Generation von Innovation in der dritten Dimension.

EOS GmbH Electro Optical Systems
82152 Krailling
www.eos.info
Beschäftigte (D): über 200
Anlagen-/Maschinenbau

Geschäftsbereichsleiter Innovationsmanagement
Dr. Marco Nock

EUROLUB GmbH

Auf kurzen Wegen zu schnellen Erfolgen

Ohne Schmierstoffe herrscht Stillstand. Daher sorgen die 50 Beschäftigten der EUROLUB GmbH vom oberbayerischen Eching aus für ordentlich Bewegung: Sie entwickeln, produzieren und vertreiben alle Flüssigkeiten, die in einem Fahrzeug benötigt werden. Keine Treibstoffe, aber beispielsweise Motoren- und Getriebeöle, Bremsflüssigkeiten und AdBlue, Bremsenreiniger und Schmierfette, Kühler- und Scheibenfrostschutzmittel sowie alle Werkstattchemieprodukte. Neue Ideen gedeihen in einem lebendigen Innovationsklima.

Die Geschichte der EUROLUB beginnt 1928 mit dem Handel von Diesel und dem Bau von Tankstellen. Während der ersten Ölkrise spezialisierte sie sich auf das Geschäft mit Schmierstoffen und ist damit bis heute erfolgreich. Der Geschäftsführer Hubert Huber führt das Unternehmen seit 1985 und punktet bei TOP 100 mit flachen Hierarchien und einem tollen Innovationsklima.

Freiraum begünstigt neue Geschäftsfelder

Viel Wert legt Huber auf Weiterbildung: Seine Mitarbeiter bilden sich im Durchschnitt an sieben Tagen pro Jahr weiter, auch auf den Gebieten Innovationsmethoden und Digitalisierung. Und 30 % des Teams dürfen einen Teil ihrer Arbeitszeit für die Weiterentwicklung eigener Ideen nutzen. Derartige Freiräume bewirken etwa, dass sich das Unternehmen Stück für Stück neue und bisher unbekannte Geschäftsfelder erobern kann. „Im Moment bauen wir unser Produktportfolio aus, um unseren Kunden so viel wie möglich aus einer Hand anzubieten“, erläutert Hubert Huber. Hinzu kamen etwa Desinfektionsmittel oder ein spezielles Getriebeölspülgerät.

Keine Zeit verschwenden

Dank flacher Hierarchien bringen die Beschäftigten neue Ideen und Verbesserungsvorschläge direkt bei der Geschäftsführung ein. Sie werden dann in den wöchentlichen Teamsitzungen besprochen. Selbst große und kostenintensive Projekte können auf diese Weise kurzfristig freigegeben und angegangen werden. „Alles, was in der Produktion die Effizienz verbessert, die Kapazitäten steigert und die modernen Abfüllanlagen besser auslastet, wird nach kurzer Prüfung freigegeben. Auch in Sachen IT und Digitalisierung verschwenden wir bei guten Vorschlägen keine Zeit, sondern starten direkt mit der Realisierung“, erklärt der Geschäftsführer. Ein Mitarbeiter befasst sich hauptsächlich mit den Herausforderungen und den Chancen der Digitalisierung. Nach durchschnittlich fünf Werktagen erhalten die Ideengeber Feedback. 2020 wurden insgesamt etwa 20 Anregungen eingebracht, von denen 80 % verwirklicht werden konnten. Es läuft also wie geschmiert!

EUROLUB GmbH
85386 Eching
www.eurolub.com
Beschäftigte (D): bis 50
Handel

Geschäftsführer
Hubert Huber

FCS Fair Computer Systems GmbH

Software made in Germany

Dass die Digitalisierung der Motor unserer Zeit ist, hat man bei der FCS Fair Computer Systems GmbH schon 1999 erkannt. Seitdem entwickelt und vertreibt dieses eigentümergeführte System- und Beratungshaus, das weltweit rund 600 Kunden hat, Software und spezielle mobile Programme für IT- und Asset-Management. Mit einem Innovationsklima, das die 37 Beschäftigten motiviert, und einem innovationsorientierten Top-Management um die Geschäftsführer Dr. Jürgen Falk und Thomas Ilgenfritz konnte der Mittelständler bei TOP 100 überzeugen.

„Die IT-Branche unterliegt ständigen Veränderungen. Sich mit den Herausforderungen der Digitalisierung auseinanderzusetzen, gehört zu unserer Firmen-DNA. Wir beschäftigen uns sowohl strategisch als auch operativ damit", sagt Dr. Jürgen Falk, wenn er über den digitalen Wandel seiner Firma spricht.

Keine Routineaufgaben

Damit er und sein Team immer am Ball bleiben, nutzen 80 % der Belegschaft einen Teil ihrer Arbeitszeit für die Entwicklung eigener Ideen. „Bei uns gibt es so gut wie keine Routineaufgaben. Unsere Mitarbeiter müssen tagtäglich kreativ sein. Wir stärken ihre Fähigkeiten und möchten, dass sie sich ständig einbringen", erklärt Dr. Falk, als er über das Innovationsklima in seinem Haus spricht. Frische Ideen generiert man in Brainstormingrunden, in Feedbackgesprächen oder mit agilen Methoden: etwa mithilfe der Scrum oder der Walt-Disney-Methode, bei der ein Problem, wie beim Rollenspiel, aus verschiedenen Blickwinkeln betrachtet wird. Auch in informellen Runden können Ideen besprochen werden, zum Beispiel immer freitags beim „Bier um 4". Eine auf diesem Weg entstandene Idee ist ein Coronamodul für den „HEINZELMANN Service.Desk". Diese Service-Management-Software hilft gerade auch in der Coronazeit den Mitarbeitern in öffentlichen Verwaltungen, ihre Bürger- und Kundenkommunikation digitalisiert und gut strukturiert zu bewältigen sowie Routineaufgaben zu automatisieren.

Raus aus der gewohnten Umgebung

Um den Teamzusammenhalt zu stärken, lädt das Top-Management jedes Jahr alle zum „FCS-Weekend" ein. „Wir möchten dann raus aus der gewohnten Umgebung und gemeinsam Spaß haben", erklärt der Geschäftsführer Thomas Ilgenfritz. Ziele sind beispielsweise das Salzburger Land oder der Tegernsee, und das Highlight ist immer eine kleine, zumeist sportliche Veranstaltung. Der Erfolg gibt der Firma recht: Der Anteil innovativer Verbesserungen der vergangenen drei Jahre an ihrem aktuellen Umsatz liegt bei stolzen 50 %. 2020 konnte sie außerdem 20 % der Gesamtkosten durch kostensenkende Prozessinnovationen sparen, die in den drei Jahren zuvor eingeführt wurden. So läuft der Digitalisierungsmotor bei FCS noch lange weiter.

FCS Fair Computer Systems GmbH
90482 Nürnberg
www.fair-computer.de
Beschäftigte (D): bis 50
IT-Entwicklung/-Beratung

Geschäftsführer
Thomas Ilgenfritz und Dr. Jürgen Falk

Foundation Medicine GmbH

Die Tumorprofiler

Im bayerischen Penzberg heben Naturwissenschaftler die Charakterisierung von Krebserkrankungen auf ein höheres Niveau: Das molekulargenetische Labor der Foundation Medicine GmbH ermittelt anhand einer noch wenig verbreiteten Methode Genveränderungen bei Tumorpatienten, um daraus geeignete Therapien abzuleiten. Ein übergeordnetes Ziel liegt im Wissenstransfer zwischen Forschern und Onkologen in Deutschland und weit darüber hinaus. Seit seiner Gründung vor fünf Jahren ist das Unternehmen damit wesentlich vorangekommen.

Die deutsche Tochterfirma des US-Unternehmens Foundation Medicine, das sich der Transformation der Krebstherapie verschrieben hat, analysiert das Erbgut der Tumore von Krebspatienten – im Jahr 2020 anhand von etwa 10.000 aus 27 Ländern eingeschickten Gewebe- und Blutproben. Die Wissenschaftler identifizieren darin Mutationen, die bösartige Geschwüre entstehen und wachsen lassen. „Wir charakterisieren einen Tumor mittels umfangreicher genetischer Untersuchungen mit dem Ziel, für die Patienten die bestmögliche Therapie zu finden", erklärt die Geschäftsführerin Dr. Vera Grossmann. Der Clou des in den USA entwickelten innovativen Verfahrens: Der Test analysiert parallel mehrere Hundert mit der Entstehung von Krebs assoziierten Gene in einer Rekordzeit von acht bis zehn Kalendertagen. Onkologen können damit für Menschen in weit fortgeschrittenen Stadien der Krankheit wertvolle Zeit gewinnen.

Personalisierte Medizin

Die Wissenschaftler verfügen über mehrere Hunderttausend auf freiwilliger Basis gesammelte Daten von Patienten. Diese werden in einer Datenbank mit klinischen Studien, Fachliteratur und aktuellen Erkenntnissen aus der Krebsforschung miteinander verknüpft. Mit dem Befund werden den Ärzten die für ihre Patienten relevanten Informationen zur Verfügung gestellt. So lassen sich individuelle Befunde mit allen bekannten Behandlungsformen matchen. „Bis jetzt hat noch kein Arzt derart geballtes Wissen permanent abrufbar", sagt Vera Großmann.

Deutscher Standort als International Hub

Das äußerst innovationsorientierte Top-Management arbeitet inzwischen erfolgreich am internationalen Roll-out. Im Zuge dessen transferiert man das Testverfahren an Partnerlabore in Österreich, Frankreich, China, Israel und in der Schweiz. „Wir bringen unsere Produkte dorthin, schulen das medizinische Fachpersonal und begleiten die Partner bei ihren Validierungsprozessen", erläutert Grossmann. Ergänzend zum Kerngeschäft der Patientenversorgung arbeitet Foundation Medicine mit über 50 Pharmafirmen zusammen und sucht gemeinsam nach passenden Biomarkern für zielgerichtete Krebstherapien.

Foundation Medicine GmbH
82377 Penzberg
www.foundationmedicine.com
Beschäftigte (D): 51 bis 200
Gesundheitswesen

Geschäftsführerin
Dr. Vera Grossmann

TOP 100

Graber GmbH

Fit für die Zukunft

Als traditioneller Handwerksbetrieb innovativ und zukunftsorientiert denken und handeln – so könnte das Credo der Graber GmbH lauten: Der Spezialist für Dämmtechnik, Trockenbau und Innenausbau generiert Neuerungen mittels kontinuierlich verfeinerter Prozesse. Die Basis dafür ist das gute Innovationsklima des Unternehmens, das geprägt ist von einer Kultur der offenen Tür und des wertschätzenden Umgangs miteinander. Um auch andere zur Innovation zu ermutigen, teilt der Geschäftsführer Thomas Graber sein Know-how zudem als Coach.

Seit er den Betrieb für technische Isolierung und Brandschutz von seinem Vater übernommen hat, entwickelte Thomas Graber ihn kontinuierlich weiter: Er hat das Geschäftsfeld Trockenbau ins Portfolio aufgenommen, sich mit anderen regionalen Handwerksfirmen zusammengeschlossen und bietet heute für die Kunden ein praxisorientiertes Projekt- und Prozessmanagement als Full Service an. „Wir sehen uns als Problemlöser und möchten als hochkompetenter Spezialist komplexe Projekte betreuen. Unsere Kooperation mit anderen Betrieben bietet den Kunden alles aus einer Hand, und das auf einem hohem Qualitätsniveau", erläutert der Geschäftsführer.

Hochwertige Werkzeuge und Technologien

Als Nährboden für Neues dient ein gutes Innovationsklima. So ermöglicht das neue Unternehmensgebäude ein kreatives und aufgeschlossenes Miteinander. Die Mitarbeiter arbeiten sehr eigenständig und können sich aufgrund der breiten Angebotspalette einschließlich Projektmanagement und Kooperationen vielfältig einbringen. Investitionen in Werkzeuge und Technologien stellen sicher, dass die Beschäftigten hochwertig ausgestattet sind und so die höchste Qualität erzielen können. Diese Organisation stärkt das Innovationspotenzial und spricht auch die junge Generation an. Übertarifliche Löhne und Benefits bilden zusätzliche Anreize.

Konsequentes Innovationsmanagement

Über Innovationskonzepte entscheidet der Geschäftsführer nicht allein, vielmehr stimmt er sich intern mit den Verantwortlichen ab. „Wir binden auch externe Partner ein, die das Erfolgspotenzial neuer Ansätze prüfen. Manchmal starten wir Pilotprojekte", berichtet Graber. In diesem Fall bewertet das Projektplanungsteam, was technisch machbar und kostentechnisch sinnvoll ist. Dank des zusätzlichen Tätigkeitsfelds des Geschäftsführers als Berater und Coach und seines Engagements in Branchengremien ist das Unternehmen auch jenseits der eigenen Projekte nah am Markt und kann so geeignete Innovationsfelder identifizieren. „So denken und handeln wir zukunftsorientiert, ohne das Tagesgeschäft aus dem Blick zu verlieren", resümiert der Geschäftsführer.

Graber GmbH
83253 Rimsting
www.graber-gmbh.de
Beschäftigte (D): bis 50
Baugewerbe/Handwerk

Geschäftsführer
Thomas Graber

GÜNZBURGER STEIGTECHNIK GMBH (seit 01.09.21 MUNK Group)

★★★★★

Sicherheit aus deutscher Produktion

Die Technologie- und Innovationsführerschaft steht für die GÜNZBURGER STEIGTECHNIK GMBH schon seit vier Generationen im Mittelpunkt. Als Innovationstreiber dieses Spezialisten für Steig- und Rettungstechnik ist das Top-Management in alle zentralen Innovationsprojekte involviert. Mithilfe eines internen Innovationszirkels fördert die Geschäftsführung ein positives Innovationsklima. Zugleich sichern hohe Investitionen das Innovationspotenzial der Zukunft.

„Wir haben es uns zum Ziel gesetzt, jedes Jahr leistungsstarke Innovationen auf den Markt zu bringen, die unseren Kunden einen echten Mehrwert bieten", berichtet der Geschäftsführer Ferdinand Munk über die Innovationsstrategie bei der GÜNZBURGER STEIGTECHNIK. Um den Kunden ein Höchstmaß an Sicherheit und Anwendungskomfort zu bieten, orientiert man sich bei der Entwicklung von Produktneuerungen konsequent an den Anforderungen aus der Praxis und den geltenden Sicherheitsnormen. Schon heute gehören mehr als 1.600 Produkte für den gewerblichen, öffentlichen und privaten Gebrauch zum Standardsortiment. Darüber hinaus werden kundenspezifische Sonderkonstruktionen entwickelt und gefertigt.

Konzentration auf den Heimatstandort

Als erster Hersteller überhaupt erhielt das Unternehmen vom TÜV NORD bereits im Jahr 2010 den zertifizierten Herkunftsnachweis „made in Germany". Auch heute noch produziert das Familienunternehmen ausnahmslos in seinem Heimatlandkreis Günzburg. Um das Innovationspotenzial auch in Zukunft konsequent zu nutzen, stellte die Geschäftsleitung im Jahr 2020 die Weichen für den umfassenden Ausbau der Produktions-, Lager- und Verkaufsflächen sowie der Außenanlagen. Dafür sind Investitionen von rund 15 Mio. € vorgesehen, viele neue Arbeitsplätze sollen entstehen.

Erfolgreich genutzte Synergien

Die bestehenden Teams im Unternehmen profitieren von einem Innovationsklima, das geprägt ist durch die kluge Nutzung von Synergien zwischen den einzelnen Fachbereichen. So hat die Geschäftsführung einen Innovationszirkel aus Ingenieuren, Entwicklern und weiteren Spezialisten gebildet. Im Rahmen der „Innovationswerkstatt" haben die Teilnehmer dieses Zirkels das Ohr am Markt und verständigen sich über den Status von Prototypen. Der gemeinsame Ideenfundus half auch zu Beginn der Coronapandemie: „Wir konnten Konzepte umsetzen, die wir schon längere Zeit zuvor entwickelt hatten – etwa für Trennwände und Rollcontainer zu Hygienezwecken", erläutert Ferdinand Munk.

GÜNZBURGER STEIGTECHNIK GMBH
89312 Günzburg
www.steigtechnik.de
Beschäftigte (D): über 200
Metallverarbeitung

Geschäftsführer
Ferdinand Munk

Gustav Klein GmbH & Co. KG

★★★★★

Für die Zukunft gut gerüstet

Wichtige Zukunftsmärkte haben die Experten der Gustav Klein GmbH & Co. KG im Blick, wenn sie Systeme für die Energie- und die Mobilitätswende entwickeln. Sämtliche Innovationen entstehen dabei in einer Teamleistung: Der Geschäftsführer, die Entwickler, die Abteilung Engineering sowie das Marketing und der Vertrieb wirken eng zusammen. Auch Kooperationen spielen eine wichtige Rolle. Dank des Engagements des Top-Managements in den wichtigsten Verbänden kann man frühzeitig auf neue Marktbedürfnisse reagieren.

Inzwischen hat die Gustav Klein über 400.000 ihrer Systeme in 105 Länder der Welt geliefert, darunter Stromversorgungsanlagen für die Industrie sowie Systeme für die Sparten Elektromobilität und Energiespeichertechnik. Zu ihrem Kundenkreis zählen die Industrie, die Bahn, Energieversorger und namhafte Anbieter von E-Mobilität. Auch die NASA nutzt die innovativen Test- und Simulationssysteme dieses Spezialisten. Den Schwerpunkt seiner Innovationsstrategie legt das Top-Management auf zukünftige Märkte und Kundenbedürfnisse: Allein im Jahr 2020 investierte das Unternehmen um die 2,5 Mio. € in Innovationstätigkeiten.

Innovationsförderndes Top-Management

Auch im Tagesgeschäft fördert das Top-Management konsequent die Innovationskraft. So unterstützt der Geschäftsführer maßgebliche Schritte für Neuerungen persönlich und wirkt in mehreren innovationsrelevanten Projekten mit. Dazu gehört beispielsweise das aktive Engagement in zentralen Verbänden wie dem ZVEI, dem CEMEP, dem VDE und dem IEC, denn in den dortigen Kommissionen entstehen die technischen Standards der Zukunft. Wenn es darum geht, internationale Aktivitäten strategisch zu unterstützen, ist das Top-Management ebenfalls als Innovationstreiber mit vor Ort.

Langjähriges Know-how

Für jeden Fachbereich beschäftigt Gustav Klein international anerkannte Experten, die ihr Know-how in die Entwicklung und das Engineering einbringen. So entstehen zum Beispiel Innovationen auf dem Gebiet der Brennstoffzellentechnologie. „Hiermit liefern wir einen essenziellen Baustein für die Energie- und die Mobilitätswende", sagt der Geschäftsführer Günther Stensitzki. Dabei zahlt sich die langjährige Erfahrung seiner Mitarbeiter ebenso aus wie die flachen Hierarchien und die kurzen Entscheidungswege im Haus. „Wir haben praktisch keine Fluktuation, sodass das Know-how, das aus der Realisierung innovativer Projekte gewonnen wurde, über Jahrzehnte im Unternehmen bleibt", betont Stensitzki.

Gustav Klein GmbH & Co. KG
86956 Schongau
www.gustav-klein.com
Beschäftigte (D): 51 bis 200
Elektronik/Elektrotechnik

Geschäftsführer
Günther Stensitzki

Hans Hundegger AG

Die Holzversteher

Der Holzbau ist seit Jahren ein Wachstumsmarkt: Holz ist sinnlich und warm, es lässt sich fantastisch bearbeiten und ist vor allem nachhaltig. Die Hans Hundegger AG in Hawangen hat sich dank zahlreicher Innovationserfolge vom Ein-Mann-Betrieb zum Weltmarktführer beim Bau von Maschinen für die Holz verarbeitende Industrie entwickelt. Der Gründer und Vorstandsvorsitzende Hans Hundegger setzte schon 1984 mit der Konzeption der ersten computergesteuerten Abbundmaschine einen Meilenstein in der Geschichte des Unternehmens.

Unter „Abbund" versteht man das Vorbereiten von Holzkonstruktionen. Früher machte man das von Hand, heute erledigen dies die Maschinen von Hundegger. Und sie machen das sehr intelligent, denn mit der eigenen Software CAMBIUM hat dieser Maschinenbauer eine Lösung entwickelt, durch die der manuelle Programmieraufwand für die Maschinen entfällt. Hinzu kommt, dass nun alle Geräte mit nur einem Programm angesteuert werden können – ein Leuchtturmprojekt. Die Software bildet den gesamten Produktionsprozess ab: von der Konstruktion über die Arbeitsvorbereitung bis zum fertigen Bauteil. Damit können ganze Fertigungsstraßen erstellt und unterschiedliche Flächenelemente in nur einem Durchlauf komplett bearbeitet werden.

Gespür für Trends und den Werkstoff Holz

Die individuelle Ausstattung der Maschine nach Kundenwunsch erlaubt die Bearbeitung verschiedenster Materialien. Zum Einsatz kommen die Maschinen des Unternehmens in drei Bereichen: beim Zuschnitt von Fachwerkträgern, beim Abbund und bei der großflächigen Plattenbearbeitung. Welches Gerät auch immer zum Einsatz kommt – alle arbeiten schnell, flexibel und genau. „Unser Erfolg resultiert aber auch aus dem Dialog mit den Kunden. So können wir frühzeitig Markttrends erkennen und entsprechende Produkte entwickeln", sagt Hans Hundegger, der die Qualitäten von Holz für unschlagbar hält.

Immer bereit für den Wettbewerb

Dank der technischen und vor allem auch der ökologischen Vorteile des Baustoffs Holz steigen seine Marktanteile weltweit rasant. So werden in Deutschland bereits mehr als 20 % aller Ein- und Zweifamilienhäuser mit Holz gebaut – Tendenz steigend. Das Top-Management hat früh auf diesen Wandel reagiert. „Unser Ziel ist es, die Kunden und die gesamte Holzbranche wettbewerbsfähig zu machen", sagt Hundegger. So fertigt der „WALL-Master 3600" Holzfertighauselemente, und die PBA-Reihe bearbeitet große Bauteile wie Wand-, Decken- oder Dachelemente millimetergenau. Die Vision des Vorstandsvorsitzenden: „Der nächste Schritt ist eine komplett automatisierte, mannlose Maschine, die den Menschen nur noch zur Überwachung benötigt."

Hans Hundegger AG
87749 Hawangen
www.hundegger.com
Beschäftigte (D): über 200
Anlagen-/Maschinenbau

Vorstandsvorsitzender
Hans Hundegger

Die Hans Hundegger AG ist langjährige Weltmarktführerin auf dem Gebiet CNC-gesteuerter, flexibler Abbundmaschinen. Sie werden in allen Holzbausparten eingesetzt.

HENSOLDT ist ein Pionier für Technologie und Innovation auf dem Gebiet der Verteidigungs- und der Sicherheitselektronik.

HENSOLDT AG

Die Sicherheitsexperten

Aufspüren, orten, auswerten – mit ihrem breit gefächerten Produktportfolio ist die HENSOLDT AG ein globaler Player auf dem Gebiet der Verteidigungs- und Sicherheitselektronik. Sie zählt zu den Marktführern bei zivilen und militärischen Sensorlösungen. Zur Bekämpfung vielfältiger Bedrohungen sind dieser Hochtechnologiefirma mit Sitz in Taufkirchen zahlreiche Innovationserfolge in Sachen Datenmanagement, Robotik und Cybersicherheit gelungen.

Das 2017 gegründete Unternehmen und seine rund 5.600 Beschäftigten, davon etwa 4.000 in Deutschland, treiben die Entwicklung moderner Schlüsseltechnologien an 11 Standorten in Deutschland voran. Der Name ist angelehnt an den deutschen Optikpionier Moritz Carl Hensoldt, der im 19. Jahrhundert optische Grundlagenforschung betrieb. Heute steht HENSOLDT für effiziente Verteidigungselektronik mit modernen Aufklärungssystemen, Radaren und optischen Überwachungssystemen. Im zivilen Bereich kommen diese Systeme in Reservaten für den Schutz von Tieren vor Wilderern zum Einsatz, beispielsweise im weltweit größten Nashornschutzgebiet „Buffalo Dream Ranch“ in Südafrika. HENSOLDT-Radare stecken jedoch auch in Kampfflugzeugen, in Hightechkameras für Tornadoflugzeuge sowie in U-Boot- und Panzerperiskopen.

Weltneuheit bei Leiterplatten

Ein Durchbruch ist diesem Technologieführer auch im Segment des 3-D-Drucks gelungen: Auf der Basis einer nicht leitenden Polymertinte und einer leitfähigen Tinte entwickelte er die weltweit erste zehnschichtige Leiterplatte mit beidseitig aufgelöteter Hochleistungselektronik. Mit diesem Verfahren lassen sich Prototypen für neue elektronische Schaltungen agil und individuell herstellen. Und bei der Cybersicherheit verfolgt man mit sicherheitsgehärteten IT-Basissystemen, die gegen Hackerangriffe und inhärente Hardwareschwächen unempfindlich sind, ebenfalls einen innovativen Ansatz.

Bündelung innovativer Kräfte

„Innovation ist bei uns das Ergebnis einer langfristigen strategischen Planung, der Bündelung kreativer Energien und der Schaffung eines Umfelds, in dem die Mitarbeiter ihr Wissen und ihren Enthusiasmus einbringen können“, sagt der Vorstandsvorsitzende Thomas Müller. Dieses Engagement zur Entfaltung zu bringen gehört daher zu den wichtigsten Aufgaben der Führungskräfte. Eine weitere erfolgreiche Strategie ist die Zusammenarbeit mit Partnern, auch im Rahmen multinationaler Projekte. „Der Schlüssel zum Erfolg ist die Bündelung der Kräfte auf nationaler Ebene, um auch international als Partner auf Augenhöhe antreten zu können“, erklärt Müller.

HENSOLDT AG
82024 Taufkirchen
www.hensoldt.net
Beschäftigte (D): über 200
Elektronik/Elektrotechnik

Vorstandsvorsitzender
Thomas Müller

Die Hermann Trollius GmbH verarbeitet Kalk und Dolomit
zu hochwertigen Produkten für die Stahl-, die Glas-,
die Zucker- und die Futtermittelindustrie sowie für Anwendungen
in der modernen Landwirtschaft.

Hermann Trollius GmbH

Die Steinveredler

Kalk findet man fast überall: in Zahnpasta, Nahrungsmitteln oder Kopfschmerztabletten. Auch die industrielle Herstellung von Eisen und Stahl sowie die Erzeugung von Glas und beinahe aller Baustoffe wären ohne Kalk nicht möglich. Die Hermann Trollius GmbH in Lauterhofen verarbeitet und veredelt Kalk- und Dolomitgestein. Dank der Weitsichtigkeit der innovationsorientierten Geschäftsführung und einem agilen Innovationsklima hat sie sich breiter aufgestellt und erschließt sich nun immer wieder neue Absatzmärkte.

Kalk- und Dolomitstein wird zu zahlreichen Produkten weiterverarbeitet und veredelt. Der Kalk aus Lauterhofen geht zu Kunden in der ganzen Welt. Selbst ein süddeutscher Zuckerhersteller greift auf Kalksteine von Trollius zurück. Anfangs hat das familiengeführte Unternehmen nur Gestein abgebaut und verkauft; heute entstehen auch Dünger und Futtermittel für die Landwirtschaft. „Durch Veredelungsprozesse schaffen wir es, mit unseren Produkten innovative Märkte zu bedienen und Akzente zu setzen“, sagt Hermann Trollius, der die Firma in dritter Generation führt.

Belegschaft in zwei Jahrzehnten mehr als verdoppelt

In den vergangenen Jahren hat man auf dem 60 Hektar großen Gelände viel umstrukturiert. Vor zwei Jahren wurde ein neuer Werkleiter eingestellt – dank dieses Schritts entstehen Innovationen, die dem Unternehmen eine Zukunft geben. Teamgeist, Kollegialität und gemeinsame Verantwortung prägen die Arbeitswelt bei Trollius. Die Philosophie erlaubt es der Belegschaft, viel Zeit in Neuerungen zu investieren. Der Firmenchef selbst lebt sie vor und nutzt enorm viel Zeit für Innovationen. Großer Freiraum, die Fortbildung der Mitarbeiter sowie kurze Dienstwege fördern die Kreativität und bewirken eine schnelle Realisierung neuer Ideen.

98 % des Gesteins wird verwertet

Früher nutzte Trollius von einem Kubikmeter Gestein nur etwa 75 % – heute können bis zu 98 % verwertet werden. Das Ziel ist es, nicht nur den Rohstoff Stein zu veredeln, sondern dabei auch die Ressourcen zu schonen. Deshalb entschied sich die Geschäftsführung für die Investition in eine moderne Waschanlage: Beim Waschen der Dolomit- und Kalksteinvorabsiebung bleibt ein Schlamm aus feinsten Partikeln zurück. Er besteht aus Kalzium, Magnesium und wertvollen Tonmineralien. Trollius verarbeitet ihn zu einem mineralisierten Schlamm, den Landwirte als Dünger zur Bodenverbesserung einsetzen oder ihrer Gülle beimischen, um damit den Geruch zu neutralisieren. „Wir wollen eine vollständige Ressourcenverwertung mit einem geschlossenen Recyclingkreislauf erreichen“, betont Hermann Trollius.

Hermann Trollius GmbH
92283 Lauterhofen
www.trollius-kalk.de
Beschäftigte (D): 51 bis 200
Baugewerbe/Handwerk

Geschäftsführer
Hermann Trollius

„Unsere Motivation ist es, ressourcenschonend zu agieren."

Hermann Trollius
Geschäftsführer

Wie würden Sie die Philosophie Ihres Unternehmens umschreiben?
Wir sind ein Familienunternehmen, da ist das Denken und Handeln für nachfolgende Generationen in der Unternehmensphilosophie fest verankert. Wir denken also in Generationen. Das bedeutet, dass wir Tradition und Moderne effizient verbinden und dabei einen Nutzen für Mensch und Natur erzielen wollen. Das ist unser stetiger Antrieb. Unsere Motivation ist es, ressourcenschonend zu agieren, eine maximale Rohstoffausschöpfung zu erreichen und jegliche Verschwendung von Rohstoffen zu vermeiden.

Mit welchen Innovationen verwirklichen Sie diese ambitionierten Pläne?
Wir betreiben, in Bayern einmalig, eine Aufbereitungs- und Mischanlage für Holzasche. Diese Recyclinganlage haben wir in Eigenregie konzipiert, weiterentwickelt und von unseren Technikern aufbauen lassen. Pro Jahr werden bei uns rund 10.000 Tonnen Holzasche aufbereitet. Da Bäume Phosphat und Kalisalz speichern, enthält ihre Asche dieselben düngewirksamen Inhaltsstoffe. Anstatt nun also Kalisalz unter Tage abzubauen und Phosphat in Form von Sand aus Afrika zu importieren, schonen wir diese Ressourcen. Gleichzeitig ist es möglich, die Abfallprodukte wieder dem Wirtschaftskreislauf zuzuführen. Wir nehmen außerdem am europäischen Emissionshandel teil und sind somit permanent bestrebt, möglichst wenig CO_2 auszustoßen.

Das Gewinnen von Rohstoffen ist ein sehr strittiges Thema. Wie bringen Sie Steinbruch und Umwelt zusammen?
Da wir als Steinbruchbetrieb direkt in die Natur eingreifen, versuchen wir natürlich, unseren Teil zur Nachhaltigkeit und zum Umweltschutz beizutragen. Wir haben deshalb beispielsweise ein eigenes Umweltmanagement eingerichtet. Die enge Zusammenarbeit mit Behörden, Institutionen, Verbänden und Laboratorien ist für uns selbstverständlich. Hier haben wir diverse Projekte am Laufen. Wir legen zum Beispiel viel Wert auf die Rekultivierung der nicht mehr genutzten Randbereiche des Steinbruchs. Mit Erfolg wurden im Kalksteinbruch am Häselberg Kalkmagerrasen verpflanzt und eine entsprechende Fauna und Flora angesiedelt. Sogar Honig wird hier mittlerweile geerntet. Außerdem arbeiten wir daran, beim Energieeinsatz immer effizienter zu werden.

Warum ihm Nachhaltigkeit und Umweltschutz am Herzen liegen und welche Rolle Innovationen in diesem Zusammenhang spielen, erklärt **Hermann Trollius.**

Hoffmann ist Marktführer bei Qualitätswerkzeugen
und der führende europäische Systempartner.
In der Produktion wird viel Wert auf die fortschreitende
Digitalisierung der Fertigungsprozesse gelegt.

Hoffmann SE

★★

Erfolg im Visier

Wer ambitionierte Ziele hat, bringt es oft weit. Die Hoffmann SE, die sich auf Industriewerkzeuge, Betriebseinrichtungen und persönliche Schutzausrüstung spezialisiert hat, setzt deshalb auf ein sogenanntes Target-House, das genau darstellt, was bis 2027 erreicht werden soll und was zur Zielerreichung nötig ist. Das Top-Management ist an der Konzeption und der Realisierung des Target-House aktiv beteiligt – und ebnet diesem Familienunternehmen mittels einer Reihe von Mega-Investitionen und Innovationen den Weg an die Weltspitze.

Den Umsatz bis 2027 verdoppeln und der weltweit führende Systemanbieter für Werkzeuge werden – das ist das Hauptziel der Innovationsstrategie dieses Unternehmens. Hierfür ist eine Transformation entlang der Wertschöpfungskette notwendig. Dies betrifft etwa das Sortiment und die Verkaufskanäle, aber auch die bereits sehr leistungsfähige Lieferkette wird weiter optimiert. Erreicht wird das zum Beispiel durch den Aufbau einer automatisierten Logistik: Die „LogistikCity" in Nürnberg-Langwasser, das neue Zentrallager und Technikzentrum der Unternehmensgruppe, geht im Laufe des Jahres 2021 in Betrieb und wird weltweit Maßstäbe setzen. Dank hochmoderner Anlagen können bis zu 40.000 Pakete pro Tag nahezu vollautomatisch versendet werden – ein weiterer Schritt zur Absicherung der hohen Lieferfähigkeit.

Digitale Prozesse für den Arbeitsplatz der Zukunft

Seit geraumer Zeit arbeitet die Hoffmann Group daran, ihre Produkt- und Serviceangebote konsequent digital zu erweitern. So unterstützt sie ihre Kunden bei der Kaufentscheidung mit Services wie dem „Konfigurator für GARANT Workstations". Mit speziellen Tools werden vor allem kleine und mittlere Unternehmen auf dem Weg in die digitale Welt begleitet. Dafür wurde ein Team von Softwarespezialisten gebildet, das Neuerungen vorantreibt, zum Beispiel die „Hoffmann Group Connected Manufacturing", eine innovative Software zur Werkzeugverwaltung. „Hoffmann Group Connected Tools" ermöglicht zudem die Verknüpfung von Werkzeugen und Software auf Basis des Bluetooth-Standards.

Ein entschlossener Vorstand

Diese Innovationen gelingen nicht zufällig, sondern werden mittels des Target-House gesteuert. Alle Aktivitäten und Projekte sind darauf abgestimmt. Das Top-Management sieht seine Hauptaufgabe in der Konzeption und der Realisierung von Innovationen. „Die Hoffmann Group hat große Ziele. Die werden wir erreichen, wenn wir uns auf unsere Stärken besinnen: Pioniergeist zeigen, mutig sein, eng am Puls der Kunden und des Markts bleiben, und natürlich den persönlichen Kontakt halten", fasst der Vorstandssprecher Martin Reichenecker die Ausrichtung des Unternehmens zusammen.

Hoffmann SE
81241 München
www.hoffmann-group.com
Beschäftigte (D): über 200
Handel

Vorstandssprecher
Martin Reichenecker

Hofstetter Pelz & Design GmbH & Co. KG

Mehr als Mantel und Kragen

Innovativ zu sein kann manchmal auch heißen, ein schlechtes Image zu verbessern. Das Pelz verarbeitende Gewerbe ist so ein Wirtschaftszweig, der mit vielen Vorbehalten zu kämpfen hat. Im Bayerischen Wald hält ein traditionsreicher Familienbetrieb mit Produkten und Argumenten dagegen: Die Hofstetter Pelz & Design GmbH & Co. KG im oberpfälzischen Rötz legt viel Wert auf ihre Außenorientierung, um auf die Nachhaltigkeit des Rohstoffs Fell hinzuweisen. Aus diesem Rohstoff machen 20 Beschäftigte spannende Dinge.

Bis ins 19. Jahrhundert lässt sich die Geschichte des Kürschnerbetriebs zurückverfolgen, den die Gründernachfahren in der heutigen Form seit 1948 betreiben. Aus einer Werkstatt für Mützen und Hüte ist ein breit aufgestelltes Unternehmen geworden, das vom Erwerb der Felle über Verarbeitung und Design der veredelten Ware bis zum Produktverkauf alles erledigt. An Vielfalt gewonnen hat auch das Sortiment, das längst nicht mehr nur aus Mänteln oder Kragen besteht. So hat man sich eine „Home Collection" einfallen lassen, die etwa Kissen, Sitzwürfel oder Wärmflaschenhüllen offeriert.

An Neuem feilen

Für den Geschäftsführer Leonhard Hofstetter ist permanentes Feilen an Neuerungen und Arbeitserleichterungen alternativlos, das fordere der Markt „rund um unser umkämpftes Material". An besseren Prozessen und neuen Produkten wird deshalb durchgängig gearbeitet, ergänzt seine Tochter Anna Hofstetter, die mit Schwester Christina und Mutter Eva Teil des Führungsteams ist. Die Familie ist auch die treibende Kraft bei Innovationen, etwa einer Kollektion mit gesundheitsfördernden Dachsfellprodukten. Indes ermuntert man in dem familiär geprägten Betrieb auch die Mitarbeiter dazu, eigene Ideen einzubringen, betont Anna Hofstetter. So wurden jüngst bei der Umgestaltung des Nähbereichs alle Vorschläge der dort Beschäftigten berücksichtigt, zum Nutzen von Effizienz und Ergonomie.

Zeit für eine Onlineoffensive

Ein ganz besonderes Anliegen ist den Kürschnern die Außendarstellung. Gängige Vorurteile über ihr Handwerk soll zum Beispiel eine 2020 veröffentlichte und großräumig verbreitete Broschüre entkräften. Sie wirbt für das „nachwachsende Naturprodukt Pelz", das in einer Umweltbilanz im Vergleich zu Textilprodukten die Nase vorn habe. Zu finden sind diese Argumente jetzt auch auf der Website, die während des Lockdowns modernisiert worden ist. Die „ruhige Zeit", so Anna Hofstetter, haben die Pelzhandwerker ohnehin für eine Onlineoffensive genutzt: Via Instagram informiert man nun über Produkte, und Pelzware kann auch im neu gebauten Onlineshop gekauft werden.

Hofstetter Pelz & Design GmbH & Co. KG
92444 Rötz
www.pelzdesign-hofstetter.de
Beschäftigte (D): bis 50
Mode/Textilien

Die Unternehmerfamilie

iic solutions GmbH

★★★★

Digitale Zukunft nachhaltig gestalten

Der digitale Wandel ist Herausforderung und Chance zugleich. Die iic solutions GmbH hat sich deshalb darauf spezialisiert, Unternehmen aus der Versicherungs- und der Gesundheitsbranche bei der digitalen Transformation zu unterstützen. Diese Beratungsspezialisten stehen ihren Kunden in langfristigen Partnerschaften zur Seite und sichern für sie den Erfolg ihrer Projekte ab. Beflügelt wird das durch ein exzellentes Innovationsklima, in dem sich kreatives Potenzial entfalten kann.

Den Kunden Perspektiven im digitalen Wandel aufzuzeigen ist die Aufgabe von iic solutions, betont der Geschäftsführer Michael Mayr: „Wir schlagen eine Brücke zwischen dem etablierten Kerngeschäft unserer Kunden und den neuen digitalen Möglichkeiten. Auf diesem Gebiet arbeiten wir konsequent an innovativen Produktideen – gemeinsam mit unseren Auftraggebern." So unterstützt das Unternehmen Versicherer zum Beispiel bei ihrer Integration in kundenzentrierte digitale Plattformen oder bei der Etablierung eigener Angebote.

Plattform für innovative Firmen

Diese Unternehmensberater forschen in ihrem Netzwerk und auch in der Gründerszene regelmäßig nach Geschäftsideen mit viel Potenzial und gesellschaftlichem Nutzen. Ideen, die besonders erfolgversprechend sind, werden zur Finanzierungs- und Realisierungsreife getrieben. So entstand 2015 ihr erstes eigenes Start-up: eine cloudbasierte Plattform für Ärzte, Unternehmen und deren Mitarbeiter sowie für Anbieter gesundheitsfördernder Maßnahmen. Ein führender Fachexperte hat die Plattform jüngst als beste digitale Lösung für das betriebliche Gesundheitsmanagement bezeichnet. „Solche Erfolge bestätigen uns, dass wir mit der nötigen Expertise, mit Gestaltungswillen und mit echtem Innovationsgeist den digitalen Wandel gestalten", sagt der Geschäftsführer erfreut.

Die Mitarbeiter machen den Erfolg

Das Unternehmen ist von klaren Werten geprägt und bietet ein Innovationsklima, in dem sich die Mitarbeiter entfalten können. Die Basis dafür ist eine „Win-win-win-Philosophie", die auf eine Balance zwischen den Kunden, den Mitarbeitern und dem Unternehmen zielt. Innovationsgeist und Unternehmertum werden dabei besonders gefördert: Jeder Einzelne hat den Freiraum, sich in die Entwicklung der Firma einzubringen, sich ganz auf die anspruchsvollen Kundenprojekte zu konzentrieren, sich für neue Geschäftsmodelle zu engagieren oder dauerhaft in eines der Start-ups zu wechseln. „Unsere Mitarbeiter schätzen die vielfältigen Möglichkeiten, den digitalen Wandel nachhaltig zu gestalten", resümiert Michael Mayr.

iic solutions GmbH
80807 München
www.iic-solutions.de
Beschäftigte (D): bis 50
Unternehmensberatung

Die Geschäftsleitung

infoteam ist ein Spezialist für Softwareentwicklung, zu dessen Kerngeschäft Steuerungs-, Embedded- und Anwendungssoftware gehören. Abgerundet wird das Portfolio durch Datenanalysen, künstliche Intelligenz und maschinelles Lernen.

infoteam Software AG

Gemeinsam etwas bewegen

Die Erfolgskurve dieses Softwaredienstleisters zeigt nach oben – auch dank innovativer Projekte wie die Entwicklung sicherheitsrelevanter Software für ein revolutionäres Aufzugssystem. Bereits seit fast 40 Jahren entwickelt die infoteam Software AG digitale Lösungen für Kunden aus Industrie, Life-Science und öffentlicher Verwaltung. Die Stärken dieses Spezialisten liegen in der Datenanalyse, dem maschinellen Lernen und in der künstlichen Intelligenz. Sie gründen in einem Innovationsklima, in dem die Mitarbeiter ihr kreatives Potenzial ausspielen können.

„Dafür reicht es nicht, am Montagmorgen rauszugehen und den Leuten zu sagen, jetzt motiviere ich euch mal", sagt Joachim Strobel, der zusammen mit Michael Sperber das Vorstandsteam bildet. Hilfreich, aber auch nicht allein ausschlaggebend für das gute Innovationsklima ist, dass in der Mitarbeiter-AG Angestellte selbst Aktien halten. „Entscheidend ist vielmehr eine Kultur, die den mehr als 300 Mitarbeitern vermittelt: Es ist eure Firma, die wir alle gemeinsam weiterentwickeln", betont Strobel. Zu den Aufgaben des Managements gehöre es, die nötigen Rahmenbedingungen dafür zu schaffen.

Dank Kommunikation zu Innovation

Das geschieht etwa mittels sorgsam gepflegter Kommunikationsstrukturen. So informieren Montagsrunden nicht nur über das Wochengeschehen, sie bieten auch jeweils einem Mitarbeiter die Gelegenheit, den Vorstand zu löchern. Über Neues, etwa das „Projekt des Monats", wird zudem bei Round Tables gesprochen, und dreimal jährlich ist die ganze Belegschaft zum „OpenSpace" eingeladen: Er bietet allen die Chance, über ein Wunschthema zu referieren, ob es nun um Betriebssysteme geht oder um gemeinsame Fotoprojekte. Frischen Ideen Raum verschaffen soll auch eine neue Errungenschaft. „Wir haben eine App programmiert, in die jeder Verbesserungsvorschläge schreiben kann", erzählt Strobel. Von jeher hat die Firmenspitze ein offenes Ohr für Anregungen von Mitarbeitern. Das Neue an der „Innovation-App" indes ist, dass über die eingebrachten Ideen nicht Führungskräfte entscheiden, sondern die davon Betroffenen. Werden die Ideen von einer Zweidrittelmehrheit bejaht, stehen Zeit und Geld für ihre Realisierung zur Verfügung.

Proaktiv in der Krise

Es ist fast unnötig zu sagen, dass in diesem Klima auch der Coronaschock schnell überwunden wurde. Binnen einer Woche machte man Homeoffice für alle möglich und verlagerte im Eiltempo Meetings, Kundenkontakte und Messeauftritte in den Cyberspace. Einen aktiven Beitrag im Kampf gegen das Virus leistete man derweil mit einem zusammen mit einem Partner entwickelten PCR-Schnelltest. Und klar: Auch die Arbeit am innovativen Aufzugssystem geht weiter.

infoteam Software AG
91088 Bubenreuth
www.infoteam.de
Beschäftigte (D): über 200
Software-Engineering

Vorstand
Joachim Strobel

Institut für Vorsorge und Finanzplanung GmbH

★★

Wegweiser in den Alterswohlstand

Reicht die Rente für den wohlverdienten Ruhestand? Da die Antwort auf diese Frage immer öfter Nein lautet, boomt der Markt für private Rentenversicherungen. In der Fülle des Angebots den Durchblick zu behalten wird daher immer schwieriger, selbst für Beratungsprofis. Die Institut für Vorsorge und Finanzplanung GmbH bietet mit cleveren Softwarelösungen Orientierung in diesem Gebiet. Sie liefern verlässliche Ergebnisse, weil schon in ihrem Entstehungsprozess die Adressaten konsequent mit einbezogen werden.

Seit nunmehr 20 Jahren nimmt dieses Institut die Qualität der immer komplexeren Vorsorgeprodukte unter die Lupe. Auch Beratung und Weiterbildung gehören zu seinem Portfolio. Die Kunden des 40-köpfigen Teams aus Experten der Fachwissenschaft und Berufspraxis sind vor allem Versicherer, Banken und Versicherungsvermittler. Zudem werden Verbrauchern nützliche Instrumente geboten, mit denen sie sich in der Versicherungslandschaft zurechtfinden können.

Agile Methoden

Um mit der dynamischen Marktentwicklung Schritt halten zu können, schwört dieser Dienstleister auf flache Hierarchien und agile Prozesse. „Von der Ideenfindung bis zur Realisierung ist nichts in Stein gemeißelt", sagt der Geschäftsführer Prof. Michael Hauer. Bei der Produktentwicklung muss Know-how in so unterschiedlichen Feldern wie IT-Technologie, Versicherungsmathematik oder Steuerrecht ineinandergreifen, was von den Beteiligten ein hohes Maß an Flexibilität fordert. Man arbeitet deshalb sehr intensiv mit dem Instrumentarium der „Scrum"-Methode, mit der sich beispielsweise mittels periodischer Meetings ein kontrollierter und kontinuierlicher Projektfortschritt organisieren lässt.

Plattform zum Mitmachen

Besonders zeichnet das Unternehmen seine ausgeprägte Kundenorientierung aus. „Ganz entschieden verfolgen wir den Ansatz, vor der Entscheidung über die Entwicklung neuer Produkte den Kunden zu fragen, was er von der Idee hält", betont der Geschäftsführer. Umgekehrt wiederum werden Vorschläge aufgegriffen, mit denen etwa Versicherer an die Firma herantreten. Das Ergebnis dieser Herangehensweise sind praxisnahe Softwarelösungen wie eine Plattform, die Zugriff auf ständig aktualisierte Tarif-, Fonds- und Firmendaten gewährt. Noch einen Schritt weiter gehen diese Vorsorgeexperten mit einem ihrer jüngsten Projekte: Sie haben ein kostenloses Vergleichstool für Rentenversicherungstarife ins Netz gestellt – mit einem bewusst schlanken Funktionsumfang. Diese „Mitmachplattform" soll ihre Nutzer zu Vorschlägen animieren, in welche Richtung die Software weiterentwickelt werden könnte. Mehr Open Innovation geht kaum.

Institut für Vorsorge
und Finanzplanung GmbH
92665 Altenstadt
www.ivfp.de
Beschäftigte (D): bis 50
IT-Entwicklung/-Beratung

Geschäftsführer
Prof. Michael Hauer

International School Augsburg -ISA- gemeinnützige AG

Eine Schule geht an die Börse

Menschen, die ihr Beruf ins Ausland verschlägt, müssen sich in ungewohnter Umgebung neu zurechtfinden. Das ist manchmal gar nicht so einfach, gerade wenn sie mit Nachwuchs in schulpflichtigem Alter unterwegs sind. Weltweit gibt es Bildungseinrichtungen, die darauf spezialisiert sind, Schüler aus solchen Elternhäusern zu unterrichten. Dazu gehört die International School Augsburg (ISA) gAG, die durch kreative Strategien auffällt – nicht nur pädagogisch: Als erste Schule Deutschlands will sie der Vorstand an die Börse bringen.

Rund 350 Schüler besuchen mittlerweile den Unterricht der International School Augsburg, die 2005 auf Initiative der Industrie- und Handelskammer gegründet wurde. Ausländische Fachkräfte regionaler Unternehmen schicken ihre Kinder in dieses Institut, ebenso Mediziner der Uniklinik oder Spieler des örtlichen Fußball und Eishockeyvereins. Inzwischen stößt die Schule jedoch baulich an ihre Grenzen. Um ehrgeizige Wachstumspläne realisieren zu können, ist ein neuer, moderner Campus nötig, davon sind Vorstand und Aufsichtsrat überzeugt. Die Mittel dafür wollen sie mit einem Schritt einnehmen, der für einige Aufregung in der deutschen Bildungslandschaft sorgen dürfte.

Erste Bildungsaktie

Die ISA wagt sich nämlich aufs Börsenparkett und bringt damit „die erste Bildungsaktie auf den deutschen Kapitalmarkt", erläutert der Vorstand Marcus Wagner. Für ihn eine „bahnbrechende Innovation": Aktionäre investieren damit in „das wichtige Gut Bildung und das mit einem guten Renditepotenzial". Der Gang seiner Schule an die Bayerische Börse hat für Wagner deshalb auch ideelle Bedeutung. Er ist sich sicher: Bildung brauche private Investitionen, weil der Staat das Kapital für hochwertige Lehre nicht allein aufbringen könne.

Neue Lernkonzepte

Ideenreichtum zeichnet die Schule indes nicht nur in Finanzfragen aus, auch im Lehrbetrieb setzt sie Maßstäbe. Um den pädagogischen Zielen des Instituts gerecht zu werden, lässt sich das 57-köpfige Lehrerteam viel einfallen. So hat man zum Beispiel das herkömmliche Leistungskurssystem zugunsten eines Co-Teaching-Modells aufgebrochen, das gemeinschaftliches Lernen fördert, ohne Leistungsunterschiede zu verzerren. Dafür werden die Schüler zunächst in einer größeren Gruppe unterrichtet, die sich später in Arbeitsgruppen aufteilt, deren Zusammensetzung sich am Unterrichtsverlauf orientiert. Die Innovationsfreude der Verantwortlichen half auch, als mit Corona der Ernstfall eintrat: Schon Jahre zuvor hatten sie die Weichen für Digitalunterricht gestellt. „Heute ermöglicht die konsequent auf cloudbasiertes Arbeiten zugeschnittene Infrastruktur alle Formen des Unterrichtens: online, hybrid oder in Präsenz", sagt die Vorständin Cathie Mullen erfreut.

International School Augsburg -ISA- gemeinnützige AG
86368 Gersthofen
www.isa-augsburg.com
Beschäftigte (D): 51 bis 200
Bildung/Weiterbildung

Vorstände
Marcus Wagner
und Cathie Mullen

TOP 100	TOP 100	TOP 100	TOP 100	TOP 100
TOP 100	TOP 100	TOP 100	TOP 100	TOP 100
TOP 100	TOP 100	TOP 100	TOP 100	TOP 100
TOP 100	TOP 100	TOP 100	TOP 100	TOP 100
TOP 100	TOP 100	TOP 100	TOP 100	TOP 100
TOP 100	TOP 100	TOP 100	TOP 100	TOP 100
TOP 100	TOP 100	TOP 100	TOP 100	TOP 100

JURA DIREKT GmbH

★★

Juristische Helfer im Netz

Wie wichtig ein Stück Papier sein kann, merkt man oft erst in den Ernstfällen des Lebens: Wer etwa Angehörige pflegen, seinen Patientenwillen durchsetzen oder familiäres Sorgerecht regeln will, braucht hieb- und stichfeste Rechtsdokumente. Für Orientierung auf dem dafür nötigen Weg durch das Dickicht der Paragrafen sorgt die JURA DIREKT GmbH. Sie bringt ihre Kunden mit kompetenten Rechtsexperten zusammen. Das auch privat verbundene Führungsduo dieses Dienstleisters verfolgt eine Strategie, mit der es die Möglichkeiten des Internet ausreizt.

Als „ADAC für Menschen" bezeichnet das miteinander verheiratete Gesellschafter- und Geschäftsführungspaar Ute und Domenico Anic sein 2011 in Nürnberg an den Start gebrachtes Unternehmen. Die Idee: Menschen in Notfallsituationen werden von erfahrenen Notfallteams ganz persönlich unterstützt – und das rund um die Uhr. Zugleich will man als Scharnier agieren, geeigneten Sachverstand vermitteln und für rechtssichere Dokumente sorgen. Das Konzept ist so innovativ wie erfolgreich, wie das online ermittelte Positiv-Feedback von mehr als 70.000 Kunden zeigt.

Innovation ist Erfolgsgrundlage

Im Bemühen, die juristische Arbeit effektiver und transparenter zu machen, setzt das Top-Management auf Digitalisierung. Heute gehen mittels der im eigenen Haus entwickelten diversen Softwareprogramme alle Prozesse online vonstatten – von der Beratung bis zur Erstellung von Rechtsdokumenten wie Vollmachten, Patientenverfügungen oder Testamenten. Digital kommuniziert man auch mit dem weitverzweigten Netz, das man mit kooperierenden Anwaltskanzleien und Fachberatern geknüpft hat. Der Motor der Entwicklung ist die Firmenspitze selbst. „Innovation ist für uns keine Zusatzpflicht", beschreibt Domenico Anic die Leitungsaufgaben, „sie ist die Grundlage für eine erfolgreiche unternehmerische Tätigkeit."

Notfallhilfe für Familien

Stillstand gibt es deshalb nicht bei den Nürnbergern. Die Geschäftsleitung kümmert sich, unterstützt von zwei Mitarbeitern, laufend um die Prozessoptimierung, in die immer auch Kundenfeedback einfließt. Zugleich wird stetig an der Verfeinerung und Erweiterung des Service gearbeitet. Seit März 2021 können Kunden etwa einen Schutzbrief nutzen, der zig Leistungen bündelt. Ihr Innovationspotenzial demonstrierte die Firma eindrucksvoll in der Pandemie: In kürzester Zeit wurde ein Serviceportal auf die Beine gestellt, das allen Kunden zur Verfügung steht und beim Dokumentenmanagement sowie mit Notfallservices hilft. „Schon gut 10.000 Kunden und Familien haben wir im Notfall begleitet", berichtet Ute Anic. Ganz im Sinn der JURA DIREKT, die „sehr digital, aber auch sehr persönlich" sei.

JURA DIREKT GmbH
90449 Nürnberg
www.juradirekt.com
Beschäftigte (D): bis 50
Rechtsberatung

Geschäftsführer
Ute und Domenico Anic

KERN Microtechnik hat sich auf die hochpräzise Zerspanung spezialisiert – für nahezu alle denkbaren Geometrien und Materialien.

KERN Microtechnik GmbH

★★

Haare spalten können sie auch

Ein Loch durch ein Haar bohren – unmöglich, oder? Mitnichten, wie die KERN Microtechnik GmbH Anfang des Jahrtausends im Praxisversuch vorführte. Der Spezialist für den Bau von Präzisionstechnik veranschaulichte damit eindrucksvoll, zu welchen Leistungen seine Bohr- und Fräsmaschinen in der Welt des mikroskopisch Kleinen fähig sind. Seit Jahren glänzt er mit Innovationserfolgen, die profundem Know-how und einer anwendernahen Außenorientierung zu verdanken sind.

Die wohl herausragendste unter den nicht wenigen Neuheiten, die das im oberbayerischen Eschenlohe angesiedelte Unternehmen in jüngster Zeit auf den Markt gebracht hat, ist die 2019 vorgestellte „KERN Micro HD“, eine HSC-Maschine. „Durch ein nie dagewesenes hydrostatisches Antriebssystem kann sie Oberflächen mit einer Genauigkeit bearbeiten, die im einstelligen Nanometerbereich liegt“, erklärt der Geschäftsführer Simon Eickholt.

Die Speerspitze

Vom Himmel fallen solche staunenswerten Produkte freilich nicht. Dass KERN mit 220 Beschäftigten heute trotz der meist viel größeren Konkurrenz die Speerspitze auf dem Gebiet der Präzisionstechnik bildet, wie Eickholt sagt, sei dem Willen zu verdanken, kontinuierlich technische Entwicklungen voranzutreiben. Dazu investiert man kräftig in die Forschung und hat etwa in der Entwicklung ein Team etabliert, das mittel- und langfristigen Innovationsgelegenheiten nachspürt. Dem Top-Management kommt dabei eine Moderatorenrolle zu, die darin besteht, wissenschaftlichen Erkenntnisgewinn und Marktchancen abzuwägen. Das gelingt der Hightechschmiede ziemlich gut, wie die Bücher belegen: Mit den Neuprodukten, die sie in den vergangenen drei Jahren auf den Markt gebracht hat, wurden vier Fünftel des Gewinns erzielt.

Kontaktpflege ist essenziell

Ein wichtiges Element der Innovationsstrategie ist die Pflege enger Kundenbeziehungen. Frühzeitig suchen die Geschäftsführer deshalb den persönlichen Kontakt, um auszuloten, wie Abnehmerwünsche optimal zu erfüllen sind. Begünstigt durch den überschaubaren Jahres-Output von rund 70 Geräten, macht der Vertrieb das Kundenpersonal meist direkt vor Ort mit dem komplexen Einsatz vertraut. Später haben die Nutzer dauerhaft kostenfreien Zugang zum Know-how der internen Anwendungstechnik. „Hat der Kunde Erfolg, haben auch wir ihn“, sagt der Geschäftsführer Sebastian Guggenmos, und das ist keine Floskel: Zahlt sich der Einsatz einer Maschine für den Nutzer aus, folgt oft die Bestellung einer zweiten oder dritten. Gut für die Mikrotechniker, wollen sie doch im Takt bleiben: alle drei Jahre eine Neuheit zum Staunen.

KERN Microtechnik GmbH
82438 Eschenlohe
www.kern-microtechnik.com
Beschäftigte (D): über 200
Anlagen-/Maschinenbau

Geschäftsführer
Simon Eickholt und
Sebastian Guggenmos

KLG LIQUIDA GmbH

Revolutionäre Kosmetik

Den Kosmetikmarkt revolutionieren: Das ist das erklärte Ziel der KLG LIQUIDA GmbH. Mit Blick darauf entwickeln ihre 45 Beschäftigten jedes Jahr eine enorme Vielfalt von Flüssigkeiten, Cremes und Emulsionen für unterschiedliche Marken – die meisten mit natürlichen Inhaltsstoffen, ob bio, vegan oder palmölfrei. Dass dieser Hersteller von Hautpflegemitteln außergewöhnlich kreativ und schnell ist, liegt auch an seinem Top-Management, das systematisch neue Ideen, kreative Netzwerke und das digitale Arbeiten fördert.

Für die geballte Entwicklungskraft dieses Kosmetikherstellers stehen zwei Zahlen: 183 einzigartige Flüssigkeiten und noch viel mehr Prototypen und Muster haben die Mitarbeiter dieses kleinen Unternehmens 2020 ausgetüftelt – aus einem gigantischen Pool von 14.000 unterschiedlichen Rohstoffen. Da verwundert es nicht, dass die Geschäftsführerin Xenia Erichsen-Klotz überrascht lacht, wenn man sie nach dem Stellenwert von Innovation in ihrer Firma fragt. „Innovation ist unser treibender Motor. Als Entwickler sind wir mit jedem einzelnen Produkt innovativ, denn wir wollen allen Kunden ein klares Alleinstellungsmerkmal verschaffen“, erläutert sie.

Produkte digital entwickeln

Um diesem Anspruch gerecht werden zu können, hält das Unternehmen eine eigene Forschungs- und Entwicklungsabteilung. Außerdem wird Innovation vom Top-Management konsequent gefördert – mittels intensiver Marktbeobachtung, kontinuierlicher Optimierung der Labor- und Prozesstechnologie und vor allem: mittels der Digitalisierung. So können die Mitarbeiter ein neues Produkt inzwischen über eine einzige digitale Plattform „abwickeln“, von der Formulierung bis zum Zulassungsmanagement. Daten zu Rohstoffen oder Regulatorik lassen sich mit nur einem Klick abrufen. „Sogar unsere Entwickler arbeiten mit virtuellen Maschinen digital an neuen Produkten. Das macht uns schnell und kreativ“, unterstreicht Erichsen-Klotz.

Einzigartige Rohstoffe

Multidisziplinäre Teams, deren Mitglieder über unterschiedliche Kompetenzen verfügen, arbeiten eng mit den Kunden zusammen: vom Austüfteln besonderer Rezepturen bis zur Entwicklung innovativer Verpackungslösungen. Die Geschäftsführung honoriert neue Ideen systematisch und steht in regem Austausch mit Partnern und Universitäten. Dass auf diese Weise immer wieder Neues entsteht, zeigte zuletzt die Ausgründung einer eigenen Firma für Synthesechemie. Dort werden Rohstoffe so „gebaut“ und gemischt, dass sie in Zukunft eine einzigartige Basis für ausgeklügelte Naturkosmetik bilden können – der nächste Schritt also zu noch mehr Innovationskraft.

KLG LIQUIDA GmbH
85757 Karlsfeld
www.klg-group.com
Beschäftigte (D): bis 50
Handel

Geschäftsführerin
Xenia Erichsen-Klotz

KPS AG

★★★★

Innovativer Wandel

Binnen 20 Jahren hat sich die KPS AG ihre Position als marktführende IT-Transformationspartnerin für den Groß- und Einzelhandel gesichert. Ihr Umsatz wächst stetig, auch während und gerade wegen der Coronakrise. Besonders betroffenen Firmen helfen diese Berater, Bestands- und Neukunden über ergänzende Onlinevertriebskanäle zu erreichen. Zudem vergrößern sie ihren Wirkungskreis mit innovativen Branchenlösungen: Sogenannte Instant Platforms bilden interne und externe Geschäftsprozesse diverser Wirtschaftszweige ganzheitlich ab.

Von ihrem Stammsitz bei München und ihren Niederlassungen in acht europäischen Ländern aus begleitet die KPS AG Firmen auf dem Weg zur Digitalisierung: ob bei umfassenden Transformationsvorhaben oder mit gezielten Initialzündungen. So punktete sie zuletzt etwa damit, dass sie von Corona bedrohten Einzelhändlern kurzfristig Click-and-Collect-Lösungen ermöglichte. Anderen half sie beim überlebenswichtigen raschen Umstellen von B2B- auf B2C-Modelle. „Wem die Transformation schon vor der Pandemie gelungen war, der ist nun gewappnet und kommt besser durch die Krise", erklärt der Vorstand Leonardo Musso. „Diese Erkenntnis setzt sich auch jenseits unserer bisherigen Kernklientel zunehmend durch, zum Beispiel in der Logistikbranche, im Gesundheitswesen oder bei Versicherungen. Adäquat reagierende Betriebe richten neben ihren Kundenbeziehungen auch alle internen Geschäftsprozesse IT-gestützt neu aus. Dies erfordert substanzielle Investitionen."

Plattformen statt Projekte

Die KPS AG stellt sich darauf ein, indem sie sich vom Beratungs- zum Produktanbieter wandelt: Dreh- und Angelpunkt ihres Geschäftsmodells sind ganzheitliche, sofort einsatzbereite IT-Plattformen zum Festpreis – modular aufgebaut, skalierbar und in der Cloud betrieben. Deren Prinzip vergleicht Musso mit dem Bau eines Fertighauses: „Jeder Kunde kann 85 % der bereits implementierten branchenspezifischen Prozesse ad hoc übernehmen, nur den Rest stimmen wir noch individuell ab. Das spart Zeit und Kosten."

Innovation-Center als Brutkästen für Ideen

Geboren und auch zur Marktreife gebracht wurde das Instant-Platform-Modell der KPS in länderübergreifend besetzten Innovation-Centern, in die jeder ihrer rund 1.200 Berater obligatorisch eingebunden ist. „Auf diese Weise fördern wir smarte Köpfe, die sich etwas trauen und die ihre Ideen mehrmals jährlich unserem internationalen Führungsgremium, dem Board of Partners, vorstellen", sagt Leonardo Musso. „Dabei sehen wir Gutes, lernen aus Fehlern und bieten allen Mitarbeitern eine Bühne, auf der sie sich karrierefördernd zu präsentieren wissen." Ein perfektes Innovationsklima also!

KPS AG
85774 Unterföhring
www.kps.com
Beschäftigte (D): über 200
Unternehmensberatung

Vorstand
Leonardo Musso

LABOKLIN LABOR FÜR KLINISCHE DIAGNOSTIK GmbH & Co. KG

Labor für Tier und Mensch

Tierarztpraxen und Tierkliniken in ganz Europa schätzen die LABOKLIN LABOR FÜR KLINISCHE DIAGNOSTIK GmbH & Co. KG als Dienstleisterin für Mikrobiologie, Laboruntersuchungen, Pathologie und Genetik. 2020 stieg sie über Nacht in das Geschäftsfeld Coronatests ein und etablierte Onlineschulungen. Möglich war dies, weil das Top-Management dank flacher Hierarchien flexibel führt und ein Innovationsklima mit viel Freiraum für Forschung und Weiterbildung geschaffen hat.

Eigentlich geht es in den Laboren der LABOKLIN um Gewebe- und Blutproben von Katzen oder Abstammungsnachweise von Pferden. Das gilt auch für die Zentrale in Bad Kissingen. Doch schon kurz nach dem Anstieg der Coronainfektionen gab es Anfragen von Kommunen, Rehakliniken, Bildungsdienstleistern und von der fleischverarbeitenden Industrie. Darüber hinaus wurden auch Coronadiagnostik und -tests sowie Voruntersuchungen für Teilnehmer an Lehrveranstaltungen benötigt. Im Top-Management nahm man diese Herausforderung an – und in gewohnter Weise wurden alle angestoßenen Projekte in den Arbeitsgruppen sehr schnell umgesetzt.

Digitale Diskussionsgruppen etabliert

„Wir haben uns intern neu aufgestellt, haben zusätzliche Mitarbeiter rekrutiert und hohe Investitionen in Geräte wie Mikroscanner oder Pipettierroboter getätigt", erklärt die Geschäftsführerin Dr. Elisabeth Müller. Schnell konnten so bis zu 2.000 Proben täglich analysiert werden. Ein weiterer Handlungsschwerpunkt des Top-Managements war zuletzt die Digitalisierung. Hervorzuheben sind Fortbildungsformate für Tierärzte und das Praxispersonal – jetzt online oder hybrid. Auch die interne Kommunikation wurde weitgehend auf Digital umgestellt. Das betraf nicht nur das Haupthaus: Zwischen den Mitarbeitern im Ausland wurden Diskussionsgruppen gebildet, ebenso zwischen den Filialen in In- und Ausland und zwischen Fachspezialisten in unterschiedlichen Ländern.

Auf Zuruf entstehen Ideen

Die agile Erweiterung des Geschäftsfelds um coronabedingte Dienstleistungen konnte nur so rasch realisiert werden, weil die Beschäftigten hoch motiviert mitwirken. Sie erhalten Freiräume für Innovationen und akademische Arbeiten, können ihre Arbeitszeit frei wählen und Fortbildungswünsche äußern. Gestärkt wird das Innovationsklima im Haus auch durch die Möglichkeit, eigene Studien auf Kongressen und Vorträgen einem Fachpublikum bekanntzumachen. Neue Ideen aus dem Team gelangen hierarchiefrei zu den Abteilungsleitern und dem Top-Management. Müller ergänzt: „Und ganz vieles geschieht auf Zuruf und aufgrund direkter Gespräche."

LABOKLIN LABOR FÜR KLINISCHE DIAGNOSTIK GmbH & Co. KG
97688 Bad Kissingen
www.laboklin.com
Beschäftigte (D): über 200
Pharma/Labortechnik

Geschäftsführerin
Dr. Elisabeth Müller

TOP 100

LI-EX GmbH

Viren bekämpfen mit UV-C-Licht

Zusätzlich zu individuellen LED-Lichtlösungen für gewerbliche Zwecke hat die LI-EX GmbH im Coronakrisenjahr 2020 gleich drei neue Spezialgeräte zur Marktreife gebracht: Sie töten Viren und Bakterien mittels UV-C-Lichts ab. Ihre schnelle Entwicklung und Markteinführung ist nicht zuletzt ein Verdienst des Firmenchefs Marco Friedrich. Denn er pflegt mit seinen Mitarbeitern eine direkte Face-to-Face-Kommunikation und ist davon überzeugt, dass Spaß der Innovationsförderung dienlich ist.

Normalerweise besteht das Angebot der LI-EX aus maßgeschneiderten LED-Applikationen, die von Architekten, Lichtplanern, Ladenbauern oder Industriekunden bezogen werden. Doch inzwischen ordern die Kunden auch „MiKi", einen mobilen Raumluftreiniger. Sein Name ist Programm, denn er steht für „Mikroorganismen Killer". Das Gerät arbeitet filterlos: Eine langlebige UV-C-Röhre bewirkt, dass infektiöse Aerosole abgetötet werden. Mit diesem neuen Produkt erzielt das Unternehmen in schwierigen Zeiten einen Zusatzumsatz und bleibt im Dialog mit Kunden, die über Büro- und Besprechungsräume, Praxen und Wartebereiche verfügen.

Vielseitiger neuer Raumluftreiniger

Das Team der LI-EX hat „MiKi" in nur wenigen Monaten nach dem Ausbruch der Coronapandemie entwickelt. Der Geschäftsführer Marco Friedrich hatte aber von Anfang an auch andere Zielgruppen im Kopf. Der Grund: „Unsere Neuheit ist mobil und flexibel einsetzbar und kann im Winter das Lüftungsproblem in jedem Raum lösen." Weitere Vorteile: „MiKi" erzeugt kein umwelt- und gesundheitsschädliches Ozon, ist sehr leise und reinigt permanent die Luft bei Anwesenheit von Personen. Ein Entkeimungsgerät für Kassenbänder und eine Atemmaske ergänzten das Sortiment im Jahr 2020. Auch diese beiden coronabedingten Neuentwicklungen desinfizieren und bekämpfen Viren mittels integriertem UV-C-Licht.

Mit Respekt und Ehrlichkeit

Motivator und oberster Mitmacher beim Thema Innovation ist Marco Friedrich selbst. „Ich höre jedem Mitarbeiter zu, der mit einer Anregung zu mir kommt, und begegne allen mit Respekt und Ehrlichkeit", so beschreibt er seinen Führungsstil, der das Innovationsklima im Haus prägt. Neue Ideen sollen direkt an ihn herangetragen werden – „ohne großes Management", wie er sagt. Zudem sind ihm Kommunikation und Spaß im Team wichtig. Sie ergeben ein tolles und gesundes Arbeitsklima und den Nährboden für Kreativität und Innovation. So sind auch LED-Module für die Pflanzenaufzucht im Zukunftsmarkt „vertikale Landwirtschaft" entstanden. Und das war sicher nicht die letzte Novität aus dem Hause LI-EX.

LI-EX GmbH
93080 Pentling
www.li-ex.de
Beschäftigte (D): bis 50
Elektronik/Elektrotechnik

Geschäftsführer
Marco Friedrich

MAWA produziert Kleiderbügel in mehr als 500 verschiedenen Varianten – für jeden Anspruch und jeden Kleidungsstil. Der Exportanteil liegt bei über 80 %.

TOP 100

MAWA GmbH

Bügel gehen um die Welt

Ein Kleiderbügel ist nicht nur ein Gebrauchsgegenstand, er kann zu einer echten Marke werden – wenn man es so geschickt anstellt wie die MAWA GmbH: Seit mehr als 70 Jahren fertigt sie Bügel, aber erst Michaela Schenk hat etwas ganz Besonderes aus diesem Produkt gemacht. Sie hat das Unternehmen 2008 übernommen. Mittlerweile werden die Kleiderbügel aus Oberbayern in 80 Ländern vertrieben, als Haushaltswaren, für die Modebranche und für Hotels.

„Mir gehen die Ideen nie aus", sagt die Geschäftsführerin Michaela Schenk. Seien es Gespräche mit Kunden, Recherchen in Modegeschäfte in aller Welt oder Messebesuche – immer kommt sie mit neuen Ideen für ihre Produkte nach Hause. Einen Volltreffer hat sie mit den neuen Glitzerbügeln gelandet, die vor allem auf dem japanischen Markt gut ankommen. Der silberne, blaue und pinkfarbene Glitzer wird direkt in die Beschichtung der Metallbügel eingearbeitet. Auch die gemischte Kollektion aus Holz- und Metallbügeln kommt gut an: Holzbügel ohne Antirutscheffekt für die Jacken, rutschhemmende Metallbügel für feinere Oberteile, und dazu die bewährten Klammern, die keine Abdrucke hinterlassen. „Wir nutzen einfach alle Vorteile der unterschiedlichen Materialien aus", erklärt Michaela Schenk.

Nachhaltige Materialien

Nachhaltigkeit ist der Geschäftsführerin ein wichtiges Anliegen: Holz, Metall und ein Granulat aus recycelten Altkleidern sind die einzigen Materialien, mit denen ihr Unternehmen arbeitet – auf Kunststoff wird verzichtet. Die ehemalige Marketingexpertin, deren Eltern ein Modegeschäft betrieben, hatte von Anfang an viele Ideen, wie sie aus ihren Produkten eine Marke macht: Soziale Medien, die Zusammenarbeit mit Influencern und der Austausch mit Händlern in aller Welt führten zu der heutigen Bekanntheit der Bügel. „Die höchsten Anforderungen stellt die Fashionbranche", erklärt Michaela Schenk. Je nach Kleidungsschnitt entwirft sie unterschiedliche Bügelformen. Als Prototypen im 3 D Druck können ihre Kunden die Bügel vor der Produktion testen.

Storys für jedes Produkt

Das Sortiment aus Oberbayern ist seit 2008 um das Dreifache gestiegen. Für jedes neue Produkt entwirft die Marketingexpertin eine Story, die die Lebensstile des Verbrauchers abbildet: Bügel speziell für Männer oder für Frauen, für kleinere oder für größere Kleiderschränke, farblich passend zur Mode oder zur Kultur des Landes. „Ich probiere mit meiner Garderobe in meinem Kleiderschrank selbst viel aus und will auch mein Team mit meinen Ideen inspirieren", betont die Firmenchefin.

MAWA GmbH
85276 Pfaffenhofen
www.mawa.de
Beschäftigte (D): 51 bis 200
Metallverarbeitung

Geschäftsführerin
Michaela Schenk

Zum Medical Park gehören 13 Fachkliniken und 2 ambulante Therapiezentren. Sie sind spezialisiert auf die Fachgebiete Orthopädie, Traumatologie, Sportmedizin, Neurologie, Innere Medizin/Kardiologie, Onkologie und Psychosomatik.

Medical Park SE

Die Innovationstreiber der Reha-Branche

Etwa 70.000 Patienten pro Jahr nutzen in den Fachkliniken und ambulanten Therapiezentren der Medical Park SE in Bayern, Berlin, Hessen und Nordrhein-Westfalen die Angebote für medizinische Rehabilitation und Prävention. Das Top-Management um die geschäftsführenden Direktoren Ulf Ludwig, Harald Becker und Achim Ropers-Lazerewski hat ein Innovationsklima geschaffen, das in der Reha-Branche seinesgleichen sucht. Ihr Versprechen: Gesundwerden in traumhafter Lage.

Möglich wird das dank der großen Innovationsfreude der 3.500 Beschäftigten, ob nun Chefarzt oder Koch. „Das Gesundheitswesen ist eine stark regulierte Branche, was sich in der Coronakrise weiter verstärkt hat. Da sind wir richtig froh über unseren Führungsstil, der ein schnelles und unkompliziertes Handeln erlaubt. Wir fördern die Eigenverantwortung unserer Belegschaft und ermutigen sie dazu, neue Ideen einfach auszuprobieren", erklärt Ulf Ludwig

In kurzen Wegen ans Ziel

„Wir treffen Entscheidungen nicht hierarchisch, sondern genau da, wo ein Problem auftritt", ergänzt Ludwig. Dass dieses Führungsprinzip aufgeht, zeigte sich deutlich, als in der Anfangsphase der Pandemie zum Beispiel das Essensmanagement in nur wenigen Stunden komplett vom Restaurantbetrieb auf Zimmerservice umgestellt werden musste. Und als dieses Familienunternehmen schnellstens Mund- und Nasenschutz für alle benötigte, brachte ein Koch kurzerhand seinen privaten 3-D-Drucker mit und druckte damit Schutzvisiere für sich und seine Kollegen. „Das zu erleben macht mich stolz und zeigt mir, dass wir auf dem richtigen Weg sind", betont Ludwig.

Therapie trotz Isolation

Die Mitarbeiter eignen sich regelmäßig Innovationsmethoden an und bilden sich in Sachen Digitalisierung weiter. Einen Teil ihrer Arbeitszeit nutzen sie für eigene Ideen. So entwickelte ein Kollege in Zusammenarbeit mit Therapeuten völlig eigenständig eine Therapie-App, mit der Patienten, die beispielsweise aufgrund einer Coronainfektion isoliert werden müssen, trotzdem wirksame Trainingstherapien erhalten können. Die App wird heute erfolgreich eingesetzt. „Dazu haben wir mehrere Kliniken mit zusätzlichen Tablets und Kameras ausgestattet", sagt Ulf Ludwig. Mithilfe dieser Smart Devices können die Therapeuten direkten Einfluss auf das nehmen, was ihre Patienten im Training machen – ob auf den hauseigenen hochmodernen Therapiegeräten wie Anti-Gravity-Laufbändern oder auch, dank innovativer Übungsformate, später zu Hause. Auf die traumhafte Lage müssen die Patienten dann allerdings verzichten ...

Medical Park SE
83123 Amerang
www.medicalpark.de
Beschäftigte (D): über 200
Gesundheitswesen

Geschäftsführende Direktoren
Achim Ropers-Lazerewski, Ulf Ludwig und Harald Becker

„Unsere Firmenkultur basiert auf Vertrauen und Transparenz.“

Ulf Ludwig
Geschäftsführender Direktor

Ihre Karriere im Gesundheitswesen begann mit einer Ausbildung zum Krankenpfleger. Sie kennen also die Branche von der Pike auf. Wie beeinflusst das Ihre Arbeit als Direktor der Medical Park SE?
Ich kenne die Abläufe in einer Klinik. Ich weiß, was meine Mitarbeiter können und was ich ihnen zutrauen kann. Sicherlich hat das auch dazu geführt, dass wir recht kompromisslos einen subsidiären, post-heroischen Führungsstil eingeführt haben. Das heißt, als guter Chef hole ich die Besten in mein Team, bringe sie in Expertenrunden zusammen, bündele ihr Wissen, biete ein bestmögliches Arbeitsumfeld und vertraue dann auch darauf, dass sie ihre Aufgaben sehr gut bewältigen werden.

Was gehört für Sie zu einem guten Arbeitsumfeld?
Wir fördern Freiräume, aber auch eigenverantwortliches Arbeiten. So ermutigen wir etwa unsere Belegschaft, an wissenschaftlichen Studien teilzunehmen, zum Beispiel mit der TU München oder der Berliner Charité. Das weitet den Blick, schafft Synergien und motiviert. Außerdem begleiten wir neue Prozesse sehr eng. Um beispielsweise den digitalen Wandel an unseren Standorten voranzutreiben, haben wir die Stelle eines technischen Direktors geschaffen. Er bündelt Transformationsprozesse und implementiert sie. Auch ist es uns wichtig, das Grundvertrauen in die wirtschaftliche Stärke unseres Unternehmens zu erhalten. Dadurch arbeiten wir weitgehend angstfrei und bringen uns engagiert in den Gesamtprozess ein.

Was hat die Coronapandemie mit Ihrer Klinikgruppe gemacht?
Die Regulierungen seitens der Politik und der Kostenträger, also der Rentenversicherungen oder Krankenkassen, haben in dieser Zeit sehr stark zugenommen. Mitunter gab es für einzelne Standorte im Wochentakt neue Vorgaben. Wir mussten jahrzehntelang etablierte Prozesse in kürzester Zeit neu organisieren, eingefahrene Gleise verlassen und den kontinuierlichen Veränderungen standhalten. Dass das weitestgehend sehr gut geklappt hat, verdanken wir unseren motivierten Mitarbeitern, die sich stark mit Medical Park identifizieren. Anders wäre es nicht gegangen. 2020 war der wirtschaftliche Effekt, den die Verbesserungsvorschläge unseres Teams gebracht haben, sehr gut messbar. Faktisch konnten wir nur deshalb positive Unternehmensergebnisse ausweisen.

Wie das Top-Management das gute Innovationsklima bei Medical Park fördert und so auch die Mitarbeiter motiviert, erklärt **Ulf Ludwig**.

Die MLL Münchner Leukämielabor GmbH ist eine führende Institution in der Leukämiediagnostik und -forschung. Ihr Ziel ist es, die bestmögliche Leukämiediagnostik weltweit und für alle Patienten zu ermöglichen.

MLL Münchner Leukämielabor GmbH

★★★

Expertenwissen in hoher Dichte

Bei wem die Diagnose Blutkrebs im Raum steht, der will schnelle Hilfe bekommen. Die MLL Münchner Leukämielabor GmbH sorgt dafür, dass Proben rasch bearbeitet und ausgewertet werden und die Ergebnisse zum behandelnden Arzt gelangen. Das Labor ist seit 15 Jahren auf Leukämiediagnostik spezialisiert und kann daher eine geballte Expertise vorweisen. Ein Team von Hämatologen hat in der eigenen Praxis zusätzlich engen Kontakt zu Patienten, sodass jeder erkennt, wo weiterer Bedarf für innovative Entwicklungen besteht.

Seit 37 Jahren ist Prof. Dr. Dr. Torsten Haferlach, einer der Geschäftsführer von MLL, als Arzt in der Hämatologie tätig. Er kann also nachvollziehen, wie es den Patienten bei einer Leukämiediagnose geht. Daher ist der Servicegedanke im Unternehmen extrem hoch. Da Patienten schnelle Ergebnisse erwarten, ist das Labor 365 Tage im Jahr geöffnet. Neben Haferlach arbeiten weitere zehn Hämatologen im Labor. „Das ist die größte Hämatologendichte außerhalb einer Klinik in Deutschland und macht uns zu absoluten Spezialisten", sagt Torsten Haferlach. Er hat das Unternehmen mit Prof. Dr. Claudia Haferlach und Prof. Dr. Wolfgang Kern seinerzeit aus einer Uniklinik heraus gegründet.

Verantwortung übernehmen

Die meisten der heute knapp 200 Mitarbeiter bringen immer wieder neue Ideen ein. Alle sind im eigenen Haus ausgebildet worden. „Jeder ist dazu eingeladen, seinen Beitrag zur Verbesserung unseres Workflows zu leisten", erklärt der Geschäftsführer Wolfgang Kern. Allein 18 Bioinformatiker und Anwendungsentwickler programmieren den ganzen Tag. „Alle Hierarchieebenen, von der Sekretärin bis zum Top-Management, sind an unseren Innovationen beteiligt", betont die Geschäftsführerin Claudia Haferlach. Dabei übernimmt jeder seinen Teil der Verantwortung und trägt so zum Gelingen von Projekten bei.

Aufmerksamkeit durch Publikationen

Die Geschäftsleitung ist in der Forschungslandschaft sehr aktiv. Zur Leukämiediagnostik veröffentlichen die Top-Manager und ihr Team im Schnitt alle zehn Tage eine wissenschaftliche Publikation in Fachzeitschriften. Knapp 600 Aufsätze über die Diagnose oder die Therapie von Leukämie sind bereits erschienen. Als Reaktion auf diese Publikationen erhält das Unternehmen häufig Anregungen von außen, die die Geschäftsleitung dann wieder zurück ins Team leitet. „Am Ende verfolgen wir nur eine Strategie: Wie können wir die Diagnostik für die Patienten verbessern und damit zu mehr Heilung führen?", betont Torsten Haferlach. „Diesem übergeordneten Ziel muss sich alles unterordnen: von der Software über die Hardware bis zu den Prozessen."

MLL Münchner Leukämielabor GmbH
81377 München
www.mll.com
Beschäftigte (D): 51 bis 200
Gesundheitswesen

Geschäftsführer
Prof. Dr. Dr. Torsten Haferlach,
Prof. Dr. Claudia Haferlach und
Prof. Dr. Wolfgang Kern

„*Wir versammeln bei uns im Haus 1.500 Jahre Erfahrung mit Leukämiediagnostik.*“

Prof. Dr. Dr. Torsten Haferlach
Geschäftsführer

Was leistet Ihr Labor, was Wettbewerber nicht leisten können?
Um Leukämie zu diagnostizieren, braucht man verschiedene Methoden. Unser Vorteil ist, dass wir Experten für alle Methoden unter einem Dach haben. Dank unserer digitalen Datenbank kann jeder Mitarbeiter jederzeit Einblick in die Ergebnisse anderer Kollegen nehmen. Dass mehrere Experten parallel am gleichen Befund arbeiten, ist einmalig in unserer Branche.

Welche Rolle spielt bei Ihnen die Digitalisierung?
All unsere Prozesse sind digitalisiert. Die Ergebnisse fließen in eine riesige Datenbank ein. Unsere selbst entworfenen Maschinen greifen auf diese Datenbank zu; damit haben wir ein „Internet of Things" geschaffen. Für ein Spezialthema wie das, mit dem wir uns befassen, ist das etwas ganz Ungewöhnliches und nur möglich, weil wir eine so hohe Probenzahl bearbeiten. Im letzten Jahr haben wir 90.000 Proben zu diesem speziellen Thema zugeschickt bekommen – das ist etwa ein Drittel aller Proben in ganz Deutschland.

Was ist Ihre wichtigste Innovation der vergangenen zwei Jahre?
Wir setzen künstliche Intelligenz ein. Dadurch können wir die Befunde schneller liefern und eine zielgerichtetere Therapie vorschlagen. Wir haben zudem einen Prozess aufgebaut, mit dem wir pro Woche 300 Genome sequenzieren können. In unserem Forschungsbereich brauchen wir vom Eintreffen der Probe bis zur Sequenzierung in einer klinischen Studie gerade einmal sieben Tage. Das ist nur möglich dank unserer speziellen Maschinen, kombiniert mit künstlicher Intelligenz und einer sicheren Cloudlösung.

Was sind für Sie die größten strategischen Herausforderungen in den nächsten Jahren?
Eine große Herausforderung ist es, die Sicherheit unserer sensiblen Daten zu garantieren. Wir arbeiten schon jetzt absolut datenschutzkonform. Unsere Genomdaten beispielsweise liegen auf einem Cloudserver in Frankfurt und entsprechen den deutschen und europäischen Datenschutzstandards. Diesen Schutzstandard müssen wir auch in Zukunft beibehalten und sichern. Die zweite Herausforderung ist die Frage, wie weit wir mit künstlicher Intelligenz kommen und welche Möglichkeiten wir künftig noch haben werden, unsere Diagnostik für die betroffenen Patienten zu verbessern.

Warum künstliche Intelligenz aus der Sicht von MLL für die Zukunft so wichtig ist, erläutert **Prof. Dr. Dr. Torsten Haferlach.**

TOP 100

TOP 100
TOP 100
TOP 100
TOP 100
TOP 100
TOP 100
TOP 100
TOP 100
TOP 100
TOP 100
TOP 100
TOP 100
TOP 100
TOP 100

Nanotec Electronic GmbH & Co. KG

Innovation ist mehr als Technik

Medizintechnik und Anlagenbau, Robotik und Halbleiterfertigung – diese und andere Branchen benötigen für ihre Anlagen und Maschinen Lösungen für die elektrische Antriebstechnik. Hier kennt sich die Nanotec Electronic GmbH & Co. KG bestens aus. Die Geschäftsleitung dieses inhabergeführten mittelständischen Unternehmens mit Sitz im oberbayerischen Feldkirchen ist eng in den Innovationsprozess eingebunden. Zudem lässt sie sich gern von außen inspirieren.

Christian Hainzlmaier kam vor einigen Jahren als technischer Geschäftsführer in dieses international tätige Unternehmen. Bis dahin war sein Geschäftsführerkollege Stephan Huber eng an die Entwicklung angebunden. „Heute denkt er aus unserem Produktmanagement heraus nach vorn, und ich treibe die Entwicklungen voran", erklärt Hainzlmaier. „Indem wir unsere Kernkompetenzen in Deutschland konzentrieren, bleiben wir agil." Die Entwicklungsabteilung und die Kleinserienfertigung sind in Feldkirchen angesiedelt, während Großserien im eigenen Werk in China gefertigt und dann in Feldkirchen weiterbearbeitet werden.

Individuell und flexibel

Die technisch versierte Vertriebsmannschaft hat stets das Ohr am Markt. In Zusammenarbeit mit den Kollegen aus der Entwicklung und der Applikation entstehen aus einer Anfrage heraus oft ganzheitliche Lösungen für das Gesamtsystem. Mehr als 80 % aller Produkte werden kundenspezifisch gefertigt, in sehr kleinen ebenso wie in großen Stückzahlen. „Aber bei Innovation denken wir nicht nur an Technik", erklärt Christian Hainzlmaier. Die Geschäftsführung legt zum Beispiel viel Wert auf Diversität und flexible Arbeitszeitmodelle – das fördert die Kreativität und die Eigenverantwortung der Mitarbeiter im Innovationsprozess.

Diverse Inspirationsquellen

Diese Elektronikexperten arbeiten eng mit Universitäten zusammen und unterstützen Innovationsprojekte. Hieraus entstehen immer wieder Impulse für Neues. Auch Start-up-Kunden, die das Unternehmen vom ersten Muster bis zur Serie begleitet, sind eine gute Inspirationsquelle. Die Strategie von Nanotec ist klar: „Unsere Produkt-Roadmap reicht vom Standardmotor bis zur großen Vision", erläutert der Geschäftsführer. Die fortschreitende Automatisierung sieht er als wichtigen Zukunftstrend, der neues Potenzial bietet – bei Produktionsprozessen und in der Logistik ebenso wie in der Servicerobotik.

Nanotec Electronic GmbH & Co. KG
85622 Feldkirchen
www.nanotec.de
Beschäftigte (D): 51 bis 200
Elektronik/Elektrotechnik

Geschäftsführer
Christian Hainzlmaier

TOP 100

NanoTemper Technologies GmbH

★★★

Innovator des Jahres

Unsichtbares messbar machen

Lebenswichtige Impfstoffe, hochwirksame Chemotherapeutika oder Medikamente zur Behandlung genetisch bedingter Krankheiten müssen präzise auf ihre Wirkung, ihre Haltbarkeit und ihre Transport- und Lagerfähigkeit geprüft werden. Solche Substanzen bestehen aus winzigen Molekülen, die weder mit dem bloßen Auge noch unter dem Mikroskop erkennbar sind. Die NanoTemper Technologies GmbH versteht sich mit ihrem Portfolio auf der Basis eines weltweit patentierten optischen Messverfahrens als internationale Nummer eins auf diesem Feld der Labortechnik.

Die Gründer und Geschäftsführer Dr. Philipp Baaske und Dr. Stefan Duhr, beide Biophysiker, entwickelten ihre Methode zur Messung von Biotherapeutika an der Münchener Ludwig-Maximilians-Universität. „Präparate aus 3-D-strukturierten Biomolekülen sind sehr komplex und empfindlich, man darf sie nicht berühren", erläutert Dr. Philipp Baaske. „Unser Verfahren lässt unter anderem eindeutig erkennen, ob sie im Körper an der richtigen Stelle anbinden und ob sie die gewünschte Wirkung erzielen." 2008 ins Leben gerufen, vermarktet NanoTemper heute weltweit selbst entwickelte und gefertigte Messgeräte sowie Software, Applikationen und Verbrauchsmittel wie spezielle Glaskapillaren. Zu den Kunden zählen Global Player der Pharmaindustrie, innovative Biotechunternehmen und renommierte Forschungseinrichtungen wie das Max-Planck-Institut. Rund 90 % der Erzeugnisse gehen in den Export.

Platz für individuelle Entfaltung

Weltweit sind in dem Unternehmen mit Stammsitz in München 170 Beschäftigte aus 29 Nationen tätig, ein Viertel davon in Forschung und Entwicklung. Frauen stellen die Hälfte des Führungsteams. Den Biologen, Chemikern, Physikern, Programmierern und Ingenieuren im F&E-Bereich gewährt das Top-Management einen hohen Vertrauensvorschuss und maximalen Freiraum. „Hier finden sich starke, kulturell sehr unterschiedlich geprägte Persönlichkeiten", betont Dr. Stefan Duhr. „Wir zwingen ihnen Abläufe nicht auf, sondern passen sie so weit wie möglich den Kenntnissen und Fähigkeiten unserer Mitarbeitenden an. So sind alle kreativ und motiviert bei der Sache."

Corona als Innovationstreiber

Geschickt hat sich NanoTemper bei den Herstellern von Coronavakzinen und -therapeutika positioniert: Wo anfangs noch das Geld fehlte, um Entwicklungen zu beschleunigen, stellte sie ihre Hard- und Software zunächst kostenlos bereit – ein Entrée für künftige Geschäftsbeziehungen. „Die Pandemie forciert das ohnehin schon rasante Wachstum auf dem Gebiet des Biomanufacturing", stellt Dr. Baaske fest. Sehr wahrscheinlich also, dass die 50 Fachleute, um die NanoTemper sich bald verstärken will, viel zu tun bekommen werden.

NanoTemper Technologies GmbH
81369 München
www.nanotempertech.com
Beschäftigte (D): 51 bis 200
Pharma/Labortechnik

Geschäftsführer
Dr. Philipp Baaske und
Dr. Stefan Duhr

Opti-Wohnwelt Föst GmbH & Co. KG

Early Adopters im Handel

Ob Wohnzimmer oder Schlafzimmer, Bad oder Küche: Wer sich auf der Suche nach einer neuen Einrichtung befindet, ist bei der Opti-Wohnwelt Föst GmbH & Co. KG an der richtigen Adresse. Der Möbelhändler mit Hauptsitz im nördlichen Bayern ist mit 17 Filialen in ganz Deutschland vertreten. 2021 wird sich die Zahl der Filialen durch einen Zukauf sogar mehr als verdoppeln. Die Kunden können immer wieder mit vielen Sortimentsneuheiten in den Möbelhäusern rechnen.

Möbel verkaufen sich nicht von allein. Deshalb hat man bei diesem Mittelständler einen detaillierten Verkaufsprozess entworfen, der nun allen der deutschlandweit mehr als 1.000 Beschäftigten nähergebracht wird. „Niemand hat viel Zeit für lange Schulungen oder Leitfäden in schriftlicher Form", erklärt der Geschäftsführer Oliver Föst, der das Familienunternehmen in der zweiten Generation leitet. „Daher bieten wir unseren Mitarbeitern einmal pro Woche kurze 20-Minuten-Schulungen zu jeweils einem Thema an." Dabei geht es um Inhalte wie Zuhören, Beraten, Vertrauen aufbauen. Neue Kollegen können sich die Lernhäppchen dann auf einer E-Learning-Plattform ansehen.

Monitore für den Kunden

Eine weitere Prozessverbesserung für die Kundenbetreuung ist die Einführung von Verkaufsstelen: In jeder Abteilung empfangen diese Säulen den Kunden mit einem großen Monitor. Wer Beratung sucht, drückt einen Button, der bei allen Verkäufern in der Nähe einen Vibrationsalarm auslöst. Wer gerade frei ist, kann sich dann dem Kunden widmen. „Damit entscheiden unsere Kunden, ob und wann sie Beratung wünschen", erläutert der Geschäftsführer Michael Föst den Vorteil des digitalen Systems. Solche und andere kreative Ideen entstehen, weil jeder Mitarbeiter seine Augen offen hält und auch bei privaten Einkäufen schaut, wie es die Konkurrenz macht. Dreimal pro Jahr gehen die Führungskräfte gezielt in andere Märkte und schauen sich dort um.

Fernsehwerbung der neuen Art

Ganz vorn mit dabei ist das Möbelhaus auch beim Thema Werbung: Das Unternehmen war eines der ersten, das bei dem Projekt „Addressable TV" mitgemacht hat. Dabei bekommen Fernsehzuschauer gezielt Werbung auf ihren Smart TVs, also Fernsehgeräten mit Internetverbindung, eingeblendet. Durch die Standortbestimmung des Fernsehgeräts entfallen Streuverluste, und die Werbung kann auch bei bundesweiten Sendern regional ausgestrahlt werden. Opti-Wohnwelt gehörte bei ProSiebenSat.1 zu den Pilotkunden von „Addressable TV". „Wir sind immer offen für neue Ideen und gehören dadurch oft zu den Early Adopters", sagt Oliver Föst.

Opti-Wohnwelt Föst GmbH & Co. KG
97618 Niederlauer
www.opti-wohnwelt.de
Beschäftigte (D): über 200
Handel

Geschäftsführer
Michael und Oliver Föst

page one GmbH

Einfache Smart-Scan-Lösung für Kanzleien und Mandanten

Kopieren, drucken, scannen – das hat die page one GmbH groß gemacht. Hinzu kam die Softwareentwicklung, die perfekt mit den dazugehörigen Systemen verknüpft wurde. Heute zählen zahlreiche Kanzleien aus ganz Deutschland zu den Kunden des Unternehmens und profitieren von dessen Innovationen. Seit nahezu 40 Jahren konzentriert sich der Mittelständler ausschließlich auf die Marke „Canon". 2010 bekam er von diesem Technikriesen sogar den höchstmöglichen Händlerstatus, „Canon Business Center", zuerkannt.

„Mittlerweile vertreiben wir nicht nur die Software der ‚Canon'-Systeme an unsere Kunden, sondern entwickeln auch eigene Softwarekonzepte, unter anderem mit Schnittstellen zu der Steuerberatungssoftware von DATEV, die die meisten Steuerberaterkanzleien nutzen", erklärt der Geschäftsführer Matthias Meyer. Die zunehmende Digitalisierung und der damit verbundene Zeitaufwand für das Scannen von Belegen ist eine aktuelle Herausforderung für die Kanzleien. page one hat deshalb eine Innovation entwickelt: die „scannerbox.". Mit dieser Kombination aus Hard- und Software lassen sich die unterschiedlichsten Belege, vom Parkticket über die Tankquittung bis hin zur Standardrechnung, in einem Stapel einscannen, der direkt in die Steuersoftware einfließt und dort weiterverarbeitet wird. Die „scannerbox." ist intuitiv zu bedienen, und es gibt sie auch in einer kleineren Variante, die von Mandanten eingesetzt wird, die ihre Belege für den Steuerberater selbst scannen.

Einsatz künstlicher Intelligenz

Für die Erweiterung der Produktfamilie der „scannerbox." gibt es schon viele Ideen. So sollen auch digitale Belege über die „belegebox.", ein Cloudportal, integriert werden können. Mithilfe künstlicher Intelligenz können diese Belege ausgelesen und getrennt übergeben werden. Solche und weitere Anregungen entstehen unter anderem in Innovationsworkshops oder in Gesprächen mit den Kunden. Auch mit der DATEV und mittlerweile 22 deutschlandweiten Partnern arbeitet page one eng zusammen. Geschäftsführung, Entwicklung und Vertrieb entscheiden gemeinsam, ob eine Idee es wert ist, realisiert zu werden.

Fokus aufs Wesentliche

„Wir bleiben nie stehen, sondern entwickeln uns und unsere Produkte fortlaufend weiter", sagt Matthias Meyer. „Anders könnte man in der Softwarebranche gar nicht überleben." Kontinuierlich beobachtet man die Entwicklung des Markts und neuer Technologien. Kreative Softwareprogramme werden auch in Zukunft gefragt sein, davon ist Meyer überzeugt. Die Produkte von page one helfen den Kunden, sich wieder auf ihre wesentlichen Aufgaben zu konzentrieren – und die digitale Transformation voranzutreiben.

page one GmbH
90439 Nürnberg
www.page-one.de
Beschäftigte (D): bis 50
IT-Entwicklung/-Beratung

Geschäftsführer
Matthias Meyer

page one ist ein Experte für das Drucken, Kopieren und Digitalisieren von Dokumenten. Zusätzlich entwickelt und vertreibt das Unternehmen Softwareprogramme für die Weiterverarbeitung der Druckerzeugnisse.

PERI ist ein internationaler Spezialist auf dem Gebiet von Schalungs- und Gerüstsystemen für Baufirmen und Handwerksbetriebe, zum Kauf oder zur Anmietung. Zum Portfolio gehören auch baubegleitende Dienstleistungen wie Projektplanungen und Schulungen.

TOP 100

PERI AG

Die Zukunft des Bauens gestalten

Wer mit Beton bauen will, benötigt Schalungen und Gerüste. Seit mehr als 50 Jahren ist die PERI AG auf diesem Gebiet tätig – und heute in über 65 Ländern überall auf der Welt einer der führenden Hersteller von Schalungs- und Gerüstsystemen. Moderne Meisterwerke der Architektur, spektakuläre Wolkenkratzer und Meilensteine des Ingenieurbaus wurden mit Material von PERI realisiert. Nach dem Motto „Disrupt yourself" übertrifft sich das Familienunternehmen dank eines ausgeklügelten Innovationsprozesses immer wieder selbst.

Innovation bei PERI zieht sich systematisch durch die gesamte Organisation. Neben der Forschungs- und Entwicklungsarbeit an neuen physischen und digitalen Produkten und Dienstleistungen für konkrete Anwendungsfälle im Kerngeschäft des Unternehmens geht man noch einen Schritt weiter: In einem eigenen Thinktank, der Abteilung „Future Products & Technologies" beschäftigt sich ein Team dezidiert mit disruptiven Technologien und den damit verbundenen Möglichkeiten und Chancen für die Firma. „Unsere Aufgabe ist es, aktiv disruptive Ansätze zu verfolgen und umzusetzen", erklärt Frank Ilg, der Leiter dieses Teams. „Aus diesem Innovationsansatz, der auf Zukunftsszenarien basiert, ist uns 2020 die Industrialisierung der 3-D-Betondrucktechnologie und der 3-D-Druck der ersten beiden Wohnhäuser in Deutschland gelungen."

Innovationstag motiviert

Die Aktivitäten der Zukunftsabteilung und andere Innovationsinitiativen des Unternehmens werden den Eigentümern und dem Beirat einmal jährlich auf dem „Innovation Day" präsentiert. Zu dieser Ausstellung sind später auch alle 150 weltweiten Führungskräfte eingeladen, damit sie ebenfalls wissen, welche neuen Ideen im Unternehmen entwickelt werden. „Zu sehen, welche spannenden Projekte wir verfolgen, motiviert ungemein", betont Thomas Imbacher, Mitglied der Gruppengeschäftsleitung und verantwortlich für Innovation und Marketing.

Tiefer in Themen einsteigen

Die Geschäftsleitung ist stark in den Innovationsprozess involviert. Imbacher sagt überzeugt: „Für das PERI-Team sind Erfindergeist und Kreativität immer Mittel zum Zweck, um unsere Kunden erfolgreicher zu machen." Für die Zukunft sieht er noch viele Neuerungen auf die Baubranche zukommen, die sein Unternehmen als Innovationsführer maßgeblich mitgestalten wird. „Innovationskraft gehört zu uns. Sie ist ein fester Teil unserer Kultur und unserer unternehmerischen DNA."

PERI AG
89264 Weißenhorn
www.peri.de
Beschäftigte (D): über 200
Baugewerbe/Handwerk

Mitglied der Gruppengeschäftsleitung und Innovationsleiter
Thomas Imbacher und Frank Ilg

TOP 100

PROXIA Software AG

★★

Frische Ideen für die Digitalisierung

Steigende Komplexität, zunehmende Unsicherheiten, immer kürzere Produktlebenszyklen, rascher Wandel – kurz gesagt, der Innovationsdruck auf Unternehmen steigt. Für den Innovationserfolg zählen Kreativität, Flexibilität, Geschwindigkeit und Spezialwissen. Mit ihrer MES-Software und jeder Menge Prozess- und Produktions-Know-how trägt die PROXIA Software AG nach dem Open-Innovation-Prinzip aktiv dazu bei, in Firmen die Entwicklung von Konzepten und Technologien für einen schnelleren Innovationserfolg anzuregen.

Mit ihren innovativen Konzepten und ihrer praxisorientierten MES-Software unterstützt PROXIA Produktionsunternehmen dabei, die Chancen des digitalen Wandels für sich zu nutzen und mit einer flexibleren Produktion besser auf die sich immer schneller ändernden Marktanforderungen zu reagieren. So hat dieser Mittelständler 2020 zum Beispiel einen metallverarbeitenden Betrieb in Slowenien komplett vom Unternehmenssitz in Ebersberg bei München aus vernetzt. „Die Alternative wäre gewesen, das Projekt vor Ort umzusetzen, was aber viel mehr Zeit benötigt und höhere Kosten verursacht hätte“, sagt die Vorständin Julia Klingspor. Gelungen ist dieser Start aus der Ferne dank spezieller Technologien in der MES-Software: Sie ermöglichen die Steuerung und Kontrolle der Produktion in Echtzeit über Remote. Die zunehmende Entwicklung hin zur mannlosen Produktion ist auch angesichts des Fachkräftemangels sinnvoll.

Gelebte Partnerschaft als Innnovationsmotor

Gerade in Zeiten der zunehmenden Bedeutung digitaler Geschäftsmodelle ist eine Öffnung des Innovationsprozesses auch in Produktionsunternehmen wichtig. Das können diese Unternehmen jedoch längst nicht mehr nur mit den eigenen Abteilungen leisten. Mit ihrem Open-Innovation-Prinzip begleitet PROXIA daher Betriebe auf dem Weg in die Digitalisierung. Julia Klingspor spricht sogar von einem Innovationsschub, der sich aus der engen Zusammenarbeit mit den Kunden ergeben kann. „Mit unserer partnerschaftlichen Herangehensweise an Projekte helfen wir ihnen, die täglichen Geschäfts- und Produktionsprozesse zu optimieren“, sagt Julia Klingspor.

Digitalisierung 2.0 mit Cloudtechnologien

Clouds sind sozusagen eine „verlängerte Werkbank“ für Produktionsdaten. Online- und Offline-Datenbanken müssen dafür sinnvoll miteinander kombiniert werden. PROXIA hat ein MES-System für den hybriden Betrieb beider Konzepte als Basis für eine zukunftsfähige, sichere und vollumfängliche Digitalisierung entwickelt. Es vereint die Vorteile der zentralen Datenhaltung mit den Vorzügen der cloudbasierten Speicherung von Daten. So kann der Anwender für jede Art von Daten selbst entscheiden, ob sie lokal in der eigenen IT-Infrastruktur oder in einer externen Cloud abgelegt werden.

PROXIA Software AG
85560 Ebersberg
www.proxia.com
Beschäftigte (D): bis 50
IT-Entwicklung/-Beratung

Vorständin
Julia Klingspor

RZB entwickelt und fertigt technologisch hochwertige Lichtsysteme mit Designanspruch. Das Unternehmen ist konsequent digital ausgerichtet und verfügt über eigene Produktionshallen.

RZB Rudolf Zimmermann, Bamberg GmbH

★★★★

Leuchtende Beispiele

Seit über 80 Jahren produziert dieses Familienunternehmen leuchtende Beispiele für Innovation: Die RZB Rudolf Zimmermann, Bamberg GmbH bietet ein riesiges Portfolio mit mehr als 20.000 Lichtsystemen „made in Germany" und kombiniert dafür smarte Technologie, Nachhaltigkeit und Ästhetik. Innovation ist dank einer zukunftsorientierten Geschäftsführung, eines breiten Partnernetzwerks und einer großen Entwicklungsabteilung fest im Alltag des Leuchtenherstellers verankert.

Eigene Produktionshallen, ein Elektrolabor, zertifizierte Prüflabore und eine interne Forschungsabteilung: Dass dieses Unternehmen mit seinen deutschlandweit mehr als 700 Beschäftigten schnell auf neue Entwicklungen in der internationalen Lichtbranche reagieren kann, ist kein Zufall. Das Top-Management fördert Innovationen systematisch mit Investitionen und Know-how. Dank intensiver Marktbeobachtung und der regelmäßigen Teilnahme an Entwicklungs- und Innovationsveranstaltungen sind die Geschäftsführer echte Kenner der Branche. „Es geht immer um Produkte, die auf dem Markt zukunftsfähig sind", sagt der Geschäftsführer Dr. Alexander Zimmermann.

Nachhaltigkeit ernst nehmen

Bei seiner Entwicklungsarbeit profitiert das Unternehmen aber auch von einem breiten Netzwerk aus Partnern: Branchenverbände, Forschungseinrichtungen, Materialinstitute, Unternehmen und Designer. „Wir beschäftigen uns in Arbeitsausschüssen, Projekten und Kooperationen sehr stark mit Zukunftsthemen wie Digitalisierung und Nachhaltigkeit", betont der Geschäftsführer Reiner Jürgens. Zuletzt standen dabei zunehmend die leichte Montage und Wartung im Vordergrund, ein geringer Materialverbrauch und eine umweltfreundliche Entsorgung. Schon jetzt hat das Unternehmen deshalb Leuchten im Programm, die mit weniger Material auskommen oder die über Steckverbindungen verfügen, damit sie ohne Werkzeug mühelos montiert, ausgetauscht oder sogar repariert werden können. „Nur so können wir langfristig dem Thema Nachhaltigkeit wirklich gerecht werden", unterstreicht Jürgens.

360-Grad-Blick

Auch in ihrer digitalen Ausrichtung sind die Produkte auf der Höhe der Zeit. So gehören smart vernetzte Beleuchtungs- und Lichtmanagementsysteme für ganze Gebäude zum Portfolio, die als Drahtlos- oder Cloudlösungen Aspekte wie Lichtverlauf, Energieverbrauch, Gebäudeautomation oder Monitoring mit einbeziehen. Für solch komplexe Aufgaben bietet die Firma auch Dienstleistungspakete an: Von der Beratung bis zur Programmierung können die Mitarbeiter allen Beleuchtungsaufgaben rund um ein Bauprojekt gerecht werden und beweisen damit einen echten 360-Grad-Blick.

RZB Rudolf Zimmermann, Bamberg GmbH
96052 Bamberg
www.rzb.de
Beschäftigte (D): über 200
Elektronik/Elektrotechnik

Geschäftsführer
Dr. Alexander Zimmermann und Reiner Jürgens

S u. K Hock GmbH

Harz mit Herz

Innovation ist Familiensache bei der S u. K Hock GmbH. Nach vielen Jahrzehnten in der Chemiebranche gründete Vater und Chemiker Dr. Klaus Hock mit Frau Susanna 2003 im niederbayerischen Regen seine Harzproduktion – ganz idyllisch im holzvertäfelten Gartenhäuschen. Heute arbeiten alle sieben Kinder im und für das Unternehmen und haben es mit innovativen Produkten, nachhaltigen Entwicklungsprozessen im Familienverband und persönlicher Beratung zu großem Innovationserfolg gebracht: Sie sind Marktführer auf ihrem Gebiet.

Röhrchen, Pipetten, Kolben, Rührer – fein säuberlich aufgebaut auf Regalen aus Naturkiefer. In seinem kleinen Chemielabor hinter dem Wohnhaus entwickelte Vater Klaus die ersten Chargen Harze, die als Klebstoff oder Versiegelung zum Einsatz kamen. Mit wachsender Auftragslage wurde das „Gartenhäusl" schnell zu klein. Hock baute aus und produziert heute Harze für Großunternehmen und Privatleute. Alle sieben Kinder des Paares arbeiten mit: Sohn Franz-Josef ist Geschäftsführer, Tochter Eva-Maria hat als Chemielaborantin die technische Geschäftsleitung inne, die anderen Geschwister sind Innovationsteam und Unterstützer.

Glasklare Sache

Eine Spezialität des Unternehmens ist die Entwicklung von Harzen, die nach dem Aushärten komplett transparent, UV-stabil und brandfest sind. Auf diesem Gebiet ist Hock Marktführer und hält mittlerweile mehr als 24 Patente. Neben diesen sogenannten Harzsystemen aus Harz und Härter entwickeln die Chemiker im Familienverband auch Produkte für individuelle Anwendungen. Das Innovationsteam besteht aus Vater, Bruder, Schwester und Chemielaboranten. Einer hat den Hut auf, und alle prüfen gemeinsam Entwicklung, Realisierung und Vermarktung. Forschung und Entwicklung hat bei Hock Struktur und Herz. „Ich kann mich immer auf meine Geschwister verlassen", sagt der Juniorchef Franz-Josef Hock erfreut.

Grün statt schwarz

Chemieunternehmen haben oftmals ein schmutziges Image. Den Hocks hingegen ist nachhaltiges Wirtschaften wichtig: Das Firmengelände mitten im Grünen wird mit einem eigenen Blockheizkraftwerk und PV-Anlagen betrieben, die Transportwege sind kurz, und alles wird verwertet. Im hauseigenen Onlineshop können private Bastler und gewerbliche Kunden die Spezialitäten aus der Produktion in kleinen Gebinden erwerben. Damit wird ein nicht unerheblicher Teil des Umsatzes erwirtschaftet. „E-Commerce ist das Eintrittstor für unsere Beratung rund ums Harz", erklärt Eva-Maria Hock-Szargan. Die Anfragen laufen direkt beim Innovationsteam ein, und der Kunde wird persönlich von der ganzen Harzspezialisten-Familie, ihren Chemielaboranten und Kundenberatern betreut.

S u. K Hock GmbH
94209 Regen
www.skhock.de
Beschäftigte (D): bis 50
Chemie/Kunststoff

Geschäftsführer
Eva-Maria Hock-Szargan
und Franz-Josef Hock

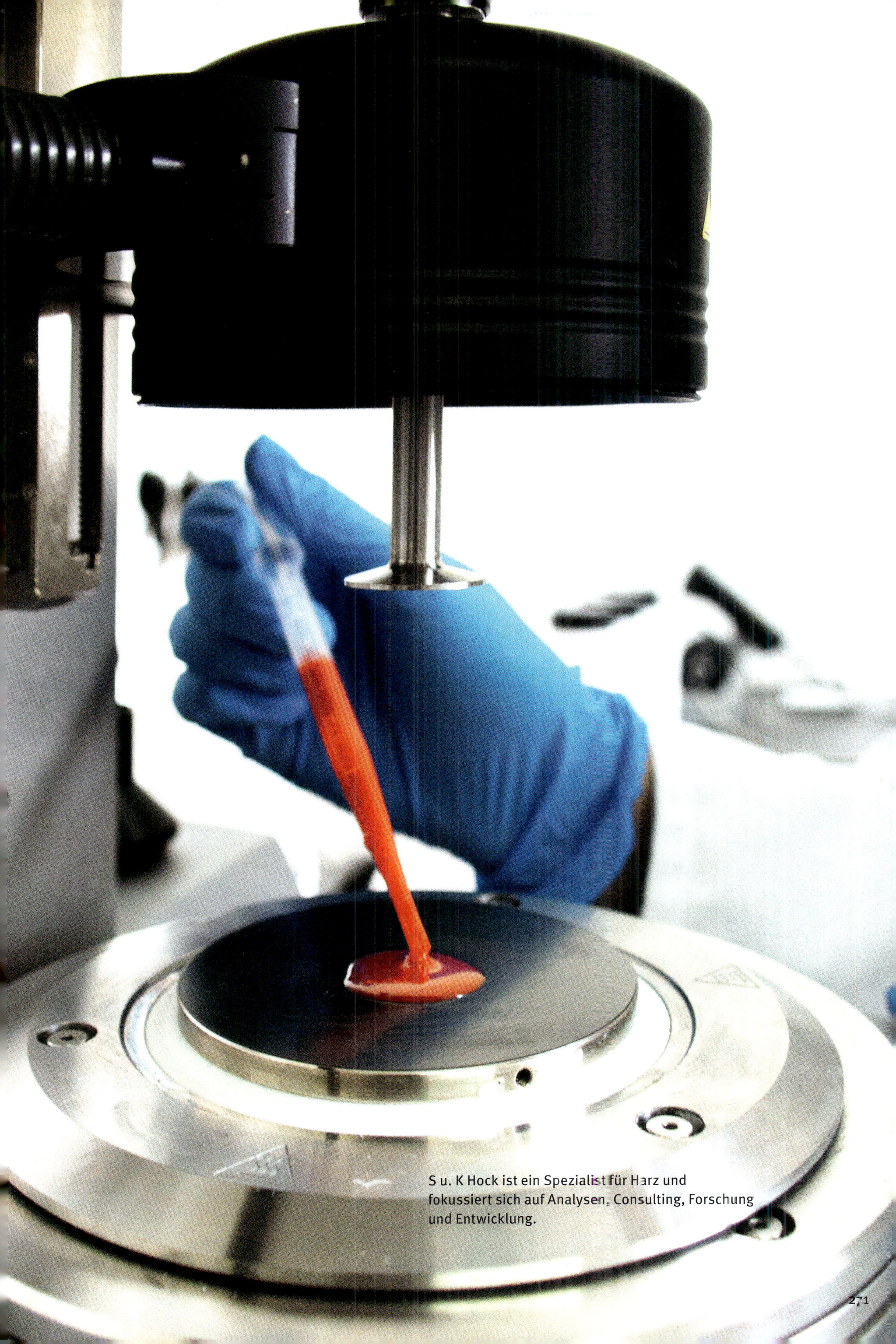

S u. K Hock ist ein Spezialist für Harz und fokussiert sich auf Analysen. Consulting, Forschung und Entwicklung.

Das SAE-Institute ist ein privates Ausbildungsinstitut, das weltweit Studiengänge sowie Aus- und Weiterbildungen in den Fachbereichen Audio, Games, Music-Business, Film, Animation, Crossmedia und Web anbietet.

SAE-Institute GmbH

Alle bereit für den großen Auftritt

Mit großen Augen vor der Leinwand sitzen, Popcorn essen und den größten, neuesten und tollsten Blockbuster in Dolby Surround und 3-D bestaunen: An diesem Erlebnis bombastischer Bild- und Toneffekte arbeiten hinter den Kulissen nur die Besten ihres Fachs mit viel Wissen und Leidenschaft. Die SAE-Institute GmbH bildet die Medienprofis der Zukunft aus und setzt dabei auf digitales Lernen, spannende Kooperationen über die Unterhaltungsindustrie hinaus und auf das starke, familiäre Band, das die ganze Branche zusammenhält.

Seit seiner Gründung Ende der 1970er-Jahre hat sich das SAE-Institute weltweit zu einer der größten Bildungseinrichtungen in den Sparten Audio, Games, Music-Business, Film, Animation, Crossmedia und Web entwickelt. An 54 Schulen in 28 Ländern werden die Profis ausgebildet, die Leinwandträume wahr werden lassen. Doch 2020 hat sich vieles verändert.

Pandemie als Katalysator

Mit dem Lockdown mussten von einem Tag auf den anderen alle neun SAE-Standorte in Deutschland geschlossen werden. Das hat den Studienbetrieb jedoch keineswegs ausgebremst. Binnen eines Wochenendes wurden 180 Vorlesungen auf Onlinestreaming umgestellt. Keine einzige Stunde fiel aus. Das Projekt „Digital Transformation", das sich mit verschiedenen Online-Elementen und -Technologien befasst, war schon vorher in Planung und konnte nun schnell umgesetzt werden. „Wir waren vorbereitet und konnten vom Pilotprojekt direkt in den Livebetrieb wechseln", erzählt der Geschäftsführer Chris Müller stolz. „Blended Learning" nennt sich die Kombination aus interaktiven Onlinevorlesungen und betreuten Events direkt auf dem Campus. Neben dem Campus 4.0 mit frisch digitalisierten Klassenräumen steht gerade jetzt die Onlinecommunity im Mittelpunkt, die die enge Verbindung zwischen Studenten, Dozenten, Mitarbeitern, Ehemaligen und interessanten Menschen aus der Medienbranche weiter stärken soll.

Herzensprojekt Nachhaltigkeit

Die Studenten werden auch auf die boomende Gamingbranche vorbereitet und nutzen ihr Wissen für den guten Zweck. Denn das SAE zeigt gern offen seine Fähigkeiten und fördert zahlreiche Open-Innovation-Projekte, die über die Medienbranche hinausgehen. Müllers Herzensprojekt ist das Thema Nachhaltigkeit, beispielsweise die Kooperation mit dem WWF. Mehr als 150 Studierende haben rund 30 kreative Onlinespiele entwickelt, mit denen auf das Thema Naturschutz aufmerksam gemacht wird: zum Beispiel auf „Mittlere Elbe", eines der bislang größten Naturschutzprojekte des WWF in Deutschland. „Das ist für uns eine tolle Möglichkeit, unser Können auch über unser Kernthema hinaus zu zeigen", sagt Müller erfreut. Quasi als Generalprobe für den ganz großen Auftritt nach dem Studienabschluss.

SAE-Institute GmbH
81737 München
www.sae.edu
Beschäftigte (D): über 200
Weiterbildung

Geschäftsführer
Chris Müller

„*Identifikation und Leidenschaft liegen in unserer DNA.*“

Chris Müller
Geschäftsführer

Herr Müller, wie lassen Sie in Ihren Teams Innovationen entstehen?
Innovation kann man nicht auf einem Blatt Papier designen. Mit der Leidenschaft kommt sie ganz von selbst. Feste Innovationsteams gibt es bei uns daher nicht, jeder Einzelne muss sich als Innovationszelle fühlen. Die Kollegen suchen sich selbstständig Sparringspartner, mit denen sie ihre Ideen realisieren. Dabei ist Scheitern okay. Es ist schlimmer, etwas nicht probiert zu haben, als es gar nicht erst zu versuchen.

Bei so viel Freiheit im Innovationsprozess – wo sehen Sie Ihre Rolle als Geschäftsführer?
Ich glaube an eine Organisationsform, die sich an Werten orientiert. Im Fokus stehen die Menschen und ihre Beziehungen. Daran wächst das ganze Unternehmen, und ich bin dabei die unterstützende Hand. Ich kam vor 26 Jahren zum SAE-Institute und wurde hier zum Tontechniker ausgebildet. Fast alle Kollegen haben die gleiche Schule durchlaufen. Identifikation und Leidenschaft liegen in unserer DNA. Dass ich jetzt Chef bin, ist purer Zufall, und es ist eine Ehre für mich, zur Familie zu gehören.

Wie überträgt sich Ihre Leidenschaft auf die Studenten bei SAE?
Unser Ziel ist Employability. Das Studium bei uns muss praxisnah auf die Industrie vorbereiten, damit unsere Studenten ihren künftigen Job mit Leidenschaft ausüben können. Denn nur Leidenschaft treibt Menschen an, gute Arbeit zu leisten. Wir verstehen uns daher nicht einfach nur als Ausbilder, wir bieten auch eine berufliche Heimat.

Das SAE-Institute ist ein weltumspannendes System aus Bildungseinrichtungen. Wie gestalten Sie eine globale Heimat?
Viele, die bei uns studiert haben, kommen wieder – als Mitarbeiter, Mentor oder als Dozent. Seit 2003 schaffen wir mit unserer „Alumni Association" ein globales Netzwerk aus Menschen, die spannende Jobs in der Medienbranche haben und die alle das Gleiche antreibt. Mittlerweile sind es mehr als 12.000 Absolventen, die unseren Studenten eine echte Perspektive geben. Und unter uns: Wir sind allesamt Feierbiester und treffen uns auch nach Feierabend, gerade virtuell, von Los Angeles bis Berlin – einfach um eine gute Zeit miteinander zu verbringen. Der Spaß darf nie verloren gehen. Das ist das Wichtigste für ein gutes Innovationsklima, und so wird SAE zur Heimat.

Warum für das gute Innovationsklima bei SAE ein familiäres Miteinander wichtiger ist als streng geordnete Prozesse, erklärt **Chris Müller.**

SAFELOG ist ein Spezialist für softwarebasierte Logistiksysteme. Das Portfolio erstreckt sich von intuitiv bedienbaren Kommissioniersystemen bis zu mobilen Transportrobotern.

SAFELOG GmbH

Vorfahrt für intelligente Transporter

Beim Kommissionieren und Transportieren kommen zunehmend fahrerlose Transportsysteme zum Einsatz. Auf diesem Gebiet international führend ist die oberbayrische SAFELOG GmbH mit ihren intelligenten Transportrobotern. Der Erfolg dieser Innovation basiert auf 25 Jahren Erfahrung in der Sparte Logistiklösungen. Neue Ideen und Projekte entstehen bei diesen Intralogistikspezialisten oft in wissenschaftlichen Kooperationen oder in den Hackathons der Entwicklungsabteilung.

„Unser Thema explodiert – und wir stehen erst ganz am Anfang einer grundlegenden Veränderung der Intralogistik", erklärt der Geschäftsführer und Leiter der Produktentwicklung Mathias Behounek. Die Flotte der fahrerlosen Transportsysteme, kurz FTS, überzeugt mit ihrer Schwarmintelligenz, die sie autonom handeln lässt.

Roboter mit Überblick

Diese Roboter werden von einer hoch entwickelten dezentralen Software gesteuert, dank der sie weitere Fahrzeuge erkennen und einander ausweichen können. In engen Lagerhallen wird so erst die Zusammenarbeit mehrerer Roboter möglich – mit der entsprechenden Zeitersparnis. Auch Montagebänder, etwa in der Automobilindustrie, können die Roboter punktgenau mit den gewünschten Materialien in der richtigen Reihenfolge beliefern. Die drei Fahrzeugmodelle lassen sich problemlos sowohl untereinander als auch mit anderen Produkten von SAFELOG kombinieren. „Aus diesem Grund ist das Preis-/Leistungsverhältnis unserer Gesamtkonzepte ungeschlagen", erzählt der Geschäftsführer. Die Markteinführung der Roboter „AGV S", „AGV M" und „AGV L" hat in den vergangenen drei Jahren den Umsatz um mehr als 100 % erhöht.

Vielfalt an Ideen

Kooperationen mit wissenschaftlichen Institutionen wie dem Fraunhofer-Institut oder dem Lehrstuhl für Logistik der TU München liefern neue Ideen aus dem Gebiet der Automatisierung. Das Fraunhofer-Projekt „iWePro" untersucht zum Beispiel, ob auch die industrielle Werkstattfertigung mit softwaregesteuerten Systemen erleichtert werden kann. Außerdem landen Vorschläge von Kunden sehr schnell bei Mathias Behounek: Er ist Teil des Vertriebs und bringt die Kundenperspektive in die Produktentwicklung der Firma ein. Dort sind regelmäßige Hackathons sehr beliebt, in denen die 30-köpfige Entwicklungsabteilung ihrer Kreativität freien Lauf lässt. „Wir generieren bei dieser Art der Ideenfindung immer wieder fantastische Ergebnisse", erzählt Behounek. Autonome Fahrzeuge und autonome Mitarbeiter – auf diese erfolgreiche Kombination kann SAFELOG auch in Zukunft bauen.

SAFELOG GmbH
85570 Markt Schwaben
www.safelog.de
Beschäftigte (D): 51 bis 200
Anlagen-/Maschinenbau

Geschäftsführer
Michael Reicheicher,
Michael Wolter,
Mathias Behounek

schmid und kreative

Die Markendenker

Identitäten und Werte gewinnen für Firmen, aber auch für Kommunen zunehmend an Bedeutung. Deshalb stellt das Top-Management der Agentur „schmid und kreative“ Marken und Menschen in den Mittelpunkt der strategischen Unternehmensplanung. Das achtköpfige Team hat sich mit einer authentischen Philosophie und einem förderlichen Innovationsklima zu einem Topberater für Unternehmensidentität mit bundesweiter Strahlkraft entwickelt.

Innovationen sind in dieser Agentur ein fester Teil der Markenkultur, die auf Eigenverantwortung, Entwicklung und Exzellenz der Mitarbeiter basiert. „Wir sehen uns als wert- und identitätsstiftende Markenagentur, die den Menschen in den Mittelpunkt rückt“, sagt der Gründer und Geschäftsführer Marco Schmid. Gleichzeitig setzt er auf die Weiterentwicklung seines Teams mit fachlichen und persönlichen Angeboten. So entsteht ein kreatives Umfeld für Menschen, Prozesse und Lösungen. Die große Eigenverantwortung der Mitarbeiter wirkt sich positiv auf das Innovationsklima aus. Dazu trägt auch das neu gestaltete „landly.lab“ bei mit seinen sechs unterschiedlichen Räumen: Wo einst die erste Telefonzelle in Oberviechtach stand, befindet sich heute „ein Ort der Kreativität und der Transformation“ für Kunden und externe Besucher.

Jeder kann eine Marke sein

Diese „Markendenker“ werfen einen ganzheitlichen Blick auf ihre Kunden – mit dem Ziel, Komplexes einfach zu gestalten. Mit ihrem Prozesstool „Schwarzer Faden“ haben sie sich eine eigene Methode geschaffen, mit der sie alle strategischen, visuellen und menschlichen Aspekte einer Marke verknüpfen. „Damit schaffen wir ein Umfeld, mit dem sich Menschen gerne identifizieren wollen und können“, sagt Schmid. Die mittelständischen Kunden kommen aus unterschiedlichen Branchen: Mode- und Einrichtungshäuser sind ebenso dabei wie Bauunternehmer, Kommunen oder eine Mannschaft der American-Football-Bundesliga. Dahinter steckt die klare Botschaft: Jeder Kleinunternehmer kann eine Marke sein.

Kultur hilft durch die Krise

In der Coronakrise konzipierte das Team mit „meet.schmidundkreative“ ein eigenes und unabhängiges Videokonferenztool, mit dem Beratungen und Präsentationen fortgesetzt werden können. Damit veranstaltet die Agentur mit den Mitarbeitern der Kunden auch digitale Brand-Kick-offs, die aber dennoch haptisch ausgerichtet sind: Erlebnisboxen, die per Post zugeschickt werden, ermöglichen auch im Homeoffice ein Markenerlebnis. „Unsere Kultur bringt uns auch durch die Coronakrise – spürbar, wirtschaftlich und menschlich“, resümiert Schmid.

schmid und kreative
92526 Oberviechtach
www.schmidundkreative.de
Beschäftigte (D): bis 50
Kommunikation/Marketing/Medien

Geschäftsführer
Marco Schmid

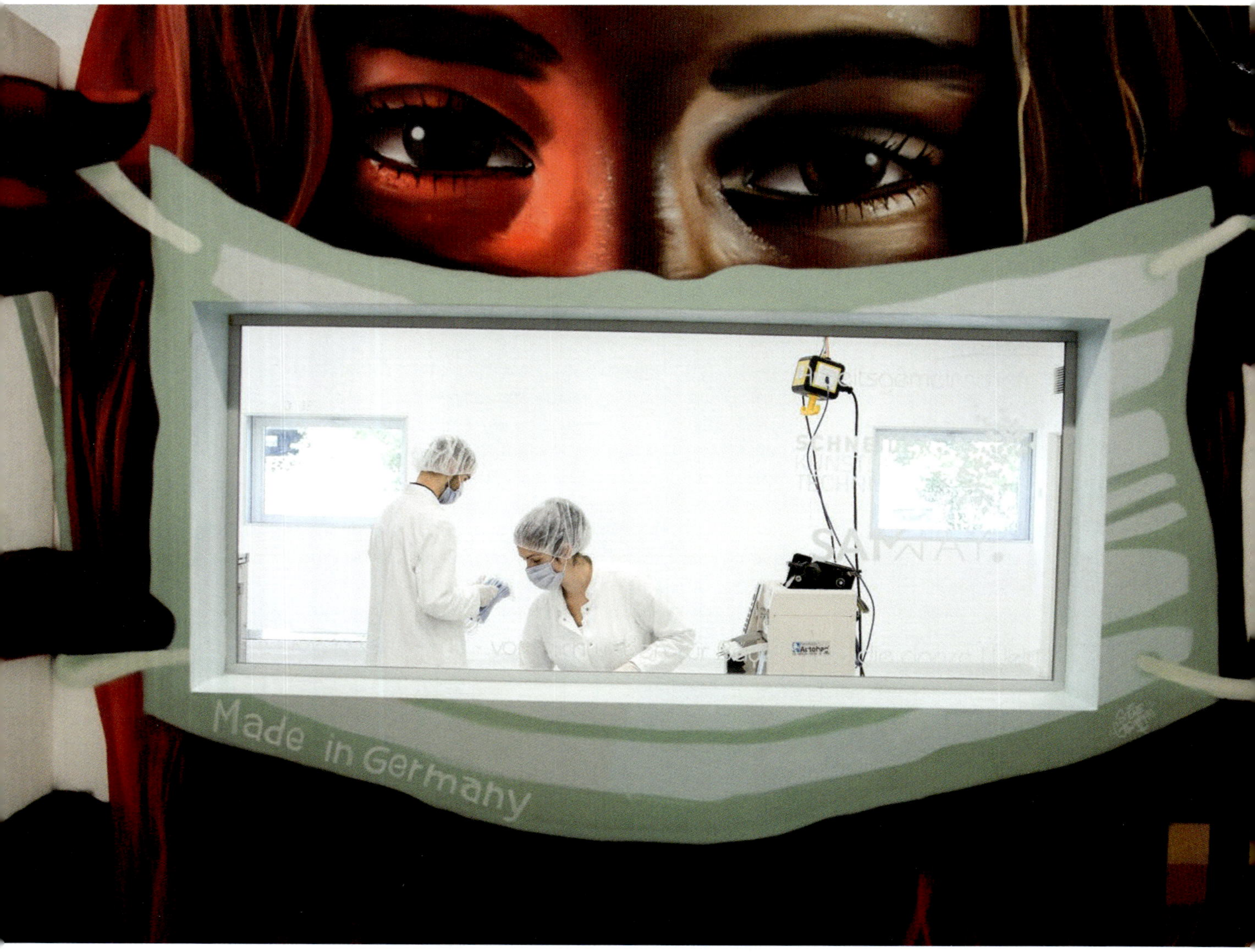

Schneider Kunststofftechnik stellt durch Spritzgießen hochwertige technische Kunststoffteile her, die anschließend weiterverarbeitet werden.

Schneider Kunststofftechnik GmbH

★★★★

In der Krise Neues wagen

Wie zahlreiche Hersteller war auch die Schneider Kunststofftechnik GmbH von der Coronakrise betroffen. Sie fertigt technische Kunststoffteile für Kunden aus der Automobilbranche, dem Maschinenbau sowie der Verpackungs- und der Sensortechnik. Angesichts der Einbußen durch die Pandemie entschied das innovationsfördernde Top-Management, ein zusätzliches Geschäftsfeld aufzubauen und investierte gemeinsam mit einem Partner in die Produktion medizinischer Schutzmasken.

Im Rahmen dieser Partnerschaft musste die Schneider Kunststofftechnik den Raum, das Personal und das nötige Know-how bereitstellen. Das Vertrauen des Top-Managements in die Mitarbeiter, sich dieses Know-how schnell aneignen zu können, war ebenso vorhanden wie der Entschluss zu investieren. „Wir sind immer wieder bereit zu Innovationen – ob es um Wasseraufbereitungsprodukte wie unsere UJETA-Wasserfilter oder um die technische Expertise für unsere Kunden geht, die etwa eigene Kunststoffkomponenten entwickeln möchten“, beschreibt die Geschäftsführerin Drita Schneider die Innovationskraft ihres Unternehmens.

Raum und Wissen gewinnen

Um die nötigen Kapazitäten für die Schutzmaskenproduktion zu schaffen, nutzte man den bereits bestehenden Raum in den Fertigungshallen: Hier setzten die Verantwortlichen ein Dreiraumkonzept um, ergänzt durch einen Reinraum und eine entsprechende Klima- und Lüftungstechnik. „Die Räume sind hervorragend ausgestattet. Damit hatten wir die erste Hürde erfolgreich genommen“, erläutert die Geschäftsführerin.

Als sehr aufwendig gestalteten sich die Suche nach fachkundigem Personal und der Aufbau des neuen Know-hows. Hier ermutigte die Geschäftsleitung den langjährigen Produktionsleiter, seine Kenntnisse noch zu erweitern und den Wissensgewinn an die Mannschaft weiterzugeben.

Herausforderungen bewältigen

Trotz verschiedener Hürden gelang es so, nicht nur Kurzarbeit zu vermeiden, sondern mit der Produktion von bis zu 1,5 Millionen Schutzmasken pro Monat mitten in der Krise sogar zusätzliche Arbeitsplätze zu schaffen. Wie flexibel und entschlossen die Schneider Kunststofftechnik agieren kann, beweist auch die kurze Zeitspanne, in der die Maskenproduktion aufgebaut wurde: Im Mai 2020 wurde dies gemeinsam mit Kunden beschlossen, und bereits Ende Juni startete die Produktion. „Wir finden immer wieder neue Wege – auch in Krisenzeiten“, lautet das Credo von Drita Schneider.

Schneider Kunststofftechnik GmbH
87757 Kirchheim
www.sk-tech.de
Beschäftigte (D): bis 50
Chemie/Kunststoff

Geschäftsführerin
Drita Schneider

TOP 100

Schock GmbH

So bunt wie das Leben

Was nützt es, innovativ zu sein, wenn niemand davon weiß? Und was nützt es, ein Produkt anzubieten, das zwar funktional ist, aber die Menschen nicht anspricht? Die Schock GmbH mit Sitz im Bayerischen Wald hat es geschafft, die Spüle zum Trendprodukt zu machen. Ihre Stärke: Erfindergeist und ein innovatives Marketing, die den Megatrend Individualität ebenso aufgreifen wie das wachsende Umweltbewusstsein in der Gesellschaft. Der Mittelständler baut Spülen, die so bunt sind wie das Leben – und punktet zudem in Sachen Nachhaltigkeit.

„Sink green" – wer auf diesen Slogan stößt, hat keinen Schreibfehler entdeckt. Denn es geht hier nicht um grünes Denken, sondern um Spülen aus ökologischem Material. Und auch, wenn dieser Mittelständler stolz darauf ist, in der Produktion überwiegend heimische Quarzsande einzusetzen: Bei der Wahl des Markenbotschafters für seine Spülen setzt er nicht auf die örtliche Blaskapelle, sondern auf die Punklegende Iggy Pop. „Wir wollen Emotionen wecken, deshalb gestalten wir unseren Marketingauftritt ganz bewusst positiv-irritierend", betont der Geschäftsführer Sven-Michael Funck schmunzelnd.

Vorreiter in Sachen Nachhaltigkeit

„COLOUR YOUR LIFE", so lautet der Wahlspruch des Unternehmens, denn eine farbige Quarzkompositspüle ist im Unterschied zur Edelstahlspüle ein echter Hingucker. „Die Küche ist häufig das emotionale Zentrum eines Haushalts. Und 60 % der Arbeiten dort werden im Bereich der Spüle verrichtet", sagt Funck. Außergewöhnliche und bunte Spülen aus natürlichem Material, die zudem noch fast selbstreinigend sind, baut die Schock GmbH schon seit vielen Jahren. Neu ist hingegen, dass sie immense Anstrengungen unternimmt, ihre Spülen so gut wie ausschließlich aus recycelten, nachwachsenden oder natürlichen Rohstoffen herzustellen.

Jenseits des Status quo

„Wir wollen den Status quo kontinuierlich herausfordern. Sei es durch die Zusammensetzungen oder die Oberflächenqualitäten der Materialien, durch innovative Formgebungen und Funktionen oder jetzt in Sachen Nachhaltigkeit", erklärt der Geschäftsführer Ralf Boberg. Immer wieder Neuartiges bieten und für jeden Markt das passende Produkt in petto haben – dieser Ansatz gehört zur DNA des Unternehmens, das sogar Carbonspülen im Angebot hat. Der Erfolg gibt dem innovationsorientierten Top-Management recht: Während der Gesamtmarkt geschätzt um etwa 3 % pro Jahr wächst, liegt Schocks durchschnittliches Umsatzwachstum bei 12 %. Das liegt an den einzigartigen Produkten, der verstärkten Internationalisierung und der engen Zusammenarbeit mit den Kunden. Und am provokativ-innovativen Markenauftritt!

Schock GmbH
94209 Regen
www.schock.de
Beschäftigte (D): über 200
Küchenindustrie

Geschäftsführer
Sven-Michael Funck
und Ralf Boberg

Schock ist der Erfinder der Quarzkomposit-Küchenspülen und hält in dieser Technologie weltweit eine starke Position – ebenso in Sachen Innovationskraft und Qualität

Schöler Druck & Medien bietet alle Arbeitsschritte eines Printprodukts unter einem Dach, inklusive Veredelung und Verpackung.

Schöler Druck & Medien GmbH

★★★★

Mit Druck nach vorne

Als erste CO_2-freie Druckerei Deutschlands fokussiert sich die Schöler Druck & Medien GmbH bereits in der dritten Generation konsequent auf Zukunftsthemen. Ob Nachhaltigkeit, Digitalisierung oder der eigene Showroom: An guten Ideen mangelt es diesem innovationsfreudigen Mittelständler nicht. Besonderen Wert legt er auf innovative Prozesse. So verkauft man nicht nur Produkte, sondern überlegt auch gemeinsam mit den Kunden, wie sie effizienter werden. Zudem wird intern auf eine schlanke Organisation geachtet.

Es gibt viele Druckereien, die ihre Dienste ad hoc und zu Dumpingpreisen anbieten. Diese Firma hingegen verbindet individuelle Beratung mit einer guten Marktkenntnis und einer professionellen In-House-Realisierung. Ob Offsetdruck, Digitaldruck, Buch- oder Siebdruck, ob analog oder digital, ob Magazin, Buch, Flyer, Grafik oder Werbemittel: Die Kunden können aus einer breiten Palette wählen und bleiben dabei nicht alleine. Denn die Geschäftsführerin Christine Schöler pflegt nicht nur das ausführliche Kundengespräch, sondern auch die konsequente Marktanalyse: „Wir überlegen mit unseren Kunden genau, was sich für sie lohnt und wie sie sich klug am Markt positionieren können", sagt sie.

Schlanke Prozesse allerorten

Kosteneffizienz und eine agile Weiterentwicklung stehen für diese Druckexperten bei der Beratung ihrer Kunden an erster Stelle: „Die Firmen sollen mit unseren Produkten effizienter werden. Nicht alle Maßnahmen sind ökonomisch sinnvoll", betont Schöler. So holen die Mitarbeiter fast für jeden Kunden am Ende rund 2 % bis 3 % Kosteneinsparung heraus. Auch im eigenen Haus feilt das Team konsequent an schlankeren Prozessen. „Das Tagesgeschäft lässt sich fast täglich optimieren", erzählt Schöler. Und so nutzt sie gerade die Coronaphase, um die interne Kommunikation und die Infrastruktur weiter zu digitalisieren und in mehr Datensicherheit zu investieren. „Wer mithalten will, muss sich permanent transformieren", betont sie.

Ein neuer Ort für kreative Vernetzung

Manchmal entstehen dabei auch ganz neue Ideen: „Wir wollen in Zukunft in weitere Geschäftsfelder vorstoßen", erzählt Schöler. So haben diese Druckspezialisten gerade das Konzept für einen eigenen Showroom fertiggestellt. 2021 wollen sie das Projekt Schritt für Schritt verwirklichen und damit Kunst, Kultur, Innendesign und Kreatives öffentlichkeitswirksam verbinden. „Es soll auch ein Ort für den Austausch und den Dialog werden", sagt Schöler. Der Einfallsreichtum dieses Mittelständlers dürfte auf diese Weise künftig noch sichtbarer werden.

Schöler Druck & Medien GmbH
87509 Immenstadt i. Allgäu
www.schoeler-kreativ.de
Beschäftigte (D): bis 50
Druck/Papier/Verpackung

Geschäftsführerin
Christine Schöler

TOP 100

SoftTec GmbH

Im Austausch zu neuen Ideen

Die mittelständische Hotellerie und Gastronomie ist eine der Zielgruppen der SoftTec GmbH: Das Softwareunternehmen entwickelt Programme, mit denen die Kunden ihr Geschäft zunehmend digitalisieren können. Für viele Inhaber von Hotels oder Restaurants ist das noch keineswegs selbstverständlich. Vor allem in kleineren, familiengeführten Häusern sind digitalisierte Abläufe bisher kaum im Einsatz. Den Austausch mit seinen Kunden nutzt der Geschäftsführer Oliver Anschütz, um ihre Wünsche mit seinen innovativen Entwicklungen noch besser zu erfüllen.

Der 33-jährige Anschütz ist gelernter Hotelfachmann. „Ich weiß deshalb, wie es in der Branche läuft“, sagt er. Die SoftTec GmbH ist deshalb so erfolgreich, weil sie ganz nah am Kunden arbeitet. Gut 40 Beschäftigte hat die Firma mit Sitz in Sonthofen im Allgäu. Sie betreuen 3.000 Hotels – von der Handwerkerunterkunft bis zum Fünfsternehaus. Große Hotelketten findet man nicht im Portfolio. Der Geschäftsführer sieht das als Vorteil: „Wir sind nicht abhängig von wenigen großen Kunden, sondern haben eine sehr breite Basis ausschließlich im Mittelstand“, sagt er. Während der Pandemie hat sich sein Konzept bewährt; SoftTec wuchs selbst im Krisenjahr 2020. In dieser schwierigen Zeit erkannten viele Hoteliers, dass sie mit stärker automatisierten Abläufen geringere Personalkosten und damit weniger Probleme gehabt hätten.

Das Ohr nah an der Branche

Wer Software anbietet, muss schnell auf die Wünsche seiner Kunden reagieren können. Der innovationsorientierte Geschäftsführer leitet daher regelmäßig ein „Kundengremium“: Dabei versammelt er einige Hoteliers an einem Tisch, und man tauscht sich zu drängenden Themen des Geschäftsfelds aus. Aus solchen Runden ergeben sich immer wieder Anregungen dazu, wie die Produkte von SoftTec verbessert oder erweitert werden können. „Flache Hierarchien und offene Türen sind die Voraussetzungen dafür, dass solche Vorschläge schnell realisiert werden können“, betont Anschütz.

Gutes Innovationsklima durch kurze Wege

Mitdenken ist bei der SoftTec GmbH also ausdrücklich erwünscht. Erfährt zum Beispiel ein Kundenbetreuer von einem Problem, das mit der Software bislang nicht gelöst werden konnte, berichtet er davon im wöchentlichen Abteilungstreffen. Von dort findet die Anregung ihren Weg umgehend zur Produktentwicklung – ohne in vielen Hierarchieebenen zu versanden. Umgekehrt werden alle Mitarbeiter ausführlich über das Geschehen im Unternehmen informiert. Das Ergebnis: Alle ziehen an einem Strang, denn sie fühlen sich von der Firma mitgenommen.

SoftTec GmbH
87527 Sonthofen
www.softtec.de
Beschäftigte (D): bis 50
Internet/Multimedia/E-Commerce

Geschäftsführer
Oliver Anschütz

Stadtbau Würzburg GmbH

Digitale Landschaft für Mieter

Als kommunales Wohnungsunternehmen hatte sich die Stadtbau Würzburg GmbH ein ungewöhnliches Ziel gesetzt: Innovation sollte zu einem zentralen strategischen Baustein werden. In der Umsetzung war der Geschäftsführer Hans Sartoris mit seinen Mitarbeitern so erfolgreich, dass sich heute die gesamte Branche bei diesem Mittelständler Anregungen für neue Abläufe holt. Begründet ist die Erfolgsgeschichte in einem innovationsfördernden und vorausschauenden Top-Management sowie in einem ausgezeichneten Innovationsklima.

Sartoris sagt selbstbewusst: „Wir sind in der Wohnungswirtschaft einer der Vorreiter." Mit ihrem hohen Digitalisierungsgrad sei die Stadtbau Würzburg auch vielen privaten Wohnungsunternehmen überlegen. In der Praxis erleichtert dies das Leben von mehr als 12.000 Mietern, die vom Ein- bis zum Auszug jeden Schritt online auf einem Internetportal erledigen können: Besichtigung, Abrechnung, Schadensmeldung. Fast die Hälfte der mehr als 5.300 Haushalte nutzt diese Möglichkeit bereits, das ist Rekord in Deutschland. Digital sind sogar die Schwarzen Bretter in den Hauseingängen: Bildschirme liefern tagesaktuelle Informationen wie anstehende Reparaturen oder den aktuellen Busfahrplan. Auch die Arbeit der Hausmeister hat sich geändert. So geben sie heute eine Reparatur automatisch in Auftrag, sobald sie mit dem Handy ein Foto des Schadens gemacht haben.

Die Kunden kommen im Moment von allein

Die Stadtbau Würzburg GmbH ist das größte Immobilienunternehmen in Würzburg. Ihr Kerngeschäft ist die Pflege und die Bewirtschaftung ihres Wohnungsbestands. „Innovation ist heute ein fester Bestandteil unserer Firmenidentität", erklärt Sartoris. Zwar habe das Top-Management diese Strategie ausgegeben, aber leben müssten das alle Mitarbeiter. Vor ungefähr zehn Jahren hatte sich die Unternehmensleitung vorgenommen, zum Innovationsführer zu werden. Ein ungewöhnlicher Schritt, zumal man sich derzeit um Neukunden weniger bemühen muss, denn der Wohnungsmarkt ist eher angespannt. „Wir wussten aber, dass die Digitalisierung auch auf uns zukommt. Da wollten wir sie frühzeitig selbst gestalten und so die Zukunft sichern", erklärt der Geschäftsführer.

Neuerungen müssen alle mittragen

Damit die Ideen des Managements intern auch angenommen werden, hat die Geschäftsleitung alle Mitarbeiter einbezogen. Bei der digitalen Umgestaltung wurden sogar Organisationspsychologen zurate gezogen, die die Menschen und die Prozesse begleitet haben. Es gab Workshops mit der gesamten Belegschaft, in denen sich jeder mit Vorschlägen einbringen konnte. Gemeinsam definierte man sechs Zukunftsfelder, die weiterhin regelmäßig bearbeitet werden – in einem fruchtbaren Innovationsklima.

Stadtbau Würzburg GmbH
97070 Würzburg
www.stadtbau-wuerzburg.de
Beschäftigte (D): 51 bis 200
Wohnungswirtschaft

Geschäftsführer
Hans Sartoris

Steinbacher-Consult ist ein unabhängiges Ingenieurbüro. Seine Dienstleistungen umfassen Planung und Beratung, Projektentwicklung und Projektsteuerung auf vielen Gebieten, etwa auf dem der Wasserversorgung oder der regenerativen Energien.

Steinbacher-Consult Ingenieurgesellschaft mbH & Co. KG

Hand in Hand mit der Wissenschaft

Der Geschäftsführer Frank Steinbacher beschreibt die Erwartungen an seine Belegschaft so: „Wir brauchen für jedes Projekt neue Ideen." Die Steinbacher-Consult Ingenieurgesellschaft mbH & Co. KG plant und entwickelt Projekte in diversen Gebieten wie Verkehr, Wasser, Mobilität, Energie oder Landschaftsbau. Sehr oft benötigt sie dazu neue Technologien – und die müssen erst einmal gefunden werden. Kein Problem: Das Top-Management hat ein prima Innovationsklima geschaffen, das es gemeinsam mit der Belegschaft lebt und in dem Ideen sprießen.

Die Kunden der Steinbacher-Consult wollen individuelle Lösungen, für die es oft noch keine Vorlage gibt. Daher ist ein wichtiger Teil der Strategie des Top-Managements die Zusammenarbeit mit der Forschung und der Wissenschaft. Der Chef lebt dies selbst vor: Als Lehrbeauftragter unterrichtet Frank Steinbacher Studenten im Wasserbau. Kontinuierlich geht seine Firma Kooperationen mit Forschungseinrichtungen und Universitäten ein. So gelangen neue Ergebnisse und Ideen ins Haus. Die sind die Voraussetzung dafür, dass man den Kunden immer wieder Neuheiten anbieten kann. „Wer vorn dabei sein will, darf keine Kataloglösungen bieten", sagt er.

In die Ideen der Mitarbeiter investieren

„Diese Einstellung versuchen wir im Alltag vorzuleben. Und die wünschen wir uns auch von unseren Mitarbeitern", erklärt Steinbacher. Er teilt diese Ansicht mit seiner Schwester Bettina, mit der er die vom Vater gegründete Firma leitet. Ihr Unternehmen sehen die beiden als „modernen Inkubator innovativer Projektideen". Aus diesem Grund gewähren sie ihren Mitarbeitern viel Freiraum und investieren auch in ihre Weiterentwicklung. Und so entstehen durch die Integration wissenschaftlicher Erkenntnisse innovative Projekte, etwa die weltweit größte Ladestation für Elektromobilität an der Autobahn zwischen Augsburg und München. Steinbacher entwickelte für das ambitionierte Projekt eine völlig neue Netztechnik.

Impulse von außen

Die Orientierung nach außen findet bei diesem Mittelständler auf vielen Ebenen statt: Immer wieder kommen beispielsweise Studenten ins Haus, um fest an Projekten mitzuarbeiten. Sie absolvieren nicht einfach ein Praktikum, sondern bleiben für intensive sechs Monate. Diese Austauschprogramme mit Universitäten garantieren der Firma einen steten Zustrom neuen Wissens und neuer Erfahrungen. „Innovation entsteht durch Austausch sowie durch die Impulse anderer", sagt Steinbacher. Kommunikation ist ihm besonders wichtig – auch seine Mitarbeiter fordert er dazu ausdrücklich auf.

Steinbacher-Consult Ingenieurgesellschaft mbH & Co. KG
86356 Neusäß
www.steinbacher-consult.com
Beschäftigte (D): über 200
Engineering

Geschäftsführer
Frank Steinbacher

Strama-MPS Maschinenbau GmbH & Co. KG

★★

Prall gefüllte Auftragsbücher

Erfolgreiche Sondermaschinenbauer müssen von Haus aus kreativ sein, denn ihre Kunden brauchen individuelle Konzepte und nichts von der Stange. Der Strama-MPS Maschinenbau GmbH & Co. KG gelingt das selbst während der Coronapandemie so gut, dass ihre Auftragsbücher noch besser gefüllt sind als im bisherigen Rekordjahr 2018. Dazu trägt auch die „Technology Unit" bei, eine Organisationseinheit, die Innovationserfolge von Produkten und Geschäftsmodellen gezielt vorantreibt.

Während die Maschinenbaubranche insgesamt unter enormem Druck steht, läuft es bei Strama-MPS rund. Sogar der Umsatz im Automotivebereich steigt, da sich die Firma rechtzeitig auf die Zukunftsmärkte E-Mobilität und Sensorik fokussiert hat. Für diese wachsenden Segmente bringt sie bedeutsame Produkte auf den Markt, etwa einen Laserbonder, der gemeinsam mit einem Kunden und einem Fraunhofer-Institut entwickelt wurde. Damit eröffnen sich neue Möglichkeiten, Batteriezellen für E-Autos robust und leistungsfähig zu verbinden. Großes Interesse weckten auch von Strama-MPS installierte Batteriemontagelinien in China; sie führten zu vielen Neuanfragen.

Kräfte bündeln

Alle Aktivitäten in Sachen Digitalisierung, Standardisierung und Beschäftigung mit neuen Geschäftsmodellen, Branchen und Produkten bündelt Strama-MPS in ihrer „Technology Unit". Doch nicht immer geben ganz spezifische Kundenprobleme den Anstoß dazu, dass sich die Mitarbeiter mit vielversprechenden Aufgabenfeldern befassen. Vielmehr verwendet die kreative Organisationseinheit 70 % ihrer Kapazität darauf, zukunftsweisende Ideen ohne konkreten Kundenbezug zu bearbeiten.

Chancen ergreifen

Zielorientiert und verantwortungsvoll reagierte man 2020 auch auf den anfänglichen Engpass bei Coronaschutzmasken: Im Mai stieg das Unternehmen kurzerhand in die Maskenproduktion ein, zunächst, um die eigenen Mitarbeiter zu versorgen und aus gesellschaftlicher Verantwortung für die Region. Seit Oktober 2020 sind nun sechs Maschinen mit einer jährlichen Kapazität von etwa 150 Millionen Masken in Betrieb. Der erste Auftrag für die automatisierte Produktion von Coronaschnelltests ist auch schon im Haus. Denn Strama-MPS hat eine sich bietende Chance dafür genutzt, ein weiteres Geschäftsfeld im medizintechnischen Bereich aufzubauen – kreativ und vorausschauend, wie man es von diesem erfolgreichen Sondermaschinenbauer gewohnt ist.

Strama-MPS Maschinenbau GmbH & Co. KG
94315 Straubing
www.strama-mps.de
Beschäftigte (D): über 200
Anlagen-/Maschinenbau

Geschäftsführer
Herbert Wittl und Helmut Petzko

TOP 100

Strobl Pumpen GmbH & Co. KG

Im Team zum richtigen Dreh

Ob Fahrzeug, Waschmaschine oder Ölplattform: Kreiselpumpen befördern Flüssigkeiten über ein rotierendes Laufrad, und zwar in unterschiedlichsten Anwendungen. Das Prinzip wurde schon vor Langem erfunden, die Branche ist geprägt von traditionsreichen Herstellern. In diesem Umfeld wirkt die erst 2006 gegründete Strobl Pumpen GmbH & Co. KG wie ein Start-up, das dank eines fruchtbaren Innovationsklimas offen für neue Technologien ist und sie gewinnbringend einsetzt.

„Das haben wir schon immer so gemacht!" – dieser Satz, der jede Veränderung im Keim erstickt, ist bei der Strobl Pumpen tabu. Stattdessen verfolgt Christoph Strobl, der das Unternehmen gemeinsam mit seinem Vater Robert Strobl gründete und leitet, ein anderes Motto: „Unsere Mitarbeiter sollen fragen, warum wir etwas immer schon so machen und ob es nicht besser geht." Um das auszuprobieren, erhält das Team die entsprechenden Ressourcen, beispielsweise einen 3-D-Drucker.

Schneller und günstiger fertigen

Seit jeher fräst man im Pumpenbau die Gussformen, die fürs Gießen der Laufräder und Schaufeln benötigt werden, maschinell aus Alu- oder Kunststoffblöcken heraus. Das ist ein sehr aufwendiges Verfahren. Ginge es mittels additiver Fertigung nicht besser? Es reichte die vage Idee einiger Mitarbeiter, Einzelteile für die Gussmodelle vielleicht drucken zu können, um die Geschäftsführung vom Kauf eines 3-D-Druckers zu überzeugen. Das hat sich gelohnt: Heute druckt man Prototypen, Designmuster, Ausstellungsstücke – und eben auch die Laufradschaufeln für die Gussmodelle. Dabei spart die junge Firma pro Laufradmodell mehrere Hundert Euro, fertigt bis zu vier Wochen schneller als bisher und ist in der traditionsbehafteten Branche ein echter Vorreiter.

Gemeinsam zum Erfolg

Um den Start-up-Spirit zu erhalten, fördern die Verantwortlichen das Teamgefühl in der Belegschaft: Gewinnabhängige Sonderprämien werden an alle in derselben Höhe ausgezahlt, denn jeder trägt zum Erfolg bei. Geschäftsführung, Vertrieb und Entwicklung setzen die strategischen Leitplanken, indem sie etwa erfolgversprechende Branchen identifizieren, zum Beispiel die regenerativen Energien. Gemeinsam tüfteln dann mehrere Mitarbeiter daran, wie sich die vorhandenen Pumpen aus der Ölindustrie an den Bedarf von Windparks anpassen lassen. Die Arbeitsgruppen sind heterogen und hierarchiefrei, denn Neuerungen für die oft kundenspezifischen Anforderungen stecken im Detail. Dafür den richtigen Dreh zu finden gelingt nur einem guten Team.

Strobl Pumpen GmbH & Co. KG
91161 Hilpoltstein
www.strobl-pumpen.de
Beschäftigte (D): bis 50
Anlagen-/Maschinenbau

Geschäftsführer
Christoph und Robert Strobl

Testifi GmbH

★★

Disziplinierte Freiheit

Freiheit und Disziplin scheinen nicht zusammenzupassen. Doch dass die Kombination aus beidem unschlagbar ist, zeigt sich bei der Testifi GmbH: Einerseits haben ihre Mitarbeiter viel Freiraum, wenn es darum geht, kreativ zu sein und neue Ideen zu verfolgen. So können sie sich zum Beispiel einen Tag pro Woche fortbilden und sich mit Themen jenseits der täglichen Routine beschäftigen. Andererseits wissen sie aber auch, dass im Rahmen der agilen Softwareentwicklung Geschwindigkeit zählt und Ergebnisse gefragt sind – und dafür ist Disziplin nötig.

Dieser Mix aus Freiheit und Verantwortungsbewusstsein prägt das Innovationsklima des Unternehmens: Man hat Freiheiten, muss und will aber dennoch liefern. „Wenn wir vorankommen wollen, dürfen wir nicht nur neue Ideen entwickeln, wir müssen sie auch realisieren. Wir müssen planen, experimentieren, kleine Schritte gehen, pragmatisch bleiben und uns stets Neuem anpassen", erläutert der Geschäftsführer Daniel Burns. Mit seiner Geschäftsidee, der Automatisierung von Softwaretests, begann die beeindruckende Erfolgsgeschichte von Testifi. Selbst viele umsatzstarke Großunternehmen zählen inzwischen zu den Stammkunden des innovativen Start-ups.

Optimierungspotenzial ausschöpfen

Die Automatisierung und die Demokratisierung von Softwaretests ist das Kernanliegen dieses Mittelständlers. Daniel Burns ist davon überzeugt, dass die Tests für jedes Unternehmen interessant sind, das eine ERP-Software nutzt und anpassen will. Die automatisierten Softwaretests helfen den Kunden auch, die Prozesse im Unternehmen zu verbessern: Das Optimierungspotenzial liegt teilweise bei bis zu 40 %. „Unsere Tests vereinfachen und verbessern die menschliche Zusammenarbeit. Die Beschäftigten müssen sich nicht mehr um komplexe Softwareprobleme kümmern. Sie können sich ganz auf die Teamarbeit konzentrieren, was deren Qualität natürlich deutlich erhöht", betont Burns.

Zukunftsfaktor künstliche Intelligenz

Langfristig geht es darum, den kompletten Entwicklungsprozess von Software zu verändern. Idealerweise wird der Test künftig bereits gemacht sein, bevor die Softwareentwicklung beginnt. Um die Testprogramme selbstlernend zu gestalten, setzt Testifi stark auf künstliche Intelligenz und beschäftigt deshalb bereits einige Spezialisten auf diesem Gebiet. Auch sie genießen sämtliche Freiräume, die ihnen geboten werden, bringen das Unternehmen aber auch mit viel Disziplin weiter nach vorn.

Testifi GmbH
81739 München
www.testifi.io
Beschäftigte (D): bis 50
IT-Entwicklung/-Beratung

Geschäftsführer
Daniel Burns

TOP 100

to.eyes GmbH

Geschäftsmodell mit Weitblick

Klein und wendig sein: Das ist das Erfolgsrezept der to.eyes GmbH. Dieser Marketingdienstleister für Augenoptiker bemüht sich nicht erst seit der Coronakrise gezielt um Innovation, zudem schärft er kontinuierlich sein Geschäftsmodell. So entwickeln die rund 20 Beschäftigten dank ihrer weitreichenden Branchenexpertise und der großen Nähe zum Kunden immer wieder neue Ideen – und realisieren sie beherzt in innovativen Prozessen. Auch der Mut zur Digitalisierung macht Neues möglich, zum Beispiel datenbasiertes Marketing.

Auch Krisen können zu Innovation führen, wie das Team von to.eyes beweist: Vor einigen Jahren wurde dem Geschäftsführer Bastian Schnuchel klar, dass klassische Werbung mit bunten Bildern und markigen Slogans für eine erfolgreiche Zukunft des Unternehmens nicht mehr ausreicht. Er beleuchtete daraufhin mit seinem Team den Markt, analysierte die Bedürfnisse seiner Kunden, hinterfragte das eigene Geschäftsmodell und leitete systematisch einen Kurswechsel ein. „Heute verfolgen wir sehr intensiv die gezielte Entwicklung von Innovationen – ob im Kleinen oder im Großen. Wir wollen in Zukunft mit innovativen Produkten den Nutzen für unsere Kunden steigern und dabei die Möglichkeiten moderner Technik ausschöpfen“, betont Schnuchel.

Wissen, wann die neue Brille fällig ist

So beweist das Unternehmen viel Mut zur Digitalisierung – zum Beispiel mit datenbasierten Analysen und Marketingkonzepten oder mit Absatz- und Kundenprognosen auf der Basis künstlicher Intelligenz: „Augenoptiker verfügen über große Datenpools. Wir nutzen diese Daten heute schon mit dem Ziel, unseren Kunden einen Überblick zu verschaffen und die richtigen Maßnahmen auszutüfteln“, sagt Christian Rether, Mitglied der Geschäftsleitung. In Zukunft sollen solche Daten auch helfen, das Kaufverhalten einzelner Kunden gezielt zu prognostizieren und sie so etwa zum richtigen Zeitpunkt dazu zu bewegen, eine neue Brille zu kaufen. „Das dürfte im stationären Einzelhandel einzigartig sein, in der Augenoptikerbranche sind wir damit Innovationsführer“, unterstreicht er.

Kundenfeedback für Innovation nutzen

Dank einer flexiblen Organisation und flacher Hierarchien schaffte es das kleine Team auch während der Coronakrise, Altes zu hinterfragen und Neues auf den Weg zu bringen: „In dieser Zeit haben wir gemerkt, dass Kunden Hilfe bei Onlineterminvereinbarungen benötigen. In kürzester Zeit haben wir sie deshalb mit einer digitalen Lösung unterstützt“, erzählt Bastian Schnuchel. Möglich wurde das auch durch den engen Kontakt zu den Kunden – und durch die Offenheit für neue Ideen, die über das reine Tagesgeschäft hinausgehen.

to.eyes GmbH
87600 Kaufbeuren
www.to-eyes.de
Beschäftigte (D): bis 50
Kommunikation/
Marketing/Medien

Geschäftsführer
Bastian Schnuchel und
Christian Rether

TOP 100	TOP 100	TOP 100
TOP 100	TOP 100	TOP 100
TOP 100	TOP 100	TOP 100
TOP 100	TOP 100	TOP 100
TOP 100	TOP 100	TOP 100

Treffler Maschinenbau GmbH & Co. KG

Niemals etwas nachbauen

In jeder Krise liegt eine Chance. Dieser Satz hat fast etwas Phrasenhaftes; er kann eine Allerweltsweisheit ausdrücken, die nicht recht fassbar ist. Bei der Treffler Maschinenbau GmbH & Co. KG jedoch stimmt er tatsächlich: Die Wirtschaftskrise in den Jahren 2008/2009 war der Startschuss für den Innovations- und Wachstumserfolg dieses Mittelständlers. Denn während der Krise erkannte Paul Treffler jun., dass nur die Entwicklung und die Herstellung eigener Produkte von der Konjunktur der Großindustrie unabhängig machen.

Bis zur Wirtschaftskrise lag der Schwerpunkt der Treffler Maschinenbau in der Auftragsfertigung. Seitdem jedoch überzeugt sie überwiegend mit eigenen Produkten, in erster Linie mit Bodenbearbeitungsmaschinen für den alternativen Landbau und mit patentgeschützten Kleinmühlen für die schonende Herstellung von Vollkornmehl. Produkte, die im Trend liegen – und das ist kein Zufall. „Wir denken immer etwas weiter voraus, nicht nur von heute auf morgen. Schon vor etwa zehn Jahren haben wir uns Gedanken dazu gemacht, wie es weitergeht und wo wir hin wollen“, erläutert der Geschäftsführer Paul Treffler jun.

Maschinen für den ökologischen Landbau

Mittlerweile erzielt das Unternehmen ungefähr 75 % seines Umsatzes mit Eigenprodukten. Den Schwerpunkt bilden Maschinen für den ökologischen Landbau, zum Beispiel ein Präzisionszinkenstriegel für die mechanische Unkrautbekämpfung. Seine Besonderheit: Die Zinken sind absolut strichstabil, sie können nur nach hinten und nach oben nachgeben, aber nicht zur Seite. Dadurch bleiben auf dem Feld keine unbearbeiteten Stellen zurück. Im Sortiment war dieser Striegel schon vor der Wirtschaftskrise, doch bis dahin eher als Nischenprodukt. Erst danach vermarktete Treffler den Striegel aktiv, ebenso wie eine neu entwickelte Präzisionsfederzahnegge und einen Präzisionsgrubber.

Produkte mit Alleinstellungsmerkmal

„Wichtig ist uns, dass wir nur eigene Produkte anbieten, die einmalig sind. Wir bauen nichts nach. Und wir brennen für alles, was wir bauen, weil wir überzeugt davon sind, dass der Kunde dadurch einen echten Mehrwert hat“, betont Paul Treffler jun. Das gilt auch für das zweite Produktsegment des Unternehmens: Ein patentgeschützter „Mühlomat“ hilft Bäckereien bei der schonenden Herstellung von Vollkornmehl, kommt aber auch als Gewürzmühle und bei der Proteingewinnung zum Einsatz. Ob Landmaschinen oder Kleinmühlen – Treffler stellt patentgeschützte Maschinen her, die technologisch führend und in ihrer Art einmalig sind.

Treffler Maschinenbau GmbH & Co. KG
86554 Pöttmes
www.treffler.net
Beschäftigte (D): 51 bis 200
Anlagen-/Maschinenbau

Geschäftsführer
Paul Treffler jun.

Truma ist ein international erfolgreiches Familienunternehmen. Seit seiner Gründung 1949 entwickelt, produziert und vermarktet es Komfortzubehör wie Heizungen, Klimaanlagen und Rangiersysteme für Freizeitfahrzeuge.

Truma Gerätetechnik GmbH & Co. KG

★★★★★

Agil wie ein Start-up

Nach ihrem Gründer Philipp Kreis ist die Truma Gerätetechnik GmbH & Co. KG nicht benannt, ihr Name geht zurück auf den US-Präsidenten Harry S. Truman. Denn es war während seiner Regierungszeit, als Philipp Kreis eine einfache Gaslampe konstruierte, sie schließlich baute und auch vertrieb. 1961 erfand Philipp Kreis dann die Wohnwagenheizung, die das Camping revolutionierte. Sein Enkel Alexander Wottrich ist der heutige Geschäftsführer der Truma Group und schürt das Innovationsfeuer fleißig weiter.

Das Unternehmen ist ein führender Lieferant von Caravanzubehör fürs Heizen, Kühlen und Steuern und überzeugt vor allem in den TOP 100-Bewertungskategorien „Innovationsorientiertes Top-Management" und „Innovationsklima". Die detaillierte Entwicklungsarbeit wird in der GmbH & Co. KG durchgeführt, die Strategie wird jedoch in der neu geschaffenen Group festgelegt. Befreit von den Mühen des Tagesgeschäfts, kann sich dort Alexander Wottrich großen Zukunftsthemen widmen. Die Innovations- und Firmenstrategie trägt maßgeblich seine Handschrift und die des Geschäftsführers Robert Strauß.

Eine Strategie mit vier Säulen

In der Strategie wird die Vision entwickelt, im Caravaningsektor den weltweit besten Kundennutzer zu bieten. Hierfür definierte man vier Strategiesäulen, an denen sich das Unternehmen ausrichtet: Internationalisierung, Digitalisierung, operative Exzellenz und die Positionierung als vernetzter Lösungs- und Systemanbieter. An diesen Zielen orientiert sich die gesamte Gruppe – auch das 2020 neu gegründete, gemeinsame „Innovation Lab nexT". Dessen Team analysiert langfristige Trends und denkt weit in die Zukunft, bündelt aber auch die Forschungs- und Entwicklungsarbeiten der einzelnen Firmen der Gruppe.

Kreativraum und Ideenboard

Nicht nur die Geschäftsführer, auch die Mitarbeiter sind innovativ. Ein Ideenprogramm ermöglicht es ihnen, Verbesserungsvorschläge schnell und unbürokratisch einzubringen, indem sie sie an ein Ideenboard in der Produktion pinnen. Sie stellen also keinen komplizierten Antrag, sondern füllen einfach nur eine Karte aus. Oder sie bringen die Vorschläge bildlich ein: Dafür stellt das Unternehmen eine Kamera bereit. Die Mitarbeiter können sich aber auch aus dem Tagesgeschäft ausklinken und sich für mehrere Tage in einen Kreativraum einbuchen, um im Team gemeinsam neue Ideen zu entwickeln. Dieser Raum trägt den Namen „Garage" – denn obgleich Truma bereits in der Regierungszeit von Präsident Truman gegründet wurde, erinnert ihr Innovationsklima eher an ein Start-up.

Truma Gerätetechnik GmbH & Co. KG
85640 Putzbrunn
www.truma.com
Beschäftigte (D): über 200
Caravaning

Geschäftsführer
Lars Ludwig und Markus Heringer

Prof. Dr. Stephan Rammler ist wissenschaftlicher Direktor des IZT – Instituts für Zukunftsstudien und Technologiebewertung. Er ist Experte für postfossile Mobilität und forscht aktuell zum Zusammenhang von Digitalisierung und Nachhaltigkeit. Weitere Arbeitsschwerpunkte sind Energie- und Innovationspolitik, Fragen kultureller Transformation und zukunftsfähiger Umwelt- und Gesellschaftspolitik sowie Unternehmens- und Politikberatungen.

Die Zukunft der Zukunft

Welche Lehren zieht die Zukunftsforschung aus der Coronakrise? Welche gesellschaftlichen, staatlichen und politischen Veränderungen sind jetzt nötig? Und wie sollten Unternehmen die Weichen für die Zukunft stellen? Viele Fragen, die offen sind. **Prof. Dr. Stephan Rammler** wagt für uns den Blick in die Glaskugel und erklärt, warum Resilienz und Nachhaltigkeit entscheidend sind, wenn die Zukunft gelingen soll.

Ob akut wie Covid-19 oder schleichend wie die anwachsende Klimakatastrophe: Krisen sind kein Ausnahmezustand mehr – sie werden ständige Begleiter einer zukünftigen Welt sein.

Schon vor Corona genügte ein Blick in die Zeitung, um zu sehen, dass sich die Welt in keinem guten Zustand befindet. Vielfältige soziale, technische, ökonomische und politische Entwicklungen kumulieren zu einem globalen Prozess der Öffnung in eine besorgniserregende Ungewissheit. Bevölkerungswachstum und Urbanisierung, massive Nachhaltigkeitsrisiken auf einem begrenzten Planeten, neue geopolitische Konfliktlinien, Migration, politischer Extremismus, aggressive Individualisierung, der sich zuspitzende Generationenkonflikt und schließlich die alles durchdringende Digitalisierung weisen auf eine zunehmend chaotische Transformationsdynamik hin.

Pandemische Einsichten

Die Pandemie hat diese Situation weiter zugespitzt und den Illusionismus des Immer-weiter-so erodiert. Sie hat als Katalysator neuer Einsichten gewirkt, als Brennglas sozialer Bruchlinien, als Reallabor für Innovationen. In ihrem Verlauf macht die Krise überdeutlich, welche enorme Komplexität an wechselwirksamen Abhängigkeiten unsere globale Zivilisation erreicht hat. Die Krise offenbart gesellschaftliche Strukturschwächen und Dysfunktionalitäten und verschärft bestehende Ungleichheiten. Falls wir es vor der Pandemie nicht sehen wollten, so führt heute an dieser Erkenntnis kein Weg vorbei: Wir leben in einer vulnerablen Welt. Gesellschaften sind nur in einem sehr eng definierten Funktionsraum stabil. Und es sind vor allen die ungleichen und ungerechten Gesellschaften mit einer schwachen staatlichen Daseinsvorsorge und sozialen Fürsorge, die besonders schnell instabil werden. Ob akut wie Covid-19 oder schleichend wie die anwachsende Klimakatastrophe: Krisen sind kein Ausnahmezustand mehr, sondern werden ständige Begleiter einer zukünftigen Welt sein, die durch disruptiven wie dynamischen kontinuierlichen Wandel und das stete Bemühen um gesellschaftliche Adaption geprägt sein wird. Die tiefe soziale Akzeptanz dieser Vulnerabilität und der Unvermeidbarkeit von Anpassungsstrategien sowie der vorausschauende Umgang mit Störereignissen und systemischen Großrisiken sollten zukünftig die Grundlage für die Gestaltung einer zukunftsfähigen und sicheren Gesellschaft sein. Man kann diese Doppelstrategie als „transformative Resilienz" bezeichnen.

Transformative Resilienz

„Resilienz" bezeichnet die Widerstandsfähigkeit und Festigkeit eines Individuums, eines Unternehmens, einer Gesellschaft oder einzelner ihrer Funktionssysteme gegenüber Störungen, Krisen und Katastrophen. Diese struktur-funktionale Konnotation fokussiert auf die Stabilität eines Systems. In einer zukünftigen chronisch komplexen und volatilen Welt könnte es erforderlich werden, auf eine funktional-strukturelle Perspektive umzustellen. Will sagen, soziale Systeme werden in Zukunft permanente strukturelle Rekombinationen ihrer inneren Verfasstheit vornehmen müssen (Adaptivität, Agilität, Reversibilität, Flexibilität), um ihrem funktionalen Auftrag weiterhin gerecht werden zu können. Auf der operativen Ebene bezeichnet das Konzept der transformativen Resilienz genau diese Eigenschaft von resilienten Systemen mit Blick auf eine Welt in permanentem und hochvolatilem Wandel. Konkrete Beispiele für unternehmerische Adaption an die hohe Verletzlichkeit global operierender Wertschöpfung sind Strategien der Re-Regionalisierung logistischer Ketten, die Wiedervertiefung der vertikalen Integration oder die Anwendung digitaler Alternativen zur globalen Logistik, beispielsweise die verstärkte Nutzung von Remote-Technologien oder der 3-D-Druck.

Primat der Politik: Vorsorgendes Regieren

Für den Staat, der in der Coronapandemie zum Hauptakteur des akuten Krisenmanagements wurde, bedeutet dies, dass seine Rolle als vorsorgender Gestalter lebenswerter und krisenfester Zukünfte wieder enorm an Bedeutung gewinnt. Staat und Politik werden sich in der (Wieder-)Aneignung dieser Rolle vor allem in der vorrangigen sozial-ökologischen Transformation bewähren müssen, um nicht nur resiliente, sondern auch nachhaltige Konzepte hervorzubringen. Bislang erleben wir das Gegenteil davon. Die aktuell sichtbaren Resilienzstrategien zur Bewältigung der Pandemie setzen die Nachhaltigkeitspolitik unter enormen Druck. Die Diskussionen über die Ausrichtung der Coronakonjunkturpakete zeigen: Im Krisenfall drohen Themen wie Klimaschutz und Nachhaltigkeit für eine schnelle Stabilisierung der Wirtschaft hin zu neuem Wachstum aufs Spiel gesetzt zu werden. Resilienzstrategien dienen also keinesfalls automatisch dem sozio-ökologischen

Umbau, sondern erscheinen als neuer Austragungsort vielschichtiger Zielkonflikte, vor allem zwischen kurzfristigen konjunkturpolitischen und langfristigen nachhaltigkeitspolitischen Interessen.

Für die Konzepte zur Bewältigung der Pandemiefolgen wird es entscheidend sein, dass sie an globalen Nachhaltigkeitszielen ausgerichtet werden. Die Neuorientierung in der Krisensituation muss eine unwiderrufliche Weichenstellung in Richtung Nachhaltigkeit sein. Schon allein deswegen, weil durch das bisherige Versagen in der Klima- und Nachhaltigkeitspolitik zukünftig weitere massive Vulnerabilitäten drohen, die weit über die Brände in Kalifornien und im brasilianischen Pantanal, die Hurricanes in der Karibik oder die Wasserknappheit und das Waldsterben in Deutschland hinausgehen. Durch weitere Investitionen in klassisches fossiles Wachstum und ressourcenhungrigen Konsum wird diese Entwicklung nur noch verstärkt anstatt korrigiert. So betrachtet, kann die Coronapandemie als ein ungewünschter, aber letztlich hilfreicher Pfadbruch wirken. Nachhaltigkeit ist seit jeher ein Konzept, das durch das Zusammendenken von wirtschaftlichen, sozialen und ökologischen Dimensionen eine grundsätzlich höhere Resilienz von Systemen verspricht. In diesem Sinne sollten Nachhaltigkeitsstrategien zukünftig weitaus stärker als Krisenbewältigungs- und Zukunftsprogramm verstanden, öffentlich erklärt, legitimiert, kommuniziert und strategisch ausgebaut werden, um künftigen Krisen mit Vorausschau und Vorsorge begegnen zu können.

Eine zentrale Aufgabe für die Umwelt- und Nachhaltigkeitspolitik besteht darin, eine neue Qualität an Handlungsfähigkeit für das politische Management komplexer Systeme aufzubauen. Es erfordert Datenreichtum und Tools für wissenschaftsbasierte Politikansätze sowie neue und erweiterte Kompetenzen der Zukunftsvorausschau, des System- und Transformationsdesigns und des Resilienzmanagements. Auf diese Weise wird Resilienz als strategische Denkfigur in den Nachhaltigkeits- und Transformationsdiskurs integriert. Dieser Ansatz legt den Schwerpunkt auf aktive Anpassungsstrategien, Katastrophentransformation und vor allem auch auf soziale Innovationen und zivilgesellschaftliche Subsidiarität und kooperative Entscheidungsfindung.

Dieser Umbau bei vollem Betrieb der überkommenen gesellschaftlichen Institutionen und Systeme – gleichsam die Situation eines Schiffs, das auf hoher See bei vollem Seegang umgebaut, repariert und widerstandsfähig gemacht werden soll – wird nicht leicht sein. Alternativlos ist er heute allemal.

Überörtliche Gemeinschaftspraxis Irene & Andreas Klinkisch Zahnärzte

Mit Laser und Lachgas

Zuerst waren sie zu dritt – mittlerweile haben sie mehr als 40 Mitarbeiter. Die Überörtliche Gemeinschaftspraxis Irene & Andreas Klinkisch ist eine der am raschesten wachsenden Zahnarztpraxen Deutschlands. Die beiden Praxisinhaber haben sich ganz der schmerzarmen Laserbehandlung verschrieben und gehören zu den ersten Zahnärzten in Deutschland, die hierfür eine umfassende, mehrjährige internationale Masterausbildung an der Laser & Health Academy absolviert haben. Die Grundlage ihres Innovationserfolgs ist eine kontinuierliche Fort- und Weiterbildung.

„Zusammen mit einem Kollegen aus Karlsruhe waren meine Frau und ich die ersten Zahnärzte in Deutschland überhaupt, die eine dreijährige internationale Masterfortbildung im Bereich der Laserzahnmedizin gemacht haben", erzählt Andreas Klinkisch. Inzwischen setzen die beiden diese Technologie in ihrer Praxis ein, außerdem leiten sie Fortbildungen zu dem Thema und referieren auf Laserkongressen. Innovativ sind die Zahnärzte aber nicht nur bei neuen Behandlungsmethoden, sondern auch bei der Organisation ihrer Praxis: Sie bieten Onlinesprechstunden an, Early-Bird-Termine für die Zeit zwischen 7 und 8 Uhr, Business-Sprechstunden am Abend bis 20 Uhr und sogar Wochenendtermine.

Konsequente Spezialisierung

Ein weiteres Erfolgsrezept ist die konsequente Spezialisierung innerhalb der Gemeinschaftspraxis. Ob Laser- oder Wurzelkanalbehandlung, Zahnchirurgie oder Kinderzahnheilkunde, Parodontosebehandlung oder Funktionsdiagnostik – für jedes Gebiet finden sich im Team die passenden Experten. Irene Klinkisch beispielsweise ist auf Kinder und Jugendliche spezialisiert und tut alles dafür, ihnen einen angstfreien Zahnarztbesuch zu ermöglichen. Auch vor größeren Eingriffen gibt sie oft keine Spritze, sondern zieht eine schonende Teilbetäubung mit Lachgas vor.

Immer am Ball bleiben

In der Praxis, die auch von zahlreichen Patienten aufgesucht wird, die nicht aus der Region Oberfranken kommen, behandelt man mittlerweile 30 % bis 40 % aller Patienten per Laser. Dies ist fast schmerzlos, sodass praktisch keine Spritze notwendig ist. Zudem verbessert der Einsatz von Lasern nach chirurgischen Eingriffen die Wundheilung, und er reduziert das Infektionsrisiko. Doch Hightech allein führt nicht zum Erfolg, gefragt ist fachliche Kompetenz. „Wir legen viel Wert darauf, dass wir immer am Ball bleiben und uns permanent fortbilden", berichtet Irene Klinkisch. Die Vorteile von Laser und Lachgas kommen schließlich nur zum Tragen, wenn die Zahnärzte auch damit umgehen können.

Überörtliche Gemeinschaftspraxis Irene & Andreas Klinkisch Zahnärzte
95466 Weidenberg
www.praxis-klinkisch.de
Beschäftigte (D): bis 50
Gesundheitswesen

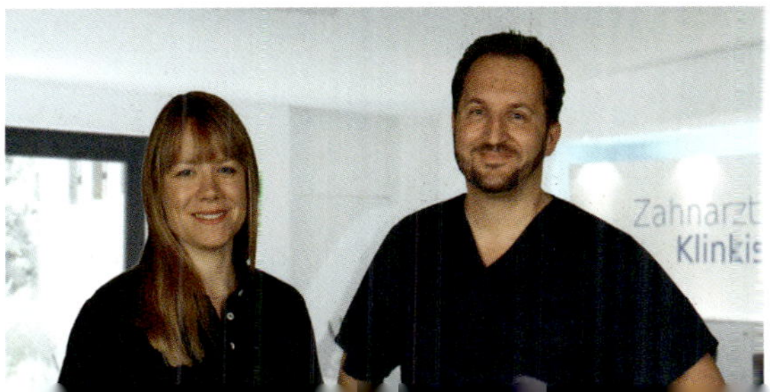

Praxisinhaber
Irene und Andreas Klinkisch

UWS Technologie ist ein führender Hersteller von Produkten für die Heizwasseraufbereitung. Schwerpunkte sind die Befüllung, die Nachspeisung und die Reinigung von Heizanlagen – und seit 2019 auch die Trinkwasserhygiene.

UWS Technologie GmbH

Keine Chance für Keime

Ein Lockdown ist nicht nur für Menschen schwer zu ertragen, auch für Wasserrohre bedeutet monatelanger Stillstand einen echten Härtetest. Die UWS Technologie GmbH hat während der Coronapandemie rasch reagiert: Die Spezialistin für Heizwasseraufbereitung hat sich in das Thema Trinkwasserhygiene eingearbeitet und einen beachtlichen Innovationserfolg erzielt – eine Maschine, die Desinfektionsmittel für Trinkwasser direkt am Einsatzort herstellen kann.

Zu dritt und in einer Garage – so startete das Unternehmen seine Erfolgsgeschichte. „Noch im Jahr 2010 waren wir hier nur zu dritt. Mein Vater und ich haben uns um die Technik gekümmert, und dazu kam noch unser Vertriebsleiter“, erzählt der Geschäftsführer Steffen Breitmoser. Seitdem hat sich die UWS Technologie GmbH, die inzwischen mehr als 50 Beschäftigte hat, eine beachtliche Marktposition erarbeitet. Sie ist vor allem in der Heizwasseraufbereitung tätig und bietet sowohl für Handwerker als auch für Verbraucher die entsprechende Systemtechnik an. „In der DACH-Region, in den Beneluxstaaten und in Frankreich gibt es mittlerweile etwa 5.000 bis 6.000 Handwerker, die mit unseren Systemen arbeiten“, berichtet Steffen Breitmoser. Ein Markterfolg, der aufhorchen lässt und sich vor allem durch den technischen Vorsprung erklärt.

Die beste Technologie

Die Heizwasseraufbereitung ist durch eine VDI-Richtlinie geregelt und hilft, den Energieverbrauch einer Heizung niedrig zu halten. Die UWS Technologie – der Name steht für „unser Wasser sicher“ – hat die Aufbereitung zwar nicht erfunden, aber optimiert. „In unseren Augen und in den Augen unserer Kunden haben wir dafür die beste Technologie im Angebot“, betont der Geschäftsführer Hans-Georg Breitmoser.

Desinfektionsmittelherstellung vor Ort

Seit Kurzem ist man auch in der Trinkwasserhygiene tätig und hilft Hotels, Schulen und anderen Einrichtungen, mit Desinfektionsmitteln gegen Keime wie Legionellen in den Rohrleitungen vorzugehen. Eine echte Innovation ist dabei, dass Großverbraucher das Desinfektionsmittel sich nicht in Dutzenden von Kanistern kommen lassen müssen, sondern es selbst herstellen können. Die Maschinen dafür können sie von UWS Technologie anmieten. Ein innovatives Konzept, das am Markt eingeschlagen hat: Mehr als ein Dutzend der Mietmaschinen, die UWS Technologie selbst herstellt, sind bereits im Einsatz. Mittelfristig sollen 100 davon zur Verfügung stehen und direkt vor Ort dafür sorgen, dass Keime keine Chance haben.

UWS Technologie GmbH
91610 Insingen
www.uws-technologie.de
Beschäftigte (D): 51 bis 200
Klima/Sanitär/Heizung

Geschäftsführer
Steffen und
Hans-Georg Breitmoser

V-Bank AG

Aufs Engste miteinander verknüpft

Wenn die Initiatoren der V-Bank AG, die 2008 gegründet wurde, geahnt hätten, dass ihr Gründungsjahr von einer gewaltigen Finanzkrise überschattet sein würde, hätten sie ihr Unternehmen vielleicht nie an den Start gebracht. Im Nachhinein stellte sich diese Krise für die Bank als Glücksfall dar, denn sie zeigte: Groß ist nicht immer besser. Der Finanzdienstleister, der bei TOP 100 in den Kategorien „Innovative Prozesse und Organisation" und „Außenorientierung" überzeugt, kooperiert inzwischen eng mit mehr als 400 unabhängigen Vermögensverwaltern.

Viele dieser unabhängigen Vermögensverwalter konnten nach der Finanzkrise einen enormen Kundenzustrom verzeichnen, denn immer mehr vermögende Anleger misstrauten den traditionellen Banker. Die V-Bank AG hat ihr Geschäftsmodell auf diese Vermögensverwalter ausgerichtet und es gemeinsam mit ihnen entwickelt. „Unser Konzept ist, dass ein unabhängiger Vermögensverwalter das Vermögen seiner Kunden verwaltet, und wir machen die Abwicklung – vor allem die Depotverwaltung und das Transaktionsgeschäft", erklärt der Vorstand Stefan Lettmeier.

Impulse aus dem Kundenbeirat

Viele Vermögensverwalter waren früher selbst bei einer Bank beschäftigt und waren es leid, vorgegebene Produkte verkaufen zu müssen. „Wir hingegen lassen den Vermögensverwaltern ihre Unabhängigkeit. Sie können aus dem kompletten Anlageuniversum auswählen", sagt Lettmeier. Einige der Vermögensverwalter, mit denen die V-Bank zusammenarbeitet, bilden einen Kundenbeirat und geben der Bank so Impulse für Innovationen. Um die Herausforderungen der Branche zu verstehen, finanziert die V-Bank zudem Forschungsprojekte des „Instituts für Vermögensverwaltung", das zur Technischen Hochschule Aschaffenburg gehört.

Digitaler Marktplatz

Die Bedürfnisse der Kunden zu verstehen ist ein Teil des Erfolgsgeheimnisses dieses Finanzdienstleisters. Ebenso wichtig ist es, einfache Prozesse aufzusetzen und die eigene IT mit ihren Schnittstellen an den Kundenanforderungen auszurichten. Deshalb begann man vor zwei Jahren damit, IT-Leistungen nicht mehr zuzukaufen, sondern eine eigene IT-Abteilung aufzubauen. Sie entwickelte die digitale Vermögensverwaltung, mit der Bestandskunden effizienter geführt und neue Zielgruppen erschlossen werden können. Zudem kann ein Zuführergeschäft auf digitaler Basis aufgebaut werden. So vertreibt man auf der Plattform v-check.de im Sinne eines B2B4C-Ansatzes Strategieportfolien ab 25.000 € direkt. Eine Innovation, die zeigt: Der Erfolg der unabhängigen Vermögensverwalter und der Erfolg der V-Bank sind aufs Engste miteinander verknüpft.

V-Bank AG
80335 München
www.v-bank.com
Beschäftigte (D): 51 bis 200
Finanzdienstleistungen/
Versicherungen

Vorstände
Lars Hille, Stefan Lettmeier und Florian Grenzebach

Waldaschaff ist ein Experte für den automobilen Leichtbau mit Stahl und Aluminium, für die Entwicklung, Konstruktion und Fertigung von Karosserie- und Strukturteilen sowie für die Entwicklung komplexer Karosseriestrukturen für Automobile.

Waldaschaff Automotive

Zukunftsmarkt Elektromobilität

Stellen Sie sich vor, Sie fahren mit 180 km/h auf der Autobahn und rüsten in voller Fahrt ihr Fahrzeug um: Sie bauen den Verbrennungsmotor aus und einen Elektromotor ein und fahren trotzdem mit hoher Geschwindigkeit weiter. Unmöglich? Bei einem Einzelfahrzeug sicher. Waldaschaff Automotive jedoch ist eine solch radikale Transformation gelungen: Der Automobilzulieferer mit Sitz im Spessart hat seine Produktion bei voller Fahrt umgebaut und erweitert. Ein Innovationserfolg, der beeindruckt.

Diese Zahlen lassen aufhorchen: Die Waldaschaff-Automotive-Gruppe hat ihre Beschäftigtenzahl in den letzten Jahren mehr als verdreifacht, zwei neue Standorte eröffnet und acht komplett neue Produktanläufe bewältigt. Seit 2020 macht Waldaschaff rund 80 % der Umsätze mit neuen oder deutlich verbesserten Produkten – und das soll auch in den kommenden Jahren so bleiben. Zu den Highlights bei den Produktinnovationen gehören Hochsicherheitsbatteriekästen für Elektrofahrzeuge, darunter der Batteriekasten für den Porsche „Taycan", eines der Vorzeigemodelle der deutschen Automobilindustrie.

Intelligente Produktionsprozesse

Für ein solches High-End-Automobil ein Bauteil zu entwickeln ist bereits eine Herausforderung. Noch anspruchsvoller ist es jedoch, diesen Batteriekasten auf einer hoch automatisierten, gut 100 Meter langen Fertigungsstraße mittels modernster Roboter digital gesteuert herzustellen. Der Batteriekasten muss hermetisch dicht und unfallsicher sein und über genau definierte Korrosions- und Biegeeigenschaften verfügen. Dafür sind aufwendige Fertigungstechnologien nötig, unterschiedliche Schweiß- und Klebetechniken sowie innovative Oberflächenbeschichtungen. Solche intelligenten industriellen Produktionsprozesse zu schaffen ist die Kernkompetenz von Waldaschaff Automotive.

Konsequentes Veränderungsmanagement

Sich als Unternehmen völlig neu aufzustellen – ein solcher Innovationserfolg ist nur möglich, wenn sich auch die Firmenkultur verändert: Eine ausgeprägte Feedbackkultur, eine hervorragende Ausbildung und die Einführung neuer Berufsbilder halfen den Mitarbeitern, mit der Umstellung in der Produktion Schritt zu halten. „Wir haben unseren Transformationsprozess durch ein konsequentes Veränderungsmanagement begleitet, das die Mitarbeiter mitnimmt. Auch das ist innovativ", erläutert der Geschäftsführer Horst Bardehle. Er ist überzeugt davon, dass sein Unternehmen auch in den nächsten Jahren auf Innovations- und Wachstumskurs bleibt.

Waldaschaff Automotive
63857 Waldaschaff
www.waldaschaff.com
Beschäftigte (D): über 200
Automobilzulieferer/
Fahrzeugbau

Geschäftsführer
Horst Bardehle und
Sven Röder

TOP 100

WENZEL Group GmbH & Co. KG

★★★

Beim Schopfe gepackt

Messvorrichtungen für 30 Meter lange Flugzeugteile, aber auch für Miniaturteile im Mikrobereich: Die WENZEL Group GmbH & Co. KG, ein traditionelles Familienunternehmen aus dem Spessart, hat sich auf Koordinatenmesstechnik spezialisiert. Die Geschäftsführerin Dr. Heike Wenzel sowie der Geschäftsführer und Digitalisierungsverantwortliche Prof. Dr. Heiko Wenzel-Schinzer kümmern sich persönlich um das Thema Innovation und reagieren schnell auf aktuelle Trends.

Die beiden Geschäftsführer sind ein eingespieltes Team, beruflich und privat. „Meine Frau kümmert sich darum, dass der Laden läuft, und ich darf in die Zukunft denken und auch mal ein bisschen spinnen“, verrät Prof. Dr. Heiko Wenzel-Schinzer. „Das schafft die Grundlage dafür, dass wir auch morgen noch wissen, was angesagt ist.“ Dabei kommt ihm seine Erfahrung als Wirtschaftsinformatiker und seine Vernetzung mit der Hochschule Merseburg zugute. In der Ideenfindung unterstützt wird er zudem durch drei interne Thinktanks, die der Serienentwicklung vorgeschaltet sind und die sich ganz auf Entwurfsmuster und Prototypen konzentrieren.

Integrierte Messvorrichtungen

Digitaler werden – das ist der Kern der Innovationsstrategie des Unternehmens. War Messtechnik früher meist in der Qualitätskontrolle angesiedelt und der Produktion nachgelagert, sind Messvorrichtungen heute häufig in Produktions- und Bearbeitungsmaschinen integriert und müssen in wenigen Sekunden Ergebnisse liefern. Für den Kunden hat dies beträchtliche Vorteile: Statt erst hinterher zu wissen, ob das Produkt den Qualitätsanforderungen genügt, kann nun bereits während des Produktionsprozesses nachgebessert werden.

Zerstörungsfrei prüfen

Für 3-D-Druck-Verfahren und die additive Fertigung sind ebenfalls neuartige Messmethoden notwendig. Im Kern geht es darum, die Qualität von Einzelanfertigungen zu kontrollieren, ohne ein Teil aufsägen oder zerstören zu müssen. Möglich machen das Computertomografen, die durch das Bauteil gewissermaßen hindurchschauen. So kann zum Beispiel die Porenqualität von außen geprüft werden, und eventuelle Materialmängel wie größere Blasen werden sicher erkannt. Ein neues, innovatives Geschäftsfeld, in dem die WENZEL Group ganz vorn mitspielt. In einem Familienunternehmen können Trends eben schnell erkannt und Geschäftschancen beim Schopfe gepackt werden.

WENZEL Group GmbH & Co. KG
97859 Wiesthal
www.wenzel-group.com
Beschäftigte (D): über 200
Anlagen-/Maschinenbau

Geschäftsführer
Prof. Dr. Heiko Wenzel-Schinzer und Dr. Heike Wenzel

Die Werbik industries GmbH ist ein Firmennetzwerk, das rechtlich unabhängige, private Firmen über die Gesellschafterstruktur bündelt. Aktuell wird in diesem Verbund die Realisierung innovativer Wasserstoffantriebstechnologien verfolgt.

Werbik industries GmbH

Gemeinsam Großes schaffen

Kein Unternehmen kann alle marktspezifischen Anforderungen abdecken und auf allen Gebieten gleichermaßen kompetent sein. Die Werbik industries GmbH verfolgt deshalb das Konzept, die Forschungs- und Entwicklungsarbeit sowie die Herstellung von Produkten in verschiedenen, verbundenen Partnerfirmen abzuwickeln. Das Wesentliche ist, dass alle Partnerbetriebe sich in ihren Geschäftsinhalten ergänzen und im Verbund in keiner Wettbewerbssituation stehen. Alle profitieren von dem Gesamtleistungsvermögen des Firmennetzwerks.

Dieses Netzwerk- und Open-Innovation-Konzept verleiht dem Mittelständler seine Alleinstellung und ebnet ihm den Weg zu einem spektakulären Referenzprojekt: dem „Silver Falcon“, einer Automobillegende mit Wasserstoffantrieb. Die Geschäftsführerin Angela Rebekka Werbik, Dipl.-Ing., Dipl.-Wirt.Ing., MBA, ist Netzwerkerin aus Überzeugung. Seit sie 2007 mit einem Management-Buy-out der ZSI Technology GmbH zur Unternehmerin geworden ist, arbeitet sie gezielt daran, ihre Kompetenz auf dem Gebiet der Automobilproduktion zu erweitern. In den Folgejahren entwickelte sich der Entwicklungsdienstleister hierdurch zu einem Systemlieferanten. Als Ergänzung des Leistungsprofils erwarb sie 2014 die LR Fahrzeugbau GmbH, eine Expertin für Metall- und Karosseriebau. Neue Beteiligungen kamen dazu: 2020 zum Beispiel die MTA Technical Solutions GmbH, bekannt als Innovationspartnerin für die Automobilindustrie.

Ein „Silver Falcon“ mit Wasserstoffantrieb

Dank der Kombination der Kompetenzen aus dem großen Netzwerk rückt für Angela Rebekka Werbik die Verwirklichung eines Traums in Reichweite – das Wiederaufleben der Automobillegende „Silver Falcon“. Er wurde in den 1980er-Jahren von Lorenz & Rankl unter der LR Fahrzeugbau GmbH hergestellt, damals angetrieben von einem 240-PS-starken V8-Motor. Der Clou: Der schnittige Sportwagen soll nun mit einem hochmodernen Wasserstoffantrieb mit Brennstoffzellentechnik versehen werden. „Wasserstoff ist auf jeden Fall die nachhaltigste grüne speicherbare Energiequelle. Ein Brennstoffzellenantrieb bietet die Grundlage für nachhaltige Mobilität“, betont Werbik, die derzeit gemeinsam mit einem weiteren verbundenen Unternehmen auch in der Grundlagerforschung für grünen Wasserstoff aktiv ist.

Innovationskooperationen fördern

Innovationen in Sachen nachhaltige Mobilität sind ein weiteres Kerngeschäft der Werbik industries GmbH. Doch Angela Rebekka Werbik denkt auch darüber hinaus: Gemeinsam mit Firmeninhabern, der Bayern Innovativ GmbH, der VR Bank Nürnberg und aktiven Vertretern aus Wirtschaft und Politik hat sie den Verbund „CBN Chief Business Network“ ins Leben gerufen, der vielfältige Innovationskooperationen im Mittelstand fördert. Denn Großes schafft man nicht allein, sondern am besten gemeinsam.

Werbik industries GmbH
90518 Altdorf b. Nürnberg
www.werbik-industries.com
Beschäftigte (D): bis 50
Automobilzulieferer/Fahrzeugbau

Gesellschafterin-Geschäftsführerin
Angela Rebekka Werbik

Wirth Werkzeugbau GmbH

Die Lösungsanbieter

Wer als Werkzeugbauer in Deutschland mit der Konkurrenz in Fernost mithalten will, dem bleibt dafür nur ein Weg: Innovation. Bei der Wirth Werkzeugbau GmbH hat man das verstanden. Statt auf Preisdumping setzt sie auf den Einsatz neuester Technologien – und bietet ihren Kunden durch die Entwicklung neuer Spritzgusslösungen einen echten Mehrwert. Dank seiner Innovationserfolge befindet sich dieser Mittelständler, der regelmäßig Technologietage durchführt, kontinuierlich auf Wachstumskurs.

Etwa 70 % ihres Umsatzes macht die Wirth Werkzeugbau GmbH mit neuen oder verbesserten Produkten. Spitzentechnologiekonzepte sind sozusagen ihre DNA. Zum hochmodernen Maschinenpark gehören unter anderem neueste KraussMaffei-Spritzgussmaschinen, deren Einsatz und Funktionsumfang den Kunden in einem beeindruckenden Bemusterungs- und Technologiezentrum präsentiert wird. Die Mitarbeiter von Wirth sind für die Bedienung dieser Maschinen bestens geschult, sodass damit auch sehr komplexe Teile hergestellt werden können.

Prozesse optimieren

Was sind die wichtigsten Anforderungen an ein Werkzeug? Natürlich muss es stabil funktionieren und prozesssicher sein. Es muss jedoch auch eine Hilfe dabei sein, Produktionsabläufe optimal zu gestalten. „Unsere Kunden kommen dann zu uns, wenn sie Probleme haben und eine Lösung brauchen – und unsere Stärke ist es, Lösungen zu bieten. Wir beschränken uns dabei nicht auf den Werkzeugbau, sondern bedienen uns neuer Technologien, die unseren Kunden helfen, ihre Bauteile zu verbessern und ihre Prozesse zu optimieren“, erläutert der Geschäftsführer Werner Wirth.

Hightechmaterialien für die Automobilindustrie

Seine Kompetenz in Sachen Technologie zeigt das Unternehmen beispielsweise, wenn es darum geht, Produkte aus Spritzguss so zu gestalten, dass sie innen geschäumt, aber außen hart sind. „Dadurch werden die Bauteile leichter. Das ist ein großer Vorteil für die Automobilindustrie“, erläutert Wirth. Auch für Displays in Autos bietet die Firma innovative Systeme. Mit einem ganz neu entwickelten Zwei-Komponenten-Material lassen sich transparente Kunststoffpaneele herstellen, die wie Glaskörper wirken und somit stabil und säureresistent sind. Manche Verfahren, etwa das Sandwich-Spritzgießen, sind so innovativ, dass dafür Patentschutz beantragt wurde. Solche Novitäten verschaffen der Wirth Werkzeugbau GmbH immer wieder eine Alleinstellung. Denn sie ermöglichen neuartige und passende Lösungen, die von den Kunden geschätzt werden.

Wirth Werkzeugbau GmbH
95233 Helmbrechts
www.werkzeugbau-wirth.com
Beschäftigte (D): 51 bis 200
Metallverarbeitung

Geschäftsführer
Werner Wirth

ZECK ist ein weltweit führender Hersteller von Maschinen
und Zubehör für den Bau und die Instandhaltung von Freileitungen,
Bahntechnik, Seilbahnen, Antennen und Erdkabeln.

TOP 100

ZECK GmbH

Ein Faible für Innovationen

In dieser Familie ist Tatkraft kein Fremdwort. 1918, als der Erste Weltkrieg zu Ende ging, gründete Michael Zeck einen Betrieb für den Bau landwirtschaftlicher Sondermaschinen. 1966 entwickelt sein Sohn Fritz eine neuartige Seilbremse. Sie ermöglichte es, Stromleitungen ohne Reibungsschäden zu verlegen. Seit 1992 leitet Michael Zeck junior die ZECK GmbH. Wie sein Vater und sein Großvater hat auch der studierte Maschinenbauer ein Faible für Innovationen und erschließt nicht zuletzt deshalb neue, internationale Märkte für das Familienunternehmen.

Der Landmaschinenhandel ist lange passé, stattdessen expandiert man in zwei anderen Geschäftsfeldern: Sondermaschinenbau für das Verlegen oberirdischer Stromleitungen und für die Elektrifizierung von Bahntrassen. Dank seiner Expertise wurde das Unternehmen zudem ein gefragter Zulieferer zweier Firmen, die sich auf den Bau von Seilbahnen spezialisiert haben. Die ZECK GmbH agiert in einem Nischenmarkt, in dem es eine überschaubare Zahl von Anbietern gibt. Dank ihrer Innovationskraft ist sie seit Jahren technologisch führend und auch international immer stärker gefragt.

Eher Techniker als Betriebswirt

Die Firma beschäftigt in Deutschland circa 165 Mitarbeiter. Rund 20 davon arbeiten in der Entwicklungsabteilung, die in engem Kontakt zur Geschäftsführung steht. „Ich bin sehr technikaffin und daher jede Woche bei den technischen Meetings mit dabei. Eigentlich bin ich weniger der Betriebswirt als vielmehr der Techniker“, gesteht Michael Zeck junior. Auch Ideen, die von außerhalb an ihn herangetragen werden, prüft der Geschäftsführer genau und fördert ihre Realisierung, wenn ihn das Konzept überzeugt. So kam es beispielsweise zur Entwicklung des „ZECK Alu Separators“ (ZAS), der den Abbau von Stromleitungen regelrecht revolutionierte und für den ein Patent beantragt wurde.

Sortenrein getrennt

Wenn Stromübertragungsleitungen erneuert werden, müssen die alten Seile abgebaut werden. Etwa 3.000 bis 4.000 Tonnen Altseile fallen so jährlich in Deutschland an. Bislang wurden sie häufig an den Schrotthandel abgegeben, der sie meist im Ausland entsorgte. Mit dem ZAS ist es nun möglich, den Aluminiummantel und den Stahl, aus dem die Seile bestehen, bereits während der Demontage zu trennen. Dadurch fallen nur noch sortenreine Abfälle an. Dies hilft Energieversorgern, ökologischer zu werden und ihren CO_2-Fußabdruck zu verbessern. Solche neuen Produktentwicklungen zeigen: Michael Zeck junior ist zwar mehr Techniker als Betriebswirt – die von ihm geförderten Innovationen zahlen sich für die ZECK GmbH jedoch auch wirtschaftlich aus.

ZECK GmbH
96110 Scheßlitz
www.zeck-gmbh.com
Beschäftigte (D): 51 bis 200
Anlagen-/Maschinenbau

Geschäftsleitung
Fritz, Astrid
und Michael Zeck

ZÜBLIN Timber entwickelt, produziert, liefert und erstellt hochwertige Holzbausysteme für den Holzingenieurbau – so verantwortet man den Sonderschalungsbau für die Kelchstützen des neuen Stuttgarter Tiefbahnhofs.

ZÜBLIN Timber GmbH

Holzbau braucht Mitdenker

Hohe interne Transparenz, eine hochwertige duale Ausbildung, eine Weiterbildungsakademie der Muttergesellschaft, enger Kontakt zu Forschungseinrichtungen und Hochschulen – die ZÜBLIN Timber GmbH tut viel dafür, Holzbau für Nachwuchskräfte attraktiv zu machen. Ihr Innovationsklima ist durch Freiräume gekennzeichnet: Die Mitarbeiter werden zu Unternehmern im Unternehmen. Zusätzlich bewirken systematische Prozesse, dass gute Ideen auch realisiert werden.

Dieser Mittelständler überlässt es nicht dem Zufall, seine Mitarbeiter in Sachen Digitalisierung auf den neuesten Stand zu bringen. In der Konzernakademie, aber auch in Gesprächen mit externen Spezialisten und Beratern werden die Beschäftigten in Sachen Innovation regelmäßig fit gemacht. Doch all das würde nichts bringen, wäre nicht auch Motivation ihrerseits vorhanden. Die entsteht durch Freiräume – und dadurch, dass diejenigen, die auf ein Problem aufmerksam machen und einen Lösungsvorschlag einbringen, in der Regel auch die Zeit dafür bekommen, diese Lösung zu konzipieren und sie dann auch zu realisieren.

Unterstützung von oben

„Natürlich geht es dabei nicht einfach um irgendwelche Ideen, sondern um Anregungen mit direktem Bezug zu unserem Kerngeschäft. Oftmals treten Probleme immer wieder an einem bestimmten Punkt auf. Um solche strukturellen Probleme zu lösen, ist der Praxisbezug ganz wesentlich“, sagt der Geschäftsführer Christian Scholz. Deshalb werden die Mitarbeiter bei der Bearbeitung dieser Schwierigkeiten in unterschiedlichster Art und Weise unterstützt. Teilweise mündet das dann auch in Patenten oder im Gebrauchsmusterschutz.

Konstruktiv Feedback geben

Das Ideenmanagement bei ZÜBLIN Timber ist zweigleisig aufgebaut: Zum einen gibt es das Lean Management, mit dessen Hilfe konsequent Verschwendung reduziert und Potenziale für operative Verbesserungen aufgespürt werden. Zum anderen können alle Mitarbeiter Vorschläge einbringen und über ein internes Informationstool auch Kollegen aus anderen Abteilungen entweder positives Feedback oder aber Hinweise auf Missstände geben. Wichtig ist dabei: Die Reaktion auf diese Hinweise und Vorschläge wird später dokumentiert. „Wir wollen sicher sein, dass die Dinge nicht ins Leere laufen“, betont der Geschäftsführer. Denn nur Mitarbeiter, die Ideen einbringen und bei deren Realisierung mitziehen, bringen ein Unternehmen nach vorn. Innovativer Holzbau braucht eben keine Holzköpfe, sondern Mitdenker.

ZÜBLIN Timber GmbH
86551 Aichach
www.zueblin-timber.com
Beschäftigte (D): über 200
Baugewerbe/Handwerk

Geschäftsführer
Christian Scholz

Berlin

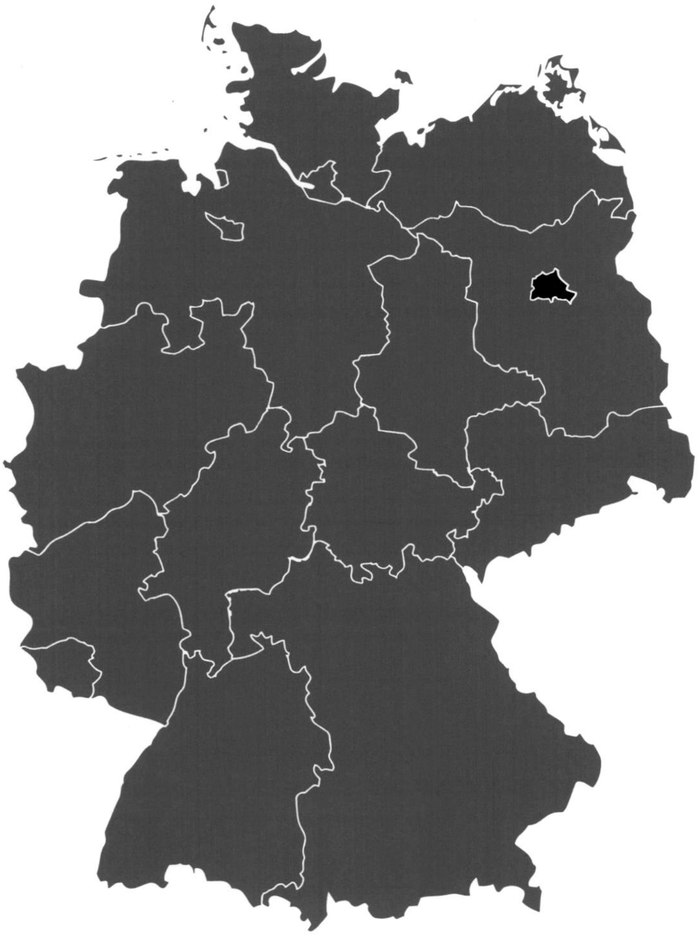

Die Zahl der goldenen Sternchen in den nachfolgenden Unternehmensporträts entspricht der Zahl der TOP 100-Auszeichnungen.

✱ „Innovator des Jahres“ 2021 der Größenklasse A

atene KOM GmbH

Neue Technologien für den ländlichen Raum

Ob Breitbandausbau oder Fernwärmeplanung, E-Mobilität oder Digitalisierung – die atene KOM GmbH berät Kommunen und Gemeinden zu den wichtigsten Themen der Zukunft und gestaltet dadurch den ländlichen Raum entscheidend mit. Die Aktualität der Themen erfordert eine rege Außenorientierung mit Kontakten zu Netzwerkpartnern und Akademien. Darüber hinaus informiert sich das Top-Management regelmäßig über vielversprechende Entwicklungen.

„Wir unterstützen ländliche Regionen bei der Planung, der wirtschaftlichen Einschätzung und der Integration zukunftsorientierter Technologien“, erklärt der geschäftsführende Gesellschafter Tim Brauckmüller und fasst damit das Kerngeschäft der atene KOM GmbH zusammen. Für ihn sind digital organisierte Netzwerke das wichtigste Mittel, um die richtigen Partner aus allen Bereichen miteinander zu verbinden.

Menschen und Ideen zusammenbringen

Prinzipiell müssen Brauckmüller und seine mehr als 400 Beschäftigten eine immense Bandbreite von Vorhaben im Auge behalten. „Wir betreuen aktuell an die 200 Projekte im kommunalen Raum und kooperieren mit 1.500 Netzwerkpartnern“, erzählt Brauckmüller. Um Kunden, Experten und Mitarbeiter zu verbinden, hat man eine eigene digitale Kollaborationsplattform entwickelt, die bis zu 10.000 Nutzer zählt. Die Zusammenarbeit mit Infrastrukturakademien in ganz Europa liefert Kontakte und neue Perspektiven: etwa mit dem Alexanderson Institut in Schweden oder dem Intercommunale Leiedal, dem Gemeindeverbund von Kortrijk in Belgien. Gemeinsam gearbeitet wird zum Beispiel am Projekt CORA: Das Projekt soll digitale Strukturen und damit auch Dienstleistungen im ländlichen Raum verbessern.

Fokus auf Zukunft

Da das Geschäftsfeld der atene KOM die Zukunft ist, recherchiert Brauckmüller regelmäßig zu innovativen Forschungsfeldern. 2020 haben ihn das Quantencomputing, der Einsatz von KI und die Wiederverwertbarkeit von Wasserstoff beschäftigt. Wasserstoff etwa ist ein erfolgversprechender Energieträger, der bei der Speicherung ungenutzter Energie aus Windrädern eingesetzt werden könnte. Bei der Suche nach neuen Themen steht für Brauckmüller nicht in erster Linie der finanzielle Nutzen im Vordergrund, sondern das Zukunftspotenzial einer Idee. „Wir beschäftigen uns mit Geschäftsfeldern, an die heute noch keiner denkt, die morgen aber für ganze Branchen und Gesellschaften unverzichtbar sind“, erklärt er. Dabei zeigt sich die atene KOM GmbH so innovativ ausgerichtet wie die Projekte, die sie betreut.

atene KOM GmbH
10115 Berlin
www.atenekom.eu
Beschäftigte (D): über 200
Kommunikation/Marketing/Medien

Geschäftsführender Gesellschafter
Tim Brauckmüller

DCSO Deutsche Cyber-Sicherheitsorganisation GmbH

Die Cyberwehr

Einzigartiges Teamplay statt Konkurrenz: Die vier Konzerne Allianz, BASF, Bayer und VW kämpfen seit 2015 mit einer gemeinsamen Firma gegen Cyberkriminalität. Die DCSO Deutsche Cyber-Sicherheitsorganisation GmbH findet immer wieder effektive Strategien gegen Hacker und Sicherheitslücken. Denn egal, ob Wirtschaftsspionage, Konkurrenzausspähung oder organisierte Kriminalität – Schwachstellen in der IT kosten Unternehmen regelmäßig Millionen.

Hacker haben viele Methoden: Sie erpressen Firmen, indem sie schädliche Software einschleusen, essenzielle Daten verschlüsseln oder mit der Veröffentlichung sensibler Informationen drohen. Kriminalität im Netz ist für die Wirtschaft eine große Gefahr. Denn immer mehr Akteure verfolgen ihre wirtschaftlichen und geopolitischen Interessen auch im Cyberraum: „Die Folgekosten können enorm sein", sagt der Geschäftsführer Andreas Kiefer.

Sharing der besonderen Art

Deshalb koordiniert dieser Mittelständler seit 2015 eine einzigartige Community im Kampf gegen die Cyberkriminalität. Dazu hat er die vier Gründungsunternehmen, weitere große Firmen sowie staatliche Sicherheitsbehörden miteinander vernetzt und so mit viel Engagement eine starke Gemeinschaft geschaffen. Ein permanenter Austausch und die technische Kopplung der einzelnen Sicherheitssysteme kreieren einen unvergleichlichen Wissens- und Informationspool, von dem alle Beteiligten profitieren: „Neue Erkenntnisse des einen Unternehmens stehen automatisch auch dem anderen zur Verfügung. Dieser Sharinggedanke ist innovativ und einzigartig", betont der Geschäftsführer.

Tun, was es noch nicht gibt

Weitere Services bestätigen die Innovationsführerschaft der Firma: Maximalen Schutz vor Cyberangriffen bieten auch zum Beispiel selbst entwickelte Sensornetzwerke, die Auffälligkeiten in IT-Landschaften akribisch detektieren und dann unmittelbar Alarm schlagen. „Anders als unsere Konkurrenten spannen wir zudem bei unserer Arbeit immer den Bogen von den technischen Fragen bis zum geopolitischen Kontext", sagt Kiefer. Ungeachtet der Innovationserfolge sucht sein Team immer weiter nach neuen Methoden und Lösungen. „Wir sind mit dem Ziel gegründet worden, beim Thema Cybersicherheit neue Wege zu gehen", erläutert Kiefer. Gewinne fließen daher konsequent zurück in die Weiterentwicklung und in Open-Source-Projekte. Denn die DCSO interessiert sich nur für das, was es noch nicht gibt.

DCSO Deutsche Cyber-Sicherheitsorganisation GmbH
10829 Berlin
www.dcso.de
Beschäftigte (D): 51 bis 200
IT-Entwicklung/-Beratung

Geschäftsführer
Andreas Kiefer

TOP 100

TOP 100
TOP 100
TOP 100
TOP 100
TOP 100
TOP 100
TOP 100
TOP 100
TOP 100
TOP 100
TOP 100
TOP 100
TOP 100
TOP 100

eHealth-Tec GmbH

Gesundheitswesen der Zukunft

Innovator des Jahres

Digitale Konzepte revolutionieren das Gesundheitswesen. Einer der führenden Anbieter in diesem Geschäftsfeld, die eHealth-Tec GmbH, hat zum einen das elektronische Rezept entwickelt und digitalisiert so eine der wichtigsten Verbindungen zwischen Arzt, Apotheke und Patient. Mit „ERPath“, ihrem digitalen Informationssystem, lassen sich zum anderen die Abläufe in der Notaufnahme steuern. Mit diesen Innovationserfolgen unterstützt das IT-Unternehmen die Bundesrepublik dabei, in wichtigen Bereichen des Gesundheitswesens am Puls der Zeit zu bleiben.

Die Idee für ein E-Rezept hatte er bereits 2008. Tobias Leipold, damals noch in der Notfallmedizin tätig und heute Geschäftsführer der eHealth-Tec, wünschte sich für seine tägliche Arbeit, dass wichtige Prozesse im Medizinbetrieb endlich digital und automatisiert laufen; Schluss mit der Zettelwirtschaft. Und so ist es ihm mit seinem Unternehmen in den vergangenen eineinhalb Jahren gelungen, als erster Anbieter in Deutschland eine innovative, vollständig digitale E-Rezept-Technologie zu entwickeln: Der Arzt stellt das Rezept mittels seiner Praxissoftware aus, und der Patient erhält per QR-Code bei der Apotheke seines Vertrauens sein Medikament – selbstverständlich datenschutzkonform und sicher.

Alle an einem Tisch

Rund 41.000 Ärzten und 13.000 Apotheken ist mittlerweile die Teilnahme an dem E-Rezept-Projekt möglich. In Kooperation mit mehr als 8 Krankenkassen könnten bereits über 30 Millionen Patienten die Technik kostenfrei nutzen. Die größte Herausforderung bei diesem Mammutprojekt war es, alle Stakeholder aus Medizin, Versicherern, Politik und Wirtschaft an einen Tisch zu bringen: „Wir haben nicht nur eine neue Technik entwickelt, wir haben es auch geschafft, dass alle trotz ihrer unterschiedlichen Interessen produktiv zusammenarbeiten“, erklärt Tobias Leipold. In der Coronapandemie stieg der Bedarf an digitalen Prozessen, und so wirkte sie wie ein Katalysator für die schnelle Markteinführung des elektronischen Rezepts.

Überblick im Notfall

Mit der Software „ERPath“ hilft eHealth-Tec Ärzten und medizinischem Fachpersonal zudem dabei, im stressigen Alltag der Notaufnahme den Überblick zu behalten: Der Patient wird über ein standardisiertes Scoring priorisiert und die Behandlung per digitaler Checkliste dokumentiert. Niemand wird übersehen, und jeder weiß zu jedem Zeitpunkt, was er zu tun hat. Zusammen mit seinen agilen Techteams und in enger Kooperation mit Ärzten und Kliniken arbeitet Leipold kontinuierlich weiter an neuen Ideen für die Zukunft des digitalen Gesundheitswesens. Damit leisten er und seine Teams einen wichtigen Beitrag dazu, die medizinische Versorgung in Deutschland fit für die Herausforderungen der kommenden Jahre zu machen.

eHealth-Tec GmbH
10437 Berlin
www.ehealth-tec.de
Beschäftigte (D): bis 50
IT-Entwicklung/-Beratung

Geschäftsführer
Tobias Leipold

ehotel AG

★★★★★

Gute Reise

Aus dem Flugzeug schnell zum Taxi. Ist der Laptop dabei? Sitzt das Hemd? Geschäftsreisende müssen an vieles denken. Da ist es wertvoll, wenn sich jemand anderes um das Wesentliche kümmert: Seit mehr als 20 Jahren buchen Unternehmen für ihre Mitarbeiter Hotelzimmer über die ehotel AG zu den besten Konditionen. Sie profitieren dabei von intelligenten Technologien und intuitiven Abrechnungsprozessen. Mit viel Teamgeist und Blick auf den Markt meistern diese Reiseprofis mit Sitz in Berlin auch schwierigste Zeiten.

Zu Beginn der 2000er-Jahre war ehotel eines der ersten Hotelbuchungsportale, das sich auf den Markt wagte. Schnell spezialisierte sich das Unternehmen auf Geschäftsreisen. Auf einer Plattform bringt ehotel Travelmanager, Einkäufer, Hotels und Geschäftsreisende zusammen und macht die Buchung mit digitalen Innovationen so komfortabel wie möglich.

Die besten Zimmer zum günstigsten Preis

Die Meta-Search-Technologie ist das Herzstück des Unternehmens. Abhängig vom Anbieter, über den man bucht, schwanken Preise und Konditionen von Hotelzimmern täglich. ehotel schafft hier den Überblick und unterstützt die Kunden darin, das beste und günstigste Angebot zu finden. An diese Suchmaschine sind ungefähr 1,5 Millionen Hotels weltweit angebunden. Sie nutzt darüber hinaus die Daten von rund 600 weiteren Buchungssystemen und ermittelt so in Echtzeit alle verfügbaren Zimmer zu den besten Konditionen. „Wir schaffen Transparenz bei der Hotelbuchung und einen Mehrwert", erläutert der Vorstand Fritz Zerweck. ehotel hat diverse Abrechnungsprozesse digitalisiert und erzielt auf diese Weise mehr Effizienz und Kosteneinsparung bei den Kunden.

Mit Ideen durch die Krise

2020 war ein besonders schwieriges Jahr für das Gastgewerbe. Der Branchenumsatz brach um 90 % ein. Unternehmen buchten kaum noch Geschäftsreisen für ihre Mitarbeiter, und viele Hotels mussten im Laufe der Pandemie schließen – oft ohne Buchungsportale oder Reisende zu informieren. Zerweck hat in dieser schwierigen Zeit sein Team zusammengehalten und nach Lösungen für sein Unternehmen und für seine Kunden gesucht. So wurde im Frühjahr 2020 aufwendig geprüft, welche Hotels überhaupt noch Übernachtungen anbieten. Mit dem hauseigenen Analyseprogramm können die Kunden aus der Geschäftswelt ihre reisenden Mitarbeiter weltweit lokalisieren und schnell aus dem Ausland zurückholen. „Solche Krisen wecken neue Ideen", sagt Fritz Zerweck. „Wir wissen noch nicht, wo die Reise hingeht, aber wir sind kreativ und denken weiter. Das macht uns so stark und innovativ."

ehotel AG
10405 Berlin
www.ehotel.de
Beschäftigte (D): bis 50
Internet/Multimedia/E-Commerce

Vorstand
Fritz Zerweck

Kapilendo AG

★★★

Banking neu denken

Gerade Mittelständler kennen das: Eine gute Projektidee droht zu scheitern, weil die Finanzierungslücke zu groß oder die Hausbank zu langsam ist. Das zu ändern hat sich die Kapilendo AG vorgenommen. Das Fintechunternehmen mit Sitz in Berlin sieht sich als zeitgemäße Alternative zum klassischen Bankwesen. Von der Kreditfinanzierung über die Wertpapieranlage bis zum Vermögensmanagement setzt dieser Unternehmensfinanzierer auf die digitale Karte. Ein Konzept, das aufgeht, wie der Innovationserfolg beweist.

Die Zeit ist reif für neue Lösungsansätze in der Finanzindustrie. Eines der Probleme: Mittelständische Firmen klagen bei der Kapitalbeschaffung über die zu große Lücke zwischen Antrags- und Vergabevolumen. Zu hoch setzen Banken teilweise die Hürden; zudem scheinen sie oft überfordert damit, das heute verlangte Investitionstempo mitzugehen. Das ist nur eine der verschiedenen Breschen, in die das Berliner Fintech springt.

Mehr als Kreditvermittler

Der Ansatz, mittels Digitaltechnologie unbürokratischere und schnellere Finanzierungen bereitzustellen, kommt an. 2015 ist der Onlinefinanzdienstleister an den Start gegangen. Seither wurden in 216 Projekten, Stand Februar 2021, Privatanleger und professionelle Investoren mit Mittelstandsfirmen zusammengebracht. Knapp 127 Mio. € wurden so vermittelt und an die Unternehmen ausgezahlt. Diese Berliner sehen sich jedoch nicht nur als Kreditvermittler, ihr Portfolio umfasst mittlerweile auch digitale Angebote für die Vermögensverwaltung und die Emission von Wertpapieren. Eine Ende 2019 eigens dafür gegründete Tochter macht sich dabei die Kryptotechnologie Blockchain zunutze.

Innovation elektronische Wertpapiere

Mit der Einführung digitaler Wertpapiere bietet Kapilendo Mittelständlern erstmals eine effiziente und kostengünstige Variante zur Platzierung von traditionellen und sonst teuren Wertpapieren. Digitale Wertpapiere sind kostengünstig, weil Zwischenstationen wie Broker oder Depotbanken entfallen, zugleich sicher und transparent dank Verschlüsselung mittels Blockchain. Die Kunden sehen das mittlerweile ebenso: Nach der Gastrokette „L'Osteria" war es zuletzt der Fußball-Zweitligist Karlsruher SC, für den Kapilendo im März 2020 die digitale Aktienausgabe organisierte – angepeiltes Volumen: 20 Mio. €. Der Innovationshunger von Kapilendo ist längst nicht gestillt, nächster Streich auf dem Weg zum Rundumanbieter: Im „360°-FinanzCockpit" finden Unternehmer ein finanzielles Zuhause. Im „UnternehmensCheck" erhalten sie Informationen zur Branche und zur Bonität. Alle Finanzierungsanfrager werden ebenfalls über das Cockpit gesteuert.

Kapilendo AG
10719 Berlin
www.kapilendo.de
Beschäftigte (D): bis 50
Finanzdienstleistungen/
Versicherungen

Vorstand
Christopher Grätz

Kieback&Peter ist ein Experte für Gebäudeautomation. Das Unternehmen entwickelt soft- und hardwarebasierte Komplettkonzepte, die Systeme der Gebäudetechnik miteinander vernetzen und zu einer nachhaltigeren Nutzung von Objekten beitragen.

Kieback&Peter GmbH & Co. KG

Gebäude digitalisieren für das Klima

Mehr als ein Viertel aller CO_2-Emissionen in Deutschland fallen im Gebäudesektor an. Einen Beitrag dazu, diesen Wert zu senken, leistet die Kieback&Peter GmbH & Co. KG: Sie bietet Produkte und Dienstleistungen an, die helfen, gebäudetechnische Anlagen intelligent zu steuern und zu vernetzen. Dank eines innovationsfreudigen und motivierenden Top-Managements entstehen Lösungen, die Räumlichkeiten nutzerfreundlicher machen und die vor allem aber auch für mehr Energieeffizienz sorgen.

Auch auf dem Gebiet der Gebäudeautomation erschließt die Digitalisierung neue Möglichkeiten. Zugleich jedoch wachsen die Ansprüche der Kunden an Gesundheit, Sicherheit, Komfort und vor allem an die Klimafreundlichkeit. Das sind Herausforderungen, denen sich auch Kieback&Peter als erfahrener Akteur im Gebäudemanagement stellen muss. Mit weltweit rund 1.400 Beschäftigten und 50 Dependancen zählt er zu den führenden Anbietern der Branche. „Die Steigerung der Innovationskraft ist für uns sehr wichtig. Dabei spielt die Beteiligung der gesamten Belegschaft eine große Rolle“, sagt der Geschäftsführer Christoph Paul Ritzkat.

Vom Ideenreichtum profitieren

Ein gutes Dutzend „Change-Projekte“ hat das Top-Management in den vergangenen beiden Jahren angeschoben. Neben der Führungsebene sind mehr als 200 Mitarbeiter daran beteiligt. Das Ziel der Projekte ist es, in den unterschiedlichsten Bereichen Innovationen und Verbesserungen zu entwickeln. Präsenz zeigt die Geschäftsleitung zudem in den diversen Lenkungskreisen, die sich um Produktentwicklung, Prozessoptimierung oder um Digitalisierungsprojekte kümmern. Indes soll auch der Ideenreichtum der Mitarbeiter ausgeschöpft werden. Betreut von einer Ideenmanagerin, stellt ein eigens dafür konzipiertes Portal sicher, dass Vorschläge aus der Belegschaft auf fruchtbaren Boden fallen.

Smarter als smart

Gute Ideen sind gefragt, will man die Chancen digitaler Technologien ergreifen. Deshalb wurde im Jahr 2020 ein neuer Geschäftsbereich aus der Taufe gehoben, der Möglichkeiten auslotet, das traditionelle Kerngeschäft mit Cloudtechnologien und dem Internet der Dinge zu kombinieren. Davon erhofft man sich Konzepte für noch smartere Gebäude. Erste Gehversuche mit einem datenbasierten Dienst haben diese Smart-Building-Experten im Rahmen einer Partnerschaft schon gemacht. „Daraus lernen wir, was zukünftig für den Erfolg des neuen Geschäftsmodells nötig ist“, sagt Ritzkat. Gut so: Schließlich will Kieback&Peter helfen, den CO_2-Ausstoß in Deutschland bis 2030 um mindestens 55 % zu senken.

Kieback&Peter GmbH & Co. KG
12347 Berlin
www.kieback-peter.de
Beschäftigte (D): über 200
Baugewerbe/Handwerk

Geschäftsführer
Christoph Paul Ritzkat

Kinderjahre GmbH

Kita im Remote-Modus

Damit betriebliche Kinderbetreuung gelingt und Kids, Eltern, Erzieher und der Arbeitgeber zufrieden sind, liefert die Kinderjahre GmbH das pädagogische Konzept und kümmert sich um die komplette Betreuungsarbeit inklusive Fördergeldberatung und Qualitätsmanagement. Die innovationsorientierte Geschäftsführerin Jennifer Thiel setzt auf nachhaltige Weiterbildung und digitale Angebote bei der frühkindlichen Betreuung. Das zentrale Medium ist die im eigenen Haus entwickelte Onlineplattform PAIGE.

Wenn Unternehmen neue Mitarbeiter suchen, fragen Bewerber mit kleinen Kindern oder Kinderwunsch zunehmend nach der Möglichkeit von Teilzeitarbeit, Homeoffice oder Kinderbetreuung. Immer mehr Arbeitgeber etablieren deshalb eine eigene Kita oder eine Gemeinschaftskita zusammen mit anderen Firmen. Doch wie gelingen Start und Betrieb einer Kita nach dem neuesten Bildungskanon? In Berlin gilt: mit Jennifer Thiel und ihrem Team aus Pädagogen, Erziehungswissenschaftlern, Soziologen, Betriebswirten und Kommunikationsprofis! Gemeinsam realisieren sie hochwertige und nachhaltige Bildungskonzepte, die frühkindliche Bildung und Entwicklung als Wurzel lebenslanger Lernprozesse verstehen.

Feedback von innen und außen

Um beste Ergebnisse zu bekommen, bindet Jennifer Thiel alle Mitarbeiter in die Projekte ein und legt viel Wert auf persönliche Weiterentwicklung und Motivation. Einmal pro Woche gibt es bei Kinderjahre Stand-ups unter Beteiligung des ganzen Teams: „Wir präsentieren uns gegenseitig neue Ideen, tauschen uns aus und stellen Pläne auf. Dabei ist Feedback der Schlüssel zum Erfolg.“ Beste Erfahrungen macht die Chefin auch mit Experten von außen, die sie anlassbezogen einbindet. Zusätzlich zu wertvollem Know-how liefern die Externen Impulse, die wiederum die Mitarbeiter anspornen und so immer wieder zu Neuerungen führen.

Kita-Akteure digital vernetzt

Wie ist Kinderjahre durch die Coronakrise gekommen? „Wir haben uns auf die virtuelle Entwicklung von Kindern, Erziehern und Eltern im häuslichen Umfeld fokussiert“, erklärt die Geschäftsführerin. Ein großer Vorteil: Ihr Consultingteam konnte auf die selbst konzipierte Onlineplattform PAIGE, Platform for Advanced Interactive Global Education, zurückgreifen. Seit 2018 dient sie der Kommunikation zwischen Mitarbeitern und Eltern. Zudem sind dort Essenspläne, Termine und Formulare hinterlegt. „Die Plattform bietet Transparenz, denn sie ermöglicht den Nutzern Einblicke in die Bildungsinhalte und den Alltag der Kinder in der Kita“, sagt Thiel. Das Onlinetool wurde so weiterentwickelt, dass bei Schließungen der Kita eine anspruchsvolle Remote-Betreuung erfolgen kann.

Kinderjahre GmbH
10965 Berlin
www.kinder-jahre.com
Beschäftigte (D): bis 50
Weiterbildung

Geschäftsführerin
Jennifer Thiel

Körber Digital GmbH

Maschinen effizienter einsetzen

Wie lassen sich die Prozesse im Maschinenbau effizienter machen? Die Antwort: nur durch künstliche Intelligenz. Hier brilliert die Körber Digital GmbH. Sie definiert ihre Arbeit als Zusammenspiel aus Venture-Building, dem Aufbau eines neuen europäischen Fertigungsökosystems und der ganzheitlichen Unterstützung der digitalen Transformation der Körber Gruppe. Ihre mehr als 130 Mitarbeiter werden von einem Top-Management geführt, das eine positive Innovationskultur fördert. Das Ergebnis sind regelmäßige Innovationserfolge.

Maschinen, die miteinander kommunizieren; Betriebs- und Fertigungsdaten in Echtzeit; digitale Fernwartung komplexer Anlagen über Kontinente hinweg: Der Maschinenbau erlebt eine Revolution, die nur gelingt, weil IT-, Data-Science- und Connectivity-Experten mit Branchenwissen sowie Start-ups daran mitwirken. Das ist auch bei der Körber Digital der Fall: Schon mehrere Fertigungslinien konnten mit Big-Data-Analysen effizienter werden – dank der Zusammenarbeit mit den Geschäftsfeldern der Körber Gruppe und der Steuerung durch ein Digital-Leadership-Team. Dieses Team fördert eine Innovationskultur, die unkonventionelles Denken und Scheitern einschließt.

Top-Management setzt auf Wissensaustausch

Flache Hierarchien, das Infragestellen des Status quo und eine Getting-Things-done-Mentalität gelten auch im Führungsteam. Dieses Team schiebt in der Körber Gruppe Digitalisierungsinitiativen und neue Standards an – etwa eine Digital-Marketing-Taskforce oder ein globales Designsystem für digitale Produkte. Weitere Maßnahmen des Top-Managements sind ein digitaler Innovationsprozess, der Neues strukturiert und die Mitarbeiter beim Realisieren ihrer Ideen mit Venture-Architecture oder Business-Coachings unterstützt. Außerdem fördert die Geschäftsführung die Nutzung von Mitarbeiterforen und von Wissensaustauschsoftware wie Confluence, Slack oder auch der Körber-News-App.

Maschinelles Lernen

Der Output an Ideen und marktfähigen Produkten ist enorm bei Körber Digital. Das jüngste Beispiel dafür ist „FactoryPal", eine Cloudlösung auf der Basis von künstlicher Intelligenz und IoT. Kunden docken sie per Plug-and-Play an ihre Anlagen an und erhalten so wichtige Datenpunkte aus laufenden Produktionsprozessen. Dank KI und maschinellem Lernen steigt die Gesamtanlageneffektivität um bis zu 30 %. Das Top-Management und das Digital-Innovation-Team arbeiten auch daran, ein europäisches Ökosystem für die digitale Fertigung aufzubauen, über Branchengrenzen hinweg. Dazu werden externe KI-Experten, Kunden und Start-ups eingebunden. Die Idee dahinter: durch einen ständigen Wissensaustausch aktuelle Fertigungsprobleme und die Transformation zur Industrie 4.0. schneller und besser zu bewerkstelligen.

Körber Digital GmbH
10969 Berlin
www.koerber-digital.com
Beschäftigte (D): 51 bis 200
IT-Entwicklung/-Beratung

Geschäftsführer
Daniel Szabo

TOP 100

Labor Berlin – Charité Vivantes Unternehmensgruppe

★★★★

Diagnostische Spitzenmedizin in Coronazeiten

Corona hat die Labor Berlin – Charité Vivantes Unternehmensgruppe über Nacht in die breite Öffentlichkeit katapultiert. Europas größtes Krankenhauslabor ist nicht nur für die labormedizinische Versorgung von Charité und Vivantes verantwortlich, sondern ermöglicht auch weiteren Kliniken und niedergelassenen Ärzten den Zugang zu diagnostischer Spitzenmedizin. Die Nähe zur Forschung und die internationale Vernetzung mit Wirtschaftspartnern schaffen ein exzellentes Innovationsklima. Im Mittelpunkt steht dabei stets der Patient.

Rund um Corona konnte Labor Berlin mehrere Innovationserfolge verzeichnen: Es war das erste Labor in Deutschland, das SARS-CoV-2-PCR-Tests in der Routineversorgung durchführte. Um bei Tausenden zusätzlicher Proben pro Tag die Übersicht zu behalten und die behandelnden Ärzte bestmöglich in der Patientenversorgung zu unterstützen, wurde ein Echtzeit-Monitoring über den Bearbeitungsstand aller Proben, die Anzahl der Neuinfektionen und Mutationen etabliert. Auch bei der weiterführenden Analytik der Coronavirusvarianten war Labor Berlin ein Vorreiter: Als erneut erstes Labor startete man die Testung sämtlicher Proben von neu mit dem Coronavirus infizierten Patienten auf die „Variants of Concern" – und konnte die Ausbreitung der britischen Variante B.1.1.7. so bereits sehr früh nachweisen.

Grundlagen für ein gutes Innovationsklima

Prof. Christian Drosten ist der Direktor des Fachbereichs für Virologie von Labor Berlin. Spätestens seit Beginn der Pandemie und den Medienauftritten des Experten wissen auch Laien, was das gemeinsame Tochterunternehmen von Charité und Vivantes an diagnostischer Spitzenmedizin zu leisten vermag. Dafür geben knapp 700 Mitarbeiter täglich ihr Bestes. Innovationen werden im Unternehmen gefördert und honoriert, Ideen dürfen entwickelt und ausprobiert werden, und auch ein Scheitern ist erlaubt. Das schafft ein Innovationsklima, von dem alle profitieren: die Ärzte, die Patienten und natürlich auch Labor Berlin selbst mit all seinen Beschäftigten.

Eigenverantwortung und innovative Projekte

Alle Mitarbeiter können eigene Innovationsprojekte einem unabhängigen Innovationsbeirat präsentieren – mit der Chance auf eine Förderung in Höhe von insgesamt 750.000 € pro Jahr. Junge Ärzte erhalten über das „Clinical Laboratory Scientist Programm" die Chance, sowohl in der medizinischen Diagnostik bei Labor Berlin als auch in der universitären Forschung tätig zu sein. In der Belegschaft kommt das gut an: Gerade für Ärzte und Naturwissenschaftler ist die Möglichkeit, an Innovationen teilzuhaben und weiterhin auch forschend tätig zu sein, ein wichtiger Faktor, weshalb sie sich für Labor Berlin als Arbeitgeber entschieden haben.

Labor Berlin – Charité Vivantes Unternehmensgruppe
13353 Berlin
www.laborberlin.com
Beschäftigte (D): über 200
Gesundheitswesen

Geschäftsführer
Fabian Raddatz
und Nina Beikert

Otte Projektmanagement GmbH

Stets einen Schritt voraus

Bei der Errichtung großer Industrieanlagen oder Sonderbauten gibt es meist viele Reibungspunkte, und häufig fehlt die nötige Transparenz. Der daraus resultierende Kosten- und Termindruck erfordert den Einsatz neuer Strategien. Hier setzt die Otte Projektmanagement GmbH an, die als Pionierin des agilen Projektmanagements die Steuerung und die Realisierung von Bauvorhaben begleitet. Ihr Top-Management hat dafür Prozesse entwickelt, die eine schnelle Umsetzung der Bauprojekte möglich machen.

Die Kunden werden von den ersten Planungen bis zur Inbetriebnahme eines Baus und der Entwicklung von Betriebsmitteln oder Anlagentechnik durch alle Projektphasen geführt. Zur Klientel der Otte Projektmanagement GmbH gehören führende Technologiekonzerne aus den Bereichen Luftfahrt und Automotive, aber auch Forschungseinrichtungen wie das Deutsche Zentrum für Luft- und Raumfahrt. Der gesamte Realisierungsprozess eines Projekts erfolgt unter der Anwendung agiler Prinzipien und mittels eines ständigen Wissensaustauschs. „Ein erfolgreiches Projekt entsteht durch Transparenz, Vertrauen und eine positive Fehlerkultur", sagt der Gründer und Geschäftsführer Martin Otte. Er und seine 15 Mitarbeiter zeichnen sich in ihrer Arbeit durch Vertrauen in das Projektmanagement, Vertrauen in Menschen, Flexibilität und das Anpassen von Prozessen an Daten aus.

Der passende Handschuh für alle

Das vom Top-Management entwickelte Tool „User Requirement Specification" (URS) bringt Problemstellungen auf den Punkt und führt alle Projektbeteiligten zusammen, darunter auch die künftigen Nutzer. Gearbeitet wird nicht in abgegrenzten Gruppen, sondern in crossfunktionalen Teams, die schnell und flexibel auf Veränderungen der Rahmenbedingungen reagieren können. So wird das Schnittstellenmanagement effektiver, das Management effizienter, und man ist dem Geschehen immer einen Schritt voraus. Diese übergreifende Perspektive spiegelt sich im Projektverlauf auf jeder Ebene wider. „Dank URS entsteht ein Handschuh, der allen passt", sagt Otte.

Übersetzer und Integratoren

Diese Spezialisten für Projektmanagement verstehen sich als Übersetzer und Integratoren im Zusammenspiel der einzelnen Fachbeteiligten. Zudem setzt man auf ein gemeinsames Datenmodell. Dabei wird ein Projekt mittels Visualisierung zum Leben erweckt, noch bevor der erste Spatenstich erfolgt ist. Wichtig sind stets klare Vorgaben, damit nicht am Bedarf vorbeigeplant wird. Das gilt auch für die Infrastrukturmaßnahmen im „Neues Gartenfeld" für 3.700 Wohnungen und 1.600 Gewerbeeinheiten in Berlin-Spandau, bei denen Otte die Projektleitung und -steuerung übernommen hat.

Otte Projektmanagement GmbH
10629 Berlin
www.otte-pm.net
Beschäftigte (D): bis 50
Unternehmensberatung

Geschäftsführer
Martin Otte

Die Otte Projektmanagement GmbH entwickelt und steuert komplexe Industrie- und Sonderbauprojekte – von der Bedarfsplanung über die Planung und Realisierung bis zur Inbetriebnahme.

Westernacher Solutions GmbH

Digitale Justiz

Wenn die Justiz ihre zentralen IT-Systeme neu aufstellt, sucht sie nach einem führenden Experten im Bereich E-Justice, der das komplette IT-Spektrum abdeckt und eine starke Innovationskraft besitzt. Ihr Weg führt dann oft zur Westernacher Solutions GmbH. Dieser kontinuierlich wachsende Spezialist für Software-Engineering und elektronischen Rechtsverkehr überzeugt mit seinen Innovationsprozessen und seinem guten Innovationsklima.

Eine Besonderheit ist: Die Westernacher Solutions GmbH ist Teil der Dr. Westernacher & Partner Unternehmensberatung AG – und deren Aktien können nur von aktiven Mitarbeitern erworben werden. Die Beschäftigten wissen also, dass sie in diesem Unternehmen nicht für andere arbeiten, sondern für sich selbst. Deshalb stehen sie untereinander auch nicht in Konkurrenz, sondern bilden gemeinsam ein Team. Wenn ein Kollege aus der Nachbarabteilung eine Idee hat, freut man sich deshalb für ihn und unterstützt ihn. Denn man weiß, dass letztlich alle davon profitieren. Ein Slogan der Firma bringt dieses Klima auf den Punkt: „Westernacher beginnt mit ‚We'“.

Ein Chatbot unterstützt den Support

Etwa zwei Drittel der Beschäftigten sind Informatiker und befassen sich mit Themen wie IT-Sicherheit, Datenschutz und digitale Identitäten. Sie arbeiten an Chatbots, Natural-Language-Processing und zu den Themen Maschinenlernen und künstliche Intelligenz (KI). Eine der interessantesten Neuentwicklungen von Westernacher Solutions ist die KI-Suite „botterfly.ai“, eine künstliche Intelligenz, die Antwortvorschläge für Supportmitarbeiter generiert. Als Chatbot eingesetzt, entlastet sie den Support, spart Kosten und lernt automatisch dazu. 2021 wurde er in die Notariatssoftware NOAH integriert, eines der Hauptprodukte des Unternehmens.

Strukturierter Prozess

Ein mehrstufiger Innovationsprozess steht allen Mitarbeitern offen. Dort werden Ideen nicht nur nach ihrer Originalität beurteilt, sondern auch nach ihrem wirtschaftlichen Potenzial. „Die beste Idee nützt nichts, wenn sie vom Markt nicht angenommen wird“, erläutert der Geschäftsführer Dr. Heiko Pfeffer-Orth. Manche Vorschläge werden deshalb verworfen, andere hingegen mit großem Engagement realisiert. „Im Bereich E-Justice sind wir ein Vorreiter, denn wir gehen innovative Projekte an, an die sich deutlich größere Wettbewerber nicht heranwagen“, betont der Geschäftsführer Tino Jezewski. Der Erfolg seines Unternehmens gibt ihm recht – Westernacher Solutions befindet sich kontinuierlich auf Wachstumskurs.

Westernacher Solutions GmbH
10965 Berlin
www.westernacher-solutions.com
Beschäftigte (D): 51 bis 200
IT-Entwicklung/-Beratung

Geschäftsführer
Dr. Heiko Pfeffer-Orth
und Tino Jezewski

Hamburg
Mecklenburg-Vorpommern
Niedersachsen
Schleswig-Holstein

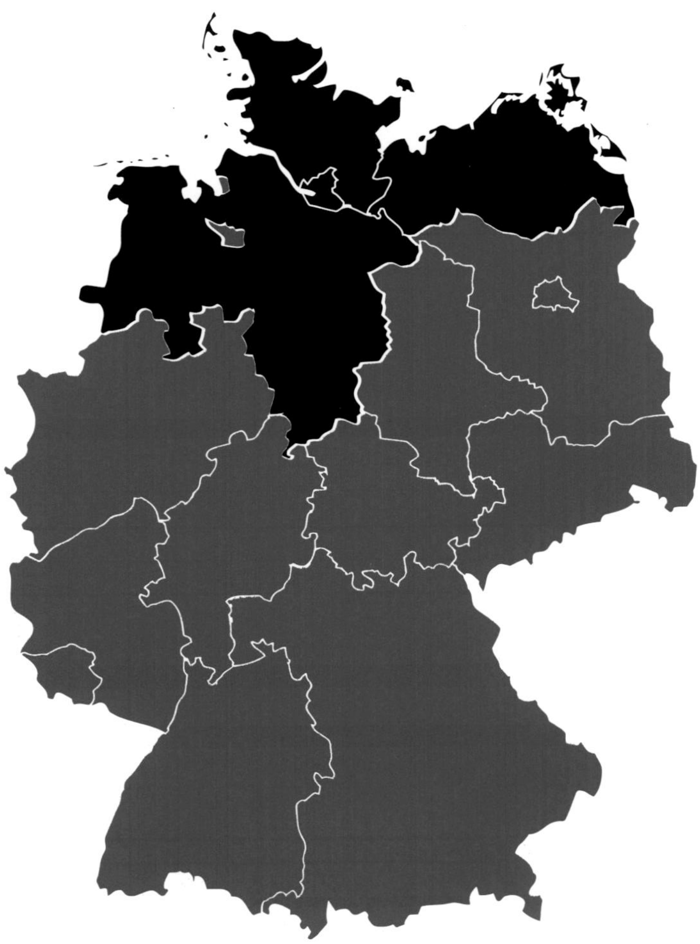

Die Zahl der goldenen Sternchen in den nachfolgenden Unternehmensporträts entspricht der Zahl der TOP 100-Auszeichnungen.

* „Innovator des Jahres“ 202[illegible] der Größenklasse C

Abberior Instruments GmbH

Von Wissenschaftlern für Wissenschaftler

Die Produkte der Abberior Instruments GmbH in Göttingen revolutionieren den Weltmarkt. Zum Portfolio dieses Medizintechnikherstellers gehören zum einen das am besten auflösende Mikroskop der Welt, das MINFLUX-Mikroskop, zum anderen ein tragbares STED-Mikroskop, das Anwender innerhalb einer Stunde aufbauen können. Auf ihrem Gebiet führende Wissenschaftler gründeten das Unternehmen 2012 und landeten einen einzigartigen Innovationserfolg – mit jeder Menge Ideenpotenzial für die Zukunft.

2014 erhielt Prof. Dr. Dr. Stefan W. Hell, Mitgründer der Firma, den Chemie-Nobelpreis für die Entwicklung eines Fluoreszenzmikroskops, das die Beugungsgrenze des Lichts überwindet. Dieses Stimulated-Emission-Depletion-Mikroskop (STED) ist das Kernprodukt der Abberior Instruments und die Basis für nanogenaue Hochauflösung. Damit können Wissenschaftler, beispielsweise in der Krebsforschung, bis zu zehnmal schärfer einzelne Moleküle in lebenden Zellen beobachten.

Weltweit die Nummer eins

Über die letzten zehn Jahre haben Hell und seine Mitarbeiter die revolutionäre Technologie zu unerreichter Auflösungskraft fortentwickelt: Das Mikroskop MINFLUX erlaubt die Darstellung von Proteinstrukturen auf einen Nanometer genau – weltweit einmalig! Eine Vielzahl internationaler Patente spiegeln die Innovationsführerschaft des Unternehmens. Der Geschäftsführer Dr. Gerald Donnert formuliert das Ziel der nächsten Jahre so: „Wir wollen, dass unser Name weltweit für die besten Produkte der hochauflösenden Lichtmikroskopie steht." Die Grundlage des Erfolgs ist die immense Fachkompetenz der Mitarbeiter: „Alle wichtigen Entscheidungen werden bei uns von Wissenschaftlern aus dem Gebiet der STED- und MINFLUX-Entwicklung getroffen", berichtet er.

Eigenverantwortung als Erfolgsgarant

Die wissenschaftliche Ausbildung aller Mitarbeiter prägt ein einzigartiges Innovationsklima. Viel Freiheit für die selbstständige Suche nach Lösungen gehört zu den Leitgedanken des Unternehmens. „Man muss sich trauen, den Beschäftigten vollständige Eigenverantwortlichkeit zu gewähren, denn genau dort beginnt Entrepreneurship", erklärt Dr. Donnert. Dank dieses Vertrauens konnte man 2014 eine außergewöhnliche Roadshow realisieren: Mit einem Truck samt eingebautem STED-Mikroskop besuchte das Team zahlreiche Universitäten in Deutschland. „Keiner wusste, ob die komplexe Technik im Lauf einer solch langen Fahrt Schaden nimmt; wir haben uns auf die Intuition unserer Mitarbeiter verlassen", erzählt Donnert. In der Welt des Winzigkleinen ist Abberior Instruments eine unübersehbare Größe – dank der mutigen und kreativen Entscheidungen der Gründer und Mitarbeiter.

Abberior Instruments GmbH
37077 Göttingen
www.abberior.com
Beschäftigte (D): 51 bis 200
Medizintechnik

Geschäftsführer
Dr. Gerald Donnert

Die Alfred Döpker GmbH & Co. KG ist spezialisiert auf schlüsselfertiges Bauen sowie auf die Sanierung und Modernisierung alter Bausubstanzen. Mit der zunehmenden Digitalisierung der Arbeitsmethoden leistet sie Pionierarbeit in der Region.

Alfred Döpker GmbH & Co. KG Bauunternehmen

Bauen für die Zukunft

Das schlüsselfertige Bauen von Wohn- und Geschäftsgebäuden sowie das Sanieren alter Baubestände sind die Kernaufgaben der Alfred Döpker GmbH & Co. KG. Seit 56 Jahren widmet sie sich diesen Aufgaben, zunehmend auch mit modernen Hilfsmitteln wie virtuellen Gebäudemodellen. Das Top-Management achtet dabei vor allem auf aktuelle Trends und frische Ideen. Unter den 55 Mitarbeitern sorgen „Corporate Happiness Botschafter“ für ein gutes Unternehmens- und Innovationsklima.

Als geschäftsführender Gesellschafter legt Christian Schaefer viel Wert darauf, den Trends in der Baubranche auf der Spur zu bleiben. „Im Moment stehen bei uns die Möglichkeiten des digitalen Wandels im Fokus“, erläutert er.

Digitale Pionierarbeit

Aktuelle Informationen dazu erhält der Geschäftsführer von der Bundesvereinigung Mittelständischer Bauunternehmen e. V. und dem Bauindustrieverband. In Planung ist die Organisation der Alfred Döpker GmbH & Co. KG mittels ERP-Software. Auch der neue Trend Building-Information-Modeling (BIM) wird von Schaefer vorangetrieben. Hier ist die Zusammenarbeit mit dem Kompetenzzentrum „Planen und Bauen“ der Jade Hochschule Oldenburg von großem Wert, das mittelständischen Unternehmen Wege zur Digitalisierung aufzeigt. Bei der Arbeitsmethode BIM wird ein virtuelles Modell des geplanten Bauwerks erstellt, das die Daten aller Beteiligten wie Architekten und Bauunternehmen vereint. Die Bauherren können auch vorab eine virtuelle Besichtigung durchführen. „Wir leisten in diesem Punkt Pionierarbeit in der Region“, erklärt der Geschäftsführer.

Wertschätzung als Basis

Einzigartig ist auch der Einsatz der Geschäftsleitung für ein harmonisches Miteinander im Team. Schon vor Jahren hat sich die Belegschaft ein Wertefundament gegeben, als dessen Vermittler „Corporate Happiness Botschafter“ fungieren. Inzwischen achten fünf Mitarbeiter darauf, dass „der Faktor Mensch als wichtigste Ressource des Unternehmens im Fokus bleibt“, sagt Schaefer. Die positive Stimmung wirkt sich auf die Kreativität aller aus: 90 % aller 2020 beigesteuerten Verbesserungsvorschläge wurden realisiert. Mindestens einmal im Jahr sorgt ein mehrtägiger Workshop mit allen Beschäftigten dafür, dass keine Anregung unausgesprochen bleibt. „Wir sind überzeugt, dass glückliche Menschen erfolgreicher und innovativer sind“, betont Christian Schaefer. Glückliche Mitarbeiter und ein glückliches Händchen für neue Ideen – auf diesen Fundamenten wird der Erfolg der Alfred Döpker GmbH & Co. KG auch in Zukunft aufbauen.

Alfred Döpker GmbH & Co. KG
Bauunternehmen
26125 Oldenburg
www.team-doepker.de
Beschäftigte (D): 51 bis 200
Baugewerbe/Handwerk

Geschäftsführender Gesellschafter
Christian Schaefer

blau direkt GmbH & Co. KG

★★

Total digital

Schneller, einfacher und kostengünstiger soll es werden, verspricht die blau direkt GmbH & Co. KG ihren Kunden: Dieser Infrastrukturdienstleister bringt Versicherer, Makler und Endkunden mittels automatisierter digitaler Prozesse zusammen. Und die Anwender sparen dadurch in der Tat Zeit und Geld. Zur fortschrittlichen Haltung der Firma gehört auch ein hervorragendes Innovationsklima. Viele junge Mitarbeiter und ein vergleichsweise hoher Anteil von Frauen in der Führungsetage bringen Diversität und Dynamik ins Tagesgeschäft.

Wer hat schon Lust dazu, sich ständig die Angebote aller möglichen Versicherer anzusehen, um die günstigsten Tarife mit den besten Leistungen zu erhalten? Und welcher Versicherungsmakler würde nicht gerne Zeit und Geld bei der Betreuung seiner Kunden sparen? Dies dachten sich auch die Gründer der blau direkt, als sie ihr Unternehmen im Jahr 2000 aus der Taufe hoben. Seither optimiert dieser Spezialist für Datenverarbeitung die Prozesse zwischen Versicherern, Maklern und im Endeffekt auch Endkunden im gesamten Vermittlungsverfahren. Mehr als 100 Beschäftigte, darunter Softwareentwickler, Juristen und Versicherungsprofis, bieten ihre Dienste und jede Menge Fachkompetenz an.

Alte Denkmuster aufbrechen

„Unsere große Stärke ist unser junges Team. 25 % der Belegschaft sind Auszubildende. Und von unseren 23 Managern stammen 19 aus der hauseigenen Ausbildung", sagt der Geschäftsführer Oliver Pradetto nicht ohne Stolz. Diversität wird bei diesen Norddeutschen großgeschrieben. So arbeiten in der Geschäftsleitung drei Frauen und fünf Männer. Dies ist bei Finanzdienstleistern eher ungewöhnlich – die Chefetage der Branche wird noch immer von Männern dominiert. Pradetto erinnert sich an die Preisverleihung einer Zeitung, bei der es um Frauen ging, die im Management tätig sind. „Auf dem Abschlussfoto waren 40 Personen zu sehen. Davon nur eine Frau, und die kam von uns."

Die Welt gehört den Digital Natives

Im Haus herrscht ein dynamisches Innovationsklima, denn die Mitarbeiter werden ermutigt, eigene Ideen einzubringen und zu realisieren. Dies trägt Früchte: Es wurden digitalisierte Prozesse geschaffen, die die Administration der Kunden deutlich verschlanken. So konnten etwa Versicherungsmakler bislang insgesamt rund 1.800 Innendienstkräfte durch teils KI-basierte Innovationen von blau direkt ersetzen. „Die Technologie wird sich auch in Zukunft immer weiter ausbreiten. Die Dinge ändern sich, Handelssysteme entwickeln sich weiter. Vor allem die Digital Natives werden in den kommenden Jahren noch so einiges bewegen", meint Pradetto überzeugt.

blau direkt GmbH & Co. KG
23560 Lübeck
www.blaudirekt.de
Beschäftigte (D): 51 bis 200
Finanzdienstleistungen/
Versicherungen

Die Geschäftsführung

Die Deutsche Lichtmiete hat es sich als erstes deutsches Unternehmen zur Aufgabe gemacht, energieeffiziente Projekte der Beleuchtungstechnik anzubieten, sie zu realisieren und sie vor allem durch ein Mietsystem auch finanzierbar zu machen.

TOP 100

Deutsche Lichtmiete Unternehmensgruppe

★★★

Ideen, die einleuchten

Nachhaltigkeit plus Innovation: Das ist das Erfolgsrezept der Deutsche Lichtmiete Unternehmensgruppe. Mit einem brandneuen Geschäftsmodell positionierte sie sich 2008 als erste Anbieterin mietbarer LED-Beleuchtung am deutschen Markt. Heute versorgt der Mittelständler Kunden aus der Industrie, dem Gewerbe und aus öffentlichen Einrichtungen mit stromsparenden und smarten Beleuchtungen. Mit der Zeit sind viele neue Ideen hinzugekommen, die mittels innovativer Prozesse auf den Markt gebracht werden.

Bessere Beleuchtung und dazu noch Strom sparen: Dieses Angebot leuchtet vielen Kunden buchstäblich ein. Die Basis hierfür sind Mietverträge, die flexibel kündbar sind und nach 10 Jahren eine kostenlose Übernahme der geliehenen LED-Beleuchtung ermöglichen – ein bislang einzigartiges Modell am Markt. „Für uns stand am Anfang Nachhaltigkeit als großes Zukunftsthema im Vordergrund. Das Mietmodell kam hinzu, um die Investitionen für Kunden niedrig zu halten", erklärt der Gründer und Vorstand Alexander Hahn. Gerade in der Coronakrise ist das kostensparende Mieten für viele Firmen ein attraktives Modell.

Innovative Rundumpakete

Inzwischen sind aus der Anfangsidee komplette Dienstleistungspakete entstanden, mit denen die Deutsche Lichtmiete die Marktführerschaft beansprucht: Das Modell „Light as a Service" umfasst neben Analyse, Beratung und Installation auch kostenlose Wartung, Austausch und fachgerechte Entsorgung der Leuchten. Hinzu kamen zuletzt noch innovative Impulse beim Thema „smarte Beleuchtung" – mit digitalen Lösungen wie vorausschauender Wartung, digitalem Gebäudescanning und virtueller Planung. „Weitere Zukunftsthemen wie ‚Internet of Things' und ‚Factory 4.0' sind für uns der nächste Schritt. Dabei geht es beispielsweise um die Integration von Gebäudetechnik und anderer Daten in unsere Beleuchtung", erklärt Hahn. Um solche Ideen konsequent auf den Weg zu bringen, hat sich das Unternehmen auch intern innovativ aufgestellt: Eng verzahnt arbeiten die Entwicklungsabteilung und die Abteilung für Lean Management zusammen, um Prozesse weiter zu digitalisieren und zu verschlanken.

Nachhaltigkeit weiterentwickeln

Die Gründer kehren dennoch immer wieder zu ihrer Anfangsmotivation, der Nachhaltigkeit, zurück: „Seit jeher werden bei uns defekte Leuchten nicht einfach entsorgt, sondern repariert und wieder eingesetzt. Das vermeidet Elektroschrott. Für die jüngste Leuchtengeneration streben wir jetzt eine Cradle-to-Cradle-Zertifizierung an", sagt Hahn. So denkt man auch beim Thema Nachhaltigkeit stets kreativ weiter.

Deutsche Lichtmiete Unternehmensgruppe
26135 Oldenburg
www.lichtmiete.de
Beschäftigte (D): 51 bis 200
Elektronik/Elektrotechnik

Gründer und Vorstand
Alexander Hahn

Exportverpackung Sehnde GmbH

Von der Kistenfabrik zum Logistikprofi

Im Jahr 1858 beginnt die Erfolgsgeschichte der Exportverpackung Sehnde GmbH, damals eine reine Holzkistenfabrik. Heute produziert sie mit ihren 150 Beschäftigten an sieben Standorten in und um Sehnde bei Hannover Exportverpackungen für Kunden aus dem Maschinen- und Anlagenbau weltweit. Darüber hinaus ist man als hochdigitalisierter Logistikdienstleister tätig, der Industriegüter und Anlagen bedarfsgerecht verpackt und einen reibungslosen Ablauf in der gesamten Logistikkette gewährleistet.

Der Geschäftsführer Björn Scharnhorst leitet das Unternehmen in der fünften Generation. Dank seines Engagements und weil er und sein Team in engem Austausch auch mit Firmen aus anderen Branchen stehen, ist sein Betrieb heute so erfolgreich. „2008 haben wir noch 90 % unseres Umsatzes mit der Fertigung von Holzpackmitteln gemacht. Heute dagegen setzen wir 85 % mit unseren integrierten Logistikdienstleistungen um. Dank dieser Transformation sind wir marktfähig geblieben und können das weiter ausbauen", betont er. 75 % seiner Arbeitszeit widmet er dem Thema Innovation, und 30 Tage pro Jahr investiert er in Weiterbildungen mit Innovationsbezug.

Engagement, das sich lohnt

Mit diesem Wissen treibt Scharnhorst das Thema Innovation nicht nur im Unternehmen voran, sondern auch außerhalb. So ist er Vorstand des Arbeitskreises „E-Logistics & Digital Supply Chain" beim Digitalverband Bitkom e. V. „Wir sind vier Vorstände aus verschiedenen Branchen. Oft fehlt gerade der IT-Branche der Bezug zur Realwirtschaft. So profitieren wir alle von dieser Tätigkeit – ich bin nah dran an technologischen Trends und stelle für die anderen die Realitätsnähe her", erläutert der Geschäftsführer sein Engagement.

Innovativ dank Kundennähe

Per Videobotschaft wendet man sich regelmäßig an die Kunden und berichtet darin über Aktuelles. Gleichzeitig werden sie immer wieder dazu aufgerufen, sich direkt in den Innovationsprozess einzumischen. „Nur so stiften Neuerungen den größtmöglichen Nutzen", ergänzt Thorben Scharnhorst. Ein auf diesem Weg entstandenes Produkt des Unternehmens ist die eigens entwickelte Software „XParts Management". „Firmen arbeiten oft sehr abteilungsbezogen, sind nicht gut abgestimmt und können aus diesem Grund nicht rechtzeitig liefern. Das war ein Problem der deutschen Anlagenbauer, das bis dahin noch niemand gelöst hatte. Mit unserer Software vernetzen wir alle an einem Projekt beteiligten Abteilungen und binden sogar externe Lieferanten mit ein", betont Scharnhorst stolz.

Exportverpackung Sehnde GmbH
31319 Sehnde
www.export-verpackung.de
Beschäftigte (D): 51 bis 200
Druck/Papier/Verpackung

Geschäftsführer
Björn und Thorben Scharnhorst

TOP 100

Fairlohnung® GmbH

Fehler feiern

Felix Anrich ist Buchautor, Speaker und Podcaster, Unternehmensberater und Gründer der Fairlohnung® GmbH. Von Hamburg aus arbeitet er mit seinem zehnköpfigen Consultingteam im DACH-Raum an einer Vision: gesunde Unternehmenskulturen, in denen die Mitarbeiter anerkennend, wertschätzend und respektvoll behandelt werden. Dazu zählt auch, dass ihnen nachhaltige Gesundheitsleistungen angeboten werden – nach individuellen Interessen abrufbar und mit Fördergeldern subventioniert, die zahlreiche Unternehmen leider noch verfallen lassen.

Vor allem aber sind Anrich und sein Team Netzwerker. In der FAIRFAMILY-Community profitieren Mittelständler von einem Netzwerk aus mehr als 10.000 Firmen und Beratern. „Wenn wir Unternehmen beraten, dann mit dem, was wir von den Besten im Mittelstand gelernt haben", sagt Felix Anrich und erklärt damit seinen Ansatz. Außerdem arbeiten diese Consultants eng mit 100 Partnern zusammen, beispielsweise aus dem Recruiting und dem Changemanagement. „Dank kurzer Wege in unserem Netzwerk können wir Herausforderungen schnell erkennen, neue Fördertöpfe ausschöpfen und Chancen nutzen", sagt Felix Anrich.

Aus Fehlern lernen

Dass der Geschäftsführer auch im eigenen Haus auf eine gesunde Unternehmenskultur Wert legt, beweist das gute Innovationsklima. „Wir feiern unsere Fehler und lernen daraus", sagt Anrich. „Ich erzähle im Team von meinen Fehlern und fühle mich auch für die anderen verantwortlich – etwa weil ich Prozesse falsch festgelegt habe", berichtet er aus der Praxis. „Im Anschluss geht es darum, von unserem Netzwerk zu lernen und die Prozesse zu optimieren, damit sich Fehler nicht wiederholen", ergänzt der Geschäftsführer Randolph Moreno Sommer.

Im Team zum Erfolg

Für das effiziente Weiterbringen innovativer Entwicklungen hat das Fairlohnung®-Team feste Zeiten zum gemeinsamen Austausch vereinbart: Jeder berichtet im montäglichen „Wochenplanungs-Call", mit welcher Idee er das Unternehmen in dieser Woche voranbringen will. Jeden Mittwoch gibt es einen „Power-Call", in dem über die Harmonie im Team und über klare Kommunikation gesprochen wird. „Nur so können sich Innovationsideen frei entfalten", erklärt Felix Anrich. „Im 14-tägigen Rhythmus reden wir einmal auf der Sachebene und einmal auf der zwischenmenschlichen Ebene miteinander, nicht selten gehen diese Gespräche in den Feierabend über." Freitags wird ein Fazit gezogen. Der Erfolg gibt diesen Beratern recht: 2020 haben alle Mitarbeiter Verbesserungsvorschläge und Innovationsideen eingebracht, von denen 85 % realisiert wurden.

Fairlohnung® GmbH
20354 Hamburg
www.fairfamily.de
Beschäftigte (D): bis 50
Personaldienstleistungen

Geschäftsführer
Randolph Moreno Sommer
und Felix Anrich

FUCHS ist ein weltweit anerkannter Spezialist für maßgefertigte Fördertechniklösungen mit Schwerpunkt Kranbau – zu Wasser wie an Land.

FUCHS Verwaltungs AG

Sich auf seine Stärken besinnen

Dem bisherigen Trend des Outsourcings folgt seit einiger Zeit das Bestreben nach mehr Autarkie durch die Wiedereingliederung von Prozessen. Diesen Weg beschreitet auch die FUCHS Verwaltungs AG: Sie hat in nur fünf Jahren die Organisation eines führenden mittelständischen Herstellers von Fördertechnik und zweier ausgegründeter Tochterunternehmen komplett neu geordnet. Das dadurch aufgebaute interne Know-how und die geringere Abhängigkeit von Lieferanten machen sich inzwischen doppelt bezahlt.

Vor den Toren Hamburgs, in Oststeinbek, entwickelt, fertigt und wartet die in zweiter Generation familiengeführte FUCHS Fördertechnik GmbH seit 60 Jahren innovative Kransysteme, die weltweit im Schiffbau sowie im Offshore- und Industriebereich eingesetzt werden. Um Kosten zu sparen und weil die Fertigungstiefe im eigenen Haus nicht genügte, lagerte man spezielle Schweiß-, Lackier- und mechanische Arbeiten über lange Zeit hinweg an externe Dienstleister aus. Diese Strategie erwies sich laut dem Vorstand Moritz Remmers jedoch als Sackgasse. „Wir sind in zu große Abhängigkeit geraten“, erklärt er. „Unsere Beschaffungskosten und der Aufwand für die Qualitätssicherung stiegen, zudem waren die Lieferketten oft nicht hinreichend belastbar.“ Deshalb setzte ein Umdenken ein: „2015 beschlossen wir, solche und ähnliche Arbeiten Zug um Zug ins eigene Haus zu holen – auch mit dem Ziel, von uns selbst nicht genutzte Kapazitäten externen Kunden anzubieten.“

Umfassende Restrukturierung

Aus der Fördertechnik gingen infolgedessen 2016 und 2020 Tochterfirmen für moderne Oberflächentechnik sowie für die mechanische Bearbeitung und Zerspanung hervor. Die gesamte Gruppe ist inzwischen unter dem Dach der ebenfalls neuen Verwaltungs-Holding versammelt, mit Moritz Remmers als Vorstandsvorsitzendem. Gemeinsam mit einem dreiköpfigen Team steuert er die übergeordneten Innovationsprozesse wie Digitalisierung und Automatisierung, die Produktentwicklung hingegen obliegt den jeweiligen Tochtergesellschaften.

Synergien und neue Geschäftsfelder

Mittlerweile fungiert die FUCHS Oberflächentechnik GmbH längst nicht mehr nur als Zulieferer für die Fördertechnik – stolze 60 % ihres Umsatzes erwirtschaftet sie bereits durch externe Aufträge. Eine ähnlich erfreuliche Entwicklung strebt Remmers auch für den Geschäftsbereich der mechanischen Bearbeitung an. „Wir wussten, dass wir zwei Fliegen mit einer Klappe schlagen würden“, sagt er. „Aber die Effizienz dieses bewusst herbeigeführten Win-win-Szenarios hat uns dann doch positiv überrascht.“

FUCHS Verwaltungs AG
22113 Oststeinbek
www.fuchs-cranes.de
Beschäftigte (D): 51 bis 200
Anlagen-/Maschinenbau

Vorstände
Peter Pfabe und
Moritz Remmers

Die Heinrich Meyer-Werke Breloh sind bundesweiter Partner für Bauunternehmer und die Fertighausindustrie, wenn es um hochwertige Fenster, Türen, Carports, Terrassenüberdachungen oder Gartenschränke geht.

TOP 100

Heinrich Meyer-Werke Breloh GmbH & Co. KG

Neues vorantreiben

Unternehmen in Familienhand agieren verantwortungsvoll, mit Weitblick und können sich deshalb auf dem Markt behaupten. Zu diesem Erfolg trägt nicht zuletzt die Fähigkeit bei, sich über Generationen hinweg immer wieder zu erneuern und technologische Innovation voranzutreiben. So auch bei der Heinrich Meyer-Werke Breloh GmbH und Co. KG im niedersächsischen Munster, einem Systemanbieter in Sachen Fenster, Türen und mehr, dessen Top-Management die Enstehung von Neuem konsequent fördert.

Moritz Meyer leitet die HM-Werke in der siebten Generation gemeinsam mit seinem Vater. Der Mut zum Wandel war und ist ständige Maxime. Heute sind mehr als 200 Beschäftigte in dem Unternehmen tätig, zu dem acht Sparten gehören. Der Fokus liegt auf dem Bau von Fenstern und Türen. Das Portfolio wird ergänzt durch Carports und Terrassenüberdachungen sowie maßgefertigte Gartenschränke. „Ein hoher Qualitätsanspruch ist unser Motor für Innovationen", erklärt der Geschäftsführer Volker Meyer. Bei den HM-Werken gibt es keinen Innovationsbeauftragten und auch keine pauschalen Prämien für neue Ideen. Die Innovationskultur zeichnet sich vielmehr dadurch aus, dass Novitäten im Einklang mit den Wünschen der Kunden entwickelt werden. Den Anstoß dazu gibt vorrangig die Geschäftsführung.

Agile Prozesse

Flache Hierarchien führen zu schnellen Entscheidungen und zu einer großen Effizienz bei deren Umsetzung. „Wenn es um Neuentwicklungen geht, arbeiten wir sehr agil und binden Mitarbeiter aus allen Ebenen mit ein", sagt Moritz Meyer. Gemeinsam mit einem Hersteller von Reihenhäusern wurde zum Beispiel innerhalb von fünf Wochen ein Gartenschrank entwickelt. Die direkte Rückmeldung der Kunden wirkt sich dabei positiv auf das Innovationsklima und auf die Motivation der Mitarbeiter aus. Das Top-Management zeichnet aus, dass es immer einen Schritt vorausdenkt und auch das Thema Nachhaltigkeit offensiv angeht: Die glasfaserverstärkten Fenster der HM-Werke, bei denen auf Stahl verzichtet wird, haben weniger Gewicht, einen geringeren CO_2-Ausstoß und bessere Dämmwerte.

Denken in Generationen

Die Geschäftsleitung hat zudem die Vision verwirklicht, als Modullieferant den Markt zu revolutionieren: Fenster und Türen können per Kran in das aufgehende Mauerwerk gestellt werden, sodass Maurer direkt an das Fenster mauern können. Damit kann der Innenausbau früher beginnen, und der gesamte Bau wird beschleunigt. Als Familienunternehmen plant man langfristig, was auch Innovationsprojekte begünstigt. „Wir denken in Generationen", sagt Volker Meyer.

Heinrich Meyer-Werke Breloh GmbH & Co. KG
29633 Munster
www.hm-werke.de
Beschäftigte (D): über 200
Baugewerbe/Handwerk

Geschäftsführer
Volker und
Moritz Meyer

Die Helmut Bünte® GmbH hat sich spezialisiert auf den Handel mit Produkten für Pkw-Anhänger. Ihr Sortiment umfasst 15.000 Ersatzteile sowie Komponenten und Zubehör von rund 550 Marken.

Helmut Bünte® GmbH

★★

Raum für Ideen

Die Verwaltung neuer Ideen ist in vielen Firmen eine Wissenschaft für sich. Es kann aber auch ganz einfach gehen – wie bei der Helmut Bünte® GmbH in Hilter am Teutoburger Wald, einem Zulieferer von sicherheitsrelevanten Komponenten für Pkw-Anhänger. Flache Hierarchien sowie innovationsfreudige und empathische Führungskräfte, die ihre Entscheidungen transparent kommunizieren, sind hier der Schlüssel zu einem Innovationsklima, in dem Neuerungen wachsen und gedeihen können.

Wer bei diesem Mittelständler eine gute Idee hat, wird immer als Teamlead mit in das Innovationsprojekt aufgenommen. Dahinter steht eine positive Fehlerkultur und die Botschaft: Jeder kann mitmachen. „Wir konzentrieren uns aktuell darauf, alles abzuschaffen, was jemanden daran hindern könnte, seine Ideen einzubringen und voranzutreiben", erklärt Sven Herwig, der die Firma in zweiter Generation führt. Sie verfügt über ein Vollsortiment von 15.000 Ersatzteilen. Seit 2020 werden zudem rund 600 Artikel unter eigenem Label vertrieben – vom Stützrad über die Kugelkupplung bis zur Achse.

Digitalisierte Logistik

Zu den Alleinstellungsmerkmalen des Unternehmens zählen die markenübergreifende, technische Expertise und eine Lieferquote von 97 %. „Und wir bieten als einziger Zulieferer die Möglichkeit, die Produkte auf Kundenwunsch zu individualisieren. Außerdem liefern wir auch Kleinsendungen", erläutert Sven Herwig. Als Großhändler ist er quasi dazu gezwungen, sich immer wieder neu zu erfinden. Das jüngste Beispiel: Dank einer neuen Logistiklösung werden die Lagerbestände vollautomatisch überwacht und digital kommissioniert. „Damit sind wir auch in der Lage zu prognostizieren, was wir zu bevorraten haben", sagt Herwig. Darüber hinaus erhöht sich die Artikelverfügbarkeit, und Belastungsspitzen können intern besser ausgeglichen werden.

Erfolg abseits des Kerngeschäfts

Innovationsgeist und die Bereitschaft, neue Wege zu gehen, haben die Verantwortlichen auch in der Coronakrise gezeigt: In nur wenigen Wochen entwickelte man fernab des eigentlichen Kerngeschäfts einen berührungslosen Hygienespender. Die Idee dazu stammte aus der Belegschaft. Das Familienunternehmen war fast zwei Monate lang der einzige Anbieter deutschlandweit, der ab Lager liefern konnte. Heute findet man das Produkt in Krankenhäusern, Flughäfen, auf Messen, in Einkaufszentren und in Arztpraxen. „In dieser Geschwindigkeit etwas völlig Neues geschaffen zu haben macht uns sehr stolz", sagt der Geschäftsführer.

Helmut Bünte® GmbH
49176 Hilter
www.buente.com
Beschäftigte (D): bis 50
Automobilzulieferer/Fahrzeugbau

Geschäftsführer
Sven Herwig

hsp Handels-Software-Partner GmbH

Auch ein Steuerprofi braucht mal Hilfe

Ohne Steuerberater wären viele Menschen ziemlich aufgeschmissen, von Unternehmen gar nicht zu reden. Diese Lotsen fürs Navigieren durch die Untiefen des Paragrafenmeers brauchen heute oft selbst Unterstützung, weil die Digitalisierung der Branche stürmische Zeiten beschert. Hier kommt die hsp Handels-Software-Partner GmbH ins Spiel, denn sie greift den Kanzleien mit kreativer Software erfolgreich unter die Arme. Ein Trumpf dieser seit 1991 aktiven IT-Firma ist ihr gutes Innovationsklima.

Erste Meriten hatte sich die hsp in den 1990er-Jahren verdient, als sie mit cleveren Verfahren Unternehmen bei der Umstellung der Postleitzahlen helfen konnte. Den Grundstein zur nationalen Marktführerschaft auf ihrem Gebiet legten die Hanseaten in der ersten Dekade des neuen Jahrtausends: Es gelang ihnen, verlässliche IT-Programme zu entwickeln, die ihre Kunden mit der sich ändernden Steuergesetzgebung Schritt halten ließen. Heute ist ihr ständig verbessertes und um weitere Produkte ergänztes Flaggschiff „Opti.Tax" das einzige Tool, das E-Bilanz und alle nötigen Informationen zur Taxonomie inklusive Praxistipps bündelt.

Reibungsloser Wissenstransfer

Möglich macht dies eine Start-up-Mentalität, durch die sich diese alten Hasen immer noch auszeichnen. Gezielt schafft man Freiräume, um das Potenzial der rund 30 Softwarespezialisten auszureizen. So sind beispielsweise alle aufgefordert, wöchentlich zweieinhalb Stunden ihrer Arbeitszeit dem Lernen und Forschen zu widmen. Die Zeiteinteilung und Themenwahl sind dabei frei. Wichtig ist es, „den Horizont zu erweitern und auch betriebsfremde Impulse zu sammeln", sagt der Geschäftsführer Paul Liese. Er sieht sich selbst als Taktgeber und Motivator. Wert legt man zudem auf einen reibungslosen Wissenstransfer: Auf einem digitalen Schwarzen Brett können Mitarbeiter via App von überall aus Ideen kommunizieren, kommentieren und bewerten. Einige Produkt- und Prozessinnovationen sind so entstanden. Ein Kollege etwa habe in Eigeninitiative Verfahren erdacht, die das Coding in der Entwicklung beschleunigen. „Seine Kenntnisse hat er öffentlich und damit das gesamte Team effizienter gemacht", erzählt Liese.

Als Problemlöser aktiv

In der Steuerbranche befürchtet man Einbußen durch die Automatisierung von Abläufen. Der Softwarehersteller reagiert darauf gewohnt kreativ. So hat er das Ziel ausgegeben, vom Spezialisten zum Generalisten zu mutieren, der als Rundumdienstleister das digitale Rüstzeug liefert, aber auch als Problemlöser agiert. Keine leeren Worte: Gerade schnürt man ein Bildungspaket, das Kunden davon überzeugen soll, sich neue Geschäftsfelder zu erschließen.

hsp Handels-Software-Partner GmbH
22607 Hamburg
www.hsp-software.de
Beschäftigte (D): bis 50
IT-Entwicklung/-Beratung

Geschäftsführer
Paul Liese

LUIS Technology GmbH

Sicherheit mit künstlicher Intelligenz

Beim Abbiegen, Rückwärtsfahren oder Rangieren entsteht oft eine besonders gefährliche Situation: Personen im toten Winkel können übersehen werden. Immer wieder kommt es auf diese Weise zu Unfällen. Um die Sicherheit zu erhöhen, werden mittlerweile in viele Fahrzeuge Kameras und Monitore eingebaut. Solche Sicherheits- und Fahrerassistenzsysteme entwickelt und fertigt die LUIS Technology GmbH in Hamburg. Sie kann auf zahlreiche Innovationserfolge stolz sein.

Die meisten Gefahren können wir mit unseren Augen und Ohren erkennen. Wo dies jedoch nicht möglich ist, kann künstliche Intelligenz (KI) helfen. So hat die LUIS Technology GmbH mittels KI eine Vielzahl von Systemen entwickelt, mit deren Hilfe Bilder ausgewertet werden können. Auf diese Weise lassen sich zum Beispiel Personen im Gefahrenbereich automatisch erkennen und technische Defekte per akustischer Veränderungen bemerken. „Wir können uns noch viele weitere Situationen vorstellen, in denen KI zum Einsatz kommt, vor allem zur Automatisierung von Arbeitsmaschinen“, erklärt der Geschäftsführer Martin Groschke.

Kundenfeedback aufnehmen

Zu den wichtigsten Innovationen dieses Hamburger Unternehmens gehört ein Abbiegeassistent, der auf Kamerasoftware basiert. Die Entwicklung und ständige Verbesserung des Systems erfolgt zusammen mit den Kunden und Anwendern, vor allem mit Lkw-Fahrern. „Wir haben die erste Version dieses Abbiegeassistenten viel schneller als der Wettbewerb auf den Markt gebracht und entwickeln sie nun jeweils im Halbjahreszyklus weiter“, sagt der Geschäftsführer Dr. Matthias Feistel. Dank dieser Agilität können Kundenwünsche schnell erfüllt werden. Allein in die letzte Version flossen 15 Verbesserungsvorschläge von Lkw-Fahrern ein. Die Daten der Abbiegeassistenten stellt die Firma außerdem interessierten Städten zur Verfügung, die damit Kreuzungen, an denen am meisten passiert, sicherer machen können.

Entwicklung einer Montage-App

Um die Montage der Sicherheitssysteme in die Fahrzeuge zu beschleunigen und die Fehlerquote zu minimieren, hat das Unternehmen für seine Mitarbeiter eine Montage-App entwickelt. Sie bildet den gesamten Prozess, von der Warenwirtschaft über den Einbau bis zur Rechnungsstellung, digital ab. Oft kommen die Systeme der LUIS Technology GmbH in speziellen Sparten zum Einsatz, etwa bei Müll- oder Landwirtschaftsfahrzeugen. Daher werden sie nur in kleinen Stückzahlen produziert – was für das wendige Unternehmen kein Problem ist. „Nicht ohne Grund lautet unser Motto: ‚Wir wollen begeisterte Kunden und tun alles dafür‘“, betonen die Geschäftsführer.

LUIS Technology GmbH
20537 Hamburg
www.luis.de
Beschäftigte (D): bis 50
Automobilzulieferer/
Fahrzeugbau

Geschäftsführer
Dr. Matthias Feistel und
Martin Groschke

MEYLE AG

Auto-Enthusiasten am Werk

Autoersatzteile von Erstausrüstern müssen nicht immer die besten sein. Die MEYLE AG beweist, dass Produkte, die in unabhängigen Werkstätten verbaut werden, manchmal sogar besser sind als das Original. Das Hamburger Unternehmen hat mehr als 24.000 Autoersatzteile des freien Teilemarkts für Pkw, Transporter und Lkw im Angebot, hergestellt in eigenen Fabriken und bei ausgewählten Produktionspartnern. Bei Innovationsprozessen ist das Top-Management immer vorn dabei.

„Wir sind die mit den besseren Teilen“ lautet das Motto dieses Ersatzteileherstellers. Eine klare Positionierung, mit der er seinen Kunden Produkte mit Mehrwert bieten will: mit einer längeren Haltbarkeit, mit anderen Materialien und mit einer einfacheren Handhabung für die Werkstätten. Ob Fahrwerk oder Lenkung, Bremse oder Dämpfung, Kühlung oder Filter – das Managementteam überlegt stets, was noch besser gemacht werden kann. Produktmanagement, Vertrieb und Engineering entscheiden dann gemeinsam, was machbar ist.

Internationale Onlinemesse

Neue Ideen entstehen aus der Analyse des Markts, aus der Vernetzung mit Werkstätten und dem engen Kontakt zu den Großkunden weltweit. Gerade zu Coronazeiten sind die Verbindungen zu den Kunden im Ausland noch enger geworden: zum Beispiel aufgrund einer hauseigenen Onlinemesse, zu der viele Teilnehmer kamen, die ansonsten die lange Anfahrt gescheut hätten. Das Top-Management regt jeden im Unternehmen dazu an, kreative Ideen einzubringen. Und die Teams bekommen die Gelegenheit, sich auch mal einen Tag zurückzuziehen, um ihre Ideen weiterzubringen – sowohl für neue Produkte als auch für die Verbesserung interner Prozesse.

Trendmanagement für die Autobranche

Viele Ideen kommen zudem vom Inhaber Dr. Karl-J. Gaertner, der laut André Sobottka, Vorstand für Vertrieb, Marketing und Kommunikation, „ein echter Auto-Enthusiast ist“. Das verwundert nicht, hat sich doch schon Gaertners Urgroßvater vor mehr als 100 Jahren mit dem elektrischen Antrieb von Kutschen beschäftigt. Sein Onkel Wulf Gaertner exportierte als passionierter Rennfahrer in Südamerika hochwertige Autoersatzteile aus Deutschland für seinen Rennwagen – und legte damit den Grundstein für den Exporthandel. Wo es in Zukunft hingeht, eruiert die MEYLE AG, unterstützt durch ihre Schwestergesellschaft emovum, die sich innerhalb der Unternehmensgruppe bereits früh mit den Themen E-Mobilität und alternativen Antrieben beschäftigte und damit das nötige Know-how ins MEYLE-Produktportfolio bringt. Auch zukünftig werden so Autoersatzteile mit Mehrwert für den freien Markt entwickelt werden.

MEYLE AG
22143 Hamburg
www.meyle.com
Beschäftigte (D): über 200
Handel

Vorstände
André Sobottka,
Dr. Karl-J. Gaertner,
Dirk Damaschke

mfh systems GmbH

Hybrid in die Zukunft

Sie verrichten ihren Dienst unsichtbar, diskret und wartungsfrei im Boden, in der Wand oder unter der Decke: die wasserbasierten und elektrischen Flächenheizungen der mfh systems GmbH. Die Firma hat sich auf die Entwicklung und die Produktion von energiesparenden Flächenheizungs- und Flächenkühlsystemen sowie von Wohnraumlüftungsgeräten spezialisiert. Neben dem Aspekt der Energieeinsparung stehen die einfache Bedienung und der Komfort des Nutzers im Fokus von Zukunftsvisionen, die in einem fruchtbaren Innovationsklima gedeihen können.

Die Philosophie hinter der speziellen Technik der Flächenheizungen von mfh fußt auf drei Säulen: die Heizwassertemperaturen so niedrig wie möglich zu halten, die Fußbodenaufbauten so gering wie möglich zu gestalten und die Wärmeabgabe so schnell wie möglich zu gewährleisten. Die Fußbodenheizung als Bedarfsheizung – einschaltbar wie das Licht. Dieser Mittelständler brachte außerdem die erste für Gipsfasertrockenestriche zugelassene Elektrofußbodenheizung auf den Markt. Ein selbstregulierendes Heizband verhindert dabei einen Hitzestau, sodass alle Bodenbeläge sicher und energiesparend verlegt werden können. „Für mfh bildet die Weiterentwicklung von Technologie das Fundament des Unternehmens“, sagt der Geschäftsführer Andreas Piephans.

Flexibel und eigenverantwortlich

Möglich wurden solche Entwicklungen dank eines besonderen Innovationsklimas, in dem die Flexibilität und das eigenverantwortliche Handeln der Mitarbeiter eine wichtige Rolle spielen. So werden erfolgsabhängige Vergütungsanteile für alle Mitarbeiter Schritt für Schritt in die Gehaltsstruktur integriert. Mit dem Ausbau der Belegschaft treibt das Top-Management eine agile Organisation für die Zukunft voran. „Viele Managementansätze werden intuitiv bereits gelebt, aber wir wollen sie nachhaltig integrieren“, betont der Geschäftsführer Daniel Schuschan. Dafür wurden mehrere Teams gebildet, die in hybriden Organisationen aus agilen und klassischen Systemen arbeiten.

Schneller dank Reifegradmodell

Das Top-Management hat auch das Vertriebskonzept erweitert. Die ursprüngliche Positionierung von mfh am Markt war die eines reinen Erstausrüsters, 2020 stellte man auf ein sogenanntes Reifegradmodell um. Das Unternehmen definiert darin selbst die „Vertriebsreife“ eines Produkts, das zunächst direkt dem Handwerker angeboten wird. Erst wenn genügend Händler Interesse an einer weiteren Vermarktung haben, endet der direkte Vertrieb an die Handwerker, Kontakte werden wieder über den Handel und später über die Industriepartner kanalisiert. „So kann die Time-to-Market drastisch reduziert werden, da man selbst die ersten Vertriebsaktivitäten übernimmt“, sagt Andreas Piephans.

mfh systems GmbH
49191 Belm
www.mfh-systems.com
Beschäftigte (D): bis 50
Klima/Sanitär/Heizung

Geschäftsführer
Andreas Piephans und
Daniel Schuschan

mfh systems entwickelt und produziert energieeffiziente Heiz-, Kühl- und Lüftungssysteme und leistet damit einen Beitrag zum Klima- und Umweltschutz.

Pater Anselm Grün ist Mönch der Benediktinerabtei Münsterschwarzach. Bekanntheit erlangte er zudem als Autor spiritueller Bücher, die unter anderem im Herder-Verlag erschienen sind. Bis 2013 war er als Cellerar für die wirtschaftlichen Belange der Abtei zuständig. Mittlerweile widmet er sich ganz dem Schreiben, seiner Vortragstätigkeit und seinen Kursen im Gästehaus der Abtei.

Quarantäne – eine Gebrauchsanweisung

Möglichst wenig soziale Kontakte, überwiegend zu Hause bleiben, Homeoffice – Selbstisolation und Quarantäne sind unerlässlich, um die Ausbreitung von Covid-19 einzudämmen. Doch wie geht man mit dieser ungewohnten Situation um? Mönche leben seit 1.500 Jahren auf engstem Raum zusammen und wissen, wie sowohl ein friedliches Miteinander als auch das Alleinsein gelingen kann. **Pater Anselm Grün** gibt wertvolle Tipps, nicht nur für Quarantäne-Tage.

Wem es gelingt, Krisensituationen einen Sinn abzugewinnen, dem können sich neue Perspektiven eröffnen. Eine veränderte Sicht auf sich selbst und das Umfeld kann sogar dazu führen, dass man den Kompass des eigenen Lebens neu ausrichtet.

Die Coronakrise hat viele Menschen dazu gezwungen, mit weniger sozialen Kontakten auszukommen. Viele haben das Homeoffice begrüßt. Für andere jedoch war es ein schwieriges Übungsfeld. Denn auf einmal saßen alle eng aufeinander: Beide Eltern waren zu Hause und dazu die Kinder. Da gab es Missverständnisse und Aggressionen, Ungeduld und manche Konflikte.

Wir Mönche leben seit 1.500 Jahren nach der Regel Benedikts in Klausur. Daher haben wir Erfahrung mit der Quarantäne. Einige Erfahrungen möchte ich gern an Sie weitergeben.

Die Balance zwischen Nähe und Distanz finden

Die erste Erfahrung: Ein gutes Miteinander braucht einen gesunden Ausgleich zwischen Nähe und Distanz. Wenn durch die Quarantäne auf einmal zu viel Nähe entsteht, ist es ganz normal, dass Aggressionen in uns hochkommen. Es hilft uns dann nicht, sie zu unterdrücken. Denn diese Aggressionen haben einen Sinn. Sie wollen uns sagen: Du brauchst jetzt Zeit und Raum für dich selbst. Du brauchst mehr Distanz. Die Frage ist, wie eine gesunde Distanz in einer engen Wohnung möglich ist. Die Mönche haben zwei Anregungen. Die erste Anregung: Strukturiere deine Zeit gut, plane die Zeiten des Miteinanders und die Zeiten, in denen jeder für sich ist. Gerade wenn die Kinder beide Eltern ständig bei der Arbeit unterbrechen, ist eine klare Struktur hilfreich. Vormittags könnten die Kinder zum Beispiel zum Vater gehen, wenn sie Nähe brauchen, nachmittags zur Mutter. Dann hat jeder für sich eine geschützte Zeit, in der er konzentriert arbeiten kann. Die zweite Anregung: Jeder braucht einen Raum für sich, in den er sich zurückziehen kann. Doch wenn das räumlich nicht möglich ist, könnte man in der Familie eine Stunde Schweigezeit einführen. In dieser Stunde weiß ich, dass ich nicht gestört werde. Da nehme ich keinen Anruf entgegen. Da ist in der Familie jeder für sich.

Sich aushalten können

Die zweite Erfahrung, die Mönche mit der Quarantäne gemacht haben, bezieht sich auf die Kunst, sich selbst aushalten zu können. Die Mönche – vor allem die Einsiedler in der Wüste – kannten die Versuchung, einfach aus der Zelle zu gehen und irgendetwas zu tun, zum Beispiel anderen zu helfen. Doch die Wüstenväter geben dann immer den Rat: Bleibe in deiner Zelle. Halte dich aus. Das ist für uns heute gar nicht so einfach. Denn wenn wir nichts zu tun haben, werden wir mit der eigenen Wahrheit konfrontiert. Und die ist nicht immer angenehm. Da tauchen Emotionen und Bedürfnisse in uns auf, und wir werden unruhig. Ich kann mich nur aushalten, wenn ich aufhöre, mich zu bewerten. Ich beobachte mich mit einer gewissen Neugier. Ich möchte mich selbst kennenlernen, mit allen Gedanken und Leidenschaften, die in mir auftauchen. Ich bewerte sie nicht, ich frage einfach nach ihrem Sinn. Was wollen mir die Emotionen, die Leidenschaften, die chaotischen Gefühle sagen? Die Mönche sind davon überzeugt: Wir sind nicht verantwortlich für die Gefühle und Gedanken, die in uns auftauchen, sondern nur dafür, wie wir mit ihnen umgehen. Ich kann die Quarantäne also als Chance nutzen, mich selbst besser kennenzulernen. Allerdings geht es nicht darum, sich mit einem kritischen Auge genau zu analysieren, vielmehr sollte man sich mit einem Blick der Milde und Barmherzigkeit anschauen, mit der Überzeugung: Alles darf sein. Alles hat einen Sinn. Meine Aufgabe ist es nur, mit dem, was in mir ist, gut umzugehen.

Sich selbst spüren

Die dritte Erfahrung betrifft die Gefährdung durch die Akedia. „Akedia" kann man nicht genau übersetzen. Es ist letztlich die Unfähigkeit, im Augenblick zu sein. Man hat keine Lust zum Arbeiten, denn das ist zu anstrengend. Man hat auch keine Lust zum Beten, zum Meditieren oder zum Lesen, denn das ist zu langweilig. Ja, man hat nicht einmal Lust dazu, nichts zu tun, weil man mit sich selbst nichts anfangen kann. Wer von der Akedia heimgesucht wird, der sollte lernen, einfach sich selbst zu spüren. Ich muss gar nichts tun. Ich bin einfach nur da. Das ist leichter gesagt als getan. Eine Hilfe ist, seinen Atem zu spüren. Es ist jetzt nichts wichtiger, als ganz in meinem Atem zu sein. Wenn ich mich auf den Rhythmus des Atems einlasse, werde ich innerlich ruhig. Oder ich kann einfach auf den jetzigen Augenblick achten. Achtsamkeit ist ja seit einiger Zeit auch in vielen Firmen entdeckt worden: als Weg zur Ruhe und zum bewussten Leben.

Aktiv handeln, statt Opfer sein

Die vierte Erfahrung der Mönche bezieht sich ebenfalls auf eine Gefährdung, und zwar auf die Gefährdung durch das Murren. Es gab offensichtlich immer wieder Mönche, die mit allem unzufrieden waren und ständig gegen die Ordnung, gegen die Verantwortlichen in der Gemeinschaft und gegen ihre Mitbrüder murrten. In der Coronakrise fühlen sich viele auch als Opfer, als Opfer der Pandemie, aber auch als Opfer der Politiker und ihrer Vorschriften. Doch es tut uns nicht gut, uns als Opfer zu fühlen. Wenn wir uns als Opfer fühlen, geht von uns eine aggressive und destruktive Energie aus. Wir sollten Abschied nehmen von der Opferrolle, indem wir die Umstände, die uns von außen auferlegt worden sind, aktiv gestalten. Wir reagieren aktiv, indem wir unsere Zeit strukturieren, indem wir überlegen, wozu wir sie nutzen wollen. Wenn wir aktiv auf die Krise reagieren, fühlen wir uns nicht als Opfer. Wer sich mit der Opferrolle identifiziert, schwächt sich selbst. Aktiv auf die Situation zu reagieren stärkt uns dagegen.

Vermeintlich Sinnlosem einen Sinn geben

Die fünfte Erfahrung bezieht sich auf die Sinnhaftigkeit des Lebens. Der jüdische Therapeut Viktor Frankl hat die Logotherapie entwickelt. Er erkannte, dass der Mensch gesund wird, wenn er einen Sinn in seinem Leben sieht. Er zitiert in seinen Schriften immer wieder bekräftigend den deutschen Philosophen Friedrich Nietzsche, der sagte: „Wer ein Wozu hat, kann fast jedes Wie ertragen." Viktor Frankl geht nicht davon aus, dass wir in jeder Situation sofort den Sinn erkennen können. Die Pandemie hat in sich keinen Sinn. Aber es ist unsere Aufgabe, ihr einen Sinn zu geben. Man kann sich ja auch fragen: Was hat es für einen Sinn, sich von der Welt ins Kloster zurückzuziehen und ein hartes Leben zu führen? Doch die Mönche nehmen dieses Leben auf sich, weil sie ihm einen Sinn geben: Der Sinn des Mönchslebens ist es, sein Leben lang Gott zu suchen. So ist es unsere Aufgabe, der Krise, in die wir geraten sind, einen Sinn abzuringen. Wir können der Situation der Quarantäne den Sinn geben, nachdenklicher zu werden, mehr über das Leben zu reflektieren, zu überlegen, wie wir in dieser Welt auf Dauer gut miteinander leben können, wie wir mit der Natur umgehen wollen. Und wir können den Sinn der Krise darin sehen, nach dem zu fragen, was unserem Leben wirklich Sinn gibt. Wir können die Frage nach dem Glauben und nach der Religion stellen. Die Unsicherheit der Welt verweist uns auf einen Grund, auf dem wir sicher stehen können. Für mich ist dieser Grund Gott.

Norian Accounting GmbH

Roboter in der Buchhaltung

1998 lagerte die Firma Bahlsen ihr Rechnungswesen und ihre Buchhaltung in einen eigenen Betrieb aus. Dieser Bereich entwickelte sich im Lauf der Jahre zu einem selbstständigen Dienstleister, der seine Expertise immer weiter ausgebaut hat – die Norian Accounting GmbH. Ihre Besonderheit heute: Die Mitarbeiter konzipierten dank eines guten Innovationsklimas und durchdachter Prozesse einen automatisierten Softwareroboter, der Finanzabteilungen viel Arbeit abnimmt. Ihre spezielle Doppelexpertise aus IT- und Finanzwissen ist das Alleinstellungsmerkmal der Firma.

Der Roboter hatte anfangs erst einmal nur der Buchhaltung das Leben leichter gemacht. Sein Name, IAN, ist die Abkürzung für „Intelligent Automatisation by NORIAN“. Mittlerweile steht der intelligente Helfer weiteren Abteilungen zur Seite, etwa dem Einkauf. „Ein Roboter ist nie krank, muss nicht in Quarantäne und braucht keinen Schlaf“, fasst der Geschäftsführer Knut Anders Opstad die Vorteile von IAN zusammen. Der Roboter kann zum Beispiel Vorgänge über Nacht bearbeiten, sodass die Mitarbeiter am nächsten Morgen nur noch die Ergebnisse sichten müssen.

Innovationen verinnerlicht

Die Belegschaft der NORIAN-Gruppe ist auf Deutschland und fünf Länder in Nord- und Osteuropa aufgeteilt. Die Kollegen in Skandinavien sind in Sachen Digitalisierung oft schon viel weiter als Firmen hierzulande. Das Thema Innovation haben sie alle verinnerlicht: Im NORIAN-Intranet werden täglich neue Entdeckungen der Kollegen dazu veröffentlicht, wie man Prozesse noch weiter automatisieren kann. In individuellen Zielvereinbarungsgesprächen wird festgelegt, wie viele Ideen jeder Mitarbeiter pro Quartal generieren soll. In einer eigenen Akademie kann die Belegschaft aus einer Vielzahl von Weiterbildungen auswählen. Die werden als interne Trainings, externe Veranstaltungen oder Schulungsvideos angeboten. Zudem fördert man das gute Innovationsklima mit fachübergreifenden Workshops. Bei denen verhelfen sich die Abteilungen gegenseitig zu neuen Perspektiven und tauschen Ideen aus, was das kreative Denken deutlich steigert.

Gute Mischung

„Wir haben den Vorteil, dass wir die vermeintlich trockene Materie Buchhaltung mit Leidenschaft gefüllt haben“, betont Knut Anders Opstad. Seine Mitarbeiter besitzen eben die besondere Mischung aus IT-Wissen und Know-how aus dem Rechnungswesen. Die führt dazu, dass IAN wohl auch in Zukunft immer weiter mit neuen Funktionen gefüttert werden wird. „Wir heben das Thema Rechnungswesen mit unserer Roboterautomatisierung auf das nächste Level“, sagt der Geschäftsführer überzeugt.

Norian Accounting GmbH
30659 Hannover
www.norian-accounting.de
Beschäftigte (D): bis 50
Finanzdienstleistungen/
Versicherungen

Geschäftsführer
Knut Anders Opstad

NSB Niederelbe Schiffahrtsgesellschaft mbH & Co. KG

Enge Zusammenarbeit mit Start-ups

Es reicht nicht, eine Schiffsflotte zu besitzen – die Schiffe müssen auch regelmäßig gewartet werden. Zudem muss die Besatzung in festen zeitlichen Abständen ausgewechselt werden. Um diese Dienstleistungen kümmert sich die NSB Niederelbe Schiffahrtsgesellschaft mbH & Co. KG in Buxtehude. Zu ihren Kunden gehören Reedereien mit Containerschiffen und Tankern sowie internationale Investoren im Schiffsmarkt. In Zusammenarbeit mit vielen externen Akteuren verbessert sie ständig ihre Prozesse und Kundenangebote.

Jedes Jahr arbeiten sechs bis acht Studierende der Universität Hamburg bei NSB. „Anfangs wurde der Vorteil dieser studentischen Arbeit noch nicht von allen im Unternehmen erkannt“, berichtet der Geschäftsführer Tim Ponath. „Nach mehr als zehn Jahren Erfahrung wissen wir den Wert der Kooperation zu schätzen und setzen die Studenten gezielt dazu ein, sich mit Weiterentwicklungen zu befassen.“ Einige der Absolventen der Universität arbeiten inzwischen fest bei dem Unternehmen in Buxtehude. Von den Talenten haben sich mittlerweile auch manche zu Führungskräften weiterentwickelt.

Kontakte knüpfen

Andere wichtige Innovationspartner sind Start-ups mit ihren innovativen Ideen. Seit 2019 ist NSB Fördermitglied des Digital Hub Logistics Hamburg (DHLH) in Hamburg, der jungen aufstrebenden Unternehmen Räumlichkeiten und Infrastruktur anbietet. Auch Fördermitglieder können dort Arbeitsplätze anmieten. Mehrere Mitarbeiter der NSB nutzen den Platz im Digital Hub als mobilen Arbeitsort. Dort haben sie wertvolle Kontakte zu einigen Start-ups geknüpft. Mit einer Software wurde zum Beispiel der Rechnungsworkflow verbessert. Ein anderes Start-up hat ein Programm entwickelt, das für das Monitoring von gefährlichen Stoffen in Ersatzteilen eingesetzt wird.

Megatrends für sich nutzen

Am sogenannten Kreativen Freitag diskutiert das Team regelmäßig über Verbesserungsmöglichkeiten. Der Bedarf, aus Megatrends Impulse für das Management abzuleiten, wurde hier erkannt. So lassen sich frühzeitig Weichen stellen. Im Rahmen des Kompetenzmanagements wurde eigens hierfür eine Vollzeitstelle geschaffen. Ein langjähriger Kollege gab dafür seine Abteilungsleiterrolle ab, um diese wichtige neue Position ausfüllen zu können. „Wir bieten jedem Mitarbeiter kreative Freiräume und die Möglichkeit, sich weiterzuentwickeln“, betont Tim Ponath. Aus eigenem Antrieb hat sich beispielsweise ein Kollege zum Scrum-Master fortgebildet. Mit dieser neuen Kompetenz konnte die Entwicklung einer App agiler und schneller gestaltet werden. Diese Offenheit für Neues kommt nicht nur dem Unternehmen, sondern immer auch den Kunden zugute.

NSB Niederelbe Schiffahrtsgesellschaft mbH & Co. KG
21614 Buxtehude
www.nsb-group.com
Beschäftigte (D): 51 bis 200
Schifffahrt/Schiffsbau

Geschäftsführer
Tim Ponath

Die NSB ist eine der größten deutschen Bereederungsgesellschaften. Durch die Kooperationen mit dem Digital Hub Logistics Hamburg knüpft sie enge Kontakte in die Start-up-Szene und treibt digitale Projekte voran.

TOP 100

TOP 100 TOP 100 TOP 100 TOP 100
TOP 100 TOP 100 TOP 100 TOP 100 TOP 100
TOP 100 TOP 100 TOP 100 TOP 100 TOP 100
TOP 100 TOP 100 TOP 100 TOP 100 TOP 100
TOP 100 TOP 100 TOP 100 TOP 100 TOP 100
TOP 100 TOP 100 TOP 100 TOP 100 TOP 100
TOP 100 TOP 100 TOP 100 TOP 100 TOP 100

OCC Assekuradeur GmbH

Neue Zeiten für Oldtimer

Kfz-Versicherung kann jeder. Wenn es jedoch um spezielle Autos wie Oldtimer, Youngtimer oder Newtimer sowie um alte Trecker oder Zweiräder geht, ist eine ganz besondere Expertise nötig. Die OCC Assekuradeur GmbH versichert ausschließlich die Klassiker unter den Fahrzeugen. Seit 1984 bietet sie ihre Nischenprodukte an – für große Automobilsammlungen ebenso wie für den Oldtimerliebhaber mit nur einem Vehikel. Um solch eine ausgesuchte Zielgruppe anzusprechen, wählen diese Spezialisten ganz eigene Marketingwege.

Oldtimerbesitzer sind eine ganz besondere Klientel: Sie legen viel Wert auf Tradition und den Werterhalt ihrer Fahrzeuge. „Wir haben es gewagt, diesen etablierten Bereich zu modernisieren", erzählt die Geschäftsführerin Désirée Mettraux. Seit eineinhalb Jahren hat sich ihr Unternehmen ganz dem Motto verschrieben: „Digital first." Die Digitalisierungsoffensive zieht sich durch die ganze Firma, die Vertriebswege inbegriffen. Schon zu Beginn der Coronakrise hatte OCC Assekuradeur die internen Prozesse somit komplett digitalisiert.

Erfolgreiche Onlinemesse

Auch auf Social-Media-Plattformen machen diese Pioniere der Oldtimer- und Klassikerversicherungen auf sich aufmerksam. Selbst in den aktuellsten Foren wie „TikTok" oder „Clubhouse" mischen sie bereits mit. Live-Events für die Kunden gab es schon immer, etwa die „Küstentrophy", eine Oldtimerrallye an der Ostsee, oder die „Jungfrau-Ralley" in der Schweiz mit ausschließlich Frauen am Steuer. Als diese Veranstaltungen infolge der Coronapandemie ausfielen, verlegte man sie kurzerhand ins Internet – mit Erfolg: Die erste digitale Oldtimer- und Youngtimermesse konnte stolze 6.000 Besucher verzeichnen. Die Zweitauflage im Jahr 2021 war ebenso erfolgreich.

Bestens vernetzt

„Wir gehen bewusst über unser Kerngeschäft hinaus und pflegen intensiv den Kontakt mit unseren Partnern", sagt Désirée Mettraux. Das Unternehmen ist so bestens vernetzt mit Versicherern, Werkstätten, Handelsplattformen und Automagazinen. Dank des stetigen Austauschs auch innerhalb einer aktiven Community, ob Oldtimerclub oder Treckerszene, entstehen immer wieder neue Versicherungsmodelle. Bei einer Beschäftigtenzahl von rund 100 Mitarbeitern ist der Weg von einer Idee zu einem solchen neuen Modell bis zu dessen Realisierung nur kurz. „Wir probieren viel aus", betont die Geschäftsführerin. „Dabei richten wir unsere Innovationen immer nach den Bedürfnissen unserer Kunden aus." Dass die von den Ideen aus dem Hause OCC Assekuradeur begeistert sind, zeigen sie nicht zuletzt durch ihr Vertrauen auch in neuen Zeiten.

OCC Assekuradeur GmbH
23558 Lübeck
www.occ.eu
Beschäftigte (D): 51 bis 200
Finanzdienstleistungen/
Versicherungen

Geschäftsführerin
Désirée Mettraux

Oetjen GmbH & Co. KG Abbruchunternehmen

Aufbruch im Abbruch

Wenn ein Gebäude abgerissen werden muss, sind Fachkräfte nötig, die sich dieser Aufgabe annehmen. Seit 1980 beschäftigt sich die Oetjen GmbH & Co. KG mit Abbrucharbeiten aller Art. Hier sind viele Ideen dazu entstanden, wie Schadstoffe saniert und Abfälle entsorgt werden können. Der Innovationsprozess wird ganz wesentlich von den Mitarbeitern getragen. Daher ist das familiengeführte Unternehmen mit Sitz im niedersächsischen Weyhe mittlerweile im gesamten Bundesgebiet ein gefragter Experte.

Mit dem Abbruch allein ist es nicht getan. Die Oetjen GmbH & Co. KG hat sich daher zusätzlich auf die Revitalisierung von Gelände spezialisiert: Nach dem Abbruch besorgt sie die Erdarbeiten und findet Wege, damit die Rohstoffe noch vor Ort aufgearbeitet und wiederverwendet werden können. Am Ende erhält der Auftraggeber eine baureife Fläche ohne Schadstoffe. Ein großes Problem bei Abbrucharbeiten ist etwa der Asbest, der in der Vergangenheit vielerorts verbaut wurde. Bei Oetjen werden Roboter für diese Arbeiten eingesetzt. Das geht schneller, vor allem aber entstehen so keine gesundheitlichen Risiken für die Arbeiter. Sie bedienen die Roboter aus sicherer Entfernung zum giftigen Asbest.

Störstoffe entfernen

Eine weitere Innovation ist der Einsatz einer neuartigen Brechanlage: Sie sortiert auf Laufbändern automatisch die Störstoffe aus dem Bauschutt, sodass am Ende ein reines Produkt entsteht – zum Beispiel Beton, der für den Straßenbau wiederverwertet werden kann. „Leider müssen wir die Kommunen und Gemeinden oft noch davon überzeugen, dass unser Beton genauso gut für den Straßenbau geeignet ist wie ein anderer Rohstoff, der erst beschafft werden muss“, sagt der Geschäftsführer Olaf Oetjen.

Sicherer und wirtschaftlicher

Den Anstoß für solche und weitere Innovationen gab vor einigen Jahren ein Sicherheitssiegel, das von der Berufsgenossenschaft vergeben wurde. „Wir waren hier nicht besonders gut aufgestellt, haben aber seitdem viele Ideen dazu entwickelt, wie der Abbruch sicherer und auch wirtschaftlicher vollzogen werden kann“, berichtet der Geschäftsführer. Die Ideen kamen und kommen vor allem von den Maschinisten und Entkernern im Unternehmen. Eine Gruppe mit Mitgliedern aus der Bauleitung, dem Controlling und der Geschäftsführung sammelt die Vorschläge und diskutiert darüber. Auch bei der Realisierung werden die Mitarbeiter einbezogen, damit sie mitentscheiden können. Denn sie sind schließlich diejenigen, die am engsten in die Abbrucharbeiten eingebunden sind und daher Probleme als Erste erkennen.

Oetjen GmbH & Co. KG
Abbruchunternehmen
28844 Weyhe
www.abbruch-oetjen.de
Beschäftigte (D): bis 50
Baugewerbe/Handwerk

Geschäftsführer
Olaf Oetjen

Oetjen ist ein Spezialist für Abbruch, Entkernung, Erdbau, Spezialtiefbau, Schadstoffsanierung und Entsorgung. Sein Maschinenpark reicht vom Minibagger über Großgeräte bis zu neuester Robotertechnik.

REAL Solution Inkasso GmbH & Co. KG

In nur sechs Tagen ins Homeoffice

Beim Einkauf im Internet kommt immer der Punkt, an dem der Kunde seinen virtuellen Einkaufswagen an die Kasse schiebt und verschiedene Zahlungsmöglichkeiten offeriert bekommt. Dahinter steht zumeist ein sehr komplexer Prozess, in dem das Ausfallrisiko berechnet ist und im Fall der Fälle oftmals auf einen Finanzdienstleister übergeht. Die REAL Solution Inkasso GmbH & Co. KG ist eines der größten inhabergeführten Unternehmen für intelligentes Forderungsmanagement und unterstützt Onlinehändler mit kreativen Ideen bei ihren Zahlungsprozessen.

Derzeit etabliert dieser Mittelständler gemeinsam mit einer europäischen Großbank ein neues Onlinebezahlsystem mit Rechnungs- und Ratenkauf. Dabei werden bereits im Vorfeld die Bonität des Kunden und die Zustelladresse geprüft, um das Ausfallrisiko zu minimieren. Der Bezahlprozess ist in den jeweiligen Onlineshop integriert; für den Endkunden ist also nicht sichtbar, dass die Abwicklung der Zahlung durch REAL Solution erfolgt. Das erhöht die Kundenbindung, da keine Umleitung auf eine externe Website erfolgt. Für den Onlineshop ist von Vorteil, dass dieses Konzept individuell anpassbar und mit keinen hohen Gebühren oder starren Konzepten wie bei etablierten Bezahlsystemen verbunden ist.

Die Mitarbeiter als Innovationstreiber

Der Motor für stetige Innovation im Haus sind die Mitarbeiter: Jährlich bringen sie weit mehr als 300 Verbesserungsvorschläge ein, etwa 90 % davon werden realisiert. So hat beispielsweise eine Kollegin eine Idee dazu eingereicht, wie Personen- und Schuldnerdaten in der Suchmaske aufgrund von Ähnlichkeiten maschinell verknüpft und schneller abgeglichen werden können. Damit spart man sich den manuellen Verknüpfungsaufwand und die Adressermittlungskosten – und man ist besser vor professionellen Betrügern geschützt. Ein Belohnungssystem motiviert die Beschäftigten dazu, immer wieder kreative Ideen einzubringen, und honoriert ihr Engagement.

Sicher auch in Pandemiezeiten

Obwohl das Unternehmen als Finanzdienstleister zu einer schriftlichen Kommunikation auf Papier verpflichtet ist, konnte der operative Betrieb zu Beginn der Coronakrise in nur sechs Tagen auf Homeoffice umgestellt werden. „Da wir eine eigene schlagkräftige IT-Abteilung haben und all unsere Prozesse digitalisiert sind, konnten wir auf die neuen Herausforderungen schnell und effizient reagieren", erklärt der Geschäftsführer Carsten Hofmeister, der das Thema Innovation stets im Blick hat. In die automatisierten Prozesse sind übrigens auch Maßnahmen zur Entlastung säumiger Käufer integriert, etwa Stundungen oder verlängerte Zahlungsziele. Denn im Fokus der REAL Solution steht immer ein fairer Interessensausgleich zwischen Gläubigern und Schuldnern.

REAL Solution Inkasso GmbH & Co. KG
20537 Hamburg
www.real-solution.de/inkasso
Beschäftigte (D): über 200
Finanzen/Versicherung

Geschäftsführer
Carsten Hofmeister

Redpoint new energy NW Technology GmbH

Damit die Energiewende läuft

Überall im Land gewinnt die Energiegewinnung durch Sonnenstrahlen an Bedeutung. Solartechniker beziehen Fotovoltaikanlagen und Speichersysteme gern von der Redpoint new energy NW Technology GmbH mit Sitz im Emsland. Sie bietet ein umfangreiches Produktsortiment rund um das Thema Solartechnik und einen individuellen Kundenservice, etwa mittels eines Onlinekonfigurators. Dank flacher Hierarchien und strukturierter Innovationsprozesse können sich die Mitarbeiter aktiv in die Zukunftsgestaltung der Firma einbringen.

Der Fotovoltaikmarkt bietet Lösungen für verschiedenste Einsatzgebiete: Eine private Anlage auf dem Dach eines Einfamilienhauses benötigt eine andere Technik und Steuerung als ein Solarpark auf freiem Feld. Ein Ziegeldach hat andere Eigenschaften als ein Trapezblechdach. Bei Redpoint new energy legt man daher viel Wert auf die Beratung der B2B- Kunden, denn nur so ist garantiert, dass genau das passende Produkt gefunden wird. Das oberste Ziel dieses Großhändlers ist es, Module und Speicher zu liefern, die einfach in Betrieb genommen werden können und dem Nutzer kontinuierlich hohe Erträge bringen. „Wir haben Prozesse etabliert, die dies gewährleisten“, sagt der Geschäftsführer Hermann Schmees.

Impulsgeber für Innovationen

Im internen Prüflabor werden Produktneuerungen unter Realbedingungen getestet, bevor sie ins Sortiment kommen. Ein Komplettpaket bietet den Kunden alle Komponenten einer PV-Anlage, kombiniert mit einer individuellen Beratung. Im hauseigenen Schulungscenter werden die Partner fit gemacht für die Installation und den Verkauf von Batteriespeichern und kleinen E-Ladestationen für zu Hause – ein weiteres Geschäftsfeld. Redpoint new energy versteht sich als Impulsgeber für Wiederverkäufer und Installateure. Eine echte Innovation ist eine App für den Endkunden: Mittels eines Konfigurators lässt sich die optimale PV-Anlage erstellen, berechnen und gleich bestellen. Das entlastet den Außendienst.

Mitdenken erwünscht

„Wir haben sehr flache Hierarchien, und die Türen der Geschäftsleitung stehen immer offen. Die Mitarbeiter kommen einfach ins Büro, wenn sie eine neue Idee haben, denn bei uns ist Denken ausdrücklich erlaubt“, betont Hermann Schmees. So wurde auf Anregung eines Mitarbeiters ein neues Onlineberatungstool für den Vertrieb entwickelt, das sich gerade in der Coronapandemie bewährt hat. Zum regen Innovationsklima tragen auch die monatlichen regionalen Schulungen von PV-Installateuren bei. Hier werden Impulse aus der Praxis weitergegeben, was wiederum zur Generierung neuer Ideen führt.

Redpoint new energy
NW Technology GmbH
49757 Werlte
www.redpoint-newenergy.de
Beschäftigte (D): bis 50
Energie

Geschäftsführer
Hermann Schmees

TOP 100

TOP 100

Roland Werk GmbH

Digitalisiert auf ein neues Level

Das Rad neu erfinden – das gelingt auch einem Hersteller von Laufrädern nicht. Die Roland Werk GmbH, die auf Laufräder für Fahrräder und Mobilitätslösungen sowie auf Fahrradanhänger spezialisiert ist, hat jedoch etwas anderes neu aufgesetzt: Alle Prozesse rund um die Beschaffung, die Produktion und die Auslieferung wurden dokumentiert und digitalisiert. Das macht diesen Mittelständler, der derzeit in einem Generationenwechsel begriffen ist, deutlich schneller. Zudem wird so der interne Wissenstransfer unterstützt.

Als klassischer Mittelständler auf Wachstumskurs beschäftigt dieses Unternehmen viele erfahrene Mitarbeiter, die bald in den Ruhestand gehen werden. Und auch auf der Führungsebene steht eine Umbesetzung an: Der langjährige Geschäftsführer Thomas Kalkhoff übergibt den Stab gerade an seinen Mitgeschäftsführer und Nachfolger Heiko Plorinn. Um das Wissen der ausscheidenden Mitarbeiter für neue Kollegen zu erhalten, hat die Geschäftsleitung kräftig in den Aufbau eines internen Wissensmanagements investiert. Dafür wurden die Arbeitsprozesse nicht nur analysiert und dokumentiert, sondern auch deutlich optimiert.

Produktionsprozesse visualisiert

Der Großteil der Abläufe wird nun digital gesteuert. Artikelspezifika und Arbeitsschritte sind in Datenbanken festgehalten und genau beschrieben. So kann die Produktion noch auftragsbezogener gestaltet werden. „Wir können jetzt alle Produktionsprozesse visualisiert darstellen und viel exakter berechnen, was wir wann, in welcher Reihenfolge und mit welchen Maschinen bauen. Das ermöglicht es uns, deutlich langfristiger zu planen und zu steuern“, sagt der Geschäftsführer Heiko Plorinn erfreut.

Systematisch lenken und kombinieren

Diese Digitalisierung der Arbeitsprozesse hat dazu beigetragen, die Roland Werk GmbH auf ein neues Level zu heben und ihre Vorreiterposition weiter zu festigen. „Wir sind heute in Deutschland, wenn nicht sogar in Europa, der Laufradproduzent mit dem breitesten Spektrum an Fertigungsmöglichkeiten. Wir haben eine unheimliche Bandbreite an Produkten und entsprechend viele Maschinen und Arbeitsschritte, die wir nun systematisch lenken und kombinieren können“, erläutert Plorinn. So konnten auch die Folgen der Coronakrise souverän gemeistert werden. „Viele Lieferprozesse haben sich stark verlängert. Wir müssen zum Teil schon eineinhalb bis zwei Jahre im Voraus unsere Bestellung aufgeben. Dank unserer neuen IT können wir bestehende Daten nun besser auswerten und künftige Bedarfe ableiten“, sagt Plorinn. Das ermöglicht schnellere und zuverlässigere Lieferungen – die perfekte Grundlage für weiteres Wachstum.

Roland Werk GmbH
49681 Garrel
www.roland-werk.de
Beschäftigte (D): bis 50
Zweiradindustrie

Geschäftsführer
Heiko Plorinn

Scanblue ist Technologieführer auf den Gebieten Virtual Reality, 3-D und Augmented Reality. Das Unternehmen bringt Produkte in die dritte Dimension.

Scanblue Engineering AG

Innovator des Jahres

Geburtshelfer für digitale Zwillinge

Im beschaulichen Weserbergland wurden 3-D-Scansysteme entwickelt, mit denen Händler und Konsumgüterhersteller in aller Welt ihre Produkte detailgetreu und gestochen scharf verkaufsfördernd präsentieren können – in jedem Ökosystem bis hin zur Augmented-Reality-Darstellung. Geschaffen hat sie die Scanblue Engineering AG. Ihr Innovationsklima zeichnet sich durch maximale Freiräume beim Entwickeln und Testen aus. Das ist ein Grund dafür, dass dieser Soft- und Hardwareentwickler die größte Expansion der Unternehmensgeschichte in Angriff nimmt.

„Für digitale Abbilder physischer Objekte sind wir international Technologie- und Marktführer", erklärt der Vorstandsvorsitzende Norbert Zimmermann. „Wir konstruieren die Anlagen und erzeugen die hoch spezialisierte Software und Systemtechnologie dazu." So werden mit einem selbst entwickelten Scanverfahren Gegenstände digital erfasst. Anschließend minimieren Algorithmen die riesigen Datenmengen und bereiten sie zu 3-D-Modellen auf, die im Internet oder in einer App nutzbar sind. Mit wenigen Klicks sind diese digitalen Zwillinge dann aus der Cloud verfügbar. Eine besonders faszinierende Anwendung liegt im Bereich der Augmented Reality: Mit dem Smartphone lassen sich zum Beispiel Mobiliar oder Haushaltsgeräte in jede beliebige Umgebung projizieren. Solche virtuellen Warentests im Wohnzimmer haben das Zeug dazu, den ohnehin bereits florierenden Onlinehandel weiter zu beflügeln.

Fortschritt nach dem Google-Prinzip

Forschung und Entwicklung entlang einer Roadmap mit ambitionierten Zielen vollziehen sich bei Scanblue in offenen Prozessen, mit selbst gestaltbarer Arbeitszeit und viel Spielraum zum Experimentieren. „Unser Ziel war und ist es, dass unsere Kunden mit unseren Anlagen ohne Aufwand digitale Zwillinge erzeugen können, die fast von selbst zusätzlichen Umsatz generieren. Dafür sorgen unsere Mitarbeiter mit unvergleichlicher Spitzentechnologie – vor allem aus den Sparten künstliche Intelligenz, Mixed-Commerce und Holografie. Sie kreieren und testen ihre Ideen völlig frei. Die Ergebnisse stellen sie dann voller Stolz, aber stets auch selbstkritisch vor", sagt Norbert Zimmermann. Was sich bewährt, hält Einzug in die Produktion, Misserfolge toleriert das Management als unvermeidbare Reibungsverluste.

Impulse aus den USA

Mehr als 50.000 3-D-Scansysteme hat das Unternehmen bereits verkauft; die 2019 eingeführte jüngste Generation der Geräte wird über ein neues Mietmodell an B2B-Kunden vertrieben. In den kommenden zwei Jahren will Zimmermann die Zahl seiner Beschäftigten vervielfachen und international weit mehr als 20 neue Niederlassungen gründen. Beste Chancen dafür bietet ihm derzeit vor allem der US-Markt: „Wie nirgendwo sonst erkennen Handel und Industrie dort die Möglichkeiten unserer Technologie als ‚next big thing'", sagt Zimmermann erfreut.

Scanblue Engineering AG
31749 Auetal
www.scanblue.com
Beschäftigte (D): über 200
Internet/Multimedia/E-Commerce

Vorstandsvorsitzender
Norbert Zimmermann

Seetel führt 16 Hotels, Residenzen und Villen auf Usedom sowie ein Hotel auf Mallorca. Die Häuser reichen vom komfortablen Dreisterne-Familienresort bis zum Fünfsterne-Luxushotel und bieten exklusive Wellnessoasen und gastronomische Vielfalt.

Seetel Hotel GmbH & Co. Betriebs-KG

Neue Konzepte statt alter Zöpfe

Hotels gibt es viele in Deutschland. Ein Kinderhotel jedoch, direkt auf der Ostseeinsel Usedom, ist Neuland. Die Seetel Hotel GmbH & Co. Betriebs-KG hat diese Innovation initiiert. Bei ihr ist man überzeugt davon: Das Gastgewerbe lebt von neuen Konzepten, interessantem Storytelling und permanenter Veränderung. Die Gäste und die Mitarbeiter sollen nicht nur zufrieden sein, sondern begeistert. Und das gelingt diesem Hotellier. Er überzeugt bei TOP 100 mit seinen Innovationserfolgen und seinem exzellenten Innovationsklima.

Eltern dürfen mitgebracht werden – so könnte man das Konzept des Kinderresorts Usedom beschreiben, das in Sachen Umweltpädagogik und Nachhaltigkeit Maßstäbe setzt. Entwickelt wurde die Idee, in deren Realisierung rund 20 Mio. € investiert werden, in Kooperation mit Prof. Michael Succow, einem engagierten Naturschützer und Träger des alternativen Nobelpreises. Auf einem sieben Hektar großen komplett autofreien Areal wird Kinderbetreuung und kindgerechte Umweltbildung ebenso geboten wie Kinderwellness. Zudem lockt die Kleinen eine Indoor- und Outdoor-Wasserwelt sowie ein Natur- und Baumlehrpfad.

Immer etwas Neues

Neue Konzepte statt alter Zöpfe: Dieser Grundgedanke liegt auch weiteren Innovationen des Hotelbetreibers zugrunde. Gemeinsam mit externen Beratern erstellte man 2014 einen Masterplan für die Zeit bis 2024. Der beinhaltet, dass bis dahin alle 16 Häuser der Gruppe restauriert, erweitert oder umgebaut werden. „Wir müssen den Gästen immer etwas Neues bieten, damit keine Langeweile aufkommt. Ein neues oder neu gestaltetes Hotel, das bedeutet immer auch ein neues Storytelling“, erläutert der Geschäftsführer Rolf Seelige-Steinhoff, in dessen Hotelgruppe 2021 acht Häuser umgebaut wurden. Das Investitionsvolumen dafür lag bei knapp 30 Mio. €.

Die Krise als Chance

Von der Coronakrise ist die Hotelgruppe stark betroffen – hat aber sofort reagiert und aktiv an der Erarbeitung des Hygienekonzepts für das Bundesland Mecklenburg-Vorpommern mitgearbeitet. Dem Engagement von Rolf Seelige-Steinhoff ist es zu verdanken, dass im September 2020 das Usedomer Musikfestival stattfinden konnte, natürlich unter Einhaltung aller Schutzvorschriften. „Die Krise als Chance nutzen, innovativ sein, neue Wege gehen, das ist unsere Inspiration. Und das hilft auch im Marketing – nicht nur uns, sondern der gesamten Insel Usedom“, sagt der Geschäftsführer. Alte Zöpfe braucht hier niemand, stattdessen weht an der Ostsee viel frischer Wind.

Seetel Hotel GmbH & Co. Betriebs-KG
17419 Seebad Ahlbeck
www.seetel.de
Beschäftigte (D): über 200
Hotel/Gastronomie/Tourismus

Geschäftsführer
Rolf Seelige-Steinhoff

„Innovation schafft man nicht allein, man schafft sie nur im Team."

Rolf Seelige-Steinhoff
Geschäftsführer

Wie schaffen Sie es, Ihre Mitarbeiter zum Mitdenken zu motivieren und für Innovationen zu begeistern?
Anfangs ist mir dies schwergefallen, denn ich habe zu viel angeordnet. Mit der Zeit habe ich gelernt, dass es sehr wichtig ist, dass Mitarbeiter sich selbst einbringen und sich entfalten können. Es bringt nichts, wenn man ihnen Ideen einfach aufoktroyiert. Wenn die Mitarbeiter sich selbst etwas erarbeiten, wenn sie ihre eigenen Ideen verwirklichen, dann ist das ihr Baby und dann sind sie auch mit Engagement dabei. Wir haben inzwischen ein tolles Team, das immer wieder Ideen dazu einbringt, wohin wir gehen können – kurzfristig, mittelfristig und auch langfristig!

Wie kann ich mir das praktisch vorstellen?
Ein schönes Beispiel ist unsere Kaffeerösterei, die eine Partnerschaft mit einer Kaffeeplantage in Nicaragua hat. Am Anfang wollten wir uns hierfür Experten von außen holen. Dann kamen zwei unserer Servicekräfte und sagten, dass sie sich immer schon für Kaffee interessierten und die Kaffeerösterei gerne selbst betreiben würden. Also haben diese beiden Kräfte eine Barista-Schulung absolviert und sind nun Feuer und Flamme für ihre neue Tätigkeit. Meine Erfahrung ist: Wenn Gäste und Mitarbeiter sich in einem Hotel wohlfühlen, dann ist der wirtschaftliche Erfolg ein zwangsläufiges Nebenprodukt.

Welche Perspektiven bieten Sie Ihren Mitarbeitern ganz generell?
Wir haben 2019 einen Förderkreis ins Leben gerufen, um die Mitarbeiterbindung nochmals zu erhöhen. Niemand macht sein Leben lang gern immer nur das Gleiche. Die Mitarbeiter wollen und müssen sich weiterentwickeln, und dafür müssen sie weiter geschult werden. Deshalb machen wir regelmäßig Weiterbildungen und Mitarbeiterschulungen, nicht nur für die Azubis. Wir haben vor eineinhalb Jahren eine eigene Akademie aufgebaut und fördern die Teilnahme an berufsbegleitenden Fernstudiengängen. Davon profitiert auch unsere Innovationskraft: Wenn Führungskräfte sich weiterbilden und sich weiterentwickeln, bringen sie uns auch immer wieder neuen Input.

Warum Innovation bei Seetel keine One-Man-Show ist, sondern einem engagierten Team entspringt, erklärt **Rolf Seelige-Steinhoff**.

STÖBICH entwickelt und produziert Brandschutzprodukte. Dazu zählen bauliche Brandschutzsysteme für durchlaufende Förderanlagen, aber auch textile Feuer- und Rauchschutzlösungen.

TOP 100

STÖBICH Brandschutz GmbH

★★★

Die Brandschutzprofis

Wer innovative Konzepte für den Schutz vor Flammen und Rauch sucht, ist bei der STÖBICH Brandschutz GmbH genau an der richtigen Adresse. Dieser Weltmarktführer entwickelt und produziert seit mehr als 40 Jahren individuelle und serielle Lösungen für den baulichen Brandschutz. Mit eigenen Vertriebsgesellschaften und Partnern ist er in über 50 Ländern rund um den Globus vertreten. Grundlegend für den Firmenerfolg ist ein Top-Management, das sich kontinuierlich mit innovativen Weiterentwicklungen beschäftigt.

Der Anlass für die Gründung des Unternehmens mit seinen heute weltweit rund 400 Beschäftigten war ein Großbrand beim Gebäckhersteller Bahlsen im Jahr 1978. Das Feuer weitete sich damals über Förderbänder in mehrere Produktionshallen aus. Unter dem Eindruck dieses Ereignisses entwickelte der Firmengründer Dr.-Ing. Jochen Stöbich ein neuartiges Abschottungssystem gegen derartige Brandausbreitungen. Heute wird STÖBICH erfolgreich von Jörg Schiebel geleitet. Mehr als 200 Patente zeugen eindrucksvoll von der innovationsfreudigen Grundhaltung in diesem Familienunternehmen.

Top-Management mit Weitblick

Die Geschäftsführung hat stets neue Märkte und die Marktführerschaft im Blick. Sie arbeitet eng mit der Abteilung Innovationsmanagement zusammen, denn man will neue Ideen nicht nur entwickeln, sondern als Beitrag zum Unternehmenserfolg auch kontinuierlich realisieren. Zukunftsweisende Visionen für das Prozessmanagement werden daher von beiden Seiten systematisch vorangetrieben – vom Konzept bis zur Marktreife. Zudem arbeitet STÖBICH regelmäßig mit externen Institutionen zusammen, so mit dem auf Innovationsberatung spezialisierten WOIS Institut.

Die Coronakrise als Innovationsmotor

Auf die coronabedingten Herausforderungen reagierte man umgehend mit der Einrichtung mobiler Arbeitsplätze und dem Ausbau kontaktloser Vertriebslösungen: von Onlineveranstaltungen über digitale Messestände bis zu komplexen Virtual-Reality-Präsentationen. Eine wichtige Rolle im Umgang mit der Krise spielte auch die ursprünglich für die Brandfrüherkennung entwickelte faseroptische Sensorik, deren Potenzial für das Erkennen viraler Erreger untersucht wurde. Auf der Basis der daraus entstandenen Plattform wird nun an der Entwicklung einer vielversprechenden Multiplexingtechnologie für Biomarker gearbeitet. „Die Pandemie hat uns vor allem zwei Dinge vor Augen geführt: Wir tragen die Verantwortung für die mentale und physische Gesundheit unserer Mitarbeiter. Außerdem können wir unsere Innovationsstärke auch in schwierigen Zeiten unter Beweis stellen und damit eine Krise als Chance begreifen“, betont Jörg Schiebel abschließend.

STÖBICH Brandschutz GmbH
38644 Goslar
www.stoebich.com
Beschäftigte (D): über 200
Sicherheit

Geschäftsführer
Jörg Schiebel

TEAMPLAN ist Spezialist für hochwertige Objekteinrichtungen von internationalen Unternehmen und für die Sicherheitsarchitektur von Banken. Die Fertigungstiefe umfasst ganzheitliche Einrichtungskonzepte mit dem „Kernwerkstoff" Holz.

TEAMPLAN Josef Meyer GmbH

★★★★★

Im Team gemeinsame Erfolge sehen

Kundenwünsche erfüllen, die Komplexität im Auge behalten und die Produktivität steigern – das sind die Leitlinien der TEAMPLAN Josef Meyer GmbH. Damit ist der Hersteller zertifizierter Sicherheitsarchitektur für Banken und funktionaler Einrichtungen für internationale Unternehmenszentralen seit 125 Jahren erfolgreich. Hinzu kommt ein positives Innovationsklima, das von kontinuierlicher Weiterbildung geprägt ist. So entwickelt man im Team immer wieder neue kundenspezifische Konzepte rund um den Kernwerkstoff Holz.

Das Pandemiejahr 2020 hat auch bei TEAMPLAN einen Digitalisierungsschub bewirkt. Damit ist jedoch mehr gemeint als vergleichsweise einfache Dinge wie Kundengespräche via Videokonferenz. Im Vordergrund stand vielmehr die Ausrichtung der Produktion im Sinne der Industrie 4.0.: Alle Geräte und Maschinen wurden im unternehmensinternen Netzwerk zusammengeführt, sodass die Belegschaft nun ganzheitlich digitale Daten erfassen, weiterverarbeiten und mit einer Software direkt auf die Produktion zugreifen kann. Für ein fehlerfreies Arbeiten mit dieser fortschrittlichen Technik ist entsprechendes Know-how nötig. Deshalb bildeten sich die Beschäftigten 2020 im Durchschnitt an 17 Tagen fort. Der Schwerpunkt lag dabei auf Schulungen zum Holz verarbeitenden Warenwirtschaftssystem, mit dem die Fertigung elektronisch gesteuert und überwacht wird, sowie auf Schulungen zum CRM-System. Zudem wurden während der Pandemie Innovationen in den Bereichen Nachhaltigkeit und Umweltschutz forciert.

Alle werden belohnt

Am unternehmerischen Erfolg werden am Jahresende grundsätzlich alle Mitarbeiter beteiligt. Wie hoch die Sonderzahlung ausfällt, orientiert sich unter anderem am individuellen Engagement. Auch Verbesserungsvorschläge werden mit gestaffelten Anerkennungsprämien honoriert.

Gemeinsam in die Zukunft

An der Entwicklung innovativer Konzepte auf dem anspruchsvollen Feld der Objekteinrichtung sind Mitarbeiter aus unterschiedlichen Bereichen beteiligt, und zwar von der ersten Idee bis zum Aufbau. Als Anreiz für Innovationen ermöglicht die Firma der ganzen Belegschaft immer wieder gemeinsame Besichtigungen der eingerichteten Gebäude in verschiedenen Regionen Deutschlands – auf freiwilliger Basis, gegen eine geringe Eigenbeteiligung. Dieses gemeinsame Erleben stärkt ein gutes Klima im Unternehmen. „Getreu unserem Credo ‚Experimentieren und Tolerieren‘ sind ungewöhnliche Ideen stets willkommen und geschätzt. Ehrgeizige Ziele werden immer gefördert und unter dem Aspekt „Mission ZUKUNFT“ vom gesamten Team positiv begleitet“, betont der geschäftsführende Gesellschafter Horst Tösch.

TEAMPLAN Josef Meyer GmbH
48529 Nordhorn
www.bankeinrichtungen.com
Beschäftigte (D): 51 bis 200
Baugewerbe/Handwerk

Geschäftsführender Gesellschafter
Horst Tösch

tesa ist einer der weltweit führenden Hersteller von technischen Klebebändern und Klebesystemlösungen für Industrie, Handwerk, Büro und Haushalt.

tesa SE

Neue Märkte erobern

Wenn eine Firma mit weltweit mehr als 4.700 Beschäftigten gut 4,5 % ihres Jahresumsatzes für Innovationen ausgibt, lässt das aufhorchen. Bei der tesa SE ist genau dies der Fall. Das Unternehmen, das bei TOP 100 in den Bewertungskategorien „Innovationsförderndes Top-Management“ und „Innovative Prozesse und Organisation“ besonders gut abschneidet, will neue Märkte erobern und sich neu ausrichten. Deshalb arbeitet man kontinuierlich daran, multinationaler zu werden und gemeinsam mit Kunden die passenden Lösungen zu entwickeln.

Ein wichtiger Schritt auf diesem Weg war eine neue Innovationsstrategie, die konsequent verfolgt wird: Inzwischen gibt es in der tesa-Konzernzentrale in Norderstedt bei Hamburg, in China und in den USA Customer-Solution-Center, die zusammen mit Kunden neue Produkte entwickeln. Dies ist insofern relevant, als dass die Entwicklungszyklen in vielen Branchen immer kürzer werden – etwa in der Elektronikindustrie. Die Hersteller bringen pro Jahr mehrere Gerätegenerationen mit aktuellen Designs auf den Markt.

Funktionale Klebeverbindungen

Viele denken bei tesa nur an den „tesafilm“, der aus den meisten Büros nicht wegzudenken ist. Viel wichtiger ist jedoch das Geschäft im Industriesektor. „Wir verkleben mehr oder weniger das gesamte Innere eines Mobiltelefons. Bis zu 70 tesa-Tapes können verbaut sein. Außerdem haben wir sehr viele Anwendungen im Automobilbereich; hier legen wir seit einigen Jahren den Fokus auf die Elektromobilität“, sagt der Vorstandsvorsitzende Dr. Norman Goldberg. Klar im Trend liegen Klebeverbindungen mit funktionellem Zusatznutzen: zum Beispiel antivirale Tapes; Klebeverbindungen in Smartphones, die Stöße dämpfen; oder auch Klebelösungen für E-Auto-Batterien, die Hitzebarrieren aufbauen.

Neue Prozesse

Die jüngste Innovationsinitiative des Top-Managements hat den Anstoß dazu gegeben, viele Innovationsprozesse zu optimieren oder neu aufzusetzen. Zudem arbeiten die Entwickler dank der Einführung spezieller Customer-Touch-Points jetzt näher am Kunden. Das Projektmanagement hat man neu gestaltet, und in der Entwicklung wird nun mit agilen Methoden gearbeitet. So kann das Unternehmen schneller auf Marktveränderungen reagieren und sich besser an die Produktlebenszyklen seiner Kunden anpassen. Immer wichtiger für die Entwickler wird das Thema Nachhaltigkeit. Dazu zählt auch das Ziel, Kunden im nachhaltigen Wirtschaften zu unterstützen. Hier wird intensiv an Lösungen gearbeitet, die Kleben und Entkleben verbinden und die Produkte dadurch besser zerlegbar machen. Ein Top-Management, das mehr als 4,5 % des Jahresumsatzes für Innovationen ausgibt, unterstützt dies natürlich in jeglicher Hinsicht.

tesa SE
22848 Norderstedt
www.tesa.de
Beschäftigte (D): über 200
Chemie/Kunststoff

Vorstandsvorsitzender
Dr. Norman Goldberg

Treppenbau Voß ist auf die Planung und die Fertigung hochwertiger Treppenunikate spezialisiert. Dieser 1990 gegründete Familienbetrieb zählt zu den größten Herstellern von Massivholztreppen in Norddeutschland.

Treppenbau Voß GmbH & Co. KG

★★

Die Treppe als Trendprodukt

Wenn ein Unternehmen in gut 30 Jahren von einem Ein-Mann-Betrieb zu einem Mittelständler mit rund 75 Beschäftigten heranwächst, muss es einiges richtig machen. Der Treppenbau Voß GmbH & Co. KG, die sich auf hochwertige Massivholztreppen spezialisiert hat, ist genau dies gelungen. Das Geheimnis ihres Innovationserfolgs: Sie passt die Gestaltung des gesamten Treppendesigns stets an die neuesten Trends an – seien es neue Materialien oder neue Gestaltungsformen.

Früher waren Treppenstufen aus Buchenholz gefragt, heute ist es Eichenholz. Früher verlangten Endkunden und Architekten eher gerundete Kanten, heute wollen sie eckige Formen. Vor fünf Jahren dominierten noch kugelförmige Pfostenköpfe, heute findet sich dort ein Edelstahleinleger. „Das ist ein Prozess, der ständig weitergeht und bei dem kontinuierlich neue Optiken entstehen. Neue Häuser, Projekte, Architekten und Planungen bringen uns immer wieder auf frische Ideen, die dazu führen, dass sich unser Produkt wieder verändert“, erläutert der Geschäftsführer und Unternehmensgründer Reiner Voß.

Umweltfreundliche Oberflächen

Der Geschäftsführer reagiert auf diese Trends und ist ihnen manchmal sogar etwas voraus. So bietet sein Unternehmen mittlerweile kaum noch lackierte Treppenstufen an, sondern überwiegend Stufen mit geölten Oberflächen. „Das ist umweltfreundlicher. Zudem können kleine Schäden selbst ausgebessert werden“, erklärt Voß. Knarrende Treppenstufen – bei den Massivholztreppen von Voß ist dies kein Thema: Die Größe und die Form der Stufen wird mittels Laserabnahme im Vorhinein definiert und genau auf das Treppenhaus abgestimmt. Zudem verwendet das Unternehmen nur kammergetrocknetes Holz.

Treppentausch an nur einem Tag

Obwohl dieser Betrieb keine Treppen von der Stange anbietet, gelingt es ihm, sie besonders montagefreundlich herzustellen. Dadurch kann er die meisten Altbautreppen innerhalb eines einzigen Tages austauschen: Am Morgen kommen die Monteure und bauen die alte Treppe ab, und am Abend ist die neue Treppe dann schon benutzbar. Dieses Angebot war gerade in der Coronazeit, in der viele Menschen ihr Zuhause verschönern wollten, überaus gefragt. In nur zehn Monaten stieg der Umsatz im Bereich Treppenaustausch somit um mehr als 20 %. Formschöne Massivholztreppen von Treppenbau Voß sind also nicht nur ein hochwertiges Trendprodukt, das mit den häufig eher hässlichen Stahlharfentreppen aus den 70er-Jahren wenig gemein hat – sie können auch in Rekordzeit eingebaut werden.

Treppenbau Voß GmbH & Co. KG
23858 Reinfeld
www.treppenbau-voss.de
Beschäftigte (D): 51 bis 200
Baugewerbe/Handwerk

Geschäftsführer
Reiner Voß

VENSYS Elektrotechnik ist spezialisiert auf die Fertigung und die Entwicklung von Elektrotechnikkomponenten für Windenergie-, Solarenergie- und Speicheranlagen. Ein Schwerpunkt sind Rotorblattverstellsysteme für Windenergieanlagen.

VENSYS Elektrotechnik GmbH

Ein tierisch gutes Innovationsklima

Zwischen den Fotovoltaikanlagen, mit denen die VENSYS Elektrotechnik GmbH ihre Produktions- und Verwaltungsgebäude mit Strom versorgt, scharren Hühner und blöken Schafe. Sie halten unter anderem den Rasen unter den Fotovoltaikanlagen kurz. Die Tiere sind nicht in einen Stall gepfercht, sondern bewegen sich frei. Generell schreibt dieses Unternehmen, das auf anspruchsvolle Elektrotechnik für erneuerbare Energien spezialisiert ist, Freiheit groß: Auch die Mitarbeiter haben viel Freiraum für das Entwickeln von Ideen und für die Optimierung von Prozessen.

Wenn ein Mitarbeiter dieser Firma einen Einfall hat, hält ihn niemand auf. Im Gegenteil: Sein Vorschlag wird aufgegriffen, diskutiert und – wenn er wirtschaftlich sinnvoll und technisch machbar ist – schnell im Betriebsalltag realisiert. Das Potenzial der Ideen loten die Mitarbeiter verschiedenster Einsatzbereiche gemeinsam mit den Führungskräften in einem Zirkel aus. Dort besprechen sie, wie die Vorschläge verwirklicht werden können. Keine Idee wird auf die lange Bank geschoben. „Jede Anregung eines Mitarbeiters löst ein Treffen dieses Zirkels aus", berichtet Christina Brüning, die für das Umweltmanagement und die Qualitätssicherung zuständig ist.

Immer wieder frische Ansichten

Der Kreis, der die Bewertung der Ideen vornimmt, wird jedes Jahr neu zusammengesetzt. „Dadurch stellen wir sicher, dass auch hier regelmäßig ein frischer Wind weht und neue Ansichten eingebracht werden", erläutert Brüning, die selbst dem Kreis angehört. Sind die Ideen konkretisiert, werden sie der Geschäftsleitung präsentiert – und die genehmigt sie in vielen Fällen direkt. Doch die Entwicklungsabteilung und das Vorschlagswesen sind nicht die einzigen Inspirationsquellen: Auch bei internen Audits und im Rahmen des Gesundheits- und Fehlermanagements entdecken die Mitarbeiter von VENSYS häufig Potenzial für Verbesserungen.

Ideen für neue Geschäftsfelder

Manchmal bringen die Ideen und Initiativen der Mitarbeiter das Unternehmen sogar auf eine ganz neue Spur. So entdeckten engagierte Kollegen ergänzend zur Elektrotechnik für Windkraft- und Fotovoltaikanlagen, für Batteriespeichersysteme und für E-Auto-Schnellladesäulen ein ganz neues Geschäftsfeld: Umrichter für die Speicherung der Energie von Wasserstoff-Brennstoffzellen. „Das war eine Initiative, die aus dem Vertrieb kam und für die die Geschäftsleitung das Budget rasch und ohne Einschränkung freigegeben hat", berichtet der Geschäftsführer Urban Schippmann. Große Freiräume führen eben nicht nur zu Wohlbefinden, sie befördern auch lukrative neue Geschäftsideen.

VENSYS Elektrotechnik GmbH
49356 Diepholz
www.vensys-elektrotechnik.de
Beschäftigte (D): 51 bis 200
Erneuerbare Energien

Geschäftsführer
Urban Schippmann

WES Gruppe

Mit Herzblut dabei

So ehrlich ist nicht jeder Chef! Als die WES Gruppe, die sich auf Projektplanung und Betriebsführung auf dem Gebiet der erneuerbaren Energien konzentriert, ein genossenschaftliches Mehrgenerationen-Wohnprojekt ins Visier nahm, hatte er selbst, so gibt der Geschäftsführer Klaus Ludolf Ibs zu, von dieser Thematik überhaupt keine Ahnung. Dennoch wurde die „Grüne Insel“ ein echtes Leuchtturmprojekt. Das Erfolgsrezept: Jeder im Team hat mitgezogen, das Innovationsklima stimmt.

Neuartiges, generationenübergreifendes Leben auf dem Land, in einer Siedlung, die nicht Miethaien, sondern ihren Bewohnern gehört – und die zudem ökologisch vorbildlich ausgerichtet ist. Das ist die Idee hinter dem Projekt „Grüne Insel“, einer genossenschaftlichen Wohnanlage mit 39 Wohneinheiten in St. Michaelisdonn. „Bevor wir das Projekt starteten, haben wir uns gemeinsam ein halbes Jahr lang schlau gemacht“, erklärt Klaus Ludolf Ibs, der noch heute begeistert davon ist, wie enthusiastisch sein Team mitgezogen hat: „Jeder hat dafür gebrannt und die Sache wirklich mit Herzblut verfolgt. Wir hatten eine Vision davon, wie das werden soll – und diese Vision haben wir gemeinsam mit Leben erfüllt.“

Gemeinsam gestalten

Ein gemeinschaftliches Ziel haben auch die Bewohner der „Grünen Insel“: Sie wollen nicht nur gemeinsam wohnen, sie wollen auch ihr Leben gemeinsam gestalten. Die Voraussetzungen dafür hat die WES Gruppe mit einem Gemeinschaftsgarten, einem Gewächshaus für alle und einer Gemeinschaftsküche geschaffen. Versammlungs- und Veranstaltungszimmer sind ebenso integriert wie Übernachtungsräume für Gäste. Der Wunsch, eine besondere Gemeinschaft zu bilden, prägt auch das Betriebsklima der WES Gruppe: Jeder Mitarbeiter sucht und findet seinen Arbeitsplatz und sein Einsatzgebiet selbst.

Unendliches Potenzial

Das Potenzial eines jeden Menschen, davon ist Klaus Ludolf Ibs überzeugt, ist im Grunde unendlich: „Dieses Potenzial zu entzünden, das geht nur, wenn man jedem Einzelnen die Möglichkeit gibt, sich dort zu positionieren, wo er sich am ehesten wiederfindet.“ Wer introvertiert ist, wird im Vertrieb nicht glücklich; wer gerne mit Menschen zu tun hat, dem wird es in der Buchhaltung schnell langweilig. Die Details des Arbeitsumfelds werden deshalb bei jedem Projekt neu definiert. So gelingt es dem Mittelständler, immer wieder Neues anzustoßen und zu realisieren – etwa einen genossenschaftlichen Bürgerwindpark mit 500 Beteiligten. Auch dies ist ein innovatives Vorhaben, das als Vision begonnen hat und nun mit Herzblut verwirklicht wird.

WES Gruppe
25693 St. Michaelisdonn
www.wes-gruppe.de
Beschäftigte (D): bis 50
Energie

Geschäftsführer
Klaus Ludolf Ibs

Zender Germany GmbH

Auf zwei Beinen steht man besser

2020 war ein Ausnahmejahr, auch für die Zender Germany GmbH. Mit Mut, Dynamik und Entscheidungsfreude ist ihr ein beeindruckender Innovationserfolg gelungen. Dieser auf Carbonteile spezialisierte Automobilzulieferer hat sich in kurzer Zeit quasi neu erfunden: Er wurde zum Maskenhersteller und baute hierfür gewaltige Produktionskapazitäten auf. Mit 12 neuen Anlagen und mehr als 70 neuen Mitarbeitern erschloss man sich ein bis dahin fremdes Geschäftsfeld.

Dass dieser Mittelständler früher als andere auf die Coronakrise reagierte, war kein Zufall, denn Zender Germany kooperiert eng mit Zender Italia. Und der Geschäftsführer Marco Dei Vecchi, zu Hause im Raum Venedig, erlebte hautnah mit, wie stark Italien unter der ersten Coronawelle zu leiden hatte. Die Entscheidung, in die Maskenproduktion einzusteigen, war anfangs also nicht ökonomisch motiviert, sondern hatte humanitäre Gründe. Doch um die gesetzlichen Anforderungen für Medizinprodukte erfüllen zu können, musste man sich schnell professionalisieren.

Aufbruch statt Lethargie

„Während der Lockdown vielerorts zu einer Art von Lethargie führte, war es bei uns genau umgekehrt: Wir sind nicht erstarrt, sondern haben rasch und flexibel reagiert und alle Änderungen, die in Sachen Schutzausrüstung von der Regierung beschlossen wurden, zeitnah umgesetzt", erklärt der Geschäftsführer. Das Ergebnis: ein gewaltiges Wachstum, der Erwerb professioneller Kompetenzen, die Anmietung neuer Hallen, die Einstellung neuer Mitarbeiter – und schließlich ein Vertrag mit dem Bundesministerium für Gesundheit, der die Lieferung von 16 Millionen OP-Masken pro Monat umfasste.

Produktionsverfahren verbessert

Mit FFP2- und OP-Masken baute Zender in wenigen Monaten gleich zwei völlig neue Produktlinien auf. „Anfangs haben wir mit unseren Masken vor allem einen eklatanten Mangel behoben, später haben wir unsere Produkte und Produktionsverfahren weiter verbessert", erläutert Dei Vecchi. Zu Beginn des Jahres 2021 schaffte man sogar eine Meltblown-Anlage an, um die Vliesstoffe für die Masken künftig selbst herzustellen. „Wir wollen unser zweites Standbein weiterentwickeln und es dann dauerhaft beibehalten, denn die Coronakrise hat uns gezeigt, dass das Automobilgeschäft äußert krisenanfällig ist", betont der Geschäftsführer. Er verweist explizit darauf, dass der herausragende Innovationserfolg seines Unternehmens nur möglich geworden ist, weil das ganze Team mitgezogen hat.

Zender Germany GmbH
49076 Osnabrück
www.zendergroup.com
Beschäftigte (D): 51 bis 200
Gesundheitswesen

Geschäftsführer
Marco Dei Vecchi

Hessen

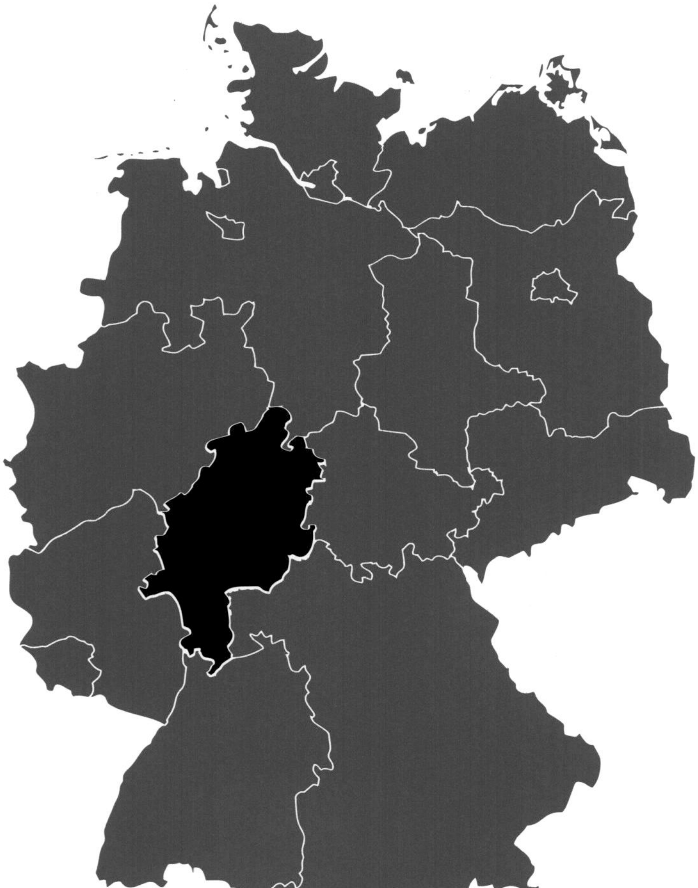

Die Zahl der goldenen Sternchen in den nachfolgenden Unternehmensporträts entspricht der Zahl der TOP 100-Auszeichnungen.

AceBIT GmbH

Bodyguard für Passwörter

Mit Passwörtern lassen sich am Computer und auf dem Smartphone vertrauliche Informationen schützen, etwa Bank- und Kreditkartendaten, Firmendokumente und Softwarelizenzen. Der 1998 gegründeten AceBIT GmbH gelingt es mit ihrem Produkt „Password Depot", dass solche Zugangsdaten mit höchsten Standards gesichert sind. Mit der „Version 15" landete dieser Softwarehersteller 2020 einen absoluten Innovationserfolg. Dazu trug auch eine aktive Onlinecommunity von Kunden bei, die ihre Verbesserungsvorschläge einbrachten.

„Wir investieren viel Zeit und auch externes Know-how, damit unsere Software die sicherste auf dem Markt ist", sagt der Geschäftsführer Stelios Tsaousidis. Die überragende Sicherheit der neuen Passwortdatenbank wurde schon mehrfach ausgezeichnet – unter anderem durch das Fraunhofer-Institut.

Sicher einen Schritt voraus

Das neuartige Feature der Software „Version 15" ist genau zur richtigen Zeit erschienen: Die Software speichert die Passwortdatenbank nun auf dem hauseigenen Server der Unternehmenskunden, sodass die Beschäftigten auch im Homeoffice auf wichtige Inhalte zugreifen können. Während der Coronapandemie stellte sich das als wichtiges Verkaufsargument heraus. So stieg der Umsatz um 25 % im Vergleich zum Vorjahr. Die Datenspeicherung an Ort und Stelle hat aber auch noch andere Vorteile. „Große Mitbewerber speichern Kundendaten unter anderem in den USA oder Russland, wodurch sie den dortigen Gesetzen unterliegen", erklärt Tsaousidis. Die NSA kann sich so bei Interesse Zugriff auf deutsche Firmendaten verschaffen.

Schwarm in Aktion

Software von AceBIT soll aber nicht nur sicher, sondern auch nutzerfreundlich sein. Dabei hilft der tägliche Kontakt zu einer interessierten Kundencommunity, die Probleme und Vorschläge per cloudbasierter Supportsoftware meldet. „In unserer Onlinecommunity sind alle unsere Kunden miteinander vernetzt, und der gesamte Schwarm nutzt die Möglichkeit, uns Ideen oder Verbesserungsvorschläge mitzuteilen", erzählt Tsaousidis. Das Resultat sind blitzschnell realisierte Optimierungen, die den Anwendern ihre Arbeit erleichtern. Dabei entstehen häufig auch ganz praxisnahe Features: Neu kreierte Passwörter werden zum Beispiel nicht mit den Attributen „schwach" bis „stark" bewertet, sondern mit einer Zeitangabe. „‚Knackbar in fünf Sekunden' – das ist eine ganz andere Warnstufe", erklärt Tsaousidis lachend. Dank der schlagkräftigen Kombination aus Fachkompetenz und Kundenkontakt ist die AceBIT GmbH auch in Zukunft der beste Bodyguard für vertrauliche Daten.

AceBIT GmbH
64295 Darmstadt
www.acebit.de
Beschäftigte (D): bis 50
IT-Entwicklung/-Beratung

Geschäftsführer
Stelios Tsaousidis

Christmann & Pfeifer Construction GmbH & Co. KG

Hybrides Bauen

Vor rund 100 Jahren hat die Christmann & Pfeifer Construction GmbH & Co. KG als großes Stahlbauunternehmen begonnen und sich im Laufe der Jahrzehnte zu einer breit aufgestellten Spezialistin für Industrie- und Gewerbebau weiterentwickelt. Heute bietet sie neben den klassischen Baudienstleistungen auch innovative Produkte wie flexibel umnutzbare Gebäude und Parkdecks in Modulbauweise an. Dies verwundert nicht, denn die Geschäftsführung fördert den Innovationsgedanken gezielt, nicht zuletzt durch ein hauseigenes Innovationsmanagement.

Erst kürzlich haben der Geschäftsführer Rolf Heinecke und sein Team eine Strategie bis 2025 erarbeitet. Dass dabei Innovation einer der drei relevanten Geschäftsbereiche ist, stellt für Heinecke eine Selbstverständlichkeit dar: „Wir haben ein klares Ziel vor Augen: In fünf Jahren sollen Produktinnovationen bei uns mindestens 20 % des Umsatzes generieren“, erklärt er. Dafür will der Geschäftsführer auch wichtige Investitionen tätigen, ob ins Personal oder in neue Maschinen und Anlagen. „Wir passen uns damit konsequent an die Zukunft an – und natürlich an die Bedürfnisse unserer Kunden“, unterstreicht er.

Neuerungen effizient managen

Der hohe Stellenwert, den die Verwirklichung neuer Ideen im Haus hat, wird auch durch die Existenz eines hauseigenen Innovationsmanagements belegt. Hier sind die verantwortlichen Mitarbeiter nicht vom operativen Geschäft getrieben und können somit die internen Prozesse und die Produkte mit Blick auf die Wünsche der Kunden weiterentwickeln. „Wir sind über unsere Tochterfirmen und alle Geschäftsbereiche hinweg eng vernetzt und erarbeiten Lösungen, von denen dann schließlich das ganze Unternehmen profitiert“, berichtet der Innovationsmanager Mark Althaus nicht ohne Stolz.

Neue Dienstleistungen, neue Konzepte

Auf diese Weise hat sich das einstige Stahlbauunternehmen in den vergangenen Jahrzehnten zu einem modernen Dienstleister entwickelt, der Architekten, Planer und Bauherren unterstützt und alles aus einer Hand anbieten kann – von der ersten Beratung und Planung bis zur schlüsselfertigen Komplettlösung inklusive Gebäudeausstattung. Wenn es um die Entwicklung neuer Produkte geht, scheut die Geschäftsleitung nicht davor zurück, externe Expertise ins Haus zu holen. So auch bei der derzeit laufenden Entwicklung von Modulen in Hybridbauweise, bei denen das Unternehmen nicht nur auf Stahl, sondern auch auf den bei Kunden beliebten Baustoff Holz als neues und ergänzendes Element setzt. Damit zeigt Christmann & Pfeifer Construction erneut, wie praxisnah und bedarfsorientiert der hauseigene Innovationsprozess abläuft: möglichst eng entlang der Kundenbedürfnisse und gleichzeitig mit einem besonderen Mehrwert wie der flexiblen Umnutzung von Gebäuden.

Christmann & Pfeifer Construction GmbH & Co. KG
35719 Angelburg
www.cpbau.de
Beschäftigte (D): 51 bis 200
Baugewerbe/Handwerk

Geschäftsführer
Rolf Heinecke

TOP 100

DI Dekodur International GmbH & Co. KG

Oberflächen mit Tiefgang

Aus einem einfachen Sägewerk entstand die DI Dekodur International GmbH & Co. KG, heute ein weltweiter Spezialist auf dem Gebiet von Hochdruckschichtstoffplatten (HPL) für den Innenausbau. Dank einer konsequenten innovativen Ausrichtung, intensiver Marktbeobachtung und einem regen Innovationsklima bietet das Unternehmen Architekten und anderen Kunden eine riesige Bandbreite an Metalloberflächen: kunstvoll bedruckt, magnetisch, verspiegelt, rutschhemmend, CO_2-neutral und noch vieles mehr.

Forschungsarbeit ist für einen Mittelständler keine Selbstverständlichkeit. Doch für die DI Dekodur sind Innovationen das entscheidende Kapital, um wertvolle Nischen für sich zu entdecken. Seit 1846 scannt die Firma konsequent den Markt und reagiert schnell auf sich verändernde Kundenbedürfnisse. So besetzte das Team mit einem nicht brennbaren Schichtstoff eine wichtige Nische. Die Geschäftsleitung nutzte für diese Neuentwicklung geschickt ihr Wissen um Marktlücken und Kundenwünsche und reagierte mit einem Produkt, für das viele große Konkurrenten zu unflexibel sind. „Damit haben wir uns sogar einen ganz neuen Markt im Trockenbau erschlossen. Außerdem können wir jetzt vorbeugenden Brandschutz als komplettes System anbieten", erklärt der Geschäftsführer Rolf van den Berg. Für diese Innovation erwartet er nun das Patent für ganz Europa, Asien und die USA – nachdem es in Deutschland und Australien bereits zuerkannt wurde.

Kreative Firmenkultur

Zusätzlich wird Zeit und Geld in unkonventionelle Ideen aus der gesamten Belegschaft investiert. So kommen viele Verbesserungsvorschläge von Mitarbeitern und werden dann im Team konsequent realisiert. Dabei entstanden beispielsweise die erste CO_2-neutrale Schichtstoffplatte oder von Künstlern individuell gestaltete Metalloberflächen. Dieser Spezialist für HPL-Platten entwickelt inzwischen fast nur noch indivuelle Konzepte für spezielle Anforderungen. „Wir leisten für unsere Kunden nicht selten Pionierarbeit", betont der Geschäftsführer.

Flexibel während der Coronakrise

Dass Rolf van den Berg und sein Team die Ideen nicht ausgehen, bewiesen sie auch während der Coronakrise: Die Fachleute mit Metallerfahrung wussten bereits, dass unbeschichtetes Kupfer antiviral wirkt und entwickelten in nur drei Monaten eine antivirale Oberfläche aus Kupfernanopartikeln, auf der sich Coronaviren nur wenige Stunden halten können. Auch hier erwiesen sich also die Innovationsfreude, die Flexibilität und die schlanken Prozesse als die großen Vorteile dieses Mittelständlers.

DI Dekodur International GmbH & Co. KG
69434 Hirschhorn
www.dekodur.com
Beschäftigte (D): 51 bis 200
Holzindustrie/-verarbeitung

Geschäftsführer
Rolf van den Berg

In der EintrachtTech GmbH bündelt Eintracht Frankfurt alle seine strategischen digitalen Projekte. Sie verantwortet die interne digitale Professionalisierung und die Entwicklung neuer Geschäftsmodelle.

EintrachtTech GmbH

Erste Liga bei der Digitalisierung

Im Sommer 2019 ging Eintracht Frankfurt einen für Bundesligavereine ganz neuen Weg und betrat mit der Gründung ihrer Tochtergesellschaft EintrachtTech GmbH ein Spielfeld, das mit dem eigentlichen Fußball nur wenig zu tun hat. Das Ziel war es, die wirtschaftliche Wettbewerbsfähigkeit von Eintracht Frankfurt durch das Erschließen neuer Geschäftsbereiche zu erhöhen. Mit einer App für Millionen Menschen in der Region und cleveren IoT-Lösungen im Stadion will dieser Fußballverein nichts weniger als der digitalste Verein Deutschlands werden.

Noch nie hat ein deutscher Profifußballverein eine Tochtergesellschaft gegründet zu dem einzigen Zweck, digitale Geschäftsmodelle zu entwickeln. Die Eintracht hat es durchgezogen und schafft seit 2019 in einem eigenen Tech-Start-up eine ganz neue Verbindung zwischen Fußball, Fans und Region. Das Kernprojekt des Geschäftsführers Timm Jäger und seinem Team ist der Aufbau einer digitalen Plattform, nicht nur für die Fans des Vereins, sondern für das gesamte Rhein-Main-Gebiet. Die App bündelt natürlich alles, was die Fans interessiert: Ergebnisse, Spieler-News, Ticketverkauf und mehr. Darüber hinaus entsteht ein digitaler Marktplatz für sieben Millionen Menschen in der Region. Dazu werden Partner integriert, die dem Nutzer einen Mehrwert bringen – der regionale ÖPNV, Stromversorger, Versicherer und große Radiosender. Eben alles, was den Hessen und den Unterfranken im Alltag interessiert.

Ein Sieg für alle Beteiligten

Die App mit ihren Funktionen erzeugt eine Win-win-Situation für den Verein, die Partner und die Fans: Die Eintracht erschließt sich neue Erlösmodelle, die Partner erzielen eine immense Reichweite, und die Fans erfahren zu jeder Zeit alles, was sie wissen wollen. „Die Eintracht-Fans sind sehr emotional", sagt Jäger. „Und die Menschen wollen Informationen. Wir bieten auf unserer Plattform die Inhalte und digitale Services und tragen so aktiv zur Digitalisierung der Region bei."

Arena of IoT

Die EintrachtTech will auch beim Internet of Things ganz oben mitspielen und macht das legendäre Waldstadion, wie es bei vielen Fans immer noch heißt, zum Digitalzentrum namens „Arena of IoT". In einem europaweit einzigartigen Innovationsprojekt entwickelt man gemeinsam mit Technologiefirmen zum Beispiel ein smartes Energie- und Facilitymanagement, digitale und barrierefreie Wegeführung und intelligente Lösungen für das Parken rund um das Stadion. Das kleine Team geht mit einem großen Netzwerk von Digitalexperten neue Wege für den Fußball und für die Region. Das Erlebnis während der 90 Minuten Spielzeit bleibt, nur das Drumherum wird bequemer und digitaler – einfach erste Liga.

EintrachtTech GmbH
60528 Frankfurt am Main
www.eintrachtfrankfurt.de
Beschäftigte (D): bis 50
Internet/Multimedia/E-Commerce

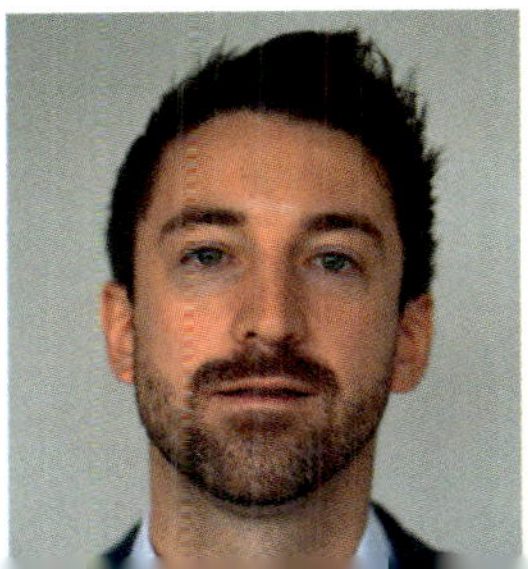

Geschäftsführer
Timm Jäger

Emma Sleep GmbH

Innovativ bis in den Schlaf

Vom Start-up zum Senkrechtstarter: Die Emma Sleep GmbH erlebt seit ihrer Gründung 2015 einen Höhenflug nach dem anderen. Das verdankt dieser Frankfurter Hersteller neuer Matratzengenerationen vor allem einem Innovationsklima, in dem sich jeder der 600 Beschäftigten jeden Tag verwirklichen kann. Wie innovativ die so entstehenden Produkte sind, zeigt der Erfolgskurs des Umsatzes, der etwa zwischen 2019 und 2020 um 170 % auf 405 Mio. € geklettert ist.

„Nein, das ist kein Tippfehler: Jeder einzelne unserer Mitarbeiter kommt auf insgesamt 52 Weiterbildungstage pro Jahr", bestätigt Dr. Dennis Schmoltzi, der das Unternehmen zusammen mit Manuel Müller an den Start gebracht hat. Mit Blick auf das üppige Angebot der hauseigenen „Emma Sleep University" verwundert diese Zahl nicht. Ein Großteil der Fortbildungs- und Informationsangebote ist auch in die täglichen Arbeitsabläufe integriert. So stehen etwa immer freitags die für alle Beschäftigten zugänglichen „Hunger for learning"-Sessions mit internen Spezialisten auf dem Programm. Zudem kann jeder seinen Wissensdurst in den wöchentlichen „Crossteam"-Diskussionen stillen oder am monatlichen Innovationsmeeting teilnehmen, in dem die neuesten Projekte detailliert vorgestellt werden.

Viel Freiraum

Jede Menge Wissen und Erfahrung eignet sich die Belegschaft dieser inzwischen weltweit agierenden Firma auch über Learning by Doing an – vor allem beim Finden und Weiterentwickeln eigener Innovationsideen. Dafür kann sich jeder mindestens 20 % der Arbeitszeit sowie weitreichende Freiräume reservieren. „Und sobald mindestens zwei Mitarbeiter von den Chancen einer Idee überzeugt sind, kann sie ohne Genehmigung durch Vorgesetzte auf den Weg gebracht werden", erklärt Manuel Müller.

Mit künstlicher Intelligenz

Die insgesamt 4.500 Verbesserungsvorschläge aus dem Jahr 2020, die zu 80 % realisiert wurden, sprechen für sich. „Natürlich waren nicht alle verwirklichten Ideen erfolgreich, aber wir haben jeden realistischen Ansatz aufgenommen und dabei viel gelernt", betont Manuel Müller. Ein herausragendes Beispiel für den Innovationsgeist der Mitarbeiter ist die jüngst entwickelte „Emma Motion": Die smarte Matratze ist mit künstlicher Intelligenz ausgestattet und nimmt via Sensorik jede Veränderung der Schlafposition wahr. Sie passt sich dementsprechend an und führt somit zu einer permanent aufgerichteten Wirbelsäule – und mit großer Wahrscheinlichkeit zum nächsten Höhenflug von „Emma – The Sleep Company".

Emma Sleep GmbH
60329 Frankfurt am Main
www.team.emma-sleep.com/de
Beschäftigte (D): über 200
Handel

Geschäftsführer
Dr. Dennis Schmoltzi
und Manuel Müller

EPOWIT Bautechnik GmbH

Auf ganz neuem Boden

Mit einer Innovation plötzlich neues Terrain zu betreten ist eine Herausforderung. Die EPOWIT Bautechnik GmbH hat das geschafft, und zwar im wahrsten Sinne des Wortes: Sie ist spezialisiert auf die Beschichtung großer Industrieflächen und hat sich bisher, wie die Konkurrenz, auf den bewährten Polymerauftrag konzentriert. Mit umweltfreundlicheren Produkten geht das innovationsorientierte Top-Management jetzt neue Wege und feiert damit in kürzester Zeit große Erfolge.

Der Gesetzgeber will, dass Polymer-Bodenbeschichtungen auf der Basis fossiler Ressourcen bald der Vergangenheit angehören. Zu umweltschädlich sei der Gefahrenstoff. Noch zögert der Wettbewerb und wartet ab, doch der Geschäftsführer Dr. Jörg Rathenow hat mit seinem Team die Gunst der Stunde genutzt und das Portfolio von EPOWIT um anorganische, also mineralische, Beschichtungen erweitert. Denn die sind sehr viel umweltverträglicher, hoch belastbar, brennen nicht und können sich nicht elektrostatisch aufladen. Vor allem die letztgenannte Eigenschaft macht das Produkt spannend für Branchen, die man bisher noch nicht im Blick hatte.

Chemieprofi mit Marketingcharakter

Der Mittelständler beschichtet heute vornehmlich die Fahrflächen von Parkhäusern, ein Umfeld mit starkem Wettbewerb. Jetzt lotet er neue Anwendungsfelder aus, in denen er sich mit seinem Alleinstellungsmerkmal neu und besser positionieren kann. Dr. Jörg Rathenow ist der Haupttreiber solcher Neuerungen. Erst seit einem Jahr im Top-Management, bringt er als „marketingorientierter Chemiker", wie er sich selbst bezeichnet, mit viel Branchenwissen die technische Stärke von EPOWIT mit den Anforderungen der Märkte zusammen: „Wir haben Produkte mit einzigartigen Eigenschaften und hoch qualifizierte Mitarbeiter", erklärt er. „So erschließen wir neue Märkte."

Jeder bringt sich ein

Das Zusammenspiel von Geschäftsführung, Projektleitern und Belegschaft macht die rapide Umstellung auf die neuen Materialien so erfolgreich. Dabei sind die internen Prozesse ganz klar gegliedert: Die Projektmanager beobachten den Markt und tragen neue Ideen ins Haus. Die Mitarbeiter gestalten ihre Arbeitsmethoden selbstständig effizienter und übertragen dies in alle Niederlassungen. In der Pharmaindustrie oder der Elektronikbranche sind die neuen mineralischen Beschichtungen derzeit sehr gefragt. Damit wurde beispielsweise der Neubau des Halbleiterwerks von Bosch in Dresden rutschfest und mit A-1-Brandschutz ausgestattet. Dr. Rathenow hat also eine neue Ära bei EPOWIT eingeläutet und das Unternehmen zum nationalen Marktführer gemacht.

EPOWIT Bautechnik GmbH
36124 Eichenzell
www.epowit.com
Beschäftigte (D): 51 bis 200
Baugewerbe/Handwerk

Geschäftsführer
Dr. Jörg Rathenow

firesys GmbH

Kunden als Inspirationsquelle

Geschäftsberichte und Jahresabschlüsse können ebenso komplex wie langwierig sein. Bei ihrer Erstellung unterstützt die firesys GmbH von Frankfurt am Main aus mehr als 150 Unternehmen in der DACH-Region mit innovativen Softwarelösungen und persönlicher Kundenbetreuung. Und weil jeder Klient andere Anforderungen stellt, müssen diese Hessen immer wieder kreativ werden. Der enge Kontakt zu ihren Kunden und innovationsfördernde Prozesse sind dabei der Schlüssel zum Erfolg.

Für die Softwareanbieter und Consultants von firesys ist es unerlässlich, die regulatorischen Anforderungen und rechtlichen Unterschiede zwischen Deutschland, Österreich und der Schweiz genau zu kennen. Auch das Kundenimage müssen sie im Blick behalten. Schließlich sind viele Reports öffentlich zugänglich. Die Geschäftsführerin Diana Kaufhold spricht von Pflicht und Kür, die sie und ihre rund 30 Mitarbeiter gemeinsam mit den Kunden absolvieren.

Open Innovation

Viele kreative Ideen sind dank des engen Kundenkontakts entwickelt worden, zum Beispiel bei den regelmäßig stattfindenden firesys-Events mit bis zu 100 Gästen. Gemeinsam bespricht man dabei innovative Einfälle und Vorschläge zur Produktverbesserung. „Wir sind stolz darauf, dass sich so viele Kunden Zeit dafür nehmen. Das zeigt uns ihr Vertrauen und ihre Wertschätzung", betont Diana Kaufhold. Dieses enge Verhältnis beginnt bereits mit Schulungen für Neukunden. Besonders intensiv betreut werden sie während der gesamten Geschäftsberichtssaison. Außerdem ist der firesys Feedback sehr wichtig: Die Kundenbetreuer nehmen mindestens einmal pro Quartal Kontakt mit ihren Kunden auf und fragen nach der Zufriedenheit. Nicht selten entstehen auch aus diesen Gesprächen Anregungen für Innovationen.

Festgelegter Rahmen

Die Forschungs- und Entwicklungsabteilung des Hauses kümmert sich um innovative Prozesse und fragt aktuelle Trends ab. Sie legt auch den Rahmen fest, der das Innovationsgeschehen bei firesys strukturiert. Ideen werden im Intranet gesammelt. An sechs Terminen im wöchentlichen Rhythmus besprechen die Teams offene Fragen. „Zusätzlich gibt es Freiräume während der Arbeitszeit, um Ideen voranzubringen", ergänzt der Geschäftsführer Imran Mohammed. Nach einem Kick-off-Meeting mit der Geschäftsleitung wird eine neue Idee vor dem Management präsentiert. Ist dieses Gremium überzeugt, erfolgt eine Woche nach der Präsentation ein qualifiziertes Feedback. „Jeder hat in diesem Prozess eine verantwortungsvolle Rolle. Das ist uns sehr wichtig und pusht uns", betont Imran Mohammed.

firesys GmbH
60486 Frankfurt am Main
www.firesys.de
Beschäftigte (D): bis 50
IT-Entwicklung/-Beratung

Geschäftsführer
Imran Mohammed und
Diana Kaufhold

FocusFirst GmbH

★★

Die Transformation beschleunigen

Wenn Consultants Veränderungsprozesse in großen Firmen von A bis Z begleiten, erweisen sich solche Mandate oftmals als langwierig und teuer. Deshalb hat die FocusFirst GmbH ihr Geschäftsmodell umgestellt: Vereinfacht dargestellt leistet die Unternehmensberatung ihren Auftraggebern jetzt vordringlich Hilfe zur Selbsthilfe, und zwar binnen drei Monaten. Für diese Change-Experten geriet die eigene Transformation zum Innovationserfolg, auch und gerade in der Coronakrise.

„Wir arbeiten nicht mit Ellenbogen, sondern mit Händedruck“, sagt der Geschäftsführer René Esteban. Dies beschreibt nicht nur die innovationsfördernden Prozesse im eigenen Haus, es trifft auch den Kern des neuen Beratungsansatzes der FocusFirst GmbH: Sie unterstützt DAX-Konzerne und große Mittelständler bei gefährdeten Projekten, Führungswechseln und bei der Neupositionierung einzelner Abteilungen oder ganzer Organisationen. „Dabei kommt unser ‚Inspired Focus‘-Prinzip ins Spiel“, sagt Esteban. „Es fußt auf einer wirkungsvollen Kombination aus strategischer Beratung, Verbesserung der internen Kommunikation und Erfolgspsychologie. Wenn Führungskräfte ihr Ziel inspiriert und fokussiert ansteuern, erzeugen sie in ihrem Umfeld Begeisterung. Begeisterung schafft wiederum Energie und Geschwindigkeit, oder mit anderen Worten: beschleunigte Wirksamkeit.“

Psychologie als Dreh- und Angelpunkt

Die Berater identifizieren Geschwindigkeitsbremsen, bereiten Lösungsansätze vor und unterstützen bei der Umsetzung. Jedes Projekt beginnt mit einem Transformations-Check, aus dem sich eine Roadmap für einen überschaubaren Zeitraum ableitet. „Grundsätzlich sind wir der Ansicht, dass Veränderung nur von innen getrieben werden kann“, erklärt Esteban. „Deshalb schieben wir die dafür erforderlichen Prozesse 100 Tage lang mit an und ziehen uns danach zurück.“ Dabei spielt die Erfolgspsychologie eine wesentliche Rolle: „Wenn Manager konzentriert und mit Freude bei der Sache sind und ein womöglich kritisch eingestelltes Umfeld konstruktiv einzubinden wissen, entsteht daraus eine positive Sogwirkung, der sich letztlich niemand entzieht.“

Erfolg durch eigenen Wandel

Vor zwei Jahren arbeitete die FocusFirst GmbH noch als herkömmliche Change-Management-Beratung, inzwischen erwirtschaftet sie mit ihrem „Inspired Focus“-Modell in einer schwierigen Zeit den größten Teil ihres Umsatzes. „Viele Konzerne treten wegen der Coronakrise auf die Kostenbremse, das bringt manche Wettbewerber in Schwierigkeiten“, sagt René Esteban. „Wir hingegen verzeichnen einen Reputationsgewinn und wachsen weiter.“ ▪

FocusFirst GmbH
60311 Frankfurt am Main
www.focus-first.com
Beschäftigte (D): bis 50
Unternehmensberatung

Geschäftsführer
René Esteban

TOP 100

gkk DialogGroup GmbH

★★

Vom Wettbewerber zum Partner

Dank einer ungewöhnlichen Form der Außenorientierung gelang es der gkk DialogGroup GmbH, im Auftrag des Bundesgesundheitsministeriums einen bundesweiten telefonischen Infoservice rund um die Coronaimpfkampagne aufzubauen. Das hohe Anrufaufkommen wäre von einem Einzelunternehmen nicht zu bewältigen gewesen. Deshalb gewann diese Full-Service-Agentur für Dialogmarketing 18 Partnerfirmen für das Projekt: Zahlreiche von der Pandemie betroffene Wettbewerber aus der Touristik- und der Mobilitätsbranche beteiligten sich daran.

„Betroffene zu Beteiligten machen“: So lautet der Leitgedanke des innovativen Ansatzes, mit dem die gkk DialogGroup in der konkurrenzträchtigen Callcenterbranche einstige Wettbewerber zu Kooperationspartnern machte. Dabei übernahm sie die Rolle des Stifters, Moderators und Innovationstreibers, der alle Beteiligten inhaltlich, technisch und im Hinblick auf die Personalressourcen koordiniert. Dazu gehörte es auch, die großen Schwankungen bei den Anruferzahlen zu berücksichtigen. Fünf ebenfalls mit ins Boot geholte Technikexperten machten die heterogene Systemlandschaft zu einer tragfähigen Basis für die agile Gesamtorganisation. Zu den integrierten Daten- und Wissensquellen gehören beispielsweise Inhalte des Robert-Koch-Instituts.

Überdurchschnittlich positive Resonanz

Der Erfolg dieses innerhalb von nur drei Wochen realisierten Projekts gibt dem ungewöhnlichen Lösungsansatz der gkk DialogGroup recht: Der Infoservice verzeichnet überdurchschnittlich zufriedene Anrufer. Seit Dezember 2020 gingen in den beteiligten Callcentern mehr als zehn Millionen Anrufe ein. Zu Spitzenzeiten telefonierten mehr als 3.500 Menschen mittels einer zentralen cloudbasierten Anlage. Noch nie zuvor gab es ein Serviceteam in dieser Dimension, das mit so vielen Anbietern in ganz Deutschland vernetzt war.

Innovationstreiber Top-Management

Die entscheidenden Treiber dieser und anderer Neuerungen des Unternehmens sind zwei Geschäftsführer aus dem fünfköpfigen Top-Management: Dr. Markus Gräßler und Markus Pöttinger bringen ihre Kompetenzen kontinuierlich in die Entwicklung innovativer Prozesse ein. Andreas Brinkmann, ebenfalls Mitglied der Geschäftsleitung, ist für den operativen Bereich zuständig. „Erfolgreiche Märkte brauchen Dialoge“ lautet die im Juli 2021 anlässlich des 25-jährigen Firmenjubiläums verkündete Zukunftsstrategie. Auch dabei zeigte sich die gute Außenorientierung der gkk DialogGroup: Kunden, Partnern, Interessenten und Mitarbeitern wurde bei diesem Anlass ein Ausblick auf die nächsten 25 Jahre präsentiert.

gkk DialogGroup GmbH
60314 Frankfurt am Main
www.gkk.de
Beschäftigte (D): über 200
Kommunikation/Marketing/Medien

Geschäftsführer
Dr. Markus Gräßler

GWH Immobilien Holding GmbH

★★

Wir bauen Zukunft

Effizienz und Digitalisierung, strukturierte Prozesse und Nachhaltigkeit stehen bei der GWH Immobilien Holding GmbH im Mittelpunkt, wenn es um Innovationen geht. Mit „WE – wir bauen Zukunft“ wurde im Unternehmen eine Plattform zur ganzheitlichen Steuerung und Implementierung innovativer Projekte geschaffen, die auch eine gezielte Verknüpfung mit der eigenen Nachhaltigkeitsstrategie gewährleistet. Die Weichen dafür hat das innovationsorientierte Top-Management gestellt.

Mit rund 50.000 verwalteten Wohnungen gehört die GWH-Gruppe zu den größten Wohnungsunternehmen in Hessen. Zudem ist sie Immobilienhändler, Bauträger und Projektentwickler, immobiliennaher Dienstleister und seit 2019 auch Fondshaus. Zu den Innovationen des Hauses gehören eine leistungsstarke Mieterapp, innovative Heiztechniken und optimierte Prozesse. Insgesamt wirkt ein Drittel der Belegschaft an WE-Projekten mit. Hier sind die Geschäftsführer ebenso vertreten wie Mitarbeiter aus allen Unternehmensbereichen. In einigen Fällen kommen auch Kunden oder externe Berater hinzu. Die Projektlaufzeiten liegen in der Regel zwischen 6 und 18 Monaten. Ein weiteres Innovationsinstrument ist der Digital-Innovation-Tank, in dem Mitarbeiter Neuerungen auf der Basis digitaler Technologien vorantreiben.

Digitale Vermietungsprozesse

Einer der zuletzt komplett neu aufgesetzten Prozesse ist ein Branchennovum: ein vollständig digitalisierter Vermietungsprozess, bei dem auch einer der ersten digitalen Serienmietverträge der Branche entstand. Kunden können nun über ein webbasiertes Mietportal selbstständig Gesuche aufgeben oder Selbstauskünfte einpflegen, sich auf freie Wohnungen bewerben oder Besichtigungstermine buchen. Mittels eines speziellen Scoringsystems werden die Bewerber mit der höchsten Übereinstimmung mit den Wohnungskriterien ermittelt – somit erhält eben nicht der solventeste, sondern der passendste Mieter den Zuschlag. „Da dies zudem effizienter ist, erzielen wir damit rund 64 Tage Zeitersparnis jährlich und ungefähr 1,2 Mio. € mehr Mieteinnahmen“, sagt der Geschäftsführer Stefan Bürger.

Nachhaltige Energie

Im Rahmen der Nachhaltigkeitsmaßnahmen der GWH liegt das Augenmerk auch auf der Stromversorgung. So gelang es, für eine Hochhaussiedlung ein Konzept zu realisieren, bei dem die dort entstehende Wärme Turbinen antreibt und auf CO_2-neutralem Weg Strom für alle Wohneinheiten generiert. „Nachhaltigkeit zu finanzieren ist ein großes Zukunftsthema für Vermieter und Mieter. Hier sind in den nächsten Jahren tragfähige Konzepte gefragt“, betont der Geschäftsführer Matthias Voss.

GWH Immobilien Holding GmbH
60489 Frankfurt am Main
www.gwh.de
Beschäftigte (D): über 200
Immobilien/
Facility-Management

Geschäftsführer
Matthias Voss
und Stefan Bürger

HOF Sonderanlagenbau GmbH

★★★★★★

Ein Biotop für Selbstdenker

Medikamente und Impfstoffe legen von ihrer Herstellung bis zum Patienten einen langen Weg zurück. Damit sie dabei ihre Qualität bewahren, werden sie durch Gefriertrocknung konserviert: Mittels Stickstoff oder Kältetechnik friert man die jeweilige Substanz ein, dann wird ihr im Vakuum das Wasser entzogen. Die HOF Sonderanlagenbau GmbH ist dank ihres exzellenten Innovationsklimas eine der führenden Anbieterinnen von Gefriertrocknungsanlagen, Be- und Entladesystemen sowie von Einfrier- und Auftautechnik.

Im hauseigenen Labor sind schon viele zukunftsweisende Technologien entstanden. Ein Meilenstein ist „CryoBlizzard", eine Technologie, bei der Umgebungsluft als Kältemittel eingesetzt wird: Eine Gefriertrocknungsanlage wurde mit einem kompakten Luftkühlungssystem ausgestattet und unterbietet somit jeden GWP-Grenzwert („global warming potential"). Dieses Beispiel zeigt, wie technische Innovation und mittelständischer Erfindergeist zum Klimaschutz beitragen können. Innovationen gedeihen in einem Klima, in dem Selbstdenker gefördert werden – Menschen, die bereit sind, Routinen hinter sich zu lassen. Ein solches Klima finden die 276 Mitarbeiter bei HOF.

Flexibilität fördert Innovationen

Das Unternehmen fördert die interne Ideenentwicklung und räumt Sonderarbeitszeiten ein, in denen die Beschäftigten flexibel agieren können. Die neue Technologie für die klimaneutrale Prozessanlage etwa wurde federführend von einem Mitarbeiter entwickelt, getestet und zur Marktreife gebracht. „Dieses Beispiel wirkt auf die Belegschaft positiv und motivierend", sagt der Geschäftsführer Dr. Alexander Hof. Das Top-Management initiiert auch selbst innovative Entwicklungsprojekte und begleitet die Realisierung neuer Ideen in allen Projektphasen. Vorschläge und Anregungen kann jeder Mitarbeiter in spezielle Projektbegleitbücher eintragen; pro Quartal gibt es dann eine sogenannte Verbesserungsbesprechung, die von einem externen Berater begleitet wird.

Service rund um den Globus

Der Innovationsgedanke kommt auch bei den Dienstleistungsangeboten von HOF zum Tragen: Hierzu zählen nicht nur regelmäßige Wartungen, sondern auch Retrofits, Generalüberholungen und Steuerungsmodifikationen. „Wir sind deshalb so erfolgreich, weil wir ein hoch motiviertes, flexibles Team sind", sagt Dr. Alexander Hof. Davon hat man auch in Pandemiezeiten profitiert. So wurden Wartungsarbeiten an Einfriergeräten für Kunden in Japan, Australien und den USA per Webmeeting durchgeführt. Zudem fuhr man ein Zweischichtensystem – eine Option, auf die man in besonderen Belastungszeiten auch künftig zurückgreifen will.

HOF Sonderanlagenbau GmbH
35102 Lohra
www.hof-sonderanlagen.de
Beschäftigte (D): über 200
Anlagen-/Maschinenbau

Geschäftsführer
Dr. Alexander Hof

HÜRNER Schweißtechnik GmbH

★★

Die Plastikschweißer

Kunststoff hat auch in der Welt der Rohrleitungen seinen Siegeszug angetreten. Das wissen die meisten noch. Weniger bekannt dürfte sein, dass die Segmente der oft weitverzweigten Rohrsysteme durch spezielle Schweißverfahren verbunden werden. Bei der Entwicklung der dafür nötigen Technik setzt die HÜRNER Schweißtechnik GmbH Maßstäbe. In der hessischen Kleinstadt Mücke produziert dieser inhabergeführte Maschinenbauer innovative Schweißgeräte, die weltweit immer mehr Abnehmer finden.

Vor knapp 20 Jahren haben zwei Ingenieure diese Firma aus einem Konzern herausgekauft, weil sie der Überzeugung waren, dass auf dem Gebiet mehr geht. Gestartet mit sieben Leuten, arbeitet der Mittelständler im idyllischen Vogelsbergkreis heute mit einer 70-köpfigen Belegschaft an Projekten, die das Kunststoffschweißen revolutionieren. „Als wir angefangen haben, gab es nur zwei Produkte", erzählt der geschäftsführende Gesellschafter Michael Lenz. Mittlerweile entwickeln und fertigen diese Hessen Hightechmodelle zu Dutzenden, weltweit vermarktet von rund 70 Vertriebspartnern.

Auf Innovation getrimmt

Der Innovationsmotor des Hauses ist die Geschäftsführung selbst. Als Mann vom Fach sei er „vom ersten Schritt an in neue Projekte involviert", sagt Lenz. Vor zwei Jahren hat man allerdings eine eigene Stelle fürs Innovationsmanagement eingerichtet, um der wachsenden Aufgabenfülle gerecht zu werden. Schon in einer frühen Phase reden auch Konstrukteure und Entwickler bei der Produktentstehung mit, ebenso das Marketing. Die Anregungen für neue Modelle kommen meist von den Kunden, wenn Material oder Geometrien neue Schweißverfahren nötig machen. Mit den drei größten europäischen Rohrherstellern setzt sich die Geschäftsführung deshalb mindestens einmal im Quartal zusammen.

Die Klimadiskussion trägt Früchte

Ganz aufs eigene Konto geht hingegen eine Idee, die das Zeug zum Gamechanger hat: Entsalzungsanlagen sind in wasserarmen Ländern oft die einzige Möglichkeit, trockene Böden fruchtbar zu machen. Die zur Bewässerung nötigen weitläufigen Leitungsnetze werden immer noch von Hand gebohrt und verbunden. Das ließ Michael Lenz keine Ruhe, da er nicht zuletzt auch durch die Klimadiskussion sensibilisiert war. Und so nahm HÜRNER 2019 das ehrgeizige Projekt in Angriff, ein vollautomatisches, roboterbasiertes Schweißsystem für Entsalzungsanlagen auf die Beine zu stellen. Unlängst konnte nun Vollzug gemeldet werden: Ein Prototyp steht, weltweit sind Patente angemeldet, und 16 Anfragen von Interessenten liegen auch schon vor.

HÜRNER Schweißtechnik GmbH
35325 Mücke
www.huerner.de
Beschäftigte (D): 51 bis 200
Automatisierungs-/Verfahrenstechnik

Geschäftsführer
Michael Lenz

JDC ist ein auf Versicherungen spezialisierter Finanzdienstleister, der seinen Kunden mittels spezieller Plattformen Beratungs- und Verwaltungstechnologien für den Finanzvertrieb bietet. Über freie Berater werden zudem Finanzprodukte an private Endkunden vermittelt.

JDC Group AG

Eine Plattform für den Durchblick

Gegen fast jede Unbill, die uns auf unserem Lebensweg begegnen mag, können wir eine Versicherung abschließen. Doch wie behalten eigentlich die Finanzprofis in Zeiten von Big Data den Durchblick bei dem schier unerschöpflichen Angebot? Auf diese Frage gibt die JDC Group AG überzeugende Antworten. Sie bietet Plattformtechnologie für den Finanz- und Versicherungsbereich an und erzielt Erfolge mit innovativen Digitallösungen für Versicherungen, Banken, Berater – und Kunden.

„Mein Unternehmen hat sich im Lauf der Zeit schon mehrfach selbst neu erfunden", betont der Vorstandsvorsitzende Sebastian Grabmaier. Wandelte es sich in den 2000er-Jahren vom Investmentvertreiber zur Allfinanzplattform, nimmt man seit dem Jahr 2010 die Versicherungsindustrie ins Visier. Mit dem Siegeszug der Digitalisierung tun sich in diesem Geschäftsfeld neue Möglichkeiten für die Entwicklung kundenzentrierter Konzepte auf. Stark wachsende Datenmengen bergen jedoch das Risiko, sich darin zu verzetteln. „Wie macht man aus Big Data wirklich Smart Data?", bringt Grabmaier die Gretchenfrage auf den Punkt.

Innovatives Werkzeug

Der Lösungsansatz dieser Finanzexperten setzt ganz auf die Plattformtechnologie. Das Herzstück des dafür in den letzten Jahren geschaffenen Instrumentariums ist das Managementsystem „iCRM", das Nutzern eine Fülle an Funktionen bietet. So ist es etwa die Schnittstelle zu mehr als 700 Produktanbietern, gewährt Zugriff auf diverse Investmenttools und integriert gängige Vergleichsrechner. Adressiert ist das innovative Werkzeug, mit dem sich auch Abschlüsse tätigen lassen, vornehmlich an Finanz- und Versicherungsprofis. „Wir verfolgen einen B2B2C-Ansatz", erklärt Grabmaier. Der schnellere Weg zum Kunden führt seiner Erfahrung nach über erfahrene Marktteilnehmer aus der Branche, die sich mittels der innovativen Technologie optimal aufstellen können.

Alles im Blick

Vergessen wurden die Endabnehmer indes nicht. Für sie wurde eine Web-App entwickelt, die Versicherungsvermittler für ihre Kunden freischalten können. Sie nutzt alle relevanten „iCRM"-Funktionen und verschafft so einen umfassenden Überblick über sämtliche Produkte im Versicherungs- und Finanzbereich, ob per Smartphone, Tablet oder PC. Trotz solcher technologischen Glanzlichter, die ihr etliche neue Großkunden beschert haben, verliert die JDC Group jedoch den menschlichen Faktor nicht aus dem Auge. „Bei aller Digitalisierung darf nicht vergessen werden, dass der Kunde zu entscheiden hat, wann, mit wem und was er über seinen Bedarf klären will", betont Sebastian Grabmaier.

JDC Group AG
65201 Wiesbaden
www.jdcgroup.de
Beschäftigte (D): über 200
Finanzdienstleistungen/
Versicherungen

Vorstandsvorsitzender
Dr. Sebastian Grabmaier

JF Group GmbH

Smarte Elektrosysteme und mehr

„Digital. Umdenken. Umschalten" – schon das Motto dieses Elektronikspezialisten ist ein deutlicher Fingerzeig darauf, welchen Stellenwert Innovationen fürs Geschäft haben. Als Garagenfirma gestartet, hat sich die JF Group GmbH zur prosperierenden Unternehmensgruppe mit acht operativen Gesellschaften entwickelt. Mit neuen Ideen sorgt sie vor allem im Bau- und Gebäudewesen für frischen Wind. Eine ihrer besonderen Stärken ist das Gespür dafür, was den Kunden Nutzen bringt.

Den Grundstein legte der Geschäftsführer Thomas Jäger mit seinem Mitgründer Franz-Josef Fischer schon mit 25 Jahren: Damals wagten die beiden Kaufmänner und Handwerker den Schritt in die Selbstständigkeit. Mit der Idee, neben einzelnen Elektroprodukten auch Komplettlösungen und Prozessunterstützung anzubieten, trafen sie offenbar einen Nerv. Heute arbeiten im Werk in Heppenheim (Bergstraße) und an 12 Standorten 350 Beschäftigte an Elektroprojekten für die Immobilienbranche. Immer im Fokus der Angebote, die vom Lieferservice bis zum Gesamtpaket reichen, stehen Digitalisierungslösungen: Nicht nur die Beleuchtung, die Gebäude als Ganzes und selbst Baustellen sollen „smart" werden.

Impulse von außen

Strategisch setzt das Top-Management auf einen Mix aus Produkt-, Konzept- und Prozessinnovationen. Ein Leitgedanke ist dabei stets, dass sich die Investitionen der Kunden aufgrund von Einsparungen oder Zusatznutzen rentieren sollen. Entsprechend akribisch fällt das Monitoring von Markt und Kundenbedürfnissen aus. Gezielt sucht man den Kontakt zu Auftraggebern, zudem ermitteln Umfragen sowie Trend- und Nutzenanalysen den Kundenbedarf. Weil Jäger vor dem Hintergrund rascher technologischer Umbrüche überzeugt davon ist, dass heute „niemand mehr die Schlacht allein schlagen kann", setzt er auf strategische Partnerschaften und Joint Ventures.

Aus einer Hand

Ein Beispiel für diese Stoßrichtung ist ein Konzept, mit dem man die wachsende Komplexität der technischen Gebäudeausrüstung (TGA) gewerkeübergreifend in den Griff bekommen will: Zusammen mit einem Kunden entwickelt, soll daraus nun eine Gemeinschaftsfirma entstehen, die Bauherren begleitet – von der TGA-Planung über die Fördermittelintegration bis zur Installation und Wartung. Nicht lange auf sich warten ließ auch die Reaktion auf Corona. So hat man einen „Handfrei-Türöffner" kreiert, was zugleich den Anstoß gab zu einem neuen Geschäftsfeld mit Produkten für eine bessere Alltagshygiene. Nichts Neues für die JF Group, will sie mit ihrem Wirken doch einen Beitrag zu einer lebenswerten und nachhaltigen Zukunft leisten.

JF Group GmbH
64385 Reichelsheim
www.jf-group.net
Beschäftigte (D): über 200
Elektronik/Elektrotechnik

Geschäftsführer
Thomas Jäger

Die JF Group ist eine Expertin für elektrotechnische Lösungen und Digitalisierungskonzepte. Zum Leistungsspektrum gehören neben der Beratung und Planung von Projekten auch die Installation und Wartung von elektronischen Anlagen.

KCL GmbH

★ ★ ★

Ideenreiche Handschuhmacher

Hygiene hat in Coronazeiten einen ganz neuen Stellenwert bekommen. Im Kampf gegen das Virus können auch Handschuhe einen wichtigen Beitrag leisten. Bei kaum einer Firma hierzulande weiß man das besser als bei der KCL GmbH: Seit 1932 entwickelt und produziert sie im hessischen Eichenzell Schutzhandschuhe für nahezu jedes Einsatzgebiet. Das gute Innovationsklima hilft, den Handschutz stets an aktuelle Gefahrenlagen anzupassen, wie die Reaktion des Unternehmens auf die Pandemie zeigt.

„Schon kurz nach Bekanntwerden der ersten Coronafälle in China hat unser Team überlegt, wie wir helfen können, das Virus zu bekämpfen", berichtet der Geschäftsleiter Dr. Oliver Gassner. Dabei herausgekommen sind gleich zwei Neuprodukte, entwickelt in Rekordzeit: Das eine Modell ist für Wissenschaftler gedacht, die in Schutzatmosphäre an sogenannten Handschuhboxen arbeiten; das andere bietet Ärzten und Pflegepersonal einen größeren Schutz als die handelsübliche Einwegware. Die Handschuhe können überdies mehrfach verwendet werden und sind biologisch abbaubar. Alle Projektziele seien damit erreicht worden, konstatiert Gassner: „Ein umweltfreundlicheres Produkt zu einem günstigeren Preis mit einer besseren Abfallbilanz, das zudem einen wichtigen Beitrag zur Pandemiebekämpfung leistet."

Die Ideenstimulation fördern

Möglich wird ein solches Innovationstempo durch ein Umfeld, das die Mitarbeiter hierarchieübergreifend zum Mit- und Neudenken animiert. Die Firmenspitze sieht sich dabei als unermüdlichen Förderer der Ideenstimulation. Gerade als Mittelständler könne man es sich nicht leisten, auf das „brain capital" der eigenen Leute zu verzichten. Zu den betrieblichen Stimulanzien gehört eine Kultur, die auf die Vorbildfunktion der Führungskräfte und auf kurze Entscheidungswege setzt. Infoveranstaltungen und Besprechungen animieren zur Mitgestaltung, Workshops und Wettbewerbe fördern neue Ideen. Spontane Einfälle finden im betrieblichen Vorschlagswesen Gehör; honoriert werden sie durch ein Belohnungssystem, das vom einfachen Danke bis zur Prämie reicht.

Der Faktor Kunde

Wichtig bei alldem ist diesem Handschutzspezialisten eine enge Kundenfühlung. „Nur wer regelmäßig mit den Kunden spricht, ihre Bedürfnisse und Sorgen versteht und in ein Verhältnis zu den globalen Trends zu setzen weiß, wird am Markt bestehen", sagt Dr. Oliver Gassner überzeugt. Deshalb verlässt man auch bei der Projektrealisierung ausgetretene Pfade: Der praktizierte Zero-to-One-Prozess bezieht mittels agiler Methoden in jeder Entwicklungsphase konsequent den Kunden mit ein.

KCL GmbH
36124 Eichenzell
www.kcl.de
Beschäftigte (D): 51 bis 200
Chemie/Kunststoff

Geschäftsleitung
Dr. Oliver Gassner

Klaus Schleicher Energietechnik hat sich auf die Installation von Solaranlagen spezialisiert und steht für durchdachte Energiekonzepte.

Klaus Schleicher Energietechnik GmbH & Co. KG

Fotovoltaik für Osthessen

Regenerative Energien werden aktuell aus gutem Grund immer stärker nachgefragt. Klaus Schleicher, Gründer und Geschäftsführer der Klaus Schleicher Energietechnik GmbH & Co. KG, ist Experte auf diesem Gebiet. Die Kernkompetenz des Mittelständlers sind ganzheitliche Energiekonzepte wie Fotovoltaik, Stromspeichersysteme, Ladestationen für die E-Mobilität und Infrarotheizsysteme. Gerade in Coronazeiten konnten zwei zukunftsweisende Projekte und eine strategische Firmenübernahme realisiert werden – federführend war der Chef selbst.

Die Coronakrise hat vieles zum Stillstand gebracht, einzelne Branchen erleben aber seither einen regelrechten Boom. Alles, was mit Bauen, Wohnen und Garten zu tun hat, floriert – das Gleiche gilt für das Thema regenerative Energien. „Sensibilisiert durch die Fridays-for-Future-Bewegung, haben unsere potenziellen Kunden plötzlich auch ausreichend Zeit, sich mit Fotovoltaikanlagen zu befassen“, erklärt Klaus Schleicher die sehr große Nachfrage seit 2019. Er nutzte die positive Entwicklung, um weitere Innovationen anzustoßen. Deshalb war er häufiger mit Vertriebs- oder Technikmitarbeitern zusammen als in seinem Chefbüro.

Neue Kompetenz im Gerüstbau

So trieb das Top-Management etwa eine Geschäftsmodellinnovation voran: die Übernahme einer Gerüstbaufirma mit dem Ziel, mehr Flexibilität zu erlangen und Kosten zu sparen. Denn in der Vergangenheit musste man oft auf externe Anbieter zurückgreifen, weil die eigene Materialkapazität nicht ausreichte und für komplizierte Konstruktionen nicht taugte. „Wir führten eine Marktanalyse durch und bewerteten Gerüstbaufirmen in der Region“, schildert Schleicher die Strategie, die schließlich zur Übernahme eines Betriebs führte – gut vorbereitet und im Rahmen einer Nachfolgeregelung. Parallel dazu entwickelte der Firmenchef gemeinsam mit einem Vertriebsmitarbeiter ein Konzept für ein nachhaltiges Energiehaus.

Autarke Energieerzeugung

Sie suchen ihresgleichen in der Branche und wurden vom renommierten Professor für Energieberatung Timo Leukefeld mit höchstem Lob bedacht: zwei Mehrfamilienhäuser am Firmenstandort Eichenzell, die weit mehr als 80 % ihres Energiebedarfs selbst erzeugen. Das sichert den Eigentümern große Unabhängigkeit von Marktpreisen und externen Energiehändlern. Wie es zu diesem Innovationserfolg kam? Durch die Kombination einer Fotovoltaikanlage mit einem Speichersystem, das mit einem Infrarotheizsystem und elektrischen Durchlauferhitzern für Warmwasser gekoppelt ist. Dieses Modell macht die sonst benötigten Haustechnikkomponenten, etwa Heizungskessel, Fußbodenheizung, Boiler oder Zirkulations- und Warmwasserleitungen, allesamt überflüssig.

Klaus Schleicher Energietechnik GmbH & Co. KG
36124 Eichenzell
www.k-s-e.com
Beschäftigte (D): 51 bis 200
Erneuerbare Energien

Geschäftsführer
Klaus Schleicher

„*Die beste Idee sticht – egal, von wem sie stammt.*“

Klaus Schleicher
Geschäftsführer

Ihr Innovationsklima wurde besonders gut bewertet – wie sieht denn das konkret aus?
Wir haben bei KSE eine familiäre Struktur und kurze Entscheidungswege. Jeder Mitarbeiter – ob Dachmonteur, Lagerist oder Vertriebler – kann mir Änderungsvorschläge oder neue Ideen vortragen. Am Ende sticht die beste Lösung, egal, von wem sie stammt. So schlug einer unserer Monteure vor, an unserem Firmenneubau einen E-Bike-Port einzurichten. Die Abstellmöglichkeit für Räder gleichen nun einem Carport mit Glas-Glas-Modulen als Dachkonstruktion. So gewinnen wir Sonnenstrom, der dann direkt zum Laden der untergestellten E-Bikes verwendet wird.

Gibt es bewährte Tools, mit denen Sie Verbesserungsideen auf den Weg bringen?
Zusätzlich zur Möglichkeit, mit Ideen direkt zu mir zu kommen, führt jede Abteilung wöchentlich ein Meeting durch, in dem Vorschläge gemacht werden können. Kommt hier etwas zur Sprache, das sinnvoll erscheint und rasch realisierbar ist, wird der Ideengeber beauftragt, ein Konzept auszuarbeiten. Dann prüft und analysiert die Geschäftsführung dieses Konzept und entscheidet über das weitere Vorgehen. Wichtig ist mir, dass die Mitarbeiter eine präzise Rückmeldung dazu erhalten, wie es mit ihren Ideen weitergeht.

Wie schaffen Sie es, dass Ihre Mitarbeiter sich mit eigenen Vorschlägen einbringen?
Besonders kreative Vorschläge oder solche, die auf mehr Nachhaltigkeit abzielen, werden in Form von Gehaltserhöhungen honoriert. In der Vergangenheit erhielten Mitarbeiter auch Angebote wie die Nutzung eines Firmen-E-Autos oder ein Leasing-E-Bike.

Mit Ihrem neuen Firmengebäude CUBE haben Sie ein Zeichen gesetzt – für die Branche und für Ihr Team. Erklären Sie uns die Besonderheit?
Nachhaltigkeit bedeutet uns allen viel, und so wollten wir selbst mit gutem Beispiel vorangehen. Im CUBE haben wir deshalb eine Sektorenkopplung realisiert, dank der wir den Großteil unseres Energiebedarfs selbst erzeugen: Eine Fotovoltaikanlage, ein Industriestromspeicher, Infrarotheizungen und 16 Ladestationen für E-Mobilität bilden eine Energieeinheit, die so auf andere Firmen übertragbar wäre und bereits bei Kunden angewandt wird. Neben modernen hellen Büros und Meetingräumen haben wir auch eine Blumenwiese für Bienen, auf die ich sehr stolz bin. Jeder Kunde erhält ein Glas mit unserem Honig, wenn sein Solarprojekt fertiggestellt ist. Auf dem Etikett steht: „KSE Klimahelden-Bienenhonig."

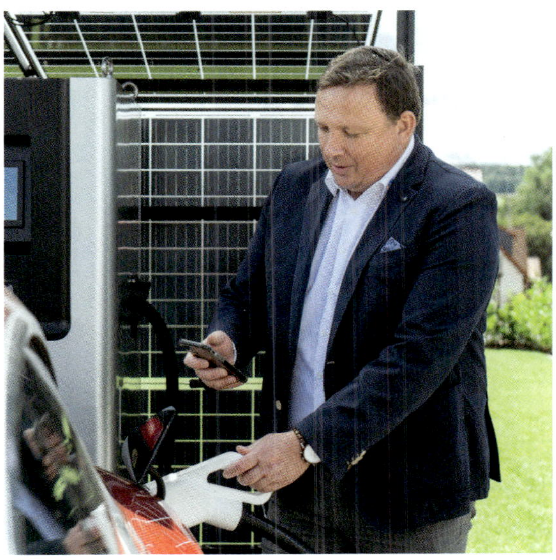

Wie ein gutes Innovationsklima und
ein neues Firmengebäude
das Engagement der Mitarbeiter belebt,
erklärt **Klaus Schleicher.**

Mit mehr als 30 Jahren Erfahrung im internationalen Projektmanagementumfeld ist Le Bihan ein führendes Beratungsunternehmen und Anbieter ganzheitlicher Projektmanagementlösungen.

Le Bihan Consulting GmbH

★★★

Beratung für Theorie und Praxis

Die methodische Optimierung und die technische Realisierung von Projektmanagement, gekoppelt mit der Evaluierung von Projektmanagementsoftware, sind der USP der Le Bihan Consulting GmbH. Ihr innovationsorientiertes Top-Management hat 2020 ein neues Consultingtool eingeführt, mit dem die langfristige Entwicklung und die digitale Transformation von Unternehmen begleitet werden können. Für die eigenen Innovationsprozesse kommt eine spezielle Software zum Einsatz, zudem ein Ideenmanager und ein Ideenvoting inklusive Teamdiskussion.

Was für ein Zufall: Thomas Brunschede ist Anfang März 2020 gemeinsam mit Prof. Dr. Nikolaus Franke und anderen Unternehmern auf dem von TOP 100 organisierten „Field Trip" im Silicon Valley, als die Coronapandemie Deutschland erreicht. Das Management von Le Bihan handelt unmittelbar; über Videokonferenzen stimmt man sich ab. 48 Stunden später haben alle Mitarbeiter die Möglichkeit, vom Homeoffice aus zu arbeiten. Das ist der Startschuss für eine Reihe von Veränderungen, mit denen Le Bihan die digitale Transformation sowohl im eigenen Unternehmen als auch bei den Kunden voranbringt.

Kreative Köpfe und digitalisierte Prozesse

In der Krise veränderte sich auch für ein digital schon gut aufgestelltes Unternehmen wie Le Bihan vieles: Die Kommunikation verlagerte sich auf Chaträume und Videokonferenzen. Es wurden Methoden entwickelt und eingesetzt, mit deren Hilfe auch mehrtägige virtuelle Workshops nicht als ermüdend empfunden wurden. Zugute kam der Firma, dass sie über viele kreative Köpfe verfügt und neue Ideen schnell realisiert werden. Ein Ideenmanager verantwortet und koordiniert die Ideenfindung, die über eine professionelle Projektmanagementsoftware gesteuert wird. Jeder kann jederzeit Vorschläge einreichen; sie werden von den Kollegen anonym bewertet, und schließlich entscheidet die Geschäftsleitung rasch über ihre Realisierung.

Top-Management mit klarer Strategie

Im ersten Coronajahr hat das Top-Management von Le Bihan zusätzlich eine schon länger geplante Consultingleistung hochgefahren: die sogenannte Disruptionsberatung. Sie ist der Baustein einer strategischen Ausrichtung für die kommenden fünf bis sieben Jahre. Laut Thomas Brunschede sind gerade mittelständische Firmen oft im falschen Krisenmodus unterwegs. Sie machten häufig Zugeständnisse bei der Preisgestaltung, anstatt sich zu fragen, welches Potenzial ihre Geschäftsmodell überhaupt noch bietet. Vielen sei noch immer nicht klar, wie konsequent sie ihr Geschäftsmodell verändern müssen, um von der digitalen Transformation nicht überrollt zu werden. Bei dieser besonderen Herausforderung unterstützen Brunschede und sein Team ihre Kunden.

Le Bihan Consulting GmbH
65510 Hünstetten
www.lebihan.de
Beschäftigte (D): bis 50
Unternehmensberatung

Geschäftsführer
Thomas Brunschede

„Unsere Kunden benötigen keine Standardkonzepte."

Thomas Brunschede
Geschäftsführer

Wie sieht das Konzept von Le Bihan aus?
Wir verbinden strategische Beratung mit operativer Realisierung. Wer nur strategisch berät und die Herausforderungen vor Ort nicht kennt, kommt schnell an Grenzen. Wir dagegen verbinden die Theorie mit der Praxis. Den Auftakt unserer Arbeit bildet meist eine Standortbestimmung beim Kunden. Unmittelbar danach bringen wir bereits die strategische und die operative Ebene zusammen. Wir entwickeln gemeinsam mit unseren Kunden Geschäftsmodelle und Strategien und bringen sie zu operativer Reife. Viele Strategien scheitern ja nicht daran, dass sie grundsätzlich schlecht wären, sondern daran, dass sie sich in der bestehenden Organisation nur unzureichend realisieren lassen. So sind häufig die strategische und die operative Ebene nicht gut genug aufeinander abgestimmt.

Sie sind auch als Ratingagentur für Projektmanagementsoftware aktiv. Warum?
Das ist tatsächlich ein Alleinstellungsmerkmal in der Branche und bietet unseren Kunden einen Mehrwert, den sie so nirgendwo anders erhalten. Wir prüfen und bewerten alle am Markt gängigen Softwareprodukte. Unsere Assessments veröffentlichen wir auf dem Softwaremarktplatz von projektmagazin.de, der zentralen Onlineplattform für Projektmanagement. Wir können unseren Kunden dadurch bereits in einer sehr frühen Phase – wenn über Software eigentlich noch gar nicht nachgedacht wird – sagen, ob sich die angedachten Prozesse und Methoden später gut realisieren lassen. Oder ob daraus Anforderungen entstehen werden, die nur recht wenige, große Tools abdecken können. Wir finden die passende Software auch deshalb, weil wir nicht immer die gleichen Kandidaten präsentieren: Wenn Sie als Beratungshaus nur eine Handvoll Lösungen richtig gut kennen, werden Sie wahrscheinlich auch nur diese Hersteller vorschlagen. Wir kennen jedoch den gesamten Markt. Für unsere Kunden ist das ein immenser Vorteil.

Warum sollten Kunden zusätzlich Ihre neue Disruptionsberatung nutzen?
Dabei geht es vor allem um digitale Transformationen und letztlich um die Existenzsicherung. Viele Firmen wissen, dass sie durch den Einsatz künstlicher Intelligenz zukünftig für manche Mitarbeiter keine Arbeit mehr haben werden. Hier muss rechtzeitig gegengesteuert werden. Deshalb prüfen wir Geschäftsmodelle auf ihre Zukunftsfähigkeit und bereiten unseren Kunden den Weg durch die digitale Transformation.

Über die besondere Consultingstrategie von Le Bihan und innovative neue Geschäftsfelder berichtet **Thomas Brunschede**.

M&L AG

Wertvolle Daten für den Kunden

Daten sind wichtig bei allen Verkaufsaktivitäten: Wo lohnt es sich für Einzelhändler, eine neue Niederlassung zu eröffnen? Warum schöpfen manche Filialen ihr Potenzial besser aus als andere? Diese und weitere Fragen lassen sich mithilfe von Big Data beantworten. Die Unternehmensberatung M&L AG hat sich auf Smart-Data-Solutions spezialisiert. Hier entwickeln Berater und Datenanalysten immer wieder neue Lösungen für ihre Kunden aus dem Einzelhandel. Das Top-Management ist dabei eng in den Innovationsprozess eingebunden.

Die Vorstände Matthias Mauer und Jürgen Lessnich kennen sich aus dem Wirtschaftsinformatikstudium und bringen ihr geballtes Wissen in die Firma ein. Sie wissen seit Langem, dass Daten Gold wert sind – und versuchen immer wieder, ihren Kunden einen Wettbewerbsvorsprung zu sichern. „Unsere Innovationsstrategie ist, auch in den nächsten Jahren führend in unserem Segment zu bleiben", sagt Matthias Mauer. Er und sein Team behalten technologische Entwicklungen und ihre Auswirkungen sowie die Kundenbedürfnisse stets im Blick.

Mobilfunkdaten nutzen

Lessnich und Mauer halten engen Kontakt vor allem zu den Großkunden. Ihre aktuellste Innovation heißt „Flying Eye": Wurde bisher für Analysen nur an zwei Tagen die Frequenz von Besuchern an bestimmten Standorten gemessen, kann der Kunde diese Frequenzdaten nun dank „Flying Eye" an jedem Tag im Jahr rund um die Uhr abrufen. Dies gelingt durch die Verarbeitung anonymisierter Mobilfunkdaten der Besucher. Die Software dafür haben die Entwickler in der M&L-Gruppe selbst entworfen. Eine weitere innovative Software ist die „SalesWorkBench". In diesem Dashboard fließen die relevanten Daten eines Unternehmens zentral zusammen, sodass Sales-Verantwortliche mit einem Klick die gewünschten Kennzahlen auswählen können.

Wissensdatenbank für die Mitarbeiter

Bei künftigen Entwicklungen rechnet Matthias Mauer damit, dass künstliche Intelligenz eine immer wichtigere Rolle spielen wird. „Sie kann selbstständig noch viel mehr Korrelationen zwischen den Datensätzen herstellen und dem Kunden damit noch mehr Nutzen bringen", sagt der Vorstand überzeugt. Auch das Thema Datenschutz wird das Unternehmen weiterhin begleiten – vor allem bei der Nutzung von Mobilfunkdaten. Damit gute Lösungsansätze und Ideen nicht verlorengehen, hat man eine interne Wissensdatenbank aufgebaut, die den Berater- und Analysteteams eine noch schnellere und effizientere Arbeit ermöglicht. Auch intern wissen die Mitarbeiter von M&L also den Wert von Daten zu schätzen.

M&L AG
60528 Frankfurt am Main
www.mlconsultants.net
Beschäftigte (D): bis 50
Unternehmensberatung

Top-Management
Jürgen Lessnich,
Jeanette und
Matthias Mauer

M&L ist eine Unternehmensberatung und unterstützt Mittelständler dabei, ihr Big Data-Potenzial im Marketing und im Vertrieb zu nutzen

MAINGAU Energie GmbH

Campus und Work-Café für mehr Kreativität

Angefangen hat sie vor mehr als 100 Jahren als klassischer Energieversorger. Heute sieht sich die MAINGAU Energie GmbH als ganzheitlicher Ökosystemanbieter, dessen Portfolio neben Strom und Erdgas auch die Sparten Elektromobilität und Kommunikation abdeckt. Das Handelsunternehmen, das sogar einen eigenen Onlineshop mit Produkten für den täglichen Bedarf und den Haushalt betreibt, setzt immer mehr auf digitale Prozesse – ein wesentlicher Baustein für den Innovationserfolg.

Ein wichtiger Schritt im Rahmen der Digitalisierung war die Gründung einer rein digitalen Tochtergesellschaft, der Yippie GmbH. So sollen vor allem jüngere und digitalaffine Kunden angesprochen werden. Erst im November 2020 gegründet, konnte das Tochterunternehmen in den ersten Monaten bereits 14.000 Neukunden gewinnen. Die wickeln sämtliche Geschäfte über die Website ab, hinter der eine fortschrittliche IT-Infrastruktur steckt. Für die MAINGAU-Energiekunden steht schon heute ein selbst entwickelter Chatbot auf der Basis von „IBM Watson" zur Verfügung. Pro Monat beantwortet er mehr als 6.000 Kundenanliegen. „Das digitale Angebot spart uns Prozesskosten und ermöglicht dem Kunden mehr Flexibilität", erklärt der Geschäftsführer Richard Schmitz die Vorteile.

Chipkarte für ganz Europa

Auch das Thema Elektromobilität ist der Firma sehr wichtig. So werden im Rhein-Main-Gebiet zum einen Elektroautos zum Carsharing angeboten, die Anmietung erfolgt über eine App. Zum anderen können Kunden über die kostenlose Lade-App, den Ladechip oder die Ladekarte an über 100.000 Ladepunkten in ganz Europa ihr Elektrofahrzeug aufladen. Kunden mit einem Stromvertrag bei MAINGAU erhalten einen Rabatt an den Ladestationen. Derzeit entwickelt das Unternehmen zudem einen Preisvergleichsrechner für Autostrom.

Work-Café für neue Ideen

Ideen für Verbesserungen und echte Innovationen werden in Projektteams bearbeitet, Hierarchien gibt es kaum noch. Das Erreichen größerer Ziele bricht man auf kürzere Zeiträume herunter; es werden also Teilziele angestrebt. „Objectives and Key Results" nennt sich dieses Steuerungsinstrument. Durch die agile Entwicklung werden Ergebnisse schneller und auf einem flexibleren Weg erreicht. Die Projektteams treffen sich auf dem Campus, der am Standort neu errichtet wurde. Ein Work-Café mit einladenden Sitzmöglichkeiten und moderner Technologie soll den Austausch und ein fruchtbares Innovationsklima fördern. „Vor allem nach der Zeit im Homeoffice steigert dieser persönliche Kontakt wieder die Projektdynamik", betont Richard Schmitz.

MAINGAU Energie GmbH
63179 Obertshausen
www.maingau-energie.de
Beschäftigte (D): 51 bis 200
Energie

Geschäftsführer
Richard Schmitz

Pixelgenau Consulting GmbH

Im Maschinenraum der Marketingzukunft

Der innovative Maschinenbau in Deutschland wird weltweit geschätzt. Er zeichnet sich durch komplexe und zuverlässige Verfahren aus, die eine effiziente und höchst präzise Fertigung ermöglichen. Diese positiven Eigenschaften hat die Pixelgenau Consulting GmbH, Spezialistin für digitale Transformation und Marketingautomation, auf den Bau von Marketingmaschinen übertragen. Entscheidend für den Erfolg dieses Mittelständlers ist sein ausgezeichnetes Innovationsklima, das im direkten Austausch mit den Kunden konsequent gefördert wird.

„Innovation ist unsere Essenz", sagt der Geschäftsführer Hanno Simon. Nicht ohne Grund lautet der Claim seines Unternehmens: „Inspired by Progress." Stillstand ist also keine Option. „Unser Auftrag ist es, unsere Kunden fit zu machen für die Zukunft des Marketings und mit ihnen diesen Weg gemeinsam zu gehen." Und das tun die 25 Beschäftigten dieser Consultingfirma mit Herzblut. Sie alle haben Spaß an neuen Technologien, mit deren Hilfe sie neue digitale Lösungen für ihre Kunden entwickeln. „Jeder wird bei uns zu kreativem Denken eingeladen", betont Simon.

Zeit für die Entwicklung von Ideen

Damit genug Freiraum für das Generieren und Realisieren von eigenen Ideen bleibt, können die Mitarbeiter selbst entscheiden, wie viel Zeit sie sich für das Thema Innovation und für Weiterbildungen nehmen wollen. Die Zeiterfassung des Unternehmens zeigt: Rund 80 % der Belegschaft nutzen diese Möglichkeiten. In selbst entwickelten Microtrainings und Townhall-Meetings werden die Mitarbeiter über hauseigene Innovationen sowie über Entwicklungen und Projekte bei Kunden informiert und dazu aufgefordert, eigene Vorschläge und Ansätze einzubringen. Die meisten Innovationen entstehen somit aus der Praxis für die Praxis und immer mit direktem Bezug zu den Bedürfnissen der Kunden. „Dafür müssen wir immer das Ohr am Markt haben", erklärt Hanno Simon. Hat jemand eine gute Idee, geht es dank flacher Hierarchien immer sehr schnell an die Realisierung.

Standards setzen

Weiterbildung spielt bei der Ideenfindung ebenfalls eine große Rolle – „Konferenzen sind für uns dabei attraktiver als konventionelle Seminare, wenn wir Neues lernen wollen", erklärt der Geschäftsführer. Denn oft setzt das Team selbst neue Branchenstandards, wenn es um digitales Marketing geht. Zur Inspiration tummeln sich deshalb die Entwickler und Berater regelmäßig in Profiforen, um Trends aufzuspüren und aktuelle Entwicklungen, gerade auch im internationalen Umfeld, zu entdecken. „Eine Woche, in der wir nichts Neues gelernt haben, war eine schlechte Woche. Zum Glück kommt das nur selten vor", sagt Simon.

Pixelgenau Consulting GmbH
60314 Frankfurt am Main
www.pixelgenau.com
Beschäftigte (D): bis 50
IT-Entwicklung/-Beratung

Geschäftsführer
Hanno Simon

PROLIFE homecare ist spezialisiert auf die Beratung chronisch erkrankter Menschen und ihre Versorgung mit Hilfs- und Heilmitteln. Die Beratung der Hilfesuchenden ist unabhängig und kostenfrei und kann vor Ort oder online erfolgen.

TOP 100

PROLIFE homecare GmbH

★★★

Immer gut beraten

Wer nach einer ernsteren Operation nach Hause entlassen wird, ist oft auf ambulante Hilfsmittel angewiesen. Ein Fall für die PROLIFE homecare GmbH: Die Lieferantin von beratungsintensiven Medizinprodukten für Menschen mit chronischen Krankheiten steht für eine individuelle, markenunabhängige Beratung. Die können Patienten online in Anspruch nehmen, aber auch persönlich, über das Telefon oder per Videochat. Dank des guten Innovationsklimas bringen die Mitarbeiter viele neue Ideen ein, was wesentlich zum Erfolg dieses Mittelständlers beiträgt.

Dieser Dienstleister für beratungsintensive Hilfsmittel ist spezialisiert auf chronische Krankheiten wie Inkontinenz, chronische Wunden oder künstliche Ausgänge. Einen diskreten Einstieg in die Versorgung bietet die informative Website von PROLIFE und der Onlineproduktfinder. Jedoch auch eine persönliche Beratung steht auf Wunsch zur Verfügung: Erfahrene medizinische Experten suchen die Patienten auf und finden gemeinsam mit ihnen die passenden Produkte für das jeweilige Krankheitsbild. „Bei uns können sich Menschen, die auf medizinische Hilfsmittel angewiesen sind oder sein werden, umfassend informieren. So werden ihnen Ängste genommen“, erklärt der Geschäftsführer Manfred Dreisbusch.

Motivierte Mitarbeiter sichern den Erfolg

Bei PROLIFE ist man stolz auf das große und erfahrene Team medizinisch ausgebildeter Berater. Deren Know-how wird konsequent genutzt: Alle Mitarbeiter sind stets aufgefordert, ihre Ideen einzubringen und an neuen Projekten mitzuarbeiten. Die Präsentation und Bewertung der Verbesserungsvorschläge erfolgen zeitnah auf allen zuständigen Ebenen. Flache Hierarchien und dezentrale Strukturen tragen ebenfalls zu einer Unternehmenskultur der Offenheit bei. So entstand zum Beispiel während der Coronapandemie die Idee, Tablets an die Kunden zu vermieten, um sie per Videoeinweisung mit ihren Hilfsmitteln vertraut zu machen.

Kontinuierliche Optimierungen

Damit die Firma auch in Zukunft einer der Branchenführer bleibt, engagiert sich das Top-Management für die kontinuierliche Verbesserung der angebotenen Dienstleistungen. Das Schlüsselelement dafür ist die gute Kommunikation der Führungsebene mit den verschiedenen Fachgruppen – den regionalen Außendienstteams, dem Customerservice sowie dem Online- und dem administrativen Team. Man trifft sich wöchentlich und verankert neu gewonnene Erkenntnisse zeitnah in den verschiedenen Fachbereichen. „Wir sind nicht ohne Grund das größte inhabergeführte Homecareunternehmen Deutschlands“, betont der Geschäftsführer Ansgar Tump.

PROLIFE homecare GmbH
34260 Kaufungen
www.prolife-gesundheit.de
Beschäftigte (D): 51 bis 200
Gesundheitswesen

Geschäftsführer
Ansgar Tump und
Manfred Dreisbusch

„Digitalisierte Prozesse sind wichtig, ersetzen aber nicht das persönliche Gespräch.“

Manfred Dreisbusch
Geschäftsführer

Die Wünsche und Fragen der Kunden sind nicht selten Treiber für Innovationen. Wie sehen Sie das?

Dem kann ich aufgrund meiner Erfahrungen als Berater nur zustimmen. Wer Kunden gut zuhört, kann viel erfahren – über den Hilfsmittelbedarf, aber auch darüber, was gut läuft und wo noch nachgebessert werden kann. Dabei ist es natürlich essenziell, auf Wünsche und Nachfragen einzugehen, denn bei jedem Patientenkontakt möchten wir lernen und besser werden. Zu diesem Zweck nutzen wir zum Beispiel Fragebögen und werten Telefongespräche und das Onlinefeedback konsequent aus.

Wie nutzen Sie die Expertise von Partnerfirmen oder externen Beratern?

Wir erreichen unsere Ziele auf unterschiedlichen Wegen – auch mithilfe externer Berater. So arbeiten wir zum Beispiel mit einer Digitalagentur in Hamburg oder mit einer Grafikdesignerin in Düsseldorf zusammen, deren Ideen uns bereichern. Ebenso sind wir mit Lieferanten und Partnerunternehmen aus der Gesundheitsbranche kontinuierlich im Gespräch. Der Austausch untereinander bringt viel, auch der mit Vertretern von Kliniken, etwa mit denen der Universitätskliniken Gießen und Marburg. Außerdem organisiert PROLIFE mehrmals im Jahr bundesweite Fortbildungs- und Informationsveranstaltungen. Als Konsequenz aus den coronabedingten Kontaktbeschränkungen entwickeln wir aktuell in enger Kooperation mit der Hamburger „University of Applied Sciences Europe“ ein digitales Format.

Digitale Technologien gewinnen immer mehr an Bedeutung. Was bedeutet das für PROLIFE?

Digitalisierte Prozesse beim Ein- und Verkauf, im Bestellwesen und bei der Kundenberatung sind unser tägliches Geschäft. Wir entwickeln uns darin ständig weiter. Ein Beispiel: Mittels der digitalen Bestellung direkt beim Lieferanten können wir die logistischen Abläufe sehr effizient abwickeln; die Ware wird vom Lieferanten unmittelbar an den Kunden versendet. Das hat sich während der Coronapandemie als sehr positiv erwiesen, denn es entstanden keine Lieferengpässe durch eventuelle Einschränkungen. Es ist völlig klar, dass niemand mehr am Thema Digitalisierung vorbeikommt. Dennoch ist das analoge Beratungsgespräch nach wie vor wichtig, denn der menschliche Faktor darf gerade im Gesundheitswesen nicht unterschätzt werden.

Wie wichtig das Feedback der Kunden und der Austausch mit externen Beratern und medizinischen Fachleuten für PROLIFE sind, erläutert **Manfred Dreisbusch.**

sera ist eine der weltweit führenden Firmen auf den Gebieten der Dosier- und der Wasserstofftechnik. Zum Portfolio gehören Anlagen für die Wasseraufbereitung sowie für die Dosierung und die Förderung von Chemikalien und Flüssigkeiten.

sera GmbH

Mit Wasserstoff volle Fahrt aufnehmen

Auf zwei Geschäftsfelder hat sich dieser Anlagenbauer spezialisiert: auf die Dosiertechnik und auf die Wasserstofftechnik. Die Dosieranlagen der sera GmbH ermöglichen die Abgabe genau festgelegter Mengen nahezu aller fließfähigen Stoffe in exakt definierten Zeiträumen. Die Wasserstofftankstellen des Familienunternehmens sollen ein wichtiger Bestandteil der Energieversorgungskette werden. In beiden Sparten setzt das Top-Management auf kontinuierliche Innovation.

Zwei Geschäftsführer leiten die Geschäftsfelder der sera-Gruppe, die vor mehr als 75 Jahren gegründet wurde. Einer der beiden ist für die Technologieentwicklung zuständig und stellt die direkte Verbindung zwischen den Entwicklern und dem Management sicher. Monatlich informiert er alle Mitarbeiter über den Stand der wichtigsten Innovationsprojekte. Der Chief Digital Officer des Unternehmens hat ein Digitalisierungskonzept und zudem Schulungen für alle Beschäftigten aufgesetzt. „Wir sind ein Umwelttechnikunternehmen, daher sind Nachhaltigkeit und Digitalisierung unsere Zukunft", betont der geschäftsführende Gesellschafter Carsten Rahier.

Mutig und kreativ

In der Innovationsstrategie des Unternehmens spiegelt sich wider, dass der traditionelle Betrieb längst den Schritt in die Moderne gegangen ist. „sera goes international", „sera goes green", „sera goes innovative", „sera goes agile" und „sera goes digital" lauten die Leitsätze dafür. „Wir gehen unsere Ziele mutig und kreativ an", erklärt Carsten Rahier. Neue Ideen werden auch aus dem engen Kontakt mit den Auftraggebern generiert: Für jede einzelne Kundenbranche gibt es Vertriebsmitarbeiter, die sich genau darin auskennen.

Mit Partnern im Austausch

Beim aktuellen Thema Wasserstoff ist sera ein echter Innovationstreiber und entwickelt dazu viele eigene Ideen. „Hier waren wir lange Einzelkämpfer. Mittlerweile haben wir Partner gefunden, mit denen wir uns austauschen können", berichtet Rahier. Wenn das Thema Wasserstofftankstellen in Zukunft weiter an Fahrt aufnimmt, sollen auch Social-Media-Kanäle und andere neue Medien dafür genutzt werden, eine starke Marke „made by sera" aufzubauen. Das kleine Entwicklerteam des Hauses schaut schon jetzt über den Tellerrand hinaus und behält die neuesten Entwicklungen im Auge: Netzwerktreffen und Messebesuche sind wichtige Quellen für neue Ideen. „Wir lösen Probleme, die andere nicht lösen können", sagt Carsten Rahier überzeugt.

sera GmbH
34376 Immenhausen
www.sera-web.com
Beschäftigte (D): über 200
Anlagen-/Maschinenbau

Geschäftsführender Gesellschafter
Carsten Rahier

Systeex bietet Wasser- und Sonderlöschanlagen für verschiedene Einsatzgebiete an. Das Unternehmen projektiert, errichtet, installiert und wartet Brandschutzanlagen nach allen europäischen und US-amerikanischen Standards wie FM Global und NFPA.

Systeex Brandschutzsysteme GmbH

Fortbildung auf Rädern

Eine voll funktionstüchtige Sprinkleranlage mit Brandmeldetechnik auf Rädern – das ist wohl einzigartig in der Brandschutzbranche. Diese mobile Demonstrationsanlage gehört zur hauseigenen Academy, in der die Systeex Brandschutzsysteme GmbH ihre Mitarbeiter schult. Eine umfassende Fortbildung ist für diesen Anbieter von Brandschutzsystemen ein wichtiger Baustein, um ein ausgezeichnetes Innovationsklima zu erreichen. Hinzu kommt ein Top-Management, das neue Ideen zur Chefsache macht und vorantreibt.

Geeignetes Fachpersonal für die Fertigung, die Montage und den Service von Brandschutzanlagen zu finden ist eine Herausforderung. Einen entsprechenden Ausbildungsberuf gibt es nicht, obwohl für dieses sicherheitsrelevante Geschäftsfeld eine hohe Fachexpertise erforderlich ist. Deshalb rief die Systeex Brandschutzsysteme GmbH mit Unterstützung durch das Fraunhofer-Institut UMSICHT ein eigenes Weiterbildungsprogramm ins Leben. Mittlerweile hat sich daraus die „Systeex Academy“ entwickelt – mit einem Repertoire von 15 verschiedenen Tagesschulungen und 8 mehrwöchigen Modulen für Monteure und Führungskräfte. Die stark praxisorientierten Lehrgänge bieten den Teilnehmern zudem den Freiraum, clevere Einfälle dafür zu entwickeln, wie sich Prozesse in ihrem beruflichen Alltag verbessern lassen.

Offen für jede Idee

In der Academy werden alle Führungskräfte darin geschult, offen für Vorschläge der Mitarbeiter zu sein. Diese Haltung vertritt auch der Geschäftsführer Christian Hilsdorf. So verwendet er bis zu einem Drittel seiner Arbeitszeit darauf, Optimierungen und Neuentwicklungen zu initiieren. Für derartige Projekte stellt er eine „Taskforce“ auf, begeistert das Team für Innovationsideen und informiert sich engmaschig über Fortschritte, bis die Entwicklung zügig realisiert ist – so auch die Prüfeinrichtung „System-Check“. Damit lassen sich Bereiche von Sprinkleranlagen effizient prüfen, ohne dass Wasser aus dem Rohrnetz entnommen werden muss.

Mobile Schulungen

Mehr als zwölf Monate lang tüftelte man an einer ersten mobilen Demonstrationsanlage. Seit Kurzem ist diese funktionsfähige Löschanlage mit vier unterschiedlichen Anlagetypen und Brandmeldetechnik auf einem 3-Tonnen-Anhänger startklar. Damit können die Mitarbeiter zu den deutschlandweit eingesetzten Systeex-Monteuren fahren und ihnen die neueste Technik anschaulich vermitteln. Da auch Fehler simuliert und Prüfungen geübt werden können, ist die Anlage ebenfalls für das Wartungspersonal von Kunden oder für Feuerwehrleute interessant. Auch externe Anwender können so problemlos geschult werden – dank der Fortbildung auf Rädern.

Systeex Brandschutzsysteme GmbH
63450 Hanau
www.systeex.de
Beschäftigte (D): über 200
Sicherheit

Geschäftsführer
Christian Hilsdorf

VeloCulTour ist ein Bikestore mit speziellem Fokus auf Firmen: Ihnen bietet er Diensträder, Sportevents und ein ganzheitliches Gesundheitsmanagement. Zum Portfolio gehören Rennräder nach Maß, E-Bikes, hochwertige Radbekleidung und Wartung.

VeloCulTour GmbH & Co. KG

Eine runde Sache

Kai Nüchter, der Gründer der VeloCulTour GmbH & Co. KG, hat zwar nicht das Rad neu erfunden, aber er hat ein neues Konzept für das Fahrradgeschäft der Zukunft entwickelt: Seine Zielgruppe sind vor allem Firmen. Ihnen wird ein bislang einmaliges Rundum-sorglos-Paket geboten, das Fahrradlieferung und E-Bike-Wartung ebenso beinhaltet wie optimale Versicherungen und Leasingkonditionen. Ein Innovationserfolg, mit dem ein echter Wachstumsturbo gezündet wurde.

In Zeiten, in denen viel über Klimaschutz und Flugscham debattiert wird, hat der PS-starke Dienstwagen als Statussymbol vielerorts ausgedient. Unternehmen, die sich ökologiebewusst und nachhaltig präsentieren wollen, setzen mittlerweile lieber auf Diensträder. Doch auch hier steckt der Teufel häufig im Detail: Welche Leasinggesellschaft ist die richtige? Wie wirkt sich das Dienstrad steuerlich aus? Wer repariert und wartet das Rad? Was passiert, wenn es gestohlen oder beschädigt wird? Und wie geht es mit dem Leasingvertrag weiter, wenn ein Mitarbeiter die Firma verlässt?

Überzeugendes Gesamtpaket

Die VeloCulTour bietet Unternehmen hierfür ein überzeugendes Gesamtpaket. „Wenn wir die Möglichkeit bekommen, einer Firma unser Konzept vorzustellen, haben wir eine Abschlussquote von 90 %", berichtet Kai Nüchter. Das verwundert nicht, denn einfacher als in Kooperation mit seinem Unternehmen kann ein Dienstradprojekt nicht realisiert werden: Mit einem Fahrradtruck wird eine große Auswahl hochwertiger Räder in die Firma gebracht und dort präsentiert; das passende Zubehör, etwa Sicherheitskleidung, Helme und Schlösser, sind ebenfalls dabei. Darüber hinaus bietet VeloCulTour den Kunden auch Sportevents und betriebliche Gesundheitsförderung an.

Mehr als 600 % Umsatzsteigerung

Mit seiner Kompetenzkombination hat dieser Mittelständler, der in den letzten Jahren enorm gewachsen ist und auch in den kommenden Jahren auf Wachstumskurs bleibt, in Deutschland derzeit eine Alleinstellung. „Dank unseres Konzepts konnten wir zwischen 2017 und 2020 eine Umsatzsteigerung von mehr als 600 % verbuchen", sagt Kai Nüchter begeistert. Inzwischen werden weitere Stores aufgebaut, zum Teil in Eigenregie, zum Teil als Franchisepartner. Sogar mit der Expansion nach Österreich hat das vor fünf Jahren gegründete Start-up bereits begonnen. Das zeigt: Das Konzept der VeloCulTour GmbH & Co. KG ist rundum durchdacht und hat eine beeindruckende Erfolgslawine ins Rollen gebracht.

VeloCulTour GmbH & Co. KG
36119 Neuhof
www.velocultour.com
Beschäftigte (D): bis 50
Handel

Geschäftsführer
Kai Nüchter

„Wir bringen mehr Bewegung in mittelständische Firmen."

Kai Nüchter
Geschäftsführer

Ihre Firma unterstützt Mittelständler bei der Ein- und Durchführung von Bikeleasingprojekten. Warum ist dieses Konzept für Ihre Kunden so interessant?
Der Arbeitgeber hat mit dem Bikeleasing die Möglichkeit, seinen Mitarbeitern einen Benefit zu geben, der ihn selbst so gut wie nichts kostet. Bei der Aufnahme ins Leasingprogramm akzeptieren die Beschäftigten einen Gehaltsverzicht. Im Grunde genommen ist das Leasing eines E-Bikes ein Steuersparmodell. Dabei profitieren vor allem die Mitarbeiter, sie haben einen preislichen Vorteil von bis zu 40 %. Die Leasingform ist für sie ein extrem günstiger Weg, ein modernes und attraktives E-Bike zu bekommen, was ihre Motivation natürlich steigert. Ein Plus für den Arbeitgeber: Wenn sich die Beschäftigten mehr bewegen, ist das gut für ihre Gesundheit. Und nicht zuletzt spart das Dienstrad natürlich auch Parkraum.

Ist so ein Leasingprojekt nicht ziemlich kompliziert?
Wenn ein Unternehmen das Thema ganz allein angehen will und sich komplett in die Thematik einarbeiten muss, dann ja. Aber diejenigen, die mit uns kooperieren, erhalten ja von Anfang an ein bewährtes Gesamtkonzept. Wir verschaffen den Firmen die größtmögliche Sicherheit und garantieren, dass bei der Abwicklung nichts schiefgeht und im Fall einer Lohnsteuerprüfung keine Probleme auftauchen, weil beispielsweise etwas falsch gemacht wurde. Außerdem bieten wir dem Arbeitgeber einen Vertrag, in dem wir ihm zusichern, dass wir jeden Einzelvertrag mit einem Mitarbeiter zurücknehmen, falls der das Unternehmen verlässt.

Sie bieten ja nicht nur Bikeleasing an, sondern auch Gesundheitsprogramme. Worum geht es dabei?
In kleinen und mittelgroßen Unternehmen wird das Thema Gesundheitsmanagement oft nicht systematisch angegangen, weil niemand da ist, der das professionell betreuen kann. Wir helfen den Betrieben in solchen Fällen dabei, langfristige und nachhaltige Programme aufzusetzen. Diese Programme können natürlich die eine oder andere Fahrradtour beinhalten, aber unser „VeloHealth"-Angebot geht weit darüber hinaus. So analysieren wir zunächst den Bedarf und die Firmenstruktur und machen dann ganz praktische Vorschläge, die leicht und relativ direkt in die Tat umgesetzt werden können, aber gleichzeitig auf Dauer angelegt sind.

Mitarbeitermotivation im Mittelstand
mit Rad und Tat –
Kai Nüchter erklärt, wie VeloCulTour
dazu beitragen kann.

Nordrhein-Westfalen

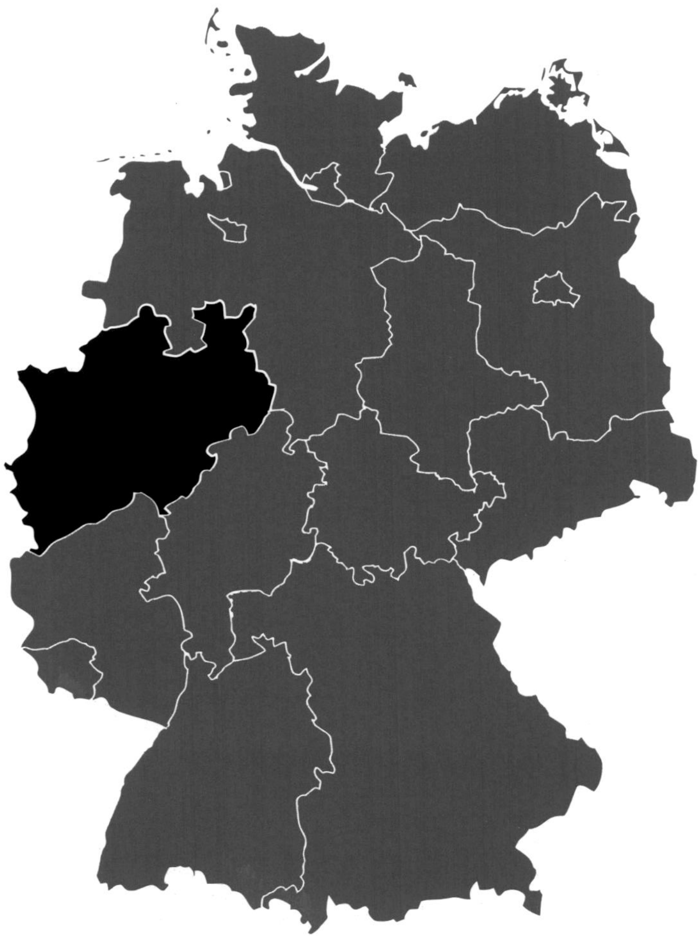

Die Zahl der goldenen Sternchen in den nachfolgenden Unternehmensporträts entspricht der Zahl der TOP 100-Auszeichnungen.

TOP 100

aescoLOGIC GmbH

★★

Rundum-sorglos-Paket für den OP

Fachambulanzen oder medizinische Versorgungszentren führen täglich Operationen durch. Dafür muss der Lagerbestand der benötigten Utensilien stets auf dem neuesten Stand sein. Schon seit 20 Jahren bietet die aescoLOGIC GmbH, Fachhandel für Arztbedarf, individuelle Versorgung im Praxisalltag – auch mittels innovativer OP-Software. Dabei achtet vor allem das Top-Management auf wichtige Trends, die dann in einen strukturierten Innovationsprozess einfließen.

„In unserem Nischenmarkt ist Wissen über die aktuelle medizinische Gesetzeslage, über neue operative Verfahren und Produkte unabdingbar", erzählt der Geschäftsführer Olaf Knorr. Er verfügt über das dafür wichtige Netzwerk in der Medizinbranche und investiert viel Zeit in die Suche nach kreativen Ideen.

Erfolg mit m.o.p.s

Über die Vielzahl von Vorgaben, die den Alltag seiner Kunden prägen, muss Knorr stets informiert sein. Da sich aescoLOGIC auf eine OP-Versorgung im Implantatbereich spezialisiert hat, ist zum Beispiel der Berufsverband für Arthroskopie e. V. eine wichtige Informationsquelle. Außerdem muss „m.o.p.s" stets auf dem neuesten Stand sein; diese Abkürzung steht für „modulares OP-System", eine Software: Sie sorgt dafür, dass der individuelle Materialbedarf einer OP genau geplant und rechtzeitig geliefert werden kann. Auch der „kleine m.o.p.s" fordert die Aufmerksamkeit der Geschäftsführung: „Die ‚m.o.p.s'-App ermöglicht das Bestellen von Medizinprodukten mittels Foto oder QR-Code", erklärt der Geschäftsführer. Während seine fünf Abteilungsleiter sich auf das operative Tagesgeschäft konzentrieren, kann Olaf Knorr die strategische Ausrichtung seines Unternehmens planen.

Flexible Prozesse

Eine neue Idee passiert zunächst die Führungsrunde, um dann den entsprechenden Mitarbeitern vorgestellt zu werden. „Generell sind wir experimentierfreudig und setzen einen guten Vorschlag zügig um", sagt Knorr. Während der Coronapandemie etwa steuerte die findige IT-Abteilung des Hauses eine Idee zur Prozessverbesserung bei: Um den immens gestiegenen Bedarf an Desinfektionsmitteln zu regeln, entwickelte sie ein Controllingtool, das neue Lieferungen mit den noch offenen Bestellpositionen abgleicht. Der Leiter für Unternehmensentwicklung überwacht außerdem digitale Maßnahmen: Schnittstellen zum Kunden müssen gepflegt werden, und die Einführung von SAP ist geplant. Mit Fachwissen und digitalem Know-how bereitet sich dieser Medizindienstleister auf eine erfolgreiche Zukunft vor – mit „m.o.p.s" und vielen weiteren Innovationen.

aescoLOGIC GmbH
40764 Langenfeld
www.aescologic.de
Beschäftigte (D): bis 50
Gesundheitswesen

Geschäftsführer
Olaf Knorr

TOP 100

Ares GmbH

Erfolg durch Individualität

Badezimmer gibt es in allen Größen und Formen: meterhoch, klitzeklein, mit Fenster oder ohne. Dieser Vielfalt nimmt sich die Ares GmbH mit ihrem Portfolio von Maßanfertigungen an – ein Innovationserfolg am Onlinemarkt. Neben herkömmlichen Spiegeln und Badmöbeln hat sie auch Spiegel mit Smart-TV und personenbezogener Beleuchtung im Programm. Dank des guten Innovationsklimas des Unternehmens liefern vor allem die Mitarbeiter exzellente Vorschläge zur Realisierung der zahllosen Kundenwünsche.

„Wir haben die hochwertige Einzelanfertigung auf bezahlbarem Niveau perfektioniert", sagt der Gründer und Geschäftsführer Erkan Doganay. Auf der Unternehmenswebseite können die Kunden per 3-D-Generator individuelle Möbel und Spiegel konfigurieren. Neben Anfertigungen auf Kundenwunsch sind smarte Spiegel mit integriertem Fernsehbildschirm ein Topseller. „In die Entwicklung und Perfektionierung des Produkts haben wir viel Zeit investiert", berichtet Doganay. Der TV-Spiegel findet nicht nur im Bad, sondern auch in Hotellobbys und auf Messen seinen Einsatz.

Sichere Kabinen für den Coronatest

Aktuell realisiert das Unternehmen einen Spiegel, der je nach gespeichertem Benutzer seine Beleuchtung ändert. „Wir möchten Smart Home fürs Bad verwirklichen – genauer gesagt: Smart Furniture", erklärt Doganay mit einem Lachen. Die durch Lean Management und einen gut sortierten Lagerbestand gestraffte Produktion erlaubte auch eine smarte Reaktion auf die Coronakrise: Mit einer innovativen „Corona-Abstrich-Kabine" konnte das Unternehmen den erwarteten Umsatzeinbruch abwenden und seinen Kundenkreis bis in die USA erweitern. In der Kabine kann medizinisches Personal mittels montierter Handschuhe in eine geschlossene Zelle greifen, um dort beim Patienten den Abstrich vorzunehmen – ohne jeden Körperkontakt.

Kurze Wege fördern das Innovationsklima

Die vielen Kunden – bis zu 5.000 im Monat – und ihre individuellen Wünsche fordern immer wieder kreative Lösungen von den Produktionsmitarbeitern. Die unterbreiten ihre Vorschläge ganz unkompliziert ihrem Chef, wenn er mehrmals täglich die Produktion besucht. Wenn der Vorschlag den Bau eines Prototyps erfordert, erhält der Mitarbeiter dafür die nötigen Freiräume. Mit Erfolg: 70 % der Vorschläge konnten 2020 realisiert werden, was das Betriebsergebnis auffällig verbesserte. Doganay bestätigt: „Das Wissen und der aktive Einsatz unserer Beschäftigten ist ein entscheidender Bestandteil unseres Wachstums." Zufriedene Kunden, engagierte Mitarbeiter, eine gemeisterte Krise – darin spiegelt sich die Innovativität von Ares.

Ares GmbH
44536 Lünen
www.spiegel21.de
Beschäftigte (D): 51 bis 200
Handel

Geschäftsführer
Erkan Doganay

BÄRO GmbH & Co. KG

Mehr als smarte Lichtplanung und Lufthygiene

Licht und Luft sind für uns Menschen unersetzlich. Welch spannende unternehmerische Möglichkeiten darin liegen, zeigt die BÄRO GmbH & Co. KG. Sie bewegt sich auf den Geschäftsfeldern „Retail Lighting“ und „Clean Air Technologies“: einerseits also kreative Beleuchtungslösungen für den Einzelhandel und andererseits UV-C-Systeme zur Entkeimung der Luft. Grundlegend für den Unternehmenserfolg ist ein Top-Management, das sich kontinuierlich mit innovativen Weiterentwicklungen beschäftigt.

Vor rund 50 Jahren begann die Erfolgsgeschichte mit der Idee, Lebensmittel so zu beleuchten, dass man ihnen Frische und Qualität ansieht. 1994 kamen UVC-Luftentkeimungssysteme, später Technologien zur Fettbeseitigung und zur Geruchsminimierung der Abluft von Großküchen hinzu. Heute wird das weltweit aktive mittelständische Unternehmen von den jetzigen Gesellschaftern, dem Ehepaar von Möller geleitet. Ein Beispiel für die innovationsfreudige Grundhaltung der beiden ist die sehr frühe komplette Umstellung auf LED-Technik – BÄRO war damit eine der Ersten.

Zukunftsweisende Novitäten

Eine der jüngsten Neuentwicklungen, die patentierte Leuchte „Intara SX“, ist mit mehreren Designpreisen bedacht worden. „Das Konzept ist einfach überzeugend. Richtstrahler und Wandfluter bieten sehr präzise Lichtverteilungen bei extrem kompakter Bauweise“, schwärmt die Geschäftsführerin Dr. Sandra von Möller. Auch auf eine weitere Innovation ist man stolz: den mobilen Luftreiniger „AirCom Pro“. Er vernichtet bis zu 99,9 % aller Viren und Bakterien mit ultraviolettem Licht vom Typ C. Das System wird an der Decke installiert, was sinnvoll ist, da Aerosole aufsteigen. In der Coronapandemie wurde dieses Geschäftsfeld stark ausgeweitet, denn die Schulen und Büros, der Handel, die Gastronomie sowie medizinische Einrichtungen sind mehr denn je auf leistungsstarke Lösungen zur Entkeimung angewiesen.

Innovationsorientiertes Top-Management

Den Markt und die eigene Marktführerschaft hat die Geschäftsleitung immer im Blick. In regelmäßigen Teamsitzungen zur Produktstrategie koordiniert sie zusammen mit den Abteilungsleitern das Innovationsmanagement. Um allen Herausforderungen gerecht zu werden, hat man den Forschungs- und Entwicklungsbereich ausgebaut. „Wir richten den Fokus zunehmend auf die Produkt- und die Prozessentwicklung sowie auf Softwarelösungen“, sagt der Geschäftsführer J. Manuel von Möller. Aktuell entsteht das Format „InnoLab“ – es soll Freiraum für kreative Ideen und Methoden schaffen. So wird BÄRO auch in Zukunft für maßgeschneiderte Konzepte stehen, die einen echten Mehrwert schaffen.

BÄRO GmbH & Co. KG
42799 Leichlingen
www.baero.com
Beschäftigte (D): 51 bis 200
Elektronik/Elektrotechnik

Geschäftsführer
J. Manuel von Möller und
Dr. Sandra von Möller

Bank11 für Privatkunden und Handel GmbH

Schnell und intuitiv ans Ziel

Nicht erst seit der Automotivekrise sind neue Ideen rund ums Autofahren gefragt: Das klassische Modell, ein Auto zu besitzen und es zu pflegen, hat zunehmend ausgedient. Mietmodelle sind gefragter denn je. Daher bietet die Bank11 für Privatkunden und Handel GmbH ein eigenes Auto-Abo-Modell an. Ihr Kerngeschäft sind jedoch Finanzierungsmodelle und Versicherungsangebote rund um das Thema Mobilität. Ein überdurchschnittliches Umsatzwachstum von 20,8 % in den letzten fünf Jahren belegt ihr innovatives Geschäftsmodell und ihr gutes Innovationsklima.

Die Zahl 11 steht sowohl für das Jahr der Unternehmensgründung 2011 als auch für die Spieler einer Fußballmannschaft – für die Neusser Bank ein Symbol für Leistungsstärke, Begeisterung und Teamgeist. „Wir sind ein Haus der offenen Türen, jeder kann jeden ansprechen und sich einbringen“, erzählt der Geschäftsführer Jörn Everhard.

Innovative Finanzierungsmodelle

Die markenunabhängige Bank steht für Onlinebanking par excellence: Ihre verschiedenen digitalen Angebote sind übersichtlich gestaltet und einfach zu handhaben. Ein Beispiel dafür ist der innovative Kreditvergabeassistent „Victor“. Er digitalisiert die Absatzfinanzierung vom Antrag bis zur Auszahlung – für die Bank und die Kunden gleichermaßen vorteilhaft. So ist etwa ein überregionaler Verkauf oder ein Verkauf aus dem mobilen Arbeiten heraus möglich. Ein weiteres innovatives Angebot greift das Thema Auto-Abo auf: „smive – smile and drive“. Damit ist es bei voller Kostenkontrolle möglich, Autos für einen bestimmten Zeitraum zu mieten. Der Vorteil: Zum monatlichen Festpreis können Abonnenten moderne Fahrzeuge bei teilnehmenden Autohändlern nutzen, ohne sich um die üblichen Fixkosten und bürokratischen Anforderungen kümmern zu müssen. Die persönliche Betreuung durch ein speziell geschultes Außen- und Innendienstteam runden das Leistungsspektrum der Bank11 ab.

Teamspirit nutzen

Smarte digitale Ideen gedeihen in einem förderlichen Innovationsklima, so auch bei diesen Spezialisten für Einkaufs- und Absatzfinanzierungen. Zu ihrer Firmenkultur gehört es, dass die Mitarbeiter selbstständig denken sollen und in Absprache mit den Vorgesetzten ausreichend Freiräume zur Ideenfindung bekommen. Daraus entstand zum Beispiel das von Mitarbeitern inspirierte Angebot „Bank11 Factoring“: Über staatliche Förderprämien für Hybrid- und Elektrofahrzeuge wird damit der Autokauf quasi vorfinanziert. Das unterstützt schnell und einfach den Handel und fördert zudem die E-Mobilität. „Wir setzen immer wieder neue Maßstäbe, um den Verkaufsalltag im Kfz-Handel effektiver zu gestalten – intuitiv, schnell und digital soll er sein“, sagt Jörn Everhard.

Bank11 für Privatkunden und Handel GmbH
41460 Neuss
www.bank11.de
Beschäftigte (D): über 200
Finanzdienstleistungen/
Versicherungen

Geschäftsführer
Dr. Martin Straaten,
Nina-Stephanie Bartha
und Jörn Everhard

TOP 100

Beratung Wink® e. K.

★ ★ ★

Gut fürs Klima und den Umsatz

Welche Energieversorgung ist die kostengünstigste für mein Unternehmen oder meine Immobilie? Um Fragen wie diese kümmert sich die Beratung Wink® e. K. Sie hat den Überblick über den Anbietermarkt und erarbeitet für ihre Kunden ausgeklügelte Gesamtkonzepte. Dieser Mittelständler geht strategisch vor, denn seine Mitarbeiter entwickeln regelmäßig mit Energiefachleuten neue Ideen und verwirklichen sie dann. Das geschieht in einem wissensgeprägten Innovationsklima – und steigert nicht zuletzt den Umsatz.

Wenn Unternehmen auf der Suche nach einer optimalen Energieversorgung sind, ist guter Rat teuer. Allerdings nicht bei der Beratung Wink®, denn dort zahlen Firmen keinen Cent dafür. Das Prinzip: Dieser Dienstleister berät Kunden zu Einsparmöglichkeiten bei der Energiebeschaffung – und erhält seine Vergütung ausschließlich von den vermittelten Versorgungsbetrieben. „Das Modell haben wir von den Versicherungen übernommen", erläutert der Inhaber Alexander Wink, der das Unternehmen gemeinsam mit seiner Frau Heike leitet. Die 1998 gegründete Firma war zunächst vor allem in der Finanzdienstleistungs- und Versicherungsbranche unterwegs. Seit 2005 bedient sie auch die beiden Felder des technischen Einkaufs: Telekommunikation und Energie.

Das Know-how erweitern

Das Innovationsklima des Beratungshauses ist von Eigenverantwortung geprägt. So sind Mitarbeiter gemeinsam mit Energiefachleuten in größere Projekte involviert: In einem Fall wurde ausgetüftelt, wie man die antiquierte Nachtspeicherheizung eines Unternehmens ersetzen könnte. Nach der Beratung stellte der Kunde auf erneuerbare Energien um – das ist nicht nur umweltfreundlicher, sondern auch kostengünstiger. Die Weiterbildung der Beschäftigten spielt bei der Beratung Wink® eine große Rolle. So werden beispielsweise berufsbegleitende Studiengänge oder die Teilnahme an Fachveranstaltungen von Heizungsanlagenherstellern gefördert.

Schneller als der Staat

Die Umsätze konnten 2020 mittels Innovationen um 20 % bis 30 % gesteigert werden. Dazu trug etwa die fundierte Beratung eines größeren Wohnimmobilienverwalters bei: Dank dieses Auftrags erzielte man einen Erlös von 250.000 €. „Während staatliche Instanzen, etwa bei Quartierskonzepten, oft viele Jahre Entwicklungszeit für Projekte einplanen, arbeiten wir zielgerichtet und setzen unsere Konzepte zeitnah um", sagt Alexander Wink und fügt hinzu: „Unsere Ideen sind praxistauglich."

Beratung Wink® e. K.
53819 Neunkirchen-Seelscheid
www.beratung-wink.com
Beschäftigte (D): bis 50
Unternehmensberatung

Geschäftsleitung
Alexander und Heike Wink

Das Berufsförderungswerk Dortmund ist ein Bildungsträger und hat sich spezialisiert auf die berufliche Rehabilitation von Menschen mit Beeinträchtigungen als Folge eines Unfalls oder einer Krankheit.

Berufsförderungswerk Dortmund im NW Berufsförderungswerk e. V.

Alles anders von jetzt auf gleich

Besondere Umstände erfordern besondere Maßnahmen: Das Berufsförderungswerk (BFW) Dortmund im NW Berufsförderungswerk e. V. hat in Windeseile sein Lern- und Bildungskonzept digitalisiert. Der Bildungsträger hat sich die berufliche Wiedereingliederung von Menschen mit gesundheitlichen Beeinträchtigungen auf seine Fahnen geschrieben. Um dieser Herkulesaufgabe auch während der Pandemie gerecht zu werden, hat er auf die Innovationskraft aus den eigenen Reihen gesetzt und sich eng mit der Stadt Dortmund abgestimmt.

Der Ausbruch der Coronapandemie stellte auch beim BFW Dortmund alles auf den Kopf. „Nach dem im März 2020 durch landesrechtliche Verordnung verhängten Betretungsverbot für unsere Einrichtung haben wir von einem Tag auf den anderen vom Präsenzunterricht komplett auf E-Learning umgestellt", berichtet der alternierende Vorstandsvorsitzende Thomas Keck. Rund Tausend Rehabilitanden, also Teilnehmer an Umschulungs- oder sonstigen Qualifizierungsmaßnahmen, wurden in eine Heimlernphase geschickt. „Mittels einer digitalen Lernplattform haben wir eine Lernumgebung im Onlineformat geschaffen. Gleichzeitig haben wir für 80 % unserer etwa 280 Beschäftigten das Arbeiten im Homeoffice möglich gemacht", erzählt Keck.

Herausforderung Onlinequalifizierung

Dem BFW Dortmund ist es gelungen, alle Umschulungen in den rund 40 verschiedenen Berufen per Onlinequalifizierung zu realisieren. Dank einer Teilpräsenzphase nach dem ersten Lockdown wurde parallel zum E-Learning ein hybrides Unterrichtsangebot geschaffen. Außerdem baute man sukzessive die digitalen Angebote für Rehabilitanden im Reha- und Integrationsmanagement sowie im psychologischen und medizinischen Dienst des BFW aus.

Kooperation mit dem Gesundheitsamt

In die Entscheidungsprozesse bezog das Management des BFW Dortmund den Betriebsrat des Unternehmens ein, aber auch die Stadt Dortmund: Mit ihr verständigte man sich in kürzester Zeit auf ein Hygienekonzept. „Wir haben in nur wenigen Tagen ein umfassendes Hygienekonzept erstellt und mit dem Gesundheitsamt abstimmt", sagt Keck. Das war erforderlich, damit nach Aufhebung des Betretungsverbots der Einrichtung ein Großteil der Teilnehmer sofort wieder in in den Präsenzunterricht zurückgeholt werden konnte. Auch die „Reha-Assessment"-Kurse konnten damit wieder vollständig angeboten werden. Entscheidende Grundlagen für diese schnellen und flexiblen Entscheidungen waren das interdisziplinär besetzte Krisenteam und das Vertrauen in die Umsetzungsbereitschaft der Beschäftigten. Die schnelle Bereitstellung digitaler Ressourcen rundete die innovativen Rahmenbedingungen ab.

Berufsförderungswerk Dortmund
im NW Berufsförderungswerk e. V.
44265 Dortmund
www.bfw-dortmund.de
Beschäftigte (D): über 200
Bildung/Weiterbildung

Vorstandsvorsitzender
Thomas Keck

BGS ist einer der führenden Anbieter auf dem Gebiet der Strahlenvernetzung und der Strahlensterilisation. Er setzt auf modernste Anlagentechnik, partnerschaftliche Zusammenarbeit und Offenheit für die Potenziale der Strahlentechnologie.

BGS Beta-Gamma-Service GmbH & Co. KG

★★★

Hier stimmt die Chemie

Sie leistet etwas, das mit bloßem Auge nicht zu erkennen und zugleich sehr nützlich ist: Die BGS Beta-Gamma-Service GmbH & Co. KG bestrahlt Materialien und Produkte mit Beta- oder Gammastrahlen, um sie zu veredeln oder zu sterilisieren. Das Top-Management ebnet den Weg für innovative Prozesse, indem es den Beschäftigten viel Freiraum für eigene Ideen lässt und Teamwork fördert. Gemeinsam mit ihren Kunden entwickeln diese Strahlenspezialisten kontinuierlich neue Anwendungsgebiete für ihre Technologie.

Mit Strahlen kennt sich dieser Mittelständler aus: Seit 40 Jahren setzt er beschleunigte Elektronen, also Betastrahlen, und auch Gammastrahlen ein – mit dem Ziel, einerseits Produkte zu sterilisieren und andererseits Kunststoffe zu vernetzen und damit resistenter zu machen. BGS hat sich so zu Deutschlands größtem Anbieter von Bestrahlungsdienstleistungen entwickelt, die auf vielen Gebieten zum Einsatz kommen. So wird beispielsweise die Isolierung von Kabeln verbessert, indem man den Kunststoff, der die Stromleiter ummantelt, mittels Bestrahlung brandsicher macht. Außerdem eignet sich die Energie ionisierender Strahlung dazu, schädliche Mikroorganismen zu zerstören und sterile Bedingungen zu schaffen. Medizinprodukte wie Spritzen und Katheter werden so sicher für die Anwendung am Menschen.

Entwicklungspartnerschaften mit den Kunden

„Mit unserer Technologie gelingt es uns oft, eine individuelle Antwort auf ungelöste Materialfragen unserer Kunden zu finden", sagt der Geschäftsführer Dr. Andreas Ostrowicki. Der promovierte Chemiker findet es spannend, Anfragen von Firmen zu bekommen, die ihre eigenen Vorstellungen bereits mitbringen. „Unsere Auftraggeber kommen aus den unterschiedlichsten Branchen. Wenn einer von ihnen eine Idee dazu hat, wie seine Produkte durch unsere Technologie noch hochwertiger oder funktionaler werden können, arbeiten wir das häufig gemeinsam aus", sagt er. So kann es passieren, dass jemand, der einmal etwas über BGS gelesen hat, auf einer Messe mit den BGS-Experten diskutiert und daraus ein neuer Auftrag entsteht. Ein wichtiger aktueller Aspekt der Strahlenvernetzung: Die Bestrahlung hilft, Ressourcen zu schonen. Denn oft lassen sich Metalle durch strahlenbehandelte Kunststoffe ersetzen.

Mit Freiräumen begeistern

Das Top-Management des Unternehmens legt viel Wert darauf, den Beschäftigen kreative Freiräume zu lassen und damit Innovation im Haus zu fördern. „Wir bieten die Spielwiese, auf der unsere Mitarbeiter Dinge ausprobieren können. Es ist schön zu sehen, wenn alle mit Begeisterung bei der Sache sind", betont der Geschäftsführer. „Teamwork" ist hier das Stichwort – dann stimmt auch die Chemie.

BGS Beta-Gamma-Service GmbH & Co. KG
51674 Wiehl
www.bgs.eu
Beschäftigte (D): 51 bis 200
Industriedienstleistungen

Geschäftsführer
Dr. Andreas Ostrowicki

BIKON-Technik ist spezialisiert auf Spannsatzanwendungen in allen Bereichen der Antriebstechnik. Der Maschinenbauer entwickelt seit 1972 Spannsysteme und hat weltweit mehr als 100 Patente erlangt.

TOP 100

BIKON-Technik GmbH

Prozesse vereinfachen und beschleunigen

Wenn jeder im Betrieb seine Stärken lebt, eigenverantwortlich arbeitet und zugleich teamfähig ist, steigert dies die Moral der Belegschaft. Das weiß auch der Geschäftsführer der BIKON-Technik GmbH Zlatko Dizdarevic. Deshalb steuert er die Prozesse und die Organisation seiner auf Spannsätze spezialisierten Maschinenbaufirma so, dass seine Leute mit Verve an die Arbeit gehen und dabei aus der Sicht des Kunden denken. Dementsprechend formt er seine Teams und fördert die Stärken jedes Einzelnen.

Die 1972 vom Konstrukteur Ralph Müllenberg gegründete BIKON-Technik stellt Welle-Nabe-Verbindungen her, beispielsweise für die Antriebstechnik. Das Unternehmen entwickelte und produzierte zunächst vorwiegend Spannsätze von Förderbändern, die beim Kohletagebau benötigt werden. Inzwischen beliefert der Maschinenbauer rund 5.000 Kunden – aus dem Tagebau, aber auch aus Branchen wie Medizin, Automobile und Windkraft. Im Fokus stehen Spannsätze, die eine Nabe, etwa die Nabe eines Zahnrads, so mit einer Welle verbinden, dass zwischen ihnen Kräfte übertragen werden können.

Vorausschauend denken und arbeiten

Zur Strategie des Top-Managements gehört es, die Produkte von Anfang an aus der Sicht des Kunden zu betrachten. Das Prinzip: Gemeinsam mit den Kunden überlegen und ausarbeiten, welche technischen Lösungen für welchen Bedarf passen. „So begleiten wir den gesamten Prozess – von der Idee bis zur Montage“, erklärt der Geschäftsführer Zlatko Dizdarevic. Er erwartet von seinen Mitarbeitern, dass sie Probleme und Aufgaben in Eigenregie lösen. Fehler klären und lösen die Angestellten ebenfalls eigenverantwortlich untereinander. Da sich viele Teile sehr ähneln, kann es schon einmal passieren, dass jemand im Lager ins falsche Regal greift. „Bei so etwas muss ich in der Regel nicht intervenieren. Das läuft fast immer reibungslos“, erzählt Dizdarevic.

Die Dinge vereinfachen

Der 52-Jährige kennt die Fähigkeiten seiner Mitarbeiter genau. Sein Motto: Stärken fördern und Fehler nutzen, um es beim nächsten Mal besser zu machen. Der Faktor Mensch ist ihm deshalb besonders wichtig. „Wir nennen das bei uns ‚Stallgeruch‘. Ich schaue mir an, wer welche Stärken hat und unterstütze die Mitarbeiter dann entsprechend. Es bringt nichts, jemanden zu bestrafen – im Gegenteil!“, resümiert der Geschäftsführer. Hier weiß jeder sofort, woran er ist. Dadurch werden die Dinge enorm vereinfacht und am Ende Arbeitsprozesse beschleunigt.

BIKON-Technik GmbH
41468 Neuss
www.bikon.de
Beschäftigte (D): bis 50
Anlagen-/Maschinenbau

Geschäftsführer
Zlatko Dizdarevic

„Den Einzelnen mit seiner Innovationskraft sollte man nicht außer Acht lassen.“

Zlatko Dizdarevic
Geschäftsführender Gesellschafter

Herr Dizdarevic, Sie lassen Ihren Mitarbeitern Freiräume und erwarten im Gegenzug, dass sie selbstständig und gut arbeiten. Funktioniert das?
Das sind alles erwachsene Menschen. Gute Umgangsformen, Harmonie und Respekt sind bei uns sehr wichtig. Dies stärkt die Arbeitsmoral und fördert die Innovationsbereitschaft im Haus. Die Beschäftigten arbeiten sehr fix. Gleichwohl liegt es mir am Herzen, dass das Verhältnis Arbeit und Freizeit ausbalanciert ist. Um Punkt 16.30 Uhr fege ich alle Mitarbeiter aus dem Betrieb, bei uns gibt es keine Überstunden. An den lächelnden Gesichtern sehe ich, dass sie gerne hier sind. Eine Arbeit, die Spaß macht, und ein erfülltes Privatleben erhöhen die Lebensqualität. Die Jüngeren haben dann den Dampf, die Älteren die Erfahrung und die Ruhe in verzwickten Situationen. Diese Art der Unternehmensführung treibt den Innovationsgeist unserer Firma an.

Wie sieht es bei Ihnen aus? Machen Sie auch um 16.30 Uhr Feierabend?
Als Geschäftsführer arbeite ich insgesamt in der Woche schon etwas länger als die Beschäftigten. Aber das habe ich mir genau so ausgesucht. Zugleich möchte ich mein Privatleben natürlich nicht vernachlässigen. Als Firmenlenker gehört es zu meinem Job, dafür zu sorgen, dass wir hier zusammen gute Arbeit leisten – und das möglichst gut gelaunt. Das Zwischenmenschliche ist nicht zu unterschätzen. Ein ausgeglichener Mitarbeiter ist grundsätzlich viel motivierter. Den Einzelnen als Innovationskraft sollte man nicht außer Acht lassen.

Sie stärken Ihr Unternehmen, indem Sie Freiheiten gewähren?
Unbedingt! Ein Beispiel: Ein junger Lagermitarbeiter hat während seiner Zeit bei uns seinen Betriebswirt gemacht. Die dafür notwendigen Mittel habe ich ihm zur Verfügung gestellt. Mittlerweile bildet er den Knotenpunkt zwischen Einkauf, Vertrieb und Logistik. Eine seiner Leidenschaften ist zudem das Programmieren, wodurch er seinen Aufgabenbereich erweitern konnte. Er hat in Eigenregie programmierte Listen erweitert in unserem Qualitätsmanagement und in der Vertriebskalkulation. Dabei durfte er seine eigenen Ideen verwirklichen. Das Beispiel zeigt, was Mitarbeiter mir und damit letztlich der Firma zurückgeben können, wenn man sie dazu ermutigt, ihre Stärken auszuleben.

Wie er bei der BIKON-Technik mit der Eigenverantwortung seiner Mitarbeiter innovativ Prozesse beschleunigt, erzählt **Zlatko Dizdarevic**.

TOP 100

BJB GmbH & Co. KG

Technikexperten rund ums Licht

Von der Öllampe zur LED – die BJB GmbH & Co. KG hat sich seit ihrer Gründung schon oft neu erfunden: 1867 fertigte sie Zubehör für Öl- und Petroleumlampen, heute liefert sie lichttechnische Komponenten für LED-Leuchten. Zudem ist das Unternehmen Weltmarktführer bei der Beleuchtung in Hausgeräten, vor allem in Backöfen. Eine gute Außenorientierung und die enge Zusammenarbeit mit den Kunden führen zu immer neuen Innovationen rund um die Beleuchtungstechnik. Und die LED wird dabei nicht das letzte Kapitel gewesen sein.

Mit einem weltweiten Vertriebsnetz haben diese Lichttechnikexperten das Ohr immer nah am Kunden. Sie kennen dessen Bedürfnisse und Anforderungen an neue Produkte. „Bei Neuentwicklungen gehen wir sehr früh in die Diskussion mit unseren Kunden. Wir sehen uns als Partner", betont der Geschäftsführer Henrici Philipp. Zusätzlich zu den Techniken, die der Markt fordert, entwickelt das Unternehmen mit Hauptsitz im sauerländischen Arnsberg aber auch stetig proaktiv Produkte, die die Endprodukte der Kunden besser und effizienter machen. Dazu hat die Geschäftsleitung ein Innovationsteam ins Leben gerufen, das sich mit kundenorientierten Innovationen beschäftigt.

Ein Team zur Ideenfindung

Das Innovationsteam bekam den Namen „Indigo" – weil es seinen eigenen Weg geht und unabhängig Ideen vorantreiben kann. Vor allem beim Umstieg von der Glühlampe zur LED hatte es mit seinen Ideen großen Erfolg. Daher entschied die Geschäftsführung, das Team auch für zukünftige Innovationsfindungen beizubehalten. Anregungen holen sich die Ideenmacher unter anderem mittels Marktanalysen, Wettbewerbsbeobachtung oder im Rahmen von Verbandsaktivitäten. Die Herausforderung für die Zukunft besteht darin, Produkte zu entwickeln, bei denen die Leuchtmittel ausgetauscht werden können. Denn die derzeit fest in die Geräte verbauten LED-Leuchtmittel sind wenig nachhaltig. „Wir sehen uns bei der Entwicklung neuer Ideen, die zur Schonung von Ressourcen führen, als wichtigen Treiber in der Branche", sagt der technische Leiter Olaf Baumeister.

Muster für den Vertrieb

Das Marketing des Unternehmens ist dem Vertrieb zugeordnet, steht aber auch in direktem Austausch mit der Forschungs- und Entwicklungsabteilung. Es ist also bei der Einführung neuer Produkte direkt involviert. Neuerungen werden auf der Website, in Newslettern und in Katalogen präsentiert. Für die sozialen Medien werden kleine Filme gedreht, und für die Vertriebskollegen gibt es Muster, damit sie die Produkte im Gebrauch zeigen können. So lassen sich Funktionen viel verständlicher erklären als mit einem Datenblatt. Wie auch immer die Lichttechniken der Zukunft aussehen werden: BJB will auf jeden Fall vorn dabei sein.

BJB GmbH & Co. KG
59755 Arnsberg
www.bjb.com
Beschäftigte (D): über 200
Elektronik/Elektrotechnik

Die Geschäftsleitung

BWI GmbH

★★★

Den Innovationsmotor am Laufen halten

Immer auf der Suche nach digitalen Neuerungen und Trends, die ihre Kunden weiter voranbringen – das ist die Mission der BWI GmbH, die für die IT-Konsolidierung der Bundeswehr und etlicher Bundesministerien zuständig ist. Sie ist ein Impulsgeber für nutzerbezogene Innovationen, Trends und Technologien und deren Erprobung in Form von agilen Experimenten. Dafür hat sie eigene Innovationseinheiten geschaffen. Bei der Generierung von Ideen und deren Realisierung nehmen diese Intrapreneure ihre Kunden und ihre Mitarbeiter mit auf die Reise.

Das 2006 gegründete Unternehmen entwickelt und betreibt das IT-System der Bundeswehr. 5.500 Menschen sind bei der BWI GmbH beschäftigt, die seit 2017 dem Bund gehört. Seitdem unterstützen diese Experten als Digitalisierungspartner die deutschen Streitkräfte, aber auch verschiedene Ministerien des Bundes. 2017 wurde ein Innovationsteam mit 5 Mitarbeitern geschaffen, das sich am Markt nach Trends, neuen Technologien und Veränderungen umschaut. Diese Innovationseinheit heißt heute „BWI innoX". Sie prüft, ob Trends für die Kunden und auch für die eigene Firma relevant sind. Das Innovationsteam, das mittlerweile auf 33 Beschäftigte angewachsen ist, leitet Jens Muschner.

Trends auf Nützlichkeit testen

Die Intrapreneure nehmen Geld in die Hand, um Neuerungen, beispielsweise künstliche Intelligenz oder digitale Identitäten, zu testen. Diese Experimente haben laut Muschner „MVP-Charakter". Dies steht für „Minimum Viable Product" – zu Deutsch: „minimal brauchbares Produkt." „Daraus können wir ableiten, ob eine Neuheit etwas taugt oder nicht", erläutert Muschner. Positive Ergebnisse landen im Leistungsportfolio der BWI. „Wir etablieren in kurzer Zeit Services, die unseren Kunden einen echten Nutzen bieten", unterstreicht der Innovationsmanager.

Verschiedene Formate für mehr Innovation

Am Ende geht es darum, ein fruchtbares Innovationsklima im Haus zu schaffen und so die eigene Innovationsfähigkeit zu stärken. „Daran wollen wir unsere Mitarbeiter und unsere Kunden beteiligen", erklärt der Geschäftsführer Martin Kaloudis. 2020 gab es dazu rund 100 verschiedene Innovationsformate, in deren Rahmen Probleme der Kunden erörtert und Lösungsansätze generiert wurden. So hat jeder Mitarbeiter die Chance, sich mit eigenen Ideen einzubringen. Zudem gibt es seit 2020 Innovationskampagnen, bei denen ein wechselndes Thema ausgelobt wird. Zwölf Wochen lang stecken dann Kunden und Beschäftigte die Köpfe zusammen, um den Innovationsmotor am Laufen zu halten.

BWI GmbH
53340 Meckenheim
www.bwi.de
Beschäftigte (D): über 200
IT-Entwicklung/-Beratung

Geschäftsführer
Jens Muschner und
Martin Kaloudis

Carl Berghöfer GmbH

Rohstoffe passend liefern

Industriemetalle sind begehrt – vor allem, wenn man den Rohstoff gleich in der passenden Form geliefert bekommt. Diesen Service bietet die Carl Berghöfer GmbH in Altena. Das 1928 gegründete Unternehmen hat sich zur führenden Vertriebsorganisation für Metallhalbzeuge aus Kupfer und Kupferlegierungen auf dem deutschen Markt entwickelt. Damit die Abnehmer zügig bedient werden können, entwickelt man die eigenen Prozesse und die Organisation ständig weiter. Der Fokus liegt dabei aktuell auf Digitalisierung und Nachhaltigkeit.

Bänder und Drähte aus Messing, Kupfer und Bronze – darauf hat sich dieser Mittelständler spezialisiert. Seit 2006 werden die Metallbänder im eigenen Haus mittels hochpräziser Anlagen geschnitten. Dafür kauft man tonnenschwere Metallspulen ein und schneidet sie für die Kunden bedarfsgerecht zu. Die Abnehmer stammen vorwiegend aus der Elektro- und der Automobilbranche. „Wir können im Gegensatz zu unseren Wettbewerbern sehr schnell liefern", berichtet Arnd Berghöfer, der den Familienbetrieb gemeinsam mit seiner Frau Anja Berghöfer führt.

In Digitalisierung investiert

Um die Auftraggeber schnell und flexibel bedienen zu können, investierte das Unternehmen 2014 viel Geld in eine neue Firmensoftware. So können die betrieblichen Abläufe deutlich schneller geplant, gesteuert und verwaltet werden. „Ich würde unseren Innovationsgeist aber nicht auf die Digitalisierung reduzieren", betont Anja Berghöfer. Ein wichtiger Innovationsfaktor ist für sie, die Mitarbeiter mit ins Geschehen einzubinden. Dazu sagt sie: „Vor dem Kauf einer neuen Anlage haben wir uns mit den Leuten aus der Produktion beraten. Sie konnten aufgrund ihrer Erfahrung an den Maschinen wertvolle Hinweise dazu geben, was wir im Einzelnen beachten müssen." Sie und ihr Mann sind Freunde flacher Hierarchien, denn das hält den Teamgeist in Schwung.

100 % grüner Strom als Ziel

Bei Carl Berghöfer stehen weitere Entwicklungen auf der Agenda. So wollen die Verantwortlichen ein Portal einrichten, über das die Kunden online sehen können, in welcher Phase sich ihre Aufträge befinden. Zudem ist Nachhaltigkeit ein großes Thema im Haus: Das Unternehmen ließ jüngst eine Fotovoltaikanlage auf dem Dach installieren, über die man den Strom für Ladesäulen generieren will. „Wir stellen unsere komplette Fahrzeugflotte bis 2023 auf E- und Hybridautos um. Bei der Stromnutzung für die Firma wollen wir in fünf Jahren auf 100 % grünen Strom umrüsten. Derzeit nutzen wir schon mehr als die Hälfte des Stroms, den unsere Fotovoltaikanlage liefert", erklärt Arnd Berghöfer. Gut fürs Klima – und für die Energiebilanz der Kunden!

Carl Berghöfer GmbH
58762 Altena
www.berghoefer-metalle.de
Beschäftigte (D): bis 50
Metallverarbeitung

Geschäftsführer
Arnd und Anja Berghöfer

comevis GmbH & Co. KG

Marken müssen klingen

Wer bisher mit der Voice-App „Alexa“ den „FC“ suchte, landete bis vor Kurzem beim „FC Bayern“. Heute hört er hingegen einen meckernden Geißbock und erfährt allerhand über den „FC Köln“. Das ist das Verdienst der comevis GmbH & Co. KG: Diese Spezialistin für Audiobranding berät ihre Kunden rund um den akustischen Markenauftritt. In einem herausragenden Innovationsklima forscht das hoch motivierte Team permanent an neuen technologischen Möglichkeiten – immer wieder auch gemeinsam mit Forschern und Wissenschaftlern.

Ob Podcasts, „Alexa“, „Siri“ oder die audiobasierte Social-Network-App „Clubhouse“: Die Kommunikation über Stimme und Ohr erlebt derzeit einen Hype. Doch wie klingt ein Unternehmen? Welche Markenwerte transportieren Trommelrhythmen, Gitarren- oder Klaviermelodien? Auf diese Fragen hat das Team von comevis professionelle Antworten: „Marken müssen heute erklingen, da in unserer Kommunikation Augen und Hände oft schon keine Rolle mehr spielen. Ein systematisches und einheitliches Audiobranding an allen akustischen Kontaktpunkten eines Unternehmens hat viele Vorteile: Es kann neue Kunden ansprechen, die Performance messbar steigern und eine Marke richtig positionieren“, erklärt der Geschäftsführer Stephan Vincent Nölke.

Kreative Freiräume

Das Team forscht hoch motiviert und mit viel Freiraum für kreatives Denken an neuen Möglichkeiten der akustischen Marken-, Vertriebs- und Servicekommunikation der Kunden. Allein 6 von 15 Mitarbeiter entwickeln in der eigenen Innovationsabteilung „sonicLABS“ neue Ideen und Konzepte – oft auf technologisch anspruchsvollem Niveau. Das jüngste Ergebnis ist die neuartige Audio- und Voice-Anwendung namens „C-Cloud“. Damit können die Kunden auf der Basis künstlicher Intelligenz ihr bestehendes Soundbranding analysieren und vollständig automatisiert neue Audio- oder Voice-Lösungen in der Cloud entwickeln.

Hörwelten erforschen

Unbekannte Audiowelten exploriert das Team außerdem gerne zusammen mit Wissenschaftlern. Dazu investiert das Top-Management immer wieder in vielfältige Kooperationsprojekte, sei es die Entwicklung einer europäischen Sprachassistenzplattform à la „Alexa“ mit zwei Fraunhofer-Instituten oder die Erforschung akustischer Reize mit unterschiedlichen Hörforschungszentren. Dass das Team neben technologischem Know-how auch ein feines Gespür für der Zeitgeist besitzt, zeigt sein Fokus auf das Zukunftsthema Klangökologie: In unserer lauten Welt begeistern manchmal gerade die zurückhaltenden Töne.

comevis GmbH & Co. KG
51063 Köln
www.comevis.com
Beschäftigte (D): bis 50
Kommunikation/Marketing/Medien

Geschäftsführer
Stephan Vincent Nölke

Compleo Charging Solutions AG

Strom laden wie im Supermarkt

An der E-Mobilität führt in Zukunft kein Weg mehr vorbei – und damit auch nicht an der Compleo Charging Solutions AG. Vor elf Jahren war die Idee, Ladestationen für Elektroautos herzustellen, noch gewagt. Heute hat dieser Mittelständler schon 30.000 Ladepunkte in Europa etabliert und wächst rasant weiter, beflügelt auch durch staatliche Förderungen für mehr E-Autos auf den Straßen. Dieser Erfolg basiert nicht zuletzt auf konsequenter Entwicklungsarbeit, die immer wieder Verbesserungen, Neuheiten und etliche Patente hervorbringt.

Wer denkt, eine Ladestation brauche nur einen Stecker, über den Strom ins Auto fließt, kennt die Produkte dieses Mittelständlers noch nicht. Denn er entwickelt digitalisierte Ladesäulen, die viel mehr können: kommunizieren, das Stromangebot und den Strombedarf intelligent abstimmen, Daten speichern und senden – und die in Zukunft sogar wissen sollen, welches Auto eines Fuhrparks wann und wie viel Strom benötigt. „Dafür forschen wir derzeit vor allem auf dem Gebiet der Integration von Ladeinfrastruktur in lokale Stromnetze“, erzählt der Vorstand Checrallah Kachouh. Die Ladesäulen sollen in Zukunft außerdem leichter zugänglich sein. Jeder wird dann ohne Anmeldung und ohne irgendeine App ad hoc und kontaktlos per Girokarte Strom aufladen können. „So einfach wie an einer Supermarktkasse“, erklärt Kachouh.

Marktneuheit für mehr Transparenz

Eine echte Marktneuheit entwickelte das Unternehmen anlässlich eines neuen Gesetzes zum Eichrecht von 2015. Demnach muss jeder Nutzer einer Ladestation genau nachvollziehen können, welche Energiemenge er für sein Geld geladen hat. „Wir waren mit unseren Schnellladestationen die Ersten auf dem deutschen Markt, die eine eichrechtskonforme Lösung anbieten konnten. Das ist ein absoluter Wettbewerbsvorteil“, betont der Vorstand. Dank dieser Innovation können sowohl die Verbraucher als auch die Betreiber mit einer ausgefeilten Messtechnik, per Display und digitaler Datenübertragung alle Details eines Ladevorgangs genauestens prüfen.

Forschung, Patente und Expansion

Dass solche Erfolge gelingen, liegt auch an dem starken Fokus der Geschäftsführung auf Forschung und Entwicklung: 52 Patente hat das Unternehmen schon beantragt, und mit dem Börsengang 2020 konnten zusätzliche Mittel für Entwicklung und Wachstum eingesammelt werden. „Die Produktentwicklung steht für uns weiterhin an oberster Stelle, aber auch die Expansion in europäische Märkte ist uns wichtig“, sagt Kachouh. Und natürlich stehen für 2021 auch wieder etliche Neuerungen ins Haus. Man darf also gespannt sein!

Compleo Charging Solutions AG
44309 Dortmund
www.compleo-cs.com
Beschäftigte (D): 51 bis 200
Energie

Vorstand
Checrallah Kachouh

TOP 100

CROWDFOX GmbH

Im Team zu Innovation

IT-Experten und Softwareentwickler gelten oft als „nerdige" Spezialisten, die allein im stillen Kämmerlein sitzen und von der Welt draußen nicht viel mitbekommen. Dieses Klischee trifft jedoch auf die Beschäftigten der CROWDFOX GmbH mit Sitz in Köln nicht zu: Innovative Ideen entstehen hier im Team, und realisiert werden sie mit der Unterstützung des Top-Managements. Im Vordergrund steht dabei vor allem der Nutzwert digitaler Systemlösungen, die bei den Kunden dieses Mittelständlers großen Anklang finden.

Preisvergleichsseiten im Internet gibt es viele. Doch die Einkaufs- und Vergleichsplattform von CROWDFOX ist etwas Besonderes: Diese Kölner haben eine KI-basierte Plattform entwickelt, auf der Unternehmen die Preise der von ihnen benötigten Produkte vergleichen und sie auch gleich bestellen können. Dafür hat CROWDFOX über die sogenannte KI-Matching-Technologie eine „Unique Trade Item Number" (UTIN) geschaffen, die mehr Vergleichbarkeit, Transparenz und Prozesseffizienz für den Einkauf bringt. So finden Firmen schnell Produkte, die sie ansonsten erst aus einer großen Palette von Lieferantenkatalogen heraussuchen müssten.

Mehr Effizienz für den Einkauf

Auf dem Markt für Büroartikel gibt es zum Beispiel zahllose Anbieter mit Hunderttausenden verschiedener Artikel mit unterschiedlichen Identifikationsnummern. „Über CROWDFOX können Unternehmen in Sekundenschnelle die Angebote von ihren Bestandslieferanten, von neuen Qualitätslieferanten und von Marktplätzen vergleichen. So sparen sie Zeit und Ressourcen und kaufen auch noch zu fairen Preisen", erläutert der Geschäftsführer Dirk Schäfer und fügt hinzu: „Für die C-Teile-Beschaffung ist diese Funktion tatsächlich ein Game-Changer." Über den Angebotsvergleich hinaus versorgen diese Kölner ihre Plattformnutzer mit gezielten Auswertungen für das Einkaufsmanagement.

Innovationsorientiertes Top-Management

Damit fortschrittliche Ideen wie die zur Entwicklung der UTIN entstehen können, dreht sich das Top-Management von CROWDFOX nicht um sich selbst, sondern bindet häufig einen Großteil der 45 Mitarbeiter in seine Entscheidungen ein. Wenn es um Innovationen geht, trifft man sich deshalb auch schon mal außerhalb des Firmengeländes, und jeder kann dann mitreden. Zu solchen Events werden hin und wieder auch angesehene Experten aus der Wirtschaft eingeladen, die gemeinsam mit den Mitarbeitern über neue Technologien und die Bedürfnisse der Märkte fachsimpeln. Darüber hinaus bietet das Top-Management Onlinefortbildungen an, in denen die Beschäftigten ihr Wissen in den Bereichen Wirtschaft und Marketing erweitern können.

CROWDFOX GmbH
50670 Köln
www.crowdfox.pro
Beschäftigte (D): bis 50
IT-Entwicklung/-Beratung

Geschäftsleitung
Sven Kroll, Dirk Schäfer und Frits Verheesen

DENIOS entwickelt und produziert Produkte für Umweltschutz und Arbeitssicherheit.
Von der Kleinstlösung bis zum großen Raumsystem für die Gefahrstofflagerung bietet dieser Marktführer innovative und gesetzeskonforme Konzepte an.

DENIOS AG

★★★★

Innovation gehört zur DNA

So wie die DNA im menschlichen Körper verankert ist, so ist es das Thema Innovation in den Köpfen der deutschlandweit mehr als 450 Beschäftigten der DENIOS AG: Sie brachten 2020 Hunderte von Verbesserungsvorschlägen ein. Innovation ist außerdem ein fester Bestandteil der internen Strategie dieses Spezialisten für Arbeitssicherheit und Gefahrstofflagerung. Viel Wert gelegt wird auf die Gestaltung innovativer Prozesse und auf eine digitale Organisation.

Ob hochentzündlich, giftig oder ätzend: Gefahrstoffe fallen in vielen Branchen an, ob im Chemiekonzern oder beim Autobauer. Den richtigen und umweltfreundlichen Umgang damit garantiert die DENIOS AG mit ihren rund 14.000 Produkten – vom Auffangen über das Aufbewahren bis zum Entsorgen gefährlicher Stoffe. Auch komplette smarte Raumsysteme entwickelt die Firma: Sie erfassen kundenspezifisch und mithilfe von Sensoren Zustandsdaten in einem Gefahrstofflager, können einen Störfall automatisch auf mobile Geräte melden und sogar gezielte Gegenmaßnahmen einleiten.

Digitalisierung als roter Faden

Das Thema Digitalisierung beflügelt aber nicht nur die Produktentwicklung dieses Mittelständlers; es zieht sich durch alle Abteilungen bis zum E-Marketing: „Die Kunden können unsere Produkte nicht nur auf digitalem Weg beschaffen. Wir bieten ihnen auch ein Webportal, einen Online-Produktkonfigurator und eine App zur Gesetzeslage“, betont der Vorstand Horst Rose. Neue Ideen werden systematisch und digital erfasst und in enger Zusammenarbeit der Innovationsabteilung mit dem Produktmanagement gezielt auf den Weg gebracht. Dabei muss eine potenzielle Novität unterschiedliche „quality gates“ durchlaufen und wird erst dann von einem Gremium bewertet. „Am Ende dieses Prozesses wissen wir genau, ob eine Idee wirtschaftliches Potenzial hat und für den Markt geeignet ist“, sagt Rose.

Innovation ist kein Zufall

Auch ein überaus lebendiges Innovationsklima zählt zu den Stärken der Firma. Das zeigen allein die rund 300 Verbesserungsvorschläge von Mitarbeitern im Geschäftsjahr 2020, von denen die Hälfte bereits realisiert wurde. „Der Fokus auf Innovation ist bei uns im gesamten Unternehmen verankert. Wir fordern neue Ideen auch ein, indem wir sie bewusst in die Zielvereinbarungen mit aufnehmen. Außerdem motivieren wir die Mitarbeiter mit einer Vielzahl von Beteiligungsmodellen“, erläutert Horst Rose. So überlässt seine Firma das Thema Innovation nicht dem Zufall.

DENIOS AG
32549 Bad Oeynhausen
www.denios.de
Beschäftigte (D): über 200
Umweltschutz/-technik

Vorstand
Horst Rose

„Innovation sollte kein Zufall, sondern ein Teil der Strategie sein.“

Ingo Schlutter
Bereichsleiter Qualitätsmanagement & Service

Herr Schlutter, sehen Sie die DENIOS AG eher als Einzelkämpferin oder als Teamplayer?
Ganz klar als Teamplayer. Wissen muss von außen in unser Unternehmen eindringen können.

Wie fließt dieses Wissen von außen in Ihre Firma?
Dafür haben wir einen speziellen Ort geschaffen: Mit dem „Blue Campus“ auf unserem Firmengelände möchten wir Hochschulen, Start-ups, Kunden und anderen Partnern einen Treffpunkt bieten, an dem sie an ihren Ideen arbeiten können. Auf rund 250 Quadratmetern haben wir modern ausgestattete Begegnungsbereiche, Flächen zur praktischen Erprobung von Produkten sowie moderne Arbeitsplätze mit elektronischer Ausstattung. Mir ist es ein großes Anliegen, den „Blue Campus“ langfristig als einen Ort zu etablieren, an dem Innovationen entstehen können. Dafür möchte ich dort die unterschiedlichsten Bereiche zusammenbringen. Denn ich glaube fest daran, dass die besten Ideen gemeinsam entwickelt werden.

Welche externen Quellen nutzen Sie sonst noch?
Auch unsere Marketingabteilung und der Vertrieb bringen sehr wertvolles Wissen in unser Unternehmen ein. Rund zwei Drittel des Inputs für Innovationen kommen von dort. Deswegen haben wir auch viel in digitale Kommunikation investiert, zum Beispiel in Form eines Webportals für unsere Kunden. Sie spielen als Ideengeber ebenfalls eine immens wichtige Rolle. Wir lernen im engen Kontakt mit ihnen viel über die jeweiligen Prozesse eines Unternehmens und generieren daraus eine Vielzahl von Einfällen.

Als Spezialist für Gefahrstoffe sind Sie auch durch Gesetze zum Umweltschutz mit der äußeren Umgebung verbunden. Wie gehen Sie damit um?
Wir haben hier eine klare Mission: Wir wollen die Umwelt schützen. Gesetzliche Vorgaben fordern uns permanent dazu auf, neue Konzepte für unsere Kunden zu entwickeln. Je umfassender die Vorgaben, desto innovativer müssen unsere Produkte sein. Ein klarer Erfolgsfaktor bei der DENIOS AG ist dabei ein eigenes Team von Spezialisten, das sich mit der internationalen Gesetzgebung und den Zulassungen unserer Produkte in den jeweiligen Ländern beschäftigt. Wir werden inzwischen sogar bei der Konzeption neuer Gesetze von Fachgremien gebeten, deren Ausgestaltung zu begleiten. Wir sind in 35 Jahren nur deshalb zum weltweiten Marktführer aufgestiegen, weil wir uns stetig und systematisch an diesen externen Bedingungen orientieren.

Campus, Kunden und Gesetze – wie DENIOS externes Wissen nutzt, um innovativ zu sein, erklärt **Ingo Schlutter.**

DextraData GmbH

★★

Neue Galaxien der Digitalisierung

Nicht zufällig heißt die Kreativ- und Socializing-Etage dieses Mittelständlers „Ten Forward", so wie die Kommandozentrale des „Star Trek"-Raumschiffs USS Enterprise: Die DextraData GmbH erforscht mit ihren Kunden neue Galaxien der Digitalisierung. Vor fünf Jahren hat sie eine Transformation begonnen, die nun abgeschlossen ist – vom IT-Systemhaus zum Independent-Software-Vendor. Mit dem „CIO Cockpit", einer innovativen Analytics-Softwarelösung für das IT-Financial-Management, hat sich dieses Unternehmen international einen Namen gemacht.

Der Gründer und Geschäftsführer Shayan Faghfouri ist bekennender „Star Trek"-Freund: „An ‚Star Trek' reizt mich – das sind die Parallelen zu unserer Branche –, dass dort immer wieder unbekanntes, spannendes Terrain betreten wird." Statt neuer Planeten erforscht DextraData zukunftsfähige Digitalisierungslösungen und entwickelt daher immer wieder neue Innovationsstrategien. „Die digitale Transformation beschäftigt uns schon seit Jahren", sagt Faghfouri. In einem Markt, der von einem rasanten Tempo, politischen Hürden und disruptivem Wandel geprägt ist, muss das Top-Management seine Strategie stetig anpassen. So war auch der Wandel vom Systemhaus zum Software-, Managed-Services- und Cloud-Provider nur folgerichtig: „Software und Dienstleistungen sind für uns ganz klar die Zukunft", betont Faghfouri.

Innovatives Cockpit

Dabei erreichte der Mittelständler schon mehr, als nur mit dem Markt mitzuhalten. Ein echter Meilenstein ist die selbst entwickelte Software „CIO Cockpit": Die Advanced-Analytics-Lösung führt Daten aus der IT mit kaufmännischen Daten in Echtzeit zusammen und ermöglicht so eine intelligente und strategische Steuerung, Planung und Optimierung des IT-Betriebs. Damit können IT-Entscheider relevante Informationen sammeln, miteinander verknüpfen und daraus prognostische Aussagen ableiten. „IT-Landschaften werden immer komplexer. Deshalb müssen sie verstärkt in die digitale Wertschöpfungskette integriert werden und können dann sogar einen erheblichen Beitrag zu der Verbesserung der gesamten Geschäftsprozesse leisten", erklärt Shayan Faghfouri.

Ein Klima, das begeistert

Solche Erfolge können in dem exzellenten Innovationsklima dieses Hauses gedeihen: Auch ohne Innovationsmanager beschäftigten sich zuletzt stolze drei Viertel der Mitarbeiter mit dem Thema Innovation. Verbesserungsvorschläge aus der Belegschaft generierten 5 % des Umsatzes. Das liegt auch an einer agilen Organisation, einer guten digitalen Vernetzung und nicht zuletzt am richtigen Spirit: „Hands on Future" ist ein passender Leitspruch für diesen Softwarehersteller – nicht nur zum 25-jährigen Firmenjubiläum.

DextraData GmbH
45131 Essen
www.dextradata.com
Beschäftigte (D): 51 bis 200
IT-Entwicklung/-Beratung

Geschäftsführer
Dirk Schohmann und
Shayan Faghfouri

TOP 100

DFE Chemie GmbH

Frischer Wind für die Stahlbranche

Die Stahlbranche tickt eher konservativ, man schätzt das persönliche Gespräch. Die DFE Chemie GmbH tritt seit der Coronakrise jedoch außergewöhnlich digital auf – mit Onlinevertrieb und digitalem Marketing. Auch in Zukunft will dieser Hersteller von Spezialchemikalien neue Wege gehen. Die richtigen Ideen dafür gedeihen in einem positiven Innovationsklima und dank einer konsequenten Außenorientierung: Im engen Austausch mit Partnern weltweit findet dieser Mittelständler immer neue Anregungen.

Dass Stahl gewalzt wird, wissen viele. Was viele aber nicht wissen: Bei diesem Prozess entsteht eine Oxidschicht, sogenannter Zunder, der in einem Säurebad abgebeizt wird. Ein Additiv für solch eine Säure entwickelt die DFE Chemie. „Unser sogenannter Korrosionsinhibitor schützt den Stahl quasi vor der Säure", erläutert der Geschäftsführer Oliver Paessens. Das Metall erhält so nicht nur eine bessere Oberflächenqualität, das Additiv reduziert auch den Säureverbrauch und damit sogar den CO_2-Ausstoß. „Bei einer Produktion von vielen Millionen Tonnen Stahl pro Jahr ist der Unterschied erheblich", sagt Paessens.

Guter Draht nach China

Da die Firma Kunden weltweit beliefert, zählt das Feingefühl für einzelne Märkte und ihre jeweiligen Anforderungen. Deshalb pflegt man einen intensiven Austausch mit allen Partnern – ob Kunden, Lieferanten oder Distributoren. Gerade mit dem größten Stahlhersteller Chinas, der Kunde und Distributor zugleich ist, erfolgt permanent ein gemeinsames Evaluieren von Produktwirkung, Produktentwicklung und Alleinstellungsmerkmalen.

Zukunftsvision und Umsatzsprung

Bei der Weiterentwicklung seiner Produkte und seiner internen Prozesse hilft diesem Mittelständler vor allem ein gutes Innovationsklima. Es ist geprägt von Fehlertoleranz, Vertrauen, Offenheit und einer schnellen Realisierung von Verbesserungsvorschlägen. „Mir ist eine angstfreie Arbeitsumgebung enorm wichtig. Die Mitarbeiter sollen den Mut und die Zeit haben, Neues auszuprobieren", betont der Geschäftsführer. Dass das nicht nur leere Worte sind, bewies während der Coronapandemie eine Geschäftsmodellinnovation: Mithilfe eines externen Beraters entwarf das Team eine neue Zukunftsvision und stellte den bisherigen Offlinevertrieb komplett auf ein digitales Marketing um: „Wir haben damit auch unsere Produkte und das gesamte Unternehmen emotionalisiert. Das hat uns in der Branche deutlich sichtbarer gemacht", bilanziert Paessens. Der kurz darauf sprunghaft angestiegene Umsatz gibt ihm recht.

DFE Chemie GmbH
40589 Düsseldorf
www.dfe-chemie.com
Beschäftigte (D): bis 50
Chemie/Kunststoff

Geschäftsführer
Oliver Paessens

TOP 100

Diamant Software GmbH

★★★★★★★★

Rechnungswesen der Zukunft

Wer die intelligenteste Rechnungssoftware der Welt hervorbringen möchte, zeigt, dass er auf die Zukunft ausgerichtet ist. Und tatsächlich entwickelt die Diamant Software GmbH schon heute Rechnungswesen- und Controllingsoftware auf höchstem technologischem Niveau. Ob Cloud, Automatisierung oder künstliche Intelligenz – die Geschäftsführung und die Mitarbeiter widmen sich mit Leidenschaft frühzeitig den Schlüsseltechnologien der Zukunft. Die Basis dafür ist nicht zuletzt ein hervorragendes Innovationsklima.

Rechnungen manuell eintippen, das wird in Zukunft wohl kaum mehr ein Buchhalter – davon sind bei diesem Mittelständler alle überzeugt. „Zuletzt hat auch Corona vielen Firmen noch einmal klar gemacht, wie wichtig die Digitalisierung ihrer Geschäftsprozesse ist", erzählt der technische Geschäftsführer und Entwicklungsleiter Roland Hofstetter. Um die digitale Buchhaltung der Zukunft effektiver, automatisierter und kostensparender zu machen, entwickelt dieser Softwarehersteller seine Produkte kontinuierlich weiter. Dass Innovation für die Geschäftsführung deutlich im Mittelpunkt steht, beweist eine eindrucksvolle Zahl: Rund ein Viertel des Umsatzes floss 2020 in Innovationstätigkeiten.

Selbstlernende Software

Schon lange glaubt das gesamte Team an künstliche Intelligenz als Schlüsseltechnologie der Zukunft. Aus diesem Grund erforschen zwölf Mitarbeiter ganz unabhängig im KI-Kompetenzzentrum in Darmstadt, wie man das Rechnungswesen und KI noch besser miteinander verbinden kann. Die hauseigene Entwicklungsabteilung übersetzt die Ergebnisse aus dieser Grundlagenforschung dann, eng verzahnt mit dem „Lean Portfoliomanagement", in konkrete Produkte. Ein Beispiel dafür ist „Isi", die weltweit erste Sprachassistentin im Rechnungswesen. „Im Vordergrund stehen hier für uns auch immer die Anforderungen unserer Kunden sowie die Nutzererfahrungen und eine einfache Bedienbarkeit", erklärt der Geschäftsführer Dr. Haiko van Lengen.

Geschwindigkeit durch mehr Eigenverantwortung

Dass ihm innovative Produkte gelingen, liegt bei diesem Mittelständler auch an einem exzellenten Innovationsklima: „Wir sind intern inzwischen sehr agil aufgestellt", betont Dr. van Lengen. Hierarchien spielen in der Softwareentwicklung nur noch eine untergeordnete Rolle. Das Top-Management versteht sich als „Enabler" und steckt den Rahmen ab, in dem die Teams dann selbstverantwortlich arbeiten können – mit Raum und Zeit für Neues. „Das bringt mehr Leidenschaft, Kreativität und Geschwindigkeit", bestätigt Hofstetter. So wird dieser Softwarehersteller wohl auch in Zukunft zu den innovativen Vorreitern seiner Branche gehören.

Diamant Software GmbH
33647 Bielefeld
www.diamant-software.de
Beschäftigte (D): über 200
IT-Entwicklung/-Beratung

Geschäftsführer
Dr. Haiko van Lengen und
Roland Hofstetter

Eggelbusch GmbH & Co. KG

Innovationen mit Geschmack

Vom klassischen Fleischerhandwerk zum innovativen Nischenhersteller: Die westfälische Eggelbusch GmbH & Co. KG hat diesen Wandel vollzogen und produziert in dritter Generation Wurstspezialitäten. Ihrem Top-Management gelingt es, traditionelles Handwerk, moderne Industrieproduktion und clevere Produktentwicklung zu verbinden. Mit einer besonderen Organisationsstruktur, die auf die Eigenverantwortung jedes Einzelnen setzt, fördert die Geschäftsführung außerdem das gute Innovationsklima im Unternehmen.

Die Geschäftsführer Snezana und Claus Schürmann entwickeln mit ihrem Team Produktkonzepte in kleinen Losgrößen mit Alleinstellungsmerkmal, etwa den Frischepack mit Sachets in Portionsgrößen speziell für Singlehaushalte. Sein besonders ressourcensparendes Verpackungsdesign reduziert das Material um rund 33 %. Diese Neuheit wurde ursprünglich regional als Pilotprojekt für einen großen Discounter geplant. Mittlerweile sind die Packungen bundesweit platziert worden. Agile Prozesse und flache Hierarchien ermöglichen es, solche Entwicklungen in maximal zwölf Monaten zur Marktreife zu bringen. Andere Unternehmen brauchen hierfür bis zu drei Jahre.

Ganz groß auf dem Markt für Halal-Produkte

Das innovative Top-Management beweist auch bei der Ausgestaltung seines Angebots Weitsicht. Denn schon früh hat sich Eggelbusch auf Halal-Produkte für muslimische Verbraucher spezialisiert. Als „halal" gilt, was weder Schweinefleisch noch Blut enthält. Dafür wurde die Produktion komplett von der Produktion gewöhnlicher Wurstwaren abgekoppelt. Der große Aufwand, die strengen Zertifizierungsregeln einzuhalten, hat sich gelohnt: Mit engmaschigen Qualitätskontrollen, das Tierwohl und den Umweltschutz nachhaltig im Blick, macht das Halal-Sortiment heute 30 % des Unternehmensumsatzes im Lebensmitteleinzelhandel und im Foodservice aus.

Starke Identifikation

Derartige Erfolge entstehen durch eine effektive Zusammenarbeit und ein gutes Innovationsklima. In der Fleisch verarbeitenden Industrie ist Eggelbusch ein Pionier auf dem Gebiet der modernen Organisations- und Personalentwicklung. So ermöglicht die Geschäftsführung ihren Mitarbeitern ein freies und eigenverantwortliches Entscheiden. Sie arbeiten in flachen Hierarchien eng und abteilungsübergreifend zusammen, vertreten ihre Interessen und bringen im Konsens Projekte schnell voran. „Unsere Mitarbeiter identifizieren sich mit dem Unternehmen", erklärt Snezana Schürmann. „Sie sind zufrieden und können sich weiterentwickeln, eben weil sie involviert sind und gehört werden." So entstehen kreative Ideen und neue Produkte mit Geschmack.

Eggelbusch GmbH & Co. KG
33428 Harsewinkel
www.eggelbusch.de
Beschäftigte (D): 51 bis 200
Nahrungsmittelindustrie/-handel

Geschäftsführende Gesellschafterin
Snezana Schürmann

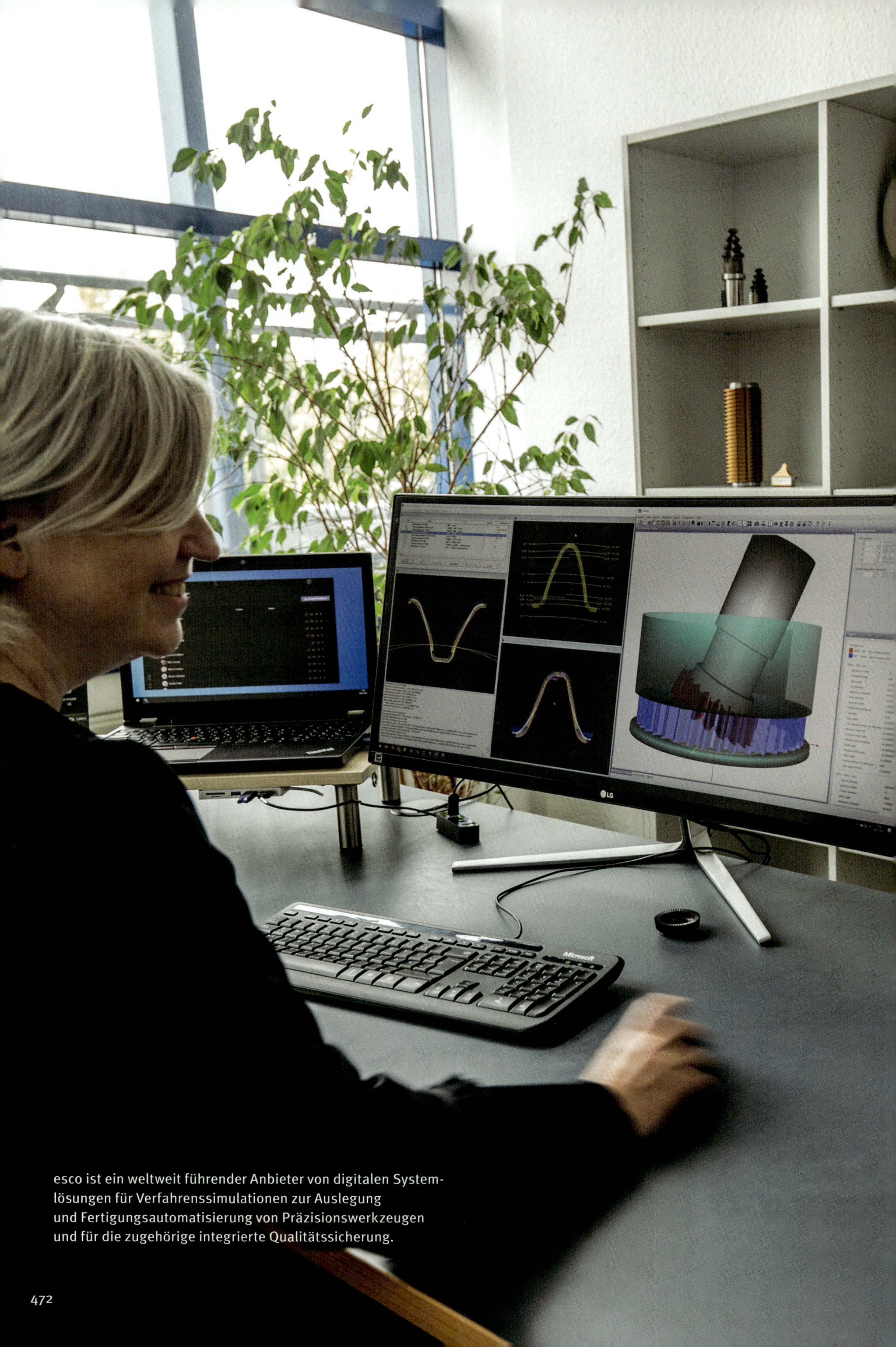

esco ist ein weltweit führender Anbieter von digitalen Systemlösungen für Verfahrenssimulationen zur Auslegung und Fertigungsautomatisierung von Präzisionswerkzeugen und für die zugehörige integrierte Qualitätssicherung.

esco GmbH engineering solutions consulting

Vordenker und Wegbereiter

Im Technologiepark Herzogenrath hört man das Gras wachsen. Zumindest bei der dort angesiedelten esco GmbH engineering solutions consulting – einer der führenden Anbieter von integrierten Systemlösungen für Fertigungssimulation, Fertigungsautomatisierung und Qualitätssicherung. Das ist vor allem dem Top-Management zu verdanken und seiner Gabe, weit im Voraus zu erkennen, in welche Richtung sich der Markt entwickelt. Aktuell etwa auf dem Feld der Elektromobilität, wo der Mittelständler einmal mehr seinem Ruf als Vordenker und Wegbereiter gerecht wird.

Die beiden Geschäftsführer, der Diplom-Ingenieur Dietmar Ernst und die Diplom-Betriebswirtin Marion Süßmilch, bilden ein kongeniales Team, das 65 % seiner Arbeitszeit dem Thema Innovation widmet. Ein wesentlicher Treiber für die Entwicklung neuer Ideen sind die langjährigen vertrauensvollen Beziehungen zu Schlüsselkunden aus der Automobilindustrie, die sich von esco gern in die Karten schauen lassen. „Dank dieser exzellenten Kontakte erkennen wir in einem sehr frühen Stadium, was die Branche in den kommenden Jahren braucht", sagt Dietmar Ernst.

Innovationsimpulse von außen

Aus dieser Poleposition heraus entwickelt man bei esco mit verlässlicher Regelmäßigkeit Systemlösungen, an die der Kunde noch nicht gedacht hat. Wichtige Impulse für Innovationen liefern auch weitreichende Kooperationen mit Universitäten und Hochschulen. So beteiligt sich esco aktiv an dem Forschungsprojekt „Skalierung von industriellen Dienstleistungen" des Instituts „Forschung. Innovation. Realisierung." (FIR) der RWTH Aachen. „Mit dem FIR arbeiten wir auch bei unserer Digitalisierungsoffensive eng zusammen", betont Dietmar Ernst. Gerade abgeschlossen wurde außerdem eine gemeinsame Studie zum Thema „esco Dokumentationsprozess".

Top-Management mit Weitblick

Mit der Erweiterung des Top-Managements um den Marketing- und Vertriebsexperten Kenneth Sundberg im April 2021 haben die beiden Geschäftsführer eine zukunftsweisende strategische Entscheidung in die Tat umgesetzt. „Unser neuer Mann in der Geschäftsleitung verfügt über ein ausgeprägtes Fachwissen und hat einen Rucksack voller erstklassiger Kontakte mitgebracht", sagt Dietmar Ernst. Über ihn erreicht das Unternehmen nun potenzielle Kunden, die bisher nicht direkt angesprochen werden konnten. Erste Erfolge zeichneten sich bereits innerhalb weniger Monate ab: Dank seines weltweiten Netzwerks hat Kenneth Sundberg jeweils einen Repräsentanten in Japan und Indien rekrutiert. Mit seiner vorausschauenden Haltung passt er perfekt in das Team der Herzogenrather Vordenker und Wegbereiter.

esco GmbH engineering solutions consulting
52134 Herzogenrath
www.esco-aachen.de
Beschäftigte (D): bis 50
IT-Entwicklung/-Beratung

Geschäftsleitung
Kenneth Sundberg, Marion Süßmilch und Dietmar Ernst

„Unterm Strich kommt es auf die Perspektive der künftigen Anwender an.“

Marion Süßmilch
Geschäftsführerin

Bei esco wird viel Wert darauf gelegt, die Kundensicht in alle Phasen des Innovationsprozesses einzubringen. Warum ist das wichtig?

Die Perspektive unserer Kunden und potenzieller Kunden ist von enormer Bedeutung für den erfolgreichen Abschluss des Innovationsprozesses. Und zwar von der ersten Stunde an. Die zentrale Frage ist doch, ob der Markt eine Neuerung, von deren Mehrwert für den Kunden wir überzeugt sind, auch wirklich annimmt. Unsere Entwickler sehen jedes neue Projekt naturgemäß zuerst durch die Brille der Softwareingenieure. Das kann ja gar nicht anders sein und ist zunächst auch völlig in Ordnung. Aber unterm Strich kommt es auf die Perspektive der künftigen Anwender an, die mit unseren Systemlösungen besser und schneller werden möchten. Ein nicht zu unterschätzender Aspekt ist zudem, dass wir innovative Projekte mithilfe der Kundensicht deutlich effizienter realisieren und damit früher an den Markt gehen können.

Wie muss man sich das in der Praxis vorstellen?

Hier sind vor allem die Mitarbeiter aus dem technischen Support und dem Vertrieb sowie unsere Repräsentanten gefragt. Sie halten engen Kontakt zu den Kunden und sind damit ständig am Puls der Zeit. Und sie sind in der Lage, mit den Kunden auf Augenhöhe zu diskutieren und so deren Sicht auf künftige Novitäten in einem sehr frühen Stadium in den Innovationsprozess einzubringen. Dafür müssen sie natürlich vergleichsweise tief in der Materie verwurzelt sein, denn wir verkaufen ja keine Massenware, sondern höchst anspruchsvolle und damit erklärungsbedürftige Produkte.

Gibt es weitere Kanäle, mit deren Hilfe man mehr über die Sicht der Kunden herausfinden kann?

Neben den Endkunden spielen unsere OEM-Vertriebspartner, zum Beispiel Hersteller von Schleifmaschinen und Multisensorikmessgeräten, eine große Rolle. Über diese weltweit agierenden Unternehmen bekommen wir einerseits wertvolles Feedback zur Wirkung und zum Erfolg unserer Produkte und Dienstleistungen und andererseits tiefe Einblicke in die Wünsche und Anforderungen an künftige Innovationen. Diese bereits von unseren Partnern gefilterten Informationen haben ebenfalls maßgeblichen Einfluss auf die Gestaltung von Innovationsprojekten.

Warum die Einbeziehung der Kundensicht maßgeblich für den Erfolg des Innovationsprozesses bei esco ist, erklärt **Marion Süßmilch.**

EUROPART liefert Ersatz- und Zubehörteile für Nutzfahrzeuge aller Klassen. Das Unternehmen ist außerdem führender Partner für Nutzfahrzeugwerkstätten sowie Betreiber von Lkw-, Trailer-, Transporter- und Busflotten in Europa.

EUROPART Holding GmbH

Innovationskraft mit Gänsehautfaktor

Egal, ob Schwertransporter oder Lkw mit Toilettenpapier an Bord – wenn die Bremsscheibe kaputtgeht, muss schnell das richtige Ersatzteil her. Die EUROPART Holding GmbH liefert in nur zwei Stunden aus einem Sortiment von 400.000 Ersatzteilen das eine richtige, exakt passend zu Fahrzeugtyp, Beladung und Achse. Hinter dieser Zielgerichtetheit steht ein Top-Management, das mit gut durchdachten Prozessen Kunden und Mitarbeiter zu Fans des Unternehmens macht. Und ein Innovationsmarketing, das Gänsehaut erzeugt.

Kreativer Kopf des Teams ist der Geschäftsführer Olaf Giesen. Etwa die Hälfte seiner Arbeitszeit widmet er dem Thema Innovation. Gemeinsam mit seinem Führungsteam entwickelte er für seine Firma ein Zukunftsbild unter dem Slogan „Wir halten die Wirtschaft am Laufen“. „In Zeiten von Lockdowns wird deutlich, wie richtig das ist. Ohne Nutzfahrzeuge ginge nichts. Damit sie einwandfrei funktionieren, sind ihre Eigentümer auf uns und auf unsere Zuverlässigkeit angewiesen“, erklärt Giesen.

Mitarbeiter als Erfolgsgaranten

Dass seine Leute die größten Fans des Unternehmens sind, ist ihm wichtig und ein Garant für den Erfolg von EUROPART. Einmal wöchentlich nimmt Giesen daher für sie einen Podcast zu aktuellen Ereignissen auf. Um damit alle Beschäftigten der europaweit 300 Niederlassungen und in der Zentrallogistik im südwestfälischen Werl zu erreichen, bietet die Firma eine eigene App zur internen Kommunikation an. Zusätzlich zu Newsfeed-, Chat- und Gruppenfunktionen vergfügt sie über ein integriertes Videokonferenzprogramm sowie ein Übersetzungstool. Mit dem ebenfalls integrierten „innovations lab“ können über diese App auch Verbesserungsvorschläge und neue Ideen eingereicht und bewertet werden. Zukünftig sollen darüber auch Zugangsberechtigungen, etwa zu Lagerräumen, gemanagt und Gehaltsabrechnungen gesteuert werden.

Medial erfolgreich

Emotional wird es, wenn sich Mitarbeiter und Kunden im hauseigenen 360-Grad-Filmstudio treffen. Ausgestattet mit einer Rundum-LED-Leinwand, ermöglicht das Studio die Aufnahme von Livestreams in bis zu 24 Kamerapositionen. Auch Produktpräsentationen, Vertriebstagungen oder Managementdialoge finden hier statt. Bald soll ein schicker Partytrailer das Filmstudio ergänzen. Er entstand im Rahmen der YouTube-Dokumentation „Vollblut“. Darin basteln ein „Vollblutschrauber“ und ein „Vollbluttrucker“ diesen Trailer mit EUROPART-Teilen aus einem alten Laster zusammen. „Schrauber und Trucker lieben das, was sie tun. Genau wie wir. Das wollen wir auf emotionale Art zeigen“, erklärt Olaf Giesen die erfolgreiche Social-Media-Kampagne mit Gänsehautfaktor.

EUROPART Holding GmbH
58135 Hagen
www.europart.net
Beschäftigte (D): über 200
Handel

Geschäftsführer
Olaf Giesen

„Wir lieben,
was wir tun –
und
unsere Kunden
lieben uns
dafür!“

Olaf Giesen
Geschäftsführer

Sie vertreiben 400.000 Ersatzteile für Nutzfahrzeuge und versprechen eine deutschlandweite Lieferung in zwei Stunden. Wie behalten Sie da den Überblick?
Das funktioniert mit erfahrenen und motivierten Kollegen. Bei uns arbeiten etwa nur Nfz-Meister direkt am Kunden. Sie können schnell und präzise sagen: „Du brauchst genau dieses Teil." Und dann bedarf es guter Strukturen. Bei uns kümmern sich 20 Mitarbeiter nur um das Thema Stammdaten. Diese werden mit technischen Details und mit Expertenwissen versehen und entsprechend hinterlegt. Dazu kommen eigene IT-Lösungen zur Teileidentifizierung. Das Wissen unserer Belegschaft ist so fest im Unternehmen verankert und schnell abrufbar. Hinzu kommt die Implementierung von „Smart Lane", einer revolutionären cloudbasierten Software zur Transportoptimierung.

Der Erfolg gibt Ihnen recht. Die Reklamationsquote Ihrer Premium-Parts-Eigenmarken ist mit 0,01 % sehr niedrig. Wie geht das?
Wir legen Wert auf die Güte unserer Ware. Das ist in unserer Branche sicherheitsrelevant. 17 Mitarbeiter sind nur dafür zuständig. Auch möchten wir die Produkte unserer Eigenmarke stärken. Das erreichen wir nur, wenn die Qualität insgesamt stimmt.

Nicht nur Ihre Kunden, auch Ihre 770 Mitarbeiter in Deutschland sollen EUROPART-Fans sein. Wie schaffen Sie das?
Ich möchte, dass jeder im Team weiß, wie wichtig seine Arbeit ist. Nur zusammen sind wir unschlagbar. Im Moment finanzieren wir Leihfahrzeuge, um die durch die Coronapandemie unmöglich gewordenen Fahrgemeinschaften der Kollegen für die Arbeitswege zu kompensieren. So und auch mit gesundem Kantinenessen zeigen wir, wie wichtig uns jeder Einzelne ist. Außerdem möchte ich mein Team emotional erreichen. Unseren Erfolg bei TOP 100 habe ich in unserem 360-Grad-Filmstudio verkündet. Alle waren mit ihren Familien und Freunden live dabei. Dazu eingeladen haben wir mit einem Paket aus Popcorn und Getränken. Und als die Pandemie anfangs unseren Arbeitsalltag erst einmal durcheinandergewirbelt hatte, haben wir kurzerhand aus unserem Motto „Wir machen das einfach" ein „Wir schaffen das einfach" gemacht und den Song „Hoch" von Tim Benzko gefilmt. Nicht zuletzt mit unserer YouTube-Kampagne „Vollblut" konnten wir viele unserer Mitarbeiter auch zu virtuellen Followern machen.

Mit welchen innovativen Maßnahmen die EUROPART Holding GmbH Kunden und Mitarbeiter zu ihren größten Fans macht, erklärt **Olaf Giesen.**

FoodPLUS GmbH

Das große Plus für eine gute Agrarpraxis

Verbraucher wollen, dass auch konventionell erzeugte Lebensmittel nachhaltig hergestellt werden – mit möglichst wenig Dünger, kaum Einsatz von Pestiziden und mit einem geringen Wasserverbrauch. Gute Arbeitsbedingungen in der Landwirtschaft und die Berücksichtigung des Tierwohls sind ebenso wichtig. Mindeststandards dafür definiert und etabliert die Kölner FoodPLUS GmbH über ihre Marke GLOBALG.A.P., die den Produzenten und dem Handel ein privatwirtschaftliches, weltweit anerkanntes Zertifizierungssystem für gute Agrarpraxis bereitstellt.

„Unsere Agrarexperten leisten einen ausgesprochen wichtigen Beitrag zur Transformation der Ernährungswirtschaft", erklärt der Initiator und Geschäftsführer Dr. Kristian Möller. Das von ihm entwickelte Geschäftsmodell beschreibt er als eine Art internationalen Landwirtschafts-TÜV. Er führt aus: „Wir bringen rund um den Globus landwirtschaftliche Betriebe und Handelsfirmen an einen Tisch. Gemeinsam legen wir eine Vielzahl von Regeln für eine nachhaltige und sichere Agrarpraxis fest. Indem wir mit den Beteiligten alle dafür erforderlichen Schritte harmonisieren, bewirken wir, dass diese Branchenstandards für Prozesse und Abläufe eingehalten werden." Das Unternehmen arbeitet nach dem Lizenzprinzip mit derzeit 170 Zertifizierungsgesellschaften zusammen. Von ihnen erhalten 200.000 im System registrierte Erzeuger in 130 Ländern Jahr für Jahr weltweit anerkannte Zertifikate für die Güte ihrer Produktionsprozesse. Nahezu alle in Europa tätigen Handelsketten bestehen bei ihren Lieferanten für Obst, Gemüse und teilweise auch für Fleisch und Aquakultur inzwischen auf eine GLOBALG.A.P.-Zertifizierung.

Innovationen aus dem Top-Management

Um die Expansion des Unternehmens voranzutreiben, hat die FoodPLUS GmbH ein über Europa, die USA und Afrika verteiltes Führungsgremium etabliert, das Innovationen anregt und das ursprünglich nur Business-to-Business-orientierte Geschäft auf eine breitere Basis stellt. Entstanden sind daraus zuletzt Qualitätssiegel für eine zertifizierte Aquakultur und einen zertifizierten Zierpflanzenanbau, die Endverbrauchern beim Kauf als Orientierungshilfe dienen.

Initiative für mehr Biodiversität

Im Auftrag eines deutschen Handelsgiganten entwickelt man bei FoodPLUS derzeit ein neues Zertifizierungsmodul, mit dem landwirtschaftliche Betriebe ihre Bemühungen um mehr biologische Vielfalt auf den von ihnen genutzten Flächen dokumentieren und nachweisen können; Ende dieses Jahres soll es für Lieferanten in aller Welt verfügbar sein. „Damit bringen wir mehr Nachhaltigkeit in die Erzeugung konventioneller Lebensmittel und etablieren sie weiter im Mainstream", sagt Kristian Möller erfreut.

FoodPLUS GmbH
50672 Köln
www.globalgap.org
Beschäftigte (D): 51 bis 200
Nahrungsmittelindustrie/-handel

Geschäftsführer
Dr. Kristian Möller

Georgi GmbH & Co. KG Transporte

Auf Europas Flughäfen zu Hause

Fluggesellschaften befördern Fracht zu internationalen Hauptflughäfen. Wenn die Ladung anschließend andere Airports erreichen soll, kommt sogenannter Luftfrachtersatzverkehr per Lkw ins Spiel – darin liegt das Kerngeschäft der Georgi GmbH & Co. KG Transporte. Diese Unternehmensgruppe mit Sitz im Siegerland zeichnet sich seit Jahrzehnten durch eine hohe Innovationskraft aus. Zuletzt hat sie ihr Portfolio um zwei Geschäftsbereiche erweitert, die Synergien freisetzen und einen Wachstumsschub erzeugen.

Als Deutschlands größter Anbieter von Luftfrachtersatzverkehr befördert Georgi tagtäglich Frachtcontainer zwischen allen wichtigen europäischen Airports; eine halbe Million Kilometer legen die Fahrer der 400 dafür verfügbaren Lastwagen jeden Monat zurück. Der Inhaber Jürgen Georgi koordiniert am Hauptstandort Burbach alle Geschäftstätigkeiten des 1953 gegründeten Familienbetriebs. Zug um Zug schuf er ein weit verzweigtes Firmengeflecht, das über die Lkw-Fuhren hinaus heute die komplette Luftfrachtlogistik aus einer Hand bietet. Georgi sieht sich im Wesentlichen als Ideengeber: „Ich hatte immer ein gutes Gespür für Expansionsmöglichkeiten. Das hat dazu beigetragen, dass wir jetzt die gesamte Air-Cargo-Wertschöpfungskette abbilden können." Zur Seite stehen ihm sein Sohn Christian Georgi als Vertriebsleiter und seit 2019 der Co-Geschäftsführer Sebastian Plumhof. Auf dessen Initiative geht ein kürzlich implementierter kontinuierlicher Verbesserungsprozess zurück. „Wir wollen erreichen, dass die Mitarbeiter aller Tochtergesellschaften das Unternehmen künftig noch stärker mitgestalten."

Neues Umschlagzentrum in Frankfurt

2018 eröffneten diese Logistiker ihr neues Frachtumschlagszentrum am Flughafen Frankfurt/Main mit 20.000 Quadratmetern Fläche. Ein gewagtes Investment, denn Aufträge gab es zunächst noch nicht. Inzwischen läuft das Geschäft mit Airlines und Spediteuren, die an Ort und Stelle über keine eigene Infrastruktur verfügen, sehr gut.

Tochterfirma als Control-Tower

Zu einem noch größeren Erfolg geriet die Gründung der Georgi Fast Solution GmbH im Jahr 2020. Sie wickelt Lufttransporte einschließlich aller Formalitäten selbst ab – von der Warenabholung über das Scannen der Frachtstücke bis zur Zustellung mit der eigenen Lkw-Flotte. „GFS erreicht einen neuen Kundenkreis und fungiert als Broker und eine Art Control-Tower für andere Georgi-Gesellschaften", sagt Plumhof. Das Resultat der Innovationsstrategie kann sich sehen lassen: Bereits jetzt generieren das neue Umschlagszentrum und die GFS zusammen etwa 10 % des Gesamtumsatzes der Georgi-Gruppe.

Georgi GmbH & Co. KG Transporte
57299 Burbach
www.georgi-transporte.com
Beschäftigte (D): über 200
Verkehr/Logistik

Geschäftsführer
Sebastian Plumhof und Jürgen Georgi

gicom AG

★★

Partnerschaftlich zum Erfolg

Das Unternehmen in eine AG umwandeln: Das ist eine der aktuellen Maßnahmen des innovationsfördernden Top-Managements der gicom AG. Der IT-Spezialist unterstützt Handelskonzerne, den Großhandel und die Konsumgüterindustrie mit innovativer, SAP-basierter Software für das Verhandlungs-, Preis- und Konditionsmanagement. Das Ziel der neuen Aktiengesellschaft ist es, weiter zu expandieren und Kompetenzträger aus den eigenen Reihen am Unternehmen zu beteiligen.

Mehr als 5.000 Anwender aus über 15 Ländern nutzen die Software der gicom AG und steuern damit insgesamt mehr als 100 Mrd. € Verhandlungsvolumen und ungefähr 12 Mrd. € Konditionserträge. „Den Anspruch, der führende Anbieter auf diesem Gebiet zu sein, wollen wir zukünftig weiter ausbauen. Dazu zählt auch der Schritt, noch internationaler zu werden. Zu unseren aktuellen internationalen Projekten zählen SPAR Südafrika, SPAR Schweiz und Coop Italien“, beschreibt der Vorstand Stefan Hilger die begonnene Expansion.

Von der GmbH zur AG

Der Treiber der Innovationskraft ist das Top-Management: Hans-Jakob Reuter ist Mitgründer und Visionär der gicom AG. Er bringt Innovationen konsequent voran und verantwortet die Strategie sowie das operative Geschäft des Unternehmens. Der Vorstand Stefan Hilger ist der Ansprechpartner für die langjährige erfolgreiche Innovationspartnerschaft mit SAP und leitet zusätzlich den Vertrieb, das Marketing und die Beratung. Ein Meilenstein der Innovationsstrategie von gicom war die Umwandlung der GmbH in eine Aktiengesellschaft Anfang des Jahres 2021. Das Ziel dieser Maßnahme ist es, den internationalen Aktionsradius zu erweitern und zugleich die Innovationskraft zu stärken.

Forschungskooperationen als Impulsgeber

Wichtige Innovationsimpulse kommen aus der starken Außenorientierung der gicom AG. So beleuchtet man im Rahmen von Forschungskooperationen mit Hochschulen betriebswirtschaftliche Fragen aus der Praxissicht. Im Fokus stehen dabei Strategien zum Ausbau der internationalen Aktivitäten, die dieser IT-Spezialist mittels Kooperationen mit Großunternehmen wie SAP in Zukunft noch konsequenter kultivieren möchte. „Wir folgen der Maxime, einzigartige Konzepte für morgen kontinuierlich voranzutreiben. Unsere Erfolgsbasis ist die langjährige Kooperation mit dem Handel und der Industrie. Und die erhält durch die Rechtsform der AG eine entscheidend neue Dimension“, resümiert Hans-Jakob Reuter.

gicom AG
51491 Overath
www.gicom-group.com
Beschäftigte (D): 51 bis 200
IT-Entwicklung/-Beratung

Vorstände
Stefan Hilger und
Hans-Jakob Reuter

Grohe AG

★ ★ ★

Agile Transformation

Jeden einzelnen Mitarbeiter zu befähigen, sein Potenzial voll zu entfalten – dieses Erfolgsprinzip prägt das Innovationsklima der Grohe AG. Sie hat eine globale Marke für Bad- und Küchenarmaturen etabliert und beschäftigt insgesamt mehr als 6.500 Mitarbeiter, davon 2.600 in Deutschland. Als Teil der internationalen LIXIL Corporation hat sie sich die Transformation in eine agile Organisation zum Ziel gesetzt und stärkt damit gleichzeitig ihre Innovationskraft.

Ende 2020 hat die LIXIL Corporation einen Wandel der Funktionsbezeichnungen im oberen Management eingeleitet, und zwar weltweit. Die Führungskräfte haben nun den einheitlichen Titel „Leader“. Das Ziel: ein Innovationsklima zu schaffen, das das Gemeinschaftliche betont und die Forschungs-, die Entwicklungs- und die Kommunikationsebenen miteinander verbindet. Das unternehmensweit neu eingeführte Leitbild spricht sich konsequent für Diversität und Inklusion aus und soll ein kreatives Umfeld für die Entwicklung neuer Ideen fördern. Im Fokus der aktuellen Innovationsprozesse stehen nachhaltige Produkte wie „GROHE Blue“, ein Wassersystem für die Küche, das Plastikflaschen unnötig macht.

Lebenslanges Lernen

Um seine führende Marktposition weiter auszubauen, setzt das Unternehmen mit der Marke GROHE nicht nur auf die Weiterentwicklung von Produkten und Technologien, sondern auch auf die Weiterentwicklung seiner Beschäftigten. So bietet etwa die „Grohe Master Academy“ umfassende Fortbildungs- und Trainingsprogramme, die sich individuell auf Wünsche und Entwicklungsstand anpassen lassen. Eine konstruktive Fehlerkultur gibt Freiraum für Experimente und fördert das Entstehen neuer Erkenntnisse.

Globaler Austausch

Seit 2020 sind nahezu alle Büroangestellten der Grohe AG pandemiebedingt im Homeoffice tätig und verständigen sich auf digitalem Weg mit Kollegen, Logistikern, Zulieferern und Kunden. „Das eröffnet ganz neue Freiräume für kreative Ideen. Die Zusammenarbeit in Innovationsprojekten ist dadurch offener geworden, und das Verständnis für die verschiedenen Verantwortungsbereiche fällt heute deutlich differenzierter aus“, berichtet der Vorstand Thomas Fuhr. Die Erkenntnisse aus dem gemeinsamen Austausch fließen kontinuierlich in das Monitoring von Markt- und Kundenbedürfnissen ein. So steht seit Beginn der Coronapandemie etwa auch der Ausbau der Produktgruppe „berührungslose Armaturen“ auf der Agenda, da sie das Ansteckungsrisiko reduzieren.

Grohe AG
40545 Düsseldorf
www.grohe.de
Beschäftigte (D): über 200
Klima/Sanitär/Heizung

Vorstände
Jonas Brennwald und Thomas Fuhr

Arno Schelzke ist Geschäftsführer eines Industrieunternehmens und Leiter des Instituts für angewandte Pädagogik in Berlin. Im Jahr 2000 gründete er die ASIG Stiftung und begleitet seither als Vorstand verschiedenste Jugendbildungsprojekte. Er ist europaweit als Referent aktiv und fokussiert sich dabei auf Themen der ökonomischen Nachhaltigkeit und Bildung für nachhaltige Entwicklung. Schelzke arbeitete für namhafte Unternehmensberatungen und als Berater für Wirtschaftsfragen.

Bildung in herausfordernden Zeiten

Aufgrund der Coronapandemie steht das Bildungssystem vor immensen Herausforderungen. Schlagartig ist klar geworden, wie stark Schulen und Hochschulen bei der Digitalisierung hinterherhinken. Die Folge: Eltern müssen Aufgaben von Kinderbetreuungseinrichtungen und Schulen übernehmen. Für viele Menschen ist diese Ausnahmesituation eine große Belastung – emotional und wirtschaftlich. **Arno Schelzke** erklärt, was nun nötig ist, damit der digitale Wandel des Bildungswesens gelingt.

Vielfalt und neue Strukturen: Die digitale Transformation erfordert Offenheit für experimentelle Unterrichtsformen sowie eine neue konzeptionelle Ausrichtung und Organisation von Bildungsinstitutionen und -prozessen.

Die Coronapandemie hat das digitale Lehren und Lernen in den Mittelpunkt (hoch)schulischer und beruflicher Bildung gerückt und damit weitreichende Herausforderungen und Barrieren im Kontext der digitalen Transformation von Bildungsinstitutionen offenbart. Infrastrukturelle Mängel, beispielsweise in der technischen Ausstattung, bei Breitbandanschlüssen, flächendeckendem W-Lan, Sicherheitsstrukturen etc., sind dabei nur die eine Seite des Problems. Auf der anderen Seite zeigen sich im Hinblick auf die pädagogische Bewältigung der Coronakrise vielfältige Anwendungsunsicherheiten und -hemmnisse, sowohl seitens der Lehrpersonen als auch seitens der Lernenden. Doch das Auftauchen dieser Schwierigkeiten bietet nun die Chance, die Anwendungskompetenzen bei allen beteiligten Bildungsakteuren weiter auszubauen und die vielen Möglichkeiten des Lehrens und Lernens mit digitalen Medien besser zu nutzen. Der aktuelle Handlungsdruck, der durch den bildungsorganisatorischen Ausnahmezustand entstanden ist, hat hier durchaus einen katalysatorischen Effekt und hat verschiedenste Prozesse in Gang gesetzt, die unter anderen Umständen vielleicht noch viele Jahre gedauert hätten oder die an organisatorischen oder bildungsrechtlichen Restriktionen gescheitert wären.

Die Ausgestaltung von Lehr- und Lernarrangements in digitalen Settings ist jedoch kein eindimensionales Transferieren von etablierten didaktisch-methodischen Verfahren des Präsenzbetriebs in virtuelle Räume. Einen Wandel auf Knopfdruck kann und wird es nicht geben, viel zu wirkungsreich sind die Stellschrauben und Parameter des Bildungssystems – egal, ob es sich um (hoch)schulische oder berufliche Bildung handelt. Die digitale Transformation erfordert vielmehr eine von Grund auf neue konzeptionelle Ausrichtung und Organisation von Bildungsinstitutionen und -prozessen, Offenheit für experimentelle Unterrichtsformen sowie arbeits- und lernzeitliche Flexibilität der Beteiligten. Die Digitalkompetenzen von Lehrenden, Lernenden und administrativem Personal sind hierbei die alles entscheidenden Ressourcen, die notwendigerweise durch motivationale und volitionale Aspekte ergänzt werden müssen.

Aus dem Schockzustand in die Zukunft

Die Simultaneität der Transformationserfordernisse und die Erkenntnis vieler Bildungseinrichtungen, für diese komplexen Prozesse weder personell noch infrastrukturell gerüstet zu sein, führte zum Zeitpunkt des unmittelbaren Handlungsdrucks im Frühjahr 2020 entweder zu Vermeidungsstrategien oder zu einem oftmals chaotischen und unsystematischen Learning by Doing. Beides war der Bildungsqualität wenig zuträglich. Dieser zu Beginn der Pandemie entstandene „Schockzustand“ vieler Bildungsunternehmen rührte nicht zuletzt daher, dass – anders als in der Arbeitswelt und Wirtschaft – die sukzessive, organische und nachhaltige Entwicklung digitaler Grundstrukturen sowie alternativer digitaler Lehr-Lern-Konzepte verschlafen oder aufgrund des Fehlens finanzieller, zeitlicher und personeller Ressourcen vernachlässigt worden war.

So wie zu Beginn des Jahrtausends der PISA-Schock die wissensbasierte Inputorientierung in Richtung einer Kompetenz- und Outputorientierung verschoben hat, wird und muss auch der Coronaschock des Bildungssystems zu einem fundamentalen Umdenken und zu einem bildungsorganisatorischen Paradigmenwechsel führen. Das bedeutet keinesfalls, dass damit klassische analoge Formen des Präsenzunterrichts obsolet wären. Dies zu glauben und zu forcieren marginalisiert die Bedeutung sozialer und informeller Prozesse in Bildungseinrichtungen und misst der pädagogischen Beziehungsarbeit einen geringen Stellenwert bei. Dabei sind diese Aspekte ausgesprochen wichtig, vor allem bei Schülern und jungen Erwachsenen mit Förderbedarfen.

Dennoch können digitale Formate, wie wir sie in Form von E-Learning-Elementen wie Onlinekursen, Webinaren oder Web-Casts bereits kennen, eine Bereicherung und eine sinnvolle Ergänzung zum klassischen Präsenzlernen sein. Dieses orts- und zeitunabhängige Lernen ist unter anderem in der beruflichen Fort- und Weiterbildung schon seit vielen Jahren ein zentraler Pfeiler und bedient im Hinblick auf die Anforderung des lebenslangen Lernens individuelle Bildungsbedarfe von Menschen mit unterschiedlichsten Lebensentwürfen und Berufsbiografien. Überhaupt dient die Möglichkeit der Individualisierung von Bildungsprozessen der Bildungsgerechtigkeit und der

Inklusion benachteiligter Gruppen. Dies ist ein zentraler Vorzug und auch Mehrwert zahlreicher digitaler Formate. Ohne Zeitdruck im eigenen Lerntempo selbstorganisiert arbeiten und lernen zu können ist für viele Lernende eine Erfahrung, die sie bisher fast ausschließlich in digitalen Settings machen können. Denn Bildungseinrichtungen müssen schon aus organisatorischen Gründen und wegen der Klassen- oder Lerngruppengrößen von nicht selten weit mehr als 20 Personen einen stärker generalisierenden und formelleren Ansatz verfolgen, sodass die Lernenden am oberen oder unteren Ende des Leistungsspektrums häufig aus dem Fokus geraten.

Grundsätzlich scheint daher eine pädagogisch sinnvolle Verbindung digital gestützter Lernprozesse mit sozialem Lernen in Präsenz eine für die Zukunft tragfähige Perspektive zu sein. Mit Blended-Learning- und Flipped-Classroom-Konzepten sowie digitalen Lern-Management-Systemen existieren bereits etablierte Arrangements und didaktisch-methodische Elemente, die selbstgesteuertes Lernen sinnvoll mit Präsenzlernen verbinden. Allein sie werden zu selten eingesetzt, weil Unsicherheiten im Umgang mit digitalen Medien, rechtliche Barrieren, aber auch Vorbehalte, Skepsis, ja gar Ängste im Weg stehen. Entscheidend für ein erfolgreiches Lernen und Lehren in der digitalen Welt ist es deshalb, dass die beteiligten Personen entsprechende Kompetenzen auf- und ausbauen und sich mit didaktisch-methodischen (Neu-)Entwicklungen und den damit einhergehenden Veränderungsprozessen sehr intensiv auseinandersetzen. Der (Weiter-)Qualifikation des Lehrpersonals und der administrativen Mitarbeiter, aber auch der größtmöglichen Unterstützung durch versiertes Supportpersonal ist hier besondere Aufmerksamkeit zu schenken.

Was jetzt wichtig ist

Der digitale Wandel des Bildungssystems verlangt also aktuell vielfältige Weichenstellungen – pädagogisch, didaktisch und technisch-infrastrukturell. Purer Aktionismus ist aber genauso wenig hilfreich wie Verharren und Abwarten. Um die Chancen und die Potenziale der Digitalisierung kreativ, kompetent und bildungsunterstützend nutzen zu können, müssen wir bisher praktizierte Lehr- und Lernformen, die Struktur von Lernumgebungen und formale Bildungsziele kritisch reflektieren, überdenken und neu gestalten. Die dafür notwendigen infrastrukturellen, rechtlichen und personellen Rahmenbedingungen gilt es in den Mittelpunkt zu rücken. Noch bedeutender ist jedoch die Etablierung eines neuen Bildungsverständnisses. Nach diesem Verständnis sollte es nicht um ein Entweder-oder von Digital- und Präsenzformaten gehen, sondern darum, bereichernde Synergien beider Bildungskontexte zu identifizieren und auszugestalten.

Guntermann & Drunck GmbH Systementwicklung

Ein Kontrollraum für alle

Das Verlängern und Umschalten von Rechnersignalen ist angesichts der digitalen Transformation ein wachsender Markt. Die Guntermann & Drunck GmbH Systementwicklung gilt weltweit als Expertin auf diesem Gebiet. Dank eines innovationsorientierten Top-Managements entwickelte sie in jüngster Zeit neue Konzepte für Innovationen, die auch im Zeichen der Coronapandemie stehen. Dazu gehört unter anderem ein Demonstrationsraum, der ihr die Beratung ihrer Kunden aus den verschiedensten Branchen per Live-Video ermöglicht.

Bekannt ist das Unternehmen für seine sogenannten KVM-Systeme, wobei die Abkürzung für „Keyboard“, „Video“ und „Mouse“ steht. Diese Systeme kommen in Kontrollräumen rund um den Globus zum Einsatz, etwa in der Luft- und der Schifffahrt, in Filmproduktionsstudios, in Kontrollräumen der chemischen und petrochemischen Industrie oder in Energieleitwarten. Um Interessenten die KVM-Systeme trotz Corona demonstrieren zu können, war 2020 die Kreativität und Problemlösungskompetenz der Mitarbeiter auf ganz neue Weise gefragt. So setzte das Top-Management die hausinternen Entwickler darauf an, ein Konzept für virtuelle Beratungsprozesse zu entwickeln.

Neue Kompetenzen – innovatives Konzept

Die Aufgabe war keine leichte: Mittels eines Demonstrationsraums sollte es künftig möglich sein, die KVM-Systeme für die unterschiedlichsten Branchen und Anforderungen erlebbar zu machen – und das auch über die Distanz per Live-Video. Dank des guten Innovationsklimas im Haus, unter anderem gefördert durch Innovationszirkel mit dem Top-Management, erfuhren die Mitarbeiter viel Unterstützung dabei, sich die nötigen Kompetenzen anzueignen. Nach nur wenigen Wochen stand ein erstes Konzept. Anfang Mai 2020 erhielt die Produktneuerung die Freigabe durch das Management – und schon im Oktober ging das neue „ControlCenter-Xperience“ in Betrieb.

Branchenszenarien per Mausklick

Um den Demonstrationsraum auf verschiedene Branchen auszurichten, setzte das Entwicklerteam in dem installierten Matrixsystem die sogenannte Szenarienschaltung ein. Damit ist es möglich, eine Videowand, Beamer an der Decke, Controllerplätze und das Wanddesign so zu schalten, dass die Präsentation per Tastendruck von beispielsweise einem Luftfahrts- zu einem Schifffahrtsszenario wechselt. So ist es möglich, Kunden per Live-Video branchenspezifisch und zielgerichtet aus der Ferne zu beraten. „Damit hat unser Team eindrücklich gezeigt, dass es schwierige Situationen offensiv angeht, flexibel reagiert sowie innovativ denkt und handelt. Diese Innovationskraft werden wir auch in Zukunft systematisch ausbauen“, resümiert der Geschäftsführer Roland Ollek.

Guntermann & Drunck GmbH Systementwicklung
57074 Siegen
www.gdsys.de
Beschäftigte (D): 51 bis 200
IT-Entwicklung/-Beratung

Das Managementteam

Happp, Kunststoffspritzgußwerk und Formenbau GmbH

Gespür für innovative Produkte

Die Coronakrise stellt viele Unternehmen vor historische Herausforderungen. Die Happ Kunststoffspritzgusswerk und Formenbau GmbH hat nicht nur schnell einen Weg gefunden, sich der neuen Lage anzupassen, sie hat mit „Happy Breath" sogar eine eigene zertifizierte Atemschutzmaske entwickelt. Dies spiegelt den innovationsgetriebenen Ansatz des Top-Managements wider, durch eigene Ideen immer wieder neue Absatzmärkte zu generieren. Automatisierte Produktionsprozesse und eine hohe Fertigungstiefe tun ein Übriges.

Der Wandel liegt diesem 1964 gegründeten Betrieb im Blut: Anfänglich lag sein Fokus auf der Produktion von Butterbrotdosen und Möbelbeschlägen. Danach folgte die Spezialisierung auf Kunststoffspritzguss-Produkte. Aufgrund der Abhängigkeit von einzelnen Industriezweigen generierte die Geschäftsleitung immer wieder alternative Produkte und Märkte. So kreierte Happ im Bereich Maschinenbau verschiedene Systeme und die dazugehörigen Bauteile. Seit 2018 sind nun mit Modulketten, Fördersystemen und innovativen Kleinladungsträger Produkte im Portfolio, die maßgeblich für den Fortschritt des Unternehmens verantwortlich sind.

Dank Innovation mehr Umsatz

Im März 2020 entwickelte die Firma Schutzausrüstung zur Bekämpfung der Coronapandemie. Die „Happy Breath"-Atemschutzmasken verfügen über austauschbare, nachhaltige Filterelemente mit einem leicht zu desinfizierenden Trägersystem. Die Maske lässt sich mit dem verstellbaren Kopfband komfortabel tragen und mittels eines Schnellverschlusses einfach an- und ablegen. Seit Oktober 2020 beliefert Happ die Bundesregierung mit diesen FFP2-zertifizierten Masken. „Wir gehen davon aus, dass wir mit dieser Produktgruppe unseren Umsatz deutlich erhöhen können", sagt der Geschäftsführer Ulrich Berg.

Alle Kompetenzen in einer Hand

Das oberste Ziel des Denkens und Handelns bei Happ ist die Entwicklung innovativer Konzepte für die Werkzeugfertigung. So konstruiert und baut man die Werkzeuge zur Herstellung selbst. Die Produktionsprozesse sind maximal automatisiert, Entwicklung und Bau der Anlagen erfolgen ebenfalls im eigenen Haus. „Dank dieser Konstellation sind wir in der Lage, die Produktionsprozesse äußerst effektiv zu gestalten", sagt Berg. Potenzielle Neuerungen werden im Entwicklungsteam oft kurzentschlossen diskutiert, beschlossen und realisiert. Abweichungen von den geplanten Ergebnissen korrigiert und bewertet man kurzfristig. „So wächst unser eigenes Know-how, und Dritte haben keinen Zugang zu unseren Innovationsdetails", erklärt Berg. Auch darin zeigt sich die Hands-on-Mentalität bei Happ.

Happ, Kunststoffspritzgußwerk und Formenbau GmbH
53809 Ruppichteroth
www.happ-gmbh.de
Beschäftigte (D): bis 50
Chemie/Kunststoff

Geschäftsführer
Ulrich Berg

Die Firma Happ hat sich auf die Herstellung und die Vermarktung hochwertiger Kunststoffteile spezialisiert. Im Mittelpunkt stehen innovative Werkzeugkonzepte und effiziente Spritzgussprozesse.

Haus Schaeben ist ein mittelständisches Familienunternehmen mit langer Tradition und gehört mit seinen Kosmetikprodukten zu den führenden Akteuren seiner Branche in Deutschland.

Haus Schaeben GmbH & Co. KG

★ ★ ★

Die Optimierer

Ihr großer Erfolg sind kleine Portionen in Form von Einzelverpackungen: Die Haus Schaeben GmbH & Co. KG ist eine Spezialistin für Gesichtspflege und Gesundheitsartikel. Für alle Produkte, auch für die aus dem kosmetischen Bereich, gilt die Maxime: „Maximale Wirkung bei minimalen Nebenwirkungen." Das Familienunternehmen wird bereits in der vierten Generation geführt. Das Top-Management schafft den Rahmen für Innovationen und setzt erfolgreich auf das Thema Nachhaltigkeit.

Das innovativ ausgerichtete Unternehmen ist sich sowohl seiner Tradition als auch seiner Verantwortung für die 77 Beschäftigten bewusst. „Uns zeichnen dabei Flexibilität, Innovationsfreude und kurze Entscheidungswege aus", sagt der Geschäftsführer Heiko Hünemeyer. Das Top-Management setzt in seiner Innovationspolitik konsequent auf Schwerpunkte. So wird dem Thema Nachhaltigkeit eine immer größere Bedeutung zugemessen: Alle Rezepturen von Schaebens sind seit 2015 frei von Mikroplastik. Zudem ist man der erste führende Konsumgüteranbieter Deutschlands, der sein komplettes Sortiment auf Klimaneutralität umgestellt und daraus einen hohen Reputationsgewinn gezogen hat. „Es war immer unser Bestreben, die Wirkung unserer Produkte auf die Umwelt intensiver in den Fokus zu rücken", betont Hünemeyer.

Großer Erfolg mit kleinen Portionen

Auch Emotionen spielen bei der Entwicklung der Produkte eine wichtige Rolle, denn Kosmetik ist nicht zuletzt ein kleiner „Problemlöser". Den Durchbruch am Markt schaffte Schaebens mit dem Prinzip der Einmalanwendungen. Man setzt hierbei auf Rezepturen, die weniger oder im Idealfall gar keine potenziell allergieauslösenden Bestandteile wie Konservierungsstoffe enthalten. Damit folgt Schaebens konsequent seiner Maxime „Maximale Wirkung bei minimalen Nebenwirkungen" und erreicht so regelmäßig überdurchschnittliche Umsatzsteigerungen.

Unternehmerisches Denken fördern

Eine ausgeprägte Meetingkultur trägt dazu bei, dass ein abteilungsübergreifender, fortlaufender Innovationsprozess am Laufen gehalten wird, der in die tägliche Arbeit mit eingebunden ist. Besondere Ideen reifen zudem in regelmäßigen Produktworkshops. Hier wird weder nach der jeweiligen Führungsebene gefragt noch zwischen gewerblichen und kaufmännischen Mitarbeitern unterschieden: Alle Teilnehmer sollen sich zielführend mit eigenen neuen Ideen und Innovationen generell beschäftigen dürfen. „So wollen wir das unternehmerische Denken der Mitarbeiter fördern und ihre Neugier wachhalten", sagt Heiko Hünemeyer.

Haus Schaeben GmbH & Co. KG
50226 Frechen
www.schaebens.de
Beschäftigte (D): 51 bis 200
Konsumgüter

Geschäftsleitung
Heiko und
Björn Hünemeyer

„Unsere wichtigste Vision stellt die Nachhaltigkeit in den Mittelpunkt.“

Heiko Hünemeyer
Geschäftsführender Gesellschafter

Wie wurde der innovative Charakter Ihres Unternehmens in der Coronakrise spürbar?

Wir haben schon früh auf ein verändertes Einkaufsverhalten während der Pandemie reagiert. Die Verwendung von Schutzmasken führte erwartungsgemäß zu einer veränderten Gesichtspflege. Die Mundpartie verlor im Vergleich zur Augenpartie deutlich an Relevanz: Wir haben daher das innovative Produkt „Schaebens Augen-Pads“ auf den Markt gebracht. Bereits unmittelbar nach seiner Einführung wurde es zu einem unserer meistverkauften Artikel in der Gesichtspflege. Die Coronakrise führt zu Sorgen und Ängsten, manchmal auch zu Schlafstörungen: Wir haben dagegen „Schaebens Schlaf-Komplex“ entwickelt. Auch dieses Produkt traf einen Nerv und wurde sofort zu einem unserer bestverkauften Gesundheitsprodukte. Außerdem führt Corona zu dem gesteigerten Wunsch, das Immunsystem zu stärken: Wir haben deshalb unsere bereits etablierte „Zink Immun-Kur plus Spurenelemente“ noch mehr in den Fokus gerückt.

Inwiefern spielte Ihre Unternehmensphilosophie dabei eine Rolle?

Wir haben das Ziel, nicht nur anders zu sein als unsere Wettbewerber, sondern auch als „anders“ wahrgenommen zu werden. Diese doppelte Differenzierung erscheint uns zwingend notwendig, weil wir als Familienunternehmen in der vierten Generation stets im direkten Wettbewerbsumfeld vor allem zu Weltkonzernen stehen. Das Verbraucherinteresse verändert sich fortlaufend. Unsere Intention liegt darin, dieser Veränderung nicht nur zu folgen, sondern ihr stets voraus zu sein, um sie mitgestalten zu können. Unser Credo lautet deshalb: „Als Erster bei allem dabei sein“. Durch unsere sehr frühe Anpassung an die veränderten Umstände infolge der Coronapandemie konnten wir schnell agieren und mussten nicht reagieren.

Welche Visionen treiben Sie an?

Unsere wichtigste Vision ist die der Nachhaltigkeit. Und wir möchten auf jeden Fall ein Familienunternehmen bleiben. Der Generationswechsel ist bereits eingeleitet. Bislang ist Deutschland unser Heimatmarkt, und auch in Österreich sind wir aktiv. Seit einigen Jahren haben wir aber auch in China einen eigenen Flagshipstore. Die Ausdehnung unserer Exportaktivitäten wird in den nächsten Jahren ein wichtiges Thema für uns sein.

Wie die Weichenstellungen des Top-Managements Innovationsprozesse bei Haus Schaeben gerade in herausfordernden Zeiten anstoßen, erklärt **Heiko Hünemeyer.**

Die Heinrich Wietholt GmbH ist spezialisiert auf maßgeschneiderte Arbeitsumgebungen und versteht sich als Lösungslieferant für den Arbeitsalltag – ob Bürobedarf, Büroeinrichtung oder Bürotechnik.

Heinrich Wietholt GmbH

Die Büroversteher

Arbeit ist heute eine vielschichtige Angelegenheit – entsprechend vielfältig werden Arbeitsplätze gestaltet. Die Heinrich Wietholt GmbH in Velen kümmert sich seit 75 Jahren um alles, was einen reibungslosen Büroalltag gewährleistet. Über sein klassisches Kernsortiment hinaus hat dieser Büroausstatter schon früh erkannt, dass zusätzliche Dienstleistungen in Zusammenarbeit mit externen Partnern essenziell sind für eine zukunftssichere Marktposition.

„Wir sind Produktlieferant, aber auch Ideen- und Impulsgeber", sagt Mitinhaber und Geschäftsführer Markus Steinkamp. Dabei geht Wietholt auch ungewöhnliche Wege: Mit einer professionellen Kaffeeversorgung von Büros und der eigenen Marke „Die Kaffeemeister" hat sich die Firma zusammen mit zwei Partnern ein weiteres Standbein geschaffen. Dieses Geschäftsmodell funktioniert auf der Basis von Franchising. Zum Angebot gehören hochwertige Maschinen, die Versorgung mit Verbrauchsmaterial und technischer Service. „Damit stellen wir uns auch für unsere Kunden breiter auf", sagt Steinkamp. Zudem beteiligt sich der Büroausstatter an einem IT-Start-up in Augsburg, um ein neues E-Commerce-System voranzutreiben und so mehr Expertise zu gewinnen.

Flexibel und dynamisch

Die Orientierung nach außen zeigt sich auch in der „Garobox": Zusammen mit einer lokalen Tischlerei hat Wietholt ein hochwertiges Gartenbüro für das Homeoffice entwickelt. Jede Box ist zwölf Quadratmeter groß, wird aus Fichten- und Lärchenholz von Hand produziert und verfügt über individuell hergestellte sonnenschutzverglaste Fenster. Sie enthält alle elektrischen Anschlüsse und wird auf Wunsch mit Steh-Sitztisch, Bürodrehstuhl, Sideboard und Stehlampe geliefert. Die Idee dafür ist in der Coronazeit entstanden, in der der Bedarf an Heimarbeitsplätzen enorm gestiegen ist. „Sie ist ein Beispiel für die Flexibilität und Dynamik unseres Unternehmens", erklärt Markus Steinkamp.

Identifikation durch Eigenverantwortung

Flexibel und dynamisch sind auch die Innovationsprozesse. „Für neue Ideen ist immer Raum vorhanden", betont Steinkamp. In einer regelmäßigen Montagsrunde werden die Ideen koordiniert. Dafür wird je nach Art und Umfang der Neuerung ein eigenes Projektteam ins Leben gerufen, das eine große Eigenverantwortung trägt und an die Führungsriege berichtet. Das führt zu einer starken Identifikation der Mitarbeiter mit dem Unternehmen und wirkt sich motivierend aus. Zudem nutzt Wietholt die jährliche Vertriebstagung als innovative Plattform, bei der alle Produkte, Dienstleistungen und Prozesse auf den Prüfstand gestellt werden.

Heinrich Wietholt GmbH
46342 Velen
www.wietholt.de
Beschäftigte (D): 51 bis 200
Handel

Geschäftsführer
Martin Osterkamp, Markus Steinkamp und Mario Damm

Hörgeräte-Aumann bietet vom kostenlosen Hörtest bis zu Höranalysen in Hightech-Anpassräumen alles für Menschen mit Hörminderung. Klassische Hörsysteme zählen ebenso zum Portfolio wie moderne, fast unsichtbare Hörgeräte.

Hörgeräte-Aumann e. K.

Spezialisten für gutes Hören

Hörgeräte sind heute kleine Hightechwunder. Sie machen Sprache auch unter schwierigsten Bedingungen verständlich, eignen sich zum Telefonieren und können das Gehörte als Text auf dem Smartphone wiedergeben. Seit 1952 ist Hörgeräte-Aumann e. K. in Düsseldorf mit seinen 56 Beschäftigten Experte für diese multifunktionalen Helfer im Alltag. Nicht zuletzt dank eines fruchtbaren Innovationsklimas hat das Unternehmen eine bahnbrechende Neuerung auf den Markt gebracht.

Die Hörgerätebranche gehört zu den Stillen im Land. Sie betreibt ihre Geschäfte diskret, und auch die kleinen Geräte im Gehörgang sind nahezu unsichtbar. Empathie und Vertrauen zwischen dem Hörakustiker und dem Kunden spielen eine große Rolle. Hörgeräte-Aumann entwickelte deshalb zusammen mit einem Hersteller eine völlig neuartige Anpassmethode, zu der in einem ersten Schritt eine sogenannte Hörumgebungsanalyse gehört. Der Kunde erhält dabei für eine Woche ein Analysesystem, das verschiedene Hörsituationen aufzeichnet – ähnlich wie bei einem Langzeit-EKG. Die daraus gewonnenen Daten werden zusammen mit dem Kunden ausgewertet. Das Ergebnis: ein perfekt auf die individuelle Lebenssituation angepasstes Hörgerät. „Somit ist von Anfang an eine hochpräzise Erfassung der Kundenansprüche für eine neutrale und präzise Beratung sichergestellt“, sagt der Inhaber Ulrich Aumann.

Klima fördert Innovation

Die Entwicklung dieser Hörumgebungsanalyse entstand zum einen aus der Zusammenarbeit von Spezialisten, die sich in verschiedenen Clouds miteinander vernetzten. Zum anderen wurde sie begünstigt durch ein besonderes Innovationsklima im Unternehmen. So können die Mitarbeiter ihre Vorschläge nach der Prüfung durch den technischen Leiter direkt mit der Geschäftsleitung besprechen und realisieren. Besonders innovative Ideen werden mit Incentives belohnt. Außerdem wird die Belegschaft am Gewinn des Unternehmens beteiligt.

Remoteanpassung in der Coronakrise

Innovativ reagierte Hörgeräte-Aumann auch in der Coronakrise. In einigen der 23 Filialen wurde die sogenannte Remoteanpassung eingeführt. Dabei verbindet der Kunde sein Hörgerät zu Hause via Bluetooth mit seinem Smartphone und kann so seinen Akustiker mittels einer App kontaktieren. Der wiederum kann per Fernanpassung auf die Hörhilfe zugreifen – beispielsweise im Fall von Problemen beim Fernsehen. „Wir können dem Kunden helfen, ohne dass er sich auf den risikobehafteten Weg zu uns machen muss“, sagt Ulrich Aumann. Sein Unternehmen bleibt damit stets am Ohr der Zeit.

Hörgeräte-Aumann e. K.
40211 Düsseldorf
www.hoergeraete-aumann.de
Beschäftigte (D): 51 bis 200
Gesundheitswesen

Inhaber
Ulrich Aumann

TOP 100

Ingpuls GmbH

★★

Forschung trifft Praxis

Kann Metall ein Gedächtnis haben? Natürlich nicht, antwortet der gesunde Menschenverstand – und liegt falsch. Was nach Sci-Fi-Fantasterei klingt, ist wissenschaftliche Realität: Bestimmte Legierungen haben die Eigenschaft, sich nach scheinbar plastischer Verformung an ihre ursprüngliche Gestalt zu erinnern. Um die nutzbringende Entwicklung solcher Werkstoffe macht sich die Ingpuls GmbH in Bochum verdient. Mit ihren in enger Kundenkooperation entstehenden Produkten hat diese Techfirma es weltweit zur Technologieführerschaft gebracht.

Bekannt ist der Effekt schon länger: Erwärmt man etwa verbogenen Draht, der aus einer Formgedächtnislegierung, kurz FGL, hergestellt wurde, findet er wieder zu seiner Ausgangsform zurück. Zur Anwendung kamen die FGL-Legierungen aus Nickel und Titan gleichwohl bis vor Kurzem fast nur in der Medizintechnik. Schwung in die Sache brachten erst drei Materialwissenschaftler, die noch während ihrer Promotion an der Bochumer Universität ihr eigenes Unternehmen gründeten.

Potenzial nutzen

Ihr Ziel: das verkannte Potenzial der Technologie für industrielle Zwecke nutzbar machen. „In vielen technischen Systemen", erläutert der Mitgründer und Geschäftsführer Dr. Christian Großmann, „können FGL-Komponenten Motoren und Antriebe ersetzen." Von den Vorteilen – geringe Störanfälligkeit, niedriges Gewicht, erhebliche Kostenersparnis – lässt sich eine wachsende Kundenschar überzeugen. Zu einem festen Standbein in der Fahrzeugtechnik, wo die Federn der Firma als Aktuatoren und Sensoren herkömmliche Produkte ersetzen, kommen zunehmend Aufträge aus anderen Branchen wie etwa der Hausgeräteindustrie. Auf die Überholspur abgebogen sind diese Bochumer derweil auch in der Medizintechnik, aufgrund bahnbrechender Verbesserungen des superelastischen Materials für Implantate.

Beziehungskisten und mehr

Es ist der konsequenten Außenorientierung dieses Technologieführers geschuldet, dass die Verbindung von Forschung und Praxis so reibungslos gelingt. „Innovationen entstehen nicht beim Kaffeetrinken", sagt Dr. Großmann, „meist kommen Kunden mit einer konkreten Idee auf uns zu." Ein eigens entwickelter Anfragenkatalog erleichtert die Analyse und die Bewertung der Kundenwünsche. Gibt es grünes Licht für den Projektstart, tritt man in einen durch Meilensteine strukturierten Entwicklungsprozess ein, in den der Auftraggeber eng eingebunden ist. Das funktioniert, weil diese Spezialisten es schaffen, ihr Know-how für den geforderten Anwendungszweck fruchtbar zu machen. Darin sind sie so gut, dass Ingpuls sich vom Material- zum Systemhersteller wandelt. Nächster Schritt: die Gründung von Tochterfirmen.

Ingpuls GmbH
44894 Bochum
www.ingpuls.de
Beschäftigte (D): bis 50
Automobilzulieferer/
Fahrzeugbau

Geschäftsführer
Dr. Christian Großmann,
Dr. André Kortmann
und Dr. Burkhard Maaß

Insta entwickelt und fertigt Systeme und Produkte für smarte Gebäude. Dazu zählen vernetzte Gebäudesystemlösungen mit Heizungs-, Lüftungs- und Klimatechnik, aber auch das Jalousiemanagement und die Einbindung externer Systeme.

Insta GmbH

★★★

Die Dinge intelligent machen

Alles hängt mit allem zusammen: Was Alexander von Humboldt über Naturverhältnisse sagte, bewahrheitet sich gerade für die aus dem Boden schießenden digitalen Ökosysteme. Auf dem Gebiet der Gebäudeautomation, eine dieser komplexen Welten, tummelt sich die Insta GmbH. Inspiriert von einem innovationsfreudigen Top-Management, trägt dieser Elektronikspezialist mit seinen Konzepten und Produkten dazu bei, intelligente Netze für die Steuerung von Smart Buildings zu knüpfen.

„Kompliziert sind die Aufgaben auch früher schon gewesen", sagt Stefan Neuhaus, der bei dem Mittelständler die Abteilung Innovation & Advanced Development leitet. Die galoppierende Digitalisierung stellt indes auch diese kreativen Elektronikexperten, die seit fünf Jahrzehnten teils wegweisende elektronische Schalt- und Steuertechnik entwickeln, vor ganz neue Herausforderungen. Technisch mündet diese Entwicklung in Konzepte, die unter dem Schlagwort „Internet of Things" kursieren. Neuhaus bringt das so auf den Punkt: „Mechanische Dinge wie Lichtschalter werden intelligent." Die Folge ist aber: Die Komplexität der Produkte wächst, weil gewerkeübergreifendes Know-how einfließt. Und: Das Entwicklungstempo nimmt stetig zu.

Kurs halten

Das Unternehmen, das sich laut Neuhaus stark auf Gebäudeautomation und Lichtsteuerung festgelegt hat, hält deshalb konsequent Kurs auf Innovation. Das flache Hierarchiegefüge und der dezentral angelegte Ideenfindungsprozess erlauben es, aufs Tempo zu drücken. So prüft man vierteljährlich im Kreis des Top-Managements, ob die strategische Richtung noch stimmt. Monatlich versammeln sich die diversen Führungsebenen, um Projektverläufe zeitnah zu steuern. Das ermöglicht es, zügig zu eskalieren, oft nötig ob der hohen Dynamik von Neuprojekten. Zur Beschleunigung von Fertigungsprozessen entschied man etwa unlängst, in modernste 3-D-Messsysteme zu investieren.

Mach Licht!

Der so realisierte Kreativ-Output kann sich sehen lassen. Eine vom LED-Lämpchen bis zum komplexen Steuerelement reichende Vielfalt zeugt davon ebenso wie 64 Patente. Der jüngste Streich der Firma heißt „Nexentro": ein Aktorensystem, das Lichtquellen via Sprache oder App bedienbar macht. Auch andere Gebäudeelemente, etwa Jalousien, Lüfter oder Pumpen, können mit seiner Hilfe intelligent werden. Zudem ist das System mit verwandten Gadgets wie „Alexa" kombinierbar. Smarte Technik muss dazu dienen, den Menschen eine optimale Umgebung zu schaffen, meint Neuhaus. Mit ihren cleveren Geräten leistet Insta einen Beitrag dazu.

Insta GmbH
58509 Lüdenscheid
www.insta.de
Beschäftigte (D): über 200
Elektronik/Elektrotechnik

Geschäftsführer
Alexander Burgbacher
und Jeroen Rijswijk

TOP 100

Kleeschulte Erden GmbH & Co. KG

Ökologisch wertvolle Erden

Am Rande des Sauerlands gelegen, zählt die Kleeschulte Erden GmbH & Co. KG zu den Innovationsführern, wenn es um die Produktion von und um den Handel mit torffreien und torfreduzierten Erden und Substraten für Gärten, Parks und Beete geht. Für die konsequente Ausrichtung auf Bioprodukte und Regionalität ist die innovationsorientierte Geschäftsführerin verantwortlich. Bei monatlichen Treffen am Stammsitz Rüthen werden regelmäßig Produktnovitäten verabschiedet, etwa die erste Papiertüte als Verpackung für die Bioerden.

Ob Staudengärtnereien oder private Gartenliebhaber, kommunale Betriebe oder junge Leute, die sich dem Urban Gardening verschrieben haben – sie alle benötigen Erden und Substrate, damit es schön grünt und blüht. Kleeschulte Erden bietet ihnen nicht nur die passenden Produkte, sondern auch ein Novum auf dem deutschen Markt: Während Mitbewerber im Schnitt weniger als 30 % nachwachsende Rohstoffe verarbeiten, sind es bei diesem Familienbetrieb schon 95 %. „Wir verstehen uns als Innovationsführer bei nachhaltigen torffreien und torfreduzierten Erden und Substraten", sagt die Geschäftsführerin Mariel Kleeschulte-Vrochte. Ihr erklärtes Ziel ist es, diese Position auszubauen.

Führungskreis steuert Innovationen

Mit Blick auf den Ausbau der Marktposition ist das Top-Management strategisch und operativ auf das Finden neuer Produktideen gepolt. Die sechs Kollegen tagen monatlich im „Führungskreis", diskutieren neue Entwicklungsansätze und geben grünes Licht für die besten Ideen. Die werden dann mit einem Fahrplan und Meilensteinen versehen und in ihrer Entwicklung engmaschig kontrolliert. Wichtig ist der Geschäftsführerin, dass alle Mitarbeiter Vorschläge einbringen können, völlig losgelöst von Hierarchien. Hier haben sich regelmäßige Teammeetings als Forum bewährt. Das Top-Management sichert jedem „Mitdenker" ein zeitnahes Feedback zu seiner Idee zu.

Nachhaltige, regionale Produkte

So entstand über die Jahre eine einzigartige Produktvielfalt aus verschiedenen Erden, Kultursubstraten, Dekormulchen und Substratrohstoffen. Entwicklungen von Kleeschulte Erden ersetzen beispielsweise Kokosfasern, die erst Tausende von Kilometern nach Deutschland transportiert werden müssten. Sehr viel Beachtung in der Branche und Lob von den Kunden bringt der Firma auch die neue „Paper-Bag" zur Verpackung ihrer Bioerden ein. Hält das Papier die schwere Erde? Problemlos! Denn der Feuchtigkeitsanteil der Bioblumenerde wird in einer Trocknungsanlage reduziert, bevor die Befüllung der Tüte erfolgt. Die Kunden müssen die Erde lediglich mit etwas Wasser vermischen – und schon ist sie gebrauchsfertig.

Kleeschulte Erden GmbH & Co. KG
59602 Rüthen
www.kleeschulte-erden.de
Beschäftigte (D): bis 50
Agrar

Geschäftsführerin
Mariel
Kleeschulte-Vrochte

Lederer GmbH

Kleines für das große Ganze

Innovationen in einer Handelsfirma? Und ob! Bei der Lederer GmbH findet man sie etwa bei den internen Prozessen und im Kundenservice. Dieser führende Großhändler für hochwertige Verbindungselemente aus Edelstahl, auch „C-Teile“ genannt, hat mehr als 40.000 Produkte im Lager und bedient mehr als 6.000 Kunden. Die Bestellvorgänge, die Logistik und die Betreuung der Kunden wurden mit klarer Vorgabe durch das Top-Management nahezu vollständig digitalisiert. Die Coronapandemie hat die Entwicklung neuer Prozesse noch beschleunigt.

Welchen Status hat meine Bestellung? Welche Positionen sind enthalten? Und wer ist der Logistikpartner? Antworten auf diese Fragen finden die Kunden des Mittelständlers jetzt online mit nur einem Klick – dank einer neuen automatisierten Versandanzeige inklusive Trackinglink zum Auslieferer. Mit dieser digitalen Service-Innovation stärkt das Top-Management die ohnehin schon enge Beziehung zum Kunden. „Im Zuge der Digitalisierung nutzen wir inzwischen mit Erfolg ein neues ERP-System und greifen auf RFID- und Cloudlösungen zurück“, erklärt der Geschäftsführer Dr. Volker Lederer.

Am Stammsitz investiert

Dieses Handelsunternehmen für Schrauben, Unterlegscheiben und Muttern ist der beste Beweis dafür, dass es in Branchen ohne Produktinnovationen umso mehr auf Prozessinnovationen und Kundenorientierung ankommt. Ebenso wichtig: ein Arbeitsumfeld mit Wachstumspotenzial, in dem sich die Beschäftigten wohlfühlen. Die Geschäftsführung investierte deshalb in jüngster Zeit in den Standort Ennepetal: Ein Lagerneubau ermöglicht die Verdopplung der Kapazitäten, die Verwaltung und das Marketing haben ebenfalls mehr Fläche erhalten. Stolz ist man auf Nachhaltigkeitsmaßnahmen, beispielsweise E-Fahrzeuge inklusive eigener Ladestationen sowie mehr Energieeffizienz durch Gebäudesanierung und die Umstellung auf LED-Beleuchtung.

Corona als Prozessbeschleuniger

Innovative Prozesse im Haus werden mehrheitlich durch Anregungen aus der Belegschaft angestoßen. Alle Mitarbeiter, so Dr. Volker Lederer, seien angehalten, Verbesserungsvorschläge einzubringen – entweder mündlich, per E-Mail ans Personalwesen oder über die Ideen-Briefkästen, die sich in der Verwaltung und in der Lagerhalle befinden. Bei umfangreichen Neuerungen wird eine fachkompetente Projektleitung eingesetzt, die auf personelle und zeitliche Reserven zurückgreifen kann. So hat man während der ersten Pandemiephase alle Digitalisierungsmaßnahmen an einer Stelle gebündelt, was eine schnelle Umsetzung gewährleistete – zum Beispiel bei den E-Business-Portalen, dem eigenen Shop oder bei der Bedarfsermittlung via RFID.

Lederer GmbH
58256 Ennepetal
www.lederer-online.com
Beschäftigte (D): 51 bis 200
Handel

Geschäftsführer
Dr. Volker Lederer

Löckenhoff + Schulte GmbH

Alles rund ums Rad

Fahrräder und Reparaturen, Zubehör und Radkleidung, E-Bike-Leasing, aber auch Geräte für den Heimsport: All das bietet die Löckenhoff + Schulte GmbH ihren privaten und gewerblichen Kunden in ihren Filialen in Paderborn und Lippstadt sowie im großen Onlineshop rad1.de. Auch weil die Beschäftigten für Bikes und Fitness brennen, ist das Innovationsklima in diesem Handelshaus mehr als positiv. So werden aus dem Alltag heraus allerlei neue Ideen, vor allem Service-Ideen, erfolgreich und auf kurzem Dienstweg realisiert.

Touristikfirmen suchen ihr Personal oftmals mit dem Slogan „Dort arbeiten, wo andere Urlaub machen". Ingo Pahrmann hingegen, der Geschäftsführer der Löckenhoff + Schulte, könnte seine Stellenausschreibungen so betiteln: „Machen Sie Ihr Hobby zum Beruf." Allerdings muss er gar nicht suchen. Denn seine Mitarbeiter, allesamt begeisterte Radfahrer und Freizeitsportler, sind mit voller Überzeugung und Feuereifer bei der Sache. Im Team dieses Handelsbetriebs herrscht deshalb ein hervorragendes Innovationsklima, in dem gemeinsam neue Ideen entwickelt und schnell realisiert werden. Eigene Teststrecken oder individuelles Bikefitting sind nur zwei davon.

Gut fürs Unternehmen und die Mitarbeiter

Ingo Pahrmann fördert sowohl das Generieren neuer Ideen als auch eine gute und zielführende Kundenbetreuung mittels monetärer Anreize und Gewinnbeteiligungen, zum Beispiel wenn der Vertrieb Werkstattleistungen gleich mit verkauft. Genauso wichtig ist ihm aber auch die Bereitschaft, Verantwortung zu übernehmen. Das führt zu einer Win-win-Situation: „Unsere Mitarbeiter fühlen sich als Teil des Ganzen, weil sie gebraucht werden, mitreden und mitentscheiden können", betont Pahrmann. Regelmäßig erreichen den Chef so auch Verbesserungsvorschläge aus der „Ideenbox". Sie werden vom mittleren Management gesichtet und mit der Geschäftsleitung besprochen. Gute Ideen verwirklicht man zeitnah, und der Verantwortliche erhält eine Prämie.

Fahrradkauf an der Haustür

„Handel ist Wandel", so heißt es. Deshalb gibt es bei diesem Händler immer wieder neue Produkt- und Service-Innovationen: Als Corona zur ersten Zwangsschließung der Filialen führte, sind die Radverkäufer einfach zu ihren Kunden gefahren – mit einer passenden Bikeauswahl im Transporter. So fanden Testrunden und Beratungsgespräche coronakonform mit Maske und Abstand vor der Haustür statt. Etabliert hat sich zudem der Videocall via WhatsApp. Über diesen Kanal helfen die Radprofis bei Fragen und leisten digitale Kaufberatung. Um jeden Kunden- und Bestellstatus intern transparent zu machen, installierte man außerdem ein CRM-System – natürlich auch mit Feuereifer.

Löckenhoff + Schulte GmbH
59557 Lippstadt
www.rad1.de
Beschäftigte (D): 51 bis 200
Handel

Geschäftsführer
Ingo Pahrmann

Löckenhoff + Schulte hat sich seit der Gründung 1881 vom Eisenwarenhändler zum Fahrradfachhandel entwickelt. Das Familienunternehmen wird in der fünften Generation vom Inhaber geführt.

LR Health & Beauty ist ein führendes Direktvertriebsunternehmen im Bereich Gesundheits- und Schönheitspflege. Herzstück des Sortiments sind kosmetische Pflegelinien, dekorative Kosmetik, Nahrungsergänzungsmittel und Aloe-Vera-Produkte.

LUEB+WOLTERS ist auf Baustoffe für den Roh- und den Innenausbau spezialisiert. Ein weiterer zentraler Bestandteil des Portfolios ist der Werkstoff Holz. Zum Sortiment gehören neben Böden auch Türen, Tore und Schließanlagen.

TOP 100

M.A.T. Malmedie Antriebstechnik GmbH

★★

Herausforderungen annehmen

Hafentechnik, Stahlindustrie, Bergbau: Die M.A.T. Malmedie Antriebstechnik GmbH mit Sitz in Solingen liefert die passenden Kupplungen für den Schwermaschinenbau. Sie entwickelt, konstruiert, produziert und verkauft die mechanischen Komponenten der Antriebstechnik an Kunden auf der ganzen Welt, zum Beispiel für den Einsatz in Förderbändern, Schaufelradbaggern oder Walzwerken. Neue Ideen werden aufgrund kurzer Entscheidungswege schnell auf den Weg gebracht.

Die Fähigkeit, um die Ecke zu denken, ist ein wichtiger Aspekt bei Weiterentwicklungen und der Suche nach neuen Produkten. „Wir hören den Kunden genau zu und fragen auch nach Problemen, die auf den ersten Blick gar nichts mit Kupplungen zu tun haben“, erklärt der Geschäftsführer Christof Lautwein. Die Antworten sieht er als Herausforderungen und nimmt sie mit zurück ins Unternehmen, wo seine Mitarbeiter sich auf die Suche nach Lösungen machen. „Schon einige Male haben wir mit unserer Technik solche fachfremden Probleme gelöst oder zumindest verringert.“

Den Wettbewerb beobachten

Ein anderer Weg, immer wieder die Nase vorn zu haben, ist die Beobachtung des Wettbewerbs. Häufig tauchen Produktkopien des Unternehmens auf.„Um vom Gejagten zum Jäger zu werden, habe ich kürzlich alle meine Mitarbeiter dazu aufgefordert, zu überlegen, wie man aus unseren Produkten noch mehr herausholen könnte“, berichtet Christof Lautwein. Es kamen die abwegigsten Ideen zusammen, von denen einige jetzt tatsächlich realisiert werden. „Wir ruhen uns nicht auf unseren Lorbeeren aus“, betont der Geschäftsführer. So reicht es ihm zum Beispiel nicht, dass ausgerastete Kupplungen schnell wieder vom Kunden eingerastet werden können – neuerdings gibt es deshalb selbsteinrastende Kupplungen aus dem Hause Malmedie.

Netzwerke pflegen

„Machen statt zerreden“ lautet die goldene Regel des Geschäftsführers: Besprechungen, die länger als eine Stunde dauern, lehnt er ab. „Mich interessiert nicht, was falsch gelaufen ist, sondern nur wie wir es künftig besser machen können.“ Der Leiter Produktmanagement und Entwicklung hält die Fäden zusammen, wenn es um die Entwicklung neuer Ideen geht, und berichtet regelmäßig an die Geschäftsleitung. Bei der Markteinführung setzt man auf ein solides Netzwerk. „Die Hafentechnik-, Stahl- und Bergbaumessen sind für uns wie Familientreffen“, sagt Christof Lautwein. Dort sei es leicht, Neuentwicklungen oder Verbesserungen publik zu machen. YouTube-Videos, zugeschnitten auf jeden einzelnen Markt, sowie die Vernetzung mit Entscheidungsträgern via Social-Media tun ein Übriges für den Erfolg.

M.A.T. Malmedie Antriebstechnik GmbH
42653 Solingen
www.malmedie.com
Beschäftigte (D): bis 50
Engineering

Geschäftsführer
Christof K. Lautwein

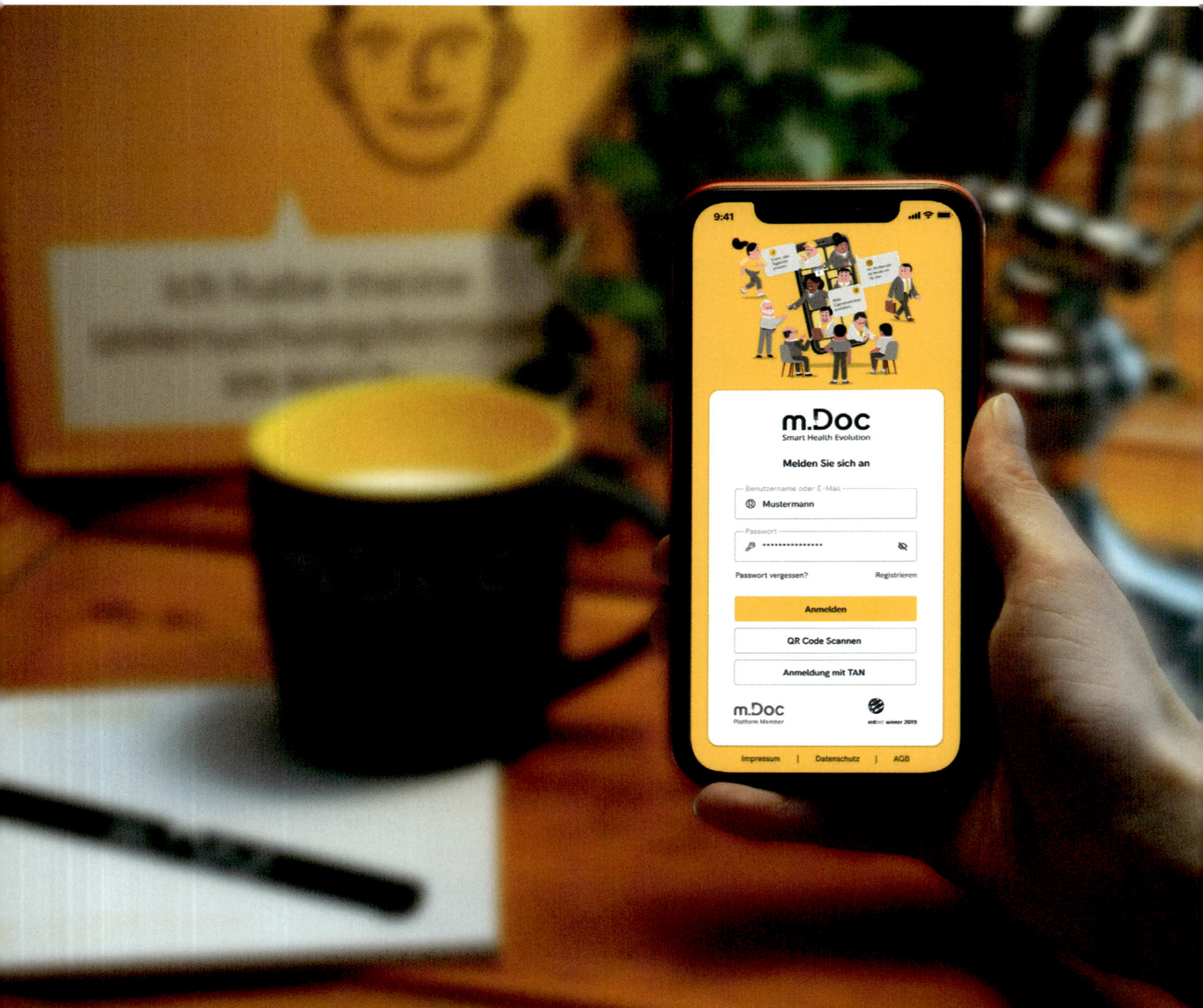

m.Doc ist ein Gesundheitsdienstleister und unterstützt Kliniken, Arztpraxen und Reha-Einrichtungen bei der Digitalisierung. Dies geschieht auf der Basis einer selbst entwickelten digitalen Plattform.

TOP 100

m.Doc GmbH

Digitale Patientenversorgung

Kliniken, Reha- und Versorgungseinrichtungen, aber auch Arztpraxen können dank der sogenannten Smart-Health-Platform, die von der m.Doc GmbH entwickelt worden ist, zahlreiche digitale Tools nutzen. Das Ergebnis sind Arbeitserleichterungen für das Personal und eine optimale Patientenkommunikation. Im Rahmen eines offenen Partnerökosystems wird die Plattform kontinuierlich weiterentwickelt. In den effizienten und bewährten Verbesserungsprozessen dieses Gesundheitsdienstleisters spielen „Innovation-Scouts" eine zentrale Rolle.

Noch immer beginnt ein Klinikaufenthalt mit Warten und Anmeldeformalitäten – und endet mit den Entlassungspapieren und mündlichen Ratschlägen. Wie wäre es, wenn das Einchecken bequem von zu Hause aus am Laptop erfolgen und alle benötigten Informationen, Arztbriefe und Rezepte digital zugestellt würden? Für die Patienten wäre es eine Erleichterung, für die Beschäftigten im Gesundheitswesen würde es Zeitgewinn und eine Vereinfachung der Administration bedeuten. Mit den kompatiblen Tools von m.Doc gelingen solche Smart-Health-Prozesse.

Offen für Impulse von außen

„Unsere digitale Plattform lebt von vielseitigen und vielfältigen Partnerschaften", erklärt der Firmengründer und Geschäftsführer Admir Kulin. „In der m.Doc-Welt gilt die Formel 1 + 1 = 3." So etablierte man schon beim Start ein Partnerökosystem mit Schnittstellen zu den Primärsystemen im Gesundheitswesen, aber auch zu externen Softwarespezialisten, Datenschutzprofis und Patienten. Sie alle bringen wertvollen Input ein sowie unterschiedliche Kompetenzen und Erfahrungen. Somit werden die digitalen Angebote des Unternehmens stetig besser. Was bei m.Doc gelingt, wünscht sich Kulin für alle Mittelständler: „Der Standort Deutschland braucht eine Innovationskultur der Offenheit, um international nicht den Anschluss an die Digitalisierung zu verpassen."

Effiziente Prozesse

Findige Mitarbeiter präsentieren ihre kreativen Ideen, deren Nutzen und die möglichen Risiken einem dreiköpfigen C-Level-Gremium – und zwar stets zeitnah, wenn etwas Konkretes geplant ist. Ebenso schnell wird dann über die Weiterentwicklung der Ideen entschieden. Zudem recherchieren „Innovation-Scouts" im Produkt- und Partnermanagement regelmäßig nach aktuellen Trends und danach, ob sich bei Patienten oder Kunden ein neuartiger Bedarf abzeichnet. Ihre Eindrücke gelangen in wöchentliche Jour-fixe-Treffen und bereichsübergreifende Runden, in denen über weitere Research-Maßnahmen diskutiert wird. Was den Innovationsprozess bei m.Doc besonders positiv beeinflusst, ist die Diversität der Mitarbeiter: „Ein ganz wichtiger Erfolgsfaktor", betont Admir Kulin.

m.Doc GmbH
50668 Köln
www.mdoc.one
Beschäftigte (D): bis 50
Gesundheitswesen

Geschäftsführer
Admir Kulin

„Eine Führungskraft muss nicht die innovativste Kraft im Team sein.“

Admir Kulin
Geschäftsführer

Was war Ihre Vision, als Sie 2016 m.Doc gründeten?
Zunächst: Jeder Mensch sollte jederzeit und überall seine Ärztin oder seinen Arzt „in der Tasche“ dabeihaben. Außerdem wollte ich das Personal im Gesundheitswesen bei Routinejobs entlasten, sodass mehr Zeit für die Patienten bleibt. Dafür haben wir mit unserer Smart-Health-Platform ein technisch sicheres und solides Fundament geschaffen, auf dem unsere digitalen Gesundheitstools aufbauen. Die Anwendungs-, Erweiterungs- und Entwicklungsmöglichkeiten sind jetzt immens.

Wie sehen Sie Ihre Rolle heute?
Die Vision, das Gesundheitswesen radikal in die digitale Welt zu katapultieren, treibt mich weiter an. Ich bin sehr eng in die F&E-Maßnahmen bei uns eingebunden. Es geht mir um das Fördern von Karrieren, die unabhängig von Hierarchiestufen verlaufen und durch Expertentum geprägt sind. Eine Führungskraft muss nicht die innovativste Kraft im Team sein, aber sie muss Innovation zulassen und die Mitarbeiter dahingehend fördern und fordern.

Was tun Sie, damit es auch in Zukunft so weitergeht?
Ich schaffe kontinuierlich Ressourcen für ein „InnovationLab“ und entsende Mitarbeiter in Verbandsgremien, wo sie an der Weiterentwicklung der Interoperabilität sowie an wichtigen Industriestandards im Gesundheitswesen mitarbeiten. Auf nationaler Ebene sind dies Verbände wie Bitkom, EVITG, IHE Deutschland, HL7 Deutschland, international ist es zum Beispiel die GAIA-X Healthcare Domain. Zudem nehmen Kollegen immer wieder an Hackathons teil, um neue Ideen auf ihre Machbarkeit zu prüfen – im Austausch mit Kunden, Patienten und weiteren Stakeholdern aus unserem Healthcare-Netzwerk.

Wie begeistern Sie potenzielle Kunden von m.Doc?
Wir begeistern unsere Kunden in erster Linie mit dem Mehrwert, den unsere Tools für die Belegschaft, die Klinik, vor allem aber für die Patienten bieten. Seit Herbst 2020, also seit dem Inkrafttreten des Krankenhauszukunftsgesetzes, ist vieles einfacher geworden. Denn der Gesetzgeber hat nicht nur den Mehrwert eines digitalen Patientenportals unterstrichen, sondern auch gleich dessen Kriterien definiert. Hier punkten wir mit dem modularen Aufbau unserer Plattform und holen jede Klinik auf ihrem jeweiligen Digitalisierungsstand ab.

Mit welcher Vision er m.Doc gründete
und wie er seither Innovationen im Haus fördert,
berichtet **Admir Kulin.**

Marantec Antriebs- und Steuerungstechnik GmbH & Co. KG

Das Tor zur Welt

Private Garagentore oder Grundstückstore, Industrietore oder Tore für öffentliche Tiefgaragen: Wo immer es um automatisierte Zufahrten geht, ist die Marantec Antriebs- und Steuerungstechnik GmbH & Co. KG zur Stelle. Sie entwickelt und fertigt die Antriebs- und Steuerungstechnik für diese Tore. Um zukunftsfähig zu bleiben, haben die Geschäftsführer Kerstin Hochmüller und Andreas Schiemann einen Kulturwandel eingeläutet, mit dem sie das Innovationsklima des Familienunternehmens verändert haben.

Wo es früher klassische Hierarchien gab, gehen heute Projektteams an den Start: Jeder besetzt in Projekten eine Rolle, aber niemand mehr hat formale Funktionen. Auch die Mitglieder der Geschäftsführung sind immer Teil eines Projektteams und voll in das operative Geschäft eingebunden. Es gibt keine Geschäftsführersitzungen mehr, sondern nur noch Projektsitzungen. „Jeder macht das, was er am besten kann", betont Kerstin Hochmüller. Dieses Prinzip wird auch bei Kooperationen angewandt: immer auf Augenhöhe, immer im Miteinander.

Bewertung von Innovationen

Ideen entstehen in Kreativ-Workshops, die nach dem Design-Thinking-Prinzip ablaufen. Weiterbildung ist der Unternehmensleiterin wichtig – wenn auch weniger in Form von Seminaren. „Ich bringe unsere Mitarbeiter viel lieber mit Beschäftigten anderer Firmen zusammen, sodass sie sich austauschen und vernetzen können. Der Lerneffekt ist um einiges größer", sagt die Geschäftsführerin überzeugt. Diese Offenheit gegenüber anderen Unternehmen ist im Mittelstand noch nicht weit verbreitet. Und für die Ideenfindung geht Marantec noch weiter: Jeden Morgen erhalten alle Mitarbeiter eine Nachricht mit innovativen Ideen aus aller Welt. Auf einer Plattform können sie diese Ideen bewerten und gemeinsam überlegen, ob sie auch im eigenen Unternehmen anwendbar wären. Diese Plattform wurde von einem Start-up entwickelt. „Die Zusammenarbeit mit den jungen Firmen verändert unsere Kultur ebenfalls. Im Miteinander mit ihnen können wir noch viel lernen", sagt Hochmüller.

Wiki für den Austausch

Damit alle zu jeder Zeit wissen, woran die anderen arbeiten und wie der Status von Projekten ist, wurde ein digitales Wiki-Tool eingeführt, in das jeder seine Ergebnisse einträgt. Das schafft sowohl Offenheit als auch Transparenz im Unternehmen. Der Geschäftsführer Andreas Schiemann beschreibt das Innovationsklima im Haus als motivierend und visionär: „Wir sind davon überzeugt, dass wir nur so auch in Zukunft erfolgreich sein werden."

Marantec Antriebs- und Steuerungstechnik GmbH & Co. KG
33428 Marienfeld
www.marantec.com
Beschäftigte (D): 51 bis 200
Elektronik/Elektrotechnik

Geschäftsführer
Andreas Schiemann und Kerstin Hochmüller

Masterflex Group

★★★

Gute Verbindungen weltweit

Sie sind schwer entflammbar, abriebfest, lebensmittelecht oder temperaturbeständig – je nach Anwendungszweck. Die Schläuche und Verbindungen aus Hightechkunststoffen, die die Masterflex Group entwickelt und fertigt, werden im Maschinenbau, in der Flugzeugindustrie, in der Medizintechnik und in vielen anderen Sparten eingesetzt. Der Vorstand sieht sich dabei als Sparringspartner für die Entwicklungsabteilung und setzt Innovationen ganz oben auf die Agenda.

Mit 14 operativen Niederlassungen in Europa, Amerika und Asien ist die Masterflex Group nahezu weltweit vertreten. Die Entwicklung wird von den deutschen Standorten aus koordiniert, wobei jeder der fünf Standorte seinen eigenen Schwerpunkt hat. Technologisch und strategisch interessante Projekte laufen allesamt über den Schreibtisch des Vorstands Dr. Andreas Bastin. „Nicht jedes Projekt führt zu einer Innovation. Auch Customizing, also die Anpassung an Kundenbedürfnisse, ist eine wichtige Weiterentwicklung“, erklärt er.

Bewertungen im Stage-Gate-Prozess

Die meisten Ideen kommen aus dem Vertrieb, der in engem Kontakt zu den Kunden steht. „Wir haben ein beratungsorientiertes Vertriebsmodell“, sagt Bastin. Die Vertriebskollegen tauschen sich deshalb häufig mit den Entwicklern aus. Weitere Anregungen stammen aus dem kontinuierlichen Verbesserungsprozess. Diese betreffen nicht nur Prozessoptimierungen, sondern oft auch Weiterentwicklungen für den Kunden. Die Entscheidung, ob eine Idee für gut befunden wird, läuft durch einen Stage-Gate-Prozess, bei dem das Top-Management jeden Vorgang erneut technologisch und wirtschaftlich bewertet. Erst dann wird der nächste Schritt gemacht.

Nachhaltigkeit im Fokus

Die Firmenstrategie steht auf vier Säulen: Innovation, Internationalisierung, Digitalisierung und operative Exzellenz. Andreas Bastin sieht in jeder der zahlreichen Branchen, die das Unternehmen bedient, andere Herausforderungen für die Zukunft. „Insgesamt nimmt aber die Nachfrage nach Effizienz, Geschwindigkeit und Flexibilität immer mehr zu“, schildert er seine Beobachtung. Hier sieht man sich bei der Masterflex Group gut gewappnet. Auch das Thema Nachhaltigkeit steht seit Jahren im Fokus: so wenig Rohmaterial wie möglich, wenige oder keine toxischen Bestandteile, Abfallvermeidung dank cleveren Designs und einer zunehmend automatisierten Produktion. Das sind nur einige der nachhaltigen Maßnahmen, die in Zukunft noch stärker in den Mittelpunkt gerückt werden sollen.

Masterflex Group
45891 Gelsenkirchen
www.masterflexgroup.com
Beschäftigte (D): über 200
Chemie/Kunststoff

Vorstand
Dr. Andreas Bastin

MDT technologies GmbH

★★★★★★

Komfortabel, sicher, energiesparend

Gebäude werden immer smarter: Heizungsregler, Bewegungsmelder, Zeitschaltuhren, Lichtdimmer. Mittels KNX-Bussystemen wird diese Gebäudetechnik ausgereifter – und sie regelt vieles selbsttätig. Die MDT technologies GmbH schafft es, immer wieder neue technologische Innovationen auf den Markt zu bringen und sie miteinander zu vernetzen. Das Ziel dieser führenden KNX-Experten ist es, Hausbewohnern das Leben leichter zu machen.

„Unsere Produkte sollen einfach immer einen Mehrwert bieten", betont der Geschäftsführer Hans-Joachim Kremer. Als er 2007 sein neu gebautes Haus mit der Technik eines Wettbewerbers ausstattete, stellte er fest: Das können wir besser. So wechselte er mit seinem Elektronikunternehmen in die Sparte Gebäudetechnik und verfolgte die neue Linie konsequent weiter. „Heute treiben wir die Innovationen voran, und die Wettbewerber müssen nachziehen", erzählt er. Aufgrund der steigenden Nachfrage und der damit verbundenen Produktionserweiterung wird das erst vor ein paar Jahren bezogene Firmengebäude bald schon wieder zu klein sein.

Feiertagsberechnung in Schaltuhren

Die treibende Kraft bei Neuentwicklungen und Verbesserungen der bestehenden Produkte ist das Top-Management: Es ist stark in Entwicklungsthemen eingebunden und steht mit den Kunden in regem Kontakt. Durch Anwendungen im eigenen Zuhause kommt auch Hans-Joachim Kremer auf Ideen für neue Funktionen seiner Produkte. So ist in seinen Schaltuhren für Jalousien nun auch eine Feiertagsberechnung integriert, damit die Rollläden an solchen Tagen später hochfahren als wochentags. Mit neuen Gruppenschaltfunktionen kann eine Taste jetzt mehrere Funktionen ausführen, indem sie länger oder kürzer gedrückt wird – und so alle Lichter in einem Raum gleichzeitig mit einer Taste anschaltet.

Vorreiter in der Gebäudetechnik

Komfort, Sicherheit und Energieeinsparungen sieht Hans-Joachim Kremer als die wichtigsten Trends der Zukunft. Lösungen kann er schon heute bieten: Mit intelligenten Heizungen oder Lichtsystemen, die sich bei Abwesenheit selbsttätig ausschalten, wird viel Energie gespart. Bei Frost oder Wind schließen sich Jalousien von selbst, Garagentore oder Terrassentüren stehen nachts oder bei Abwesenheit nicht mehr versehentlich offen, Räume werden je nach Sonnenstand individuell beschattet. „Eigentlich sollte all das schon Standard sein – ist es aber nicht", sagt der Geschäftsführer. „Wir sorgen dafür, dass wir mit unseren Produkten technisch der Vorreiter sind."

MDT technologies GmbH
51766 Engelskirchen
www.mdt.de
Beschäftigte (D): 51 bis 200
Elektronik/Elektrotechnik

Geschäftsführer
Hans-Joachim Kremer

MeisterWerke Schulte GmbH

★★

Mit Holz groß geworden

Ob Parkett, Laminat oder Designboden – wenn Fachleute nach Hartbodenbelägen oder auch Wand- und Deckenverkleidungen suchen, werden sie bei der MeisterWerke Schulte GmbH fündig: Das Familienunternehmen aus dem Kreis Soest fertigt seine hochwertigen Produkte im eigenen Haus und vertreibt sie über den Fach- oder Großhandel in die ganze Welt. Der Seniorchef ist ganz vorn mit dabei, wenn es um die Entwicklung neuer Produkte oder die Optimierung interner Prozesse geht.

„Erfindergeist hat bei uns Tradition" – so heißt es im Unternehmensfilm auf der Website der MeisterWerke. Hier stellt sich auch der Kopf der Firma vor: Der fast 80-jährige Johannes Schulte hat vor vielen Jahrzehnten die Tischlerei seines Vaters übernommen und sie zu einem erfolgreichen Mittelständler mit heute mehr als 650 Beschäftigten gemacht. Mit seinem Unternehmergeist ist er noch immer im Haus aktiv und bei Innovationsprozessen an vorderster Front mit dabei. „Die meisten Ideen kommen aus seinem unternehmerischen Bauchgefühl heraus", sagt der Geschäftsführer Guido Schulte über seinen umtriebigen Vater.

Sich vom Wettbewerb abheben

Innovationen sind überlebensnotwendig für diesen Familienbetrieb – nicht zuletzt deshalb, weil er seinen Produktionsstandort in Deutschland hat. Ohne ständige Neuerungen würde er bald von Konkurrenten in billigeren Produktionsländern abgehängt. „Wir müssen uns mit besonderen Erzeugnissen, die im Fachhandel gut vermarktet werden können, vom Wettbewerb differenzieren", betont Guido Schulte. Daher beschäftigen sich die Produktmanager täglich mit dem Thema Forschung und Entwicklung. Arbeitskreise, die aus Produktmanagement, Vertrieb, Technik und Marketing bestehen, beleuchten jede neue Idee ganzheitlich und begleiten sie auf ihrem Weg bis zur Serienproduktion.

Digitalisierung und Nachhaltigkeit

Zu den Herausforderungen der Zukunft gehört bei MeisterWerke Schulte zum einen das Thema Digitalisierung. „Wir sind gerade dabei, unsere Prozesslandschaft zu verändern und viele Vorgänge im Haus weiter zu digitalisieren", berichtet der Geschäftsführer Ludger Schindler. Auch über digitale Vertriebswege denkt man nach, weil sich das Kaufverhalten der Kunden verändert. Zum anderen ist das Thema Nachhaltigkeit ein wichtiger Aspekt für die Zukunft. Ein Nachhaltigkeitsbericht soll deutlich nach außen kommunizieren, wie das Unternehmen Ressourcen schont und sich anderweitig nachhaltig aufstellt. Auch hier ist, ebenso wie bei den Produkten, Erfindergeist gefragt.

MeisterWerke Schulte GmbH
59602 Rüthen
www.meisterwerke.com
Beschäftigte (D): über 200
Holzindustrie/
-verarbeitung

Geschäftsführer
Johannes Schulte,
Guido Schulte
und Ludger Schindler

TOP 100

nicos AG

Datennetze in aller Welt

Die Geschäftsidee hatte Thomas Brosch schon in den 1990er-Jahren, als er noch in einem IT-Systemhaus arbeitete. Im Jahr 2000 machte er sich dann mit seinem Vorhaben selbstständig: Die nicos AG entwickelt Datennetze für mittelständische Kunden aus Deutschland, die internationale Geschäfte betreiben. Je weiter ein Unternehmen von einer Metropole entfernt ist, desto schwieriger werden die technischen Bedingungen. Für Thomas Brosch wird es erst dann richtig spannend.

Ob im Amazonasgebiet oder im tiefsten Russland: Die nicos AG schafft es, überall auf der Welt stabile Datennetze zu installieren. An mehr als 2.000 Kundenstandorten in 130 Ländern war sie schon aktiv. „Das Internet ist das wichtigste Medium für den Datentransport“, erklärt der Vorstand Thomas Brosch. Von großer Bedeutung ist hier die Datenverschlüsselung für den sicheren Transfer. Nicht nur technisch ist das manchmal eine Herausforderung, auch politisch kann es mitunter schwierig werden, beispielsweise wenn es um die Vernetzung von Kundenstandorten mit Niederlassungen in Schwellen- und Krisenländern geht.

Ideen von Start-ups

„Jeder Kunde braucht individuelle Lösungen“, sagt Thomas Brosch, der als Top-Manager eng mit dem Leiter Business-Development zusammenarbeitet. Der ist die Schnittstelle für die innovativen Ideen aller Teams im Haus. „Ich bin viel unterwegs und bringe meine Eindrücke mit zurück ins Unternehmen, wo wir dann gemeinsam neue Lösungen entwickeln“, berichtet Brosch. Gespräche mit Start-ups im Silicon Valley oder in Israel, wo Cybersicherheit großgeschrieben wird, liefern ihm immer wieder neue Anregungen. „Außerdem höre ich den Kunden genau zu.“ So entstand zum Beispiel die Idee, dass mit Analysetools die Cyberangriffe auf Firmen kontrolliert und passende Vorkehrungen zur Abwehr getroffen werden.

Nachhaltiges Wirken

Viel Wert legt der Vorstand zudem auf das Thema Nachhaltigkeit. Nicht nur im eigenen Unternehmen achtet man auf die Gesundheit der Mitarbeiter, das Einsparen von Verbrauchsmitteln oder soziales Engagement: Auch auf Kunden und Lieferanten hat dieses Tun Auswirkungen. „Zur Nachhaltigkeit gehört für uns auch, neue Felder für die Digitalisierung zu finden“, erklärt Thomas Brosch. Das kann beispielsweise die Digitalisierung von Geräten sein, die irgendwann vielleicht einmal vom Homeoffice aus betrieben werden können. „Sicherheit und Konnektivität sind für uns die relevanten Trends der Zukunft. Und dabei unterstützen wir unsere Kunden.“

nicos AG
48155 Münster
www.nicos-ag.com
Beschäftigte (D): 51 bis 200
IT-Entwicklung/-Beratung

Vorstände
Thomas Brosch,
Axel Metzger und
Robert Holm

OASE steht für kreative Inszenierungen von Wasser in Gärten, in der Aquaristik, aber auch im professionellen Bereich der Fountain-Technology. Das Unternehmen bietet seinen Kunden ein Komplettpaket – von der Konzeption bis zur Implementierung.

OASE GmbH

Wasser als Mittelpunkt

1949 wurde die OASE GmbH als Reparaturbetrieb für landwirtschaftliche Maschinen gegründet. Dazu gehörten auch Weidepumpen, für die Tiere sprichwörtlich Oasen. Dies gab dem Unternehmen auch seinen Namen. Später kam die Produktion von Pumpen für Brunnen hinzu. Heute liefert man alles rund um das Thema Wasser – vom Aquarium oder Terrarium fürs Wohnzimmer bis zur professionellen Fontäne im Freizeitpark. Damit ist Wasser früher wie heute das zentrale Element dieses Mittelständlers, dessen Top-Management Innovationen konsequent fördert.

„Innovation darf kein Selbstzweck sein, sie muss stets dem Kunden dienen", sagt der Geschäftsführer Thorsten Muck überzeugt. Die Mission von OASE: mit ihren Produkten und Systemen dem Kunden das Leben angenehmer zu machen. Ideen dafür gibt es genügend. Alle vier Wochen trifft sich die Geschäftsleitung mit den Leitern der verschiedenen Abteilungen zum Innovationsmeeting, um den Status der einzelnen Innovationsprojekte zu erfragen und neue Produktideen zu bewerten. „Ich glaube an die kreative Kraft eines Teams", sagt Muck. Daher legt er viel Wert auf abteilungsübergreifende Zusammenarbeit.

Software zur Projektverwaltung

Ständig sind neue Projekte in der Pipeline. In der Regel arbeiten die Forscher und Entwickler parallel an 100 bis 120 Projekten – mit unterschiedlichen Zielvorgaben. Um den Überblick zu behalten, hat man eigens ein Programm zur Projektverwaltung und -steuerung eingeführt. Ohnehin ist das Thema Digitalisierung ganz wichtig für die Geschäftsführung. Seit 2017 wurde im ganzen Unternehmen viel in neue Software investiert. Ein Berater, der sich mit Gamification beschäftigt, stand der Geschäftsleitung dabei zur Seite und gab hilfreiche Tipps dazu, wie man die digitalen Veränderungen nutzerfreundlich gestalten konnte. „Wir waren so gut aufgestellt, dass wir beim ersten Lockdown in der Coronapandemie von heute auf morgen ins Homeoffice wechseln konnten", berichtet Muck.

Autonome Teiche

In den nächsten Jahren sollen auch die Produkte der OASE GmbH noch digitaler werden. Das Ziel der Innovationsstrategie lautet: Teiche sollen künftig autonom betrieben werden können, indem sie zum Beispiel ihre Wasserwerte selbst kontrollieren oder die Fische automatisch füttern. „Ideal wäre eine Verknüpfung mit der Hauselektronik", erklärt der Geschäftsführer. „Leider ist der Trend Smart Home noch nicht so weit fortgeschritten, dass der Nutzen wirklich erkannt wird." Als globaler Marktführer in seiner Branche will das Unternehmen Innovationen in diesem Geschäftsfeld weiter vorantreiben und Vorreiter sein, sobald das Smart Home mehr Akzeptanz findet.

OASE GmbH
48477 Hörstel
www.oase.com
Beschäftigte (D): über 200
Wassertechnik

Geschäftsführer
Thorsten Muck

TOP 100

TOP 100

Open Grid Europe GmbH

Energiewende als Innovationstreiber

Bei der geplanten Energiewende spielt das Thema Wasserstoff eine große Rolle. Die Open Grid Europe GmbH mit ihrem rund 12.000 Kilometer langen Leitungsnetz ist in Deutschland die größte und in Europa eine führende Betreiberin von Fernleitungsnetzen. Damit ist sie die perfekte Partnerin für eine zukunftssichere und umweltfreundliche Energieversorgung mit Wasserstoff. Mit überlegten Innovationsprozessen lenkt das Top-Management neue Ideen in die richtigen Bahnen.

„Wir brauchen nicht nur gute Ideen, sondern auch Leute, die an die Ideen glauben und sie realisieren“, erklärt der Innovationsleiter Dr. Jan-Nils Liesebach. Gleich mehrere Innovationsteams beschäftigen sich bei Open Grid Europe kontinuierlich mit Neuerungen: im Kundensegment, in der Technik und in der IT. Ihnen steht ein Budget für Grundlagenentwicklungen zur Verfügung. Gestalten sich diese Entwicklungen positiv, gehen sie an ein Innovationsgremium, das sich aus vier Bereichsleitern zusammensetzt. Letztlich entscheidet der Lenkungskreis, zu dem auch die Geschäftsleitung gehört, über die Realisierung der Neuerungen.

Freiräume gewähren

„Die Geschäftsführer sind immer voll über alle Innovationsprojekte informiert und lassen sie oftmals erst einmal laufen, damit sie an Fahrt gewinnen“, erklärt Dr. Liesebach. Sind Netzwerke nötig, um voranzukommen, stellt die Führungsebene die nötigen Kontakte her. Jeder im Unternehmen weiß, dass das Top-Management Freiräume gewährt, damit an neuen Ideen und ihrer Verwirklichung gearbeitet werden kann. In Design-Thinking-Workshops werden Einfälle generiert und weiterentwickelt, wobei Trend- und Marktanalysen die Richtung vorgeben. Auch enge Kontakte zur Politik helfen, zukünftige Bedürfnisse des Markts zu ermitteln. „Unsere Aufgabe ist es, Begriffe wie ‚nationale Wasserstoffstrategie‘ mit Leben zu füllen“, betont der Innovationsleiter.

Ziele vorgeben und gemeinsam erreichen

Das Thema Klimawandel hat bei Open Grid Europe oberste Priorität. „Die Energiewende ist ein wichtiger Innovationstreiber“, sagt Liesebach. „Aber auch am Megatrend Digitalisierung führt heute kein Weg mehr vorbei.“ Die Innovationsstrategie dieses Fernleitungsnetzbetreibers ist im ganzen Haus bekannt: Neue Technologien und Dienstleistungen entwickeln, Gas als nachhaltige Energieform etablieren und Prozesse digitalisieren – das sind die Ziele des Unternehmens. Und damit sie erreicht werden, gilt die Devise: „Nicht nur reden, sondern auch handeln.“

Open Grid Europe GmbH
45141 Essen
www.open-grid-europe.com
Beschäftigte (D): über 200
Energie

Geschäftsführer
Dr. Jörg Bergmann

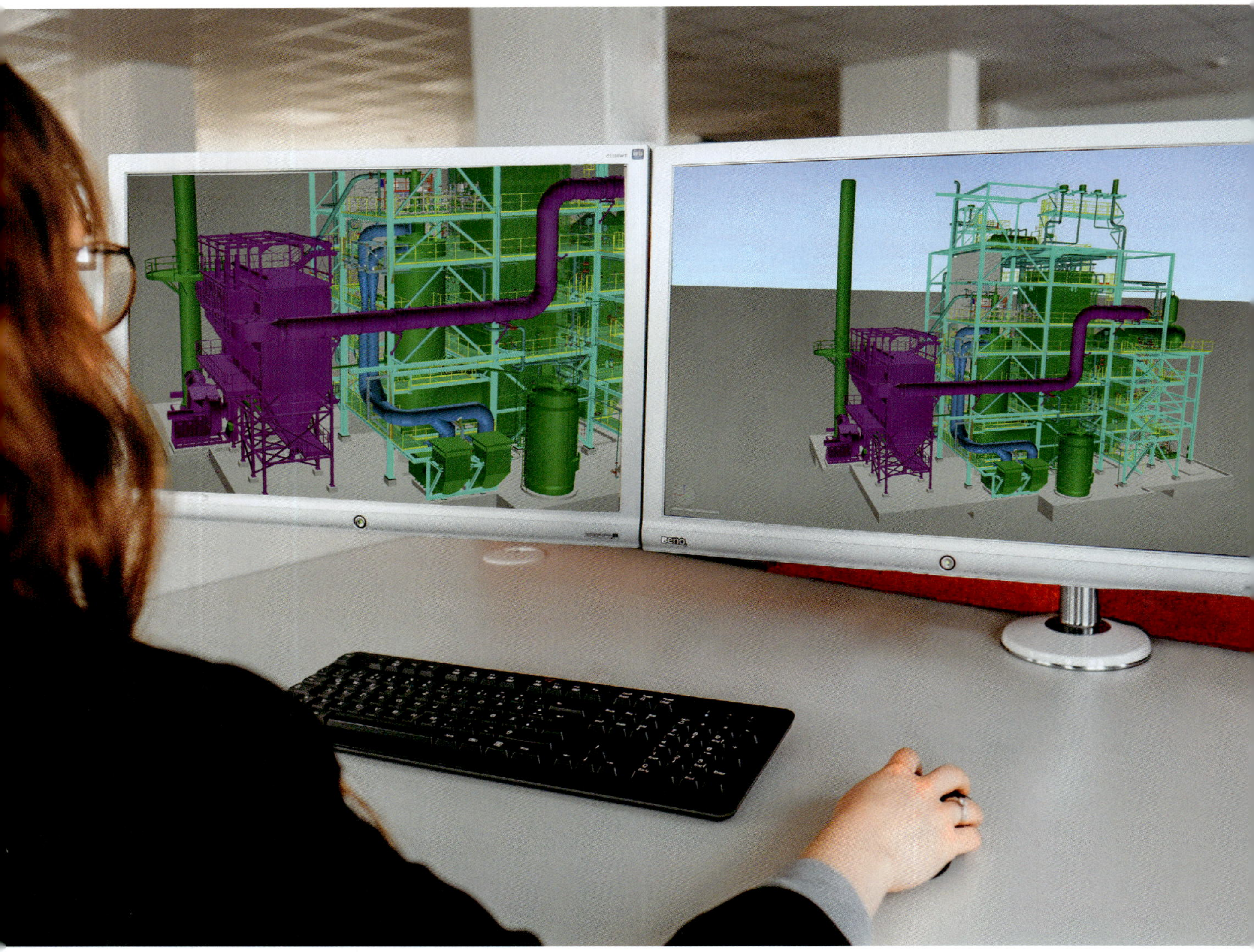

Oschatz ist ein Anlagenbauspezialist für Verbrennungstechnologien, Energierückgewinnung und Abfallverwertung. Abhitzesysteme zur Verwandlung industrieller Abwärme in nachhaltige Energieformen sind das Herzstück des Portfolios.

Oschatz Energy and Environment GmbH

Konzepte für die Welt von morgen

Ob im Metallurgie-, Papier-, Kraftwerks- oder Umweltsektor: Überall fallen in der Produktion Abwärmeströme sowie Rest- und Abfallstoffe an. Die Oschatz Energy and Environment GmbH hat sich mit ihren Technologien dem Ziel verschrieben, aus diesen Potenzialen nutzbare Energie und Wertstoffe zu gewinnen. Das traditionsreiche Unternehmen gehört seit 2017 zum Konzern Christof Industries und hat gemeinsam mit ihm bereits viele Innovationen hervorgebracht. Am Innovationsprozess sind zahlreiche Personen beteiligt.

Seit vielen Jahren unterstützt Oschatz die energieintensive Industrie mit selbst entwickelten Technologien zur Umwandlung von Abwärme in Energie. Dazu gehören auch schlüsselfertige Anlagen zur Verbrennung von flüssigen und gasförmigen Brennstoffen und Abfällen. Auch Kommunen zählen zu den Kunden des Essener Unternehmens. Zu seinen wichtigsten Innovationen der vergangenen Jahre gehört eine Technologie, mit der aus umweltschädlichen Abfallstoffen in der chemischen Industrie mittels eines thermischen Prozesses Energie erzeugt wird und ein Wertstoff gewonnen wird, der in den Produktionskreislauf rückführbar ist. Diese Technologie soll bald auch für andere Industriezweige einsetzbar sein und wird neben der Wertstoffgewinnung auch einen wesentlichen Beitrag zur Einsparung fossiler Energieträger leisten.

Technologische Check-ups

Nachhaltige Technologien, die der Umwelt helfen, sind das Ziel dieser Experten aus dem Ruhrgebiet. Ihre Ideen generieren sie zum einen aus den Anfragen von Kunden aus der ganzen Welt, mit denen sie gemeinsam an technischen Konzepten arbeiten. Zum anderen schauen sie sich an, welche Probleme künftig am Markt auftauchen können und entwickeln dafür passende Lösungen. Universitäten eruieren in technologischen Check-ups die Machbarkeit der Innovationsideen. Zudem wird geprüft, ob sie wirtschaftlich und ökologisch sinnvoll sind.

Kluges Technologiescouting

Anregungen bezieht Oschatz unter anderem aus einem Technologiescouting: Welche Technologien gibt es bereits? Welche Partnerschaften sind vielleicht sinnvoll? „Man muss nicht alles neu erfinden“, betont der Geschäftsführer Johann Christof. Oft gibt es kleine Firmen, deren Produkte zu einem Technologiekonzept von Oschatz passen. „Solch eine Partnerschaft kann vieles beschleunigen“, ergänzt die Geschäftsführerin Monique van den Boogaard. Auch interne Prozessoptimierungen sind ein ständiges Thema, immer verknüpft mit dem Nachhaltigkeitsgedanken: weniger Material, weniger Wartung, eine geringere Belastung der Anlagen. All das führt zu Ersparnissen, die dem Umsatz und vor allem der Umwelt guttun.

Oschatz Energy and Environment GmbH
45127 Essen
www.oschatz.com
Beschäftigte (D): 51 bis 200
Anlagen-/Maschinenbau

Geschäftsführer
Johann Christof und Monique van den Boogaard

R+M/Suttner Unternehmensgruppe

Mit Hochdruck glänzen

Auf dem Gebiet der professionellen Reinigungs- und Hygienetechnik gehört sie zu den Marktführern: Die R+M/Suttner Unternehmensgruppe produziert an sechs Fertigungsstraßen jährlich mehr als 2,5 Millionen Meter Hochdruckschlauch. Im Mittelpunkt ihres Wirkens stehen die Kunden und die eigenen Mitarbeiter, von denen einige als Produktbotschafter unterwegs sind. Sie bringen die Impulse aus dem Markt zurück ins Unternehmen, und die Geschäftsleitung unterstützt die Beschäftigten dabei, eigene Ideen für Neuerungen einzubringen.

Jeder, der einmal sein Auto in einer Waschstraße eigenhändig mit einem Hochdruckreiniger abgespritzt hat, kennt sie: die Schaumlanze. Die Technik dafür stammt von R+M/Suttner. Der Schaum ist so komponiert, dass er an den Fahrzeugen haftet, bevor er mit Wasser wieder entfernt wird. Früher wurde dieser Schaum in einem eigenen Technikraum produziert. Heute saugt die Schaumlanze die Luft aus der Umgebung ein und nutzt dabei den Wasserdruck. „Dank unserer Technik konnten wir außerdem ihr Gewicht von rund 900 Gramm auf etwa 100 Gramm reduzieren“, berichtet der Geschäftsführer Alexander de Wit. Die Idee für die Schaumlanze stammt aus der Entwicklungsabteilung.

Beobachten und zuhören

„Jeder Mitarbeiter kann bei uns auf die Geschäftsführung zukommen und dort seine Vorschläge einbringen. Das gehört bei uns zum Arbeitsalltag und ist nicht marktgetrieben“, sagt Alexander de Wit. Damit Einfälle und Innovationen gedeihen können, veranstaltet die Geschäftsleitung an sechs Tagen im Jahr Weiterbildungsworkshops mit Innovationsbezug. Eine wichtige Leistung der Beschäftigten ist es, den Markt und die Entwicklung der Kundenbedürfnisse genau zu beobachten. „Unsere Außendienstmitarbeiter sind gewissermaßen als Produktbotschafter unterwegs. Zu ihren Aufgaben gehört es, hinzusehen, zuzuhören und zu lernen“, erläutert der Geschäftsführer.

Kundenwünsche antizipieren

Darüber hinaus fördert die Geschäftsleitung Innovationen, indem sie eng mit dem Vertrieb und den Kunden zusammenarbeitet und sie in ihre Entscheidungen mit einbezieht. Dabei werden im Sinne der Kunden auch gemeinsame Projekte mit strategischen Lieferanten initiiert. Zudem geht es darum, zukünftige Kundenbedürfnisse zu antizipieren. Das Ziel ist es, das jeweilige Nachfragepotenzial zu erkennen und Produkte zu entwickeln, die dann im Idealfall neue Märkte ohne bestehenden Wettbewerb entstehen lassen.

R+M/Suttner Unternehmensgruppe
42549 Velbert
www.rm-suttner.com
Beschäftigte (D): über 200
Metallverarbeitung

Die Geschäftsleitung

R+M/Suttner ist der weltweit führende Anbieter professioneller Reinigungs- und Hygienetechnik made in Germany.
Er entwickelt und produziert Komponenten, Ersatzteile und Zubehör für Hochdruckreiniger und Industriesauger.

R&S ist eines der führenden Vertriebsunternehmen in Deutschland. Zum Sortiment gehören mehr als 800 Wurst- und Schinkenspezialitäten, diverse Markenfleischprogramme sowie Fleischalternativen und Feinkostprodukte aus ganz Europa.

R&S Vertriebs GmbH

Wenn Absurdes gut schmeckt

Von Flensburg bis Passau: Die R&S Vertriebs GmbH beliefert um die 20.850 Lebensmittelgeschäfte und Märkte in ganz Deutschland. In Sachen Trends ist sie immer am Puls der Zeit. Dank der lebendigen Ideenkultur im Unternehmen entstehen auch außergewöhnliche Spezialitäten, die es in dieser Form noch nie zuvor gab – zum Beispiel Speckmarmelade. Die Geschäftsleitung legt außerdem viel Wert auf den Austausch mit den Kunden und auf die Weiterbildung der Mitarbeiter.

„Wenn eine Idee am Anfang nicht absurd klingt, dann gibt es keine Hoffnung für sie“, sagt der Geschäftsleiter Ingmar Fritz Rauch, wenn er über die Produktkreationen der R&S Vertriebs GmbH spricht und zitiert damit Albert Einstein. „Wir versuchen jede Idee bis zur Marktreife zu bringen“, ergänzt Rauch. Die Mitarbeiter dürfen dabei gern auch Vorschläge einbringen, die auf den ersten Blick vielleicht etwas schräg klingen. So fand es ein Beschäftigter schade, dass in der Produktion Schinkenreste übrig blieben. Er schlug deshalb vor, daraus „Speckmarmelade“ zu machen. Nach einer einjährigen Entwicklungszeit brachte man diese Speckmarmelade auf den Markt. „Die schmeckt echt lecker“, sagt der Chef.

Einfach mal ausprobieren

Diese Geschichte passt zur Firmenphilosophie: Wie verrückt manche Kreationen auch klingen mögen – sie werden den Kunden vorgestellt. Wenn das Produkt bei ihnen gut ankommt, wird mehr daraus. „Dabei sind schon richtige Erfolgsgeschichten entstanden“, berichtet Rauch. Diese Fleischexperten sind ständig auf der Suche nach dem, was gut schmeckt. Deshalb haben sie sich auch den Namen „Gourmetscouts“ gegeben. Der größte Teil des Fleisches, das R&S importiert, kommt aus Frankreich. Dort gibt es laut Rauch eine besondere Fleischtradition. So werden hier Rinder gezüchtet, die zugleich in der Landwirtschaft eingesetzt werden und daher mehr Muskeln ansetzen als etwa die Kühe in Deutschland, die in erster Linie Milch produzieren sollen.

Immer in Kontakt bleiben

Damit die Mitarbeiter immer am Puls der Zeit bleiben, fördert die Geschäftsleitung sie mit Weiterbildungsmaßnahmen wie Schulungsvideos, Grill- und Zuschnittseminaren, Sommelierkursen und Verkaufsseminaren. Zugleich hat der Austausch mit den Kunden hohe Priorität: R&S investiert jährlich mehr als 5.000 Stunden in Haus- und Kundenmessen, in Verkostungsaktionen, Schulungen und in Weiterbildungen. So hält man den Innovationsmotor am Laufen.

R&S Vertriebs GmbH
45219 Essen
www.gourmetscouts.de
Beschäftigte (D): 51 bis 200
Handel

Geschäftsleiter
Ingmar Fritz Rauch

„Wir haben uns in diese Insel verliebt.“

Ingmar Fritz Rauch
Geschäftsleiter

Sie bereisen gern die Länder, aus denen Sie Ihr Fleisch beziehen. Island fasziniert Sie dabei besonders. Wie kam es dazu?

Als wir das erste Mal als „Gourmetscouts" nach Island gereist sind, haben wir uns in diese Insel verliebt. Die unberührte Natur, die Gletscher, Vulkane, Flüsse, Seen und Wasserfälle sind schon sehr beeindruckend. Der Anlass unserer Reise war, uns die Lämmer für eine unserer Marken anzusehen. Die gesamte Haltung der Lämmer auf Island orientiert sich an traditionellen Vorbildern: Kleine familiengeführte Betriebe haben je um die 250 Schafe; wenn sie im Frühjahr gelammt haben, geht es für sie und ihren Nachwuchs raus aus dem Stall hinauf ins Hochland und in die Gebirge der Insel. Die Lämmer wachsen mit ihren Müttern auf und fressen, was sie an Kräutern, Gras und Beeren finden.

Das Engagament in Sachen Tierwohl und Nachhaltigkeit ist natürlich zu begrüßen. Macht sich das bei der Qualität des Fleisches tatsächlich bemerkbar?

Die Haltung und die Ernährung der Tiere auf Island dienen nicht einfach nur dem Marketing, sie sind auch ein Versprechen im Hinblick auf die Qualität des Fleisches. Dank der lebenslangen Weidehaltung, einer ausschließlich pflanzlichen Ernährung und des Verzichts auf den Einsatz von Gentechnik und Antibiotika ist dieses Fleisch gesünder als das aus einer nicht artgerechten Tierhaltung und schmeckt schließlich auch besser. Außerdem wird das ganze Tier verwertet, „from nose to tail".

Muss man in das jeweilige Herkunftsland der Tiere reisen, um sich als Vertriebsexperte für Frischfleischprodukte ein genaueres Bild zu machen?

Vielleicht muss man das nicht unbedingt. Für uns liegt es jedoch grundsätzlich nahe, sich die Umgebung und Haltung der Tiere genauer anzusehen. Darüber hinaus geht es uns bei diesen Reisen nicht ausschließlich darum, sich mit der Art der Tierhaltung zu beschäftigen. Gerade Island ist ein schönes Beispiel dafür, dass eine solche Reise stets auch die Möglichkeit bietet, andere Kulturen kennenzulernen – natürlich immer mit Blick auf die für uns relevanten Tiere. Meine Mutter, die Geschäftsführerin der R&S Vertriebs GmbH, war früher als Fremdsprachenkorrespondentin tätig. Durch sie bekam unsere Familie von Anfang an einen Zugang zu anderen Ländern und Kulturen in Europa, etwa zu Italien, Spanien und Frankreich.

Warum es für die Geschäftsleitung der
R&S Vertriebs GmbH sinnvoll ist,
sich die Schafzucht auf Island anzuschauen,
erklärt **Ingmar Fritz Rauch.**

Die RheinLand ist ein Komposit- und Lebensversicherer. Wohin die Reise dieser Versicherungsgruppe gehen soll, machte der erste „Innovation Day“ 2019 deutlich.

RheinLand Holding AG

Versicherer der Zukunft

Eine Versicherungsgruppe erfindet sich neu: Das Vorstandsteam der bereits 1880 als Feuerversicherer gegründeten RheinLand Holding AG fördert gezielt die Kreativität und die Kommunikation der Mitarbeiter. Aktiv Ideen einzubringen, neue Entwicklungen anzustoßen, Versicherung neu zu denken – das hat bei den „RheinLändern" Hochkonjunktur. Dank eines innovationsorientierten Top-Managements entstehen so jede Menge Maßnahmen und Projekte für innovative Versicherungsprodukte und für bessere interne Prozesse.

Für jede Aufgabe die richtige Fläche: Unter diesem Leitgedanken gestaltete die RheinLand-Gruppe vier Etagen in ihrer Zentrale so um, dass offene Bürolandschaften entstanden. Mittelfristig werden hier 600 Mitarbeiter auf 8.000 Quadratmetern in verschiedenen Konstellationen im „Open Space" arbeiten. Kristallisationspunkt der digitalen Transformation im Unternehmen ist die „Zukunftswerkstatt". Dieser 2019 errichtete multifunktionale Gebäudeteil gibt im wörtlichen Sinn den Freiraum, jenseits aller Routine zu neuen Ufern aufzubrechen – ein Angebot, das für alle Beschäftigten gilt. Darüber hinaus gibt es für die Mitarbeiter viele weitere Möglichkeiten, neue Ideen einzubringen, zu diskutieren und zu realisieren.

Innovationspreis eingeführt

Im Jahr 2020 wurde ein Wettbewerb ins Leben gerufen, der die von den Beschäftigten vorangetriebenen Zukunftsprojekte besonders würdigt: der „Innovation Award". Initiiert vom Gesamtvorstand und inspiriert vom US-Unternehmen 3M, wird der Preis in drei Kategorien verliehen: „Größter Meilenstein", „Höchster Kundennutzen" und „Kreativste Leistung". Dafür schlagen Mitarbeiter zunächst die Projektteams und die realisierten Projekte vor und beteiligen sich danach an der Abstimmung. Die Sieger erhalten eine hochwertige Auszeichnung durch das Top-Management.

Vorstand als Innovationstreiber

Die digitale Transformation wird durch die Vorstandsmitglieder der RheinLand-Gruppe gesteuert und kontrolliert. Die Grundlage dafür ist die eigens aufgesetzte Digitalisierungsstrategie. Sie ist integraler Bestandteil der Gesamtstrategie des Konzerns. Der „Digitalisierungs- und Innovationsfahrplan" wird von den Führungskräften immer wieder an die neuesten Trends angepasst. Mit dem „Team für Digitalisierung und Innovation" sowie dem Corporate-Start-up „Digital Company" wurden zudem zwei Einheiten geschaffen, die methodisch und konzeptionell den Wandel in der Gruppe beschleunigen. Für die „RheinLänder" ist agiles, interdisziplinäres Arbeiten mit einer konsequenten Kundenfokussierung auch dadurch längst zur Selbstverständlichkeit geworden.

RheinLand Holding AG
41460 Neuss
www.rheinland-versicherungsgruppe.de
Beschäftigte (D): über 200
Finanzdienstleistungen/
Versicherungen

Vorstandsmitglied
Christoph Buchbender

TOP 100

TOP 100 TOP 100 TOP 100 TOP 100
TOP 100 TOP 100 TOP 100 TOP 100 TOP 100
TOP 100 TOP 100 TOP 100 TOP 100 TOP 100
TOP 100 TOP 100 TOP 100 TOP 100 TOP 100
TOP 100 TOP 100 TOP 100 TOP 100 TOP 100
TOP 100 TOP 100 TOP 100 TOP 100 TOP 100
TOP 100 TOP 100 TOP 100 TOP 100 TOP 100

TOP 100

rising systems AG

Nur der Wandel ist beständig

„Digitaler Wandel“ ist als Schlagwort in aller Munde. Doch selten wird diese Transformation so durchgängig realisiert wie bei der rising systems AG. Die Beschäftigten des Unternehmens, die Software für Geschäftsmodelle entwickeln, arbeiten vollständig agil: Es gibt kein festes System, keine Strukturen und keine Hierarchien, sondern nur noch Rollen, in die die Mitarbeiter schlüpfen und die sie auch wieder ablegen können. Dadurch verändert sich die Organisation permanent und kann sich schnell auf neue Gegebenheiten einstellen.

Die Organisation von rising systems als solche bleibt dennoch transparent und verlässlich. Jeder entscheidet selbstständig, woran er gerade arbeitet; der Vorstand hat seine Direktionsbefugnisse abgegeben. Für einzelne Aufgaben schließen sich verschiedene „Rollen“ zu Kreisen zusammen, die sich wieder auflösen, wenn die Aufgabe erfüllt ist. Das Unternehmen wird quasi zum Organismus, in dem die Zellen die jeweilige Struktur abbilden.

Fehlertoleranz punktet

Ein großer Vorteil dieser agilen Struktur ist ihre Fehlertoleranz. „Den größten Mut braucht es immer dafür, eine Idee oder ein angefangenes Produkt wieder wegzuwerfen“, sagt der Vorstand Sebastian Witzmann. „Die Versuchung, ein Projekt nicht mehr abzubrechen oder weiter in ein schlechtes Produkt zu investieren, ist in herkömmlichen Organisationsstrukturen groß.“ Die Verantwortlichen von rising systems hingegen sehen Fehler als Chance zu lernen: Eine aktuelle Herausforderung in vielen Unternehmen besteht beispielsweise darin, für bestimmte Aufgaben die geeignete Person zu finden. Bei der rising systems AG wurde dafür eine künstliche Intelligenz programmiert, die die Lebensläufe der Mitarbeiter einerseits und die Projektbeschreibung andererseits ausliest, in semantische Felder umwandelt, abgleicht und daraus eine Matchingliste generiert. Aber erst als dem Wunsch der Mitarbeiter nach bestimmten Aufgaben in diesem Prozess stattgegeben wurde, verbesserten sich die Arbeitsergebnisse deutlich.

Kommunikation fördert Bestleistungen

„Wir sehen nicht nur die einzelne Aufgabe, sondern richten den Blick immer auf den ganzen Geschäftsprozess“, erklärt Sebastian Witzmann. Dafür ist eine klare, zielgerichtete Kommunikation unerlässlich. Mit einem regelmäßigen Meinungsaustausch und der agilen Organisation in seinem Unternehmen schafft er die Voraussetzung dafür, dass alle Beteiligten im Sinne der Kunden ihre besten Leistungen erbringen können. In einem solchen Klima gedeihen Innovationen bestens.

rising systems AG
40597 Düsseldorf
www.rising-systems.de
Beschäftigte (D): bis 50
Unternehmensberatung

Vorstand
Sebastian Witzmann

RK Rose+Krieger ist eine Tochter der international tätigen Phoenix Mecano AG. Auf dem Markt ist sie bekannt als Komplettanbieterin von Linear-, Profil-, Verbindungs- und Modultechnik.

RK Rose+Krieger GmbH

★★★★★★★★★★

Durch Kontinuität zum Erfolg

Gute Ideen zu haben ist das eine, sie erfolgreich zu realisieren das andere. Ein Paradebeispiel für beides ist die RK Rose+Krieger GmbH. Die Beschäftigten dieses Anbieters von Komponenten und Systemlösungen für Automatisierungstechnik können ihre Verbesserungsvorschläge auf vielfältige Art einbringen. Alle Anregungen werden in gut organisierten Abläufen mit dem Ziel bearbeitet, die Produkte und die internen Prozesse kontinuierlich zu optimieren. Das Top-Management orientiert sich dabei auch an den Gesetzen der Natur.

Wie bahnt sich eine gute Idee ihren Weg? Bei RK Rose+Krieger stehen ihr dafür drei Wege offen: Vorschläge für neue Produkte können erstens einfach schriftlich in den Ideenfindungsprozess eingebracht werden, beispielsweise über das Mitarbeiterinformationsportal. 98 Einfälle kamen hier im Jahr 2020 zusammen, von denen 10 % realisiert wurden. Zweitens kann im Rahmen des betrieblichen Vorschlagswesens der Vorgesetzte oder ein Beauftragter angesprochen werden, der die Anregungen dann in die „RK-Impuls-Meetings“ mitnimmt. Und drittens gibt es noch das Innovationsmanagement für den Ideen- und Produktentstehungsprozess, das von der technischen Leitung verantwortet wird.

Großes Potenzial

Von den 112 über „RK-Impuls“ eingereichten Ideen wurden stolze 80 im Jahr 2020 realisiert. Viele davon betrafen Prozessverbesserungen. Das sind auf den ersten Blick oft nur kleine, aber eben intelligente Tipps, die in ihrer Summe viel Optimierungspotenzial bedeuten. Ein Beispiel: Die Bausätze bei Profilverbindern wurden bislang grundsätzlich verpackt, da sie an Kunden geliefert werden. Der Vorschlag, einen Teil der Bausätze für die Nutzung in der hauseigenen Fertigung unverpackt zu lassen, spart Material und durch den Wegfall des Ein- und Auspackens gleich zwei Arbeitsgänge. Damit solche Vorschläge in die Praxis umgesetzt werden können, wird konsequent nach der vierstufigen PDCA-Methode vorgegangen, die zur Managementphilosophie „Kaizen“ gehört.

Viele kleine Schritte

„Wir schauen nicht gebannt auf ‚the next big thing‘, etwa auf ein Patent für eine Innovation, sondern verbessern uns stetig in vielen kleinen Schritten“, erklärt der Geschäftsführer Hartmut Hoffmann. Als Vorbild dient ihm dabei auch die Natur, die den immer gleichen Zyklus vorgibt: den Boden bereiten, die richtige Auswahl säen, pflegen, ernten und nach einer kurzen Ruhephase erneut starten. Einer solchen Kontinuität in den internen Abläufen zu folgen gehört seit Jahren zum Erfolgsrezept von Rose+Krieger.

RK Rose+Krieger GmbH
32423 Minden
www.rk-rose-krieger.com
Beschäftigte (D): über 200
Automatisierungs-/
Verfahrenstechnik

Geschäftsführer
Hartmut Hoffmann und
Dr. Gregor Langer

Sanders Tiefbau deckt die gesamte Palette des Tiefbaus und der Kanalsanierung ab, einschließlich der vielen dazugehörigen Spezialfelder. Bei der Geländeprofilierung werden GPS-gesteuerte Planierraupen eingesetzt.

Sanders Tiefbau GmbH & Co. KG

Tiefbau im digitalen Zeitalter

Tiefbau, Abbrucharbeiten und Kanalsanierungen sind das Metier der Sanders Tiefbau GmbH & Co. KG mit ihren 300 Beschäftigten. Spezialisiert hat sie sich unter anderem auf „schlüsselfertigen" Deponiebau, der Erfahrung und Expertenwissen erfordert. Die Geschäftsführung legt viel Wert darauf, das Familienunternehmen in puncto Digitalisierung und Mitarbeiterführung nachhaltig erfolgreich auszurichten. Das hat das Innovationsklima auffällig verbessert.

Digital ausgerüstete Hightechgeräte wie Bagger mit 3-D-Assistenten oder GPS-gesteuerte Planierraupen gehören im Tiefbau heute zum Alltag. „Aber auch die Erweiterung der Geschäftsleitung hat unserem Unternehmen einen Innovationsschub beschert", sagt der geschäftsführende Gesellschafter Ralf Mocken. Seit seine zwei Töchter Alissa und Celina vor vier Jahren ins Geschäft eingestiegen sind, hat sich die Organisation der Firma positiv verändert.

Mehr Digitalität wagen

Nach der Einführung der digitalen Bauakte, die den Bauleitern per Tablet alle relevanten Informationen zur Verfügung stellt, ist nun die digitale Ausrichtung des operativen Tagesgeschäfts an der Reihe: „Die Buchhaltung, der Unterlagenversand und die Arbeitszeiterfassung sollen bald durch digitale Tools stark vereinfacht werden", erzählt die Gesellschafterin Alissa Mocken. Während der Coronapandemie hat man außerdem die digitalen Grundlagen für regelmäßiges Arbeiten im Homeoffice geschaffen. Eine Business-Culture-Schulung für die gesamte Führungsebene erstreckte sich über ein ganzes Jahr und brachte ebenfalls wichtige Veränderungen für das Innovationsklima mit sich.

Motivierte Mitarbeiter

Zu diesen Veränderungen zählt beispielsweise die Einführung eines betrieblichen Vorschlagwesens, das von der Belegschaft ganz hervorragend angenommen wurde. „Die ersten zwei Wochen rappelte es nur so in den aufgestellten Briefkästen", erinnert sich Ralf Mocken. Mitarbeiter aus allen Abteilungen steuerten Ideen zu verschiedensten Themen bei, 80 % davon wurden zeitnah verwirklicht. Celina Mocken ist eine Idee aus der Praxis besonders in Erinnerung geblieben: „Einem unserer Lkw-Fahrer fiel auf, dass der Weg zu seiner Baustelle über eine gesperrte Brücke kürzer ist. Er hat dann während der Arbeitszeit bei den Behörden eine Genehmigung für die Durchfahrt erwirkt, die allen Projektbeteiligten viel Zeit gespart hat." Durch neue Ideen hat dieser Mittelständler also eine wertvolle Ressource gewonnen: Zeit, um Pläne für eine innovative Zukunft zu schmieden.

Sanders Tiefbau GmbH & Co. KG
41366 Schwalmtal
www.sanders-tiefbau.de
Beschäftigte (D): über 200
Baugewerbe/Handwerk

Die Unternehmerfamilie Ralf Mocken mit den Töchtern Celina und Alissa

Sanitätshaus Koczyba GmbH

Von Mensch zu Mensch

Sanitätsfachbetriebe sind ein wichtiges Glied in der medizinischen Versorgungskette. In ihren Ladengeschäften und Werkstätten bieten sie neben medizinischen Hilfsmitteln auch eine umfangreiche Beratung von Kunden und Patienten mit gesundheitlichen Beeinträchtigungen an. Die Sanitätshaus Koczyba GmbH mit Sitz in Eschweiler ist aus einem klassischen Sanitätshaus hervorgegangen, hat ihre Kernkompetenz auf dem Gebiet der Patientenversorgung kontinuierlich erweitert und überzeugt mit einem hervorragenden Innovationsklima.

Dieser ambulante Gesundheitsdienstleister versorgt seine Kunden unter anderem mit Reha-Hilfsmitteln, Homecareprodukten, Medizintechnik oder mit orthopädischen Einzelanfertigungen wie Prothesen oder Gesundheitsschuhen. Das Motto dabei lautet „Von Mensch zu Mensch" und wird nach außen und nach innen gelebt: Einerseits verbessern die 187 Beschäftigten die Lebensqualität der Kunden und Patienten mit individuell angepassten Hilfsmitteln. Andererseits arbeiten sie in einem Unternehmen, in dem ihre Verbesserungsvorschläge gehört und realisiert werden. Das Innovationsklima ist geprägt davon, dass die Mitarbeiter die Wahl haben. So kann sich jeder „Koczybianer", unabhängig von seiner aktuellen Position, am Firmenerfolg beteiligen oder aber die Verantwortung für ein Kostenbudget übernehmen.

Hohe Realisierungsquote

„Damit erhöhen wir das Verantwortungsbewusstsein und natürlich auch die Identifikation unserer Mitarbeiter mit dem Unternehmen", sagt der Geschäftsführer Daniel Koczyba. Die Beschäftigten verfügen zudem über ein bestimmtes Zeitkontingent zur Entwicklung innovativer Ideen: Führungskräften stehen dafür um die 5 Stunden pro Woche zur Verfügung, Mitarbeitern 0,5 Stunden. Die Nutzung des Zeitkontingents wird jedoch nicht kontrolliert. „Wir lassen uns von den neuen Gedanken überraschen und begeistern", sagt Daniel Koczyba. Die durchschnittlich 5,9 Ideen, die jeder Mitarbeiter pro Jahr einbringt, werden zu 72 % realisiert. Meist wird der Ideengeber auch in die Verwirklichung seines Vorschlags mit eingebunden.

Mit Feingefühl und Teamwork

In der Coronakrise profitierte das Sanitätshaus von einem weiteren Pluspunkt – dem organisierten Teamwork zwischen jungen und älteren Mitarbeitern. Während sich die einen bereits im Februar 2020 für den Aufbau einer Onlinepräsenz engagierten, nahmen ihre erfahrenen Kollegen den verunsicherten Kunden am Telefon oder vor Ort mit viel Feingefühl ihre Ängste. Das Ergebnis: in nur vier Monaten sechsstellige Erlöse im neuen E-Commerce-Bereich und enorme Zuwachsraten auch im stationären Segment.

Sanitätshaus Koczyba GmbH
52249 Eschweiler
www.koczyba.de
Beschäftigte (D): 51 bis 200
Gesundheitswesen

Geschäftsführer
Daniel A. Koczyba

STURM GmbH

Stürmisches Innovationsklima

Schnelle Beschaffung, keine Vorratshaltung im Warenlager, perfekt passende Teile – all das sind Vorteile von 3-D-Drucktechnologien. Die STURM GmbH fertigt für ihre Kunden auf industriellen 3-D-Druckern Komponenten oder auch Baugruppen für die Produktentwicklung, die Produktion oder die Instandhaltung. Die Ergebnisse werden hauptsächlich im Maschinen- und Anlagenbau eingesetzt. Das große Plus dieses ehemaligen Spin-offs der Universität Duisburg-Essen ist sein lebhaftes Innovationsklima.

Das junge achtköpfige Team sprüht nur so vor neuen Ideen. „Direkt aus der Hochschule kommend, haben alle Lust und sind hoch motiviert, sich auf dem Gebiet 3-D-Druck einzubringen und immer wieder etwas auszuprobieren", sagt der Geschäftsführer Markus Sturm. Er sieht es als seine Aufgabe, die Motivation seiner Beschäftigten hochzuhalten. Die Ideenfreiheit seines Teams will er weiterhin fördern: Wer einen guten Einfall hat, darf ihn auch direkt realisieren. Und wenn mal Fehler passieren, überlegt man gemeinsam, wie es beim nächsten Mal besser laufen kann.

Mentor und Moderator

Die Motivation im Haus ist auch deshalb so hoch, weil jeder Mitarbeiter selbst als Unternehmer im Unternehmen am Gewinn beteiligt ist. Jeder Einzelne ist also dafür verantwortlich, wie viel er ausgibt und wie viel er am Ende des Jahres verdient. „Dadurch werden die eigenen Ideen dann auch selbstkritischer geprüft", erzählt Markus Sturm. Als Mentor setzt er dabei auf die Methode „Learning by doing" und moderiert eher die Prozesse, anstatt Ziele vorzugeben. Der Geschäftsführer bringt natürlich auch selbst Innovationsideen ein. „Aber ich stelle sie nicht über die Ideen meines Teams", betont er. Ihm ist es wichtig, eine positive Innovationskultur vorzuleben.

Komplett in der Cloud

Die zukünftige Herausforderung liegt für Sturm vor allem darin, das Wachstum seiner Firma zu bewerkstelligen und die notwendigen Strukturen und Prozesse einzuführen, die ab einer gewissen Größe nötig sind. In Sachen Digitalisierung ist man schon bestens aufgestellt. „Wir alle sind mit den digitalen Errungenschaften aufgewachsen, sie sind für uns etwas Selbstverständliches." So sind auch alle Arbeitsdokumente in der Cloud gespeichert, der Wechsel ins Homeoffice zu Lockdown-Zeiten hat daher keinerlei Probleme bereitet. Auch die 3-D-Produktion erfolgt voll automatisiert. Von alldem profitieren nicht zuletzt die Kunden des Mittelständlers: Sie bekommen individuelle Produkte stets umgehend geliefert – unabhängig von coronabedingten Einschränkungen.

STURM GmbH
47058 Duisburg
www.sturm.industries
Beschäftigte (D): bis 50
Anlagen-/Maschinenbau

Geschäftsführer
Markus Sturm

TOP 100

Südwestfalen IT

Onlineshopping bei Kommunen

Noch ist die öffentliche Verwaltung nicht fit fürs digitale Zeitalter: Die Behörden stehen vor der enormen Herausforderung, ihre zahllosen Vorgänge in die digitale Welt zu transformieren. Damit von A wie Antrag bis Z wie Zustellung alles effizienter und bürgerfreundlicher wird, entwickelt die Südwestfalen IT erfolgreiche Produkte. Das gelingt diesem kommunalen IT-Dienstleister, weil er eine Ideenschmiede mit ausgezeichnetem Innovationsklima ist.

Personalausweis verlängern, Gewerbe anmelden – vielerorts müssen Bürger für solche Angelegenheiten aufs Amt. Das passt nicht mehr ins digitale Zeitalter. Auch der Gesetzgeber will, dass kommunale Dienstleistungen bis zum Jahresende 2022 online abrufbar sind. Das digitale Angebot vieler Gemeinden scheint davon noch Lichtjahre entfernt. Dabei bietet die Südwestfalen IT mit ihrem sogenannten citkoPortal für kommunale Dienstleistungen eine intelligente Plattform an, die wie Onlineshopping funktioniert, nur eben mit Verwaltungsleistungen: per Mausklick etwa eine Geburtsurkunde in den Warenkorb legen, digital bezahlen, fertig. Die gewünschte Urkunde kommt per Post, der Behördengang ist damit passé.

Vertrauen zahlt sich aus

Für die Digitalisierungsoffensive der Kommunen wird Kreativität benötigt. Die fördert das Unternehmen bei seinen Mitarbeitern, zum Beispiel mit einem „Ideenpreis". Dabei geht es um Optimierungsvorschläge im weitesten Sinne. Prämiert wurde etwa die Anregung, ausgemusterte, aber funktionstüchtige Hardware an die Belegschaft zu verkaufen, anstatt sie zu verschrotten. Man braucht Freiräume, um gute Ideen auszutüfteln. Zeit dafür darf sich jeder nehmen – ohne vorherige Freigabe, rein auf Vertrauensbasis. Einfallsreiche Mitarbeiter lohnen sich für die Südwestfalen IT: 2020 stieg ihr Ergebnis allein durch die realisierten Verbesserungsvorschläge um rund 2 %.

Handlungsfähig bleiben

Die Coronakrise offenbarte, wie stark viele Behörden bei der Digitalisierung noch hinterherhinken: Zum Zweckverband dieses IT-Dienstleisters gehören rund 70 Städte und Gemeinden. Um deren Handlungsfähigkeit zu sichern, reagierte man zu Beginn der Pandemie schnell. So entwickelten die Mitarbeiter in nur zwei Wochen eine Lösung, mit der Verwaltungsangestellte aus dem Homeoffice auf den Desktop im Büro zugreifen konnten. Außerdem wurden die Gesundheitsämter durch eine Erweiterung des Bürgerportals entlastet, über das sich Betroffene mit Verdacht auf eine Covid-19-Infektion online melden konnten – und zwar lange bevor die Corona-Warn-App am Start war. Das zeigt: Mit gut geschmiedeten Ideen geht's voran ins digitale Zeitalter.

Südwestfalen IT
58675 Hemer
www.sit.nrw
Beschäftigte (D): über 200
IT-Entwicklung/-Beratung

Geschäftsführer
Thomas Coenen,
Dr. Michael Neubauer
und Kerstin Pliquett

symmedia GmbH

Internet der Maschinen

„symmedia" ist ein Kunstwort aus „sym" und „media". Der erste Begriff bedeutet „zusammen", der zweite „vermittelndes Element". Der Name ist Programm: Die symmedia GmbH entwickelt digitale Services, die als vermittelnde Plattform dienen, über die sich Maschinenhersteller und Anlagenbetreiber weltweit vernetzen können. Seit mehr als zwei Jahrzehnten werden diese Services erfolgreich ausgebaut. Das gelingt, weil das Top-Management ein Klima schafft, in dem die Mitarbeiter kontinuierlich lernen und vertrauensvoll miteinander umgehen.

An eigenen Ideen tüfteln, Programmierfähigkeiten inhouse schulen oder externe Trainings besuchen: Je nach Auftragslage dürfen die Mitarbeiter von symmedia bis zu einem Viertel ihrer Arbeitszeit für Fortbildungen im weitesten Sinne nutzen. Das dadurch entstehende breite Know-how trägt viel dazu bei, das „Internet der Maschinen" voranzubringen. Unter diesem Schlagwort fasst die Softwareschmiede ihre Industrie-4.0-Lösungen für den Maschinen- und Anlagenbau zusammen. Herausfordernd ist mittlerweile die enorme Vielfalt der Branchen und die damit einhergehende Diversität der Anlagen. Ob Laserschneider oder Spitzgussmaschine – es sind findige Herangehensweisen gefragt, wenn verschiedene Fertigungstechnologien mit einer Software richtig angesteuert werden sollen.

Aus Fehlern lernen

„Bei uns entstehen Innovationen durch gut funktionierende Teams, die offen und vertrauensvoll miteinander umgehen", sagt der Geschäftsführer Andreas Thal. Zur Firmenphilosophie gehört es, Fehler zu tolerieren und sie sogar zu begrüßen, um aus ihnen zu lernen. Dieser Lernprozess ist fest institutionalisiert. Denn symmedia arbeitet mit der agilen Managementmethode „Scrum", die regelmäßige Feedbackrunden vorsieht. Im wöchentlichen Rhythmus werden so die Arbeitsergebnisse analysiert, teilweise gemeinsam mit Kunden. Der kurze Blick zurück, auch auf Fehler, hilft, sie in Zukunft nicht zu wiederholen und Software noch effektiver zu entwickeln.

Strategische Fortentwicklung

Im Tagesgeschäft verbessern diese Softwarespezialisten das „Internet der Maschinen" kontinuierlich in kleinen Schritten. Auf der strategischen Ebene treibt das Top-Management große Innovationen voran: Mit einer neuen technologischen Basis für das IT-Portal beispielsweise können noch weitere Kundengruppen angesprochen werden. Die Mitarbeiter, die dieses Konzept umsetzen sollen, sind bereits rekrutiert. Zum Entwicklungsteam gehört auch der Geschäftsführer – nicht als Chef, sondern als gleichberechtigtes Mitglied; wie alle anderen mit nur einem Stimmrecht bei Entscheidungen. Der Name ist also auch hier Programm: Auf dem Weg in das nächste Produktionszeitalter arbeiten alle zusammen.

symmedia GmbH
33602 Bielefeld
www.symmedia.de
Beschäftigte (D): 51 bis 200
IT-Entwicklung/-Beratung

Geschäftsführer
Andreas Thal

TEMA Technologie Marketing AG

Aufbruch zu neuen Ufern

Wer echte Innovationen will, denkt nicht nur ein oder zwei Jahre in die Zukunft, er befasst sich mit langfristigen Trends. Als die TEMA Technologie Marketing AG 25 Jahre alt wurde, schaute die Geschäftsleitung deshalb nicht zurück, sondern nach vorn, auf die nächsten 25 Jahre. Und das tat sie gemeinsam mit ihren Kunden. Dieser Open-Innovation-Ansatz und das zukunfts- und innovationsorientierte Top-Management zeichnen den Technologiemarketingexperten mit Sitz in Aachen aus.

Der Gründer Dr. Günter Bleimann-Gather ist Alleinaktionär und Vorstand, aber vor allem auch Mastermind und Vordenker dieses Unternehmens. Der studierte Mathematiker und Physiker war lange im IT- und Telekommunikationsbereich tätig, bevor er sich mit Technologiemarketing selbstständig machte. Zu Beginn ging es vor allem um Pressearbeit für Automationsprodukte und Energieoptimierung, inzwischen betreibt TEMA ein eigenes Fernsehstudio, programmiert VR-Anwendungen und organisiert Webinare, Kongresse und umfassende Firmenpräsentationen.

Innovationsförderliche Außenorientierung

Zahlreiche Produktideen und Präsentationsformen entstehen im Austausch mit den Kunden. Und auch die Jubiläumspublikation „25 Jahre Zukunft“ gestaltete man gemeinsam mit ihnen und den Partnern. Zusammen mit ihren Kunden stößt die TEMA Technologie Marketing AG immer wieder in neue Dimensionen vor. So konzipiert und realisiert sie beispielsweise auch international ausgerichtete Marketingkampagnen mit Bravour. „Bei uns im Haus werden 19 Muttersprachen gesprochen, sodass wir unsere Leistungen für sämtliche Volumenmärkte weltweit anbieten können. Wir unterstützen deshalb etwa Messegesellschaften dabei, in Deutschland etablierte Fachmessen auch in anderen Ländern auszurichten“, erläutert Dr. Bleimann-Gather.

Sprachsteuerung und Virtual Reality

Gemeinsam in andere Länder und Kontinente aufzubrechen fördert Wachstum und Expansion. Darüber hinaus gelingt es immer wieder, neue Technologien, etwa Virtual Reality und Spracherkennung, aus dem Marketing in weitere Anwendungsgebiete zu übertragen. Längst haben mehrere Projekte den klassischen Marketingrahmen verlassen. Sie befassen sich mit Themen wie „Shared Mobility“, „Qualitätssicherung am Bau“ oder „Medizin- und Rehabilitationstechnik“. Der Aufbruch zu neuen Ufern geschieht also keinesfalls nur geografisch: Auch bei Hightechanwendungen, die gemeinsam mit Auftraggebern entwickelt werden, sind diese Marketingspezialisten äußerst innovativ.

TEMA Technologie Marketing AG
52074 Aachen
www.tema.de
Beschäftigte (D): 51 bis 200
Kommunikation/Marketing/Medien

Vorstand
Dr. Günter
Bleimann-Gather

TRAPO ist ein Partner für industrielle Automatisierung. Die Firma entwickelt und fertigt effiziente und sichere Maschinen, Gesamtanlagen und Systeme wie die innovative Parallelkinematik zur schonenden Lagenbildung beim Hochleistungspalettieren.

TRAPO AG

Zukunftstechnologien für Produktion und Intralogistik

Wenn ein Moor in Flammen steht, hat die Feuerwehr keine Chance. So geschehen 1957 in Gescher-Hochmoor. Als Folge kam der Torfabbau und damit eine ganze Industrie zum Erliegen. Bald darauf stand das Gelände des Torf-Verschiebebahnhofs zum Verkauf. Der Außendienstler Karl Stumpf kaufte es – es war die Geburtsstunde der TRAPO AG. Wenig später überzeugte er mit einer Innovation, die bis heute in der modernen Fördertechnik Anwendung findet: der Allseitenrolle. Diesen Innovationsgeist zeigt auch das Top-Management des heutigen Unternehmens.

Stumpfs Allseitenrolle revolutionierte die Fördertechnik, weil mit ihrer Erfindung erstmals schwere Stückgüter in jede Richtung bewegt werden konnten. Noch heute wird sie vielerorts eingesetzt, zum Beispiel bei den Gepäcktransportbändern an Flughäfen. Stumpfs Entscheidung ist es zu verdanken, dass die TRAPO ihren Stammsitz bis heute in Hochmoor hat, einem Stadtteil von Gescher. Seit 2015 leitet der Vorstand Volker Kugel nun die Firma, die sich auf anspruchsvolle Maschinen, Gesamtlinien und Systeme für die industrielle Automatisierung spezialisiert hat. Wie Karl Stumpf war auch Volker Kugel vorher im Vertrieb und als Geschäftsführer namhafter Unternehmen tätig – und wie Stumpf erklärte auch Kugel das Thema Innovation zur Chefsache. Parallel forciert er die Internationalisierung von TRAPO.

Strategie mit Leitzielen

Wo es in Sachen Innovation hingehen soll und welche Themen im Fokus stehen, ist in der Firmenstrategie festgehalten. Die steht unter dem Leitmotiv „Future Technologies“ und wurde vom Vorstand und dem Führungskreis gemeinsam ausgearbeitet. Darin sind Leitziele beschrieben, etwa die Fortschreibung der Internationalisierung und die Entwicklung neuer Produkte sowie die digitale Transformation. Diese Strategie liegt auch den Forschungs- und Entwicklungskooperationen des Unternehmens zugrunde, etwa mit Roboterherstellern und Hochschulen.

Einzigartige Lösungen fürs Be- und Entladen

Der Vorstand forcierte und förderte auch die wichtigsten Neuerungen der jüngsten Unternehmensgeschichte, zum Beispiel ein kompaktes und autonom agierendes, vollautomatisches Be- und Entladesystem, das „TLS 3600“. Zudem adaptierten Ingenieure von TRAPO die gemeinsam mit der RWTH Aachen entwickelte Hochleistungsparallelkinematik für Pick-and-Place-Anwendungen. Dieses System wird in zwei Varianten gebaut: mit großem Hub oder mit großem Radius. Für diese bislang einmalige Pick-and-Place-Lösung liefert TRAPO nicht allein die Hard-, sondern auch die Software. Eine Anwendung, die zeigt: Ist das Top-Management innovationsorientiert, entwickelt ein Unternehmen Spitzentechnologien.

TRAPO AG
48712 Gescher
www.trapo.de
Beschäftigte (D): 51 bis 200
Anlagen-/Maschinenbau

Vorstand
Volker Kugel

„Wir bieten Konzepte für Automatisierungen, bevor der Bedarf entsteht.“

Volker Kugel
Vorstand

In der jüngsten Vergangenheit hat die TRAPO AG innovative Automatisierungskonzepte für Produktion und Intralogistik auf den Markt gebracht. Welche Aufgaben lösen Sie damit?
Mit steigendem Warenfluss und dem rapide zunehmenden Werksverkehr wächst die Anforderung, Lkw oder Container effizient und sicher zu be- und zu entladen. Die Automatisierung dieser Prozesse mittels des TRAPO-Ladungssystems „TLS 3600“ bietet eine hohe Effizienz und Sicherheit. Damit lassen sich bis zu 3 Paletten parallel verladen, sodass in etwa 15 Minuten ein Lkw mit 33 Paletten abfahrbereit ist. Ein anderes Beispiel: Oftmals ist für komplexe Lagenbilder ein hoher Änderungsaufwand kundenseitig erforderlich. Mit dem Lagenpalettierer „HLP 6000“ lassen sich bei großer Produktvielfalt perfekte, saubere Lagen und Stapel bilden – die Basis für einen sicheren Warentransport. Ein drittes Beispiel ist unser Lagendepalettierer „HLDP“ mit einer Leistung von 90.000 Leerdosen in der Stunde. Er bedient alle gängigen Palettenformate. Die Bedienung und die Wartung erfolgen ebenerdig, sodass keine Arbeitsbühne erforderlich ist. Das bietet ein absolutes Sicherheitsplus in dieser Leistungsklasse.

In Ihrer Unternehmensstrategie wird die wachsende Bedeutung der Digitalisierung betont. Wie ist Ihre Firma in dieser Hinsicht aufgestellt?
Wir haben in den vergangenen Jahren das „TRAPO Intelligent Managementsystem TIM“ und das „TRAPO Digital Hub“ entwickelt. Sie ermöglichen eine umfassende digitale Abwicklung. Das „Digital Hub“ bietet Sicherheit durch aufeinander aufbauende virtuelle Workflows. So agiert das TRAPO-Spezialistenteam beispielsweise am Simulationsmodell des digitalen Zwillings. Auf diese Weise können Versuche mit realen Prototypen ersetzt werden. Weitere Vorteile des digitalen Supports sind Einsparpotenziale durch entfallende Reisetätigkeiten sowie große Kosten- und Zeitersparnisse und eine geringe Ansteckungsgefahr in Pandemiezeiten.

Ihre Innovationsprozesse sind exzellent organisiert, wie schaffen Sie das?
Als Anlagenbauer müssen wir schnell sein und Innovationen auf den Markt bringen. Dabei orientieren wir uns an den Aufgabenstellungen unserer Kunden. Im TRAPO-Forschungs-und-Entwicklungszentrum arbeiten unsere Ingenieure in Zusammenarbeit mit Projektpartnern an Produktneu- und Weiterentwicklungen.

Innovation und Digitalisierung
gehen bei der TRAPO AG Hand in Hand,
wie **Volker Kugel** berichtet.

Volksbank Dortmund-Nordwest eG

Chancen erkennen und nutzen

Direktbanken sind digitale Pioniere, Volksbanken hingegen verlassen sich auf das Schaltergeschäft: So mag mancher denken, doch die Welt ist komplizierter. Schwarz oder Weiß findet sich vielleicht im Lehrbuch, aber selten in der Realität. Das gilt auch für Bankkunden. Viele von ihnen sind weder reine Filialkunden noch reine Direktbankkunden, sondern „hybride Kunden". Genau die profitieren vom innovativen Beratungsangebot der Volksbank Dortmund-Nordwest eG.

Wie spricht man hybride Kunden am besten an? Die Antwort der Volksbank Dortmund-Nordwest eG auf diese Frage lautet: als regional präsente Digitalbank. Ihr ehrgeiziges Strategieprojekt trägt den Namen „Voll Digital Persönlich 2025". Der Anspruch: trotz Digitalisierung auf persönliche Beratung nicht verzichten. Dieses Konzept wurde bereits in den Zweigstellen der Bank umgesetzt, die vor gut drei Jahren mit Videokabinen ausgestattet wurden; darin können die Kunden direkten Kontakt mit ihren Beratern aufnehmen. Technisch möglich macht dies ein System namens „VR-Service-Interaktiv-System" (VR-SISy.) Auf diese Weise konnte die Bank ihren Service verbessern und gleichzeitig Personal in schwach frequentierten Filialen einsparen. Auch die Öffnungszeiten der Zweigstellen konnten so deutlich verlängert werden: Statt 28 Stunden pro Woche am Schalter stehen persönliche Ansprechpartner jetzt 50 Stunden pro Woche in den Videokabinen zur Verfügung.

Unterschrift per Smartphone

Doch auf diesem Stand wollten diese ehrgeizigen Dortmunder nicht stehen bleiben. Seit 2021 gibt es nun auch „VR-SISy mobil": Damit können die Kunden von zu Hause aus über das Smartphone mit ihrem Berater sprechen, per Bildtelefonie und ohne die Nutzung von Drittanbietern. „Wir werden unseren Kunden in Kürze auch ermöglichen, per „VR-SISy mobil" eine digitale Unterschrift zu leisten. So können sie über diesen Kanal Verträge abschließen und rechtssicher unterschreiben", erklärt der Vorstand Stephan Schäffer.

Viele weitere Innovationsideen

Die Volksbank Dortmund-Nordwest eG ist derzeit zwar noch kein Spitzenreiter in Sachen Digitalisierung, doch sie hat erkannt, dass der digitale Wandel ein echter Chancengeber ist und setzt sich deshalb mit zahlreichen weiteren Innovationsideen auseinander. „Ich bin überzeugt davon, dass wir nicht nur in diesem Jahr ein Top-Innovator sind, sondern auch in den kommenden Jahren gute Chancen haben werden, positiv aufzufallen", betont der Vorstand Dr. Armin Schwarze. Denn eines ist sicher: Nur Chancen, die man erkannt hat, lassen sich nutzen.

Volksbank Dortmund-Nordwest eG
44359 Dortmund
www.vbdonw.de
Beschäftigte (D): 51 bis 200
Finanzdienstleistungen/Versicherungen

Vorstände
Stephan Schäffer und
Dr. Armin Schwarze

TOP 100

WALTHER Faltsysteme GmbH

Alles unter einem Dach

Als Thomas Walther 1994 die WALTHER Faltsysteme GmbH von seinem Vater übernahm, war das Unternehmen mit 6 Beschäftigten äußerst überschaubar. Inzwischen hat dieser Spezialist für Faltboxen und Paletten aus Kunststoff beinahe 50 Beschäftigte. Dank eng mit den Kunden abgestimmter Innovationsprozesse, in denen Prototypen bei Bedarf in kurzer Zeit per 3-D-Druck entstehen, und eines innovationsorientierten Top-Managements ist man kontinuierlich auf Wachstumskurs.

Wenn große Discounterketten wie ALDI eine neue Palette in ihren Filialen einführen, überlassen sie nichts dem Zufall, sondern stellen höchste Anforderungen an die Handhabbarkeit und die Haltbarkeit. Die WALTHER Faltsysteme GmbH hat unter intensiver Mitwirkung der Geschäftsleitung eine Kunststoffpalette entwickelt, die diesen Anforderungen gerecht wird: Sie ist deutlich leichter als herkömmliche Holzpaletten, und ihre Kufen sind abnehmbar. „Paletten aus Holz werden am Kufenfeld häufig durch Gabelstapler beschädigt. Bei unserer Palette lassen sich diese leicht zu beschädigenden Bereiche einfach austauschen, was die Lebensdauer der Gesamtpalette deutlich verlängert“, erläutert der Geschäftsführer Thomas Walther.

Vorreiter in Sachen Innovation

Eine Palette: Das klingt nach einem trivialen Produkt, aber beachtet man die genannten Feinheiten, wird es schnell kompliziert. Für die abnehmbaren Kufen hat das Unternehmen inzwischen ein Patent angemeldet, und auch bei der Verwendung von Recyclingplastik ist man Vorreiter. „Darüber hinaus kann man in solche Ladungsträger Informationstechnik einbauen, beispielsweise Barcodes und RFID-Codes“, erläutert der Geschäftsführer. Er ist auch auf andere Innovationen seines Betriebs stolz – etwa auf einen Rollcontainer mit patentiertem Schnellkupplungssystem, der in unbeladenem Zustand platzsparend transportiert werden kann.

Bestens ausgestattet

Seine Innovationskraft und -geschwindigkeit verdankt das Unternehmen der Tatsache, dass hier alle für die Entwicklung notwendigen Kompetenzen unter einem Dach vereint sind: Entwickler, Designer, Werkzeug- und Prototypenbauer arbeiten unkompliziert zusammen und machen neue Produkte rasch serienreif. „Das verschafft uns einen gewissen Innovationsvorsprung, vor allem aber einen Geschwindigkeitsvorsprung. Und wir sind uns dadurch sehr sicher, dass sich eine neue Idee auch in Serie reproduzieren und realisieren lässt“, sagt Thomas Walther, der wichtige Key-Accounts noch immer persönlich mitbetreut.

WALTHER Faltsysteme GmbH
47623 Kevelaer
www.faltbox.de
Beschäftigte (D): bis 50
Chemie/Kunststoff

Geschäftsführer
Thomas Walther

WILO SE

★★

Über die richtigen Fragen nachdenken

Wie organisiert die WILO SE ihre Innovationsprozesse – zentral oder dezentral? Auf diese Frage gibt es eine klare Antwort: sowohl als auch. Was genau ist damit gemeint? Der Innovationsprozess wurde vor einigen Jahren zentral definiert. Für den Weg von der Idee bis zu ihrer finalen Realisierung legte dieser Pumpenhersteller dabei bestimmte Abläufe und Meilensteine fest. Die Impulse, die in diesen Prozess mit einfließen, werden jedoch dezentral, ja sogar weltweit, gesammelt und in ein Innovationsportal eingepflegt.

Welche Schwerpunkte will die WILO SE in den nächsten Jahren setzen? Welche Produkte will sie herstellen? Und wie will sie auf gesellschaftliche Megatrends wie die Urbanisierung oder auf Probleme wie den Wassermangel reagieren? Welche großen Themen anstehen, wird auf der Führungsebene festgelegt. Die wichtigsten Schwerpunkte sind: Energieeffizienz und Ressourcenschonung, Nachhaltigkeit, Zuverlässigkeit und Digitalisierung. Auch der Innovationsprozess und das Verfolgen der langfristigen Produktstrategie werden zentral gesteuert – durch eine Innovationsabteilung, die die Prozesse beschreibt und optimiert und die Ideenbewertung lenkt.

Probemlösung im Fokus

Als dezentrale Ansprechpartner vor Ort tragen sogenannte Innovation-Ambassadors oder Intellectual-Property-Ambassadors dazu bei, dass die Innovationsprozesse verstanden und mit Leben gefüllt werden. Ein wichtiger Erfolgstreiber dabei sind Kampagnen, die konkrete Problemlösungen in den Fokus rücken. „Mit Themen oder Kampagnen steuern wir die Innovationsprozesse. Die Mitarbeiter denken dann nicht über irgendetwas nach, sondern über ganz konkrete Fragen – zum Beispiel darüber, wie wir eines unserer Rührwerke auf dem Gebiet der Abwassertechnologie stromsparender machen können“, erläutert der Vorstandsvorsitzende Oliver Hermes.

Innovationsportal verleiht Flügel

Die Kombination ist genial: Ein vorgegebener Rahmen bewirkt, dass die Richtung stimmt, und ein überall zugängliches Innovations- und Ideenportal namens WINGS verleiht den Mitarbeitern kreative Flügel. „WINGS“ steht für „Wilo INnovations and Great Solutions“ und ermöglicht nicht nur das Einbringen von Ideen, die Beschäftigten können sich dort auch über eingereichte Ideen und Branchentrends informieren. Dieses Portal, verbunden mit den Innovationskampagnen und den strategischen Leitlinien, ermuntert und ermutigt die Mitarbeiter zum Mitdenken. Das Wichtigste dabei ist: Sie zerbrechen sich den Kopf nicht über irgendetwas, sondern denken über genau die richtigen Fragen nach.

WILO SE
44263 Dortmund
www.wilo.com
Beschäftigte (D): über 200
Anlagen-/Maschinenbau

Vorstandsvorsitzender
Oliver Hermes

Wurstspezialitäten Esser e. K.

Vorreiter in Sachen Tierwohl

Wer Elon Musk und Max Esser vergleicht, findet Unterschiede, aber auch verblüffende Gemeinsamkeiten. Beiden Unternehmern geht es nicht nur ums Geld, vielmehr folgen sie einer Vision. Und beide setzen auf die gleiche Strategie: Zuerst bringt man ein teures Premiumprodukt auf den Markt – und wenn man sieht, dass Qualität und Nachhaltigkeit ankommen, dann erst skaliert man größer. Genau diese Strategie ist bei Wurstspezialitäten Esser e. K. die Grundlage des Innovationserfolgs.

Was ist für eine Metzgerei mit mehreren Filialen ein echter Innovationserfolg? Zunächst beste Qualität: gereiftes Schweinefleisch von artgerecht gehaltenen Duroc-Schweinen, das keine Antibiotika enthält und schmeckt. Genau das liefert Wurstspezialitäten Esser – und um diese hohe Qualität dauerhaft zu gewährleisten, hat die Firma ein umfassendes Netz aus zuverlässigen Partnern aufgebaut. „Wir wollen eine hochwertige Alternative zu billigem Discounterfleisch bieten und es wieder möglich machen, mit gutem Gewissen Fleisch zu essen. Deshalb haben wir unsere gesamte Metzgerei auf die Verarbeitung von Strohschweinen aus der Region umgestellt“, erläutert der Geschäftsführer.

Erst probieren, dann skalieren

Tiere artgerecht halten, Schweine im Stroh wühlen lassen und sie nicht präventiv mit Antibiotika behandeln – das allein ist für Max Esser noch keine Innovation. „Das eigentlich Innovative liegt darin, wie wir das ganze Thema Tierwohl weiterdenken“, betont er. So kooperiert sein Unternehmen mit einem Forschungshof, in dem verschiedene artgerechte Strohhaltungssysteme eingebaut und auf ihren positiven Einfluss auf das Tier hin geprüft wurden. Dann startete er mit der Vermarktung der hochwertigen Duroc-Schweine erst nur in kleinem Maßstab und skalierte im Anschluss hoch. „Wir haben mit zehn Schweinen pro Monat angefangen und erste Fütterungsversuche durchgeführt. Inzwischen verarbeiten wir jede Woche mehrere Hundert Strohschweine“, erläutert Esser.

Als Vorreiter in die Zukunft

Für die Zukunft hat Max Esser noch eine Reihe weiterer Visionen und Ideen: Ein artgerecht gehaltenes Schwein kann, wenn es wie früher mit Nebenerzeugnissen der menschlichen Ernährung wie Leinsamenschrot oder mit Zwischenfrüchten wie rheinische Ackerbohnen ernährt wird, zum komplett CO_2-neutralen Schwein werden. Und so wie Tesla mit seinem „Model 3“ inzwischen den Massenmarkt ansteuert, will Wurstspezialitäten Esser ebenfalls Großes erreichen – unter anderem sollen bedeutende Filialisten verstehen, dass die Berücksichtigung des Tierwohls absolut funktioniert. Denn der Geschäftsführer will mit seinem Engagement für das Tierwohl eine echte Bewegung auslösen. Er will der Vorreiter sein, dem die anderen folgen.

Wurstspezialitäten Esser e. K.
41812 Erkelenz
www.wurst-esser.de
Beschäftigte (D): über 200
Nahrungsmittelindustrie-/handel

Geschäftsführer
Max Esser

Rheinland-Pfalz
Saarland

Die Zahl der goldenen Sternchen in den nachfolgenden Unternehmensporträts entspricht der Zahl der TOP 100-Auszeichnungen.

TOP 100

TOP 100 TOP 100

FLASHAAR LEDLight GmbH & Co. KG

★★

Lust an schönen Leuchten

2007 gründete Swen Flashaar-Bloedorn die FLASHAAR LEDLight GmbH & Co. KG. Damals waren LED-Leuchten noch weitestgehend unbekannt. Flashaar-Bloedorn entwickelte einen Systembaukasten für lineare LED-Leuchten, der individuell erweiterbar ist und bei dem alle Komponenten wie Linsen und Platinen untereinander kombinierbar sind. Heute bringen seine Beleuchtungskonzepte Bauwerke wie die Hamburger Elbphilharmonie, die Alte Brücke in Heidelberg oder das neue Humboldt Forum im Berliner Schloss zum Strahlen.

Im Unternehmenssitz in Bingen am Rhein arbeiten 13 Mitarbeiter jeden Tag Hand in Hand. Hochinnovative LED-Leuchten werden hier geplant, gefertigt und geprüft. „Bei uns gleicht kein Auftrag dem anderen. Innovationen voranzutreiben ist somit essenziell für unsere Existenz“, erklärt der Geschäftsführer Swen Flashaar-Bloedorn. Probleme sehen er und sein Team als Chance, und daher werden sie direkt angegangen. „Die Erfahrung hat gezeigt, dass die besten Innovationsideen im täglichen Business geboren werden. Das Lösen typischer Alltagsprobleme wird bei uns dennoch nicht aufgeschoben oder vertagt, sondern umgehend angegangen. Die gefundenen Lösungen sind dann sehr oft die Basis für eine nachhaltige Produktverbesserung.“

Mut zu Entscheidungen

Swen Flashaar-Bloedorn widmet die Hälfte seiner Arbeitszeit dem Thema Innovation und investiert 35 Tage im Jahr in Weiterbildungen mit Innovationsbezug. „Unser Top-Management optimiert stetig alle relevanten Prozesse“, betont er. So wurde während der Coronapandemie die Verkaufsstrategie auf eine Onlinemeetingstrategie umgestellt: Potenzielle Kunden bekommen ein Musterpaket mit Montagematerial und Leuchtenprofilen zugeschickt. Ausprobiert wird das Ganze dann in einem Onlineworkshop. Außerdem investierte das Unternehmen in ein Film- und Tonstudio, in dem Image- und Erklärfilme produziert werden. „Halbe Sachen machen wir dabei nicht“, erklärt der Geschäftsführer. Oft denkt er bei solchen Investitionen an die Unternehmergeneration seines Großvaters. „Damals haben die Menschen einfach mehr gewagt und Entscheidungen auch mal aus dem Bauch heraus getroffen.“

Zu Innovationen tragen alle bei

Flache Hierarchien sind in diesem Unternehmen die Basis für kurze Entscheidungswege und ein fruchtbares Innovationsklima. „Meine Tür steht immer allen offen, auch und gerade für neue Ideen“, betont Flashaar-Bloedorn und erläutert: „Große Innovationen entstehen bei uns meist aus vielen kleinen Schritten. So ist jeder in unserem Team daran beteiligt. Darauf bin ich stolz.“

FLASHAAR LEDLight GmbH & Co. KG
55411 Bingen
www.flashaar.de
Beschäftigte (D): bis 50
Elektronik/Elektrotechnik

Geschäftsführer
Swen Flashaar-Bloedorn

INNO FRICTION hat sich auf Reibwerkstofftechnik spezialisiert. Das Unternehmen liefert etwa Beläge für Hybrid- und Nebenaggregatkupplungen für die Automotivebranche oder Reibbeläge für Aufzüge und die Windkraftindustrie.

INNO FRICTION GmbH

Reibungslos in die Zukunft

Reibungseffekte können nutzbringende Funktionen erfüllen – gerade in der Mechanik. Solche Effekte produktiv anzuwenden ist das Metier der INNO FRICTION GmbH. Dieser erst seit Kurzem auf eigene Rechnung tätige Mittelständler entwickelt und fertigt in Hamm Reibbeläge und Gleitlagerbuchsen. Lag der Schwerpunkt in der Vergangenheit auf Pkw-Kupplungsbelägen, rücken dank der Anstrengungen des innovationsfördernden Top-Managements jetzt andere Anwendungsfelder in den Vordergrund, für die eigene Materialien entwickelt werden.

Entstanden ist die INNO FRICTION GmbH 2019 durch einen Management-Buy-out. Bis zu diesem Zeitpunkt hatte sie sich unter dem Dach einer führenden Zulieferergruppe für die Automotive- und Maschinenbausparte hauptsächlich mit der Produktion von Reibbelägen für Autos beschäftigt. Eine vorausschauende Führungsspitze verordnete dem bereits 1962 gegründeten Traditionsunternehmen dann eine Frischzellenkur, deren Verwirklichung ab einem gewissen Stadium ein eigenständiges Agieren nahelegte.

Mehr Spielraum

Das Wagnis, sich auf eigene Beine zu stellen, hat sich gelohnt: Die gewonnene Entscheidungshoheit ermögliche es, „schnell und flexibel auf Kundenwünsche zu reagieren. Wir haben außerdem zusätzliche Kooperationen aufgebaut, dank derer wir unsere Materialien gezielt in neue Märkte bringen können“, sagt der Geschäftsführer Vertrieb Frank Steinhauer. Mehr Handlungsspielraum gibt es auch nach innen. So wird an der Entwicklung automatisierter Herstellungsverfahren gearbeitet, ebenso an einer höheren Fertigungstiefe. Laut Steinhauer ist das ein Teil der Strategie, die auf Kompetenzerweiterung zielt und für die das Unternehmen überdies kräftig in neue Maschinen und Werkzeuge investiert.

Zu neuen Ufern

Das Kernelement im Transformationsprozess ist indes die Ausweitung der Produktfelder: Gestützt auf das Know-how bei Kupplungsbelägen, nimmt dieser Materialspezialist Zukunftsmärkte ins Visier, beispielsweise die der Windkraft und der Mikromobilität. So hat man etwa ein kostengünstig und energieeffizient herstellbares High-Performance-Material für Windräder auf den Markt gebracht. Außerdem arbeitet das Unternehmen gerade mit namhaften Herstellern an mehreren Projekten auf dem Gebiet der E-Mobilität zusammen. Die Orientierung an „grünen“ Marktsegmenten darf getrost als ein Bekenntnis zu Klimazielen begriffen werden: INNO FRICTION will noch 2021 die eigenen CO_2-Emissionen im Vergleich zu 2018 um mindestens 80 % senken.

INNO FRICTION GmbH
57577 Hamm
www.innofriction.com
Beschäftigte (D):
51 bis 200
Chemie/Kunststoff

Die Geschäftsleitung

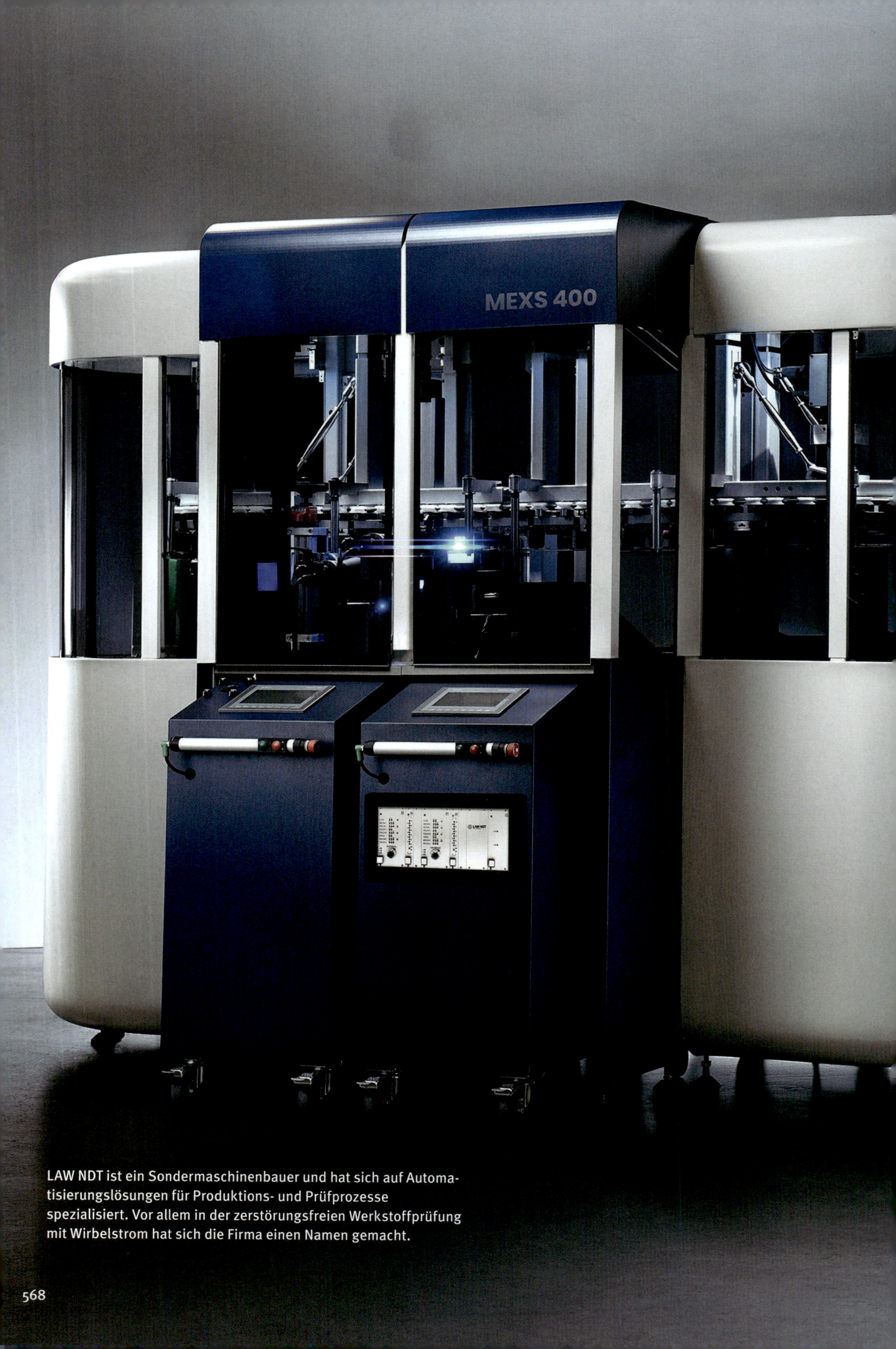

LAW NDT ist ein Sondermaschinenbauer und hat sich auf Automatisierungslösungen für Produktions- und Prüfprozesse spezialisiert. Vor allem in der zerstörungsfreien Werkstoffprüfung mit Wirbelstrom hat sich die Firma einen Namen gemacht.

LAW NDT Mess- und Prüfsysteme GmbH

Mit Weltneuheit durchstarten

Schon im Namen findet sich die Kernkompetenz: Die LAW NDT Mess- und Prüfsysteme GmbH entwickelt und produziert kundenspezifische Anlagen, die messen und prüfen können, etwa für die Automobil-, die Medizin- oder die Luftfahrttechnik. Diese Anlagen bieten eine 100%ige Qualitätssicherung, wenn es um Wirbelstromprüfung oder um optische und mechanische Prüfverfahren geht. Dank des neuen Eigentümers Reza Mahllati konnten in wenigen Monaten Zukunftsprodukte marktreif entwickelt werden – auch, weil man erstmals externe Netzwerke aktivierte.

Wird bei einer Mess- und Prüfanlage die Reparatur auch nur einer Komponente nötig, bedeutete das bislang einen Stillstand der gesamten Maschine. Für solche Fälle hat jetzt die LAW NDT Mess- und Prüfsysteme GmbH mit „MEXS 400“ eine bahnbrechende, weltweit beachtete Innovation entwickelt, die umgehend zum Patent angemeldet wurde: Dank ihres „Plug & Work“-Systems wird bei dieser Maschine nur das defekte Modul getauscht. Die Produktion kann dann gleich wieder anlaufen, während gleichzeitig die Reparatur des defekten Moduls außerhalb der Anlage erfolgt. Ausfallzeiten lassen sich so um bis zu 70 % reduzieren, und es kann eine Kapazitätssteigerung von bis zu 45 % erzielt werden.

Geschäftsführer leben Innovationskultur

Eines steht jedoch schon heute fest: Mit seiner starken Innovationsorientierung hat der Geschäftsführer Reza Mahllati eine Vorbildfunktion und somit die Entwicklung der „MEXS 400“ entscheidend gefördert. „Wir lassen unseren Mitarbeitern große Freiheiten und möchten kreative Prozesse nicht überorganisieren“, sagt er und beschreibt damit zugleich eines seiner Führungsideale. Es gebe keine starren Leitlinien auf dem Papier, sondern allenfalls Rahmenbedingungen für Innovationsprozesse bei LAW NDT. Was früher undenkbar erschien, ging Reza Mahllati an: Ideen und Allianzen abseits des Kernbusiness schmieden.

Neue Netzwerke

Die Coronakrise beschleunigte diese Entwicklung. Was konkret getan wurde? Das Team von LAW NDT ging bedarfsorientiert vor und prüfte Kooperationen, um etwa Beatmungsgeräte oder Schutzmasken herzustellen. Nach sorgfältiger Prüfung aller Ideen und dem Abgleich mit Ressourcen und Know-how in der Firma fiel die Wahl auf Desinfektionsgeräte. Sowohl bei der Konzeption als auch beim Vertrieb dieser Geräte arbeitete man mit neuen Geschäftspartnern zusammen. Parallel dazu erweiterte die Firma ihre Produktionskapazität mittels 3-D-Drucker und etablierte eine Open-Innovation-Strategie: Externe Netzwerke, flexible Lieferketten und ganz neue Geschäftsideen spielen darin eine wichtige Rolle.

LAW NDT Mess- und Prüfsysteme GmbH
65623 Schiesheim
www.law-ndt.de
Beschäftigte (D): bis 50
Anlagen-/Maschinenbau

Geschäftsführer
Christoph Kaiser und
Reza Mahllati

„Wir sind stolz auf das erste modulare Mess- und Prüfsystem der Welt.“

Reza Mahllati
Geschäftsführer

Wie haben Sie es in nur wenigen Monaten geschafft, der LAW NDT einen neuen Team- und Innovationsspirit zu verleihen?

Statt den Kopf in den Sand zu stecken, als im ersten Quartal 2020 Stornierungen und Umsatzeinbußen zu vermelden waren, erkundeten wir mögliche neue Geschäftsfelder und entwickelten zudem die modulare Prüfanlage „MEXS 400" mit voller Energie weiter. Besonders innovationsfördernd haben sich unsere kurzen Wege und eine unbürokratische Vorgehensweise ausgewirkt: Sobald eine Idee vorliegt, bewerte ich sie mit meinem Führungsteam auf Innovationsgehalt, Machbarkeit, Nachhaltigkeit und Wirtschaftlichkeit. Dann geht es sofort los. Unsere Innovationsbeurteilung ist auch geprägt von Weitsicht und dem Mut, in schwierigen Zeiten den Schritt nach vorn zu wagen. Über ein geplantes Bonusmodell will ich meine Mitarbeiter am Erfolg beteiligen.

Ihre Firma konnte dem Coronajahr Positives abgewinnen. Wie sah das genau aus?

In erster Linie war 2020 auch für uns eine große Herausforderung. Durch den Rückgang von Aufträgen hatten wir aber viel mehr Zeit, Raum und Manpower, die wir für Neuentwicklungen nutzen konnten. Der Fokus von LAW NDT lag in dieser Zeit auf Forschung und Entwicklung. Schon 2019, nachdem ich die Firma übernommen hatte, realisierten wir Verbesserungen von Produkten und Prozessen – doch 2020 setzte der große Innovationsschub ein, unter anderem dank unserer revolutionären Neuentwicklung „MEXS 400".

Wie haben die Außenorientierung und das gute Innovationsklima der LAW NDT die Entwicklung des neuen Produkts beeinflusst?

Sehr intensiv! Nicht zuletzt deshalb, weil wir im Team bei der Entwicklungsarbeit stets die aktuellen und zukünftigen Anforderungen und Nöte unserer Kunden berücksichtigten. Vor diesem Hintergrund ist von uns ein enorm kosteneffizientes Produkt konstruiert und erfolgreich als Prototyp gebaut worden. Als Weltneuheit geht die modulare Prüfanlage „MEXS 400" weit über die bisherigen Grenzen automatisierter Mess- und Prüfsysteme hinaus. Wir verwenden mehr Standardbauteile, ohne darauf zu verzichten, die spezifischen Kundenbedürfnisse zu berücksichtigen. Der Austausch mit unseren Kunden über ihre Wünsche und Vorstellungen ist zu einem festen Bestandteil unserer Innovationskultur geworden.

Mit welchen Maßnahmen er die Innovationskultur von LAW NDT verbesserte und den Traditionsbetrieb auf die Erfolgsspur brachte, erklärt **Reza Mahllati.**

Neodigital Versicherung AG

Die Prozessoptimierer

Veränderte Kundenerwartungen, höherer Kostendruck, ineffiziente Prozesse – die Herausforderungen sind groß in der Versicherungsbranche. Die Neodigital Versicherung AG hat sich dank umfangreicher Automatisierungen in kürzester Zeit als digitaler Anbieter etabliert. Von der Verwaltung der Kundendaten bis zur Schadensabwicklung läuft alles online ab. Die Prozesse sind dadurch einfach und schnell, die Versicherungen kostengünstig. Als innovationsförderlich erweist sich auch die gute Außenorientierung des Unternehmens.

Mit der Digitalstrategie verfolgt man das Ziel, möglichst weite Strecken der Wertschöpfungskette automatisiert abzubilden und zu optimieren: einfach, schnell und flexibel. „‚Erst der Prozess und dann das Produkt' lautet deshalb unsere Maxime", sagt der Vorstand Stephen Voss. Die effiziente Gestaltung der Prozesse hält die Kosten gering und ermöglicht faire Preise und transparente Abläufe für die Kunden und die Vermittler. Die Prozesse definieren nicht nur den Vertragsabschluss, sondern vor allem auch den Service rund um das Produkt – inklusive Schadensmeldung und mögliche Kündigung, rund um die Uhr.

Lieferung in Echtzeit

Die Software, die im Hintergrund arbeitet, deckt alle Abläufe einer Versicherung ab und macht sie durch die Automatisierung schneller und durch ein Baukastensystem flexibel: Sofortpolicen können in 15 Sekunden – quasi in Echtzeit – vollständig abgeschlossen werden. Die rund 50 Beschäftigten investieren stolze 80 % ihrer Arbeitszeit in innovative Prozesse. „Unser Kerngeschäft ist die Innovation und ihre Realisierung", sagt Voss. Das Portfolio reicht von Hausrat-, Haftpflicht- und Unfallversicherungen über die Absicherung für Fahrrad-, Tier- und Smartphone-Besitzer bis zur Wohngebäudeversicherung. Seit April 2018 hat diese Versicherungsgesellschaft einen Stamm von mehr als 300.000 Kunden aufgebaut.

Zweites Standbein Technologietransfer

Die Neodigital Versicherung AG gilt als sogenanntes Insurtech-Unternehmen, das Versicherung und Technologie verbindet. Anderen Versicherern bietet sie ihre Technik auch als White-Label-Modell an. Die wiederum vertreiben die Neodigital-Technik dann unter ihrem eigenen Namen. „In diesem Segment sehen wir viel Potenzial", erklärt Voss. Zudem pflegt man Kooperationen mit externen Partnern, um Innovationsthemen zu erörtern – etwa mit einem Dienstleister in Köln zum Thema Fahrzeugtelematik. Das Ziel ist, interessierten Kfz-Versicherern eine komplette Telematiklösung zur Verfügung zu stellen. Der Weg dahin führt über die richtige Kombination aus Menschen, Prozessen und Technologien.

Neodigital Versicherung AG
66538 Neunkirchen
www.neodigital.de
Beschäftigte (D): bis 50
Finanzdienstleistungen/
Versicherungen

Vorstand
Stephen Voss

PM-International AG

Der Ideen-Briefkasten

Wirkung von innen wie von außen: Mit Nahrungsergänzungsmitteln und Kosmetikprodukten kennt sich die PM-International AG aus. Seit 27 Jahren entwickelt und vertreibt das Unternehmen mit Sitz in Speyer seine hochwertigen Produkte rund um Gesundheit, Fitness und Schönheit auf dem deutschen und dem internationalen Markt. Die zahlreichen Produktneuerungen und Prozessinnovationen sind vor allem auf ein lebhaftes Verbesserungsvorschlagssystem zurückzuführen.

Der Ort für neue Ideen ist der Pausenraum. Denn hier hängt der Briefkasten, in den die Mitarbeiter ihre Vorschläge einwerfen können. Und er wird rege genutzt. Pro Jahr bringt sich im Schnitt mehr als die Hälfte aller Beschäftigten mit Vorschlägen ein – vom Hausmeister bis zum Vorstand. Die Ergebnisse können sich sehen lassen: In den vergangenen vier Jahren ist der Unternehmensumsatz jeweils um mehr als 30 % gewachsen, selbst im schwierigen Coronajahr 2020. So ist der Vorstand Patrick Bacher stolz auf die Idee einer neuen Mitarbeiterin hinsichtlich der Retourenabwicklung. Damit wird das Unternehmen künftig einen sechsstelligen Betrag sparen.

Belohnung als Anreiz

Dass das Vorschlagssystem so gut angenommen wird, liegt sicherlich auch daran, dass ständig über Innovationen gesprochen wird: In der Geschäftsleitersitzung diskutiert man regelmäßig über die eingebrachten Vorschläge, die Bereichsleiter motivieren ihre Mitarbeiter zum Mitdenken, und schon das Einführungsvideo für neue Kollegen enthält Hinweise auf das Vorschlagswesen. In den Betriebsversammlungen werden die Beschäftigten darüber informiert, wie viele Vorschläge eingereicht und welche davon realisiert wurden. Eine monetäre oder materielle Belohnung erhalten alle Mitarbeiter. Selbst wenn eine Idee nicht weiterverfolgt wurde, gibt es zumindest eine kleine Anerkennung.

Zeit für Ausarbeitung von Ideen

Weiterbildungen erweitern den Horizont. Der Vorstand Lutz Bläcker will hier keine strikten Vorgaben machen, sondern lässt seine Mitarbeiter lieber selbst entscheiden, zu welchen Themen sie sich fortbilden wollen. Schulungen, die nichts mit dem direkten Aufgabenbereich zu tun haben, werden ebenfalls genehmigt. „Das eröffnet neue Perspektiven", sagt Bläcker. „Ein ‚du darfst' drückt meiner Meinung nach zudem mehr Wertschätzung aus als ein ‚du musst'." Hat ein Mitarbeiter eine Idee, an der er noch weiterarbeiten will, bevor er sie einreicht, bekommt er Zeit für die Ausarbeitung. Dieses Vorgehen hat sich bewährt: Mit den richtigen Rahmenbedingungen sind unzählige Innovationen möglich.

PM-International AG
67346 Speyer
www.pm-international.de
Beschäftigte (D): über 200
Nahrungsmittelindustrie/-handel

Vorstände
Patrick Bacher und Lutz Bläcker

TOP 100

TOP 100
TOP 100
TOP 100
TOP 100
TOP 100
TOP 100
TOP 100
TOP 100
TOP 100
TOP 100
TOP 100
TOP 100
TOP 100
TOP 100

Qeridoo GmbH

Mit Sicherheit Richtung Marktführerschaft

Sie sind aus keinem Stadtbild und von keinem Ausflugsort mehr wegzudenken – Kinderfahrradanhänger. Nikolai Boldt, Gründer der Qeridoo GmbH, spricht jedoch lieber von Kindersportwagen, weil seine Produkte mehr als nur Anhängsel sind: Sie sind als vollwertige Kinderwagen oder auch für Jogger einsetzbar. Als solche müssen sie hohen Sicherheitsanforderungen genügen. Und so ist für diese Entwickler mit Sitz in Buchholz Sicherheit gleichbedeutend mit Innovationserfolg.

Für den Fall, dass sich ein Kinderfahrradanhänger überschlägt, fordert der TÜV einen bestimmten Sicherheitsabstand des Kinderkopfs zum Verdeck. Aus Sicht des Geschäftsführers Boldt ein eher unwahrscheinliches Szenario. Viel häufiger kommt es nach seiner Ansicht vor, dass diese Anhänger umkippen, beispielsweise wenn man eine Bordsteinkante zu schräg anfährt. Dann besteht die Gefahr, dass das Kind seitlich mit dem Kopf auf die Straße schlägt. Deshalb verfügen die Anhänger von Qeridoo als einzige über patentierte Kopfprotektoren, die den Kopf seitlich abfangen und einen Aufprall verhindern. Dass auch nach seinem entsprechenden Hinweis an den TÜV die Norm noch nicht geändert wurde, darüber kann der Erfinder Boldt nur den Kopf schütteln.

Sicherheit mit Komfort

Dass Sicherheit an der Praktikabilität scheitern kann, weiß Boldt selbst nur zu genau. Um ein Kind sicher anzuschnallen, müssen nämlich verschiedene Gurte nacheinander straff gezogen werden – mit einem quengelnden Kind kann das schnell zu einer Herausforderung werden. Deshalb hat Qeridoo ein eigenes Gurtsystem entwickelt und patentiert: Für das An- und Abschnallen ist nur ein Gurt nötig. Auch für das einfache System, mit dem sich statt der Sitzbank eine Autobabyschale in das Gestell des Anhängers einclipsen lässt, haben diese Entwickler ein Patent. Weitere Herausforderungen sind, die Wagen leichter zu machen und auf die höheren Geschwindigkeiten abzustimmen, die mit E-Bikes gefahren werden können. Beides soll in einer Entwicklungspartnerschaft mit der Uni Saarbrücken gelöst werden.

Marketing durch Mundpropaganda

Weil so viele Eltern von dem „Qeridoo" begeistert sind, spart sich das Unternehmen ein üppiges Marketingbudget. Die Geschäftsführung steht mit ihren Kunden stattdessen lieber in direktem Kontakt. Boldt ist selbst aktiver Nutzer und kennt die Probleme der Zielgruppe. „Aus unserer Zielgruppe kommen viele Wünsche und Verbesserungstipps, die dann auch sehr schnell realisiert werden", erklärt der Geschäftsführer. Sein Credo ist, immer das beste Preis-Leistungs-Verhältnis zu erreichen. Denn jeder soll sich einen „Qeridoo" leisten können. Dass die Kunden dies schätzen, zeigt sich daran, dass Qeridoo auf dem Markt inzwischen auf Platz zwei steht. Und das mit deutlichem Drive auf der Überholspur.

Qeridoo GmbH
53567 Buchholz
www.qeridoo.de
Beschäftigte (D): bis 50
Konsumgüter

Geschäftsführer
Nikolai Boldt

Sachsen
Sachsen-Anhalt
Thüringen

Die Zahl der goldenen Sternchen in den nachfolgenden Unternehmensporträts entspricht der Zahl der TOP 100-Auszeichnungen.

TOP 100

Alpha-Omega Technology GmbH & Co. KG

Pioniere des Neuen

Strom- und Wasserzähler ohne Hausbesuch ablesen, Straßenlaternen per Software steuern, Gebäudereinigung optimieren: Für diese Aufgaben stellt die Alpha-Omega Technology GmbH & Co. KG die passende Hard- und Software zur Verfügung. An der Verbreitung der richtungsweisenden Technologie LPWAN sind fünf Beschäftigte beteiligt, die an unterschiedlichen Standorten eigenständig agieren. Das ist möglich, weil dieser IT-Spezialist seinen Mitarbeitern ein gutes Innovationsklima bietet.

„Wir sind Pioniere des LPWAN", sagt der Geschäftsführer Jan Bose. Das sogenannte Low-Power-Wide-Area-Netzwerk erlaubt die Verbindung von Niedrigenergiegeräten, etwa Sensoren, mit einem Netzwerkserver. Damit lässt sich ein steter Datenstrom über eine Entfernung von bis zu 15 Kilometer versenden – eine günstige Lösung für Energieversorger, Kommunen und Industriefirmen.

Innovationserfolg Onlineshop

„Unser Unternehmen basiert auf drei Säulen: Shop, Consulting, Projekte", erklärt Bose. Schon vor der Firmengründung 2016 war Bose von den Möglichkeiten des Internet of Things fasziniert. Gemeinsam mit seinen Mitarbeitern baute er Deutschlands ersten auf IoT-Hardware spezialisierten Onlineshop auf. Auch heute noch ist dieser Shop der erfolgreichste und am besten sortierte im deutschsprachigen Raum, nun führt man aber zudem eigens entwickelte Hardware. Geliefert werden alle Geräte, die zum Aufbau eines lizenzfreien und damit kostenlosen LoRaWAN, ein spezifisches Netz des LPWAN, nötig sind. Die mehr als Tausend Kunden erhielten natürlich Unterstützung bei der Implementierung der neuen Technologie: Der langjährige SAP-Berater Bose baute das Consulting aus und entwickelt heute mit seinem Team auch individuelle Lösungen. In der Coronapandemie half man zum Beispiel Kunden, Lösungen zur Überwachung des CO_2-Gehalts in geschlossenen Räumen unter Nutzung der LoRaWAN-Technologie zu realisieren.

Gutes Innovationsklima dank Eigenverantwortung

Die Mitarbeiter operieren digital vernetzt von den drei Standorten Berlin, Hamburg und Schimberg aus. Das Innovationsklima ist trotz räumlicher Distanz exzellent: In einem Scrum-Prozess werden laufend neue Ideen mithilfe von Sprintmeetings thematisiert. „Weit mehr Ideen, als wir umsetzen können", ergänzt Bose lachend. Ein vielversprechender Vorschlag wird zeitnah realisiert. In der Zusammenarbeit hat sich durch die Coronakrise nichts verändert: Physische Meetings gibt es nur drei- bis viermal pro Jahr. „Wir haben mit Eigenverantwortlichkeit sehr gute Erfahrungen gemacht", erklärt Bose. Als Vorreiter bei der Arbeit 4.0 und beim IoT beschreitet die Alpha-Omega Technology sicher weiter innovative Pfade.

Alpha-Omega Technology GmbH & Co. KG
37308 Schimberg
www.alpha-omega-technology.de
Beschäftigte (D): bis 50
IT-Entwicklung/-Beratung

Geschäftsführer
Jan Bose

BELCHEM entwickelt, produziert und vermarktet textile, unbrennbare Hochleistungsfasern und -garne für die Herstellung technischer Textilien, Vliesstoffe und faserverstärkter Leichtbautechnologien

TOP 100

BELCHEM GmbH

★★★

Hier brennt nichts an

Wer sich in der Automobil- oder in der Luftfahrtbranche auskennt, in der Halbleiterindustrie oder in der Werkstoffforschung, der sollte das traditionsreiche Freiberg in Sachsen kennen. Dort entwickelt und produziert die BELCHEM GmbH temperaturbeständige Hochleistungsfasern, die rund um den Globus gefragt sind. Das innovative Unternehmen ist trotz der Pandemie dabei, stark zu wachsen. Es gewinnt junge, motivierte Menschen, die Interesse daran haben, für eine dynamische Firma zu arbeiten.

Das Besondere an den Fasern von BELCHEM ist, dass sie auch bei Temperaturen von bis zu 1.500 °C unbrennbar sind. Interessant ist das vor allem für Unternehmen aus der Automobil-, der Flugzeug- und der Industrieanlagenbranche. So werden diese Fasern unter anderem im Motor- oder Batterieraum von Personen- und Nutzfahrzeugen, in Sauerstoffgeneratoren von Flugzeugen oder auch in Cerankochfeldern eingesetzt.

Innovationen gehören zum Alltag

Der Geschäftsführer Dr. Robin Richter gründete sein Unternehmen im Jahr 1997. Der promovierte Chemiker hat nicht nur das nötige Know-how, sondern auch ein Gespür für den Markt. „Wir passen unsere Fasern an die Kundenbedürfnisse an“, betont er. Dank dieser konsequenten Ausrichtung auf die Wünsche der Kunden wächst BELCHEM seit Jahren. Für den Chef und seine rund 40 Mitarbeiter gehören Innovationen zum Tagesgeschäft: „Wir sind nie fertig“ und „Der Weg ist das Ziel“ sind die Leitsätze dahinter. Um Ideen kontinuierlich weiterzuentwickeln, arbeitet man auch mit Universitäten und Forschungseinrichtungen zusammen. Zudem hat der Austausch mit den Kunden oberste Priorität – etwa mit großen US-Firmen aus der Automobilindustrie, zu denen Richter schon seit Jahren beste Kontakte pflegt. Die Pandemiephase wurde bei BELCHEM auch als Chance gesehen: In Absprache mit Stammkunden testete man neuartige Produkte und Herstellungsweisen. Somit wurde die Coronazeit dazu genutzt, Innovation auf allen Ebenen voranzutreiben.

Fortschrittliches Denken

Auch intern sind diese Faserspezialisten fortschrittlich ausgerichtet: Das junge Team bringt stetig neue Ideen ein. Mitdenker sind gefragt, etwa bei der Digitalisierung und der Entwicklung nachhaltiger Arbeitsprozesse. Da das Büro schon digital vernetzt ist, hat man sich zuletzt auf die Digitalisierung der Produktion konzentriert. Außerdem wurden Konzepte entwickelt und umgesetzt, die helfen, den Wasserverbrauch, den Wareneinsatz und den CO_2-Fußabdruck zu reduzieren. Innovation, Flexibilität und Kundenorientierung sind die Punkte des magischen Dreiecks, die Jahr für Jahr für Wachstum bei BELCHEM sorgen.

BELCHEM GmbH
09599 Freiberg
www.belchem.de
Beschäftigte (D): bis 50
Chemie/Kunststoff

Geschäftsführer
Dr. Robin Richter

„Unsere Fasern fliegen durchs Weltall – das finde ich ziemlich cool.“

Francisca A. Schmidt
Persönliche Referentin der Geschäftsleitung

Sie haben einen besonderen Draht in die USA, wo BELCHEM wichtige Geschäftspartner hat.
Ja, das stimmt. Als Deutsch-Amerikanerin kann ich bestätigen: Der Innovationsgeist in den USA ist deutlich ausgeprägter als der in Deutschland. Die Leute dort sagen: „Wir testen es einfach aus. Wenn's nicht klappt, machen wir woanders weiter!" Besonders bei Start-ups sind die Amerikaner risikofreudig – wenn sie vom Geschäftsmodell der Firma überzeugt sind. Wir bei BELCHEM haben intensive Beziehungen zu Kunden in den Staaten, beispielsweise zu Unternehmen aus der Automobilindustrie.

Der Pioniergeist der Amerikaner scheint zu Ihrem Unternehmen zu passen. Hat die gute Geschäftsbeziehung zu den Vereinigten Staaten auch etwas mit dem großen Technologieinteresse dort zu tun?
Davon bin ich überzeugt. Auch wir haben eine große Affinität zu neuen Technologien. Das zeigen allein die beiden Sektoren „Automotive" und „Flugzeuge", die wir beliefern. Und was noch nicht jeder weiß: Unsere Kunden stellen Dichtungen aus unseren Fasern her, die in Raketen verwendet werden. Unsere Fasern fliegen also durchs Weltall – das finde ich ziemlich cool!

Würden Sie sagen, dass auch in BELCHEM so etwas wie ein unternehmerischer Pioniergeist steckt?
Absolut. Wir diskutieren nicht lange, wir agieren nach Plan. Ein Beispiel: Nach dem Ausbruch der Coronapandemie gab es in ganz Europa extreme Engpässe bei Betriebsstoffen, die für unsere Produktion essenziell sind. Wir mussten sehr schnell handeln und trafen die Entscheidung, kurzfristig andere Betriebsstoffe zu testen. Diese erfolgreich durchgeführten Versuche erwiesen sich als eine Quelle weiterer Prozessinnovationen in unserem Haus. Das ist für mich Innovation pur.

Sie haben mit Ihrer Strategie offensichtlich Erfolg.
Total. Unsere Umsätze haben sich in den vergangenen Jahren verdoppelt. Wir sind außerdem dabei, uns räumlich und auch personell zu vergrößern. Unser dynamisches Team, die meisten Mitarbeiter sind zwischen 30 und 45 Jahre alt, hat Visionen und will neue Märkte erobern.

Wie der unternehmerische Pioniergeist und die Entschlussfreudigkeit des Top-Managements Innovationen bei BELCHEM fördert, erklärt **Francisca A. Schmidt.**

CARBOCON GMBH

Hier rostet nichts und niemand

Wer, was, wie, wo und warum? Die Mitarbeiter der Dresdner CARBOCON GMBH beantworten alle möglichen Fragen, die zum Thema Carbonbeton aufkommen. Mit diesem Verbundbaustoff können sowohl Gebäude neu gebaut als auch bestehende Bauwerke verstärkt werden. Er ist leichter, nachhaltiger und leistungsfähiger als Stahlbeton. Und: Carbon rostet nicht. Dies gilt gewissermaßen auch für das junge Team dieses Planungsbüros, das mit viel Schwung und einer großen Offenheit für Open Innovation immer wieder Innovationserfolge erzielt.

„Bis zu 50 % Beton lassen sich einsparen, wenn man Carbon im Beton einsetzt anstatt der herkömmlichen Stahlbewehrung“, erläutern die beiden Geschäftsführer Sebastian May und Alexander Schumann. Dies reduziert zugleich nachhaltig den Ausstoß an Co_2-Emission bei der Zementherstellung und den Bedarf an begrenzten Ressourcen wie Sand, Wasser und Gestein. Durch die Beständigkeit und hohe Langlebigkeit des Carbonbetons entfallen aufwendige und teure Unterhaltungsmaßnahmen. „Wenn man Bestandsgebäude mit Carbonbeton verstärkt, können private und öffentliche Bauherren bis zu 60 % an Kosten sparen, weil konventionelle Maßnahmen entfallen, etwa Abriss und Neubau“, sagt Schumann.

Führender Dienstleister

Carbonbeton ist gegenüber äußeren Einflüssen widerstandsfähig und dauerhaft: Für die Sanierung und die Verstärkung von Brücken und Gebäuden braucht man nur geringe Schichtdicken. Das ist zugleich ökologisch und wirtschaftlich. Dieser Vorteil fällt laut den Geschäftsführern vor allem bei der Instandsetzung denkmalgeschützter Bauwerke ins Gewicht. „Wir sind als einziges Ingenieurbüro auf Fragen zur Entwicklung, Zulassung, Planung und Realisierung innovativer und technischer Lösungen beim Neubau und Verstärken mit Carbonbeton spezialisiert. Damit sind wir der führende und unabhängige Dienstleister rund um das Thema Carbonbeton in Deutschland“, unterstreichen die Geschäftsführer.

Zusammenarbeit mit Forschungsinstituten

Das 2014 gegründete Unternehmen berät nicht nur, es entwickelt auch eigene Produkte, etwa gemeinsam mit der TU Dresden. Derzeit läuft ein Projekt mit insgesamt acht Partnern. Dabei geht es um die Zulassung von Beton und Carbon im Bauwesen bei verschiedenen Produkten. In der Vergangenheit wurden bereits erste Patente für Innovationen angemeldet. Aber nicht nur amtliche Erfolgsmeldungen sorgen für den Bekanntheitsgrad der Dresdner: Das junge Team nutzt verstärkt Social Media, um Kunden, Partner und Interessierte zu erreichen und zu informieren.

CARBOCON GMBH
01067 Dresden
www.carbocon-gmbh.de
Beschäftigte (D): bis 50
Baugewerbe/Handwerk

Geschäftsführer
Alexander Schumann
und Sebastian May

Die Chemnitzer Siedlungsgemeinschaft ist eine Wohnungsgenossenschaft und bewirtschaftet etwa 5.000 Mietwohnungen in Chemnitz. Sie bietet ihren Mitgliedern Wohnen und Sparen zu günstigen Konditionen und wohnbegleitende Dienstleistungen an.

Chemnitzer Siedlungsgemeinschaft eG

Für ein grüneres Wohnen

Wer denkt, eine Genossenschaft sei alt und bieder, kennt die Chemnitzer Siedlungsgemeinschaft eG noch nicht. Diese Wohnungsgenossenschaft ist alt an Jahren, aber jung im Tun. Ob soziale Verantwortung, E-Mobilität oder Digitalisierung: Es gibt kaum ein Zukunftsthema, das der Vorstand nicht in konkrete Konzepte für seine Mieter übersetzt. Gleichzeitig besitzt die Organisation eine Spareinrichtung und hat damit finanzielle Spielräume. Und die nutzt das Top-Management konsequent für innovative Projekte.

Chemnitz ist zwar die drittgrößte Stadt Ostdeutschlands, das Wohnungsangebot ist jedoch größtenteils sehr wenig abwechslungsreich: „Viele Wohnungen sind in den 1960er- und 1970er-Jahren im gleichen Stil erbaut worden“, erzählt der umtriebige Vorstand Ringo Lottig. Ein Grund mehr für ihn, seinen Bestand an knapp 5.000 Wohnungen vielseitig und Neubauten modern auf der Höhe der Zeit zu gestalten. Die Mieter profitieren davon, dass diese Genossenschaft gleichzeitig eine Spareinrichtung ist: Neben einem guten Zins ermöglicht das dem Unternehmen den finanziellen Freiraum für Investitionen.

Soziale Innovationen

Ganz besonders am Herzen liegt dem Vorstand unter anderem die soziale Verantwortung. Ob Kindergärten, ein sozialer Hausmeister als „Kümmerer“ oder Schulungen für ältere Bewohner, die mit dem Rollator den Nahverkehr nutzen wollen: „Unser Anspruch ist es, unsere Mieter nicht allein zu lassen“, betont Lottig. Zum Profil der Genossenschaft gehören aus diesem Grund auch „soziale Handwerker“, die zu einem geringen Stundenlohn für Reparaturen oder den Aufbau von Möbeln für die Mieter umgehend zur Stelle sind.

Grün und digital wohnen

Konzepte für mehr Nachhaltigkeit hat die Firma schon vor Jahren konsequent umgesetzt: 99 % der Bestandsgebäude sind nicht nur bautechnisch, sondern auch energetisch saniert. Hinzu kommt eine Vielzahl von Ladepunkten für E-Autos, selbst generierter Strom aus Fotovoltaikanlagen sowie Carsharingpunkte. Ins Schwärmen gerät Lottig auch beim wichtigen Innovationsthema Digitalisierung: Die Mitarbeiter sind schon lange mit Datenendgeräten ausgestattet und können so Protokolle und andere Dokumente digital bearbeiten und weiterleiten. Auch die Mieter profitieren von dieser digitalen Ader der Genossenschaft: Ob Glasfasernetze in jeder Wohnung, WLAN-Hotspots oder digitale Haustafeln und Türöffner – viele Angebote heben sich bereits deutlich vom üblichen Status quo ab. Und der Vorstand hat noch viel vor, denn er ist davon überzeugt: „Innovative Lösungen erhöhen die Lebensqualität.“

Chemnitzer Siedlungsgemeinschaft eG
09112 Chemnitz
www.siedlungsgemeinschaft.de
Beschäftigte (D): 51 bis 200
Wohnungswirtschaft

Vorstand
Ringo Lottig

COMAN Software GmbH

Die Projektgestalter

Wenn 500 Unternehmen an einem Bauprojekt arbeiten, kann es schnell unübersichtlich werden. Die COMAN Software GmbH bietet deshalb mit ihren Softwareprogrammen ein vollumfängliches digitales Projektmanagement für den Maschinen- und Anlagenbau. Diese Nische besetzt sie geschickt mit immer neuen Verbesserungen und Innovationen, die in ihrer Bandbreite weltweit einzigartig sind. Das ist auch das Verdienst der innovationsfördernden Geschäftsführung, die Zukunftsthemen auslotet und neuen Ideen Raum gibt.

Es gibt jede Menge Planungssoftware für den Anlagen- und Maschinenbau. „Doch wenn es dann an die Phase der Realisierung eines Bauprojekts oder Inbetriebnahme einer neuen Maschine geht, arbeiten viele Firmen bis heute mit Excel-Listen und Papierbergen", sagt der Geschäftsführer Timur Ripke. Die Software seines Unternehmens hingegen deckt alle Schritte eines Projekts vollständig digital ab. Hunderte unterschiedliche Akteure können so über ihre Handys und Tablets in wenigen Sekunden auf gemeinsame Planungsdaten zugreifen und sie während der Realisierungsphase anpassen. „Wenn 500 Firmen über einen Zeitraum von zwei Jahren kollaborativ ein neues Automobilwerk bauen, erhöht so etwas enorm die Transparenz und das Mängelmanagement. Es verhindert Missverständnisse und spart somit einfach Zeit", erklärt der Geschäftsführer.

Agiles Arbeiten

Innovationen gedeihen in dieser Firma gut, weil sie als erst im Jahr 2018 ausgegründetes Start-up äußerst flexibel agiert und ihre Prozesse und Produkte täglich optimiert. „Gerade haben wir ein neues CRM-System für unsere Kundenbeziehungen etabliert. Wir hinterfragen ständig irgendetwas und erfinden uns eigentlich jede Woche neu", erzählt Ripke. Vor allem der gute Draht zu den Kunden sowie deren Rückmeldungen ermöglichen kontinuierliche Anpassungen und Verbesserungen der Software, die dann umgehend allen Kunden zur Verfügung stehen. „Bei uns herrscht permanent ‚work in progress'", betont Timur Ripke.

Zukunftstrends erforschen

Auch langfristige Themen spielen für die Geschäftsführung eine große Rolle: Aktuell liegt der Fokus etwa auf der Automobilbranche, in der die Produktion auf dem Gebiet der E-Mobilität neue Anforderungen an Planungssoftware mit sich bringt. „Hier wollen wir in Zukunft neue Komponenten integrieren, um veränderte Aspekte, zum Beispiel andere Anforderungen an den Brandschutz, einbinden zu können", sagt Ripke. Auf diese Weise wird das Start-up dem Wandel der Märkte und der Branchen frühzeitig mit kreativen Lösungen begegnen können.

COMAN Software GmbH
39576 Stendal
www.coman-software.com
Beschäftigte (D): bis 50
Automobilzulieferer/Fahrzeugbau

Geschäftsführer
Timur Ripke

community4you AG

★★

Die Flotten

Bereits seit Jahren „fährt“ die community4you AG ihren Konkurrenten davon. Ihre beeindruckenden Innovationserfolge sind das Ergebnis einer ungebremsten Begeisterung für Technologie und immenser Investitionen in Forschung und Entwicklung. So entwickelt dieser Softwarehersteller kontinuierlich innovative Konzepte für das Fuhrpark- und Leasingmanagement, mit denen Kunden viel Zeit und Geld sparen. Damit ist das Unternehmen in Europa zum Marktführer avanciert.

Ein innovatives Kernprodukt, das auf dem europäischen Markt seinesgleichen sucht – das hat community4you mit der Software „comm.fleet“ entwickelt. „Mit unserer Software kann man alle Daten und Dokumente rund um einen Fuhrpark anlegen, verknüpfen und auf ihre Plausibilität prüfen; und das auch mobil über Webbrowser oder als App“, erklärt der Vorstand Uwe Bauch. Die Software ist zudem über Schnittstellen mit anderen Businessprogrammen vernetzt und erfordert dennoch keine komplizierte Handhabung. „Jeder Kunde kann unsere Programme leicht bedienen und innerhalb weniger Sekunden selbstständig für seine Firma anpassen“, betont Bauch.

Ein Händchen für neue Technologien

Möglich machen eine solche Software zeitgemäße Technologien wie Cloud und künstliche Intelligenz, für deren Einsatz der Vorstand immer wieder viel Geld in die Hand nimmt: „Seit 20 Jahren reinvestieren wir jedes Jahr unseren gesamten Gewinn in die Forschung und Entwicklung“, unterstreicht Uwe Bauch. Das zahlt sich aus. So erwirtschaftete die Firma in den vergangenen drei Jahren satte 70 % ihres Gewinns mit innovativen Produktentwicklungen und Marktneuheiten.

Selbstfahrende Fahrzeuge und Drohnen

So erfolgreich soll es auch weitergehen: Schon jetzt beobachtet das Team genau zukunftsweisende Trends in Sachen Mobilität wie selbstfahrende Fahrzeuge oder Drohnen. „Wir orientieren uns immer an langfristigen Strömungen und schauen dann, was für uns technisch machbar und für den Kunden sinnvoll ist“, erklärt Bauch. So will er den Einsatz künstlicher Intelligenz im Fuhrparkmanagement weiter ausbauen und den direkten Zugriff auf Daten aus Fahrzeugen und Boardsystemen ohne den Zwischenschritt über dritte Hardwareanbieter möglich machen. 3-D-Live-Animationen konfigurierter Fahrzeuge und die noch schnellere Verarbeitung von Rechnungen durch optische Zeichenerkennung sind weitere Ideen, die auf ihre Realisierung warten. Auch in Zukunft wird bei der community4you AG also kein Weg an Innovationen vorbeiführen.

community4you AG
09120 Chemnitz
www.community4you.de
Beschäftigte (D): 51 bis 200
IT-Entwicklung/-Beratung

Vorstände
Lavinio Cerquetti,
Janko Nebel
und Uwe Bauch

TOP 100

ECH Elektrochemie Halle GmbH

So schnell war noch keiner

Wer mit anderen zusammenarbeitet, ist nicht nur schneller, sondern findet oft auch die kreativeren Lösungen. Das zeigt das Beispiel der ECH Elektrochemie Halle GmbH: Ihr Top-Management schafft es gemeinsam mit rührigen Netzwerken, immer wieder innovative Verfahren und Analysemessgeräte für chemische Labore, Kläranlagen oder Kraftwerke zu entwickeln. Von der ersten Idee bis zum standardisierten Ergebnis vergeht oft überraschend wenig Zeit. So exportiert die kleine Firma ihre Ergebnisse in die ganze Welt.

Ein Mittelständler ist im Verhältnis zum Markt oftmals klein. So ist es auch bei diesem Unternehmen, das mit seinen 26 Beschäftigten trotzdem weltweit agiert. Das Erfolgsgeheimnis sind große Netzwerke und eine enge Verbindungen zu Partnern: „Für mich ist das ganz klar die Zukunft der Innovation. Denn zusammen ist man einfach viel schneller am Ziel", sagt der Geschäftsführer Dr. Michael Hahn. Und er kennt sich schließlich mit Forschung aus, denn Pionierarbeit und neue Ideen waren und sind unabdingbar für seine Analysemessgeräte.

Tragfähige Netzwerke

Deshalb unterhält der Geschäftsführer nicht nur eine eigene Abteilung für Forschung und Entwicklung: Als Vorstandsmitglied des Verbands Innovativer Unternehmen e. V. und Teilnehmer an zahlreichen staatlich geförderten Forschungsprogrammen weltweit stößt er kontinuierlich neue Projekte an. „Wir versuchen, mit einer neuen Idee immer sofort die Brücke zu Verbänden, anderen Unternehmen und Forschungseinrichtungen zu schlagen, weil wir auf diese Weise viel schneller auf den Markt kommen", erklärt Hahn. Dabei helfen auch die Mitgliedschaften in vielen Normungsinstituten im In- und Ausland. So lassen sich Produkte frühzeitig in anerkannten Standards verankern, was eine schnelle Marktetablierung zusätzlich erleichtert.

Gemeinsam zum Erfolg

Dass dies tatsächlich gelingt, beweisen zahlreiche Novitäten. Ob digitale Verfahren zur Messung von Medikamentenrückständen und Schwefelwasserstoff im Abwasser oder zur Analyse der Korrosionsbeständigkeit von Bauteilen in der Automobilindustrie: Für derartige Neuerungen zieht die ECH konsequent mit Partnern, etwa Umweltämtern, Fraunhofer-Instituten und anderen Firmen, an einem Strang. Das Ergebnis sind neuartige, manchmal sogar patentierbare Verfahren, die schnell zum Standard werden. „Im letzten Projekt haben wir es in nur zwei Jahren von der Idee bis zur Normierung geschafft", betont Dr. Dorit Wilke, Leiterin des Geschäftsbereichs F&E. Die Rückmeldung des DIN-Ausschusses war: „So schnell war noch keiner."

ECH Elektrochemie Halle GmbH
06120 Halle (Saale)
www.ech.de
Beschäftigte (D): bis 50
Mess-/Prüftechnik

Geschäftsleitung
Dr. Michael Hahn und
Dr. Dorit Wilke

ELTROK Sicherheitstechnik GmbH & Co. KG

Die Zufriedenmacher

1989, als die ELTROK Erfurter Elektromontagen gegründet wurde, war vieles anders: DDR statt BRD, analog statt digital, lokal statt überregional. Heute stattet die ELTROK Sicherheitstechnik GmbH & Co. KG deutschlandweit Großgebäude, ob Einkaufszentrum oder Seniorenheim, mit sicherheitsrelevanten Anlagen aus. Digitalisierte Prozesse unterstützen die Servicemitarbeiter dabei, schnell und verlässlich für die Kunden da zu sein und dabei dennoch stets ihre Work-Life-Balance zu wahren. Ein exzellentes Innovationsklima ist die Folge.

Innovation ist bei ELTROK Aufgabe jedes Mitarbeiters. Jede Meinung und jeder Vorschlag wird gehört, alle Ideengeber werden persönlich gewürdigt – ob Werkstudent oder Seniortechniker. „Das spornt unsere Mitarbeiter unglaublich an“, erklärt der Geschäftsführer Marcus Danz. „Sie identifizieren sich mit dem Unternehmen, und das überträgt sich natürlich auch auf die Kollegen.“

Ideen und Wissen in der Cloud

Die Einfälle aus dem Kollegenkreis laufen in die firmeneigene Cloud und werden in wöchentlichen Projekt- und Servicemeetings diskutiert und bewertet. Die Cloud ist aber nicht nur ein Fundus für Ideen, sie ist das Gehirn des Unternehmens: Die Projektmanager beschäftigen sich tagtäglich intensiv mit der neuesten Technik und speisen alles Wissenswerte in das digitale Technikerforum. Und die Außendienstler, alle mit der neuesten Hardware ausgestattet, können so beim Kunden blitzschnell auf die Updates zugreifen. Das spart enorm viel Zeit – ein großer Vorteil, denn ELTROK hat sich seinen Kunden gegenüber zu schnellem und perfektem Service verpflichtet.

Schnell reagieren, aber ohne Stress

24 Stunden hat ein Elektrotechniker Zeit, auf eine Kundenanfrage zu reagieren, innerhalb von 48 Stunden muss das Problem behoben sein. So will es der Gesetzgeber. Das Unternehmen übertrifft diese Vorgaben dank seines eigens entwickelten Servicemanagements: Über die Software lassen sich Servicekollegen aller Niederlassungen, von München bis Lübeck, lokalisieren, bekommen die Details zum Auftrag und sind binnen zwei Stunden bei den Kunden. Davon profitieren beide Seiten. Denn dank der kurzen Wege gehört das klassische Konzept vom Elektromonteur, der nie zu Hause schläft, bei ELTROK der Vergangenheit an. Wichtig ist Danz, dass seine Mitarbeiter zufrieden sind und keiner überfordert wird. Das fördert ein hervorragendes Innovationsklima im Haus und führt zu einem jährlichen Umsatzwachstum von rund 4 %. Der Gründer und Seniorchef Ingolf Danz hat es seinerzeit auf den Punkt gebracht: „Geht es der Firma gut, geht es auch den Mitarbeitern gut. Und umgekehrt.“

ELTROK Sicherheitstechnik GmbH & Co. KG
99085 Erfurt
www.eltrok-sicherheitstechnik.de
Beschäftigte (D): 51 bis 200
Elektronik/Elektrotechnik

Geschäftsführer
Ingolf und Marcus Danz

Fischer Academy GmbH

★★★

Hier wird Ideen ein roter Teppich ausgerollt

Mike Fischer ist als Inhaber der Fischer Academy GmbH in Gera längst zur Ikone innovativer Fahrschulbetreiber geworden. Das Kerngeschäft seiner 25 Beschäftigten ist es, Fahrschüler aus Deutschland, Österreich und der Schweiz in Intensivkursen von fünf bis zehn Tagen auf ihre Führerscheinprüfung vorzubereiten. Das „FischerDorf" ist ein gemeinschaftlicher Ort mit Herberge, Pizzeria, Lern- und Begegnungsstätte, mit Videotrainings, Fahrsimulatoren, einem zukunftsorientierten Kompetenzzentrum für autonomes Fahren und vielem mehr.

„Anfang des Jahrtausends waren wir eine normale Fahrschule und steuerten auf eine existenzbedrohende Krise zu. Heute sind wir ein einzigartiges Fahrschulzentrum", erzählt Mike Fischer stolz. Mittlerweile sind diese Thüringer auch Innovationstreiber in Sachen autonomes Fahren.

Eine Umdenkfabrik als Ideenpool

Mike Fischer selbst hält seit mehr als 20 Jahren Vorträge und Webinare und veröffentlicht Bücher zu den Themen leidenschaftliches, visionäres Unternehmertum und unbürokratische Ideenkulturen. Das alles ist natürlich auch in die Fischer Academy eingeflossen. So werden neue Ideen und Verbesserungsvorschläge über eine sogenannte Umdenkfabrik eingebracht, kalkuliert, geplant und im besten Fall auch gleich realisiert. Die „Umdenkfabrik" versteht Fischer als eine Geisteshaltung mit internetbasierter Innovationsplattform. „Unser Ziel ist es, unabhängig von Raum und Zeit, Veränderungsprozesse auf allen Ebenen des Unternehmens zu fördern und anzustoßen", sagt die Geschäftsführerin Nancy Bradtke. Zur Motivation der Mitarbeiter gibt es deshalb ein Anreizsystem: Wer ein halbes Jahr lang jeden Monat mindestens eine eigene Idee realisiert, erhält einen festgelegten Aufschlag auf sein Gehalt.

Alle sind wichtig

Die Ideenkultur basiert auf der Überzeugung, dass alle im Haus wichtig sind und mitgestalten. Entscheidend ist dabei, dass der Mitarbeiter die Veränderung unbedingt voranbringen will. „Denn allein ihm obliegt die Beurteilung der Bedeutsamkeit", betont Bradtke. „Wenn jede Idee bedeutsam ist, hat sie es auch verdient, gesehen und gewürdigt zu werden", ergänzt sie. Zweimal im Monat treffen sich daher alle zum „Dorfbrunch". Dabei wird gekocht und gegessen, vor allem aber werden neue Ideen vorgestellt. „Es geht dabei nicht darum, die Vorschläge zur Diskussion zu stellen oder gar zu beurteilen. Vielmehr wird ihnen ein roter Teppich ausgerollt", erklärt Fischer. 2020 reichte sein Team stolze 265 Ideen ein. Davon wurden 84 % verwirklicht. Mit ihren Innovationserfolgen inspiriert die Fischer Academy viele – ihrem Youtube-Kanal zu den Themen Fahrschule und Straßenverkehr folgen mehr als 100.000 Menschen.

Fischer Academy GmbH
07545 Gera
www.fischer-academy.de
Beschäftigte (D): bis 50
Verkehr/Logistik

Geschäftsführerin
Nancy Bradtke

Freiberg Instruments GmbH

Bis an die Grenzen des technisch Machbaren

In der Region um die sächsische Universitätsstadt Freiberg ballen sich so viele Firmen aus der Halbleiter-, der Mikroelektronik- und der Softwarebranche wie nirgendwo sonst in Europa. In „Silicon Saxony" hat der Physiker Dr. Kay Dornich sein 2005 ins Leben gerufenes Start-up Freiberg Instruments GmbH zu einer weltweit erfolgreichen Technologieschmiede für Spezialmesstechnik geformt. Seine Entwickler, seine Konstrukteure und er verstehen sich als innovative Grenzgänger zwischen Wissenschaft und Technik.

Der Startschuss für das Spin-off der TU Freiberg fiel, als Kay Dornich für seine Dissertation an einer wegweisenden Messtechnik zum Wirkungsgrad von Solarzellen forschte. Hersteller von Fotovoltaikanlagen wurden dann auch die ersten Kunden der Freiberg Instruments GmbH. Heute entwickelt das Unternehmen unter anderem Software, Applikationen und Anlagen für die elektrische Charakterisierung von Halbleitern und für die Datierung geologischer und archäologischer Proben. Der Geschäftsführer erklärt: „Wissenschaftler beantworten mit solchen Proben Fragen zum Klimawandel, indem sie das Alter des arktischen Eises bestimmen. Oder Fragen zur prähistorischen Siedlungsgeschichte anhand von Proben aus steinzeitlichen Feuerstellen." Weltweit führend ist die Firma mit ihren Messgeräten für Elektronenspinresonanz, die in der chemischen Industrie oder auch in der Krebsforschung zum Einsatz kommen: „Mit ihnen können Analytiker beispielsweise die Wirkung von Antioxidantien auf freie Radikale in Lebensmitteln nachweisen und präzise quantifizieren", erläutert Dornich.

Innovationsförderndes Management

Er und sein Führungsteam stoßen regelmäßig interne Prozesse zum Verfeinern ihrer Verfahren an, und auch die darauf basierende Hardware wird immer besser. Besondere Herausforderungen liegen in der interdisziplinären Komplexität der Aufgaben. Außerdem müssen diese Messtechnikexperten sehr spezielle Kundenwünsche mit dem abstimmen, was sie grundsätzlich realisieren können. „Vereinfacht gesagt, messen unsere Apparate immer mehr Parameter noch schneller und präziser. Um das hinzubekommen, müssen wir immer wieder neue Wege bis an die Grenzen des technisch Machbaren beschreiten", betont der Geschäftsführer.

Gutes Klima für weiteres Wachstum

Er sieht sein Unternehmen als attraktiven Arbeitgeber für die Besten ihres Fachs und hat kein Problem damit, neue Mitarbeiter zu finden. „Die Erfolgsstory stimmt", sagt Dornich. „So unterschiedlich die Charaktere unserer oft stürmischen kreativen Entwickler und der eher pragmatisch orientierten Produktionskollegen auch sein mögen, gemeinsam werden wir unsere Innovationskraft weiterhin zu nutzen wissen."

Freiberg Instruments GmbH
09599 Freiberg
www.freiberginstruments.com
Beschäftigte (D): bis 50
Mess-/Prüftechnik

Geschäftsführer
Dr Kay Dornich

IBYKUS AG für Informationstechnologie

Die Kunden beflügeln

Eine Anleihe bei Schillers berühmter Ballade nahmen die Gründer dieses Unternehmens offenkundig bei der Namenswahl: Stehen Kraniche im Werk des Dichters für die Macht der Poesie, versinnbildlichen sie im Fall der IBYKUS AG den Anspruch, die digitale Welt zu beflügeln. Das gelingt dem 1990 in Erfurt gegründeten IT-Dienstleister auch deshalb so gut, weil er dank einer konsequenten Außenorientierung weiß, welche Software und Services zu seinen Kunden passen.

Gegründet in der Aufbruchstimmung der Nachwendezeit in einem Hinterhof, ist die Firma zu einem der führenden Systemhäuser des Landes aufgestiegen. Mehr als 260 Mitarbeiter entwickeln an mittlerweile sechs Standorten in Thüringen, Sachsen und Baden-Württemberg im Kundenauftrag IT-Lösungen. Sie beschäftigen sich etwa mit der Digitalisierung von Behörden oder der Optimierung von Unternehmensprozessen. Die Kunden können auch firmeneigene Rechenzentren nutzen und ein reiches Support- und Schulungsangebot in Anspruch nehmen.

Das Ohr am Kunden

Für diesen innovativen Dienstleister steht der Kundennutzen im Mittelpunkt, weshalb der Blick nach außen von großer Bedeutung ist. „Zu unseren strategischen Aufgaben gehört die fortlaufende Prüfung von möglichen Innovationsfeldern bei unseren Zielgruppen“, sagt der Vorstandsvorsitzende Thomas Winter. Nicht nur Vertrieb und Service haben im Tagesgeschäft das Ohr immer am Kunden, regelmäßig werden auch Befragungen organisiert, deren Ergebnisse in die Innovationsfindung einfließen. Als besonders zielführend haben sich außerdem gemeinsame Arbeitsgruppen erwiesen.

Synergien nutzen

Stehen Neuerungen größerer Tragweite an, holt die Geschäftsführung externe Organisations- und Businesscoachs ins Boot. Kooperationen sind ohnehin Teil der Innovationsstrategie. So pflegt man Partnerschaften mit IT-Größen wie Microsoft oder SAP und arbeitet mit Hochschulen, Hightechfirmen und Netzwerken zusammen, um Wissenssynergien zu nutzen. Noch einen Schritt weiter gingen diese Erfurter jüngst, als sie kurzerhand ein Start-up für App-Entwicklung in die Firma integrierten. „Unser Neuzugang verfügt bei der Entwicklung nutzerfreundlicher User-Interfaces über umfangreiches Wissen“, erklärt Winter. Dieses Wissen soll auch den Kunden zugutekommen. Von den positiven Auswirkungen auf die Nutzerzufriedenheit erwartet er signifikante Wettbewerbsvorteile. Einen Vorgeschmack gibt das neueste Kreativprojekt: eine selbst gehostete, DSGVO-konforme Cloudlösung mit Konferenz-, Chat- und E-Learning-System. Wenn das nicht beflügelt ...

IBYKUS AG für Informationstechnologie
99099 Erfurt
www.ibykus.de
Beschäftigte (D): über 200
IT-Entwicklung/-Beratung

Vorstände
Thomas Winter,
Nikola Spannaus und
Eckehart Klingner

Reif Baugesellschaft mbH & Co. KG

Baustelle 4.0

Mit Building-Information-Modeling und 3-D-Baggersteuerung realisiert die Reif Baugesellschaft mbH & Co. KG die Baustelle 4.0. Das Traditionsunternehmen hat seine Stärken im Erd-, Straßen- und Bahnbau, im Tief- und Rohrleitungsbau sowie bei Bauwerkssanierungen. Neuheiten wie ein digitales Planungstool werden schrittweise in den Alltag integriert. Für innovative Prozesse sind „Kernprojektkreise" verantwortlich, die sich autonom und abteilungsübergreifend organisieren.

Wenn es Mittelständler wie Reif nicht gäbe, wären Straßen löchrig und Abwasserkanäle undicht. Es gäbe keine Radwege und keine Schnellbahntrassen. Die 1930 gegründete Baufirma ist primär für die öffentliche Hand und für Unternehmen wie die Deutsche Bahn tätig und schafft so eine funktionierende Infrastruktur. Weil gerade beim Bauen Faktoren wie ressourcenschonender Materialeinsatz, effiziente Prozesse und Ökologie gefordert sind, setzt man mehr denn je auf Building-Information-Modeling (BIM): Ein digitales Tool hilft bei Planung, Bau und Betrieb von Verkehrswegen und Anlagen.

Selbstlernprozess in Sachen BIM

„Mithilfe von BIM werden alle relevanten Bauwerksdaten am Rechner erfasst, kombiniert und modelliert. Die Basis dafür können zukünftig auch Drohnen oder fahrende Miniroboter liefern, die sich auf den Baustellen bewegen", erklärt der kaufmännische Geschäftsführer Ivo Worech. Wie die Einführung bei Reif lief? Nach einer Grundlagenschulung betreibt man nun „Selbststudium", um zur optimalen Nutzung der Technologie zu finden. Auf Probebaustellen kommt jeweils ein neuer BIM-Baustein zum Einsatz. Das Projektteam überträgt seine Erfahrungen dann auf andere Baustellen und nimmt sich ein neues Modul vor.

Echte Kontakte unabdingbar

Innovationsprozesse werden bei Reif vor allem von motivierten Mitarbeitern angestoßen und in monatlichen Meetings kontrolliert. Seit 2020 schalten sich die Teilnehmer coronakonform über Videokonferenzsysteme zusammen. Ivo Worechs Fazit ist positiv. Der technische Geschäftsführer Thomas Steffen meint aber: „Für unsere Arbeit in der Baubranche ist nach wie vor der echte Kontakt wichtig." Jeder Innovationsprozess wird einem sogenannten Kernprojektkreis zugeordnet. Der stimmt sich eigenständig und abteilungsübergreifend mit weiteren Kollegen ab und holt benötigte Informationen auf kurzem Wege ein. Die Chefs sind sich einig: „Der freie Meinungsaustausch trägt in hohem Maße zum täglichen Gelingen bei."

Reif Baugesellschaft mbH & Co. KG
04435 Schkeuditz
www.reif-leipzig.de
Beschäftigte (D): über 200
Baugewerbe/Handwerk

Geschäftsführer
Ivo Worech und Thomas Steffen

TOP 100

STS Textiles GmbH & Co. KG

★★

Schneller als alle anderen

Textilien als Wärmespeicher, Textilbezüge aus Teflon, aus Stein gefertigte Fäden: Das Sortiment der STS Textiles GmbH & Co. KG enthält außergewöhnliche Produkte, jedes davon ist ein Innovationserfolg. Im Kampf gegen das Coronavirus hat dieser Hersteller von Hightechtextilien sein Portfolio weiter ausgebaut – und das in einer atemberaubenden Geschwindigkeit. Damit konnte der Umsatz, der schon in den vergangenen Jahren jeweils ein Plus von rund 25 % aufwies, im Pandemiejahr sogar noch verdoppelt werden.

„Wir wollen schneller sein als alle anderen, und das in bester Qualität", erklärt der Geschäftsführer Markus Tutsch seine Innovationsstrategie. Dieses Ziel hat jeder, der die Eingangshalle der STS Textiles betritt, sofort vor Augen. Denn es ist unter einem Bild zu lesen, das er gemeinsam mit seinen Mitarbeitern gemalt hat. Für ihn bedeutet Geschwindigkeit, früh zu erkennen, was am Markt künftig benötigt wird – und zwar, bevor es die Kunden selbst und vor allem die Wettbewerber wissen. Über welchen ausgezeichneten Spürsinn sein Team verfügt, bewies es schon, bevor das Coronavirus in Deutschland ankam.

Rasanter Produktionsstart

Die ersten Informationen über das neuartige Virus sensibilisierten die Beschäftigten schon Mitte Januar 2020. Der Textilhersteller, der Erfahrung mit der Produktion von Schutzmasken für Menschen mit sehr geschwächtem Immunsystem hat, schloss sich daraufhin kurzerhand mit einem Kunden aus dem Pharmabereich zusammen. Nach nur zweiwöchiger Entwicklungsphase startete schon am 10. Februar 2020 die Serienfertigung von Coronamasken. STS Textiles stellte komplett auf Schutztextilien um und lieferte im März bis zu 200.000 Masken pro Woche – und war damit zu diesem frühen Zeitpunkt der größte Hersteller Süddeutschlands.

Der Zeit voraus

Parallel zur Maskenproduktion erweiterte man das Sortiment um nahezu 100 Produkte, zum Beispiel um OP-Kittel, -Hauben und -Überschuhe. Das zog neue Kundengruppen an, etwa Krankenhäuser. Sie wollen auch künftig „made in Germany" kaufen, trotz der mittlerweile vorhandenen günstigeren Importware. STS Textiles ist der Zeit schon wieder voraus: Auch wenn die Touristikindustrie wegen des Lockdowns noch brachliegt, forscht der Hersteller an einem sich selbst desinfizierenden Bettbezug für mehr Sicherheit bei Hotelübernachtungen. Eine außergewöhnliche Idee! Sie könnte ebenso zum Innovationserfolg werden wie die aus Steinfäden hergestellten Textilien zur nachhaltigen Befestigung von Böschungen oder der textile Wärmetauscher, dessen nur drei Millimeter dünnes Material die Wärme so gut im Haus hält wie eine 22 Zentimeter dicke Ziegelwand.

STS Textiles GmbH & Co. KG
08223 Grünbach
www.sts-textiles.com
Beschäftigte (D): bis 50
Mode/Textilien

Geschäftsführer
Markus Tutsch

TECTRON WORBIS GmbH

Mitdenken und verbessern

Was nützt das beste Elektronikprodukt, wenn es zwar wunderbar funktioniert, aber nur sehr aufwendig oder gar nicht maschinell hergestellt und geprüft werden kann? So eine Erfindung wird über ein Nischendasein kaum hinaus kommen. Die TECTRON WORBIS GmbH, die in den TOP 100-Kategorien „Innovationsklima" und „Außenorientierung/Open Innovation" exzellent abgeschnitten hat, geht einen anderen Weg: Sie entwickelt gemeinsam mit ihren Kunden und hat die Anforderungen der Fertigung dabei immer im Blick.

Die Hightechbauteile dieses Elektronikherstellers sind in den verschiedensten Branchen gefragt – ob in der Medizintechnik, der Automobilbranche oder in der Umwelttechnik. „Alleine könnten wir all diese Felder gar nicht abdecken. Deshalb entwickeln wir immer gemeinsam mit unseren Kunden und achten dabei darauf, dass unsere Belange bereits bei der Konstruktion und der Entwicklung mit einfließen", erläutert Erich Schulte, der Vorsitzende des Unternehmensbeirats. Das wichtigste Anliegen dabei: die fertigungsgerechte Gestaltung aller Produkte. Die Zusammenarbeit ist stets langfristig angelegt. So dauert eine Entwicklungspartnerschaft meist ein bis eineinhalb Jahre, gefertigt wird anschließend bis zu zehn Jahre lang.

Kreative Mitwirkung aller Beschäftigten

Die Elektronikproduktion erfolgt voll automatisiert. Das hat zur Folge, dass die Mitarbeiter nicht mit einfachen manuellen Tätigkeiten betraut sind, sondern hochkomplexe Anlagen und Roboter überwachen, kontrollieren und steuern. Dabei ist stetiges Mitdenken und Verbessern gefragt, kein reines Abarbeiten.

Die Mitwirkung aller Beschäftigten prägt ganz generell das Innovationsklima – in der Produktion und der Qualitätssicherung ebenso wie in der EDV und der Verwaltung. „Obwohl wir ein relativ kleines Unternehmen sind, haben wir bei uns SAP-R3 eingeführt. Dabei haben wir unsere gesamte Organisation geprüft und verändert und zahlreiche kreative Ideen und Hinweise unserer Mitarbeiter eingebunden", berichtet Erich Schulte.

Hervorragende Ökobilanz

Der Mittelständler ist ein gefragter Partner, wenn es Konzernen darum geht, ihre Umweltbilanz zu erstellen, sich ökologisch zertifizieren zu lassen oder ihre CO_2-Neutralität nachzuweisen. Denn mit zwei Blockheizkraftwerken und einer Fotovoltaikanlage produziert er 75 % der benötigten Elektroenergie selbst und heizt mit der anfallenden Abwärme zudem noch sieben Hallenanlagen. So positioniert sich TECTRON WORBIS als grüner Zulieferer und zeigt sich nicht nur technologisch, sondern auch ökologisch innovativ.

TECTRON WORBIS GmbH
37339 Leinefelde-Worbis
www.tectron-worbis.de
Beschäftigte (D): 51 bis 200
Elektronik/Elektrotechnik

Die Geschäftsführung

TOP 100

TOP 100
TOP 100
TOP 100
TOP 100
TOP 100
TOP 100
TOP 100
TOP 100
TOP 100
TOP 100
TOP 100
TOP 100
TOP 100
TOP 100

Textilforschungsinstitut Thüringen-Vogtland e. V.

Ideenschmiede für Hightechtextilien

Als Forschungseinrichtung ist das Textilforschungsinstitut Thüringen-Vogtland e. V. gewissermaßen auf Innovationen abonniert. Die entwickelt das Institut nicht allein, sondern gemeinsam mit Partnern aus Wirtschaft und Wissenschaft. Diese Außenorientierung sowie flexible Innovationsprozesse zeichnen das Unternehmen aus. Flexibilität zeigte man auch zu Beginn der Coronapandemie: In kurzer Zeit wurde ein eigenes Geschäftsfeld, die Maskenprüfung, ins Leben gerufen.

Wenn es um Innovationen geht, agiert diese Ideenschmiede für Hightechtextilien fast immer im Kooperationsverbund. Wichtige Partner sind etwa Firmen aus der Automobil- und der Medizinbranche. Eine aktuelle Herausforderung im Zeitalter des E-Autos: neuartige, heizbare Textilien für den Automobilinnenraum. Denn da Elektroautos nicht durch die Abwärme eines Verbrennungsmotors beheizt werden können, entstehen ganz neue Anforderungen.

Smarte Textilien

Um die Verbindung von Textilien und Elektronik geht es nicht nur bei der Entwicklung beheizbarer Textilien: Das Textilforschungsinstitut arbeitet in Sachen „Smart Textiles" intensiv mit Textilmaschinenherstellern zusammen, unter anderem mit der Jakob Müller AG, um Textilmaschinen zu konstruieren, die leitfähige Materialien automatisch in die Garne einarbeiten können. „Mit der Unterstützung des Landes Thüringen investieren wir aktuell mehr als eine Million Euro, um eine automatisierte Fertigungsstraße für ‚Smart Textiles' aufzubauen", erläutert der geschäftsführende Direktor Dr. Fabian Schreiber. Ein weiteres Innovationsfeld, das gemeinsam mit Partnern angegangen wird: neuartige, magnetische Textilien, die mit Pulvern beschichtet sind.

Bettwäsche, die sich selbst desinfiziert

Im Frühjahr 2020 hat das Unternehmen rasch Prüfkapazitäten für FFP2-Masken aufgebaut und über eine Tochterfirma auch selbst Masken hergestellt. Zusammen mit Partnern aus der Medizinbranche und der Hotellerie arbeitet man zudem an besserem Infektionsschutz und an innovativen Desinfektionslösungen. So will das Institut mithelfen, den Hotelaufenthalt sicherer zu gestalten: etwa durch Bettwäsche, Vorhänge und Tapeten, die sich allesamt selbst desinfizieren. „Wir arbeiten mit LED in Textilien und experimentieren beispielsweise in Hotelzimmern mit ultravioletten Lichtern, die alles desinfizieren können", berichtet Dr. Schreiber. An all diesen Projekten arbeitet das Textilforschungsinstitut nicht im Alleingang, sondern gemeinsam mit Partnerinstituten und anderen Unternehmen. Das macht einen großen Teil seiner Innovationskraft aus.

Textilforschungsinstitut Thüringen-Vogtland e. V.
07973 Greiz
www.titv-greiz.de
Beschäftigte (D): 51 bis 200
Mode/Textilien

Geschäftsführender Direktor
Dr. Fabian Schreiber

Seit mehr als 50 Jahren entwickelt und produziert die
Thermik Gerätebau GmbH eine Vielzahl unterschiedlichster
Temperaturbegrenzer.

Thermik Gerätebau GmbH

★★★★★★★★★★★★

Innovationen in Turbo-Geschwindigkeit

Als Marcel P. Hofsaess noch ein Kind war, stellte Vater Peter Hofsaess sein Konstruktionszeichenbrett im Kinderzimmer auf. Das technische Zeichnen musste der heutige Geschäftsführer der Thermik Gerätebau GmbH deshalb nie lernen – er schaute es sich einfach vom Vater ab, dem Erfinder des stromunabhängigen Bimetall-Temperaturbegrenzers. Heute ist er selbst ein überaus erfolgreicher Erfinder: Sein Unternehmen überzeugt bei TOP 100 mit einem innovationsorientierten Top-Management und neu gestalteten Innovationsprozessen.

„Ich bin einfach damit groß geworden", erzählt Marcel P. Hofsaess – das Konstruieren ging ihm gewissermaßen in Fleisch und Blut über. „Wenn man als Kind solche Zeichnungen sieht und verstehen lernt, hat man natürlich eine ganz andere Art von abstraktem Denken, als wenn man sich das erst später aneignet." Hofsaess, der in der Lage ist, jedes Produkt aus dem Gedächtnis konstruktiv wiederzugeben, sagt aber auch: „Zuweilen gehen mir bestimmte Konstruktionsprobleme auch noch nachts durch den Kopf."

Im Erfinderranking auf Platz eins

Sein Unternehmen, die Thermik Gerätebau GmbH mit Sitz in Sondershausen, die er seit 1992 allein führt, verfügt heute über weit mehr als 1.000 nationale und internationale Patente für Temperaturbegrenzer und sogenannte PTC-Thermistore – und damit über deutlich mehr Schutzrechte als alle Wettbewerber zusammen. Marcel P. Hofsaess wird als Erfinder von Temperaturbegrenzern zur Temperatursicherung im weltweiten Ranking mit großem Abstand auf Platz eins geführt. Er allein hat so viele Schutzrechte aus der Temperatursicherung wie alle anderen Erfinder von Platz zwei bis Platz sieben zusammen.

Durchlaufzeit um die Hälfte reduziert

Natürlich ist Hofsaess auch heute noch täglich mit den Entwicklern und Konstrukteuren in seinem Unternehmen in Kontakt. Deren Arbeitsweise wurde durch Prozessverbesserungen 2020 enorm beschleunigt: Statt in verschiedenen Abteilungen, die immer wieder auch Abstimmungsschwierigkeiten hatten – Entwicklung, Konstruktion und Qualitätssicherung – arbeiten nun alle mit Innovation befassten Mitarbeiter in einem gemeinsamen Innovationsressort. Die Schaffung dieses „IQ-Bereichs", deren Abkürzung für „Innovation" und „Qualität" steht, war ein voller Erfolg. Dadurch werden Schnittstellen vermieden, und die Entwicklungsdurchlaufzeit wird um 50 % reduziert. Damit hat die Thermik Gerätebau gewissermaßen den Entwicklungsturbo gezündet.

Thermik Gerätebau GmbH
99706 Sondershausen
www.thermik.de
Beschäftigte (D): 51 bis 200
Elektronik/Elektrotechnik

Geschäftsführer
Marcel P. Hofsaess

TOP
100

Yogeshwar, Ranga (Hrsg.)
TOP 100 2021 – Zukunftsgestalter:
Die innovativsten Unternehmen im Mittelstand
Redline Verlag, FinanzBuch Verlag GmbH, München
ISBN 978-3-86881-882-6
ISBN E-Book 978-3-96267-410-6
ISBN E-Pub 978-3-96267-411-3

Mit Beiträgen von
Joschka Fischer
Prof. Dr. Nikolaus Franke
Anselm Grün
Prof. Dr. Stephan Rammler
Arno Schelzke
Ranga Yogeshwar

Druck
COULEURS – Print & More, Köln

MIX
Aus verantwortungsvollen Quellen
FSC® C106954

Lektorat
Text im Kontext Anja Poerschke, Berlin

In dieser Publikation wird auf eine geschlechtsneutrale Schreibweise geachtet. Wo die nicht möglich ist, wird zugunsten der besseren Lesbarkeit das ursprüngliche grammatische Geschlecht verwendet. Es wird ausdrücklich darauf hingewiesen, dass damit jeweils beide Geschlechter angesprochen sind.

Fotos
Amin Akhtar
AdobeStock_187089302
AdobeStock_231082093
AdobeStock_278264479
AdobeStock_374965784
Berschneider+Berschneider, Hermann Trollius GmbH
Lisa Farkas, Stadtbau Würzburg
Stefan Gröschel, CARBOCON GMBH
Anke Jacob
panuwat/stock.adobe.com
Florian Schuh, atene KOM GmbH
Unternehmensarchive

Realisierung
compamedia GmbH
Nußdorfer Straße 4
88662 Überlingen am Bodensee
Telefon 07551 94986-30
top100@compamedia.de

Projektleitung
Thomas Wörl
woerl@compamedia.de

Redaktionsleitung
Christiane Hechler, Katja Julius (Stv.)
hechler@compamedia.de, julius@compamedia.de

Medien
Sven Kamerar
kamerar@compamedia.de

Autoren der Unternehmensporträts
Frank Bantle
Martin Blath
Susanne Frank
Jürgen Geiger
Dr. Suzan Hahnemann
Gian Hessami
Rainer Heubeck
Katharina Hollaus
Christina Lenz
Bernadette Lindebacher
Sabine Olschner
Sarah Rauch
Pia Röder
Elke Rutschmann
Detlev Schmidt
Anke Schwede
Rebecca Weiand-Schütt

Internet
Weitere Informationen über TOP 100
finden Sie im Internet:
www.top100.de